大国通史丛书

总主编 钱乘旦

日本通史
A History of Japan

王新生 主编

【第六卷】
战后卷

王新生 著

江苏人民出版社

图书在版编目(CIP)数据

日本通史.第六卷,战后卷/王新生著.—南京:
江苏人民出版社,2023.5
(大国通史丛书)
ISBN 978-7-214-27605-6

Ⅰ.①日… Ⅱ.①王… Ⅲ.①日本-历史 Ⅳ.
①K313.0

中国版本图书馆 CIP 数据核字(2022)第 192199 号

书　　　名　日本通史　第六卷　战后卷
主　　　编　王新生
著　　　者　王新生
策　　　划　王保顶
责 任 编 辑　金书羽　张　文
装 帧 设 计　刘葶葶
责 任 监 制　王　娟
出 版 发 行　江苏人民出版社
地　　　址　南京市湖南路 1 号 A 楼,邮编:210009
照　　　排　江苏凤凰制版有限公司
印　　　刷　江苏凤凰新华印务集团有限公司
开　　　本　652 毫米×960 毫米　1/16
印　　　张　193　插页 24
字　　　数　2 566 千字
版　　　次　2023 年 5 月第 1 版
印　　　次　2023 年 5 月第 1 次印刷
标 准 书 号　ISBN 978-7-214-27605-6
定　　　价　880.00 元(全 6 卷)

(江苏人民出版社图书凡印装错误可向承印厂调换)

目　录

第一章　占领与改革

第一节　占领与占领政策

一、占领过程

1945 年 8 月 15 日,日本政府宣布接受《波兹坦公告》后,美国总统杜鲁门任命美国太平洋陆军总司令道格拉斯·麦克阿瑟为占领日本的盟军最高司令官。麦克阿瑟在对美军下达停止战斗命令的同时,要求日本天皇、日本政府、日本大本营派遣代表到菲律宾,通告占领的日程。

同日,铃木贯太郎内阁全体辞职后,内大臣木户幸一和枢密院议长平沼骐一郎协议后向天皇推荐组成以东久迩稔彦为首相的皇族内阁。既是皇族又是陆军大将的东久迩担任首相前所未有,其首要任务是阻止反对投降的军人及右翼的直接行动,同时也要防止左翼发动革命运动,继续维持战前的各种体制。与此同时,如何对应即将进驻的占领军,避免直接占领,通过日本政府进行间接统治也是该内阁的重要使命。但社会舆论对该届内阁反应冷淡,普遍认为由多数保守人物组成的政权难以应付战败局面,因而是一个短命内阁。①

8月23日,美军第八军司令艾克尔伯格中将下达进驻日本的命令,该军驻扎在关东地区以北的日本。8月25日,艾克尔伯格中将到达冲绳,但因台风,美军推迟到达日本本土。8月28日,美军150人组成的先遣部队抵达神奈川厚木机场。8月30日下午2点,麦克阿瑟乘坐"巴丹号"专机从冲绳到达厚木机场。发表简单讲话后,麦克阿瑟一行乘车赴横滨,沿途武装的日本兵与警察面对外并排站立,没有市民的影子。麦克阿瑟将新格兰特饭店作为自己的住处,将美国太平洋陆军总司令部(GHQ/AFPAC)设在横滨海关大楼,但当时其对占领日本既没有具体构想,也没有详细计划。

8月31日,麦克阿瑟表示将司令部迁移到东京,原因是横滨的生活环境太差。根据1949年4月经济安定本部的统计,日本因战争损失了24.6%的建筑物、80%的船舶。受害者875万余人,战死及下落不明者353万余人。大城市的损失更为严重,1945年,横滨有人口62万余人,41%的城市被烧毁,受害者高达58万余人。未被烧毁的住宅仅有10万栋,主要集中在港口附近,大部分为第八军占用。因此,当时美军在日本征收的土地及住宅,横滨分别占到62.27%和61.25%。②

为对应占领军,日本政府设置外务省的外部机构"终战联络中央事务局",外务省调查局局长冈崎胜男任新机构长官,下设四个部,即第一部负责总体事务及与占领军的联络、翻译、杂务等,第二部负责政治、军事、治安、文教等,第三部负责产业、赔偿、交通等,第四部负责总务、在外国日本人、在日本外国人等。地方也设置"终战联络地方事务局"或"终战联络委员会",但因占领政策尚未明确,这些机构只能处理事务性工作。

早在冲绳战役爆发后不久,美军便发表在当地停止日本行政权并实

---

① 歷史学研究会編集『日本同時代史・1・戦敗と占領』、青木書店、1990年、67—68頁。
② 儿島襄『日本占領』第1卷、文芸春秋、1978年、46頁。

施军政的布告,同时逐渐建设成军事基地。因此,美军在冲绳使用"B元军票",另外也准备了大量在日本本土使用的军票。另一方面,军政局在马尼拉印刷了数十万份英文与日文的三份军政布告,计划在投降书签字仪式后发行。

9月2日上午9时,停泊在东京湾的美国军舰密苏里号上举行投降书签字仪式,日本天皇、日本国政府代表外务大臣重光葵及大日本帝国大本营代表参谋总长梅津美治郎在投降书上签字。盟军方面有盟军最高司令官麦克阿瑟及美国、中国、英国、苏联、加拿大、法国、荷兰、新西兰的代表,第二次世界大战正式结束。

尽管占领过程比较顺利,但也出现零星的美军士兵犯罪事件,多为强奸妇女,也有抢劫事件。8月31日,在东京日比谷有乐町派出所前,大藏省主税局长池田勇人等人乘坐的汽车也被两名美军士兵抢走。占领当局发布取缔布告,严厉处罚犯罪者。①

9月2日下午,总司令部通知横滨终战联络委员会代表第二天发行军政布告。在宣告日本政府权限隶属于盟军最高司令官的第一份布告中规定包括行政、司法、立法三权的日本帝国政府所有权限均在盟军司令官之下行使,军事管理期间英语为所有领域的公有语言,英文及日文之间有关解释或意义不明时以英语为准等;第二号布告规定违犯占领政策者或对盟军犯罪者将由占领军法庭处于死刑或其他判决等;第三号布告规定占领当局发行的"B号军票"为日本法定货币等。

为将总司令部迁往东京,9月8日,麦克阿瑟到东京视察,将美国大使馆作为自己的住处,同时将皇居对面的第一生命大楼作为最高司令部的办公地点。9月17日,总司令部从横滨迁往第一生命大楼。麦克阿瑟特意发表声明:以千分之一的兵力顺利占领日本,是利用日本政府间接统治的结果,这样一来,六个月后可以将占领军减少到20万以下,但该声明遭到美国政府、军队、舆论的质疑。

---

① 児島襄『日本占領』第1卷、文芸春秋、1978年、66頁。

占领日本的盟军兵力共 46 万人,除英联邦的少数军队驻扎本州岛西南的中国地区及四国地区外,占领军基本为美国军队,其中第八军在关东地区,第六军在关西地区。当时担任占领行政的军政局成员只有百人左右,即使通过原有的日本行政机构也不可能管理 8 000 多万日本人。10 月 2 日,美国太平洋陆军总司令部军政局解散,设置盟军总司令部(简称"盟军总部",GHQ/SCAP)。因此,当时存在两个总司令部,即美国太平洋陆军总司令部和盟军总司令部,前者负责指挥占领日本的军队,后者负责在日本实施改革,但两者的部分人员相互重叠。由于新设特别参谋部,所以原来的参谋部通称一般参谋部。一般参谋部同时也是美国太平洋陆军参谋部,分为 G1(计划、人事、事务)、G2(情报、保安、监察)、G3(作战、训练、撤退)、G4(预算、设营、补给)四个部。特别参谋部取代 9 月 28 日废除的军政局,担当占领行政,在日本实施非军事化、民主化改革措施,因而一般参谋部为"军事部",特别参谋部为"政治部"。与一般参谋部基本为军人不同,特别参谋部成员多为年轻的民间专家,多为罗斯福新政的支持者,两者在占领政策上经常发生意见分歧。

特别参谋部是盟军总部的主要行政机构,成立之初由 9 个局组成。即负责中央及地方政治、行政的民政局;负责经济、产业、财政、科学的经济科学局;负责教育、宗教、美术、语言、图书、电影、戏剧、出版、广播的民间情报教育局;负责农业、林业、矿业、水产业的天然自然局;负责公共卫生及社会福利的公共卫生福利局;负责乙、丙级战犯调查的法务局;负责电信、电话、广播、邮政的民间通讯局;负责占领军非军事部门统计、制定资料的统计资料局(后为民间史料局);负责占领军内部防止间谍、公安、日本国内监察、盗听、警察、消防、监狱、指挥海上保安行政的民间谍报局。另外还有负责调配占领军物资及干部的物资调配局,但不属于特别参谋部管辖。

1946 年 8 月,盟军总部大幅度改编,增加许多部门。最高司令官下设副官,然后在参谋长下设四个参谋部和法务局、国际检察局、书记局、涉外局、外交局,在负责行政机构以及负责经济产业机构的副参谋长下设作为幕僚部的 13 个局,即民间财产管理局、公共卫生福利局、民间情报教育局、民间谍报局、民政局、经济科学局、天然自然局、民间运输局、统计资料局、高级副官部、物资筹措局、一般会计局、民间通讯局等,1947年 9 月增加赔偿局。

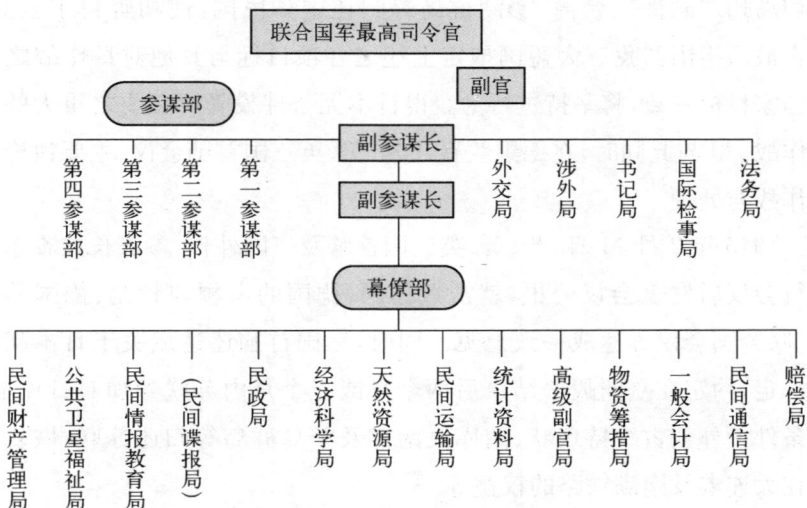

图 1-1 GHQ 组织图(1947 年 9 月)

二、占领政策

第二次世界大战爆发以后,反法西斯盟国就如何处理战败国不断协商,并逐渐形成占领政策以及战后国际体制。1941 年 8 月 14 日,美国总统罗斯福与英国首相丘吉尔签署《大西洋宪章》,宣布英美不追求领土扩张、尊重各民族自由选择政治形态、公海航海自由、放弃行使武力、解除侵略国家的武装等原则。① 1943 年 1 月 14 日到 23 日,英美首脑在卡萨布兰卡举行会议,在会后的共同会见记者时特别强调指出:"决定战斗到完全消除德国、日本战争力量,实现世界和平。所谓消除德国、日本、意

---

① 《国际条约集(1934—1944)》,世界知识出版社 1961 年版,第 337—338 页。

大利的战争力量,意味着德国、日本、意大利无条件投降。"

1943 年 12 月 1 日,中、美、英三国首脑在开罗聚会后发表《开罗宣言》。表示对日作战的目的是阻止及惩罚日本之侵略,盟国不扩张领土,剥夺日本自 1914 年第一次世界大战开始以后在太平洋所夺得或占领的一切岛屿,"满洲"、台湾、澎湖群岛等归还中华民国,使朝鲜自主独立。宣言最后指出:"我三大盟国抱定上述之各项目标与其他对日作战之联合国家目标一致,将坚持进行为获得日本无条件投降所必要之重大的长期作战。"①与此同时,在德黑兰召开苏、美、英三国首脑会议,主要讨论对德作战与处理。

1945 年 2 月 11 日,苏、美、英三国首脑及三国外长、参谋长在雅尔塔举行会议后发表会议公报,就击败德国、德国的占领与管制、德国的赔偿、联合国会议等达成一致意见。同时,三国首脑还达成关于日本问题的协定,约定在欧洲战争结束后两个月或三个月内苏联参加对日作战,其条件为外蒙古维持现状、南库页南部及千岛群岛等归还苏联、恢复苏联在大连港及南满铁路的权益等。②

1945 年 7 月 26 日,中、美、英三国发表促令日本投降的《波茨坦公告》,提出的条件为:欺骗及错误领导日本人民使其妄欲征服世界之权威及势力,必须永久剔除;直至新秩序成立时,及直至日本制造战争之力量已毁灭,必须占领日本领土;日本之主权限于本州、北海道、九州、四国及盟国所决定其他小岛;日本军队在完全解除武装以后,将被允许返其家乡;对于战争罪犯,包括虐待俘房者在内,将处以法律之严厉制裁。日本政府必须将阻止人民民主趋势之复兴及增强之所有障碍予以消除,言论宗教及思想自由及对于基本人权之重视必须建立;日本将被允许维持其经济所必需及可以偿付实物偿付赔偿之工业,但可以使其重新武装作战之工业不在其内;日本政府立即宣布所有日本武装部队无条件投降,并

---

① 《国际条约集(1934—1944)》,世界知识出版社 1961 年版,第 407 页。
② 《国际条约集(1945—1947)》,世界知识出版社 1959 年版,第 8 页。

对此种行动诚意实行予以适当及充分之保证。①

8月10日，日本政府答复在维护国体的条件下接受《波茨坦公告》，盟国对此以美国国务卿贝尔纳斯的名义给予回答，其中暗示如果日本国民希望的话可以保留天皇制，同时明确表示"自投降之日起，天皇及日本政府对国家的统治权限属于盟军最高司令官"，即统治权属于盟国最高司令官。

美国方面，1941年设置对外关系咨询委员会第二小委员会，1942年春在小委员会中设置"远东班"，开始具体探讨日本投降后的占领事宜以及占领形态、占领政策等。当时罗斯福总统以美国舆论为背景，主张非常苛刻的投降条件、彻底改造日本，但战前东京帝国大学研究生、在哥伦比亚大学及陆军军政学校讲授日本史的博顿等许多知日派主张以软性方式催使日本投降并实施占领，即进行诱导性改革，同时保留天皇制。

1943年陆军部设置担当占领行政的民政局，国务院设置"远东地区委员会"，研究占领日本问题。与此同时，陆军部、海军部在著名大学设置"民政训练学校"，培养占领地区的军政官员。对外关系咨询委员会也在1944年改组为"战后计划委员会"（PWC），并制定了类似《波茨坦公告》内容的文件。1944年12月，进一步组成"国务院、陆军部、海军部三者调整委员会"（SWNCC），具体负责对日占领政策的制定。

1945年4月，美国政府将占领日本的基本政策决定为"SWNCC150"文件，即"投降后美国早期对日方针"。对日本的占领分为盟军最高司令官的军政、盟国监督机构下的间接统治、日本政府的自主统治三阶段，其中军政时间为18个月。修改后的"150/2"文件仍以三阶段占领为主，尽管已经决定保留天皇与天皇制，但仍以军政占领为中心，陆军部主张间接统治，因而文件再次修改为"150/4"文件。该文件在9月6日得到杜鲁门总统的认可，9月22日正式发表。"占领的目的是使日本不再成为

——————————

① 《国际条约集（1945—1947）》，世界知识出版社1959年版，第77—78页。

美国及世界和平的危险,因而在盟军最高司令官的指示下,允许既存的统治机构行使国内行政职能",即通过日本政府间接统治。

9月6日,美国总统杜鲁门颁布规定盟军最高司令官权限的指令——"JCS1380/6",其标题为"对陆军元帅道格拉斯·麦克阿瑟发出的有关盟军最高司令官权限的通知",具体规定了盟军最高司令官的权限和使命。其主要内容为:第一,天皇及日本政府的权限从属盟军最高司令官。第二,通过日本政府对日本进行管理。第三,《波茨坦公告》的各项条款必须完全实施。但对上述内容又附加解释:第一,我们与日本的关系不是基于契约的基础,是以无条件投降为基础的,司令官的权限是最高的,在其范围内无须接受日本任何异议。第二,此通知并不妨碍司令官具有必要时可采取直接行动的权利。司令官认为有必要采取实力行使的措施时,可强制性实施司令官发布的命令。第三,上述行为不受我们与日本契约关系的拘束,《波茨坦公告》在日本及远东的和平问题上诚意地显示了我们政策的一部分,因此必须得到尊重与实施。[1]

既然是盟军总部,那么在占领政策上也需要得到盟国的认可和支持。在战争结束后的8月22日,美国曾向苏联、中国、英国等国建议成立远东咨询委员会并召集会议。苏联希望成立决定占领政策的对日理事会,因而拒绝出席在华盛顿召开的远东咨询委员会。12月16日,在莫斯科召开苏、美、英三国外长会议并达成协议,决定在1946年2月26日成立远东委员会(FEC)及对日理事会(ACJ)。

远东委员会由美国、苏联、英国、中国、法国、荷兰、加拿大、澳大利亚、印度、菲律宾、新西兰等11个国家组成(后来缅甸、巴基斯坦加入),设在华盛顿。该委员会为对日占领政策的决定机构,即决定对日政策的原则性方针和政策,以及根据成员国的要求审查美国政府对盟国最高司令官的指令和最高司令官所采取的行动,但该委员会决定的方针和政策

---

① 儿岛襄『日本占領』第1卷、文芸春秋、1978年、74—75頁。

不直接传达给日本的盟军总部,而是由美国政府按照其方针和政策制定有关指令,再将指令下达给盟军总部和麦克阿瑟最高司令官,由其在日本加以执行;对日理事会由美国、苏联、英国、中国四个国家代表组成,是盟军最高司令官的咨询机构。最高司令官向日本政府发出指令前,事先通知该理事会并与其协商,但理事会对最高司令官没有约束和控制权限,更没有权力否决指令。

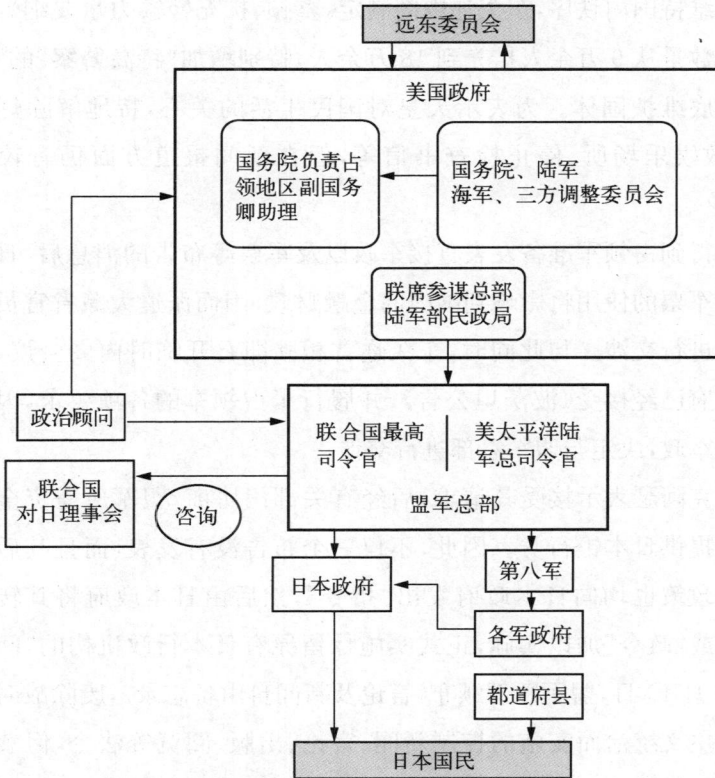

图 1 - 2　占领日本体制

三、东久迩内阁的措施

　　尽管皇族内阁在较为顺利地结束战争、解散军队、占领军进驻方面起到较大的作用,但东久迩内阁极力模糊政府乃至天皇的战争责任。例如东久迩首相在 8 月 28 日会见记者时强调"全体国民应当反省、忏悔，只有这样才能迈出重建国家的第一步，迈出国内团结的第一步"，提出"一亿人总忏悔论"。在 9 月 5 日的施政方针演说中，东久迩首相再次强调战争责任日本国民人人有份的"总忏悔论"。正如将"战败"说成"终战"那样，日本政府尽量将进驻日本的外国军队称为"进驻军"，而不是"占领军"。①

为维持国内秩序，东久迩内阁制定《整顿、扩充警察力量要纲》，计划将警察数量从 9 万余人扩充到 18 万余人，特别增加"特高警察"的数量，以便彻底维护国体。为表示天皇对国民生活的关心，特地解除灯火管制、开放娱乐场所、停止检查书信等，但在新闻报道方面仍有较强的限制。②

在得到占领军准备发表直接军政以及军票等布告的消息后，日本政府担心军票的使用将影响到国内的金融财政，因而派遣大藏省官员与盟军总部进行交涉。与此同时，东久迩首相立即召开临时内阁会议，认为日本政府已经接受《波茨坦公告》，并履行了占领军的各项要求，因而不能实施军政，决定与盟军总部进行交涉。

麦克阿瑟表示接受其请求，后经有关部门协商，盟军所需资金由日本政府提供日本银行券。因此，不仅三个布告没有发表，而且其后盟军总部的政策也均向日本政府发出"指令"，然后由日本政府将其转化为"法令"或"政令"加以实施，正式实施保留原有日本行政机构的"间接统治"。9 月 10 日，盟军总部颁布《言论及新闻自由备忘录》，废除战时为加强军国主义统治而实施的控制新闻、言论、出版、阅览等法令，但禁止批评占领军及其政策，并为此对日本的五大报纸实施事前检查制度。

9 月 11 日，盟军总部发出命令，逮捕包括东条英机在内的 39 名战争犯罪嫌疑者，其中有内阁成员绪方竹虎的名字。东条在逮捕前自杀未

---

① 小学館編集『日本 20 世紀館』、小学館、1999 年、537 頁。
② 歴史学研究会編集『日本同時代史・1・戦敗と占領』、青木書店、1990 年、69 頁。

遂,被送进美军野战医院。东久迩内阁决定日本自主审判战犯,但首先遭到天皇的反对,理由是不能以自己的名义处罚忠心耿耿的臣下。为了解盟军总部的具体占领政策,9月13日近卫大臣会见麦克阿瑟,同时重光葵会见盟军总部参谋长,要求自主审判,但均遭到拒绝。

9月15日上午,盟军总部发表声明:"麦克阿瑟元帅希望日本明确理解,盟军在任何方面并不将日本与盟国的关系看作是平等的。不承认日本在文明各国中占有地位的权利,是被打败的敌人。最高司令官对日本政府下达命令,不是交涉。"①因此,尽管当天下午东久迩首相与麦克阿瑟会见了50分钟,并在施政上得到盟军总部的认可,但没有达到日本自主审判战犯的目的。

东久迩内阁担心天皇成为战犯嫌疑者,因而刚刚上任的吉田外务大臣很快访问麦克阿瑟,就其与天皇的会晤事宜进行磋商。9月27日,天皇裕仁在美国驻日大使馆与麦克阿瑟进行了会谈,并表示"我是作为国民在战争过程中与政治和军事两方面所做出的一切决定和行动的全面负责者,把自己交给您所代表的各国的裁处而来访问的"②。两天后各大报纸准备以头版头条的位置报道天皇与麦克阿瑟会谈的消息,并附有两人的合影。照片上的麦克阿瑟身穿军便服,双手扶腰,一幅神态自若的样子,矮其一头的天皇身穿礼服,双手下垂,神态拘谨,前者作为日本最高统治者的姿态一目了然。内务省连夜发出紧急通告,禁止各报社发行第二天的报纸。盟军总部当日发出指令,要求东久迩内阁"撤销对新闻及通信自由的一切限制"及禁止发行报纸的政策。日本政府被迫取消禁令,各大报纸刊登的两人合影照片对日本国民产生了较大的心理冲击,战败的感觉愈加强烈。

10月4日,盟军总部民间情报教育局向日本政府发出通告,即"有关撤销对政治、信仰及民权自由限制"(即"人权指令")的备忘录。其内容

① 児島襄『日本占領』第1巻、文芸春秋、1978年、97頁。
② ダグラス・マッカーサー『マッカーサー回想記』(上)、朝日新聞社、1964年、142頁。

包括思想、信仰、言论、人种等,指令全面废除在这些方面的差别及限制,而且也包括自由讨论天皇、皇室、政府的限制。要求废除《维持治安法》及相关法律、释放政治犯、废除特高警察,罢免内务大臣、警视总监、警保局长等 4 000 名警察,并在 15 日之前详细报告处理经过,实际上等于命令内务省及其警察解体。东久迩首相感到难以执行其指令,决定内阁总辞职。

内大臣木户幸一、枢密院议长平沼骐一郎、副首相近卫文麿等重臣磋商继任首相人选,根据不为美国方面反感、无战争责任嫌疑、通晓外交事务的标准,决定推荐 20 世纪 20 年代实施"协调外交",被认为是"欧美派"的原外务大臣币原喜重郎为第一候选人,外务大臣吉田茂为第二候选人。吉田前往盟军总部交涉,在得到麦克阿瑟的认可后,天皇敕令币原组织内阁。币原较为消极,理由是仅在外务省工作过,其他业务不熟,1931 年退职以来一直在野,另外年龄也偏大,当时已 73 岁,面临的局势也异常艰难。经过多方做说服工作,币原答应出任首相。

四、战败后的社会

战败对普通国民来说似乎是晴天霹雳,本来具有必胜信念、准备"玉碎"的国民听到天皇的投降诏书广播后怅然若失。有在皇居前下跪道歉者,也有集体自杀者,"神风特攻"发起者海军中将大西泷治郎、陆军参谋总长杉山元、关东军司令本庄繁等高级军官相继自杀。部分陆军叫嚷继续抗战,烧毁铃木贯太郎首相私宅,并占据上野地区。厚木机场的海军航空部队也散发传单,呼吁继续战争。但这些混乱规模不大,很快就平静下去,以美军为中心的占领军进驻十分顺利。其原因一方面是天皇及皇族的作用,即投降诏书的播放及皇族成员到海外各地传达投降命令;另一方面,心中感到战争前途暗淡但没有表达出来的普通国民已经具备了战败的意识,甚至具有某种"解放感"。[1]

---

[1] 中村隆英『昭和史・Ⅱ・1945—1989』、東洋経済新報社、1993 年、337—378 頁。

当然，对于历史上第一次为外国军队占领的结果，日本政府及其国民心中无数，恐慌不安。由于战时灌输"鬼畜美英"意识，且有日本军队在中国及东亚各国实施残暴行为的体验，因而多数国民认为美国军队也是如此。事实上，在横滨、千叶等美国军队最先登陆地区也发生不少掠夺、强奸事件。为此，日本各级政府通过报纸和传阅板报下达"迎接占领军须知"，防止不幸事件的发生。例如"不要有在人前哺乳、光脚穿木屐等挑唆士兵之心的行为，姑娘不要无意发笑或撒娇，在路上被士兵打招呼、眨眼睛、吹口哨时，要冷静处理，即使问路也要公事公办地加以回答，决不能使用糟糕的英语以免引起误会"，"尽量不要接触外国士兵，女性不要一人出行或夜间外出，不要好奇地瞧外国士兵"，"只有女孩子在家时关闭门窗，如果门锁受到破坏就大声喊叫，或到有男性的家中躲避。组织自卫团，邻居通力合作，保护自己，免遭他们（外国士兵）不法行为的侵害。记住不法行为的地点、时间，不法行为者的服装、级别等特征并迅速联系警察"。

为防止强奸行为的出现，8月18日，警视厅保安课召集花柳界代表，商议建立面向占领军的特殊慰安设施，并以内务省警保局长的名义向各府县拍发电报，传达其内容。8月26日，花柳界组成"特殊慰安设施协会"，同时从政府得到巨额补助金和大批相应的物资。大藏省主计税局局长池田勇人说："拿出一亿日元来保护日本民族的纯洁，比较廉价。"该"协会"在各大报纸和街头刊登广告，"处理战后事宜的国家紧急需求新日本女性"，并提供衣物、食品以及住处等优惠条件。当时日本处在战后混乱时期，生活困难，绝大多数人缺乏食物、住处，因而大批不知内情且为生计所苦的年轻女性纷纷应聘。

东京地方政府在银座、大森、立川、调布等地设立20多处特殊慰安场所，各地也有类似场所，全日本约有20多万女性从事该职业。开张以后，美国大兵蜂拥而至，短时100日元，过夜300日元。因为性病在军中流行，美国国会也加以声讨，盟军总部遂颁布废除公娼制度的指令，特殊慰安场所随即在1946年3月关闭。迫于生计，多数从事该职业者变成在街头流浪的娼妓，其他女性也加入进来，成为主要向美军士兵出卖肉体的"邦邦女郎"（含义不明的俗称）。结果出现了大量混血儿童，据估计总数有 15 万—20 万人。[①]

占领军进驻后，日本的风景也为之一变。到处是英语的招牌，身穿土黄色军服、驾驶吉普车的美国大兵横行街道。日本主要车站专门设置为占领军运输物资的铁路运输事务所（RYO），占领军专用列车车厢上写有"U. S. ARMY"字样，车厢内整洁、舒适，但日本国民乘坐的列车不仅脏乱不堪，而且严重超员，甚至踏板、车顶上都挤满了外出寻找食物的人，经常发生车祸。在战后极度缺乏物资的时期，专门为美军提供服务的酒店（PX）却陈列着丰富的商品。东京银座的服部钟表店、松屋等均有著名的 PX 店，地方也时常出现 PX 列车，其中部分商品通过与美军交往的女性即"邦邦女郎"或卖淫女流通到黑市，但普通日本国民很少能得到。

为了能与占领军进行沟通，英语大为流行。战败后不久，小川松菊著、诚文堂出版的《日美会话手册》发行量高达 360 万册。当时日本广播协会（NHK）播出的英语会话节目深受欢迎，学习者超过 100 万人，其教材每月的发行量平均为 50 万册。为轻松地学习英语，各地自发组织学习班，数量也超过 1 000 个。

许多战时支持政府与"鬼畜英美"作战的邻居会、町内会、自卫团、妇女会等组织的中心成员以及学校校长、教员在占领军进驻后立即将美国看作民主主义的代表，但也有不少农民、工人、普通市民认为"昨天还拼命为国家进行战争，因为战败而突然改变看法是不可能的"。日本共产党、自由文化联盟等民主团体，甚至认为被军部欺骗的国民也要求追究包括天皇在内的战争指导者、吹捧者、合作者的战争责任。这些左翼团体 1945 年 12 月 8 日在东京、大阪等六个大城市举行"追究战争罪犯人民大会"，同年 12 月 2 日的帝国议会也做出《关于战争责任者的决议》。因

---

① 歴史教育者協議会編『データが語る日本の歴史』、ほぶる出版、1997 年、238 頁。

此,其对盟军总部逮捕战犯表示欢迎和高兴。

1945 年 12 月,美国"战略轰炸调查团"在日本进行舆论调查,普通日本国民在回答如何看待战败时,最多的答案是"日本将变成和平国家"以及"要清除军国主义者和军国主义思想的统治",其比例为 22%,难以回答和不清楚的占 22%。主张"要使日本更加民主"的达到 20%,主张"削弱地主及垄断资本家的力量""消除阶级差别"的占 12%,只有 5% 的人认为"日本应该与战前一样"。多达 62% 的人仍然希望"天皇在位",不置可否的人占 22%,对天皇的敬畏感情变化不大,认为"天皇结果如何与自己无关"的人占 4%,主张"天皇退位"的占 3%,对天皇持批判态度的人合计不超过 7%。① 另外,根据 NHK 电视台在 1970 年进行的舆论调查,日本国民战败时的心情大致如此:因悔恨而哭泣的人为 32%,因虚脱感而精神恍惚的人 39%,感到松一口气的人为 28%。由此可见,多数国民因遭遇未能预期的战败而感到手足无措,同时也具有从大空袭等战争恐怖中解放出来的安心感。②

战败与占领也推动了各种社会运动的出现,首先是市川房枝等人在 1945 年 8 月组成"战后对策女性委员会",开展争取女性选举权的活动,③并在 9 月 24 日向政府提出给予女性选举权的要求。东久迩内阁对此较为消极,其后的币原内阁在第一次内阁会议中决定给予女性选举权。1945 年 11 月 3 日,组成以市川房枝为会长的"新日本女性同盟"。作为战后最早的自发性女性团体,其纲领强调"连接政治与厨房,让家庭生活合理化,将女性从各种封建拘束和金钱统战中解放出来,提高女性的经济、社会、法律等地位及政治意识"。1946 年 3 月,以羽仁说子等人为中心,组成"女性民主俱乐部",为女性解放开展各种运动。

1945 年 10 月,水户高中学生通过统一罢课活动,迫使实施"军国主

---

① 粟屋宪太郎「戦敗と国民」、『戦後日本史と現代課題』、1996 年、28 頁。
② 山田敬男『新版戦後日本史——時代をラディカルにとらえる』、学習の友社、2009 年、53 頁。
③ 歴史教育者協議会編『日本社会の歴史・下・近代—現代』、大月書店、2012 年、218 頁。

义恐吓教育"的校长辞职。东京私立上野高等女校的学生们为争取校园
民主化举行罢课,并要求有良心的教员返回学校以及公正分配学校收获
的农作物等。其后静冈高中、佐贺高中、日本大学、法政大学、东京产业
大学、大阪商科大学等学校也出现要求军国主义式管理学校者辞职、恢
复进步教授的职位、承认学生自治等校园民主化活动。与此同时,学生
自治组织成立,从1945年底到第二年春天,东京、京都、名古屋、九州等
地均出现区域性学生组织。

　　知识人士在1945年9月组成以建设民主主义及其文化为目标的日
本文化人联盟,同年10月组成以自由主义知识分子为中心的自由恳谈
会,1946年1月组成民主主义科学者协会等。东京警察医院的护士为提
高工资而举行罢工,并组成战后最初的女性工会组织。

　　在农村,广大农民反对地主收回租地,反对政府强行征收粮食,自主
选举村长,并成立农会或农民委员会等组织,以保护自己的利益。在此
基础上,黑田寿男、平野力三等社会活动家呼吁成立日本农民组合。
1946年2月该组织成立,并制定了以"推动彻底改革农地制度"为主要内
容的纲领和方针。

第二节　非军事化与东京审判

一、解散军队

　　战争结束时日本本土军队约有219万人,到同年11月5日复员约
215万人,复员率为98%,进展较为顺利。在这一期间,陆续废除了军事
机构及有关军事法令。例如9月13日废除统率日本军队的大本营,10
月15日解散元帅府、陆军参谋本部、海军军令部、教育总监部,11月30
日解散军事参议院、陆军省和海军省。与此同时,盟军总部先后指令日
本政府废除了《兵役法》《义勇兵役法》《国防保安法》《军机保护法》等一
系列军事法令,然后又废除了《国家总动员法》《战时紧急措施法》等有关

战时体制的法令。另外,盟军总部下令禁止日本生产武器、弹药、军舰、飞机和军需物资,限制可用于武器和军需物资生产的原材料生产,禁止研究原子能和航空技术,解散东京大学航空研究所等与军事工业有关的研究机构。

1946年1月4日,盟军总部颁布《剥夺公职令》,包括"关于剥夺不适合从事公务者之公职"的备忘录以及附属文件"应罢免及解除的种类",规定七种人为不适合从事公务者并剥夺其公职:(1)战争罪犯;(2)职业军人、宪兵队员、情报机关人员等;(3)极端国家主义团体及暴力主义团体的主要成员,并解散其团体;(4)大政翼赞会、翼赞政治会等团体的骨干成员;(5)中日全面战争后在殖民地、占领区的金融机构干部;(6)殖民地、占领区的行政长官;(7)利用言论、行动、暴力等手段压制反军国主义者并支持战争者。被新闻界称为"无血革命"的剥夺公职行动的基本原因是清除军国主义分子,直接原因是为战后第一次众议院议员选举(简称"大选")审查候选人的资格。

同年8月,盟军总部要求将剥夺公职者扩大到地方公务员、经济界及言论界人士等,为此在1947年1月4日全面修改《剥夺公职令》。根据该项法令被剥夺公职者近20万人,其中80%为军人,行政官僚和经济界人士较少。另一方面,战争结束时日本在海外的军队达368万人,到1946年6月复员191万人,复员率为52%,其主要原因是日本海运力量在战争中丧失殆尽,海外人员迟迟不能回国,这种状况直到美国大量贷给船只后才有所改变。

除军队外,海外的日本人还有军属及平民,总计660万人。大量平民的遣返回国事宜无法律可循,完全是依赖各国的人道主义措施。战争结束时日本原有的殖民地、占领区划分为五大军管区,分别委托美国、英国及荷兰、澳大利亚、中国、苏联等国管理。具体地说,中部太平洋诸岛、菲律宾、南朝鲜等地区由美国管理,缅甸、泰国、马来西亚、越南南部、西部新几内亚、爪哇岛等地区由英国及荷兰管理,澳大利亚本土、东部新几内亚、文莱等地区由澳大利亚管理,中国本土、中国台湾,及越南北部等地区由中国管理,中国东北、朝鲜半岛北部、库页岛及千岛群岛等地区由苏联管理。

在美国军管区约有 90 万日本人,到 1947 年 6 月基本较为顺利地遣返回国。在英国及荷兰军管区约有 75 万日本人,到 1948 年 1 月基本遣返完毕,其中有 13 万人作为俘虏从事一年的土木工程建设。在澳大利亚军管区约有 14 万日本人,到 1948 年 3 月遣返完毕。在中国军管区约有 300 万日本人,到 1949 年 3 月遣返 272 万日本人,其中包括中国东北地区的 105 万日本人,约有 5 万人在中华人民共和国成立后仍然滞留在中国。从 1953 年 3 月到 1958 年 7 月,分为 21 次,共有 3 万日本人从中国大陆回到日本,另外还有经过中国教育、感化的日本战犯。

在苏联军管区扣留的日本人约有 58 万人,并被带往西伯利亚,因过度劳累和营养不良死亡 4 万多人。对在苏联军管区的日本人,根据 1946 年的美苏协议开始遣返,但 1950 年 4 月终止,1953 年 11 月再次开始遣返,1956 年《日苏共同宣言》发表后得到全部遣返,共有 47 万余日本人回国。在苏联占领的库页岛、千岛群岛上约有 37 万日本人,其中数万人战争结束时回到北海道,其他人到 1958 年全部回到日本。从朝鲜半岛北部回国的日本人有 32 万余人,其中 30 万余人通过北纬三八线到韩国后回国,其他人在 1956 年 4 月遣返回国。[①]

整个遣返过程较为顺利,从 1945 年 10 月 1 日到 1946 年 12 月 31 日,超过 510 万日本人回到日本,另外 100 万日本人也在 1947 年回到日本。但他们在返回日本途中也经历了苦难和死亡,在中国东北地区,约有 18 万日本平民和 7 万日本军人在投降条约签订后的混乱和严冬中死亡。[②] 从该地区仓皇离去的日本人通常尽己所能携带财产和食物,途中仍然不得不将最小的子女留给当地的中国农民,另外在回国途中遭遇霍乱、伤寒、天花等流行病而死亡的人也不在少数。即使踏上日本的土地,

---

① 小学館编集『日本 20 世紀館』、小学館、1999 年、542 頁。
② 约翰·W.道尔:《拥抱战败:第二次世界大战后的日本》,生活·读书·新知三联书店 2008 年版,第 21 页。

也仍然存在失去生命的危险。

亦有相反的回国者,也就是遣返战争中滞留日本的外国人。首先是盟国的战俘,当时在100多个集中营中关押着数万盟军战俘,他们大多营养不良,身患疾病,到1945年10月31日,总共有3万多名美国战俘获释并经由马尼拉回国,在途中有187人转入医院治疗。在日外国人最多的是朝鲜人,战争结束时约有240万人,另外还有10万包括台湾人在内的中国人。这些朝鲜人和中国人大多是战时移居日本者,其中有72万朝鲜人和4万中国人是被日本军队强制带到日本的劳工,战争结束后他们提出尽快回到自己的国家、对战时奴隶性待遇给予补偿、保障在日期间生活等要求。为实现回国的目的,外籍劳工不断发起抗议活动,特别是在外籍劳工超过全部煤矿工人45％的北海道,从1945年8月15日到11月28日,共出现31次"暴动"。①

尽管外籍劳工遭到非人的对待,但他们在战争结束后没有得到任何补偿就回到自己的国家。例如新兴财阀昭和电工下属的日本冶金工业股份公司,从1940年开始在京都大江山矿山正式生产镍金属。中国河南省的200名农民在1944年被强制送到这个矿山从事生产,因恶劣的劳动条件及严重的粮食不足,到战争结束时死亡12人,许多人受伤或营养不良。他们既没有得到工资,也没有得到任何补偿就被遣返回中国。②

为维护日本社会的秩序,占领当局鼓励在日外籍劳工回国,并向日本政府提出具体的送还计划。到1946年12月,大多数中国劳工得以回国,三分之二的在日朝鲜人也回到朝鲜半岛,但仍有50万以上的朝鲜人滞留日本。在日朝鲜人组成"在日朝鲜人联盟""朝鲜建国促进青年同盟""在日朝鲜居留民团"等组织。"在日朝鲜人联盟"不仅参加了在首尔召开的朝鲜民主主义民族战线结成大会,而且积极参加日本共产党的组织与活动。

---

① 歴史学研究会編集『日本同時代史・1・戦敗と占領』、青木書店、1990年、239頁。
② 大門正克『全集・日本の歴史・第15巻・戦争と戦後を生きる』、小学館、2009年、230頁。

战争结束时,日本全国还有超过 60 万战争寡妇和 12 万战争孤儿。这些战争时期受到公众舆论敬仰并得到财政补助的战争寡妇在战争结束后不仅遭到邻居的歧视,还失去了经济来源,生活艰难。失去父母的战争孤儿和那些因生活困难离家出走的儿童构成庞大的流浪儿童群体,他们住在火车站及高架桥、铁路桥下,以擦皮鞋、卖报纸、乞讨、偷盗、卖淫等手段生存,成为犯罪的根源。

二、废除军工企业及赔偿

从"非军事化"的立场出发,在战后的最初几个月中,占领军在日本销毁和没收火炮 4 万门、枪支 200 万支、弹药 10 万吨、飞机 1.3 万架、坦克 3 000 余辆、舰艇约 50 万吨,价值数十亿美元。[①] 与此同时,美国认为日本工业设备几乎大部分为进行战争而使用,因而除维持日本最少限度之外的一切工业设备,将作为实物赔偿物资,拆迁到盟国,以便达到日本武装的全部解除。按照《波茨坦公告》"实物赔偿"的原则,"投降后美国早期对日方针"规定了日本支付赔偿的具体内容:一是移交海外资产;二是移交"对日本和平经济和对占领军的供应并非必需的物资或现有的基本设备和设施"。[②]

1945 年 11 月 13 日,美国总统特使、盟国赔偿委员会美国首席代表波利到达日本,他在致麦克阿瑟的信中提出具体设想:第一,立即拆迁或摧毁兵工厂和生产战争工具(海军舰船、飞机)的工厂;第二,严格限制其他工业能力(保留年产 200 万吨钢的能力,将金属加工能力限制在与钢铁生产能力相称的水平上,日本商船最大者不得超过 5 000 吨)。据波利的粗略估计,要将日本多余的工业能力转移到亚洲邻国,须拆迁全部机床的 50%(即 35 万—40 万台)、20 家造船厂中的全部设备和附属设备,

---

① 刘世龙:《美日关系(1791—2001)》,世界知识出版社 2003 年版,第 374 页。
② F. C. 琼斯等:《1942—1946 年的远东》下册,上海译文出版社 1979 年版,第 751 页。

减少年产250万吨以上的炼钢能力(占当时1 100万吨炼钢能力的77%)以及50%的火力发电能力。① 12月18日,回到华盛顿的波利正式提出了"中间赔偿报告",并得到美国总统及政府的批准。1946年1月20日,盟军总部向日本政府发出指令,首次指定393家飞机制造厂、陆海军兵工厂和战争物资实验室用于赔偿。到同年8月24日,指定的工厂数目达到1 006家。

美国以波利报告为基础制定的临时赔偿拆迁计划在1946年3月提交远东委员会,从同年5月13日到12月6日,远东委员会对该计划进行审议并进行修改,最后发表了"临时赔偿计划",主要内容为:(1)海陆军兵工厂全部拆迁,但在设计与构造上用于制造军备的设备另作处理;造船设备另行规定;制造消耗性军需品例如纱布、粮食、药品等的设备应留待讨论最后赔偿方案时决定,暂不拆迁;制造肥料及燃料的设备另行规定。(2)飞机工厂全部拆迁,但限于专造飞机的设备,将由和平工业改造者另行处理。(3)轻金属工业,除15 000吨年产能力的铝压延设备外,全部拆迁。(4)工具机制造业,超过27 000万吨年产能力的设备拆迁。(5)硫酸业,超过350万吨年产能力的设备拆迁。(6)造船设备,超过15万吨年产能力的造船设备及300万总吨的修船设备拆迁。(7)钢铁轴承制造设备,超过年产成品价值1939年日币3 250万元的设备拆迁。(8)钢铁,超过年产350万吨的钢块生产设备和超过年产200万吨的生铁生产设备拆迁。(9)火力发电,超过82 500吨年产能力的设备拆迁。(10)纯碱,超过63万吨年产能力的设备拆迁。(11)火力发电所,超过210万千瓦的设备拆迁。(12)民营军需工厂全部拆迁。(13)人造石油与人造橡皮工厂全部拆迁。(14)钢铁压延设备,超过2 775 000吨年产能力的设备拆迁。② 由此可见,该赔偿计划比波利的报告较为宽松。

---

① 大藏省财政史室编『昭和财政史 終戦から講和まで』第20卷、東洋经济新报社、1982年、440—443页。

② 中华民国驻日代表团编印:《在日办理赔偿归还工作综述》,载沈云龙主编:《近代中国史料丛刊续辑》710辑,台湾文海出版社1980年版,第29—30页。

　　远东委员还讨论了日本海外资产的处置与占领日本的费用问题,但因美苏的对立以及各国之间的利益难以协调未能达成协议。远东委员会的临时赔偿计划也因各个索赔国都希望自己得到较大份额而无法就日本国内工业赔偿设备分配份额达成一致。1947 年 4 月 3 日,美国单方面公布"日本赔偿的前期拆迁议案",规定先行移交赔偿数额的 30%,其中中国为 15%,菲律宾、荷兰、英国各为 5%。尽管遭到各有关国家的指责,但在 1947 年 4 月 4 日,美国向盟军总部下达临时指令,执行前期拆迁计划。同年 9 月,盟军总部将 17 家兵工厂的设备作为第一批赔偿设备。11 月 24 日,盟军总部指令日本政府将横滨第一海军工厂的部分设备移交中国、荷兰、英国。同年 12 月 2 日,盟军又指令拆迁包括名古屋陆军工厂、横须贺海军工厂在内的 17 家工厂中的机床及其附属设备约 19 600 台。1948 年 1 月 16 日,第一艘装载 1 610 吨日本机器设备的轮船驶往中国,这是拆迁赔偿的开端。

　　在远东委员会讨论赔偿份额之际,日本政府和盟军总部不断要求减轻日本的负担。1947 年 1 月,美国陆军部为重新审视日本赔偿计划,成立以斯特赖克为主席的日本赔偿特别委员会,到日本调查其赔偿能力。在该委员会同年 2 月向麦克阿瑟提交的报告中,斯特赖特强调继续执行现行赔偿计划会对日本经济造成灾难性后果,致使日本工业瘫痪,而且危及占领目标,并使美国消费者付出更大的代价。[1] 因此,主张日本保留的炼钢能力从 350 万吨扩至 470 万吨,机床数量从 2.7 万台增至 4.05 万台,暂不拆迁任何发电设备。[2] 经过多方协商,美国在 1947 年 4 月 8 日公布对日赔偿计划立场的新文件,确定从日本拆迁价值总额约为 25 亿日元(1939 年价格)的各种设备作为赔偿。

　　1948 年 3 月,美国总统杜鲁门授权国务院政策设计委员会主任凯南

---

[1] 大藏省财政史室编『昭和财政史　終戦から講和まで』第 20 卷、東洋経済新報社、1982 年、476 頁。

[2] 大藏省财政史室编『昭和财政史　終戦から講和まで』第 20 卷、東洋経済新報社、1982 年、516 頁。

赴日考察,一个月后提出《关于美国对日政策的建议》,指出必须从国际上遏制苏联、在日本国内防止社会主义化双重基点上审视、修正现行对日政策,应将占领政策的重点从民主化的政治改革转移到经济复兴上,不应准许从日本拆迁超过限定计划 30％的赔偿项目,而且拆迁时间应在 1949 年 7 月 1 日以前完成。

为进一步放宽对日本经济规模的限制,1948 年 3 月,以约翰斯顿为主席的陆军部顾问小组访日,就日本的拆迁赔偿规模提出新建议。该顾问小组两个月后提出报告,其要求的日本拆迁赔偿负担仅相当于波利报告的 60％。该报告引起陆军部与国务院的激烈争论,麦克阿瑟表示支持军方,认为日本一旦完成 30％的拆迁计划,就应停止继续支付赔偿。国务院对此做出让步,与陆军部在 1948 年 10 月 14 日达成谅解备忘录:"谋求尽早中止赔偿问题的不确定性。……如有必要,则……限制交付工业赔偿至约翰斯顿报告水平左右的程度。并辅之以一个美国打算反对任何进一步对日索取赔偿的坚定的声明。"①

1948 年 12 月,美国政府指令麦克阿瑟实施"稳定日本经济九原则",麦克阿瑟回答说如果继续执行拆迁赔偿计划将无法执行稳定日本经济的各项要求。国务院和陆军部共同起草停止实施赔偿计划的文件,1949 年 5 月 6 日,美国国家安全委员会通过其文件,并取消 1947 年 4 月远东委员会确定的"各国分配份额"原则。5 月 12 日,远东委员会美国代表科伊正式宣布:美国单方面取消 1947 年 4 月 3 日的临时赔偿指令,中止实施其所规定的提前偿付计划。5 月 13 日,美国政府通知盟军总部取消前期拆迁计划的临时指令,立即停止执行拆迁,但已经着手进行拆迁的设备继续进行。

美国宣布停止前期拆迁计划后,中国、菲律宾等深受日本侵略之苦的国家纷纷表达强烈的不满。在 5 月 19 日举行的远东委员会第 154 次

---

① 美国国家档案馆:《建议的日本赔偿协定》,转引自刘世龙:《美日关系(1791—2001)》,世界知识出版社 2003 年版,第 420 页。

会议上,菲律宾代表对美国单方面宣布停止临时赔偿计划表示质疑;在 5 月 26 日举行的远东委员会第 155 次会议上,中国代表强烈抗议这种倒退性政策,中国政府认为有必要要求美国政府重新考虑。远东委员会其他国家也对美国表示不满,但美国国务院在 6 月 10 日发表声明,重申 5 月 12 日的立场,并指出"停止从日本搬取赔偿物资,为完成盟国对日本政策目标之必要步骤"。同时列举四条理由为取消日本赔偿的立场辩护,强调美国的做法并不违背波茨坦精神,"日本这些拆迁的设备将为日本的和平经济复兴而利用"。①

正是在美国政府的大力主导下,到前期拆迁赔偿计划以 1950 年 5 月向菲律宾运送最后一批物资而告结束时,仅从日本拆迁了价值 4 000 万美元的设备,其中运往中国的约为 2 000 万美元的设备、菲律宾 800 万美元、联合王国 700 万美元、荷兰 500 万美元。据日方统计,按 1939 年价格计算,拆迁赔偿的全部价值约 16 400 万日元,仅为一再削减的约翰斯顿报告所要求的拆迁赔偿额的 24.8%。②

三、逮捕及审判战犯

1945 年 7 月 26 日发表的《波茨坦公告》郑重指出:"吾人无意奴役日本民族或消灭其国家,但对于战争人犯,包括虐待吾人俘虏者在内,将处以法律之严厉制裁。"1945 年 8 月 8 日,苏美英法在伦敦签订了《关于控诉和惩处欧洲轴心国主要战犯的协定》及其附件《纽伦堡国际军事法庭条例》,计划对德国法西斯首要战犯进行审判。受其影响,盟军进驻日本后,在 9 月 11 日发布了包括东条英机在内的第一批 39 名甲级战犯嫌疑者名单,10 月 19 日盟军总部又发布了包括荒木贞夫在内第二批 11 名甲级战犯嫌疑者名单,12 月 2 日又发布了包括广田弘毅在内第三批 59 名甲级战犯嫌疑者名单。盟军总部最后一次发布战犯嫌疑者名单是在

---

① 人民出版社编印:《对日和约问题史料》,人民出版社 1951 年版,第 153—154 页。
② 刘世龙:《美日关系(1791—2001)》,世界知识出版社 2003 年版,第 420 页。

1945 年 12 月 6 日,前后四次共逮捕甲级战犯嫌疑者 118 名,其中包括皇族成员梨本宫守正,但在美国的坚持下,天皇没有列入战犯嫌疑者名单。

与纽伦堡审判美苏英法四国对等的立场不同,东京审判完全由美国政府主导。1945 年 12 月 8 日,在美国安排下成立国际检察局,由美国、英国、苏联、中国、法国、荷兰、澳大利亚、加拿大、新西兰、印度、菲律宾等11 个国家的检察官组成,其中包括中国的检察官向哲浚,美国的约瑟夫·基南任检察长。东京审判的法官也是由上述 11 个国家的 11 名法官担任,其中包括中国的梅汝璈法官,澳大利亚的韦伯法官担任庭长。

按照麦克阿瑟的指示,国际检察局制定了《远东国际军事法庭条例》,并在 1946 年 1 月 19 日颁布。条例具体规定了法庭的组成、管辖权、审判程序、法庭权力及判决,其中作为条例核心内容的法庭管辖权为:法庭有权审判及惩办以个人或团体成员身份犯罪的远东战犯。而犯有下列罪行之一者,即构成犯罪行为,本法庭具有管辖权,犯罪者个人应单独负其责任。(1) 破坏和平罪。指策划、准备、发动或执行一种经宣战或不经宣战之侵略战争,或违反国际法、条约、协定或保证之战争,或参与上述任何罪行之共同计划或阴谋。(2) 普通战争犯罪。指违反战争法规或战争惯例之犯罪行为。(3) 违反人道罪。指战争发生前或战争进行中对任何和平人口之杀害、灭种、奴役、强迫迁徙,以及其他不人道行为,或基于政治上或种族上的理由而进行的旨在实现或有关本法庭管辖范围内任何罪行之迫害行为,不论这种行为是否违反行为国家的国内法。凡参与上述任何罪行之共同计划或阴谋之领导者、组织者、教唆者与共谋者,对任何人为实现此种计划做出之一切行为,均应负责。① 通常将破坏和平罪称为甲(A)级战犯,将普通战争犯罪称为乙(B)级战犯,将违反人道罪称为丙(C)级战犯,东京法庭审判甲级战犯。

1946 年 3 月,直属盟军总部的国际检察局执行委员会组成,选定起诉的甲级战犯嫌疑名单,4 月公布了以东条英机为首的 28 名被起诉者和

---

① 梅汝璈:《远东国际军事法庭》,法律出版社 1988 年版,第 276—277 页。

起诉书。为保证审判的公正,法庭条例规定给予被告充分的辩护权。因此,被告通过日本政府或日本律师会聘请辩护律师,并组成辩护团,鹈泽聪明为团长,清濑一郎为副团长。因东京审判按照英美法系的程序进行,日本方面以不熟悉为由,请求盟军总部提供人员援助,于是美国派出20多名辩护律师协助日本辩护人,因而法庭上通常由美国律师出面辩护。

出庭作证的证人有两种,一是检察方面提供或要求传唤的"检察证人",一是被告辩护律师提供或要求传唤的"辩护证人",证人出庭作证必须经过本人的同意。前来法庭作证的证人一般由法庭通知盟军总部负责招待和照顾,往来的旅费以及在东京的住宿饮食等也由盟军总部支出。

1946年5月3日,设在原日本陆军部大厦的远东国际军事法庭正式开庭,关押在巢鸭监狱的甲级战犯嫌疑者走上被告席。在检察方宣读的起诉书中,控诉日本在1928年1月1日到1945年8月15日的时间里,"被犯罪的军阀所控制和指导,这种政策就是重大的世界纠纷和侵略战争的原因,同时也是爱好和平的各国人民的利益和日本人民本身利益遭受重大损失的原因"。全体被告所犯55条罪行的第一条是"以领导者、组织者或同盟者的资格,参与共同计划或阴谋,欲为日本取得东亚、太平洋、印度洋,以及其接壤各国或近邻岛屿之军事、政治、经济的控制地位。为达到此目的,使日本单独或与其他国家合作,对任何一个或一个以上之反对此项目的国家从事侵略战争"。

由于东京法庭拘泥于英美法系的繁琐审判程序,包括检察方宣读起诉书、法庭询问被告是否承认有罪、首席检察官致"始讼词"、检察方提出证据(证词、人证、物证等)、被告辩护方辩护并提出证据、检察方反驳被告辩护提出的证据、被告辩护方反驳检察方提出的驳复证据、检察方总结发言、辩护方总结发言、首席检察官致"终讼词"、法庭宣判等,特别是在提证阶段,检察方耗时六个月,辩护方耗时超过十个月,因此,给被告及其辩护人拖延时间造成可乘之机。法庭审理从1946年5月持续到1948

年 4 月,其中在 1947 年 9 月 10 日到 1948 年 1 月 12 日进行被告个人辩护,419 人出庭作证,采用的证据共有 4 336 件。[①]

由于审判内容广泛,审理结束后,法庭花费半年时间撰写长达 1 800 页的判决书。1948 年 11 月 4 日,法庭庭长开始宣读判决书,历时一周。判决书分为法庭的介绍与相关法律问题、法庭判定的日本侵略及其他战争犯罪事实、判决结果等三大部分。在第一部分中,判决书明确表示远东军事法庭是根据《开罗宣言》等一系列国际文件和国际法,由盟军最高统帅根据盟国赋予其权力而开设。针对辩护方提出的反和平罪是事后立法因而不合法的观点,判决书强调反和平罪是现行国际法的明文化,不是事后立法。法庭的管辖权来自法庭条例并以纽伦堡审判为范本。

在第二部分中,判决书详细叙述了日本策划、准备、发动和进行侵略战争的过程及犯罪行为,指出在 1928 年到 1945 年期间,日本的内外政策都以准备和发动战争为目的,特别是在 1933 年以后,日本陆续退出国联及其他限制军备的国际会议和条约,大胆为发动侵略战争做准备。判决书在"违反战争法规的犯罪"中,用大量篇幅揭露了日本从 1931 年侵略中国东北地区到战败投降期间对中国的一系列侵略、屠杀活动,特别认定"在日军占领后的最初六个星期内,南京及其附近被屠杀的平民和俘虏,总数达二十万人以上"[②]。判决书同时认定日本对英、美、苏等国及东南亚国家的战争是侵略战争,揭露了日军在东南亚等地大规模屠杀俘虏和平民的罪行。

判决书的第三部分是对被告的宣判。在 28 名被告中,除宣判前死亡的松冈洋右、永野修身以及因精神异常免于起诉的大川周明三人外,其他 25 名均宣告有罪。法庭判处东条英机、广田弘毅、土肥原贤二、板垣征四郎、木村兵太郎、松井石根、武藤章等七人绞刑,并在同年 12 月 23 日全部执行;另外判处木户幸一、平沼骐一郎、贺屋兴宣、岛田繁太郎、白

---

① 小学館編集『日本 20 世紀館』,小学館,1999 年、554 頁。
② 张效林译:《远东国际军事法庭判决书》,群众出版社 1986 年版,第 486 页。

鸟敏夫、大岛浩、荒木贞夫、星野直树、小矶国昭、畑骏六、梅津美次郎、铃木贞一、南次郎、佐藤贤了、桥本欣五郎、冈净纯等 16 人终身监禁；分别判处东乡茂德、重光葵 20 年监禁和 7 年监禁。

除审判甲级战犯的远东国际军事法庭外，还有审判在日本国内以及日本占领区违反战争法规和人道的乙级、丙级战犯法庭，设在日本国内及亚洲太平洋地区各地，分别在美国、英国、澳大利亚、荷兰、中国、菲律宾、法国、苏联等国主导下进行。不包括苏联主导下的审判，一共起诉了 5 700 名战犯嫌疑，其中判处 984 人死刑、475 人无期徒刑、2 944 人有期徒刑、1 018 人无罪、279 人免于起诉或撤回诉讼。[1] 与此同时，苏联对在中国东北地区、朝鲜北部和库页岛等地逮捕的日本人实行了秘密的战犯审判。其中 1949 年 11 月在伯力进行的审判，包括 12 名与 731 细菌部队相关人员。苏联有可能在迅速裁决后，将多达 3 000 名日本人作为战争罪犯秘密处死。[2] 在乙级、丙级战犯中包括 148 名朝鲜人和 173 名中国台湾人，其中判处死刑者朝鲜人 23 人，中国台湾人 21 人，这些战犯绝大多数在战俘收容所任职，均负有虐待战俘罪行。根据东京审判的判决书，在日本的战俘营中，战俘的死亡率为 27%。[3]

但东京审判具有较大的局限性，首先在美国的主导下，作为战争最高责任者的天皇没有受到审判、实施人体实验的 731 细菌部队免于起诉与审判、日本军队在中国战场进行的细菌战及化学战也没有追究等；其次，受冷战国际格局的影响，东京审判几乎是草草收场，半途而废。早在 1948 年 10 月，美国国家安全保障会议已经确认结束对甲级战犯的审判以及尽快结束对乙级、丙级战犯的审判。东条英机等人被执行死刑的第二天，也就是 1948 年 12 月 24 日，盟军总部宣布释放囚禁在监狱的岸信

① 山田敬男『新版戦後日本史——時代をラディカルにとらえる』、学習の友社、2009 年、100 頁。
② 约翰·W.道尔：《拥抱战败：第二次世界大战后的日本》，生活·读书·新知三联书店 2008 年版，第 430 页。
③ 歴史教育者協議会編『データが語る日本の歴史』、ほぷる出版、1997 年、234—236 頁。

介等 19 名甲级战犯嫌疑者。1949 年 10 月 19 日,盟军总部又宣布结束对乙级、丙级战犯的审判,不再搜查、逮捕战犯嫌疑者;另外,审判重点放在日本偷袭珍珠港后的太平洋战争、柳条湖事件、卢沟桥事件等,对中国、亚洲各国的侵略没有得到深入的追究。在 11 名法官中,亚洲代表只有中国、印度、菲律宾三国的代表,马来西亚、印度尼西亚、越南等国没有代表,在日本旧殖民地朝鲜半岛和台湾地区,不仅没有代表出席法庭,而且两地的战争犯罪也没有成为被审判的对象。

第三节　民主化与修改宪法

一、民主化措施

1945 年 10 月 9 日,曾在 20 世纪 20 年代积极推行"协调外交"的币原喜重郎继任首相,两天后接受麦克阿瑟的五大改革指令:(1) 通过赋予选举权,使日本女性获得解放;(2) 鼓励建立工会,使工人能保护自己免受残酷剥削,提高生活水平;(3) 推动教育自由化,使国民获得基于事实的知识和利益,并了解政府不是他们的主人,而是他们的仆人;(4) 废除秘密警察制度及其他使国民始终处在恐怖状态的制度;(5) 改变垄断性产业支配方式,实现日本经济结构民主化。[①]

币原内阁首先制定含有女性参政权的众议院议员选举法修正案,并在 12 月 17 日颁布该修正法。同时根据"人权指令",革除内务省警察的职务。当时共革职内务省系统官员 4 958 名、司法系统官员 1 176 名;共释放司法省系统关押的政治犯 439 名、陆海军省系统关押的政治犯 29 名。[②] 另外,陆续废除了《言论出版集会结社等临时取缔法》《治安维持法》《思想犯保护观察法》《治安警察法》等法律。根据这些法律遭逮捕的

---

① 大藏省财政史室编『昭和财政史　終戦から講和まで』第 20 卷、東洋経済新報社、1982 年、25—26 頁。

② 升味准之辅:《日本政治史》第四册,商务印书馆 1997 年版,第 863 页。

约4 000多名政治犯、思想犯获得自由,其中包括德田球一、宫本显治等日本共产党领导人。

1945年12月15日,盟军总部颁布了《废除政府对国家神道的资助、支持、维护、控制与传播》的指令(即"神道指令"),明确禁止对神道或神道神社进行任何形式的官方支持或财政援助,禁止国家或地方官员以公职的身份参拜神社或代表政府参加神道神社的仪式和典礼;禁止通过神道或其他任何宗教的教义和活动宣传、散播军国主义意识形态;取消与伊势神宫及其他神社有关的宗教功能令,废除内务省的神祇院,不允许任何政府部门或其他税收支持机构承担该机构的功能;关闭所有旨在研究和传播神道或是训练神道神职人员的公共教育机构等。

1946年1月1日,昭和天皇发表了《关于建设新日本之诏书》(即"人间宣言"),否定自己的"神性"。在盟军总部的授意下,已具有"人格"的天皇在1946年2月19日巡视神奈川地区。身穿西服、头戴礼冒的天皇与普通国民接触并直接交谈,多数国民对此抱有感激的心情,并出现"万岁"的呼声。受其鼓舞,天皇陆续巡视日本各地,其举动在保留天皇制和提高天皇权威方面发挥了较大的作用。

因战争中的空袭,日本城市大部分中小学校也遭到轰炸,因而战争结束后教室不足成为重要问题,很多学校不得不将学生分为两组或三组轮流利用教室,甚至出现不少在蓝天下授课的学校。1945年9月20日,文部省向地方行政长官发出《关于终战后教科书处理法》的通知,要求对国家指定教科书进行审查,删除带有军国主义或者极端民族主义色彩的教育内容,同时最大限度地利用现有设施正式开学,被征召服劳役或服兵役的学生回到学校继续接受正规教育等。各学校来不及编写新教科书,只好用墨汁将旧教科书中不合格部分涂黑加以利用,称之为"涂墨教科书"。

占领军进驻日本后,盟军总部在1945年10月到同年年底共颁布四项相关指令,要求日本政府进行教育改革。首先在10月22日盟军总部颁布《关于对日本教育制度管理政策》的指令,要求"禁止军国主义、极端民族主义意识形态的传播，取消所有形式的军事教育与军事训练"，"鼓励教授与代议制政府、国家和平，以及对个人以及集会、言论、宗教自由等基本人权相一致的理论和实践"，"尽快对教师和教育官员进行审查，开除所有职业军人、军国主义与极端民族主义的积极拥护者和占领政策的反对者"，"鼓励学生、教师和教育官员以批判的态度对教育内容进行评价，允许他们参与对政治、公民、宗教自由等问题的自由讨论"，同时建议"暂时允许使用现行教育课程、教科书、教学手册和教学资料，但要尽快对其内容进行审查，删除那些旨在宣扬军国主义或极端民族主义意识形态的部分"。①

盟军总部在 10 月 30 日颁布《关于教师及教育官员的调查、免职、认可》，再次强调为消除军国主义者、极端民族主义者而进行教师资格审查，审查对象达 56 万余人，其中 5 211 人被解除教职。盟军总部 12 月 15 日颁布《废除政府对国家神道的资助、支持、维护、控制与传播》，12 月 31 日又颁布《关于停止修身、日本历史、地理课程》，旨在清除国家神道教、军国主义、极端民族主义对教育的影响。

1946 年 3 月 5 日，由 27 名教育专家组成的美国教育使节团到达日本，对日本教育进行了为期一个月的考察，并与日本的教育专家委员会成员多次讨论。在使节团的建议及教育专家委员会的意见基础上，政府制定了《教育基本法》并得到国会两院的通过，于 1947 年 3 月 31 日颁布实施。该法确立了教育民主化的方向，即以"六三三制""和平主义""教育机会均等""免费九年义务教育""男女同校""教育自由"等为基本原理。

在教育民主化改革的过程中，教育领域的工会组织也发展起来。日本战败投降不久，就出现了两个全国性的教职员工会组织，即 1945 年 12 月成立的"全日本教员组合"和"日本教育者组合"。其后两个组织不断

---

① GHQ/SCAP, *History of the Non-Military Activities of the Occupation of Japan*, 1945-1951. Vol, 20.

协商,同时也有其他教职员工会组织参加进来。1947 年 6 月,以公立中小学教师为中心,也有高中、大学教职员参加的"日本教职员组合"在奈良县橿原市成立,当时参加该组织的教职员共有 50 万人,组织率超过90%。大会发表的宣言表示,"日教组是全日本 50 万教职员希望与意志的集合体,为建设新民主秩序以及创造新日本文化发挥重要作用"。该组织的三项纲领是:确立教职员的经济、社会、政治地位;获得教育民主化与研究的自由;建设热爱和平与自由的民主国家。

币原内阁成立后,农林省内部开始探讨农地改革问题,很快提出《农地改革法案》并在 12 月 4 日得到内阁会议的批准。其内容主要是固定地租货币化、限制耕作权转移、强制性地转让不在村地主的全部出租土地和在村地主超过五町步的出租土地以创造更多的自耕农等。但《农地改革法案》在议会中遭到抵制。12 月 9 日,盟军总部颁布《农地改革备忘录》,命令日本政府在 1946 年 3 月之前提出农地改革计划,因而《农地改革法案》在经过少量修改后通过了议会的审议。

但盟军总部对《农地改革法案》不满,因而拒绝了日本政府提出的农地改革计划。对日理事会提出第二次农地改革法案的基本框架,日本政府制定的相关法案在 1946 年 10 月 11 日通过帝国议会的审议。该法案主要内容为:购买不在村地主的全部出租土地、在村地主超过一町步(北海道为四町步)的出租土地、自耕农超过三町步(北海道为十二町步)的土地;政府进行土地的购买;担当具体购买事务的是地主、自耕农、佃农按比例直接选举产生的市町村农地委员会;农地购买价格,水田为租赁价格的 40 倍、旱田租赁价格的 48 倍;农地转让的对象主要是佃农等。由于当时通货膨胀严重,所以农地买卖价格均十分低廉,另外也有占领军强制命令的因素,因而农地改革较为彻底。1941 年时,自耕农与佃农的比例分别为 53.8% 和 46.2%,到 1949 年两者分别为 86.9% 和13.1%,形成了以自耕农为中心的农业体制。①

---

① 小学館編『日本 20 世紀館』,小学館、1999 年、558 頁。

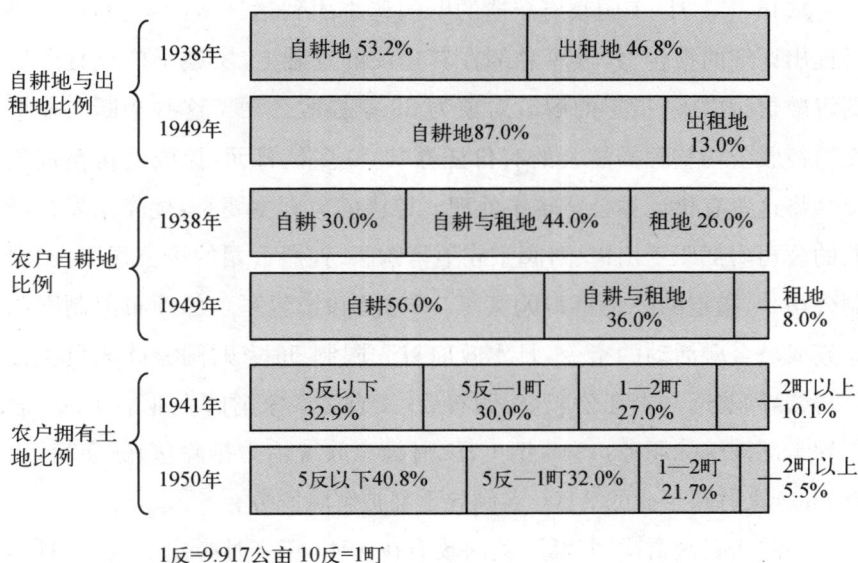

| 自耕地与出租地比例 | 1938年 | 自耕地 53.2% | 出租地 46.8% |
| 1949年 | 自耕地87.0% | 出租地 13.0% |

1反=9.917公亩 10反=1町

图1-3 农地改革表(农林省统计局资料)

1945年9月发表的《投降后美国早期对日方针》中提到"解散控制日本工商业的产业及金融的大垄断组织",大垄断组织即日本的财阀。盟军总部认为财阀不仅是支持军需产业的直接战争责任者,而且财阀的存在是扩大贫富差距、产生军国主义的原因,因而将解散财阀作为一项核心改革措施。

从1945年9月到同年10月,盟军总部传唤各财阀首脑及财阀本部负责人,催促财阀自主解散。其后日本政府与三井、三菱、住友、安田四大财阀共同制订各自解体方案,11月4日,日本政府将其方案以《关于解散控股公司备忘录》的形式提交盟军总部,其主要内容是设置"控股公司整理委员会",各大财阀的所有材料移交该委员会管理,各大财阀家族成员立即辞去在各种企业的职务等。盟军总部批准其方案,并在11月6日发表声明《关于解散控股公司问题》,指令日本政府立即付诸实施。11月24日,日本政府又制定《限制公司令》,限制被指定公司转移财产和权利,冻结其财产,为解散财阀做准备。

　　1946 年 1 月,美国政府派遣的财阀调查团到达日本,经过实地考察后提出详细的报告书,盟军总部在其建议的基础上,实施了广泛且严厉的解散财阀措施,指定的解散对象为 83 家控股公司。这些垄断企业移交给控股公司整理委员会的有价证券共 70 多亿日元,控股公司整理委员会将这些有价证券公开转售处理。转售的原则主要是:优先向发行股票的公司内部职工出售、财阀家族不得购买、控股公司的子公司以及《限制公司令》指定的公司不得购买等。与此同时,盟军总部颁布限制财阀家族成员金融活动的指令,日本政府首先限制 56 家财阀家族成员担任公司领导职务。《剥夺公职令》颁布后,又有 245 家财阀企业的 1 500 名领导干部被解除职务,1948 年 1 月《财阀家族统治力排除法》颁布后,再有 1 600 家财阀企业的 2 200 名领导干部被解除职务。

　　为防止财阀再次"复活",美国政府在 1947 年 1 月拟定了《关于日本经济力量过度集中的政策》,远东委员会也制定了《日本经济力量过度集中排除计划》,计划分割日本 1 200 家大企业和大银行,切断银行和财阀的关系。[①] 在其基础上,日本政府在 1947 年 4 月颁布限制私人垄断、不正当交易、不公平竞争的《关于禁止垄断和保证公平交易的法律》(简称《禁止垄断法》),同年 12 月又颁布了分割既有垄断性大企业的《经济力量过度集中排除法》。1948 年 2 月,盟军总部指定 325 家公司为经济力量过度集中企业,这些企业的资本约占全日本股份公司总资本的三分之二。

　　从结果上来看,解散财阀改革措施实施后,财阀家族通过控股公司支配下属企业的产业体制崩溃了。但由于其措施实施不彻底,不仅多数大企业保存下来,即使那些被分割的企业也重新合并,"复活"成原来的大企业,甚至那些财阀系列企业也以企业集团的形式再次集中在一起,但财阀家族没有得到恢复。特别是银行没有成为经济力量过度集中排

---

① 秦郁彦、袖井林二郎『日本占領秘史』下、朝日新聞社、1977 年、77 頁。

除的对象,因而战后日本企业以银行为中心形成垄断性企业集团。①

　　盟军总部期待工会对日本民主化过程发挥作用,因而积极扶植工会组织的建立。在盟军总部的推动下,日本政府在 1945 年 12 月制定《工会法》,包括公务员在内,工人的结社权和集体谈判权得到保障。1946 年 9 月,日本政府制定调整劳资关系、预防或解决劳资争议的《劳动关系调整法》,1947 年 4 月,日本政府再次颁布以劳动条件标准为主要内容的《劳动基准法》。上述三部法律的颁布和实施推动了工会组织和工人运动的急速发展。

二、政界重组与吉田茂内阁

　　战争结束后,随着以美军为首的占领军的进驻以及民主化改革的开始,战时的御用政治团体相继解散,例如战争结束前改组的御用政党大日本政治会(其议员均由政府推荐,占据议会绝大多数席位)在 9 月 14 日宣布解散。战前和战时的一些政治家为在新的议会政治中掌握主导权乃至建立政权,纷纷着手重建或组建政党,因而各种政治势力不断分化组合。1945 年 11 月和 12 月,相继建立和重建了日本社会党、日本自由党、日本进步党、日本协同党和日本共产党五个较大政党。

　　从结党的时间顺序上看,社会党成立最早。1945 年 11 月 2 日,战前几个政见不同的社会民主主义政党在建立"大社会主义政党"的口号下,仓促联合起来成立了社会党。其中包括右翼系统的原社会民主党成员(西尾末广、片山哲等)、中间系统的原日本劳农党成员(浅沼稻次郎、河野实等)和左翼系统的原日本无产党成员(加藤勘十、铃木茂三郎等)。正因如此,社会党难以协调各方的主张,建党纲领只有笼统、模糊的三句话,概括起来就是政治上确立民主主义体制、经济上实行社会主义、对外奉行和平政策。该纲领不仅没有充分阐述党的指导思想,而且也未解决各派之间的矛盾,更因建党初期右派掌握了党的领导权,在斗争策略上

---

① 野口悠紀雄『戦後日本経済史』、新潮社、2008 年、35 頁。

常常偏向保守系政党,反对同属革新阵营的日本共产党,这就为后来的数度分裂埋下了伏笔。社会党成立时拥有 12 名帝国议会议员,委员长空缺,片山哲任书记长。由于社会党提倡社会主义,因而被看作是革新政党。

自由党成立于 1945 年 11 月 9 日,其核心人物鸠山一郎战前就是大政党"政友会"的重要成员,曾在战时任内阁书记长官、文部大臣等,但在帝国议会中属非主流派,曾受到军国主义势力的压制。在自由党成立大会上,鸠山一郎当选为该党总裁,提供大量活动资金和活动场所的河野一郎人任该党干事长,该党当时拥有 43 名帝国议会议员。尽管自由党标榜自由主义,但极力反对共产主义,甚至在 1946 年 2 月 2 日发表反共声明。另外,该党明确主张"维护君民一体的国家","确立负责任的立宪政治","自主履行《波茨坦公告》,根除军国主义因素"。同时表示坚决"与无产阶级独裁政治作斗争",坚持"维护私有财产,自由主义经济"等,是典型的资产阶级保守政党。但该党也有自由主义的人物,例如宪法学家美浓部达吉、经济评论家石桥湛山、文学家菊池宽等人。

进步党以"大日本政治会"的成员为中心在 1945 年 11 月 16 日组成,因而在结党时成员较多,共拥有 273 名帝国议会议员。但由于内部派系林立,相互之间争夺主导权,致使在成立时未能选出党的总裁,鹤见祐辅任党干事长,斋藤隆夫任总务长。12 月 18 日,原民政党总裁、84 岁的町田忠治出任进步党总裁,原因是町田筹措的政治资金较多,其中包括后来成为首相的田中角荣的捐款,田中也因此进入政界。虽然该党名为进步党,但因其成员大多是战时的御用议员,不仅对侵略战争毫无反省之意,而且强调"维护国体"以及"统制经济",并攻击共产主义,是保守政党中的右翼。然而,在 1947 年 3 月该党改组为民主党时,在党内年轻议员的推动下,该党的新纲领带有"拥护新宪法、推动民主改革、提倡劳资合作、尊重劳工作用"等革新色彩。

尽管日本共产党成立于 1922 年 7 月,但在战前一直被视作非法政党,受到法西斯军国主义政权的镇压。占领军进驻日本并实施民主化改革措施后,该党领导人得以出狱,立即以合法身份积极着手党的重建工作。1945年12月1日,日本共产党召开了相隔十九年之久的第四次代表大会,选出新一任中央委员会,并选举德田球一为书记长。重建后的日本共产党号召国民"打倒天皇制,建立人民共和政府","废除钦定宪法和旧议会",实现民主主义革命。在1946年2月召开的日本共产党第五次代表大会上,从国外回到日本的该党领导人野坂参三在大会上做报告指出:"现在在我国,不论是新民主主义革命,还是随后社会主义革命的实现,都可能在占领下和平地通过议会进行",充分肯定了议会斗争的重要性。从主张上看,日本共产党更属于革新政党。

协同党成立于1945年12月18日,其成员大多是农村产业组合为基础的议员。该党委员长是山本实彦,当时拥有23名帝国议会议员。虽然该党主张"维护皇统",但同时提倡"确立民主政治体制",主张通过协调修正资本主义,标榜合作主义、劳资合作,确立基于农业立国的粮食自给体制,是"以既不是资本主义也不是社会主义的中道政治为目标"的保守政党左翼。

除上述五个较大的政党外,还有为数众多的小党,众议院议员选举之前居然出现了360个大大小小的政党。尽管帝国议会在1945年12月18日通过了以降低选民年龄资格、赋予妇女选举权及被选举权为主要内容的《众议院议员选举修正案》后解散,但直到1946年4月才举行战后首次大选。原因是占领军当局为清除政界的军国主义分子下达解除公职令,大批在战时不同程度地参加过军国主义活动的政治家成为被解除公职的对象。在已经成立的政党中,进步党受冲击最大,274名议员中能参加大选的只有14名。在自由党拥有的43名议员中,也仅剩下13名能够参加大选,协同党只剩下两名。即使在社会党议员中,也有11名被解散公职。①

参加大选的候选人达到2 770人,其中新人2 624人,女性候选人97

① 北冈伸一『自民党』、読売新聞社、1995 年、34 頁。

人。参加选举的政党达到 363 个,其中一人政党有 184 个,自由、进步、社会、协同、共产五大党派候选人 1 429 人,无党派候选人为 773 人。投票的结果:投票率为 72.1%,自由党当选 140 人,进步党当选 94 人,社会党当选 92 人,协同党当选 14 人,共产党当选 5 人,其他党派当选 38 人,无党派人士当选 81 人,共 464 人,其中有 39 名女性议员。另外新当选者占 81.8%,共 381 人。①

大选后没有加入任何党派的币原喜重郎首相借口政局不稳会引起社会混乱,声称"只要前景还看不到自由、进步、社会三党的联立等能够产生政府的安定势力和宪法的修改能够顺利进行,就不能不负责任地交出政权。如果出现这样的前景,当立即挂冠而去"②,准备继续执政。总裁遭到剥夺公职处分而群龙无首的进步党有意让币原首相兼任总裁,但联合小党派时遭到反对而未成功。进步党干部与社会党也进行接触,但社会党认为币原继续担任首相违背宪政精神,并联合自由、协同、共产组成四党打倒币原内阁共同委员会,通过要求币原首相立即下台的声明书和决议案。币原内阁被迫在 4 月 22 日全体辞职,第二天币原任进步党总裁。

议会第一大党自由党成为组织政权的中心,尽管进步党希望与其组成联合政权,但鸠山一郎总裁为表示自己的自由主义色彩,更愿意与社会党合作。作为议会第三大党的社会党也想成为执政党,但党内存在不同观点。右派西尾末广等人主张参加联合政权,左派加藤勘十等人主张必须由社会党组阁,投票表决的结果是左派获胜。即使如此,鸠山一郎仍然希望得到社会党的支持并在此基础上组阁,但盟军总部指定鸠山为"利用言论、行动、暴力等手段压制反军国主义者并支持战争者"。于是,吉田茂担任自由党总裁,在 1946 年 5 月 22 日组成战后第一届政党内阁,但包括数名民间人士和官僚出身者。在 13 名内阁成员中,两党成员只

① 升味准之辅:《日本政治史》第四册,商务印书馆 1997 年版,第 898 页。
② 幣原平和財団編『幣原喜重郎』,幣原平和財団、1951 年、700 頁。

有 9 名，众议院议员也只有 5 名，甚至吉田茂首相也是贵族院议员。

尽管在第一届吉田内阁时期完成了宪法修正、制定第二次农地改革方案、在众议院议员选举中将大选区制改为中选举区制等立法工作，但其面临的最大问题是粮食危机以及工人运动。一方面，由于战争的破坏，1945 年度的日本经济处在崩溃状态。按当时的价格计算，日本财产损失 1 057 亿日元，约占国民财富的四分之一。包括军人、平民在内的战争伤亡人员高达 870 万，全国大多数城市变成一片废墟，近半数的工业生产设备被破坏。军需产业停止生产，该部门的 400 万就业工人失去工作，再加上从海外回国的 350 万复员军人及 289 万平民等，失业人数高达 1 400 万。

另一方面，农业严重歉收，粮食产量只有战时的一半，而且也不能再从旧殖民地进口粮食，因此，以大米为中心的生活资料价格飞速上涨，黑市流行。同时，军人复员费及军需产业补偿费等临时战费的大量支出、占领军经费的支出、银行贷款迅速增加、存款支取剧增等引发了严重的通货膨胀。从 1945 年 9 月到 1946 年 2 月的 5 个月之间，零售物价指数上涨了 2.8 倍，食品价格上涨了 3.7 倍。[①] 为此，币原内阁在 1946 年 2 月颁布了《金融紧急措施令》，通过冻结存款、发行新货币的方式限制货币流通，同年 3 月又颁布《物价统制令》，但均未取得较好效果。

三、制定和平宪法

除政策性改革之外，盟军总部还在日本进行了许多制度性改革，其中最重要的是修改宪法。早在 1945 年 10 月，麦克阿瑟就对东久迩内阁的近卫文麿国务大臣提出修改旧宪法的要求，并指出修改时必须充分加进自由主义的要素，必须扩大选举权，承认妇女的参政权和工人的权利，同时鼓励近卫提出修改宪法草案。[②] 币原喜重郎内阁成立后，麦克阿瑟

①　孙执中：《荣衰论——战后日本经济史（1945—2004）》，人民出版社 2006 年版，第 4 页。
②　升味准之辅：《日本政治史》第四册，商务印书馆 1997 年版，第 865 页。

再次要求探讨修改宪法。币原首相任命近卫为内大臣御用挂(顾问),进行修宪的调查研究。同时在内阁中设置宪法问题调查委员会,由松本蒸治任委员长。

1946年1月4日,松本委员长提出个人的《宪法修改要纲》,即"松本甲案",在有关天皇部分,只是将"天皇神圣不可侵犯"改为"天皇至尊不可侵犯"。由于遭到委员会委员的质疑,所以又制定了修改内容较多的"松本乙案"。但从1月30日内阁会议开始讨论两个修改宪法方案时,有关天皇部分仍然没有进行大幅度修改。2月1日,《每日新闻》发表快讯,公布了宪法问题调查委员会制定的7章77条《宪法草案》,并指出:"在宪法核心的天皇统治权方面,与明治宪法完全相同。"①

战后组建的各个政党也提出了自己的宪法草案。日本共产党在1945年11月的第一次全国协议会上发表《新宪法框架》,其内容主要包括:主权在民,18岁以上男女具有选举权及被选举权,人民具有政治、经济、社会、监督及批判政府的自由,具有生活、劳动受教育等权利。1946年6月,日本共产党正式发表《日本人民共和国宪法草案》,明确主张废除天皇制、建立共和国;1945年1月21日,自由党发表其宪法草案,在天皇制方面,声称天皇万世一系,作为国家元首总揽统治权,废除紧急敕令、独立命令制定大权、官员任免大权、统帅大权、编制大权等,在人权方面,国民享有法律范围内的思想、言论、信教、学术、艺术等自由。社会党在同年2月23日发表宪法草案,主张主权在国家——包括天皇在内的国民共同体,分割统治权,主要部分在议会,一部分归属天皇,限制天皇的统治权,将其非政治化。该宪法草案的特色是"国民的生存权",即"国民具有生存权,其老年生活得到国家保护","国民具有劳动的义务,劳动力受到国家特别保护"等。进步党也在同年3月14日发表了修改宪法方针,维护天皇制,"天皇在臣民的辅助下行使统治权,立法依靠帝国议会的协助,行政由内阁辅助,司法委托法院……废除统帅大权、编制大

---

① 塩田純『日本国憲法誕生——知られざる舞台裏』、日本放送出版協会、2008年、87頁。

权、非常大权、独立命令制定大权,其他天皇大权有议会议之。"①

除政府和政党的宪法草案外,还有六个民间的宪法草案,分别为宪法研究会的《宪法草案要纲》、高野岩三郎的《日本共和国宪法私案要纲》、日本律师联合会的《宪法修改草案》、里见岸雄提出的《宪法修改草案》、宪法恳谈会的《日本国宪法草案》及布施辰治的《宪法修改私案》等。②

《每日新闻》发表松本宪法草案后,民政局立即加以分析后提出报告,认为该修改草案具有极其保守的性质,对天皇的地位没有实质性变更。天皇完全具有统治权。从这一点来看不会得到媒体或社会舆论的积极评价,更不会为远东委员会所接受。为防止远东委员会参与甚至起草宪法而使问题复杂化,必须在远东委员会正式成立之前完成明治宪法的修改工作。对日本政府感到失望的麦克阿瑟决定由盟军总部民政局制定宪法草案,并亲自提出了"制宪三原则":第一,天皇处于国家元首地位。皇位世袭。天皇的职能与权限基于宪法行使,顺应宪法体现的国民之基本意志。第二,废除国权发动的战争。日本放弃作为解决纷争手段的战争,甚至作为保护自己安全手段的战争。日本将其防卫与保护委托目前推动世界的崇高理念。将来既不授予日本具有陆海空军权力,也不授予日本军队交战权。第三,废除日本的封建制度。贵族的权利,除皇族外,不再给予现在生存者一代以上。华族的地位,今后不伴随任何国民的或市民的政治权力。预算的模式仿照英国制度。③

1946 年 2 月 4 日,民政局开始起草新宪法,2 月 12 日完成,第二天提交日本政府。2 月 19 日,内阁会议讨论盟军总部宪法草案,松本等人强烈反对。21 日,币原首相访问麦克阿瑟,后者再次强调为保留天皇制必须接受主权在民和放弃战争的条款。在 22 日召开的内阁会议上,虽然松本国务大臣以翻译时间不足、贵族院不会同意、外来宪法会引起混乱

---

① 雨宮昭一『シリーズ日本近現代史・7・占領と改革』、岩波新書、2008 年、85—87 頁。
② 魏晓阳:《制度突破与文化变迁——透视日本宪政的百年历程》,北京大学出版社 2006 年版,第 144 页。
③ 塩田純『日本国憲法誕生——知られざる舞台裏』、日本放送出版協会、2008 年、92—93 頁。

等为由反对接受,但最后的结论是在接受盟军总部方案基础上,尽可能加入日本方面的意见。内阁会议后,币原首相到宫中禀报,天皇赞成像英国那样的"象征"君主。①

1946 年 3 月 6 日,日本政府正式发表《宪法修正草案要纲》,社会各界表示赞成,首先媒体多给予积极评价。《朝日新闻》的社论《划时期的和平宪法》,认为国民大众也能理解修改宪法所具有民主革命的意义,反映了人民的意志;《每日新闻》连续四天发表社论,其中在《民主宪法与新道德》一文中指出:"新宪法将挽救因战败处在崩溃状态的日本,赋予国民巨大的勇气和希望";《读卖报知新闻》的社论《彻底的和平主义》,高度评价新宪法是进步的、革命的宪法。在政党方面,自由党和进步党"原则赞成",特别是自由党认为"新宪法与我们自由党提出的宪法修正案原则完全一致";社会党认为新宪法忠实地履行了《波茨坦公告》和充分体现了民主主义政治,但天皇权力依然较多;日本共产党明确表示反对,认为应废除天皇制、具体阐述劳动人民的权利等。新宪法的基本理念得到日本国民的支持,《每日新闻》的舆论调查表明,85%的人支持象征天皇制,13%的人反对,不表态的人占 2%;70%的人认为有必要放弃战争,28%的人认为不必要。②

众议院审议完毕后,宪法草案转到由 14 名各党议员组成的"帝国宪法修改案委员小委员会",委员长是芦田均。从 7 月 25 日到 8 月 20 日,共进行了 13 次审议。除增加生存权及延长义务教育的修正外,该小委员会对宪法最大的修正是有关放弃战争的第九条。宪法草案的原文是"永久废除以国家主权发动的战争及以武力威胁或行使武力作为解决与他国之间纠纷的手段。不保持陆海空及其他战争力量,不承认国家的交战权"。芦田均提出修正案,第九条的内容改为:"日本国民真诚希求基于正义与秩序的国际和平,永久放弃以国家主权发动的战争及以武力威

① 松村謙三『三代回顧録』、東洋経済新報社、1964 年、290 頁。
② 通口陽一、大須賀明『日本国宪法资料集』、三省堂、1995 年、10 頁。

胁或行使武力作为解决与他国之间纠纷的手段。为达前项目的，不保持陆海空及其他战争力量，不承认国家的交战权。"这样一来，日本有可能重新军备。正如芦田均指出的那样，"我担心第九条第二款原封不动，就会出现剥夺我国防卫力的结果……由于加入'为达前项目的'这样的词句，原案中无条件地不保持战争力量就变成在一定条件下不保持战争力量"①。

与此同时，远东委员会也就宪法的基本原则进行讨论。7月2日，远东委员会制定了《新日本国宪法的基本原则》，主要内容为："日本国宪法必须明确主权属于国民，日本国的最终统治形态应由自由表明的日本国民意志而确立，但天皇制以现行宪法形态存在并不符合前述一般目的。因此，应鼓励日本国民朝废除天皇制或更为民主化的方向改革天皇制。"②

"芦田修正"在远东委员会引起较大争议，负责宪法问题的第三委员会认为"第九条修改成日本有可能保持陆海空及其他战争力量"，因而要求负责"废除日本军备"的第七委员会对此加以注意。在远东委员会的压力下，宪法草案不仅明确了"主权在民"的原则，又另外增加第66条第二款："内阁总理大臣及其他国务大臣须为文职人员。"至此，名义上为修改宪法，实质上是制定宪法的过程结束。1946年11月3日，《日本国宪法》颁布，1947年5月3日起正式实施。

新宪法第八章专门规定了"地方自治"，其中第93条规定"地方公共团体首长、其议会议员及制定法律的其他官员由其公共团体的居民直接选举"。地方制度改革在强化地方议会权限的同时，也确立了都府县知事以及市町村长直接选举的制度。1947年4月17日，颁布了将有关都制、府县制、町村制等法律合而为一的《地方自治法》。1947年12月，战前权力极大的内务省被解散，设置"全国选举管理委员会""地方财政委员会""国家公安委员会"承担其事务。1950年4月15日，颁布将有关国

① 室山義一『日米安保体制』上卷、有斐閣、1992年、91頁。
② 塩田純『日本国憲法誕生——知られざる舞台裏』、日本放送出版協会、2008年、197頁。

会众参两院议员、都道府县知事、市町村长、地方议员等选举法律合而为一的《公职选举法》。根据美国财政专家提出的建议,实施以国税和地方税分离、都道府县税与市町村税分离为目标的税制改革,并引进"地方财政平衡交付金制度"。另外,1948 年 7 月制定了《教育委员会法》,在都道府县、市区町村建立公选的教育委员会。在警察方面,根据 1948 年 3 月制定的《警察法》,在市和 5 000 人以上的街区町村设置自治体警察。①

新宪法第 24 条规定:"婚姻仅以两性的意愿为基础而成立,以夫妇平权为根本,应共同努力予以维持。关于选择配偶、财产权、继承、选择居所、离婚以及关于婚姻和家族的其他事项,须立足于个人尊严与两性真正平等制定法律。"为此,首先在 1947 年 5 月 3 日宪法实施之日通过《应急法》对 1896 年颁布的《民法》进行了修改,其后在 1948 年 1 月实施修改过的《民法》,否定了嫡系长子优先的户主继承制度和"户主权",婚姻自由与男女平等得到保障。在 1947 年 11 月实施的《刑法修正案》废除了将批判天皇视为犯罪的不敬罪和已婚女性发生婚外关系的通奸罪。②

根据新宪法精神,1947 年 3 月 31 日帝国议会众议院解散以前,国会两院又先后制定和通过了由国民投票选举的《参议院议员选举法》、详细规定国会两院组织形式与功能的《国会法》、规定最高行政机构权限的《内阁法》,以及《法院法》《检察厅法》《财政法》《皇室典范》《皇室经济法》等制度性法规,从而形成了战后政治制度。

第四节　工人运动与社会党政权

一、废墟上的生活与精神

战争末期,由于美军对日本城市的轰炸以及海上运输为美军控制,

---

① 礒崎初仁、金井利之、伊藤正次:《日本地方自治》,张青松译,社会科学文献出版社 2010 年版,第 19 页。
② 正村公宏『战后史·上』、筑摩书房、1985 年、77 頁。

日本国民的生活受到严重影响,1941 年开始的粮食配给制度已经难以维持,不仅经常出现拖延时间配给或配给欠缺的现象,而且数量也在减少,例如 1945 年 7 月政府宣布将配给量削减 10%。为维持生活,国民被迫到黑市上购买粮食和生活必需品。

尽管国民生活因战局恶化而困难,但战争结束时军队仍然储藏了大量军需物资,按照当时价格大约为 2 400 亿日元。1945 年 8 月 14 日,铃木贯太郎内阁决定在盟军进驻之前秘密处理这些军需物资。到 8 月 28 日停止处理,约有三分之一的军需物资流入民间,再加上庞大的失业人口、大量复员军人和海外归来人员、生活必需品的极端缺乏、配给制度及统制物价的取消等原因,激发了黑市的公开化、扩大化。除购买生活必需品外,复员军人、失业人员、战死者遗族等也需要在黑市贩卖商品的活动中寻找生计。也有人将自己收藏的古董等在黑市上出售以获得生活必需品,甚至战后第一任首相东久迩稔彦下台后因脱离皇籍而为生活所迫也曾一度在黑市上摆摊。

黑市通常是在因空袭而烧毁的市区空地上形成,是不受政府控制的露天市场。日本投降后第五天(即 8 月 20 日)在东京新宿地区首先出现这种市场,其后在涩谷、池袋、新桥、上野广小路等地区出现,其他城市也迅速仿效,甚至在没有遭到空袭的京都也出现黑市。1945 年 10 月,全日本城镇共有 1.7 万个黑市。[①] 政府不能配给的食物和生活必需品在黑市上应有尽有,但价格非常高,例如 1946 年 1 月黑市价格是公定价格的40 倍。[②]

黑市每天集中了大量人群,因而在其周围也形成了各种各样的商业区,出现新的社会区域结构。例如在关西地区最大的黑市尼崎市出屋敷站地区,以黑市新三和市场为中心,周围集中了许多饮食业、娱乐业以及分散在各处的妓院,众多的打短工者也汇集在黑市附近等待雇主。受黑

---

① 安德鲁·戈登:《日本的起起落落:从德川幕府到现代》,广西师范大学出版社 2008 年版,第280 页。
② 孙执中:《荣衰论——战后日本经济史(1945—2004)》,人民出版社 2006 年版,第 5 页。

市影响,不少已经关闭的商店也陆续开业,因而黑市后来发展成为各个城市的商业街。

因黑市价格过高,政府也难以控制,配给的食物极度不足,市民们纷纷到农村购买粮食或在城市空地甚至屋顶上种植蔬菜。粮食危机如此严重,以至于 1945 年 10 月政府大藏大臣发表讲话说:"现状如果继续下去,来年度饿死、病死者将达到 1 000 万人。"[1]因通货膨胀发展迅速,纸币贬值,市民纷纷将自己的衣物换取食品,俗称"竹笋族",意思是像剥竹笋一样层层脱下身上的衣物。由于交通工具严重不足,破损的列车上严重超员,时常发生事故。1945 年 11 月 2、3 日,共有 100 多万东京市民涌到附近农村购买食物。1947 年 2 月发生重大交通事故,满载购物人群的列车在高丽川站附近倾覆,造成 147 人死亡。[2]

同时,因粮食问题出现了震惊社会的"小平连续杀人事件""片冈仁左卫门一家灭门事件""山口法官饿死事件""帝银事件"等。1945—1946 年,在东京发生连续强奸杀害年轻女性的案件,罪犯小平义雄曾作为海军士兵战时在中国有强奸女性的经历,战争结束后他利用粮食或就业等借口将年轻女性引诱到偏僻处强奸后杀害,受害者多达 10 人,1947 年法庭将其处以死刑;1946 年 3 月 16 日,歌舞伎演员片冈仁左卫门一家五口均遭惨杀,凶手是寄居其家的剧团作者饭田利名,其动机为配给的粮食被克扣而常常吃不饱,而且写的剧本也经常遭到片冈的训斥,因而产生仇恨;1948 年 1 月,一位装扮成东京都卫生课职员、医学博士的男人进入东京帝国银行椎名町支店,声称附近流行痢疾,让 16 名银行职员饮用带有毒药的预防药,结果毒死 14 人,抢走 17 万日元现金和 1.7 万日元的支票。警方根据名片逮捕了 57 岁的画家平泽贞通,1955 年判决其死刑。平泽贞通开始坚持无罪,其后承认,但很快翻供,不断上诉,直到1987 年死在狱中。

---

① 『朝日新闻』1945 年 10 月 7 日。
② 上野昂志『戦後 60 年』、作品社、2008 年、24 页。

　　尽管为解决粮食危机,政府恢复物价统制政策,但配给的粮食只达到正常生活所需的三分之二,而且经常推迟配给时间甚至欠缺配给,因此,如果不到黑市购买粮食就难以维持生命。年轻的山口良忠法官从1946 年 10 月在东京地方法院担任违反物价统制的审判工作,决心仅依靠配给的粮食度日,而且拒绝亲戚资助的粮食,自己的口粮也大多给予两个孩子,结果在 1947 年 3 月因营养不良患上肺炎,同年 11 月去世。

　　1946 年 1 月,东京板桥发现旧陆军兵工厂隐蔽的仓库中有大量粮食、大豆、木炭等物资,当地居民自发地按照公定价格的一半加以分配,全日本各地也出现了要求揭发藏匿物资并合理分配的运动。5 月 12 日,世田谷区市民召开"争取大米会议",会后身穿普通衣物及木屐的 100 名代表为面见天皇而闯入皇宫。5 月 19 日,东京 25 万市民参加了"争取大米人民大会",并通过了要求粮食自我管理的上奏天皇决议书。会后举行了大规模的游行示威,其中一名日本共产党员举着讽刺天皇的标语牌,上书"维持国体,朕吃得饱,尔等臣民饿死",结果被起诉为"不敬罪",但在盟军总部的干预下借口新宪法颁布实施大赦而免于起诉。[1] 在这种背景下,尽管吉田茂答应出任自由党总裁,但仍然迟迟不组织内阁,直到麦克阿瑟答应决不饿死一个日本人后才登台执政。占领初期,美国向日本提供了大量的粮食援助,特别是在 1946 年 6 月到 9 月,配给量的70％—94％是进口的粮食。[2]

　　由于缺乏粮食,不少学校儿童营养失调,在学习方面明显缺乏耐久力,记忆能力衰退,判断能力下降,学习能力仅仅停滞在汉字的听写程度上。1946 年 12 月,文部省、厚生省、农林省联合发布"关于普及与奖励实施学校供餐"的通令:"本届政府基于联合国军总司令部之善意,计划渐次向国民学校特别供给学校供餐用食品等,以在全国范围内推动和扩充学校供餐之实施。"同年日本开始从美国的亚洲救援公认团体接受物资

---

① 佐佐木毅等『战后史大事典·增补新版』,三省堂、2005 年、804 页。
② 升味准之辅:《日本政治史》第四册,商务印书馆 1997 年版,第 910 页。

援助,1947 年联合国儿童基金会寄赠日本 600 万吨脱脂奶粉,全国城市儿童约 300 万人再次开始接受供餐。该措施不仅催生了喜食牛奶与面包的一代新人,而且对孩子们"在培养亲美意识上作出了很大的贡献"①。

尽管生活困难,民众终究从战争期间的紧张感中解放出来,因而精神领域发生较大变化。也许是因为反映了期望富裕且稳定生活的心情,一首轻松、欢快的电影插曲成为战后最早的流行歌,即 1945 年 10 月完成的电影《微风》插曲《苹果之歌》:"我唇边的红苹果,蓝天默默地望着。苹果不说一句话,但苹果的感觉明白不过……让我们唱苹果之歌好吗?如果两人一起唱,多快活。如果每个人都唱,就会越来越快乐。"由並木路子、五岛省二重唱的唱片也在 1946 年 1 月发行,尽管能够买得起唱片的人很少,但通过广播和口头传唱,其立刻成为男女老少喜爱的歌曲。在粮食危机时期,苹果也是奢侈品,人们仍然从充满希望的歌词及平稳的旋律中看到了美好的未来,许多从海外战场回国的日本人回忆说,听到这首歌时立刻感到放松和安心。

1946 年 1 月日本放送协会(NHK)电台开始播放"业余歌手音乐会"节目,最初只是播放合格者唱的歌,决定歌手是否合格的反应很有趣,是以铃声来表示。同年 5 月,NHK 开始播放"街头录音"节目,即就某个话题随机采访街头的行人,然后原封不动地在电台播放,例如第一次节目播放的是"你如何解决吃饭问题"。这两个节目非常受听众的欢迎,报名参加者或接受采访者十分踊跃,有些人因此成为专业人士,例如当时的少女美空云雀参加"业余歌手音乐会",非常成功地演唱成人的歌曲,尽管当时的评委没有摇铃,但后来她发展为著名的歌唱家。

战时停止的体育活动在战败后也很快恢复,从 1945 年 10 月到 11 月,在尽可能搜集器材的基础上,举行了东京六个大学资格赛、早稻田大学与庆应大学对抗赛等棒球比赛。在明治神宫运动场举行的早稻田大

① 鹈饲正树、永井良和、藤本宪一编:《战后日本大众文化》,社会科学文献出版社 2010 年版,第 20—21 页。

学与庆应大学对抗赛中,有4.5万观众助阵,观众对棒球的热爱不减战前。作为美国人也喜爱的体育项目,占领军注重推动棒球运动的发展,日本棒球联盟得以重建,东西日本对抗的职业联赛也开始举行。另一方面,作为日本人喜爱的大相扑运动也在1945年11月举行秋季赛。在仍带有炸弹痕迹和漏雨的两国国技馆进行了为期10天的比赛。尽管选手们因粮食不足而体重剧减,另外还有未蓄发的选手,但观众席连日满场。其后大相扑运动进入衰退期,直到出现电视转播的20世纪60年代。其中原因除占领军征用两国国技馆外,连胜69场的著名选手横纲双叶山引退是重要因素。

因突然战败后的精神空虚、政教分离与信仰自由得到保障等因素,占领初期出现了新兴宗教热,不仅涌现出许多教团,而且这些教团也获得大量信徒。盟军总部颁布"神道指令"后,日本政府随即制定了《宗教法人法》,教团只要申请成为宗教法人就会得到许可。战争结束后出现的新宗教主要有玺宇教和天照皇大神宫教,玺宇教的教主长冈良子自称是天照大神化身的玺光尊,大相扑选手双叶山、围棋选手吴清源等名人也加入该教团。山口县农妇北村萨约创建的天照皇大神宫教因提倡跳"无我之舞"而被称之为"舞蹈宗教",很快在东京等地发展了30万信徒。另外,创价学会、立正佼成会、生长之家、天理教、金光教、灵友会、PL教团等宗教均为战前就出现的教团,但在战时受到压制或镇压,战后得以复活。例如创价学会是1930年创建的创价教育学会,1946年由其教团第二代会长户田诚圣重建;立成佼成会是1938年创建的大日本立正佼成会;PL教团是1931年成立,战时在政府命令下解散,1946年重建。在战后初期的混乱时期,创价学会、立正佼成会、PL教团均迅速发展成为信徒较多的宗教组织。

战败与占领也动摇了日本人的价值观,甚至出现了性解放的趋势。战前、战时禁止放映带有裸体甚至接吻镜头的外国电影,在占领当局的推动下,1946年5月公演的《20岁的青春》第一次出现接吻镜头,但在导演和演员中仍然有不少人抵触此类情节。尽管如此,在其他领域变化却很快。1946年底,出现了上百种刊登色情内容的杂志,这些杂志用较为粗糙的纸张印刷而成,大约40页左右的篇幅,当时市场上畅销劣质烧酒,因而人们将这种杂志称为劣质烧酒杂志,比喻三杯劣质烧酒就会烂醉如泥,读上三本色情杂志也会意志崩溃。推动这种色情杂志流行的是1946年10月创刊的《猎奇》杂志,特别是该杂志第二期刊登了北川千代三的小说《H上校夫人》,因露骨描写性爱而违反战后刑法175条(发布猥亵文章罪)受到禁止发行处分,结果却使其知名度大为增加,推动了该类杂志的出现。

在演艺界也是如此,最初是几乎全裸的女性在镜框中摆出各种姿势,其后发展为各个剧院的裸体舞,并受到大众的欢迎。尽管多数知识分子对上述性解放现象持批评态度,但也有少数作家认为可以对原有的社会伦理进行彻底的改革。特别是作家田村泰次郎主张"肉体的解放才是人的解放",并在1946年9月号《世界文化》和1947年3月号《群像》上发表了《肉体的恶魔》《肉体之门》,尤其是《肉体之门》生动地描述了以占领军为对象的妓女生活状态,引起较大的反响,甚至出现了"肉体文学"的流行语。1947年8月,空气座剧团将《肉体之门》搬上舞台,获得观众的追捧,成为演出超过1 000次的长期节目,后来该作品又被改编成电影。

二、工人组织及其运动

由于战争结束后的生活困难,特别是占领初期盟军总部实施的"非军事化"及"民主化"改革措施有利地推动了工会组织及工人运动的发展。1945年9月,战时强制带往日本北海道的朝鲜劳工最早为争取人身自由而暴动或罢工,其行动极大地影响了日本工人。正因如此,北海道煤矿的工会组织发展迅速,1945年12月,其组织率就达到74.7%,当时全日本的工会组织率只有3.2%。[①]

---

① 山田敬男『新版戦後日本史——時代をラデイカルにとらえる』、学習の友社、2009年、100頁。

1945年9月13日,读卖新闻社的社论委员、编辑局部分成员向正力松太郎社长提出五项要求,即报社内部机构民主化、确立编辑优先原则、更换主笔及编辑局长以明确战时误导国民的责任、革新人事、改善待遇等。报社拒绝其要求,并解雇5名提出要求的核心成员。工人召开社员大会,宣布"管理生产",并组成工会。在最高斗争委员会指导下,建立由编辑委员会、生产委员会、新闻制作及发行委员会等组成的体制,由工人自主管理发行报纸。12月12日,工会获得胜利,签订协议备忘录。这种管理生产斗争模式很快波及日本全国,其中具有较大影响的有1945年12月的京城电铁、1946年1月的日本钢管鹤见制铁所、1946年2月的三菱美呗煤矿等,到1946年6月,管理生产斗争超过150起。

1945年10月10日,"工会组织恳谈会"在东京新桥召开,原总同盟系的松冈驹吉、西尾末广等人与原"全评"(日本工会全国评议会)系的高野实、山花秀雄等人参加,松冈等人主张在劳资协调的基础上确立产业民主主义。1946年1月,召开总同盟扩大中央准备委员会会议,决定了纲领、规章、运动方针等,提倡以社会党为中心联合民主主义各种势力,形成支持社会党的全国性工会组织。1946年8月,日本工会总同盟("总同盟")成立,拥有85万会员,约占全日本工会会员总数的22%。

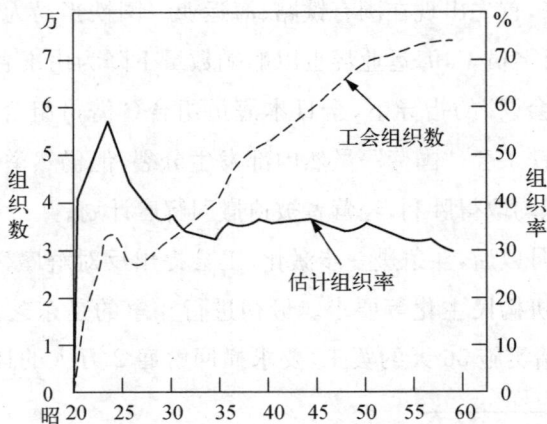

图1-4 日本的工会组织数及组织率

　　日本共产党合法化后,组建工会组织促进委员会,推动地域工会组织的建立。首先在 1945 年 12 月组成神奈川县工会协议会,然后在东京及其他地区建立工会组织。1946 年 2 月组成全国各产业工会会议准备会。1946 年 8 月,全日本各产业工会会议("产别会议")成立,拥有会员163 万,约占全日本工会会员总数的 41％。到 1946 年底,全日本共有1.7 万个工会组织,拥有会员近 500 万,其组织率也达到 41％。组织起来的工人为保障就业、提高工资、改善劳动条件以及争取管理生产等不断展开斗争。

　　第一届吉田茂内阁成立后,采取推动企业恢复生产的政策,为此不惜出现赤字财政和通货膨胀,同时强化包括裁减人员在内的生产合理化措施。为防止工人运动的冲击,特地发表了否定管理生产斗争的"维护社会秩序政府声明"。在此背景下,全国性的企业家团体也陆续组成,首先是在 1946 年 4 月 30 日成立经济同友会,然后在 6 月 17 日成立关东经营者协会("日经联"的前身),8 月 16 日成立经济团体联合会("经团联")。与主张在劳资协调基础上重建日本经济的经济同友会不同,关东经营者协会与经团联主张在抑制工人运动的基础上重建日本经济。

　　从 1946 年 8 月开始,以要求提高工资、反对解雇为中心的工人运动迅速发展起来,首先出现在国有铁路、海运业。国铁当局为重建经营,计划削减 7.5 万名员工,海运业界也以船舶数量下降为由准备大量解雇工人。在"产别会议"的指导下,全日本海员组合("海员组合")举行了 11天的罢工,国铁工会("国劳")虽然内部发生分裂,但仍然举行了大罢工,两个工会组织均取得胜利,经营者被迫撤回解雇计划。①

　　进入 10 月以后,斗争进一步激化,工会提出反对解雇、提高工资、缔结劳动协议、机构民主化等要求。最初进行斗争的是东芝公司工会,从10 月 1 日开始实施 56 天的罢工,要求撤回解雇 2 万人的计划。接着通

---

① 山田敬男『新版戦後日本史——時代をラデイカルにとらえる』、学習の友社、2009 年、65 頁。

讯广播工会 10 月 5 日进入大罢工状态,但因重视媒体的占领当局干涉,《朝日新闻》《每日新闻》《日本经济新闻》相继停止罢工,只有广播工会,特别是 NHK 工会为反对国家管理而继续斗争,甚至因罢工停止广播,最后取得改善待遇、集体协议的成果。10 月中旬,煤矿、机器、化学、印刷出版、电影戏剧等工人相继进入罢工或管理生产状态,并获得胜利。

10 月 25 日组成的"日本机器工会"在反对解雇、确立最低工资的要求之外,还制定了《劳动协议基准方案》,要求签订统一的劳动协议,其内容包括七小时劳动制及有薪休假、包括解雇在内的人事变动及经营方针发生重要变化时须得到工会的同意或认可、保证工会活动的自由等。结果在参加斗争的 350 个分会中,完全实现要求的有 130 个,实现统一劳动协议的超过 200 个。另外在日本电力产业工会协议会(电产)的斗争中,自主制定的工资体系获得经营者方面的承认,并达成电力产业民主化的协议,内容包括废除电力业的国家管理法令、设置民间对电力产业的监督机构、制定电力产业社会化法等。

"10 月斗争"使民间企业的工人斗争获得胜利,但政府机构及其企业工人与职员的生活尚未得到改善,因而这些部门的工会组织在 1946 年 11 月 26 日组成全官公厅共同斗争委员会("共斗"),并向政府提出了"补贴过年资金每位工人 1 500 日元、其家庭成员每人 300 日元""确立最低基本工资""缔结劳动协议"等要求,但这种经济斗争很快发展为打倒吉田内阁的政治斗争。

同年 11 月 29 日,在社会党工会委员会的积极推动下,组成了全国工会恳谈会("全劳恳"),成员除产别会议、总同盟、日本工会会议("日劳会议")等三个全国性工会组织外,也包括通讯工会("全递")、国劳、日本交通同盟、全国金属工会等不同产业的工会组织,形成了工会组织的大联合。在 12 月 2 日的第二次全劳恳会议上,决定召开倒阁大会,并在 12 月 17 日举行了有 50 万人参加的倒阁国民大会。受其影响,社会党、协同党、国民党在议会中提出解散议会的共同议案,共产党也赞成该议案。12 月 19 日,社会党、共产党、工会组织联合组建倒阁实行委员会。12 月

26 日,组成全国工会共同斗争委员会("全斗")。

1947 年元旦,吉田首相在新年致辞中指责领导斗争的工会领导人是"不逞之徒",引起广大工人的愤怒。政府针对工会提出的要求也没有给予满意的回答,因而"共斗"在 1 月 18 日宣布 2 月 1 日举行 860 万工人大罢工。吉田内阁感到压力,希望通过与社会党组成联合政权以渡过难关,但遭到拒绝。占领当局开始介入,1 月 31 日,盟军总司令麦克阿瑟亲自下令中止大罢工。在美国士兵的押解下,"共斗"议长伊井弥四郎含泪在广播的麦克风前宣布停止行动。

工人运动持续高涨的主要背景之一是经济状况的进一步恶化。1946 年 6 月,吉田内阁对物价体系进行修改,统制价格上涨,同时在流通领域建立大规模的公团机构,进一步确立统制市场。1947 年 2 月到 5 月,先后设置了粮食配给公团、贸易公团、肥料配给公团、价格调整公团等,以减少黑市在流通领域的投机活动。采取这些措施后,黑市价格与公定价格的差距有所减少。

另一方面,为恢复和发展经济,吉田内阁首先在 1946 年 8 月设置经济安定总部,负责经济政策的制定与实施。同年 12 月,在经济安本部的提议下,政府采纳以有泽广已为首的经济学家提出的"倾斜生产方式"建议,即优先发展以煤炭和钢铁为中心的基础产业,用以带动其他产业的恢复与发展。1947 年 1 月,吉田内阁正式成立由政府出资的"复兴金融金库",同年 2 月组成"经济同友会"等经营者团体以及各个工会组织均参加的"经济复兴会议",3 月制定《产业资金贷放优先表》,保证对煤炭、钢铁产业的贷款,例如 1947 年对煤炭业的贷款占该金融机构贷款总额的 35％。[1] 同时对这些产业实施价格补贴、优先供应生产资料等措施,例如 1947 年煤炭业获得的价格补贴占政府价格补贴总额的 44％,居各产业之首。煤炭业所需生产资料基本可以得到政府的保证,其他产业只能得到需求量的三分之一以下。甚至"为优待煤矿工人,继续提高工资,

---

[1] 孙执中:《荣衰论——战后日本经济史(1945—2004)》,人民出版社 2006 年版,第 23 页。

特殊配给粮食和物资,促进煤矿工人的住宅建设"①。尽管这种重视生产资料生产的经济政策方向正确,但其效果显示缓慢,不仅在短时期内难以解决国民的生活困难问题,而且为向产业提供资金而大量发行债券进一步加剧了通货膨胀。例如1947年的批发物价比上一年增加了三倍。②因此,吉田政权遭到工人和市民的强烈反对。

尽管在盟军总部的干预下,大罢工未能实现,但吉田内阁的支持率急剧下降,因而麦克阿瑟指令举行选举。自由党试图与进步党、社会党合作,但因内部矛盾未能成功。进步党拉拢其他党派、小党派、无党派议员组成主张修正资本主义的民主党,拥有145名议员,成为众议院第一大党。3月31日,国会通过了选举法修正案,即将上次大选时的"大选区多名连记制"(原则上以都道府县为单位,但在议员数额超过15名的地区分为两个选区,结果全国分为分别选举2—14名议员的54个选区,共选举产生468名众议院议员。投票方式采用有限连记投票制,即在选举3名议员以下的选区每位选民只能选举1名候选人,选举4—10名议员的选区每位选民可选举2名候选人,选举10名议员以上的选区每位选民可选举3名候选人)改为"中选区单记投票制"(每个选区选举3—5名议员,全国共划为117个选区,其中3人区40个、4人区39个、5人区38个,共选举产生466名众议院议员),然后解散了众议院。

1947年4月25日,举行战后第二次大选。得到工会组织及市民支持的社会党获得143个议席,成为众议院第一大党。自由党为131席,民主党为124席,国协党为31席,共产党4席。在5天前举行的参议院议员首次选举中,社会党获得第一大党的47个席位,自由党38席,民主党30席,国协党9席,共产党4席,小党派和无党派122席。92名无党派议员在5月17日组成院内团体"绿风会",成为第一大党。其成员以战前贵族院议员、高级官僚出身者为中心,虽然标榜中立立场,但保守色

---

① 通商产业省编:《日本通商产业政策史》第3卷,中国青年出版社1994年版,第74页。
② 正村公宏『図説戦後史』、筑摩書房、1989年、69頁。

彩较浓。

　　尽管社会党在众参两院均成为第一大党,但其席位占有率都不到三分之一,因而必须与其他党派组成联合政权。经过多次商谈,社会、自由、民主、国协等四大政党在5月16日达成政策协议,主要内容为:实施基于经济组织计划基础上的国家统制、采用超重点产业政策、对重要基础产业实施国家统制、实施必要的金融统制、对工资与价格实施统制等。但因其他党派的反对,社会党主张的重要产业国有化以及全面实施国家管理等政策没有纳入其中。即使如此,以吉田茂为首的自由党希望联合政权排除社会党左派,遭到拒绝后退出联合政权,实施阁外合作。因此,6月1日组成社会党、民主党、国民协同党三党联合政权,由社会党委员长片山哲出任首相,民主党总裁芦田均出任副首相、外务大臣。在全体内阁成员中,社会党7名、民主党7名、国协党2名、参议院无党派人1名,等等。麦克阿瑟发表了赞扬选举片山哲为首相的声明,这是美国占领日本以来盟军总部公开表示信任的第一个首相。

三、社会党政权

　　片山内阁的主要使命是完善新宪法实施后的制度体系以及在治理通货膨胀基础上恢复与发展日本经济。在完善制度体系方面:修改刑法,废除不敬罪与通奸罪等;修改民法,废除户主制度,规定男女同权等;颁布《国家公务员法》,规定公务员从天皇的官吏转为国民的公仆;制定《劳动省设置法》,实行劳动行政一元化管理;废除内务省,建设由国家警察与地方警察组成的分权型警察制度;任命最高法官,组建最高法院等。

　　1947年7月,片山内阁颁布战后第一个《经济白皮书》及"紧急经济对策",声称"国家、主要民间企业、家庭均为赤字",为抑制通货膨胀,将工人基准工资定为1 800日元。但因物价上涨速度远远超过工资的上涨,又引起工人的不满与反对。1947年秋季以后,工会组织要求提高工资的斗争再次高涨,仅在7月到9月,参加斗争的工人就达到260万人。工人斗争不仅冲击了片山内阁,也加剧了社会党内部左右两派的冲突。

另一方面,片山内阁继续实施吉田内阁时期的"倾斜生产方式",而且为强化这一经济政策,同时也为显示社会党的社会主义色彩而实施国家对煤炭产业的管理。片山内阁组成后不久,经济安定本部和商工省就开始着手制定《国家临时管理煤炭产业法案要纲》,其内容包括国家对煤炭产业生产现场的直接管理以及工人参与国家管理机构等。但在法案化过程中,因执政伙伴民主党的反对,社会党被迫在该项法律的时间限制、煤矿的指定限制等方面做出让步,同时规定生产计划由企业总部制定、现场管理者也由企业总部决定、工人不能参与管理等。

尽管法案内容已经远离社会党的基本方针,但仍然遭到自由党以及民主党内部非主流派的反对。首先是自由党发表声明反对其法案,并撤回阁外合作,变为完全的在野党,70%的民主党议员署名反对。在众议院全体会议投票表决时,以币原派为中心的24名民主党议员投反对票,随后退出民主党,组成院内团体"同志俱乐部"。尽管法案最后通过国会两院的审议,并在12月10日颁布实施,但没有取得任何实效。

本来盟军总部民政局反对社会党右派成员平野力三担任农林大臣,后来在米价问题上平野与经济安定本部长官兼任物价厅长官的和田博雄发生争执,10月底在盟军总部民政局的授意下,片山首相动用战后首次罢免权,免去平野农林大臣的职务,结果导致16名平野派成员为此退出社会党。没有担任内阁职务的社会党左派提出的农林大臣人选仍然未能获得任命,左派宣布党内在野。在1948年1月召开的社会党大会上,左派要求废除片山内阁成立前四党达成的联合政权政策协定并获得成功。另一方面,为提高公务员生活补贴费,大藏省提出提高铁路客运费、邮费、电报电话费的方案,政府以此为中心编制了补充预算方案,但以社会党左派铃木茂三郎为委员长的众议院预算委员会在2月5日否决了该法案,片山内阁被迫在5天后全体辞职,以社会党为中心的联合政权仅维持了8个多月。

围绕后任首相,自由党开展多数派活动,但民主、社会、国协三党希望仍然维持联合政权局面,为此答应社会党左派的入阁要求。但国会选举首相时,芦田均在众议院获胜,吉田茂在参议院占优势,两院协商未达成一致,根据众议院优先的原则,芦田当选为首相,在 3 月 10 日组成政权。社会党右派的西尾末广担任副首相,左派的加藤勘十任劳动大臣,左派的野沟胜任国务大臣,但芦田政权的基础十分薄弱。片山内阁成立时,联合执政三党在总数为 466 个众议院席位中占稳定多数的 307 席,但因民主党、社会党的内部分裂,芦田内阁时的联合执政三党仅剩下 245 席。① 3 月 15 日,自由党与原民主党币原派组成的"同志俱乐部"合并,组成民主自由党(民自党),总裁为吉田茂。反对补充预算法案的社会党左派成员被该党除名,后组成工人农民党。

3 月 11 日,芦田内阁将政府机构及其企业的员工基准工资定为 2 920日元,引起工会组织的反对,开始"三月斗争"。"全递"工会宣布在 3 月 29 日、30 日、31 日分别举行东日本大罢工、西日本大罢工、全日本大罢工,盟军总部禁止举行全日本大罢工。"全递"举行区域性罢工,再次遭到盟军总部的禁止,只好举行各县的地区性罢工,盟军总部第三次禁止所有的罢工。4 月 16 日,"全递"的罢工结束。

由于 7 月颁布的 1948 年度政府预算方案没有满足公务员及政府企业工人提高工资的要求,以政府机构及其企业的员工为中心的斗争——"七月攻势"再度兴起。7 月 22 日,麦克阿瑟指示芦田首相修改公务员法,禁止公务员举行罢工或怠工,限制公务员的集体谈判权等。7 月 31 日,芦田内阁颁布"201 号政令",禁止国家和地方公务员行使罢工权和集体谈判权。尽管"国劳""全递"等工会组织发表"非常事态宣言",反对"201 号政令",但没有形成大规模的斗争活动,工人运动走向低潮。

这一时期,日本各地也出现了拥护民主主义、实现民族独立的社会运动。例如 1948 年 6 月 18 日包括社会党、总同盟在内的 178 个社会团体组成了"中央教育复兴会议",其目的是通过"通过日本教育复兴运动,推动民族文化交流和建设民主日本";同年 4 月 19 日成立的"日本民主

---

① 小学館編集『日本 20 世紀館』、小学館、1999 年、585 頁。

女性协议会"在 8 月 15 日举办"确立和平女性大会",是战后最早的和平性集会;学生运动也不断高涨,为反对提高学费以及政府干预学校事务的大学管理法案,各大学在 6 月举行了全国性罢课,并在 9 月成立了"全日本学生自治会总联合"(全学联)。但这些社会运动并没有形成统一的斗争模式,而且此时美国对日政策发生重大变化,占领当局为扶植日本经济自立而维持社会秩序的稳定,"东宝争议"的解决典型地反映了这一点。

东宝电影公司在 1946 年 3 月到 1948 年 10 月数次发生劳资争议,最后一次争议出现在 1948 年。1947 年底,任东宝电影公司社长的渡边铦藏在第二年 4 月以经营危机为由宣布裁减人员,为此解雇砧摄影分厂的 270 名员工。工会方面坚决反对,争议激化。公司方面禁止被解雇者进入摄影厂,工会方面封锁工厂,双方均到东京地方法院提出诉讼。公司方面宣布关闭摄影厂,工会方面加强封锁,并得到其他工会的支持。8 月 13 日,东京地方法院承认公司的决定。为执行其决定出动 2 000 名武装警察,同时占领当局也加以干预,出动 50 名士兵和 4 辆坦克,其指挥官甚至乘飞机亲临现场。工会会员有秩序撤退,同年 10 月,20 名工会干部自动辞职,争议结束。

尽管盟军总部积极支持芦田政权,但连续出现的腐败案沉重地打击了该政权。首先,6 月 1 日,副首相西尾末广的政治资金问题曝光。西尾在 1947 年 4 月大选时接受建筑业界 50 万日元,未提交政治资金报告而将其用在自己的竞选活动中。尽管在野党提出的对西尾不信任案被否决,但最高检察院起诉西尾,7 月 6 日,西尾被迫辞去内阁成员职务,8 月,一审判决西尾无罪。同一时期,昭和电工贿赂案曝光。大型肥料制造企业昭和电工为从复兴金融金库得到 30 亿日元贷款而向政治家、政府官员甚至占领当局官员行贿或豪华宴请,大藏省主计局长福田赳夫、经济安定本部长官栗栖赳夫、前副首相西尾末广陆续被捕,芦田内阁被迫在 1948 年 10 月 7 日全体辞职。同年 12 月,芦田也因昭和电工贿赂案被捕。

盟军总部民政局试图阻止吉田茂再次出任首相未能成功,10 月 19 日,第二届吉田内阁成立。吉田政权首先将"201 号政令"法制化,国会两院通过《国家公务员法修正案》和《公共企业体劳动关系法》。前者剥夺公务员的罢工权、集体谈判权,并严格限制公务员的政治活动,后者规定公共企业的工人具有集体谈判权,但没有罢工权。由于吉田内阁是不稳定的少数派政权,民自党在众议院只有 152 个席位,所以吉田首相试图通过选举加强自己政权的稳固,但盟军总部民政局对宪法第 69 条的解释是没有通过不信任案就不能解散众议院,借此阻止吉田的行动。结果,执政党与在野党进行协商,以通过不信任案的形式解散了众议院,通称"合谋解散"。

1949 年 1 月 23 日,日本举行战后第三次大选。民自党获得 264 个席位,战后第一次出现过半数席位的政党。社会党惨败,其得票率从上一届大选的 26.1％猛跌到 13.5％,议席数也从 147 个下降到 48 个,其主要领导人片山哲、西尾末广等均落选。其原因是社会党参加的两届联合政权均未满足工人群众的要求,反而采取了压制工会组织的政策,该党形象因此受到严重损害,大批原有的支持者脱离该党,转而支持同属革新政党的共产党,致使共产党在此次大选中一举获得 35 个席位。尽管民自党获得过半数席位,但吉田茂仍然与民主党联合派联合执政,因而组成的第三届吉田内阁成为长期稳定政权,适应了美国对日政策发生重大变化的需要。

此次大选的另外一个特征是:吉田茂为加强自己的政权,动员许多高级官僚转化为政治家,即辞去行政机构的职务而参加大选并当选国会议员。其中有后来成为首相的原大藏省事务次官池田勇人、原运输省事务次官佐藤荣作以及原外务省事务次官冈崎胜男、原大藏省官僚桥本龙伍、造币局长前尾繁三郎等人。

第二章 非对称的保革势力

第一节 冷战与占领政策的转化

一、占领政策的转变

进入 1948 年后,美国的对日政策发生变化,即从非军事化、民主化改革转向扶植日本复兴经济,其主要原因除国际冷战体制、东亚局势变化外,占领费用及援助资金问题在美国对日政策的转换中也占有较大地位和影响。"政府占领地区救济资金""占领地区经济复兴援助资金"及巨额占领费用日益成为美国的沉重负担,如果占领的时间继续增加,将进一步增加美国纳税人的负担。1945—1948 年,日本的出口只有进口的三分之一,而且进口的三分之二是美国的对日援助。也就是说,日本依靠美国的援助确保超过出口三倍的进口,获得粮食和原材料。尽管援助的大部分是后来偿还的贷款,但这对当时的美国来说是较为沉重的负担。[1]

---

[1] 正村公宏『図説戦後史』、筑摩書房、1989 年、102 頁。

　　早在 1947 年初,美国对日政策设计者的观念已经发生变化,即从谋求以赔偿为手段惩罚日本变为谋求以减轻日本的赔偿负担为手段来重建日本,防止日本经济继续恶化从而加重美国的负担。同年 3 月,美国国务院日朝经济处处长马丁在其备忘录中要求对日采取积极的经济计划,以达成下述目标:第一,尽快排除美国支持日本经济的开支;第二,建立有活力的日本经济;第三,允许日本为复兴远东经济做出巨大贡献。[①]同年 9 月,刚上任的美国陆军部副部长威廉·德拉帕访问日本,其出身实业界,因而从减轻美国纳税人的负担,同时为世界的稳定而将德国和日本作为复兴亚洲及欧洲加以利用的角度出发,明确主张将占领目的从"改革"转向"日本经济自立"。[②]

　　1947 年 5 月,美国国务院设置以乔治·凯南为主任的政策规划研究室,负责制定对外政策。同年 10 月,凯南表示反对尽快对日媾和,主张推动日本经济复兴,完善经济、社会体制,增加对共产主义的抵抗力,转换原来的占领政策,应当将日本建设成"友好的、可以信赖的同盟国"。

　　1948 年 1 月,美国陆军部长罗亚尔在旧金山的演说中宣称美国的对日政策正在进行修改,"1945 年的对日政策,是以日本不再成为侵略的国家而使其彻底的非军事化和民主化为第一目标的。然而从那以后,在各方面都出现了新的情况。日本的人口增加和粮食匮乏,使社会不安日益扩大,有碍于达到我们所说的和平国家的最初目标,并会便于内外的极权主义的煽动"。"为了今后维持政治安定和建立自由政府,需要日本有健全的自立经济";"我们也不能长期继续每年支付数亿美元来救济被占领的地区,但要使这项支出能够没有贻误地停止下来,只有让被占领国依靠其生产和出口来进口必要的物品才行"。[③] 罗亚尔的这个演讲被看作是美国对日政策发生转变的正式信号。

------

① 大藏省财政史室编『昭和财政史　終戦から講和まで』第 20 卷、東洋経済新報社、1982 年、516 頁。
② 福永文夫『戦後日本の再生,1945—1964 年』、丸善株式会社、2004 年、89 頁。
③ 升味准之辅:《日本政治史》第四册,商务印书馆 1997 年版,第 948 頁。

1948 年 2 月,凯南为媾和问题访问日本,前后与麦克阿瑟进行三次会谈。麦克阿瑟同意复兴日本经济,主张早日媾和,但反对日本再军备,其理由是亚洲各国的反对、违反占领目的、宪法禁止日本诉诸战争等。凯南则主张推迟媾和,要求日本重整军备,但首先是复兴日本经济。

1948 年 10 月,美国国家安全保障会议通过以凯南访日后提出的报告为基础制定的《对日政策建议》(NSC13/2)文件,全面探讨了已经实施的占领政策,并提出在美国援助下重建日本经济、盟军总部的机构缩编及其权限转移给日本政府、缓和剥夺公职处分、停止中间赔偿等,特别强调"在首先保证美国安全保障利益的基础上,此后美国对日政策的主要目的是日本经济复兴","为实现经济复兴,通过辛勤劳动提供生产,维持较高的出口水平,因劳资争议造成的停工减少到最低程度,采取严厉的国内政策治理通货膨胀,并尽快实现均衡预算"。[①]

为复兴日本经济,除停止解散财阀及中间赔偿计划外,最主要的措施是在 1948 年 12 月 18 日颁布《稳定经济九原则》,其内容是:第一,节省财政经费,实现综合预算的真正平衡;第二,促进并强化税收,杜绝偷税漏税;第三,将银行融资范围严格限定于有益经济复兴的事业;第四,制定并实施稳定工资计划;第五,强化物价统一管理;第六,强化外贸和外汇管理,逐步将此权限委让给日本方面;第七,努力振兴出口贸易,改善物资定额分配制度;第八,扩大重要国产原料和工业制品;第九,强化粮食征购体制。[②]

二、道奇路线

美国之所以急于复兴日本经济是因为日本经济处在严重的通货膨胀之中。第一届吉田茂内阁开始实施的"倾斜生产方式"使以煤炭、钢

---

① 山田敬男『新版戦後日本史——時代をラデイカルにとらえる』、学習の友社、2009 年、101 頁。

② 正村公宏『図説戦後史』、筑摩書房、1989 年、105 頁。

铁为中心的日本经济在 1948 年出现复苏现象,例如 1948 年的煤炭生产达到 3 500 万吨,完成生产计划的 96.6%。工矿业生产指数如果以1930—1934 年平均为 100 的话,1948 年则达到 61.4,其中矿业为100.5,金属工业 71.1,机械工业 76.7,化学工业 78.1,但与国民生活密切相关的轻工业发展缓慢,例如纤维工业仅为 24.2。① 但是,为刺激生产而提供的巨额贷款与价格补助金导致本来已经非常严重的通货膨胀进一步加剧。从 1945 年 8 月到 1947 年月,日本银行发行债券从143 亿日元增加到 2 191 亿日元,批发价格 1946 年上升 464%,1947年上升 296%,1948 年上升 266%,1948 年的主要食品价格比战争结束时增长了 8 倍。②

尽管政府将月工资基准从 1948 年 2 月的 2 920 日元提高到同年 6月的 3 700 日元,到同年 12 月进一步提高到 5 300 日元,但仍然难以应付日趋严重的通货膨胀,导致市民的强烈不满以及工人斗争的再度高涨。另一方面,物价的急剧波动也影响到对外贸易。作为典型的加工贸易国,日本必须进口必要的原材料,加工后再出口产品,以此维持正常的国际贸易。但飞速增加的物价难以维持稳定的汇率,从而影响到对外贸易的正常进行。为此,必须抑制通货膨胀,制定与美元的固定汇率。

1949 年 2 月,美国总统杜鲁门委派底特律银行总裁、自由主义经济信奉者、曾任驻德美军军政部财政部长的约瑟夫·道奇作为盟军总司令官财政与金融政策顾问以及美国总统特使到达日本,负责具体实施上述"稳定经济九原则"。道奇指出美国的援助"是支撑日本经济的一条支柱,可算是高跷的一条腿。另一条腿则是日本国内补贴金,是补贴金作为另一根支柱支撑着日本的经济运转。必须将高跷的腿砍断"。道奇同

---

① 吴廷璆主编:《日本史》,南开大学出版社 1994 年版,第 832 页。
② 金子贞吉『戦後日本経済の総点検』、学文社、1996 年、19 頁。

时警告日本人"无条件投降的战败国是没有余地讨价还价的,国民受苦也是理所当然,无法避免的";"日本经济的唯一出路就是清贫度日,减少开支"。①

在上述思想的基础上,道奇采取了一系列措施,通称"道奇路线"。

第一,编制包括一般会计、特别会计在内的超平衡预算。本来大藏省已经编制了1949年度财政预算,而且为实现民自党减轻法人税及所得税负担、制止物价上升、救济失业者、设立住宅金融金库等的竞选公约,仍然是以通货膨胀为基础的赤字预算方案。1949年3月,在道奇的指导下,盟军总部编制预算方案并提交日本政府,该方案以结束通货膨胀为基础,量入为出,大幅度削减公共事业费和失业对策费,与民自党的竞选公约背道而驰。民自党众议员表示反对,并对初次当选议员就担任大藏大臣的池田勇人提出批判,池田一度产生辞职的念头。②

新预算方案不仅消除了赤字,而且还出现财政盈余,变成超平衡预算。例如包括一般会计、特别会计、政府相关机构预算在内,1949年度的财政总收入为25 362亿日元,财政总支出为23 795亿日元,净盈余为1 569亿日元。③ 其中1 300亿日元盈余用来偿还国债及复兴金融金库公债,由于这些债权大多为日本银行所有,因而税收转化为日本银行的收入,起到通货紧缩的作用。由于池田与道奇的交涉,预算方案在新年度开始后的4月4日提交国会审议,国会众参两院以前所未有的速度分别在4月16日和4月20日通过预算方案。该方案的特征是收税增加、提高物价、没有增加公共事业费、取消延长义务教育的新学制费用等。

---

① 御橱贵、中村隆英编:《宫泽喜一回忆录》,姜春洁译,东方出版社2009年版,第86—87页。
② 藤本一美、折立昭雄编『戦後日本政治ハンドブック・第一巻・占領と戦後政治(1945—54年)』、つなん出版、2005年、131頁。
③ 日本经济新闻社编著:《昭和经济历程》第一卷(《日本的经济》),东方出版社1992年版,第60页。

实现上述超平衡预算的基础是增加税收。为此美国政府派遣以哥伦比亚大学财政学教授夏普为首的税制使节团在 1949 年 5 月到日本，调查和改革日本的税收制度。同年 9 月提出以征收累进所得税为中心的税制建议——"夏普劝告"，该方案显示了以法人税、所得税为核心的直接税中心主义，其目标是以税收稳定以及税收公正为基础的平衡财政，内容包括降低所得税征收线和累进税率、蓝色交税申报、地方税独立、大幅度增加地方的居民税及地租房屋税、继承税与赠与税合并并实施累进税制、以平衡交付金弥补自治体税收不足等，形成了以所得税为主的直接税体制。结果 1949 年的税收大幅度增加，比前一年增长 40％多，与其相应，国民所得中的税收负担率从 1948 年的 26.7％提高到 28.5％。①

第二，尽量减少政府发放的贷款和价格补贴，逐步取消物资统制和公定价格。道奇指令日本政府停止或限制发放复兴金融金库的贷款，并要求从过去发放的 1 319 亿日元贷款中回收 260 亿日元，同时逐渐减少对煤炭、钢铁、肥料等重点产业的价格补贴。另外，计划在 1949 年的财政预算中收回过去发放的 1 427 亿日元公债、贷款、短期证券等。实施上述这些措施的结果是，在 1949 年国库对民间企业的收支中，收入超过支出 652 亿日元。② 另一方面，1949 年 4 月政府统制的生产资料有 233种，到 1950 年 4 月只剩下 48 种。1949 年 4 月政府统制的消费资料有 57种，1950 年 4 月减少 15 种。到 1950 年继续享受政府价格补贴的产品仅剩下粮食、钢铁、肥料和烧碱 4 种，实施价格统制的商品也从 1949 年 3 月的 2 128 种下降到 1950 年 4 月 531 种。③ 这一措施不仅有力地推动了日本经济从统制经济向市场经济的过渡，而且也使得商品的公定价格与黑市价格趋于一致，因此，一时十分兴旺的黑市逐渐消失。

---

① 小林義雄『戦後日本経済史』、日本評論社、1976 年、48 頁。
② 吴廷璆主编：《日本史》，南开大学出版社 1994 年版，第 854 页。
③ 経済企画庁調査局『資料・経済白皮書 25 年』、日本経済新聞社、1972 年、49、50、60 頁。

第三，强化美国援助资金的运用。根据"政府占领地区救济资金"和"占领地区经济复兴援助资金"的规定，美国向日本提供粮食、石油、肥料、煤炭等物资。1946年美国提供的物资为1.67亿美元，1947年为3.5亿美元，1948年为3.25亿美元，1948年进一步增加到4.68亿美元。过去日本政府将美国援助物资转售为资金，作为贸易资金特别会计。在汇率上将出口产品定为日元币值低，将进口产品定为日元币值高，特别会计向出口业者提供的日元较多，对进口业者提供的日元较少，因而贸易特别资金会计在进出口相关的收支上是赤字。美国援助物资的转售资金填补了其赤字，起到贸易补助金的作用。

第四，制定固定汇率。1947年8月15日，盟军总部批准日本恢复对外民间贸易，但当时日本对外贸易实施复数汇率制，不仅进口与出口的汇率不同，而且各种商品的进出口汇率也相异。1949年1月时，出口商品大多在1美元兑换500—600日元之间，进口商品大多在1美元兑换100—200日元之间，进口利润较大，出口利润较少，结果在增加政府财政负担的同时，严重阻碍了对外贸易正常化以及经济稳定。1949年4月，按照道奇的建议，盟军总部宣布实施1美元兑换360日元的单一汇率。

采取上述强制措施后，通货膨胀的进一步恶化得到阻止。日本银行的货币发行总额在1945年底为55.44亿日元，1948年底竟然膨胀到3552.8亿日元，但1949年7月减少到2954亿日元[1]，物价上涨得到有效控制。1949年度与1948年度相比较，生产资料的实际物价上涨率从99％下降到18％，消费物价的实际上涨率从50％下降到－10％。与此同时，工业部门的平均名义工资增长率也呈现下降趋势，从1949年以前的月增长率10％下降为1950年的年增长率14％左右。[2]

---

[1] 楫西光速『日本資本主義発達史：独占資本の形成と発展・続』，有斐閣、1957年、352頁。
[2] 経済企画庁調査局『資料・経済白書25年』，日本経済新聞社、1972年、46—47頁。

亿日元

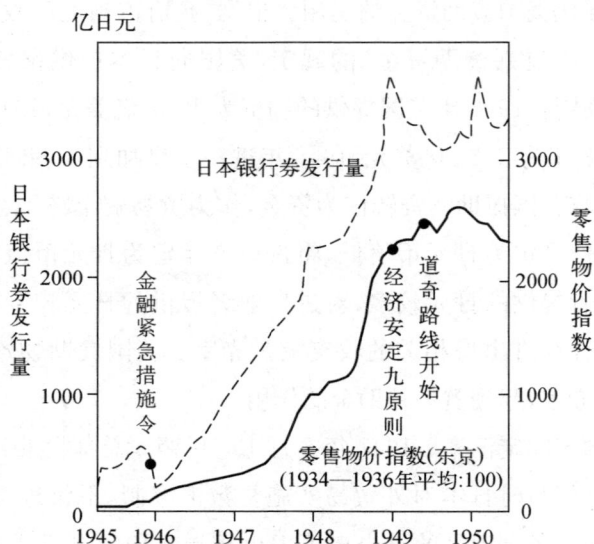

图 2‐1　1945—1950 年日本银行券发行量与零售物价指数

　　日本工业经济在 1949 年进一步得到较大程度的复兴,虽然棉纱生产仅恢复到战前的三分之一,但车床、铣铁、粗钢的产量均达到战前的70％—80％,煤炭产量大体上恢复到战前的水平,电力、硫酸铵、汽车的产量远远超过战前,也形成了以重化工产业为中心的基础结构。尽管如此,道奇计划造成产品价格下跌、需求严重不足、原材料价格上涨等后果,直接受抑制财政影响的公共部门以及依赖价格补贴和政府贷款的重要产业遭到严重打击,机械产业难以进行设备投资,收音机、缝纫机、钟表等耐久消费品滞销,许多企业倒闭、工人失业,刚出现复兴兆头的日本经济陷入"稳定危机"。

三、企业"合理化"

　　"道奇路线"带来的通货紧缩以及经济危机迫使企业采取"合理化"措施,最主要的手段就是大量裁减人员,降低工资,结果引起工人的强烈不满,导致工人运动激化。斗争首先在大同制钢、日本电气、冲电气、东芝等大企业展开,其中以 1949 年 2 月的爱知县丰和工业斗争以及著名左翼作家德永直的作品《静静的群山》描述的 1949 年 3 月的东芝川岸工厂斗争最为典型。

如同前述,1949 年的大选,日本共产党众议院的席位从 4 个猛增到 35 个,得票率从 3.7％上升到 9.7％。而且该党在"产别会议""国劳""官公厅"等工会组织中具有较大的影响。尽管"产别会议"在 1948 年 2 月为右派的"产别民主化同盟"掌握主导权,但 1949 年 4 月左派重新占据优势,并在同年 6 月举行的中央委员会上决定以"包括罢工在内的实力行动"反对政府的"合理化"计划。美国政府和盟军总部认为日本共产党及其影响下的工人运动是共产主义在日本的渗透,甚至将其看作"间接侵略",指令日本政府给予抑制乃至镇压。因此,吉田内阁在严格执行"道奇路线"的同时,采取多种形式对包括日本共产党在内的左翼组织及其影响下的工人运动、社会运动进行压制,支持企业进行裁减人员等的"合理化"措施。

为压制左翼政党和团体,吉田内阁首先强化司法机构,将法务厅升级为法务府,将特别调查室升级为特别调查局。然后在 1949 年 4 月以政令的形式颁布了《团体等限制令》,规定要取缔那些"反抗和反对占领军或者反抗和反对日本政府基于盟国最高司令官的要求所发出的命令","或者助长和承认暴力主义倾向,或者倾向于承认它"的政党及团体。① 该法令禁止所有政党及社会团体的秘密活动,要求各政党和社会团体登记其办公地点和刊物,提供其领导人和成员的名单。

1949 年 5 月底,吉田内阁颁布《行政机关职员定员法》,计划裁减 24 万公务员。同年 6 月,吉田内阁修改《工会法》和《劳动关系调整法》,规定工会只能提出改善劳动条件、提高工资的经济要求,不能进行政治活动,在调解劳资纠纷时不能进行罢工,取消对资本家以工人参加罢工为借口随意解雇工人的限制。日本共产党影响下的"产别会议"联合包括"总同盟"在内的其他工会组成"全国工会法规政策协议会",发动 162 个

---

① 末川博『資料・戦後二十年資料史・第3』、日本評論社、1966 年、210 頁。

团体约 38 万人参加反对修改《工会法》《劳动关系调整法》的斗争[1],最后迫使吉田内阁放弃了全面修改两法的企图,保护了工人的基本权利。

1949 年 7 月 4 日,国营铁路当局宣布第一次裁减 3.07 万员工,第二天国营铁路总裁下山定则突然失踪,7 月 6 日清晨在常盘线绫濑站附近发现其被辗压的尸体(下山事件)。内阁大臣未经调查就发布是他杀的谈话,吉田首相也向记者发表了类似倾向性的意见,结果各大媒体刊登是日本共产党所为的消息。为此国营铁路工会难以组织有效的罢工,第一次裁减员工强行实施。国营铁路当局在 7 月 12 日发表第二次裁员 6.2 万人的计划,工会准备组织大规模的斗争。15 日深夜无人驾驶的电车在三鹰站闯入民房,死亡 6 人,受伤者 12 人(三鹰事件)。各大报纸再次报道是日本共产党所为,警察逮捕已经解雇的工会成员,铁路当局趁机解雇了工会领导机构的共产党员和大量的工人。8 月 17 日,在福岛县松川站附近列车脱轨倾覆,造成 3 名乘务员死亡(松川事件)。铁轨有被撬过的痕迹,附近的东芝工厂因解雇人员劳资斗争十分激烈,国营铁路工会和东芝工厂工会的成员作为嫌疑者遭到逮捕。

另一方面,为消除日本共产党在学生运动的影响,麦克阿瑟将盟军总部民间情报教育局顾问易尔兹派往日本各大学,7 月 19 日在新潟大学进行首次演讲,呼吁将红色教员和罢课学生赶出校园。同年 9 月,盟军总部指令日本政府在教育界驱逐日本共产党成员,结果有 1 700 名教员被解职。正是在保守政府的压制下,1949 年 12 月,"产别会议"分裂,部分成员分离出去组成"全国产业别工会联合"(新产别)。

1950 年 1 月 7 日,共产党及工人党情报局发表文章《关于日本形势》,全面批评日本共产党主流派的斗争路线。认为美国对日本实施的是殖民统治,而且准备在远东地区发动新的战争,因此,"和平革命"完全是一种幻想。日本共产党中央委员会发表《政治局所感》进行反驳,但其内部并不统一,以宫本显治为首的主张接受批评者被称为"国际派",以

---

① 山崎五郎『日本労働運働史』、労務行政研究所、1966 年、297 頁。

德田球一为首的反对批评者被称为"所感派"。1950 年 2 月,占主流的"所感派"转而接受共产党及工人党情报局的批评,两派对立激化。6 月 6 日,麦克阿瑟剥夺日本共产党 24 名中央委员的公职,德田等主流派转入地下,党发生分裂。

　　以整理"过剩雇佣"和压缩固定费用为中心的民间企业"合理化"措施也得到实施。据统计,从 1949 年 2 月到 1950 年 6 月,民间企业裁减人员的具体数额为:机械器具产业 15.2 万人,化学产业 6.4 万人,金属产业 4.2 万人,煤炭产业 3.7 万人,纺织产业 3.2 万人,包括其他产业超过 40 万人,涉及企业 1 万多家。另一方面,政府通过预算减少雇佣人员,包括公共企业在内的政府机构共减少 28.5 万人,地方公共团体职员 13.4 万人,两者合计 41.9 万人。结果造成失业者大量增加,政府统计的完全失业者从 1948 年 9 月的 15 万人增加到 1949 年 9 月的 46 万人,领取失业保险者从 1948 年 11 月的 2.6 万人增加到 1949 年的 32.3 万人,增长了近 12 倍,失业保险支出金额也从 1948 年的 157 亿日元增加到 1949 年的 568 亿日元。[①] 但在此基础上,工业劳动生产率得到较大提高。1949 年,矿业、金属工业的劳动生产率提高 60％以上,化学、纺织、食品工业的劳动生产率提高 40％以上。1948 年每个煤矿工人每月产量为 6.1 吨,1949 年则增加到 7.4 吨。[②]

　　吉田内阁为加强政府对产业及贸易的控制,在 1949 年 5 月设置策划、实施通商政策及产业政策的通商产业省(简称"通产省",MTIT),由商工省及贸易厅改组而成。另外,从 1950 年开始实施"集中生产方式",即资金、原材料等集中供给劳动生产率、劳动利用率及产品质量较高的优秀企业。同时将优先发展产业的顺序从"倾斜生产方式"时的煤炭、钢铁、电力、化工、机械、纤维改为电力、海运、钢铁、煤炭,并对这四大产业优先发放长期贷款。另外,大力推动对外贸易的发展,将经济建设的重

---

① 歴史学研究会編集『日本同時代史・2・占領政策の転換と講和』,青木書店、1990 年、137 頁。
② 孙执中:《荣衰论——战后日本经济史(1945—2004)》,人民出版社 2006 年版,第 39 页。

点从基础生产资料的生产转移到以对外贸易为中心的生产。为积极引
进外国先进技术,实施重要机械进口免税制度和企业设备的特别折旧
制度。

　　与此同时,政府在1949年6月18日修改《禁止垄断法》,其主要内容
为:取消有关禁止交换科学技术知识情报的规定,国际合作协定从认可
制改为事后报告制;除企业之间具有竞争关系或带来交易限制或垄断之
外,全面取消企业之间持有股票的限制;取消企业持有自己债券不得超
过该企业资本金25%的规定;除具有竞争关系的企业之外,取消企业干
部兼任其他企业职务的限制;企业合并或转让等均由许可制改为事前报
告制等。①

　　当时的政局对吉田政权较为有利。日本共产党在内外打击下影响
急剧减弱,社会党内部左右两派也因1949年1月大选失败而矛盾激化,
甚至在1950年1月分别召开了社会党的第五次大会。虽然其3个月后
又统一起来,但相互之间的矛盾依然存在。1950年3月,民主党以保利
茂为中心的联合派(拥有23个众议院席位和5个参议院席位)与民自党
合并,组成自由党,吉田茂任总裁。同年4月,民主党在野派与国民协同
党合并,组成国民民主党,最高委员长为苫米地义三,拥有67个众议院
席位和43个参议院席位。同年6月举行战后第二次参议院议员选举,
自由党的议席有大幅度增加,进一步稳固了吉田政权。

第二节　朝鲜战争与旧金山媾和

一、"朝鲜战争特需"

　　尽管第二次世界大战结束后,朝鲜半岛从日本的殖民统治下解放
出来,但以北纬三八线为界,北部由苏联占领,南部由美国占领,并在

---

① 歴史学研究会編集『日本同時代史・2・占領政策の転換と講和』,青木書店、1990年、
　138頁。

1948 年分别成立朝鲜民主主义人民共和国和大韩民国。1950 年 6 月
25 日清晨，朝鲜军队越过三八线向南进攻，并击败韩国军队，28 日占
领韩国首都首尔。30 日，美国政府派遣麦克阿瑟指挥下的地面军队进
入朝鲜半岛，同时借用联合国的名义将其武力干涉正当化。7 月 7 日，
在苏联缺席的情况下，联合国安理会批准美国指挥联合国军队。战争
初期，朝鲜军队占据优势，参战的美国军队也被压制在半岛东南端的
釜山一带。但掌握制空权的美国空军很快制止住朝鲜军队的攻势，9
月 15 日，麦克阿瑟指挥下的仁川登陆作战成功，朝鲜军队败走北方，
28 日首尔回到联军手中。美国政府命令麦克阿瑟消灭朝鲜军队，韩国
军队与美国军队越过三八线，很快接近中朝边境，联合国也通过追认
美国政府北攻政策的决议。

　　10 月 25 日，中国军队以志愿军的名义进入朝鲜战场，战局再次逆
转，1951 年 1 月，首尔再次落入朝鲜军队手中，但在美国空军的支持下，
两个月后韩国军队夺回首尔，此后双方在三八线附近展开拉锯战。麦克
阿瑟为打开胶着局面，主张直接进攻中国本土，坚持局部战争的美国总
统杜鲁门在 1951 年 4 月 11 日解除麦克阿瑟的职务。同年 6 月，在苏联
驻联合国代表马立克的提议下，交战双方开始停战谈判，但几次中断和
谈，直到 1953 年 7 月 27 日在三八线附近的板门店签署停战协议。朝鲜
战争对日本产生了重要的影响，主要体现在日本直接或间接参加了战
争、日本走向再军备进程、朝鲜战争特需刺激了日本经济的迅速恢复与
发展、保守政治势力得到加强以及加快了对日媾和的步伐等。

　　实际上，在朝鲜战争爆发前夕，盟军总部及日本政府对宪法第九条
放弃战争与军备条款的解释发生变化。在战后初期帝国议会审议新宪
法草案时，许多议员对"放弃战争"提出质疑，共产党议员野坂参三提出
将战争分为性质不同的"侵略战争"及"自卫战争"，应否定前者，肯定后
者。吉田首相回答道："有关宪法草案中放弃战争的条款，将国家正当防
卫权发动的战争正当化，我认为这是有害的。显著的事实是，近年来的
战争多以国家防卫权的名义进行，因此，承认正当防卫权是意外诱发战

争的原因。"①

1950 年 1 月 1 日，麦克阿瑟发表告日本国民的声明，其中指出"即使现行宪法具有何种理由，但绝对不能解释为全然否定受到对方有意攻击的自我防卫权利，这种权利是神圣不可侵犯的。这正是有力地显示了因武器而灭亡的国民坚信不依赖武器的国际道义和国际正义的最终胜利"②，明确表示日本宪法不否定自卫权。在此基础上，吉田茂首相在 1 月 23 日的国会施政演说中强调："宪法表明的彻底放弃军备、积极为世界做出和平贡献的国民决意本身是安全保障的核心，但明确放弃战争的涵义并不意味着放弃自卫权。"③

朝鲜战争爆发后，大部分驻日美军前往朝鲜半岛作战，为弥补其留下的军事性空白，同年 7 月 8 日，麦克阿瑟写信给吉田茂首相，指示日本政府创建为数 7.5 万人的国家警察预备队，同时增加 8 000 名的海上保安厅成员。7.5 万人是调往朝鲜半岛的美军数量，因而日本的重新军备以维持国内治安的名义开始，大体上规定了其后日本自卫队的性质，即协助美军的军队。同年 8 月 10 日，日本政府颁布《警察预备队令》，即日加以实施。同月 23 日，第一批 7 000 人入队，队员使用美国提供的武器与服装，在美国驻日基地接受美国军人顾问团的训练。

朝鲜战争使日本成为美国军队的后方基地，不仅大量的军需物资订货单源源不断，包括坦克、大炮在内的武器修理也在日本进行，而且在 1952 年被禁止的武器生产重新得到许可，形成"朝鲜战争特别需求"，给陷入通货紧缩危机的日本经济注射一支强心剂，企业开工率大幅度增加，雇佣大量工人。一方面，出口急剧增加，贸易收支迅速从赤字转为黑字。例如 1950 年的出口是 8.2 亿美元，1951 年猛增到 13.6 亿美元。其中"特需"1950 年是 1.5 亿美元，1951 年是 5.9 亿美元，1952 年和 1953

① 山内敏弘、古川純『憲法の現状と展望（新版）』、北樹出版、1997 年、37 頁。
② 『朝日新聞』1950 年 1 月 1 日。
③ 藤本一美、折立昭雄編『戦後日本政治ハンドブック・第一巻・占領と戦後政治（1945—54 年）』、つなん出版、2005 年、131 頁。

年的"特需"均达到 8 亿美元。另外,还有驻日美军及暂时逗留日本的美军及其家属的消费等。1949 年,日本对外贸易收支是 1.92 亿美元的赤字,1950 年变为 3 800 万美元的黑字。①

　　另一方面,日本经济形成了加工贸易型的体制,即利用获得的大量美元进口原料、煤炭等能源,进行加工后再出口。从产业结构上看,日本企业在战后初期主要生产以纺织品、纸浆、肥料等为中心的消费资料,但在朝鲜战争的刺激下,逐渐向汽车、武器等重化学工业过渡,开始出现建设大型联合企业地带的热潮。

　　这样一来,朝鲜战争与战争特需给特定地域带来较大影响。例如佐世保市作为战争时期的海军基地,为在战争结束后转化为和平产业城市,需要转让海军留下的大量土地、设施、建筑物等,与横须贺、吴、舞鹤等旧海军基地一样,着手制定《旧军港城市转化法》。1950 年 6 月,在佐世保举行居民投票,结果以压倒多数通过其法案。但朝鲜战争爆发后,该地成为九州各地美军集结、出动、中转的兵站,佐世保的重工业因军需品的特别订货获得复兴,为各国士兵提供服务的设施陆续建设,港口的大部分也成为美军的基地,前述《旧军港城市转化法》长期搁置起来。

　　朝鲜战争爆发后,占领当局与吉田政权进一步对革新势力进行镇压。6 月 26 日,麦克阿瑟写信给吉田首相,要求"日本政府 30 天内采取停止《赤旗报》(日本共产党机关报)发行的必要措施",7 月 18 日,麦克阿瑟再次写信给吉田首相,指令"采取措施无限期地停止《赤旗报》及相关报纸的发行"。7 月 24 日,盟军总部指示在报社、通讯、广播等相关领域清除日本共产党员及其同情者,到 8 月 5 日共有 50 个机构解雇 704 人。其后蔓延到产业界,涉及煤炭、钢铁、造船、化学、机械等领域的民间企业。9 月 1 日,日本政府决定在公务员中清除日本共产党,结果 573 家民

---

① 井上光贞ほか『日本歴史大系普及版・18・復興から高度成長へ』,山川出版社、1997 年、89—90 頁。

间企业解雇 10 972 人,政府机构解雇 1 177 人。① 同年 12 月政府颁布了禁止地方公务员及公立学校教员进行政治活动、罢工的《地方公务员法》。

1950 年 10 月 13 日,盟军总部指令日本政府解除 10 090 人的剥夺公职处分,其中包括政界的平野力三、官界的古井喜实、新闻出版界的石井光次郎和松本重治、文学艺术界的山冈平八和林房雄、学术界的安井郁、经济界的藤山爱一郎、女性运动者市川房枝等。同月 30 日,盟军总部再次指令日本政府解除 3 250 名旧军人的剥夺公职处分,这些人在战争末期进入各种军官学校,由于警察预备队缺乏中层军官,所以政府均给他们发去希望进入警察预备队的募集书,结果有 1 000 多人接受,成为警察预备队的骨干力量。

1951 年 5 月,李奇微担任占领军最高统帅后,指示日本政府成立了直属首相的私人咨询机构——"政令咨询委员会",就解释宪法、经济法令、劳动法规、行政体制、教育制度及解除公职等问题进行全面审查并加以修改。吉田茂政权继续解除对各种人物的剥夺公职处分,到 1952 年 4 月日本恢复主权之前,仅剩下 5 700 人未解除剥夺公职处分,其中包括 1 541 名尚未解除处分者和 4 200 名未申请解除处分者。《旧金山对日和约》生效后,自动解除了剥夺公职处分。除解除剥夺公职处分外,吉田内阁的文部大臣天野贞祐要求全国中小学校在节假日升太阳旗、唱《君之代》歌,培养爱国心。政府宣布废除限制公司令,并发布撤销控股公司清理委员会的政令,声称解散财阀结束,到 1951 年 12 月,完全废除了有关财阀的所有政令等。学术界将朝鲜战争爆发后盟军总部和日本政府采取的上述与占领初期非军事化、民主化政策相异的措施称为"逆流"。

二、通向媾和之路

早在 1945 年 11 月,在重光葵、芦田均等原外务资深官僚的建议下,

---

① 藤本一美、折立昭雄編『戦後日本政治ハンドブック·第一卷·占領と戦後政治(1945—54年)』、つなん出版、2005 年、153 頁。

外务省着手探讨媾和问题。当时主要的指导思想为：从不能上演第一次世界大战结束后缔结《凡尔赛条约》对战败国过于苛刻而导致德国复仇的历史经验出发，在战争双方的对抗意识尚未消失之前，不应急于签订和约。但在安全保障方面，日本应成为国际法上的永久中立国家，通过联合国寻求安全保障。当时成立和约问题研究干事会，由条约局局长负责，成员均是外务省课长级官员。1946年5月，该干事会提出研究成果，设想1947年夏季缔结和约，媾和的目标为恢复主权、确保生存和安全、重返国际社会、确立国际义务等。

1946年10月，美国国务院设置对日条约工作小组，研究媾和问题。该小组在1947年3月初完成一份草案，主张尽快缔结对日和约，由远东委员会成员国在25年内监督日本的军事潜力、重工业和原料囤积。1947年2月，在巴黎召开媾和会议，联合国与意大利、匈牙利、保加利亚、罗马尼亚和芬兰签订和约，舆论认为可能很快与德国、日本媾和。同年3月，麦克阿瑟在外国记者俱乐部的午餐会上宣布对日媾和的时间已经到来。同年7月，国务卿马歇尔向远东委员会11国代表建议在8月19日召开对日媾和预备会议，但苏联提出召开美英苏中四国外交部长会议进行协商解决，拒绝美国提出的三分之二多数表决方式，中国赞成苏联的主张，英国以英联邦堪培拉会议日期为由表示难以出席美国提出的会议。

1947年5月，日本政府决定向媾和有关国家表明自己的意见，因而在外务大臣芦田均指导下，形成了史称"芦田均备忘录"的文件，其中主要内容有日本参加公正的和会、以国际法原则及《波茨坦宣言》为基础完成媾和、日本自行履约、日本早日加入联合国、日本增加警察力量、在日本经济自立和保持相当水平的基础上进行赔偿、对日本的经济活动不加限制等。其后日本政府通过各种渠道向盟军总部传递上述备忘录精神，但在有关安全保障问题上逐渐从依靠联合国转向依靠美国。

其后美国对日媾和的政策几经反复，1948年2月，凯南访日并提出以强化日本警察力量、继续保留美军在日基地、复兴日本经济为媾和主要内容的报告书。在此基础上,1948 年 10 月,美国国家安全保障会议通过《对日政策建议》(NSC13/2)文件,有关媾和的主要内容包括:第一,美国应暂不就缔结对日和约施压;第二,对日和约应尽可能地简短、概括并具有非惩罚性质;第三,占领军应留驻日本,直到事实和约为止。在和谈开始以前,美国不应就有关日本军事安全的缔约后安排形成最终立场;第四,美国应永久保留其在冲绳的设施;第五,加强日本的警察力量。①

尽管已经出现了"事实上的媾和",即恢复日本政府自治权和大幅度削减占领机构官员的占领管理体制转换,以及撤销和放松占领当局的各种限制,但为争取早日实现独立,吉田首相在 1949 年 5 月 7 日对外国记者说"媾和后也希望美军继续驻扎日本"。同年 9 月,美国国务卿和英国外交大臣会谈并达成协议,即使没有苏联参加也要进行对日媾和,其背景是中国共产党在内战中获胜的局势明朗以及苏联明确拥有原子弹。11 月,美国国务院发表正在探讨对日媾和条约的声明,吉田首相立即赞成与部分国家签署和约的"片面媾和"。但与此同时,美国陆军部发表在安全保障问题上"必须考虑赋予日本自卫的手段或者规定由其他国家保护日本"的声明,结果在日本国内引起争议,要求与所有相关国家签署和约的"全面媾和"的声音迅速高涨。②

1949 年 11 月,"全体女性国会议员"发表了"全面媾和、放弃战争、严守中立"的共同声明,12 月,日本社会党中央执行委员会决定"和平三原则",即全面媾和、中立、反对基地。与此同时,东京大学校长南原繁在华盛顿召开的美国占领地区教育会议上发表了日本严守中立和全面媾和的演说。在社会党的提倡下,工会组织、宗教文化团体、新闻媒体、经济产业界、女性及青年团体、政党代表举行集会,决定发起促进媾和运动,并成立了跨党派组织"推动和平独立国民同盟",其目标是实现日本独立和推动国际和平。但各家报社在 1949 年下半年进行的舆论调查表明,

---

① 刘世龙:《美日关系(1791—2001)》,世界知识出版社 2003 年版,第 410—411 页。
② 歴史学研究会編集『日本同時代史・2・占領政策の転換と講和』,青木書店、1990 年、171 頁。

支持全面媾和的人仅在 30％以上，认为不得已进行片面媾和的人占多数，但希望在外交及安全上保持中立的人接近半数。①

1950 年 3 月，南原繁在参加东京大学毕业典礼上再次提出全面媾和的主张，吉田首相在自由党两院议员秘密大会上指责说："南原繁校长进入政治家的领域，不外是曲学阿世之徒。"消息泄露后，南原校长会见记者，批判其是"对学问的亵渎、以权力镇压学者"。② 同年 4 月，社会党第六次党大会正式决定"和平三原则"，明确表示反对提供军事基地以及依靠军事协定的安全保障。同时，除日本共产党以外的在野各党组成了"外交政策在野党联合协议会"，进行以宪法放弃军备为根据的确保和平、坚持永久中立、全面媾和的和平运动，但这些运动因社会党与其他社会团体产生主导权之争的矛盾以及民主党转向片面媾和的政策而没有形成较大的势力。

美国总统杜鲁门在 1950 年 4 月 6 日任命杜勒斯为国务院负责对日媾和问题的顾问，与此同时，吉田茂首相任命池田大藏大臣访美，名义上是视察美国财政经济状况以及向道奇报告日本财政情况，传达吉田首相的个人意见，即希望早日缔结和约，而且为保障日本及东亚地区的安全，美军有必要继续留在日本，如果美国不方便提出该要求的话，日本可考虑提出其要求的方式。6 月 14 日，杜勒斯到日本，与美克阿瑟、吉田茂等人会谈，但没有达成一致意见。

朝鲜战争爆发后，美国国务院与国防部迅速统一了步伐，尽快进行对日和约会议，并做成提交总统的备忘录。在此基础上，杜鲁门总统在 9 月 14 日发表了《开始对日媾和预备谈判》的声明，其中向有关国家提出了对日媾和七原则，包括对日作战国并符合会议程序基本原则的国家参加和会、媾和条约后加入联合国、日本的领土由中美英苏四国决定、日本

---

① 歴史学研究会編集『日本同時代史・2・占領政策の転換と講和』、青木書店、1990 年、172 頁。

② 山田敬男『新版戦後日本史——時代をラデイカルにとらえる』、学習の友社、2009 年、116 頁。

的安全由美国及其他国家合作负责、缔约国放弃战争赔款等。

1951 年 1 月，杜勒斯作为媾和特使再次访日，并要求日本重新军备，吉田首相以经济负担过重、邻国的担心、国民的感情等理由表示拒绝，但答应在经济实力增长后逐步增加军备。民主党以芦田均为中心积极主张再军备，甚至提出创建拥有 20 万兵力的"独立国防保安军"。"经团联"等财界八团体也提出"有必要建立最低限度的防卫组织"，另外也出现了许多再军备方案。

另一方面，左翼势力要求全面媾和、反对重新军备的运动再次兴起。1951 年 1 月，社会党第七次党大会通过决议，在和平三原则上附加"反对重新军备"，变成和平四原则。本来在占领当局扶植下 1950 年 7 月成立的"日本劳动组合总评议会"（简称"总评"）迅速左转，在 1951 年 3 月召开的第二次大会上确认和平四原则，各行业工会组织也纷纷支持四原则。同年 6 月，佛教、基督教、神道教等团体组成"宗教者和平运动协议会"，并通过推动国民和平运动的决议。同年 7 月，社会党、劳农党、总评工会、宗教团体联合组成"推进日本和平国民会议"，并在 8 月 6 日原子弹爆炸纪念日举行集会，通过了要求全面媾和、反对重新军备的和平决议。但在朝鲜战争爆发以后，社会舆论开始倾向片面媾和，赞成重新军备的人也超过反对者，甚至赞成美军基地的人也超过了反对者。例如在《每日新闻》的舆论调查中，赞成全面媾和者从 33.8% 急剧下降到14.3%，赞成片面媾和者从 49.2% 迅速上升为 66.3%。另外，在《朝日新闻》的调查中，反对美军基地者在 1950 年为 37.5%，超过赞成者的29.9%，但到 1951 年赞成者超过反对者，1952 年赞成者甚至达到反对者的两倍。[①]

美国希望日本组织一个跨党派全权代表团参加旧金山对日媾和会议，但由于社会党和日本共产党拒绝参加，自由党、国民民主党、参议院议员只好组织"绿风会"，组成以吉田茂为首席代表的六人全权代表团，

---

① 福永文夫『戦後日本の再生，1945—1964 年』、丸善株式会社、2004 年、128—129 頁。

其中有自由党吉田茂、星岛二郎、池田勇人，国民民主党的苫米地义三、绿风会的德川宗敬以及日本银行总裁一万田尚登。另外，还有 5 名全权代理和 12 名派遣议员团，连同随员共有 50 名日本代表团成员参加和会。

1951 年 9 月 4 日，在美国旧金山召开了片面的对日媾和会议，美国国务卿艾阿逊松任议长。包括日本在内共有 52 个国家参加了会议，但中华人民共和国及台湾国民党、朝鲜及韩国没有得到邀请，对中国缺席不满的印度、南斯拉夫以及对赔偿问题不满的缅甸拒绝参加。在美英共同提出的对和约草案中，包括日本与联合国的战争状态结束，日本完全恢复主权，承认朝鲜独立，放弃台湾及澎湖列岛、千岛群岛、南库页岛、南洋各岛等，放弃在外资产等内容。和会第一天美国总统杜鲁门发表演说，第二天美国代表与英国代表解释条约方案的内容，第三、第四天各国代表发表演说。尽管苏联代表在发言中提出了防止日本军国主义复活以及领土问题的修正案，其他国家代表也对赔偿问题提出疑议，但没有对条约草案进行审议和修正。

9 月 8 日，日本与参加和会的 48 个国家签署了片面的《旧金山对日和约》，参加会议的苏联、波兰、捷克斯洛伐克代表拒绝在和约上签字，日本代表团的六人全权代表均在和约上签了字。下午，吉田茂一人前往美军第六司令部，仅用 15 分钟就代表日本政府与美国政府签署了以向美国提供军事基地换取美国军事保护、带有两国军事同盟性质的《日美安全保障条约》，主要内容为美军继续驻扎日本、日本向美军提供基地、美军镇压日本国内的大规模骚乱和外部的武力攻击、日本不得将基地提供给其他国家等。

1951 年 10 月，日本召开了专门审议上述两个条约的第 12 届临时国会，审议过程较为顺利。一方面是社会舆论的支持，另一方面也因社会党分裂成以书记长浅沼稻次郎为首的右派社会党和以铃木茂三郎为首的左派社会党。左派社会党反对两个条约，右派社会党仅反对《日美安全保障条约》。实际上，经过两个多星期时间的审议后，在 26 日举行的众议院全体会议表决中，赞成《旧金山对日和约》的为 307 票，反对的为

47 票(其中自由党全部、国民民主党和右派社会党的大部分议员投了赞成票,左派社会党和共产党的议员投了反对票);赞成《日美安全保障条约》的为 289 票,反对的为 71 票(其中自由党全部、民主党大部分议员投了赞成票,左派社会党和共产党、右派社会党大部分议员投了反对票)。在同年 11 月 18 日举行的参议院全体会议表决中,赞成《旧金山对日和约》的为 174 票,反对的为 45 票;赞成《日美安全保障条约》的为 147 票,反对的为 76 票。[1]

1952 年 1 月 16 日,标志日本决定与台湾当局缔结和约的"吉田书简"在东京和华盛顿同时发表,3 月 20 日,美国参议院以 66 票对 10 票的压倒性多数通过了《旧金山对日和约》。另一方面,根据"吉田书简"的精神,2 月 17 日日本代表团抵达台北,就和平条约问题同台湾当局进行谈判,经过长时间的交涉,终于在 4 月 28 日签订了"《日华和平条约》"(即"日台条约")。1952 年 5 月 14、16 日日本国会众参两院分别开始审议"日台条约",经过不太激烈的辩论后,6 月 7 日众议院以多数赞成通过该条约,7 月 5 日参议院以 104 票赞成、38 票反对的结果也通过了该条约。

1952 年 4 月 28 日,《旧金山对日和约》和《日美安全保障条约》同时生效,日本恢复了主权,但冲绳和小笠原岛仍然无限期地处在美国的统治之下,同时在日朝鲜人也成为外国人。《旧金山对日和约》规定日本放弃在外资产的请求权,日本承担的占领费作为实质的赔偿,原则上不能要求赔偿,如果在联合国内有要求赔偿的国家,日本应给予赔偿。因此,1954 年以后,日本政府陆续与菲律宾、缅甸等缔结了赔偿协定,与泰国、韩国等国家达成无偿经济援助协议,但始终是国家间的战争赔偿和经济援助,战争受害的个人没有得到赔偿。1952 年,日本政府制定《战伤病者及战死者家属等救济法》,救济的对象是原军人及其家属、家族等,但空袭造成的民间受害者不包括在内,在日朝鲜人和中国台湾人士也被排除在外。[2]

---

[1] 宋成有等:《战后日本外交史》,世界知识出版社 1995 年版,第 87 页。
[2] 大门正克『全集・日本の歴史・第 15 巻・戦争と戦後を生きる』,小学馆、2009 年、302 頁。

三、占领时期的思想与文化

占领初期,盟军总部在禁止军国主义及国家主义宣传、允许批判天皇制的同时,也积极利用媒体说明战争的真实状况。例如盟军总部民间教育情报部将广播作为对日本人再教育的手段,在广播节目类型及内容、改进广播技术等方面进行指导的同时,也制作了实况广播连续剧的节目——《真相如此》。从1945年12月9日晚上8时开始播发,连续10次,每天30分钟,星期日首播,星期一、三重播,其内容是揭露从1931年9月18日日本军队占领中国东北地区到1945年8月15日日本战败投降的日本军国主义实际状态。

占领时期盟军总部对广岛、长崎原子弹爆炸及其影响的报道实施严格限制,不仅禁止有关的照片及电影,即使受害者的日记及其文学作品或绘画也受到限制。尽管如此,也出现了传播原子弹受害状态的动向,其中最为突出的是日本画家丸木位里及其妻西洋画家丸木俊夫妇的努力。丸木夫妇在原子弹爆炸后进入广岛,将其所见所闻用画笔记录下来,在1950年8月6日出版了《原子弹》一书,但遭到禁止发行的处分。同年,夫妇两人以三年之间创作的素描为基础完成共同的绘画作品,在第三届日本独立派展览会上展出。1950年底,这些作品开始巡回展览,两年之内在全日本100多个地方展览,参观的民众有数十万人,同时展出照片和资料,引起较大的轰动,影响到和平运动的兴起与发展。

1947年12月,东京大学的学生编辑出版了东京大学战死学生的遗稿文集《在遥远的山河那边》,该文集引起巨大反响。各个大学、高等专门学校积极收集战死学生的遗稿,结果从收集到的309名学生遗稿中选择75人的文章,书名也是在2 000个建议中采用了"海神的声音",1949年10月由东京大学战死学生笔记编辑委员会编辑、东京大学消费生活协同组合出版,成为销售200多万部的畅销书。采用的遗稿以1941年12月提前毕业与1943年后作为"学徒出阵"的学生兵遗留的笔记和书信为中心,其中包含许多战争末期特别攻击队员的遗稿。这些遗稿表现出许多优秀青年的苦恼,即对战争带有怀疑思想的同时以何种态度迎接即将到来的死亡,以及对家族、恋人、朋友的真情,对不得不放弃的学问的热情,打动了许多人的心。该书不断再版,其读者的世代也不断变化,对战后和平运动起到较大的影响。1950 年,结合该书体现的心情、思想、故事,以缅甸战场的学生兵为舞台,关川秀雄将其导演成同名电影。

正是在上述社会氛围下,学术界、文艺界对战前及战时的政治、社会进行反思。首先复刊和创刊了许多杂志,为学术界的探讨与争论提供了舞台。1945 年 11 月 1 日,《新生》杂志创刊,接着《中央公论》《改造》《世界》《展望》等综合杂志复刊和创刊。最初在这些杂志上发表文章的是被称为老一代自由主义者的学者及评论家,他们均在大正民主时代形成其思想,尽管具有自由主义的观点,但在军国主义时代没有发表言论的机会,因而战败后立即登上媒体。尽管这些人符合民主化的潮流,但很快失去民众的支持,因为在急速的民主化过程中,民众厌倦了招致军国主义抬头的脆弱民主主义,希望从根本上进行社会变革,能够满足这种要求的是马克思主义思想。

与此同时,日本社会主流价值观念从战前的天皇制专权统治、战争和贫困转化为战后的民主主义、和平和富裕,因而天皇与天皇制问题是战后首先讨论的问题。在这一当面,以马克思主义为指导思想的日本共产党,作为战时唯一反对侵略战争的政治势力,其领导人德田球一、志贺义雄等人在战败走出监狱后号召人民起来打倒天皇制。尽管没有提出具体的行动纲领、程序、手段来实现"废除天皇制",但其与后来高野岩三郎的《被囚禁的民众》、羽仁五郎的《天皇制的剖析》都给当时的青年人和知识分子在思想上以极大的影响。[1]

另一方面,马克思主义历史学在当时盛行一时,尤其是战败及其改革证实了战前讲座派马克思主义历史学对日本资本主义分析的准确性,同时也是打破战时以天皇为中心的皇国史观的有力武器。因而以马克

---

[1] 中村政则:《日本战后史》,中国人民大学出版社 2008 年版,第 31 页。

思主义理论为研究方法的一批日本史研究专家为中心，形成了战后历史学，这些专家包括古代史的藤间生大、中世史的石母田正、近代史的井上清及远山茂树等人。这一学派批判侵略战争、天皇制和封建残余，主张建设民主主义的日本，最终在日本实现社会主义。主导战后历史学的历史学研究会在 1949 年以"世界史的基本法则"、1950 年以"国家权力的诸阶段"为大会主题，阐述了从世界历史与历史规律的立场把握历史研究的方法，呈现出战后历史学的黄金时代。例如石母田正在 1946 年 6 月出版的《中世世界的形成》，以日本从古代到中世纪社会形态的转换、过渡过程为主题，在运用客观构造分析法的同时，还运用了生动描述人类活动的历史叙述方法，超出了历史学界，在其他相关学科的各个领域以及读者中引起较大反响，

其他学者也对近代以来日本的发展道路提出批判，例如研究以荻生徂徕及福泽谕吉为中心的政治思想史的丸山真男在 1946 年第 5 号《世界》杂志上发表《超国家主义的逻辑与心理》一文，深刻地剖析了将政治权利和精神权威集于一体的天皇制，同时阐述了支持这种天皇制的日本国民的精神结构；研究西方经济史的大塚久雄在 1946 年 4 月 11 号的《大学新闻》上发表《创造近代类型的人》一文，通过与欧洲国家特别是英国的比较，指出近代日本的前近代性，因而为实现民主化必须确立政治的主体，日本重视外表的体面，不重视内心的尊严，这种伦理型的人没有成熟，应创造近代类型的人；法社会学家川岛武宜在 1946 年 6 月号《中央公论》上发表《日本社会的家族构成》一文，指出作为日本社会的特征，不是法秩序和权力，而是家族制度具有通过权威使人们服从的功能。这三位学者的共同之处不是从经济上分析战争的原因，将其作为一部分军人和政治家的责任，而是直接探索日本近代应走之路。特别值得注意的是，他们不仅强调制度和组织的问题，而且深入人的主体性问题加以论述，从而为社会科学研究提供了新的平台。这种研究以欧美先进国家为典型，因而这些学者也被称为"近代主义"。与上述学者不同，中国文学研究家竹内好发表了《日本的近代与中国的近代》（载《东洋文化讲座》第

三卷,1948 年 11 月)一文,他通过对鲁迅的研究分析中国的近代化发展之路,试图发现与日本欧美式近代化乃至欧美近代化不同的道路,打破了"日本进步,中国落后"的传统概念。

实际上,在日本学术界引起较大争议的是美国文化人类学者鲁思·本尼迪克特在 1946 年出版、1948 年翻译成日文的《菊花与刀》。该书作者运用文化人类学研究方法对日本民族精神、文化基础、社会制度和日本人性格特征等及其对日本政治、军事、文化和生活等方面历史发展和现实表现的重要作用进行了深入分析,同时提出了日本文化是相对西方"罪恶文化"的"耻辱文化"。尽管该书对占领政策,特别是在保留天皇制方面发挥了作用,其文化人类学的分析视角及罪与耻的概念对日本学术界产生较大影响,但也引起了争论。

1946 年,都留重人、鹤见和子、鹤见俊辅、丸山真男、武田清子、武谷三男、渡边慧等七人创办杂志《思想的科学》,提倡新的思想研究方法,即过去大学的研究以西方思想家的理论研究为基础解释社会现象,但这些学者主张从阐明事实的立场出发,特别要深入探讨民众的心理,从中找出社会思想的主流。另一方面,这些学者不是将自己关闭在象牙塔之内,不仅研究者之间跨学科相互交流和讨论,而且在综合杂志上发表启蒙性文章,经常显露出未能阻止战争的自责之情。

1948 年 7 月柏林封锁引发东西方对立,联合国教科文组织发表了八位科学家呼吁和平的共同声明。在日本,岩波书店的吉野原三郎对声明颇有同感,积极组织安倍能成、和辻哲郎、田中耕一郎、高木八尺、蜡山政道等老一代自由主义者以及大内兵卫、有泽广巳、胁村义太郎、矢原内忠雄、丸山真男、中野好夫、都留重人等年轻一代研究者组成"和平问题谈话会",以《世界》杂志为阵地宣扬和平主义、民主主义。同年 12 月,和平问题谈话会内部的 59 名日本科学家发表《科学家关于战争与和平的声明》,针对以美苏为中心的两个世界紧张对立和战争危机阐明了和平共存的条件。

在媾和形势逐渐明朗化之时,和平问题谈话会在 1950 年 1 月发表

《关于媾和问题的声明》，明确主张全面媾和、经济自立、中立不可侵犯、反对提供军事基地。声明并表示"反省战争开始时放弃了决定自己命运的机会，现在要以自己的手决定自己的命运"，"有责任推动下述困难的事业，即从偿还过去战争责任的意义上通过媾和使东西方两个世界接近乃至协调"。[①] 同年12月，和平问题谈话会发表《三论和平》的文章，批判战争，指出日本放弃战争和非武装才是现实之路，希望美苏两国能够认清世界趋势。

在中小学教育界，朝鲜战争爆发后两个月，"日教组"第16届中央委员会发表《和平声明书》，批判以吉田茂内阁为首的反动势力主动提倡单独媾和，不仅准备放弃中立政策，而且试图介入朝鲜半岛事务，必将日本再次引向战争。1951年1月，"日教组"明确提出"全面媾和、坚持中立、反对提供军事基地、反对重新军备"和平四原则，同时也提出"不送学生再次上战场"的口号。"日教组"基层组织在各地开展保卫和平的群众运动，并利用举办讲演会、展览会、街头签名等形式，大力宣传"不送学生再次上战场"的主张，引起多数民众的共鸣。

在文学领域，年轻作家组成的"近代文学"与无产阶级作家组成的"新日本文学"围绕政治与文学的关系展开激烈争论。战后登上文坛的作家从战前左翼和战争两个政治体验描述战争与军队的非人性，例如野间宏的《昏暗的绘画》（1947年）描述了黑暗的学生时代知识性经历、《真空地带》（1952年）描述了非人性的军队生活经历，石川达三的《风中摇动的芦苇》（1950年）描述了战前军国主义的高压政治，壶井荣的《二十四颗眼珠》（1952年）描述了海岛小学女教师教过的学生陆续在战争中战死。另外还有埴谷雄高的《死灵》、梅崎春生的《樱岛》、永井隆的《长崎的钟》、太田洋子的《横尸遍野的城市》、大冈升平的《俘虏记》、大佛次郎的《归乡》等战争反思文学。另一方面，日本共产党成员的笔记及小说给读者

---

① 歷史学研究会編集『日本同時代史・2・占領政策の転換と講和』、青木書店、1990年、172頁。

带来另一种异样的感受,例如野坂参三的《亡命十六年》、德田秋一和志贺义雄的《狱中十八年》(1947 年)、宫本显治和宫本百合子的《十二年的书信》(1950 年)以及宫本百合子的《播州平原》《风知草》等小说。

在小说方面,还有谷崎润一郎描写大阪船场旧式家庭四姐妹命运的《细雪》上卷(1946 年)、太宰治描绘占领时期传统贵族没落的《斜阳》(1947 年)、梅崎春生描述战争结束前夕在异国他乡遭遇的《樱岛》(1948 年)、三岛由纪夫描述少年独特一生的《假面的告白》(1949 年)等。

除《海神的声音》改编为电影外,还有山本萨夫导演的《真空地带》(1952 年)以及黑泽明导演、描述京都大学"泷川事件"影响的《我们的青春无悔》(1946 年),木下惠介导演、描述旧军人卑劣的《大曽根家的早上》(1946 年),今井正导演、描述战时青年人爱情的《待到重逢日》(1950 年),新藤兼人导演、描述广岛原子弹爆炸后遗症的《原子弹爆炸之子》(1952 年)等反思战争电影。另外有今井正导演、描述新时代青年的《绿色山脉》(1949 年)以及黑泽明导演、描述日本平安时代末期围绕一起杀人事件四名当事人各持己见的《罗生门》(1950 年)等。

即使在社会混乱、生活苦难的占领时期,日本也出现了世界性的文化、体育成就,其中最突出的是游泳运动员古桥广之进在 1947—1949 年三年之间连续 23 次打破自由泳世界记录,1949 年 11 月汤川秀树因 1934 年发表的"中间子论"获得诺贝尔物理奖,黑泽明的《罗生门》1951 年获得威尼斯国际电影节金狮子奖、1952 年获得美国电影学会最优秀外国电影奖等。

第三节　政界再编与重新军备

一、政界再次分化组合

随着媾和条约的生效,占领军离开日本,同时大批旧政治家因解除剥夺公职处分而重返政坛,围绕权力争夺以及建立战后国家,保守政党内部矛盾重重,另外还要在没有盟军总部做后台的状况下应对左翼势力。

为明确驻日美军的法律地位及其相关条件,日本政府与美国政府根据《日美安全保障条约》第三条在 1952 年 2 月 28 日签订《日美行政协定》,与《旧金山对日和约》及《日美安全保障条约》同时生效。其主要内容为日本向美军无偿提供必要的设施及区域,承认美军使用、运营、防卫的权利,免除关税、进入港口或登陆的费用,美军拥有美军及其家属的刑事裁判权,日本负担每年 1.5 亿美元的防卫费等。尽管日本区域内出现敌对行为或将要出现敌对行为时出动在日美军需要两国政府协议,但出动在日美军到远东地区活动时却不需要与日本政府协议。因此,该协定遭到在野党和社会舆论的反对,改进党要求得到国会承认,右派社会党认为是“侵犯主权”,左派社会党主张“废除协定”。另外,尽管为美军提供设施及其区域的《日美设施区域协定》在占领军完全撤退的 1952 年 7 月 26 日签订,但美军基地的所在区域及其范围仍然有许多模糊之处,国民对此十分不满。①

根据《日美安全保障条约》前文中“日本逐渐增强防卫力量”的规定,吉田政权准备完善有关机构。早在独立前夕 1952 年 1 月的国会会议上,吉田首相在回答在野党议员质询时回答说“正在探讨组织警察预备队设置期满后新的防卫队”,另外在同年 3 月回答质询时提出“进行防卫的战斗力量不违反宪法”,结果引起纠纷,迫使吉田首相收回该发言。同年 4 月 26 日,在海上保安厅内设置海上警备队,租借美军的军舰,带有小型海军的性质。同年 7 月,国会通过《保安厅法》,8 月设置直属内阁的保安厅,警察预备队改组为保安队,海上警备队也从海上保安厅转到保安厅管辖之下。

遭到镇压的日本共产党在 1951 年 2 月召开的第四次全国协议会

① 藤本一美、折立昭雄編『戦後日本政治ハンドブック・第一巻・占領と戦後政治(1945—54年)』、つなん出版、2005 年、188 頁。

（代替全国大会）提出通过武装斗争抵抗占领军和日本政府的方针，德田球一、野坂参三等人转到海外指导党的工作。同年10月，第五次全国协议会通过了将日本革命规定为民族解放民主革命、军事方针的新纲领。实际上，该纲领是德田、野坂到莫斯科在斯大林的指示下撰写的。[①] 党的内部设置军事委员会，袭击驻日美军、警察预备队、警察署、检察厅、税务局、军需生产工厂以及运输军需物资的铁路等。在到1952年3月的半年间，共进行292次袭击事件，其中袭击警察178件、袭击税务局56件、袭击司法机构20件。[②] 结果导致国民远离该党，在1952年10月的大选中，日本共产党仅获得89.7万张选票，而在1949年1月的大选中其曾获得298万张选票。[③]

随着《旧金山和约》的生效，《团体等限制令》等占领时期的法令也将失去效力，因而政府准备制订新的治安相关法律。1952年3月，法务省公布了《破坏活动防止法案》《公调查厅设置法案》《公安审查委员会法案》的主要内容，并在4月提交国会审议。但这些法案遭到各界的质疑，认为这些法案将使团体活动受到限制、警察部门权限得到增强、国民的人权受到压制等。同时，吉田内阁还向国会提出了《禁止总罢工法案》以及限制"公益事业"中劳资争议的《劳动关系调整法修正法案》《劳动组合法修正案》《劳动基准法修正案》等三个法案。"总评"等40个工会组织连续组织五次大规模的罢工和统一行动，参加的人员总数达到270万人，反对上述法案。4月10日，"总评"还与"日教组"联合主办了第一届"文化人团体协议会"，27个文化团体发表了支持罢工的声明。5月12日，政党、工会组织、农民组织及文化团体等成立了"反对恶法国民运动联络会"，发表了从拥护宪法和基本人权的立场要求撤回法案的《抗议书》。[④]

---

① 正村公宏『战后史·下』、筑摩书房、1985年、30页。

② 『朝日年鉴』1953年、155页。

③ 山田敬男『新版戦後日本史——時代をラデイカルにとらえる』、学習の友社、2009年、126页。

④ 山田敬男『新版戦後日本史——時代をラデイカルにとらえる』、学習の友社、2009年、128页。

1952 年 5 月 2 日,40 万群众在神宫外苑举行集会,并通过了反对重新军备和要求开放皇居前广场的决议,其后分五个地区游行示威。在游行过程中,以东京都学生联合会成员为中心的 2 000 多人在日比谷公园与警察发生冲突后,进入禁止使用的皇居前广场。随后游行队伍增加到 5 000 多人,其中包括在日朝鲜人等极端左翼分子,在二重桥前与 5 000 名警察发生冲突。结果 1 200 多人被捕,几十人受伤,两人死亡,其中一人是法政大学学生近藤居士,为战后学生运动中最初的牺牲者,史称"五一节事件"。

其后日本各地出现了多起袭击警察事件,仅在 5 月 30 日就出现了 28 件治安案件,有 102 人被逮捕。[①] 社会不稳定状态对国会通过治安相关法案起到推动作用,以"对实施暴力主义破坏活动的团体采取必要限制性措施、完善针对暴力主义破坏活动的刑罚规定以确保公共安全"为目的的《破坏活动防止法案》在 7 月 4 日得到国会两院的批准,同月 21 日正式实施。《公安调查厅设置法》也在同日实施,负责对"破坏性团体进行调查并请求处分"的公安调查厅作为法务省的下属机构正式设置,同时也设置了公安审查委员会,拥有对那些进行暴力破坏活动的团体实施限制其活动乃至解散其团体的权限。另外,也设置了政府综合处理情报的有关机构——内阁调查室。尽管吉田内阁放弃了《禁止总罢工法案》,但劳动三法案通过了国会的审议。

此前的吉田内阁已经逐渐失去民意,其支持率从 1951 年 9 月的 58%急剧下降到 1952 年 3 月的 33%,自由党的支持率也从 44.6%下降到 32.9%。[②] 其中一个较大的原因是:随着剥夺公职处分的解除,大批具有影响力的政治家重返政坛,例如鸠山一郎、绪访竹虎、岸信介、大唯麻男等。特别是鸠山一郎,作为自由党的创始人,恢复公职后首先是夺回党的领导权,吉田茂自不相让,两人展开激烈的争斗。尽管鸠山在解

① 『朝日新闻』1952 年 5 月 31 日。
② 『朝日新闻』1952 年 3 月 6 日。

除剥夺公职处分前就因患脑溢血而半身不遂,但仍然积极参加政治活动,迫使吉田茂任命自己的心腹为自由党干事长的设想流产。到 1952 年 8 月,自由党内吉田派 140 人,鸠山派 119 人,大致处在势均力敌的状况。除个人的恩怨外,两人在外交安全政策的不同也是相互竞争的重要原因。吉田茂主张对美协调甚至从属的外交路线,认为战后是集体安全保障时代,即使增强军备也是从完善日美同盟的立场出发;但在鸠山一郎看来,日美关系是不平等的关系,日本没有实现完全独立的目标,因而主张通过修改宪法达到独立的安全保障。

另一方面,解除剥夺公职处分的旧政治家以大麻唯男为中心组成"新政俱乐部",在 1952 年 2 月与国民民主党、农民协同党等合并成为改进党,主张修正资本主义、日美对等原则及重新军备等。当时没有党的总裁,三木武夫担任党的干事长,3 月刚解除剥夺公职处分的重光葵在 6 月的该党全国大会上当选为总裁。

1952 年 8 月 26 日,第 14 届通常国会开幕。当时在众议院 466 个总议席中,自由党 285 席,改进党 67 席,右派社会党 30 席,左派社会党 16 席,日本共产党 22 席等;在参议院 250 个总议席中,自由党 81 席,绿风会 57 席,左派社会党 32 席,右派社会党 30 席,改进党 16 席等。为打击在野党,特别是党内以鸠山一郎为中心的反对派,吉田首相突然宣布解散众议院举行大选。此举不仅引起党内反对派的强烈不满,因为他们对选举尚未做准备,而且解散议院程序成为议论的话题,反对说援引宪法第 69 条,认为只有内阁不信任案通过后才能解散议院;赞成说援引宪法第 7 条,主张在内阁的建议下作为天皇的国事行为可以解散议院。

1952 年 10 月 1 日进行的选举是日本恢复主权后的首次大选,其特征为:一方面,执政党分裂为"吉田派"和"鸠山派",分别设置选举总部和募集政治资金,吉田茂首相甚至在投票前夕将鸠山派重要成员石桥湛山、河野一郎开除出自由党,并给予取消党公认候选人资格的处分。另一方面,竞选的焦点围绕着防卫问题和重新军备问题展开。吉田派自由党主张暂缓重新军备,不提倡修改宪法,鸠山派自由党提倡创设防卫军、修改宪法、积极财政,针锋相对地批判吉田派。改进党原则上主张建立防卫军,赞成重新军备,以左右社会党为中心的左翼势力反对重新军备。

选举结果为自由党获得 240 席(其中吉田派 73 席、鸠山派 68 席、中间派 99 席),比选举前减少 45 席,刚过众议院总席位的半数。改进党 85 席、右派社会党 57 席、左派社会党 54 席等,日本共产党因武装斗争失去选民的支持,丧失了全部议席。另外有 329 名剥夺公职者作为候选人参加选举,其中有 139 人当选(包括鸠山一郎、三木武夫、石桥湛山、河野一郎等人),相当于全部众议员的 30%。从党派上来看,自由党 79 人,改进党 32 人,左右社会党 15 人,绝大多数为保守政党成员。①

选举结束后,鸠山派拥立鸠山一郎为首相,并提出四项民主化条件,即各党合作以稳定政局、打破独裁亲信政治、放弃独自秘密外交、取消石桥与河野的开除党籍处分。经济界希望稳定保守政权以便实现经济复兴,因而对自由党施加压力。其后吉田与鸠山会谈,结果在答应四项条件的前提下,第四届吉田内阁在 10 月 30 日成立。石桥、河野等强硬派对鸠山的妥协十分不满,而且吉田在组阁和安排党内人事时排除了鸠山派的成员,强硬派组成"民主化同盟",寻找打击吉田内阁的机会。

同年 11 月 17 日,池田勇人通产大臣在国会答辩时再次失言:"某些中小企业的倒闭以及中小企业主的自杀是难免的",在野党立即提出通产大臣不信任案,因鸠山派部分成员缺席,不信任案以 208 票赞成、201 票反对获得通过,池田大臣被迫辞职。同时,为通过补充预算方案,吉田首相也被迫答应鸠山派的要求,恢复了石桥、河野两人的党籍。

进入 1953 年后,吉田政权的末期现象进一步突出,在野党再次确认联合起来推翻吉田内阁。2 月 28 日,吉田首相回答右派社会党议员西村荣一质询时无意中说出"混蛋"的骂人话,当时并没有成为问题,但 3 月 2 日,右派社会党突然向国会提出前所未有的惩罚首相动议,并进行记名

---

① 榁正夫編『国政選挙と政党政治:総合分析 1945 年～1976 年』、政治広報センター、1977 年、28—34 頁。

投票。由于自由党内鸠山派及其他派系成员的缺席，最终以 191 票赞成、162 票反对的结果通过了动议。13 日，在野党提出内阁不信任案，鸠山派决定脱离自由党（但为表示自己是真正的自由党，同时也考虑到大选后保守政党合并，因而仍然称自由党），因而不信任案以 229 票赞成、218 票反对获得通过，吉田首相再次解散众议院，在 4 月 19 日举行大选。

由于仅过半年就再次举行大选，竞争率较低，只有 1 027 名候选人竞争 466 个席位。选举战中争论的政策依然是修改宪法、重新军备、外交等问题，结果吉田自由党获得 199 席，虽然不过半数，但比选举前的 207 席稍有减少。鸠山自由党获 35 席，比选举前减少 2 席，改进党获得 76 席，比选举前减少 12 席。革新政党获得较好成绩，左派社会党从 56 席增加到 72 席，右派社会党从 60 席增加到 68 席，日本共产党恢复了 1 个席位。①

二、吉田政权危机

在 4 月同时举行的参议院选举中，社会党的议席也得到增加。其主要原因是当时朝鲜战争已出现停战的明显趋势，选民反对重新军备，例如同年 4 月约 30 个女性团体组成"日本女性团体联合会"，主张拥护和平宪法、反对重新军备。另外，左派社会党议席的增加与"总评"工会的支持有关，该工会组织的成员约占有组织工人的 51.4%，是最大的全国性工会组织，为社会党大力提供政治资金及人才等。

尽管吉田自由党的议席没有过半数，但因在野党难以在改进党总裁重光葵任首相问题上达成一致，因而经过两轮投票，众议院指名吉田茂为首相。由于改进党拒绝与吉田自由党联合执政，1953 年 5 月成立的第五届吉田内阁是少数党政权，而且众参两院的议长均为在野党议员，形

① 藤本一美、折立昭雄编『戦後日本政治ハンドブック・第一巻・占領と戦後政治(1945—54 年)』、つなん出版、2005 年、221 頁。

成了"内阁是吉田自由党,国会是在野党联合主导"的局面。

由于新年度开始之前未能通过政府预算方案,吉田内阁编制半年的临时预算应对。尽管如此,吉田政权依然面临着较大的困难,即如何在重新军备的基础上与美国达成相互防卫援助的协议。但在开始有关谈判之前,日本国内出现大规模的反对美军基础运动。根据《日美安全保障条约》和《日美行政协定》的规定,日本向美军提供必要的设施和区域。1952 年 4 月 28 日对日和约生效时,日本本土的美军基地有 2 824 个,土地面积 1 352.6 平方公里。其后让给自卫队或归还,基地数量减少,但面积几乎没有减少。例如到 1955 年 3 月底,日本本土的美军基地有 658 个,土地面积 1 296.3 平方公里。① 这些基地对当地居民的生活和地区经济产生较大影响,不仅带来失去土地、土地遭到破坏、不能进入基地等物质上的损害,而且也给当地带来诸如噪音等许多不便乃至卖淫、刑事犯罪等问题。

位于石川县金泽市西北约 12 公里的内滩是面临日本海、人口约 7 000 的砂丘之村。1952 年 9 月,美军要求提供一块弹药试射的场地,农林省认为内滩附近大多为国有海岸,区域内村落较少,村民较为贫穷,出外打工者较多,补偿费不会太高,因而决定将内滩设为其场地。由于事先没有征求村民的意见,引起村民激烈的反对。村议会全体一致通过反对决议,左派社会党等政党给予大力支持,工会组织及学生团体也赶到当地支援。同年 11 月,石川县选出的参议员、内阁大臣林屋龟次郎回到当地,与村长、村议员们协商,商定该村作为弹药试射场只有四个月,到期后美军立即撤退,在此期间政府修建道路、扩充文化设施、以现金支付补助金等,另外政府还要支付 1 亿日元的更生资金。从 1953 年 1 月 1 日到 4 月 30 日,内滩成为弹药试射场。

由于炮弹涉及的恐怖噪音以及捕鱼量急剧减少、环境破坏等损害超出想像,村民焦急地等待美军撤退日期到来,但政府在美军的要求下,探

---

① 歴史学研究会編集『日本同時代史・3・五五年体制と安保闘争』、青木書店、1990 年、123 頁。

讨永久性使用该地的方案。在 4 月举行的大选中,反对基地的右派社会党候选人及改进党候选人均以第一名当选。在参议院选举中,林屋龟次郎被初次竞选的改进党候选人打败。尽管如此,政府在 6 月仍然决定永久性使用内滩作为弹药试射场,并从 12 日开始使用。当地组成"反对永久性基地实行委员会",居民通过静坐的方式表示反对,革新政党、工会组织、和平团体、学生团体的成员纷纷前往支援,北陆铁道工会组织开展拒绝运输军需物资的罢工。与此同时,同样具有基地问题的群马县妙义山麓、长野县浅间山麓、爱知县伊良湖岬等地区也掀起大规模反对基地的斗争,全日本各地均举行了反对基地的大会,形成了战后最初的全国性反对基地斗争。尽管在政府支付大量补偿费的前提下,斗争有所缓和,但仍然持续不断。值得注意的是,反基地斗争增强了政府为缩小在日美军规模乃至美军撤退而重新军备的意识。①

朝鲜战争爆发后,美国军费急剧增加,即使在停战以后,美国仍然认为美苏将长期全面对立,因而对日本的军事价值及其增加军备十分关心,并希望与日本签署《日美相互安全保障法》(MSA,由《相互防卫援助协定》《农产品购买协定》《经济措施协定》《投资保障协定》等四个协定组成),将对日援助重点由经济转移到军事上。尽管吉田茂首相对修改宪法及重新军备持否定态度,但对于朝鲜战争特需消失后的日本经济来说,《日美相互安全保障法》具有特别的意义。"经团联"设置"经济合作恳谈会"及其下属组织"防卫生产委员会",探讨防卫问题和兵器产业,其方针是在日美合作的基础上强化远东地区的防卫生产,同时将日本的能力和技术运用在东南亚经济复兴上。

1953 年 7 月,日美就《日美相互安全保障法》开始交涉。在国会中,改进党议员芦田均主张建立自卫军,质问吉田首相在重新军备问题上前后言行不一。8 月,美国国务卿杜勒斯为朝鲜战争停战协定到韩国顺访

---

① 大嶽秀夫編『解説・戦後日本防衛問題資料集・第 3 巻(自衛隊の創設)』,三一書房、1993年、712—714 頁。

日本,吉田首相表示希望《日美相互安全保障法》不仅限于军事援助,但杜勒斯要求日本增加防卫力量,吉田首相决定派遣自由党政务调查会长池田勇人作为私人特使访问美国并进行谈判。

同年 10 月,池田勇人、大藏省政务次官爱知揆一等人到美国与助理国务卿罗伯逊、预算局长道奇等人进行了为期一个月的会谈,针对美国提出希望日本创建 10 个师、总兵力达到 32 万防务力量的要求,池田以宪法规定、社会制约、经济条件、难以募集等为借口加以拒绝,仅答应在 3 年时间内将地面部队扩大到 18 万人。同时,"双方认为营造增加日本国民防卫责任感的气氛最为重要"①。在会后发表的共同声明中没有具体数字,并表示继续在东京进行谈判。日本努力增加自卫力量,美国提供主要的军事装备,美国提供日本的农产品在国内贩卖所得资金以海外投资的形式增强日本的防卫生产及工业能力。1954 年 3 月,日美签署《日美相互安全保障法》相关的四个协定,但没有达到日本所期望的经济援助规模,对此在野党对政府提出尖锐的批判。②

尽管少数党吉田政权十分不稳,但仍然在 1953 年 5 月 18 日到 8 月 10 日召开的第 16 届特别国会上通过了几项修正占领时期法令的法案,即《救济法修正案》《罢工限制法》以及《禁止垄断法修正案》。《救济法修正案》主要内容是恢复旧军人救济制度,1875 年开始的该项制度是向旧军人本人及本人去世后遗族支付养老金或补助金,占领时期被废除,修正案不仅恢复旧军人救济,而且将重点放在遗族、重伤病者和老龄者身上。尽管该法案被革新政党批判为为重新军备创造条件,但法案通过后,200 多万旧军人及其遗族均获得养老金或补助金;1952 年煤矿工人组织和电气产业工会组织曾举行大规模的长期罢工,吉田政权为减少这些公共利益色彩较浓产业的罢工而制定《罢工限制法》,左右两派社会党坚决反对,采取各种手段阻止国会审议,工会组织也连续发动了三次均

---

① 日本教职员组合编『日教组四十年史』、劳働教育センター、1989 年、10 页。
② 藤本一美、折立昭雄编『战後日本政治ハンドブック・第一卷・占領と戦後政治(1945—54 年)』、つなん出版、2005 年、236 頁。

有数百万人参加的反对活动，但该法最后获得通过；《禁止垄断法修正案》主要内容是认可在经济危机状况下为产业合理化而采取的某些垄断措施，但在审议过程中产生了激烈的争论，既有为经济自立应缓和对产业活动限制的观点，也有垄断价格将给国民带来损害的意见。

吉田少数党政权之所以通过上述有争议法案是为获得改进党、鸠山自由党的支持，特别是吉田自由党与改进党在重新军备问题上观点接近。只拥有 35 名众议员的鸠山一郎有孤立和难以掌握国家权力的危机感，同时也因政治资金不足问题，所以在 11 月吉田来访时，鸠山以在自由党内部设立"宪法调查会"以及河野一郎、三木武吉恢复党籍为条件，解散鸠山自由党，率 23 名议员加入吉田自由党。但包括河野、三木在内的其他 8 名议员拒绝，另外组织"日本自由党"，结果在自由党内外均存在反吉田势力。

1954 年初，正在国会审议新年度政府预算方案、《日美相互安全保障法》相关四协定、防卫相关两法案、警察法修正案、教育相关两法案时，"造船政治捐款丑闻"曝光。朝鲜战争引起的特需结束后，造船业与海运业开始萧条，政府在 1953 年 1 月通过《船舶建造贷款利息与补偿损失法》，但造船业和海运业为获得更多的优惠政策，筹措了 5 000 万日元，分送给保守三党（吉田自由党、改进党、鸠山自由党）30 多名政治家和官僚。[①] 东京地方检察机关陆续逮捕造船工业会会长、三菱造船社长丹波周辅及造船工业会副会长、石川岛重工社长土光敏夫等 71 人，并查明吉田自由党干事长佐藤荣作得到造船工业会及船主协会的 2 000 万日元资金以及饭野海运等 4 个公司的 200 万日元。4 月 20 日，检察机关以受贿嫌疑请求众议院批准逮捕佐藤荣作。犬养健法务大臣在吉田首相和绪方竹虎副首相的指示下，对检察机关行使指挥权，阻止逮捕佐藤，只是以违犯《政治资金限制法》为由起诉，其后因加入联合

---

① 升味准之辅：《日本政治史》第四册，商务印书馆 1997 年版，第 1009 页。

国的恩赦免于起诉。①

　　1954 年 2 月,吉田内阁会议通过《教育公务员特例法修正法案》和《义务教育学校确保教育政治中立法案》并提交国会两院审议。该"教育两法案"的内容主要是禁止教职员的政治活动,违者给予刑事处罚;禁止向学生灌输支持或反对特定政党的教育,违者给予刑事处罚。左右社会党及日本教职员工会立即发出"保卫教育斗争"的号召,并联合"总评"工会在东京举行有 3 万人参加的集会,反对两法案。尽管没有阻止法案通过国会的审议,但在左右两派社会党、改进党、绿风会等在野党的压力下,法案得到修正,将两项法案中的"刑事处罚"改为"行政处罚"。

　　为通过《警察法修正案》和"防卫二法案"(《防卫厅设置法》和《自卫队法》),保守政党决定延长国会会期,左右两派社会党试图以暴力阻止,6 月 3 日,改进党出身的议长堤康次郎命令 200 名警察出动,是战后首次动用警察维持国会秩序。其后在左右两派社会党、劳农党、日本自由党、日本共产党均未出席会议的状况下,通过了上述三个法案。《警察法修正案》主要内容是将国家地方警察和自治体警察改编为都道府县警察,确立中央集权制的治安机构。

　　早在 1953 年 9 月,吉田首相为《日美相互安全保障法》的谈判做准备,与改进党总裁重光葵会谈,并达成将保安队改编为自卫队、制定长期防卫计划的协议。日美签订《日美相互安全保障法》相关四协定后,自卫队及主管部门防卫厅应运而生。正如有评论所指出的那样,"朝鲜战争催生了警察预备队,《对日和约》及《日美安全保障条约》催生了保安队,《日美相互安全保障法》催生了自卫队②"。保守政党在防卫问题上非常一致,但在参议院审议"防卫二法案"时,通过了《禁止自卫队到海外活动

---

① 藤本一美、折立昭雄編『戦後日本政治ハンドブック・第一巻・占領と戦後政治(1945—54年)』、つなん出版、2005 年、253 頁。
② 読売新聞戦後史班編『「再軍備」の軌跡:昭和戦後史』、読売新聞社、1981 年、346 頁。

的决议》。[1] 1954 年 7 月 1 日,防卫厅与自卫队正式组建。防卫厅拥有陆上、海上、航空的幕僚监部(参谋部)以及制定统一防卫计划的统一参谋会议,具有明显的军队性质。保安队、海上警备队分别改组为陆上自卫队和海上自卫队,新组建航空自卫队,成员总数超过 15 万人。

　　尽管重要法案均通过国会的审议,但反对派并没有停止反吉田的活动。按照吉田与鸠山的约定,1954 年 3 月,自由党成立宪法调查会,由岸信介任会长,调查会在 11 月发表了《宪法修正案纲要》。5 月,自由、改进、日本自由三党联合组成新党交涉委员会,虽然政策上没有差异,但在新党总裁的选举上产生分歧,无果而终。9 月,鸠山一郎、重光葵、岸信介就建立反吉田新党达成协议,并组成新党准备会。尽管如此,吉田似乎没有在意,仍前往欧美进行国事访问。

三、刺激经济措施

　　尽管朝鲜战争引起的特需使日本经济迅速得到恢复,但日本政府继续大力推进产业合理化政策,因为当时的主要产业是纺织、水泥、纸浆、砂糖等,俗称"三白产业繁荣"。实际上,早在"道奇路线"实施时期,政府已经制定了以经济自立为目标的产业合理化政策。1949 年 5 月通商产业省成立后,同年 9 月内阁会议通过了《关于产业合理化》的决议,并提出四项原则:第一,为推动产业合理化,预测未来的产业结构并确立各部门产业的指导方针;第二,合理化原则上以接近国际价格为目标;第三,企业合理化依靠民间的主观能动性,政府努力创造其环境以及消除障碍因素;第四,积极推动提高效率及推广优秀技术。[2] 同年 12 月,成立了由各界人士和学者(由首相任命,正式委员 30 名以下)组成的产业合理化审议会,作为总理大臣的咨询机构,调查、审议产业合理化基本计划,从

---

① 藤本一美、折立昭雄編『戦後日本政治ハンドブック・第一巻・占領と戦後政治(1945—54 年)』、つなん出版、2005 年、259 頁。
② 正村公宏『図説戦後史』、筑摩書房、1989 年、140 頁。

长远的眼光推动有关政策课题。

1950 年 6 月 20 日，产业合理化审议会提出了有关煤炭产业和钢铁产业合理化的指导方针报告。该报告认为日本国内煤炭价格高于国际价格，增加了钢铁等重要产业的成本，难以形成出口优势。因此，必须同时推动煤炭产业和钢铁产业的合理化，以降低煤炭价格，以期在 1953 年之前形成日本产业体制自立的基础。同年 8 月，政府决定了这两个产业的合理化政策要纲，一方面从节约外汇的立场出发重视国内煤炭资源，另一方面从出口钢材的立场出发也许可从国外进口煤炭或石油等原料。但因自由进口原料将导致国内资源优先的原则失效，因而允许部分进口原料。

1951 年 2 月，产业合理化审议会再次提出《我国产业合理化政策》的报告书，认为朝鲜战争爆发后企业内部的积累逐渐增加，如果努力实施合理化措施的话，朝鲜战争前难以实现的措施也成为可能。在该认识的基础上，报告书提出了日本产业合理化的基本方针，即推进产业设备的合理化建议及现代化、大力实施产业辅助设施（如铁道、道路、港湾等）的完善、促进原材料及动力的价格下降或提高质量（通过开发电力以增加供电能力以及电力产业的合理化调整电力价格）、协助提高生产技术水平、完善高度使用劳动力的体制、确保适时适量的资金、充实企业内部的支配体制（提高经营者的能力）、积极改善企业之间的组织和合作（为推进产业合理化而修改《禁止垄断法》）、推动改善中小企业对策、推动重点政策课题的实施（对电力、造船、煤炭、钢铁等产业重点扶持）等。

为实现上述基本方针，政府应实施如下政策：修改税收制度，对先进机械设备采取优惠待遇，推动其产业现代化；培养证券市场，有利于方便地筹措资金；灵活运用政府资金，为弥补民间资金的不足，可将大藏省资金运用部资金优先使用到产业合理化目标上，日本开发银行专门面对设备资金等长期贷款；下决心增加公共投资资金，以扩充产业辅助设施等。[1]

在上述建议的基础上，政府在制度层面进行较大的改善。首先，对

---

[1] 佐々木毅等編『増補新版戦後史大事典』、三省堂、2005 年、346—347 頁。

主管经济部门的政府机构进行了调整。1952 年 8 月废除经济安定总部，设置负责制定经济计划及综合调整经济政策的经济审议厅，直属总理府，其长官为国务大臣。同时设置的政府机构还有自治厅、法务省、日本电信电话公社、工业技术院等。其次，对金融、证券进行了一系列改革，确立了稳定民间企业容易筹措资金的制度。特别是日本银行作为中央银行，在信用上为民间银行向企业提供贷款提供支持，维持低利率，支持合理化资金的投入。第三，政府创设政府系统的金融机构，例如 1951 年 2 月的日本出口银行（第二年 4 月改名为进出口银行）、1951 年 5 月的日本开发银行，另外政府还制定了以邮政储蓄为基本资金的财政投融资计划，财政投融资占全部企业筹措资金中的比例在 1954 年达到 9.9%，为战后最高。[1] 第四，利用税收特别措施和补助金在财政上对企业给予支持，为帮助企业提高内部留成，政府推动完善各种准备金制度，通过减少股息等分红的税收及扣除生命保险费用奖励储蓄，对合理化所需机械大幅度免税或减税，对企业研究开发提供政府补助金，同时通过大力建设道路及工业用水管道、提高国营铁路的运输能力等完善产业合理化的基础设施。第五，通过限制进出口调节竞争。1951 年 5 月，实施新的关税体系，原料、能源及重要机械等较低征税，与国内产业处在竞争关系的外国产品较高征税。1952 年颁布《出口交易法》，允许组成出口卡特尔，1953 年颁布《进出口交易法》，甚至不经过公正交易委员会的同意就可以签订协议或合同。另外，政府还通过《外资法》控制必要的外国资本与技术进入日本，以达到保护国内产业的目的。

在具体产业方面，1951 年 2 月，推动成立 9 个电力公司，完善电力供给体制。1952 年 9 月，政府专门成立了电源开发株式会社。1952 年 1 月，产业合理化审议会提出钢铁业合理化的报告，建议进一步推动 1950 年 6 月开始实施的钢铁业合理化方案。1952 年 3 月，政府制定了《企业合理化促进法》，完善推动企业合理化体制。该法的特征是实施现代机

---

[1] 正村公宏『図説戦後史』，筑摩书房，1989 年、142 页。

械设备等的特别偿还制度,即投资减税政策,同时决定享受其待遇的产业。其中包括钢铁、非铁金属、煤炭、石油、化学、机床、汽车、电气通讯机械等 32 个部门产业,是重化工产业的支柱性部门产业。由此可见,这也是一种战略性投资减税政策。

1953 年,通产省次官会议通过《合成纤维产业培养对策》,并制定了1953—1957 年的五年计划,在此期间将合成纤维的产量提高 5 倍。针对当时国内对合成纤维的需求不足问题,通产省与其他省厅组成"推动使用合成纤维联络会议",并与文部省联合推动合成纤维学生服。1953 年水产厅制定《合成纤维渔网转换五年计划》,实施政府特别融资、对研究实验提供补助金等政策,结果使用合成纤维渔网的数量在 5 年内增长了10 倍。在 1954 年的内阁会议上,通产省提出"为节约外汇使用国产品"的建议,决定政府机构原则上优先使用国内合成纤维,并对有关企业实施优惠政策。[①]

作为中小企业对策,政府在 1952 年颁布《特定中小企业稳定临时措施法》,对中小企业比例较大的产业部门可不援用《禁止垄断法》,特定行业可以组成卡特尔组织,例如棉纺织品、毛巾、丝织品等。上述法律在1953 年修改为《中小企业稳定法》,行业范围也扩大到纺织产业之外。与此同时,专门支持中小企业的金融机构也相继成立,1951 年根据《相互银行法》和《信用金库法》成立的相互银行和信用金库担任中小企业的资金借贷,1953 年 8 月根据《中小企业金融金库法》成立的中小企业金融金库主要通过投放设备资金支持中小企业。另外,政府还通过减免税收、提供政府系统优惠贷款等措施支持中小企业。[②]

在采取具体政策的同时,吉田内阁为实现经济自立的目标制定了相应的战略计划。1953 年 2 月,经济审议厅发表了《1957 年度经济表》,对包括电力、钢铁、海运、机械、煤炭等骨干产业合理化建议在内的全部产

---

① 松井隆幸『戦後日本産業政策の政策過程』、九州大学出版会、1997 年、25—27 頁。
② 王振锁:《日本战后五十年(1945—1995)》,世界知识出版社 1996 年版,第 111 页。

业设备投资进行了估算,显示了五年后日本经济的基本构图,也是国内各个产业推行合理化计划的目标;1953 年 12 月,经济审议厅有起草了一份名为《关于我国经济自立》的文件,强调为改善国际收支,首先要扩大出口,为此必须通过产业合理化降低成本,同时加强与东南亚各国的经济合作,另外也要在粮食、合成纤维等方面提高国内自给程度;1954 年 9 月,经济审议厅又颁布一项《综合开发计划》,主张为适应朝鲜战争后国际形势的变化,政府应采取经济紧缩政策,充分利用国内各种资源,对国民经济进行一次大规模的调整等。

正是在上述政策和战略计划的推动下,即使在朝鲜战争结束之后,设备投资与生产活动仍然十分旺盛,但物价上升和国际收支赤字逐渐出现。尽管还有美国订货的"特需",但进口已经超过出口和"特需"的总和,而且出口呈现缓慢迹象。为此,日本银行不得不采取紧缩金融的政策,其主要手段不是提高官定利率,而是通过窗口指导强化高利率措施。当时的银行严重依赖日本银行,如果特定银行从日本银行的贷款超过某个界限,日本银行则对其实施高利率。这样一来,特定银行限制各分行的贷款规模,以达到限制贷款总规模的目的。这种政策没有任何法律依据,各家银行以道义的名义服从日本银行的限制,实际上是行政机构通过"指导"约束企业行为的一种方式。

采取上述措施后,企业金融急剧减少,库存量增加,利润减少,失业率上升。舆论普遍认为战后复兴以及朝鲜战争引起的经济快速增长就此结束,此后年均经济增长速度在 4%—5% 之间,战争结束后出生的一代在 20 世纪 60 年代进入劳动力市场时将出现严重的失业问题,即使经济审议厅提出的地区计划也建立在 4% 的经济增长率基础上。与这种悲观论调不同,著名经济学家下村治在 1954 年 11 月发表题为《紧缩金融政策——其正确理解》的论文,认为国际收支得到改善,紧缩金融很快结束,将会出现新的经济增长。[1]

————————————

[1] 中村政则『昭和史・2』、東洋経済新報社、1993 年、469 頁。

在朝鲜战争引起的经济繁荣基础上，20 世纪 50 年代前半期的国民生活也有了相当的改善。1952 年大体恢复到战前水平，以前难以买到的食品、衣物等生活物资均摆上商店的货架。当时的日本人，特别是城市居民有想方设法恢复到战前生活水平的心愿，例如米、木炭、棉布等生活必需品的消费量在 20 世纪 50 年代前半期均达到顶峰，其后储蓄率开始上升。出现购置热一方面是因为占领时期完全消耗了家中储存的消费资料，另一方面，战争结束后迎来了生育高峰，1947—1949 年之间，每年出生的婴儿达到 270 万人，也需要为这些"团块世代"（生育高峰世代）储存必要的消费资料。尽管这一时期的半耐久性消费资料为自行车、收音机、缝纫机等"三大件"，但 1954 年底已经出现了"三件神器"（黑白电视机、电冰箱、洗衣机）的称呼，预示着"消费革命"即将到来。

第四节　保守与革新势力集结

一、社会运动与工人斗争

在内滩反对基地斗争的影响下，日本其他地区也开展了声势浩大的反对活动，其中妙义山和浅间山的斗争中反对派获得胜利。1953 年 4 月，美军准备征用妙义山、浅间山的丘陵地带，作为冬季训练学校和演习场地，引起当地居民的反对。在浅间山地区，接到征用通知的轻井泽町议会通过反对决议，并呼吁周围各町共同斗争、向县政权及中央政权请愿。5 月召开町民大会，再次确认反对的意志。日本农民组合县联合会、县劳动组合评议会、教育团体也开展反对活动。后召开县民大会，长野县 71 个团体组成反对浅间山美军基地化促进同盟会，支持轻井泽町的反对活动。7 月 17 日，政府被迫放弃征用的计划。

妙义山地区的臼井町、坂本町、松井田町也发起反对运动，很快发展成全县的运动。4 月 17 日组成群马县反对同盟，5 月 21 日，工会组织、农民团体、民主团体等 50 个团体组成妙义山反对基地共同斗争委员会。

斗争的结果是政府取消了妙义町、松井町的预定征用土地,但政府对坂本町恩威并使,迫使当地反对同盟有条件地同意征用土地。尽管如此,在周围地区的支持下,反对活动最终在 1955 年 2 月获得胜利。在其他地区,由于当地居民的团结以及外来团体的支援,基本上阻止了新设基地及其扩张。

朝鲜战争结束后,美国为强化在远东地区的战略系统,计划扩充在日本的基地,因而在 1954 年的日美联合委员会上提出要求,即扩建立川、横田、新潟、小牧、木更津等地的机场,以便将跑道延长到大型喷气式轰炸机和运输机能够自由起降。作为交换条件,减少 1955 年度日本政府承担的防卫费。

立川市在东京都中心部以西 30 公里,砂川是其中一部分。战后美军进驻立川基地并数次加以扩建,每次都要征用砂川町农民的土地,使当地居民的生活受到严重影响。1955 年政府计划征用的土地是砂川町中心的繁华地带,甚至将商店街分割成两部分。因此,当政府有关部门在 5 月 4 日下达征地通知后,立即遭到包括町长在内的全体居民的反对。当地居民连续召开两次全体会议,一致通过反对扩建机场的决议案,并成立了斗争委员会。政府有关部门进行征用土地前的测量工作,但当地农民手挽手组成人墙加以抵抗,收到请求的工会组织也派人前往支援。9 月 13 日和 14 日,政府动员警察实施强制性测量,当地农民与工会成员与其对峙,双方人数达到 5 000 人。同时,小牧、横田、新潟、伊丹、木更津等地的反对基地的斗争也趋于激化。

在反对基地的过程中,与基地相关的问题也暴露出来。例如在基地周围出现的卖淫、毒品等违法事件对当地的青少年带来不良影响,其教育问题引人注目。1953 年 3 月 7 日,在美军最大海军基地横须贺市,由保护孩子之会和日本教职员工会共同举办了"保护基地孩子全国会议"。会议上的发言与讨论明确了基地的实际状况及其对教育、青少年生活与意识的影响,大会提倡在支援反对基地斗争的同时,要求改善包括净化基地周围环境及噪音对策在内的教育环境,完善强化教育指导和生活指

导的机制。这样一来,基地问题也成为重要的教育问题,在整个 20 世纪
50 年代,以教师和父母为中心的地区居民以及支持他们的工人、学生、知
识分子广泛地卷入到反对基地斗争之中。

20 世纪 50 年代上半期另外一场声势浩大的社会运动是禁止核武器
运动。1949 年苏联原子弹试验成功,打破了美国垄断核武器的局面。美
国政府不顾科学家等各界人士的反对,开始氢弹试验。1952 年美国试验
成功,第二年苏联也获得试验成功。美国为开发出更大的氢弹,在 1954
年 3 月到 5 月之间,连续在太平洋比基尼岛进行氢弹试验。最大一次是
3 月 1 日的试验,其威力相当于 1 800 万吨高性能炸药。炸飞的礁石粉
末带着有放射物质的"死亡之灰"飘落在周围各岛,居民多患上甲状腺等
疾病。尽管日本的渔船在美国指定的禁止进入区域之外,但仍然受到
"死亡之灰"的污染。

离爆炸点最近的在 190 公里处作业的日本渔船第五福龙丸受害最
重,全体人员出现污染后遗症入院,无线电通讯长久保山爱吉同年 9 月
23 日死亡。不仅如此,日本渔船捕获的金枪鱼也遭到放射性物质的污
染,被迫当作废物处理,受其影响,鱼类及其加工品均滞销或价格暴跌。
甚至在日本海一侧的新潟市,从雨水中也检测出比基尼试验的放射性物
质,整个日本处在"死亡之灰"的恐怖之下。① 继广岛、长崎遭受原子弹爆
炸之后,日本人第三次成为核武器的受害者。市町村道府县等地方自治
体、各种学会、工会组织、市民团体纷纷通过决议呼吁禁止进行原子弹氢
弹试验,各地自发掀起相关署名运动。

最先活动起来的是东京都杉并区的家庭主妇,其核心是贩卖海产品
以及在公民馆学习的家庭主妇。在该区公民馆馆长安井郁的呼吁下,所
有的女性团体、社会福利协议会、医生协会、鱼商组合、工会组织等团体
以及区议会在 1954 年 5 月 9 日组成"禁止原子弹氢弹署名运动杉并区协
议会",发表了杉并区声明,同时提出三大口号,即全部国民为禁止原子

---

① 金原左门、竹前荣治『昭和史(増補版)』、有斐閣、1995 年、313 頁。

弹氢弹而署名、向世界各国政府和人民呼吁、保护人类生命与幸福。该区从5月中旬开始署名运动,很快在39万区民中收集了28.5万人的署名。

　　日本各地纷纷掀起署名运动,很快发展成为国民性运动,不同立场和党派的人均走到一起。8月8日,"禁止原子弹氢弹署名运动全国协议会"成立,原封不动地采纳了杉并区的三个口号,安井郁为事务局长,事务局设在杉并区公民馆馆长室。到同年10月,署名者超过100万人,每天增加15万人,到1955年8月6日在广岛召开第一次禁止原子弹氢弹世界大会时,署名者超过3 040万人。[1] 14个国家、52名代表以及日本国内97个团体、2 575名代表参加了该次大会,大会确认对原子弹爆炸受害者的援助以及反对所有地方进行的核战争准备。同年9月,成立了"原子弹氢弹禁止日本协议会"(简称"原水协")。

　　在反对原子弹氢弹的过程中,日本女性发挥了较大的作用。1954年11月,日本女性团体联合会会长平塚雷鸟向国际民主女性联合会提出"日本女性向世界女性呼吁"的建议,世界民主女性联合会接受其建议,决定召开世界母亲大会。日本也决定召开母亲大会,保护日本孩子之会、日本女性团体联合会、女性民主俱乐部、生活协同组合、日本教职员工会等60多个团体组成日本母亲大会准备会。1955年6月,日本母亲大会在东京召开,全日本有2 000多名母亲参加,分为"保护孩子幸福""保护女性生活与权利""保护和平"三个分科会进行报告、讨论。大会最后通过了决议和宣言,强调女性不是弱者的代表,呼吁女性勇敢地站起来。

　　除社会运动外,工人运动再次活跃起来。朝鲜战争结束后,日本国际收支转为赤字,1952年底外汇储备有11.4亿美元,到1954年6月减少为6亿美元。政府采取金融紧缩政策,生产过剩表面化,企业被迫大量解雇工人。此时最大的工会组织"总评"在政治上采取反对战争、反体

---

① 金原左门、竹前荣治『昭和史(增补版)』、有斐阁、1995年、315页。

制的运动方针,在经济方面要求大幅度提高工资、反对合理化措施。

　　1952 年 1 月,"总评"发表了按照购物原理计算的工资纲领,要求大幅度提高工资,经营方面则提出强力推进包括裁减人员在内的合理化措施加以对抗,结果劳资双方处在尖锐的对立状态。吉田政权除在国会通过《破坏活动防止法》外,同时还在国会中通过了《劳动关系调整法修正案》,规定首相对那些总罢工式的大规模劳资争议可发出禁止的紧急调整权,以对付工人运动。[1]

　　1952 年秋,"总评"下属的两大工会组织——"电产"(日本电力产业劳动组合)和"炭劳"(日本煤矿劳动组合)发起要求大幅度提高工资的斗争。同年春季,"电产"提出修改劳动协议和基准工资,要求将工资平均提高 56%。经营方面答复提高工资 7.4%,工作时间从 38.5 个小时延长到 42 个小时。双方交涉没有达成一致,也不接受中央劳动委员会的斡旋方案。进入 9 月后,工会方面采取包括罢工在内的各种斗争方式。但由于上一年电力产业被分为九个公司,各自进行交涉,结果有三个公司达成妥协,"电产"不得不接受中央劳动委员会的调停。

　　"炭劳"要求提高 93% 的矿井内工人工资、65% 的矿井外工人工资,经营方面以经济低迷和进口煤炭、石油带来经营困难为借口加以拒绝,同时提出以标准工作量为基础逐渐提高工资。同年 10 月,工会方面开始进入全面大罢工行动,并采取减少矿井内保安人员数量的极端手段。11 月常盘煤矿工会组织宣布停止罢工并退出"炭劳",12 月吉田首相动用紧急调整权,劳资双方接受中央劳动委员会提高基准工资 7% 的斡旋方案。

　　同年 12 月,由于"电产"和"炭劳"斗争没有获得较大的成功,"总评"内部的海员工会、全纤联盟、日本广播劳动组合、全国电影戏剧劳动组合发表声明,批判"总评"工会过于强调政治性斗争,偏离了民主的理念。尽管如此,因反对《破坏活动防止法案》较为消极的"总评"议长武藤武雄

---

[1] 正村公宏『図説戦後史』、筑摩書房、1989 年、150 頁。

辞职,该工会组织在事务局长高野实的领导下仍然坚持"全体人员参加"的斗争方针,因而在 1953 年到 1954 年,反对"合理化"的罢工浪潮持续不断。

日本制钢所赤羽分厂是美国指定的兵器生产工厂,1953 年夏季,新上任的工会组织干部领导工人举行罢工,实现了提高工资的要求。但到秋季,该厂因经济萧条解雇工人,工会组织再次举行罢工,结果大多数工会干部被解雇。1953 年 5 月,全日本汽车产业工会组织要求提高工资,随后日产、丰田、五十铃等三个分工会组织举行罢工。8 月,丰田和五十铃的工会与经营方面达成妥协,日产工会继续斗争,经营方面封锁工厂,并组织第二工会,斗争的工会不得不全面收回要求。1954 年,因在资金返还问题上发生矛盾,全日本汽车产业工会组织解体。1953 年夏季,煤炭产业计划解雇 2 万人,各个工会发动罢工,但多数与经营方面达成妥协,只有三井矿山工会联合会坚持罢工 113 天,经营方面被迫撤回指名解雇 1 815 名工人的决定。1954 年 4 月,"总评"下属工会组织尼崎制铁所工会举行反对降低工资和解雇工人的罢工,6 月,工厂倒闭,全体工人失业,工会组织解散。

尽管大多数罢工均没有获得预期的结果,但大企业工会组织的上述斗争推动了未参加工会工人及中小企业工人的维护权利活动。1954 年 6 月,近江绢丝工厂以女工为主的工人举行罢工,要求经营方面承认组织工会的权利、确立八小时工作制和工资体制、撤销强制性信仰宗教、承认结婚及外出的自由、停止检查书信和私人物品等。从要求的内容上看,这次活动带有"人权斗争"的色彩。该斗争得到社会舆论的广泛支持,在坚持了 106 天后获得全面胜利。受其影响,争取基本权利的工人斗争扩展到整个日本的医院、商社、餐馆、证券交易所、银行等难以组织工会的中小企业。

尽管上述斗争提高了广大工人的权利意识,也推动了以社会党为中心的革新政治势力的增长,但在内外竞争加剧的状况下,劳资双方的截然对立不仅对企业不利,对劳动者本身也带来负面的影响。因此,高野实的战斗化斗争方式遭到"总评"内部越来越多的质疑,1954年,海员组合、全纤联盟等工会退出"总评",组成"全日本劳动组合会议"("全劳"),另外批评高野偏重政治斗争、中苏为和平势力论的太田熏虽然竞争事务局长未能成功,但其不同产业分别进行提高工资的统一斗争作为工人运动中心的意见得到采纳,并决定从1955年开始春季工资斗争("春斗")。

二、财界压力下的"鸠山热"

1954年9月26日,吉田首相前往加拿大、法国、意大利、梵帝冈、联邦德国、英国和美国访问。在美国访问时会见了艾森豪威尔总统和杜勒斯国务卿,由于此前出现的"第五福龙丸事件"使日美关系受到较大冲击,因而在发表的共同声明中,再次确认了两国关系的重要性,日本经济发展以及国民生活水平的提高对自由世界是一个重要的问题,为此美国给予合作与帮助,美国对"第五福龙丸事件"表示歉意,日本表达了"有关美国接受的日本资产的处理"以及"琉球及小笠原群岛的地位及小笠原群岛居民要求返还日本的愿望"。共同声明没有提及防卫问题,因为美国也认同经济发展优先于重新军备的"吉田路线"。尽管不擅长处理战后民主主义体制下内政问题的吉田首相希望通过外交成果稳定政权,但由于没有从美国得到具体的经济援助甚至政治支持,因而日本媒体给予尖锐的批判。11月12日,回到日本的吉田首相不仅面临政界的反对,而且经济界也出现要求其辞职的声音。

面对工人斗争的持续不断、保守政权不稳的局面,财界加大了对保守政党的压力。所谓财界指的是综合调整经济界全体利益的组织,具体是指1946年成立的经济团体联合会(简称"经团联")以及经济同友会(简称"同友会")、1948年成立的日本经营者团体联盟(简称"日经联")以及战前就存在的日本商工会议所(简称"日商")。四个团体相互之间关系密切,其成员也多重复,但具有不同的组织机构与功能。"经团联"作为财界最有影响的核心团体,其任务是"凝聚经济界的总意志、动员经济界的总智慧、左右政府的内外政策、贯彻经济界的总要求"。该团体最初由大企业经济团体与中小企业经济团体联合组成,但 1952 年"日商"退出"经团联"后,遂变成以大企业为中心的经济团体。"日经联"是财界的劳资对策本部,成立时在提交政府的一份意见书中声称"企业经营者要采取断然措施行使经营权,并建立企业经营者的自主体制"。"日商"是以市町村设立的商工会议所为会员的团体组织,向政府提出的建议与要求大多代表了中小企业的利益。"同友会"是经营者以个人身份参加的团体,专门负责经济政策的研究与制定,是"财界参谋部"。

对日和约生效后,随着经济的恢复和日本逐渐加入国际经济组织,财界对日本政治的影响力越来越大。1952 年 8 月,日本加入国际货币基金组织(IMF)和国际复兴开发银行(世界银行)。为增强日本经济的竞争能力,"经团联"同年 10 月发表了《修改禁止垄断法的希望与意见》,要求放宽股份公司的禁止条款、放宽企业保有证券的限制、放宽金融机构持有股份的规定。特别强调在不伤害公共利益的范围内可以签订必要的企业间协定,明确公共利益的定义,不仅仅从消费者的立场,也要从生产者和提供者的立场阐明国民经济性质。[①] 正是在财界的压力下,吉田内阁在 1953 年 9 月推动国会通过了《禁止垄断法修正案》。

鉴于吉田政权下保守政治势力的聚散离合,财界殷切期望出现统一的保守政党。1954 年 10 月 13 日,"日经联"通过决议,要求集结强大的政治力量。同月 20 日,"同友会"也通过决议,希望保守政党合并。财界希望通过吉田首相辞职实现保守政治势力的联合,因而积极支持鸠山一郎的新党计划。

财界对政界拥有的强大的影响力来自提供巨额政治资金,正如"造船政治资金案"所体现的那样。战前的政治家大多是以农村的地主势力为基础,但由于占领时期农地改革的实施以及急剧的通货膨胀,地主势力解体,自耕农成为农村的主体,战前以农村为基础的社会运动也发生了很大的变化。尽管在战后最初时期农民曾一度组织起来进行斗争,但

---

① 菊池信辉『財界とは何か』、平凡社、2000 年、122 頁。

随着农地改革的成功,以阶级斗争为指导思想的革新政治势力失去农民的支持,通过公共资金将农民组织起来的方式使农村成为保守政党的地盘。1947 年 11 月,政府颁布《农业协同组合法》和《农业团体整理法》,推动农民在经济上的合作。1954 年 11 月,在政府提供补助金的基础上成立全国农业协同组合中央会,作为农民的统一组织。其职责是组织农村的经济活动、对以小规模农家为中心的经营活动提供帮助、同政府交涉决定大米的价格、代表农民对政府的农业政策施加影响等。尽管农村居民已经组织在保守政权之下,但进行选举以及维持选举地盘必需的政治资金却需要财界的大力支持。

1954 年 11 月 24 日,自由党内部的鸠山派、岸信介派、改进党、日本自由党联合组成民主党,拥有 121 名众议员和 18 名参议员,鸠山一郎为总裁,重光葵为副总裁,岸信介为干事长。该党的纲领为:在民主主义体制下净化政界,明确责任,"刷洗"议会政治;在国民自由意志的基础上修改占领以来的各项制度,完善独立自卫;开展自主国民外交,缓和国际紧张局势,实现世界和平;确立综合计划基础上的自立经济,按照社会正义原则稳定民政,建设福利国家;基于友爱理念,排除阶级斗争,强化民族团结,弘扬道义。[①] 与此同时,石川一郎、藤山爱一郎、山际正道等财界首脑也达成公识,即通过吉田下台实现保守政治势力的集结,以便稳定政局,避免吉田经常使用的解散国会手段,而是通过吉田内阁总辞职的方式收拾政局。

第 20 届临时国会在 11 月 30 日召开,12 月 6 日,民主党联合左右两派社会党提出内阁不信任案,由于在野党联合超过半数席位,吉田内阁面临解散众议院或全体辞职的选择。吉田首相仍然坚持解散众议院,但包括副首相绪方竹虎在内的大部分内阁成员反对,自由党的大部分议员也反对,财界首脑通告绪方和自由党干事长池田勇人,"即使解散也不提

[①] 福永文夫『戦後日本の再生,1945—1964 年』、丸善株式会社、2004 年、184 頁。

供政治资金"①。在 7 日的内阁会议上,吉田首相仍然坚持解散议院,甚至命令池田开除绪方的党籍,但池田也转向赞成内阁全体辞职,吉田首相大怒离席而去,在首相缺席的状况下决定内阁全体辞职。第二天,绪方竹虎任自由党总裁。

1954 年 12 月 10 日,鸠山一郎内阁在左右两派社会党的支持下成立,重光葵任副首相兼外务大臣,原日本银行总裁一万田尚登任大藏大臣、石桥湛山任通产大臣、河野一郎任农林大臣等。左右两派社会党支持鸠山内阁的条件是尽快解散众议院举行大选。民主党本身是少数党,也需要提前进行选举,因而内阁组成后,民主党和左右两派社会党发表三党联合声明:"1955 年 3 月前解散众议院,问政于民。"

国民厌倦了吉田政权,社会舆论对鸠山一郎内阁普遍存有好感,同时也对终于登上权力最高峰的鸠山本人抱有同情心。另一方面,鸠山内阁成立后,立即提出"废除公邸""取消警卫""禁止公务员与企业家一起打高尔夫、麻将""推动与中国、苏联的贸易交流"等施政方针,受到国民的欢迎。1955 年 1 月,鸠山首相解散众议院。竞选过程中,两派社会党批判鸠山内阁企图修改宪法、实施征兵制,自由党批判鸠山首相与中国、苏联恢复邦交正常化是危险的举动等。2 月 27 日投票的结果是:民主党获得 185 席,取代自由党成为议会第一大党,但仍然没有过半数。自由党 112 席,左派社会党 89 席,右派社会党 67 席,劳农党 4 席,日本共产党 2 席等。

尽管民主党决定单独组织政权,但没有自由党的支持难以进行国会运营,因而向自由党提出建议,即众议院正副议长由民主党和自由党的议员担任,常设委员会委员长也由两党的议员担任。其得到的答复是,议长必须是自由党能够接受的人物,委员长则由民主、自由、左社及右社等四党按照议席比例分配。结果民主党推荐三木武吉为议长,自由党与左右两派社会党选举自由党的益谷秀次、右派社会党的杉山元治郎担任

① 正村公宏『戦後史・下』、筑摩书房、1985 年、14 頁。

正副议长。只是在指名首相过程中,自由党支持鸠山一郎击败左派社会党的铃木茂三郎获胜。3月19日,第二届鸠山少数党内阁成立。

面对上述局面,财界再次催促保守政党联合。早在1月27日,财界组成"经济再建恳谈会",作为向政界提供政治资金的统一窗口。2月14日,在财界的支持下成立"日本生产率本部",以提高劳动生产率运动对抗工会组织的工人运动。2月23日,"同友会"全国委员会提出希望保守两党紧密合作的要求。5月6日,"经团联"全体会议通过决议案,要求保守政党合并。

三、保革政党分别统一

尽管社会党在1951年10月国会审议《旧金山对日和约》和《日美安全保障条约》时分裂成两个政党,但在社会运动和工人运动持续发展的基础上,左右两派社会党的议席不断增加。1953年4月大选后,自由党未过众议院半数席位,出现保守政党合并、重新军备和修改宪法的趋势,推动左右两派社会党的接近。1953年10月,左派社会党的铃木茂三郎委员长、野沟胜书记长与右派社会党的河上丈太郎委员长、浅沼稻次郎书记长举行了时隔一年的党首会谈,约定强化在第18届临时国会中的共同斗争。

1954年1月,在两派社会党召开的大会上均提出"社会主义政治势力的集结",再次确认"为统一而努力"。大会结束后的1月28日,两党的委员长、书记长、政策审议会长、国会对策委员长举行会谈,决定强化在第19届通常国会中的共同斗争。为推翻因"造船政治资金案"处在不稳状态的吉田政权,两党委员长在4月发表共同声明,表示共同提出内阁不信任案,通过两派社会党组成政权稳定政局。5月,两派社会党组成促进统一恳谈会,商议政策协定的具体内容。

1955年1月召开的两派社会党大会上,尽管其在是否联合劳农党问题上产生对立,但在各自提案的基础上通过了《关于两派社会党统一的决议》。该决议的主要内容为:推进自主外交,反对《日美相互安全保障法》下的重新军备,拥护和平宪法,确立民主主义政治,为稳定国民生活,按照阶级性群众政党的原则,迅速实现两派社会党的合并,集结社会主义政治势力;将很快到来的大选作为决定保守、革新胜负的斗争,在共同口号、共同政策下为建立社会党政权而奋斗,在特别国会中统一投票选举首相,通过共同斗争达到两党的统一;统一起来的社会党为实现原有目标的打倒资本主义,同时粉碎法西斯主义,与日本共产党划清明确界限,通过民主、和平的方式实现社会主义。①

　　1955 年 2 月大选后,左右社会党在众议院的席位共有 156 个,比 1947 年执政时还多 12 个席位。其后两派社会党组成统一交涉委员会,就统一问题及党的纲领进行讨论,结果将左派社会党 1954 年 1 月的《日本社会党纲领》与右派社会党 1955 年 7 月的《统一社会党纲领草案》加以折中处理,制定了新的“统一纲领”。例如关于党的性质问题,左派社会党强调工人的核心作用,认为社会党代表特定阶级的利益,农民和中小企业主是同盟军。右派社会党则主张工人、农民和中小企业者完全平等,如无他们的广泛合力支持,社会党就会失去存在的意义。因而在“统一纲领”中,将社会党规定为“阶级性群众政党”。关于日本现状的规定,左派社会党主张把日本规定为高度发达的垄断资本主义国家,存在着强大的工会组织,但随着战败被美国占领而成为美国的附属国。右派社会党则认为,日本虽受美国的种种控制,但依然属于独立国的范畴。结果在“统一纲领”中写道,“日本大体上是形式上的独立国”,因《日美安全保障条约》的存在,日本的主权受到制约,因此,面临着争取“民族独立”的任务。但同时日本又是高度发达的资本主义国家,完成社会主义革命是工人阶级的历史使命。因此,革命的任务是“以进行社会主义革命的阶级斗争为中心,广泛地推进争取民族独立的运动”。②

　　1955 年 10 月 13 日,两派社会党召开统一大会,在决定纲领、政策的

---

① 福永文丈『戦後日本の再生、1945—1964 年』、丸善株式会社、2004 年、193 頁。
② 的場敏博「戦後前半期の社会党——指導者の経歴を手掛かりに」、載日本政治学会編:『戦後国家の形成と経済発展——占領以後』、岩波書店、1991 年、82 頁。

同时,选举左派的铃木茂三郎为委员长、右派的浅沼稻次郎为书记长。"统一纲领"基本上反映了左派及中派社会党的观点,而且统一后左派及中派在中央领导机构中也占据了优势地位。统一大会决定的社会党组织活动方针三原则基本上也来自左派及中派的主张,即"坚持党的阶级性,确立党内民主""排除偏重议会主义,开展日常的斗争""特别在群众活动中开展党的组织活动","在党与群众组织之间既要相互保持自主性,又要保持紧密的联系与协助"。① 正因如此,社会党极左派与极右派对纲领和人事均持反对态度,从而为该党的第三次分裂埋下了隐患。

在 1951 年决定进行武装斗争的日本共产党 1953 年发生变化,决定在参加议会选举的基础上联合其他在野党和一切爱国势力在国会内外进行斗争。1955 年元旦,日本共产党《赤旗报》发表了自我批判的文章,承认 20 世纪 50 年代前半期党的路线是极左冒险主义。同年 7 月 27 日,该党召开党机构代表参加的第六次全国协议会(简称"六全协"),决定无条件地恢复 1950 年以来被开除出党者的党籍,努力克服武装革命路线、宗派主义、家长式个人领导方式等,适应已经确立的议会制民主主义,但仍然承认 1951 年纲领完全正确。由于德田球一在 1953 年客死在海外,因而"六全协"后,宫本显治逐渐掌握了日本共产党的主导权。

在两派社会党逐渐统一的压力下,保守政党也加快了统一的步伐。4 月 12 日,民主党总务会长三木武吉发表谈话:"如果鸠山成为保守政党的障碍物,可以更换鸠山内阁,甚至民主党也可以解体。"但两党内部均有强硬的反对统一派,民主党内部是松村谦三、三木武夫等,自由党内部是池田勇人、佐藤荣作等。5 月 23 日,三木武吉与自己的宿敌、自由党总务会长大野伴睦秘密接触,商谈保守政党合并问题。6 月 4 日,鸠山首相与绪方总裁正式会谈,就共同修正预算方案、保守政治势力集结问题发

---

① 篠藤光行、福田丰『日本社会党』、劳动大学、1973 年、276—281 页。

表共同谈话。民主、自由两党的政策委员在 7 月制定、发表了《新党的使命》《新党的性质》《新党的纲领》等，有关新党的政策提出了"独立体制的完善""为经济自立制定以全部就业和国际收支平衡为目标的长期经济计划""建设以劳动政策和国民养老金制度为基础的福利国家"。

围绕新党总裁的人选两党产生对立，自由党以鸠山辞职为条件进行总裁选举，民主党既反对鸠山辞职，也反对绪方任总裁。11 月 6 日，民主党岸信介干事长、三木总务会长和民主党干事长石井光次郎、大野总务会长举行四人会谈，决定暂时实施代表委员制，在适当时期再选举总裁。同月 15 日，民主、自由两党举行合并大会，成立自由民主党（简称"自民党"）。代表委员为鸠山一郎、绪方竹虎、三木武吉、大野伴睦，共拥有 299 名众议员，118 名参议员。

自民党的《建党宣言》声称，"坚决排斥暴力和破坏、革命和专政为政治手段的一切势力和思想，以个人的自由和人格的尊严为社会秩序的基本条件"；《党的使命》主张"以拥护自由、人权、民主主义、议会政治为基本理念，与试图独裁的共产主义势力、阶级社会主义势力进行坚决的斗争"；该党的《纲领》则由三条组成，即"第一，我党以民主主义的理念为基础，革新、改善各项制度和机构，以期建成文明的民主国家；第二，我党希望和平与自由，立足于人类普遍正义的基础上，改善并调整国际关系，以期达到自主独立；第三，我党以公共的福利为规范，制定实施以个人的创造性和企业的自由为基础的经济综合计划，以期安定民生，建成福利国家"；《党的性质》则明确提出"自民党是一个国民性政党、和平主义政党、真正的民主主义政党、议会主义政党、进步性政党，是以实现福利国家、通过综合计划提高生产率、充实社会保障政策以及完全就业为目标的政党"；《党的政纲》以及其他自民党的文件主张进行积极的、独立的和平外交政策，即"在与自由民主主义国家合作的基础上争取加入联合国，与未缔结和平条约的国家恢复外交关系，特别注意尽快解决与亚洲近邻国家的友好关系和赔偿问题，要求归还固有领土和释放扣留者"，"谋求自主修改现行宪法，根据国情废除或修改占领时期的各项政策，在集体安全保障体制下,按照国力发展相应的军事力量"等。①

　　两个保守政党仓促统一,内部派系林立,当时拥有 20 名议员以上的派系有 7 个,即吉田茂、岸信介、大野伴睦、石井光次郎、河野一郎、石桥湛山、三木武夫等派,另外还有 10 名议员左右的北村德太郎、大麻唯男、芦田均等小派系,俗称"七师团三联队"。不久三联队消失,吉田派分为池田派和佐藤派,形成了所谓的"八大师团"。②

　　1955 年 11 月 22 日,第三届鸠山内阁成立,外务大臣及农林大臣仍然是重光葵、河野一郎。两个月后,鸠山最大的竞争对手绪方突然去世,因而在 1956 年 4 月举行的自民党首任总裁选举中,鸠山在无竞争候选人的状况下当选,但出现 76 张无效选票,反映了吉田派系的强烈不满。③

---

① 正村公宏『戦後史・下』,筑摩书房,1985 年、30—31 頁。
② 福永文夫『戦後日本の再生,1945—1964 年』,丸善株式会社,2004 年、190 頁。
③ 歴史学研究会編集『日本同時代史・3・五五年体制と安保闘争』,青木書店,1990 年、107 頁。

第三章 民族主义与和平主义

第一节 独自外交的尝试

一、修改宪法的动向

实际上,早在 1953 年 11 月,美国副总统理查德·尼克松访问日本时发表谈话说:"1946 年美国使日本放弃军备是个错误。"与此同时,"经团联"会长石川一郎公然主张"修改宪法以及为达到其目的修改战后立法"[1]。1954 年 3 月 11 日,改进党成立宪法调查会,会长为清濑一郎。第二天,自由党也成立宪法调查会,会长为岸信介,同年 11 月 5 日,自由党发表了《日本国宪法修改草案要纲》。

1954 年 12 月鸠山内阁一郎成立前后,在民主党的《政策大纲》和政府的《基本政策大纲》中均有修改宪法的内容,鸠山首相公然表示"修正占领政策必须从修改宪法开始,特别有必要修改第九条"[2]。尽管在

---

[1] 歴史学研究会編集『日本同時代史・3・五五年体制と安保闘争』、青木書店、1990 年、133 頁。

[2] 西修『日本国憲法の40年:「改憲」と「靖国」』、教育社、1986 年、131 頁。

1955 年 2 月大选中主张修改宪法的保守政党没有得到修改宪法所需的三分之二多数议席，鸠山首相仍然积极推动修改宪法，准备在政府内部设置宪法调查会，并在 1955 年 6 月发表了《宪法调查会要纲》，在此基础上以议员立法的形式向国会提出《宪法调查会法案》。该法案虽然通过了众议院的审议，但最终与《国会会议法案》一道成为审议未完的废案。

面对保守政治势力修宪派的活动，革新政治势力护宪派也积极行动起来。早在 1953 年 8 月，便以片山哲为中心成立"拥护和平宪法之会"。在"总评"工会的推动下，以该团体为基础，1954 年 1 月成立了"拥护宪法国民联合"，左右两派社会党、劳农党、工会组织、学生青年团体、女性团体等参加。其规章草案中明确写道："以拥护和平宪法为目的，为达到上述目的进行所有的启蒙、宣传活动。"

自民党成立后一个月，立即在党内设置以山崎严为会长的宪法调查会。第三届鸠山内阁成立后，在施政演说中，鸠山首相明确提出"政府将增强自卫队，迅速成立国防会议，首先考虑为修改占领时期各种法令制度而进行修改宪法和改革行政机构。特别是制定宪法时的经过与形式十分重要，为日本国民自主制定宪法做准备，应探讨设置宪法调查会①"。

1956 年 2 月 11 日，自民党以议员立法的形式向第 24 届通常国会提出《宪法调查会法案》。尽管遭到社会党的极力反对，但法案仍然在 5 月 16 日通过国会审议，6 月 11 日公布实施。另外，《国防会议法案》也通过国会的审议，在 7 月颁布实施。国防会议以首相为议长，外务大臣、大藏大臣、防卫厅长官等参加，主要职责是审议国防基本方针。

在 24 届国会上，还有几项引起执政党与在野党激烈冲突的法案。首先是有关教育的法案，即为探讨教育基本问题而设置审议会的《临时教育制度审议会法案》(简称《临教审法案》)、以任命教育委员为主要内容的《地方教育行政组织及其运营法案》(简称《地教行法案》)、以国家决定教科书为主要内容的《教科书法案》(以上统称"教育三法案")，并提交

① 渡边治『日本国憲法「改正」史』、日本評論社、1987 年、305 頁。

国会审议。早在 1955 年 8 月,民主党专门发行"值得忧虑的教科书问题"小册子,攻击教科书中的和平教育。上述三个法案的主要目的就是确立中央集权式的教育体制,将保守政权的教育政策贯彻到各级教育行政中。

"教育三法案"陆续提交国会审议,"日教组"在东京召开临时大会,决定采取三方面的抵制行动,即发动教职员在相同的时间以市为单位举行反对大会、呼吁民众支持"保卫教育运动"、联合其他工会组织统一行动。同年 3 月 19 日,10 名大学校长发表反对"教育三法案"的声明。23日,又有 13 名大学校长发表反对声明。27 日,617 名大学教授、文化界人士发表反对声明。29 日,14 个教育相关团体发表"彻底粉碎'教育三法案'"的声明。自民党在国会众议院单独表决通过有关法案后,各大报纸也开始批判其暴行。进入 5 月后,社会各界群众纷纷举行大型集会,反对国会审议"教育三法案"。为保障《地教行法案》能够成为法律,自民党被迫放弃了《临教审法案》和《教科书法案》,并调动 500 名警察维持国会秩序,突然召开参议院全体会议,强行通过了《地教行法案》。

第 24 届通常国会最有争议的法案是将中选区改为小选区制的《公职选举法修正案》。虽然早在 1951 年就提出了小选区制,但第二届鸠山内阁正式在 1955 年 5 月 26 日提出这一想法,要求选举制度调查会就能否实施小选区制提出研究报告,其后在自民党内也设置选举制度调查特别委员会,提出有关方案。1956 年 2 月 20 日,选举制度调查特别委员会提出了委员长川岛正次郎的个人方案,3 月 13 日,选举制度调查会提出研究报告及其方案。其后自民党众议员会议决定导入小选区制,政府在两个方案的基础上提出有关法案,即将全国划分为 455 个小选区和 21个二人区的《公职选举法修正案》,在 3 月 15 日经过内阁会议决定后提交国会审议。

实际上,鸠山首相实施小选区的真正目的是在压制社会党势力的同时,将主张修改宪法的政治势力增加到众议院三分之二议席以上,因为小选区制对较大的政党有利,对较小的政党绝对不利。在 1955 年 2 月的大选中,保守政治势力的得票率为 63%,革新政治势力的得票率为

32％，如果实施小选区制，保守政治势力的议席将大幅度提高。因此，社会党等革新政治势力坚决反对实施小选区制。另一方面，政府提出的选区划分方案明显有利于自民党现职议员，特别是旧民主党系统的议员，自民党内部也出现较强的反对声音。

社会党在国会提出《众议院解散决议案》《太田正孝国务大臣不信任案》加以抵抗，尽管其提案遭到否决，但众议院选举法修正特别委员会的审议迟迟不能进行。自民党准备采取强行表决方式，社会党连续提出不信任案，以极慢速度投票的牛步战术进行对抗，阻止国会进行正常的审议活动。社会舆论逐渐转向反对自民党，党内以非主流派为中心的慎重论抬头，鸠山首相被迫放弃努力，结果《公职选举法修正案》在参议院因审议未完而成为废案。

为获得 1956 年 7 月的参议院选举胜利，自民党提出的竞选纲领有意回避了修改宪法和强化军备的内容，重点放在和平外交、推进经济发展、充实社会保障等上，甚至在竞选最激烈时发表"三年内不修改宪法"的声明。[1] 但社会党明确将竞选纲领放在拥护和平宪法、反对重新军备和征兵制、消除不平等条约、削减自卫队等上，突出了自民党修改宪法的危险性。尽管选举的结果是自民党保持了原有的议席，但社会党获得的议席加上日本共产党的议席超过了参议院三分之一，达到阻止修改宪法的议席。其结果严重打击了修改宪法派，鸠山政权遂将执政目标转向日苏邦交正常化。

1956 年 12 月，国会批准《日苏共同宣言》后，鸠山首相宣布辞去政府首相和自民党总裁的职务。参加竞选自民党总裁的有岸信介、石井光次郎和石桥湛山三人，本来岸信介占据优势，在第一轮投票中也获得最高票，但没有过半数。在第二轮投票中，处在第二、第三的石桥与石井联合，各自的支持者投票给石桥，结果石桥以微弱多数击败岸信介当选自民党总裁。12 月 23 日，石桥内阁成立，岸信介担任外务大臣，池田勇人

---

① 渡边治『日本国憲法「改正」史』、日本評論社、1987 年、305 頁。

担任大藏大臣。石桥首相在内政方面提出"一千亿日元减税、一千亿日元公共投资"的积极财政政策,继续推动景气中的经济,外交方面表示在"自由主义国家"的框架内扩大中日贸易等。

本来石桥首相计划在1957年1月底发表施政演说后就解散众议院举行大选,甚至其支持派系也筹措到选举使用的政治资金,但因编制预算和全国演说而积劳成疾,而且病情迅速恶化,于是指定岸信介临时代理首相。岸信介发表了施政演说,并在议会预算委员会进行了答辩,但石桥的病情仍然没有起色,因而将政权交给岸信介。

1957年2月25日,岸信介内阁成立,除任命石井光次郎为副首相外,原封不动地保留了石桥内阁的成员和自民党内的人事,同时表示继承前任政权的施政方针,甚至也没有向国会再次提交小选区法案和教科书法案,以消除甲级战犯嫌疑及修改宪法论者的印象。同年7月岸信介改造内阁,确立了自己的体制,但在9月发表的自民党《新政策大纲》中,仍然没有修改宪法的内容。

尽管《宪法调查会法案》在1956年6月颁布、实施,但到1957年8月才召开第一次会议。在会长的人选上,岸首相曾考虑社会党成员,但遭到拒绝,最后选择法学家高柳贤三担任会长。社会党拒绝参加宪法调查会,因而该会成员为自民党17名,绿风会5名,学者17名。该会经过8年的研究后,在1964年提出最终报告书。即使在自民党内部,修改宪法的势力也逐渐衰弱,例如自民党宪法调查会在1956年召开过23次会议,但在1957、1958年只分别召开一次,1959、1960年没有召开一次。

尽管如此,岸信介仍然抱有修改宪法的念头,例如1958年10月会见NBC广播的记者时,岸首相明确表示:日本废弃宪法中放弃战争条款的时期已经到来,该宪法是美国人给予日本的,在那以后世界形势发生了急剧的变化。日本必须做好准备,在维持自由世界的战争中发挥充分的作用。为能够派兵海外,必须修改宪法。[1] 但岸信介在修改宪法问题

① 渡边治『日本国憲法「改正」史』、日本評論社、1987年、334—335頁。

上并非特别积极,其原因一方面其政权的主要目标是修改《日美安全保障条约》,另外在 1958 年 5 月的大选中,以社会党为中心的革新政治势力仍然保持了三分之一以上议席。

二、日苏邦交及邻国关系

由于吉田茂采取美国一边倒的外交政策,没有接触苏联的任何迹象,不仅苏联在联合国安理会动用否决权阻止日本加入联合国,而且扣留在苏联的众多日本人、北太平洋的渔业捕捞、双边贸易等许多问题迟迟得不到解决。提倡"自主外交"的鸠山一郎早在日本独立后不久的 1952 年 9 月就明确提出"尽快实现日苏邦交正常化"。因此,1954 年 12 月鸠山内阁成立后,苏联外长莫洛托夫发表关于日苏关系正常化的谈话,原盟军总部苏联代表顾问多姆尼茨基试图接近外务大臣重光葵。因日本在法律上不承认苏联代表处的存在,外务省拒绝了其要求。多姆尼茨基直接访问鸠山首相,其提出的邦交正常化方案得到鸠山的赞成。

1955 年 6 月 3 日,日本全权代表、驻英大使松本俊一和苏联全权代表、驻英大使马立克在伦敦开始正式会谈。交涉的主要难点集中在领土问题上,即苏联占领下南千岛群岛中的择捉、国后和齿舞、色丹等四岛的归属问题。苏联方面认为苏联根据《雅尔塔协定》获得这些领土,而且日本在《旧金山对日和约》中也宣布加以放弃,因而日苏两国之间不存在领土问题;日本方面主张尽管媾和条约承认放弃南库页岛和千岛群岛,但没有承认其是苏联领土,而且齿舞、色丹本来是北海道的一部分。当时松本全权代表得到的日本政府训令是坚持归还齿舞和色丹两岛,[1]但看到苏联有条件地(即日苏签订和平条约后美军撤离日本)归还两岛,遂提

---

[1] 田中孝彦『日ソ国交回復の史的研究——戦後日ソ関係の起点:1945—1956』、有斐閣、1993年、95—98 頁。

出四岛一起归还的要求，结果遭到苏联方面的拒绝，会谈也在同年9月中断。①

　　自民党成立后，党内对苏外交慎重论有所增强。此时苏联与联邦德国恢复外交关系，苏联遣返了扣留的德国人，在领土问题上采取了暂时搁置的"阿登纳方式"。尽管重光外务大臣表示拒绝这种方式，但苏联再次动用否决权阻止日本加入联合国，日本国内要求早日结束日苏邦交正常化谈判的呼声高涨起来。1955年6月，在美国旧金山召开联合国宪章签署十周年纪念特别大会，各国代表强烈要求解决加盟问题。希望加入联合国的国家起草共同加入提案，苏联提出不包括南北分裂的朝鲜、越南、日本、西班牙的16国共同加入方案，加拿大等25国提出包括日本、西班牙的18国共同加入方案。尽管在冷战格局下美苏终于对18国加入方案表示赞成，但台湾政权作为安理会常任理事国对蒙古的加入使用了否决权，作为对抗，苏联也对18国方案使用了否决权。苏联提出不包括蒙古和日本的16国方案，得到大会的批准。

　　1956年1月17日，日苏谈判在伦敦重新启动。日本方面首先提出立即遣返扣留在苏联的日本人、生存者及死亡者的调查问题，苏联方面主张两国签署和平条约后大赦扣留者并进行遣返。双方还就和平条约的内容、赔偿请求权、通商航海、北太平洋渔业、领土纠纷等问题进行了交涉，除在海峡航行和通商条款等少数问题上双方达成一致外，领土等问题几乎没有进展。

　　在再次中断谈判后的3月21日，莫斯科广播了苏联内阁会议关于限制北太平洋捕捞的决定，在日本引起较大的冲击，政府决定派遣农林大臣河野洋平赴莫斯科谈判。4月29日，日苏渔业谈判开始进行，河野代表提出了日本方面有关渔业协定及海难救助协定的草案，苏联方面提出了限制捕捞数量的附件，但双方差距甚大。河野代表提出签订1956

---

① 藤本一美、新谷贞编『戦後日本政治ハンドブック・第二卷・55年体制の政治（1955—1964年）』、つなん出版、2005年、31頁。

年度的临时协定，但苏联代表主张签订正式协定。5月9日，河野代表在克里姆林宫与苏联总理布列加宁会谈，布列加宁提出渔业协定生效必须在邦交正常化之后，而且采取"阿登纳方式"恢复邦交。最后双方达成以7月底之前恢复邦交正常化为条件签订《渔业协定》和《海难救助协定》，苏联也同意《1956年度临时协定》与《渔业协定》同时生效。5月15日，日苏双方签订了日苏《渔业协定》《海难救助协定》《1956年度临时协定》。

为进行7月底之前的谈判，日本政府决定重光外交大臣和松本大使作为全权代表，苏联代表为外长莫洛托夫和马克。谈判地点是莫斯科，交涉的中心议题是领土问题，但没有任何进展。鸠山首相准备亲自到莫斯科谈判，自民党内赞成派的条件是结束战争状态、交换大使、送还扣留者、渔业协定生效、支持加入联合国等，在领土问题上至少加以搁置等；慎重派则在领土问题上要求立即归还齿舞和色丹两岛，择捉和国后两岛继续谈判，其他领土不能违犯对日和约的规定等。但双方尚在对立时，鸠山首相在10月2日正式决定访问苏联，全权代表为首相、农林大臣河野及松本三人。

日本代表团12日到达莫斯科后，苏联总理布列加宁提出关于共同宣言和通商的议定书作为谈判的具体内容。苏联方面提出齿舞、色丹两岛在缔结和平条约而且美国归还冲绳后归还，为缔结和平条约的谈判在邦交正常化后继续进行。日本方面同意缔结和平条约后归还两岛，但不能接受"美国归还冲绳时"，苏联表示赞成。关于和平条约的继续谈判问题，日本主张在和平条约签订之前也有"包含领土问题"的字样，但苏联不接受这一点。日本方面认为既然继续谈判和平条约的签订，自然包含领土问题，所以没有坚持该项要求。

1956年10月19日，日苏双方在莫斯科签署《共同宣言》和《通商议定书》，其主要内容包括结束战争状态、互换大使、送还扣留者、渔业协定生效、齿舞和色丹两岛在缔结和平条约后归还、支持日本加入联合国等。自民党内部反对派对此十分不满，以池田派为中心的时局恳谈会发表声明，指责鸠山内阁进行的日苏邦交正常化谈判是"外交史上最大的暴行，北方领土的归还变成绝望"①。因此,池田派成员等在国会审议日苏共同宣言相关四议案时集体缺席表示抗议,最后在赞成日苏谈判的社会党支持下议案得以成立。

12月12日,日苏《共同宣言》等文件的批准书在东京互换,其后联合国安理会全体一致同意日本加入联合国。在18日举行的联合国大会上,51个国家提出的日本加入联合国提案得到所有参加国的同意,日本成为第80个联合国加盟国,终于回归国际社会。12月26日,从苏联最后一批集体回国的被扣留者1 025人搭乘"兴安丸"进入京都舞鹤港。

1955年4月,在印度尼西亚万隆召开了亚非会议,亚洲与非洲的29个国家参加,会议最后发表了共同声明,确认了以和平共存为目标的十项原则。尽管日本政府派遣以经济企划厅长官高崎达之助为全权代表、"日商"会长藤山爱一郎及各党代表为顾问的代表团参加了会议,但立场十分微妙。一方面向美国表示站在自由主义阵营的立场上与不结盟运动划清界限,另一方面为经济贸易关系也要向亚非各国掩盖自己的政治态度。会议期间,高崎、藤山与中国政府总理周恩来会谈。

尽管鸠山内阁也希望同中国恢复邦交正常化,但阻力较大。朝鲜战争结束后,美国仍然对中国实施经济封锁政策,以日美关系为先的日本保守政治势力难以越过美国恢复中日关系正常化。另外,日本保守政党内部许多政治家与台湾蒋介石政权关系密切,极力反对抛弃台湾与中国邦交正常化。尽管工商业界对中日贸易非常感兴趣,但不断受到美国的压力,只好采取另立商社的形式进行双边贸易。

实际上,民间要求与中国进行贸易的运动早在1949年春就已开始。同年2月,以中国研究会(会长平野义太郎)和留日华侨总会为主成立了中日友好协会筹备会,5月在东京工业俱乐部召开了中日贸易

---

① 藤本一美、新谷贞編『戦後日本政治ハンドブック・第二卷・55年体制の政治(1955—64年)』、つなん出版、2005年、37頁。

恳谈会,参加会议的有中小企业团体、工会组织、留日华侨、留日朝侨工商业者等,会议决定成立"中国贸易促进会",刚刚成立的东京中小企业协议会也决定参加中日贸易促进运动。国会部分众参两院议员在1949年5月24日组成超党派组织"促进中日贸易议员联盟",委员长为民主党的苫米地义三。另外,进口中国大豆的36家相关企业在6月份成立了"中日贸易协会",7月20日"全金属"、"大化学"、"全公团"、八幡制铁等工会组织召开促进自主贸易劳动者大会,并通过与共产主义国家贸易的决议,提交给占领军总部、盟国对日理事会以及日本政府。中华人民共和国成立后,10月10日,日本有关团体召开了日中友好协会成立准备会。

1950年3月,美国国防部决定允许日本对华贸易,日本商社向盟军总部提出进口商品目录,中日贸易促进会通过香港英国商社的介绍并以使用英国船只为条件,达成进口中国大豆和煤炭的协议。1950年10月1日,全日本22个都道府县支部代表、政党、工会、学术文化及贸易团体举办了日中友好协会成立大会,自由党的水田三喜男、社会党的和田博雄等政治家也参加了大会。盟军总部对日中友好协会的活动进行干涉,并以违犯占领政策的名义逮捕、审判从香港进口中国出版物的协会成员。[1]

1952年2月,在美国的策动下,联合国通过将中国规定为"侵略者"的决议,同年5月又通过了《禁止对华出口战略物资劝告决议》。1952年10月,美国议会通过了《对共产主义国家出口禁止法》。1949年11月由"北大西洋公约组织"(简称"北约")成员国组成的"对共产主义国家出口统制委员会"(巴黎统筹委员会,简称"巴统")在1952年8月成立"对华出口统制委员会"的下属组织,《旧金山对日和约》生效后,日本也参加了"巴统"组织。

为推动东西方经济贸易交流以及和平运动,1952年4月,在莫斯科

---

① 正村公宏『戦後史・下』、筑摩書房、1985年、58頁。

召开了国际经济会议,绕道西欧参加该会的高良富、帆计足、宫腰喜助三位政治家会后访问北京,与中国国际贸易促进委员会签订战后最初的中日民间贸易协定。其内容包括进出口贸易额均为 3 000 万英镑、商品划分三类、采取易货贸易的原则等。但因吉田政权和美国的禁运政策,日本的出口远远没有达到协定的数额。

1953 年 3 月,日本红十字会、日中友好协会、和平联络委员会三个团体组成的代表团访问中国,就在华日本人回国事宜与中国红十字会达成协议。应中国红十字会的要求,三个团体将在日中国人以及战时被强制带到日本的中国劳工遗骨送回中国。1953 年 10 月,以自由党众议员池田正之辅为团长的访华议员团与中国签订第二次民间贸易协定。1954年 10 月,日本跨党派议员团和学术文化考察团访问中国,同时中华人民共和国成立后第一个访日代表团访问了日本。1955 年 3 月,中国国际贸易促进委员会访问日本,并签订了第三次贸易协定,但因重光外务大臣及外务省、“经团联”等顾虑美国的压力,互设贸易代表处、两国货币直接清算、解决贸易不平衡等问题仍然被遗留下来。

尽管 1949 年 1 月韩国在东京设立代表处,但日韩两国政府代表正式接触是在 1951 年 10 月围绕两国关系举行的预备会谈,1952 年 2 月,举行第一次正式会谈,内容涉及在日朝鲜人的法律地位、国家之间的基本关系、请求权问题、渔业问题等,特别是在请求权问题和渔业问题上,双方意见激烈对立。韩国要求巨额战争赔偿,日本以战争结束有留有大量资产在朝鲜半岛而加以反对;同年 1 月,韩国总统李承晚发表《海洋主权宣言》,单方面宣布海上划分线(李承晚线),禁止日本渔船进入,为此经常逮捕进入其区域捕捞的日本渔民。因此,第一次会谈没有取得任何成果。

盟军总司令克拉克邀请李承晚韩国总统访日,与吉田茂首相会谈,但没有结果。1953 年 4 月,日韩两国举行第二次会谈,仍然在围绕请求权问题和渔业问题上出现对立。同年 10 月举行第三次会谈,日本首席代表久保田贯一发言时说:“日本统治朝鲜不仅仅是恶的一面,也有给予朝鲜恩惠的一面，韩国没收在韩日本人私有财产违犯国际法。"①韩国方面对其发言非常愤怒，会谈不欢而散。1955 年 3 月，日本政府表示如果韩国在李承晚线上做出让步的话，日本可以放弃在韩日本财产的请求权，遭到韩国政府的拒绝。美国的斡旋也没有成功，日韩之间的正式会谈中断。

三、岸信介的亚洲外交

在做石桥内阁外务大臣时岸信介就表示"愿意成为空中飞翔的外务大臣"，其担任首相后仍兼任外务大臣，1957 年 5 月通常国会结束后立即到东亚、南亚访问。作为战后首次访问这一地区的日本首相，在 5 月 20 日到 6 月 4 日之间，岸信介连续访问了缅甸、印度、巴基斯坦、斯里兰卡、泰国，以及中国台湾。其目的一方面是加强与东亚、南亚的经济关系，另一方面也为此后访问美国时增强代表亚洲的自主立场。

在此次访问中，岸信介首相提出在欧美各国以及日本合作的基础上设立"东南亚开发基金"和"技术训练中心"，将东南亚建设成一个经济圈，作为反对共产主义的基地，同时也有阻止中国在东南亚影响的意图。当时外务省认为，中国利用国内廉价的劳动力，有将日本的纺织业产品从东南亚地区排挤出去的可能性。该地区华侨较多，甚至有可能出现抵制日本商品的现象。

在此次访问的最后一站是中国台湾，岸信介首相向台湾地区领导人蒋介石表示：只是希望扩大与中国的贸易，没有承认中国政府的想法。中国处在共产主义支配之下对日本也是威胁，比起苏联人来，日本人对中国人更具有亲近感，因而对共产主义的渗透也更具有警戒心，赞成蒋介石有必要恢复中国大陆自由的看法。中国政府总理周恩来对此批判道："岸首相访问台湾并怂恿反攻大陆是绝对不能允许的。"实际上，在访

---

① 正村公宏『戦後史・下』、筑摩書房、1985 年、66 頁。

问台湾前夕,在岸首相的支持下,就成立了推动与台湾地区政治、经济、文化交流的"日华合作委员会",政界有石井光次郎等、财界有藤山爱一郎等人参加。①

1957年9月28日,外务省发表了战后第一本外交蓝皮书——《我国外交近况》,提出了战后日本外交三原则,即"以联合国为中心""与自由主义各国协调""坚持作为亚洲一员的立场",但在处理三原则之间的关系上日本有时犹豫不决。日本在1957年10月第一次当选为任期两年的联合国安理会非常任理事国,1958年中东地区发生动乱时,没有经过联合国的授权美国就出兵黎巴嫩,日本对此不满,但此后日本又转而支持美国要求派遣联合国警察部队的决议案。另外,当联合国秘书长采纳日本增加联合国观察团成员并要求日本派遣10名自卫队军官时,日本却以违反《自卫队法》和《防卫厅设置法》加以拒绝。②

1957年11月18日到12月8日,岸首相再次出访越南共和国(南越)、柬埔寨、老挝、新加坡、印度尼西亚、澳大利亚、新西兰、菲律宾等9个东南亚、大洋洲国家,继续就经济合作与赔偿问题与各国政府首脑会谈。包括赔偿问题在内的战后处理措施是日本与亚洲各国恢复关系、推动经济合作的重要基础。实际上,在岸信介政权之前,东南亚国家的赔偿问题已经开始并签订相关协定。

按照旧金山媾和条约第14条的规定,有可能对日本提出赔偿要求的有菲律宾、印度尼西亚、缅甸、越南、老挝、柬埔寨、中国、印度、斯里兰卡、英国、美国、澳大利亚、荷兰等13个国家,但提出赔偿要求的是荷兰、菲律宾、印度尼西亚、缅甸、越南。1952年与台湾国民党政权签订和约时,在吉田茂的软硬兼施下,国民党政权放弃了赔偿请求。荷兰要求对战时日本扣留的荷兰民间人士给予赔偿,1956年日本与荷兰达成协议,

---

① 中村隆英、宫崎正康編『岸信介政権と高速増長』、東洋経済新報社、2003年、204頁。
② 五百头旗真主编:《战后日本外交史(1945—2005)》,世界知识出版社2007年版,第69页。

五年时间内支付 357 万英镑现金。[①]

　　缅甸没有参加旧金山对日媾和会议，但在 1952 年 4 月通告日本，"结束与日本的战争状态"，1954 年 11 月，日本与缅甸签订和平条约及赔偿、经济合作协定，规定从 1955 年 4 月条约和协定生效后 10 年间，日本支付总额为 2 亿美元的赔偿、出资 5 000 万美元的经济合作，1964 年又以无偿经济合作的方式追加了 1.5 亿美元。赔偿的支付是以劳务或实物的方式，即使在经济合作方面，日本在当地的出资也是以提供实物的方式参加。

　　虽然菲律宾签署了《旧金山对日和约》，但国内舆论大多主张应在赔偿问题解决之后批准该条约。赔偿谈判从 1952 年开始，菲律宾要求 80 亿美元的赔偿，谈判难以取得进展。后来菲律宾做出让步，日本与菲律宾 1965 年 5 月签订赔偿协定以及经济开发贷款，赔偿总额共为 5.5 亿美元，最初 10 年为 2.5 亿美元，然后 10 年为 3 亿美元。日本以劳务和提供各种机械的形式支付，其中包括沉船调查及其打捞。除此之外，日本政府还向菲律宾提供 2.5 亿美元的贷款。

　　在岸信介的此次访问东南亚、大洋洲过程中，解决的最大问题是与印度尼西亚达成赔偿协定。旧金山对日媾和会议后，印度尼西亚要求日本赔偿 70 亿美元。赔偿谈判从 1951 年 11 月开始，第二年 1 月临时签订了关于赔偿的中间协定，规定支付的方式仅为劳务。在继续谈判的过程中，印度尼西亚在 1953 年 1 月提出两国间单独签署和平条约（印度尼西亚虽然签署了《旧金山对日和约》，但没有批准该条约），赔偿支付方式也应包括资本形式，而且赔偿金额不断变化。1953 年 10 月签订有关沉没船只打捞的中间赔偿协定后，谈判处在困难状态。1957 年 11 月 27 日，岸首相在印度尼西亚雅加达直接与苏加诺总统会谈，并达成有关赔偿的协议。1958 年 1 月，日本与印度尼西亚签订和平条约、赔偿协定、经济开

[①] 歴史学研究会編集『日本同時代史・3・五五年体制と安保闘争』、青木書店、1990 年、176 頁。

发借款等协议,赔偿总额为 2.230 8 亿美元,12 年间以实物支付,经济开发贷款为 4 亿美元。

1959 年 5 月,日本与"南越"签订赔款协定、贷款协定、经济开发贷款协定等,赔偿总额为 3 900 万美元,5 年支付,贷款为 750 万美元。除上述正式的赔偿外,还有类似赔偿的无偿资金援助,即在对象国要求赔偿的前提下,日本政府也认为具有赔偿的性质,但在名义上是针对过去的具体问题提供无偿资金(也称为"准赔偿")。例如泰国的战争时期日本货币问题、新加坡与马来西亚的大屠杀问题、韩国的请求权问题等。从 1955 年 7 月到 1970 年 10 月,日本政府陆续与泰国、老挝、柬埔寨、马来西亚、新加坡、缅甸、韩国、密克罗尼西亚签署了相关的协定,约定支付总额包括有偿合作 706.68 亿日元在内的 2 452.77 亿日元。[①]

日本在东南亚地区进行的战争赔偿或无偿资金均采取了提供实物或劳务的方式,由于这些实物或劳务来自日本的民间企业,因而具有创造民间需求和出口导向的性质。其措施不仅推动了日本经济的复兴,也为日本产业进入东南亚地区创造了条件。另一方面,赔偿都用在国家的经济建设方面,战争受害者个人没有得到赔偿,因而留下慰安妇问题、欠付工资问题等许多问题。

岸信介政权也试图改善日韩关系,同时这也是因为美国和国内渔业界的压力。本来美国准备建立东北亚条约组织,但因日韩的对立难以实现,而国内渔业界则希望尽快解决"李承晚线"问题。因此,在 1957 年 12 月 31 日,日韩两国政府签署释放全部扣留者和开始全面会谈的备忘录。1958 年 4 月 15 日,第四次会谈开始。岸信介首相的特使矢次一夫也访问了韩国并与李承晚总统会谈,但谈判没有取得进展。由于日本政府宣布在日朝鲜人希望归国者可以自由选择朝鲜半岛北部或南部并将其送还,许多人选择去朝鲜半岛北部,结果引起韩国的抗议,日韩关系恶化,谈判破裂。

[①] 佐佐木毅ほか編『増補新版戦後大事典』、三省堂、2005 年、747 頁。

岸信介首相为获得美国在修改《日美安全保障条约》方面的赞成,采取坚决的反对共产主义姿态,敌视中华人民共和国,使中日关系在其任期内极度恶化。1958 年 2 月 8 日,在北海道发现了战时被日本军队强制带到日本做劳工的中国人刘连仁,他在战争结束前夕逃进山里藏匿 13 年。日本政府居然以"非法居留"的名义对其进行审判,最后在社会舆论的强烈批判下,没有给刘连仁任何赔偿,将其遣返回中国。

在 1955 年 5 月签订的第三次中日民间贸易协定延长一年实施,新贸易协定的交涉迟迟不能进行,在 1957 年 5 月以后处在无贸易协定状态。第三次贸易协定提到互设贸易代表处问题,但岸信介在担任石桥内阁外务大臣时明确表示没有必要承认在日本设置中国贸易代表处。岸内阁成立后的 1957 年 6 月,名古屋和福冈准备举办中国商品展览会,为此赴日的中国调查团反对在入境时按指纹,商品展览无限期推迟。

1957 年 9 月在北京开始的贸易谈判也不顺利,以池田正之辅为团长的访华贸易代表团与中国国际贸易促进委员会商谈的结果,虽然在第四次中日民间贸易协定中涉及贸易代表处问题,但具体的内容在备忘录中加以说明,代表处可以悬挂国旗,其成员享受准外交官待遇等。自民党对正在回国的日本代表团提出不能给予外交官特权和不能悬挂国旗的修改要求,日本代表团再次访华,并将其要求转达给中国方面,但遭到拒绝。3 月 5 日,池田在没有修改的基础上与中方签订了协定。另外在第四次中日民间贸易协定谈判过程中的 2 月 26 日,以八幡制铁所常务董事稻山嘉宽为团长的日本钢铁代表团在北京与中国签订中日钢铁协定,内容为五年期间实施 1 008 亿日元的易货贸易。

在签订第四次中日民间贸易协定的同一天,岸首相在国会答辩中声称:"具有悬挂国旗权利"的写法并非恰当,政府不能批准贸易协定。3 月 12 日,台湾政权驻日大使就中日签订贸易协定向日本政府提出抗议,接着台湾政权宣布中止通商会谈。4 月 1 日,岸首相亲自写信给蒋介石,表示"日本没有承认北京政府的意识,虽然按照日本国内法不能禁止悬挂中国国旗,但不承认悬挂国旗的权利"。4 月 9 日,政府回答日本的中日贸易相关团体时说，在国内法的范围内实施第四次中日民间贸易协定，但不给予贸易代表处特权地位，也不承认悬挂国旗的权利。

1958年4月30日，台湾政权驻日机构要求外务省不准长崎市举办的中国邮票剪纸展示会会场悬挂中国国旗。5月2日，两名日本青年将展示会会场的中国国旗扯下。警察很快释放了他们，长崎简易法庭给予两名青年违犯轻犯罪法的处分。结果中国方面立即停止所有正在进行中的谈判，并通告日本废除所有签订的协议，中国外长明确表示断绝中日之间的所有经济、文化往来。5月13日，岸政权的内阁会议确认暂时采取静观态度，21日，日本代表在台北与台湾当局签订了新的贸易协定。

在这一过程中，社会党为推动两国关系积极活动。早在1957年4月22日，以浅沼稻次郎为首的社会党访华团在北京与中国政府发表联合声明，强调不承认台湾政权，主张中日邦交正常化。在中日关系全面停止后的1958年8月，社会党参议员佐多隆忠访华，中国政府提出不再出现敌视中国的言行、停止制造"两个中国"的阴谋、不阻碍两国的正常关系等"政治三原则"和要求日本政府就"长崎国旗事件"进行道歉。1959年3月，社会党访华团浅沼稻次郎团长在北京发表演讲，提出"美帝国主义是中日两国人民的共同敌人"，在发表的联合声明中提出"废除《日美安全保障条约》"。

第二节　反对修改安保条约

一、社会运动

20世纪50年代后半期的社会运动以继续反对美军基地、反对"勤务评定"为主，这些活动不仅推动了革新政治势力的增长，也间接地为大规模反对修改《日美安全保障条约》（或称"安保条约""日美安保条约"）的运动奠定了基础。

1956年10月12日，政府派出的测量队准备对砂川町第二次强制性测量。超过 1 万人的当地居民、工会会员、"全学联"成员组成几十道人墙，唱着《国际歌》与 3 400 名警察对峙，出现 264 名负伤者。第二天再次发生严重冲突，出现 887 名负伤者，不少人被捕，但筋疲力尽的抵抗者终于坚持到 13 日傍晚，测量队未打一个测量桩就撤退了。14 日，各家报纸异口同声地批判警察的行为，在头带钢盔、挥舞警棍的大幅照片下，《过度行使武力》《警棍如雨点般落在人墙上》等标题格外醒目。在社会舆论的压力下，政府被迫放弃扩建机场的测量计划。

1957 年 6 月，政府准备将基地内的土地买下来作为国有土地，为此需要进行测量。当地居民反对基地永久化，再次发起抵抗运动。在冲突过程中，抗议者不仅将警察赶回基地内部，而且顺势推倒基地的围栏并进入基地数公尺，结果警察以"冲击美军基地"的名义逮捕 25 人，其中 7 人以违犯《刑事特别措施法》的罪名被起诉。

1959 年 3 月，东京地方法院的伊达秋雄对上述诉讼做出宣判，判决驻日美军违背宪法第九条，因为美军驻扎在日本只有日本政府的请求与合作才成为可能，其目的是用于针对来自外部的武力攻击，因此，不论日本是否拥有军队的指挥权或者美军是否拥有出击义务，都违背了宪法第九条第二款的规定，属于被禁止的"陆海空军及其他战争力量"的范围。另一方面，为维护其设施而将较轻犯罪重判的《刑事特别法》也违背宪法精神，因而判决在砂川事件中起诉的全部被告均无罪。[1]

检察机关立即越过高等法院直接上诉到最高法院。最高法院不仅认可其越级上诉，并认定宪法第九条第二款禁止的所谓战争力量指的是日本本身的战争力量，外国军队即便是驻留在日本本土也不适用于第九条；另一方面，日美安保条约是涉及日本国家存在基础的高度政治性的问题，其内容违宪与否的法律判断原则上是不适用以纯司法性机能为使命的法院审查事件。换句话说，日美安保条约是否违宪的法律判断应该

---

[1] 藤本一美、新谷贞编『戦後日本政治ハンドブック・第二巻・55 年体制の政治（1955—64 年）』、つなん出版、2005 年、115—117 頁。

委托给拥有条约缔结权的内阁以及对条约拥有承认权的国会,最终应取决于主权在握的全体国民的政治判断。因此,最高法院推翻一审判决,将该案发回地方法院重新审理。1963 年 12 月,地方法院最终判决全部被告有罪,但仅处予 2 000 日元的罚款。

上述判决影响深远。一方面,此后司法部门回避了在安全保障领域的宪法判断,在"统治行为论"的名义下认可行政机构的宪法解释。另一方面,尽管法院最终判决冲入基地者有罪,但日本国民反对扩建基地的运动迫使日美政府放弃其计划。1968 年 12 月,驻日美空军司令部发表声明,终止立川机场扩建计划。1969 年 4 月,日本政府取消土地收购工作,同年 11 月,立川基地的美军转移到附近的横田基地。

在砂川斗争过程中,还出现了驻日美军射杀日本农妇事件。1957 年 1 月 30 日,美军在群马县相马原演习场进行演习,美军士兵吉拉德诱使进入演习场捡空弹壳的日本农妇到洞穴中,然后将其射杀。尽管美国政府最终将审判权让给日本,但美国的社会舆论反应强烈,甚至众议院议长要求中止岸信介访美。同年 11 月 19 日,日本前桥地方法院对该案件宣判:"难以认为故意诱使检拾弹壳并将其射杀为执行公务","完全是被告为满足个人一时兴趣的过度恶戏","判决被告 3 年有期徒刑,缓期 4 年执行"。[1]

岸信介政权为加强国家对教育的统制,代替成为废案的《教科书法案》,通过政令设置教科书审查审议会,制定教科书调查官制度,强化国家对教科书的审查。同时,为打击主张和平民主教育的"日教组"以及削弱革新政治势力的社会基础,文部省在 1957 年 9 月颁布实施教员勤务(业绩)评定制度的通知。

"日教组"将"勤务评定"看作是"权力干涉教育",因而加以坚决反对。爱媛县"日教组"发动教职员举行现场集会、绝食罢工、静坐示威等活动,抗议实施"勤务评定",迫使县教育委员会在 10 月底撤回决定。但在自民党政权的压力下,县教育委员会很快再次决定实施"勤务评定",

---

① 斎藤真、永井阳之助、山本满編『日米関係:戦後資料』、日本評論社、1970 年、88—91 頁。

并通过各级教育委员会对校长施加压力。到 1957 年 4 月,在县教育委员会约定不给予处分的前提下,全部学校都提交了"勤务评定书"。然而,县教育委员会并没有履行诺言,遭到停止升职、停止加薪甚至降职、降薪、转职等处分的"日教组"成员高达千余人。第二年的反对斗争也没有成功,结果导致爱媛县"日教组"受到毁灭性打击,在 1958—1960 年之间,有 6 300 人脱离"日教组",约占全体成员的 70%。[①]

1957 年 12 月,全国都道府县教育委员会委员长协议会提出《勤务评定大纲草案》。文部省要求在 1958 年 4 月全国一齐实施"勤务评定",并在 1958 年 1 月下达《职员团体谈判权与勤务评定关系》,指示各级教育委员会拒绝与"日教组"谈判。自民党总部也要求自民党都道府县联合会组成"文教对策联络协议会",支持强行实施"勤务评定"。1958 年 9 月,各地开始实施"勤务评定","日教组"宣布"非常事态宣言",先后组织三次全国统一行动,即在有限的时间内各地一齐举行罢工活动。由于 1953 年国会通过的《公立义务教育学校职员身份及薪金负担特例法》规定国家负担公立学校的费用,因而其教职员被视为国家公务员。[②] 另一方面,法律规定禁止公务员参加罢工活动,所以许多"日教组"的干部及成员被捕,先后遭到解雇、停职、减薪处分者高达 6 万余人,受到刑事处分及行政处分的"日教组"成员高达 70 万人。[③]

50 年代后半期,"总评"工会的斗争方式也开始发生变化。1955 年 7 月,在第七次"总评"大会的事务局长选举中,岩井章战胜高野实,成为新一任事务局长。在 1956 年的大会上,太田薰就任议长,"总评"从"高野路线"转变为"太田·岩井路线",也就是从"全体人员参加斗争"转向"春斗",即重视以产业领域为中心、进行以提高工资等经济斗争为主的统一斗争。在日本,不同业种之间的工资水平和交涉权也不一样,往往是特

---

① 池上彰『そうだったか！日本現代史』、集英社、2001 年、115 頁。

② 因此,有人认为"日教组"不是工会组织,参见松浦光修『いいかげにしろ・日教組・われ「亡国教育」とかと闘えり』、PHP 研究所、2003 年、122 頁。

③ 日本教職員組合編『日教組四十年史』、労働教育センター、1989 年、317 頁。

定产业领域的工会集中起来组成共同斗争团体，要求提高工资、改善劳动条件。为提高声势，"总评"将各个产业的工会组织组成更大的共同斗争团体，例如 1955 年的"春斗"是由"炭劳""电产""私铁总联""化学同盟"等 8 个产业的工会组成的"春季提高工资共同斗争会议"，1956 年被剥夺罢工权的"官公劳"也参加进来，1959 年甚至全国性工会组织"中立劳联劳动组合联络会议"与"总评"一道参加共同斗争中。因此，在 1955 年到 1960 年，"春斗"争取到的年均工资提高率为 6.7％。①

1958 年"总评"制定《组织纲领草案》，以个别企业的现场斗争为基础，强化特定产业领域的共同斗争。另一方面，"总评"在各地组织跨企业的地区联合工会，并配备专门的组织干部。到 1960 年，这样的工会达到 472 个，会员 8 万多人。尽管"太田·岩井路线"不否定政治斗争，但强调经济斗争基础上的政治斗争，而且将政治斗争与支持社会党结合在一起，即将政治斗争委托给社会党，没有将工人运动发展为联合社会其他势力共同斗争的统一战线运动，从而为革新政治势力的增长带来消极的影响。

1958 年 3 月 31 日，国会通过新年度政府预算方案，政界与国民的关心均转到解散众议院举行大选上。但尚有众多议案没有审议，4 月 18 日，自民党总裁岸信介与社会党委员长铃木茂三郎举行党首会谈，约定以社会党提出不信任案的方式在 4 月 25 日解散众议院，为宪政史上首次"协商解散"。国会加快了审议法案的速度，在剩余的 265 件议案中通过了 165 件，其中 70 件是在解散前 5 天审议、通过的。②

1958 年 5 月 22 日举行的大选是"55 年体制"形成后的首次大选，解散前自民党在众议院拥有 290 个席位，选举结果为 287 个，但发展 11 名无党派议员入党后成为 298 个，拥有绝对多数席位。解散前社会党（包括 1957 年合并的劳农党 4 名议员）拥有 158 个席位，选举结果为 166 个，

---

① 山田敬男『新版戦後日本史——時代をラデイカルにとらえる』、学習の友社、2009 年、145 頁。
② 杉山恵一郎「第 28 回国会を顧みて」、『ジュリスト』155 号、1958 年 6 月 1 日、63 頁。

两名无党派议员入党为 168 个。日本共产党的席位从 2 个减少到 1 个，另外有 13 个无党派议席。尽管社会党的得票率以及议席均为战后最高，而且单独达到阻止修改宪法的三分之一席位以上，但与选举前社会党第 14 次大会决定的"获得过半数议席""建立社会党政权"的目标相差甚远，因而引起该党内部极左派的强烈不满与批评。他们指责党的纲领暧昧、党领导的主体性不强、对抗现体制的意识不明确是导致此次选举失败的主要原因。西尾末广代表的极右派则认为社会党被"总评"工会独家控制，失去了国民政党的性质是失败的根本原因。

二、修改条约的准备

战前政治家重返政治舞台后，认为有必要修改《日美安全保障条约》，这种动向在鸠山内阁时期已经出现。1955 年 8 月，外务大臣重光葵访问美国，并与杜勒斯国务卿进行了三天会谈。重光的基本认识是吉田缔结的安保条约是不平等条约，伤害了国民的独立心，也造成日本保守政治的不稳定，成为日美关系发展的障碍，应加以修改。[1] 因此，在会谈中提出将条约修改为对等性的条约，对此，杜勒斯不屑一顾地说："日本有那样的力量吗？"在杜勒斯看来，日本的防卫努力不足，而且宪法也不允许海外派兵，不可能缔结对等性的日美相互防卫条约。[2]

1957 年 5 月 20 日，在岸信介出访东南亚当天，内阁会议决定了《国防基本方针》，其主要内容是：为保护以民主主义为基础的我国独立及和平，重视国际协调，发扬爱国心，逐渐增加防卫力量，以日美安全保障体制为基础等。在岸信介访美前的 1957 年 6 月 14 日，国防会议决定了《第一次防卫力量整备计划》，计划在未来五年内，陆上自卫队达到 18 万人的规模，海上自卫队舰艇达到 12.4 万吨及飞机 200 架，航空自卫队飞机

---

[1] 坂元一哉『日米同盟の絆：安保条約と相互性の模索』、有斐閣、2000 年、141 頁。
[2] 原彬久『日米関係の構図——安保改定を検証する——』、日本放送出版協会、1991 年、39 頁。

1 300 架等。该计划填补美军撤退后防卫力量的目标十分明确,同年 8 月美国国防部宣布美国地面部队到 1958 年 2 月全部从日本撤退。1952 年底,美军在日军队 26 万人,1957 年 8 月减少到 8.7 万人,1958 年底进一步减少到 6.5 万人,基本以海军、空军为主。

1957 年 6 月 19 日,岸首相到达美国访问,当天与美国总统艾森豪威尔进行了第一次会谈,话题涉及防卫问题及安保条约问题、以冲绳为主的领土问题、东南亚开发问题、通商问题以及中日贸易问题等。特别是在安保条约问题上,岸信介强调现在与条约签订时的状况不同,当时日本没有军队,现在拥有自卫队,当时美国承担全部责任,现在应分担责任,因而两国政府有正当的理由对该条约进行再探讨。岸首相提出的具体探讨内容有日美协议在日美军的配备、条约的有效期限等。

在岸首相与艾森豪威尔总统 6 月 21 日发表的共同声明中,双方"确信日美关系进入建立在共同利益和信赖坚实基础上的新时代"。在安保条约问题上,日美双方"一致同意包括为有必要时随时协议美国军队在日本的配备及其使用在内,同时探讨安保条约产生的问题而设置政府间委员会。该委员会为确保安保条约基础上实施的所有措施符合联合国宪章原则而进行协议。总统和首相确认 1951 年的安保条约本质上作为临时性条约签订,没有原封不动地永久存在的意图。另外,政府间委员会将上述领域中的日美两国关系协调为适合两国国民的必要和愿望"①。

从美国回到日本后,岸信介改造内阁,除石井光次郎国务大臣留任外,其余内阁成员全部更换。原首相兼任的外务大臣职务由岸信介的挚友"日商"会长藤山爱一郎担任,为修改安保条约做准备。1957 年 8 月,日美安全保障委员会成立。1958 年 5 月 22 日的大选后,岸信介组成第二届内阁,除藤山爱一郎外务大臣留任外,内阁成员全部更换,而且主要

---

① 外务省编「特集二·岸総理の米国訪問」、『わが国外交の近况』、1957 年 9 月、45 頁。

职务由岸信介派系成员担任。同年 9 月 11 日，藤山外务大臣与杜勒斯国务卿在华盛顿会谈，双方同意就修改安保条约进行谈判。10 月 4 日，藤山大臣与美国驻日大使麦克阿瑟二世开始谈判。由于此时美国的全球战略面临苏联军事竞争、新兴国家涌现等挑战，期望日本成为美国通过对外援助加强自由主义阵营过程中的支持者，因而对修改安全保障条约变得积极起来，但日本国内出现动荡，自民党内部也存在争议。

岸信介首相意识到修改安保条约将引起以社会党为中心的反对运动，为此突然在 10 月 8 日向第 30 届临时国会提出《警察官职务执行法修正案》（简称《警职法》）。其宗旨是将该项法律的重点从保护个人的生命、身体、财产转向维护公共安全与秩序，为此较大地强化警察在执行公务过程中的权限。[①] 自民党对修正案的具体解释是：由于该项法律不完备，第一线的警察难以预防性地防止犯罪，而且修正案增加了防止青少年犯罪、酗酒者的保护措施、对集团非法暴力的有效事前措施等内容，能够在尊重个人自由和权利的同时维护公共安全、秩序。

但反对者认为执行公务的标准模糊，完全委托第一线警察将导致滥用职权，宪法保障的基本人权将受到侵害，而且滥用职权时也没有有效的制止手段等。社会党发表声明，批判该修正案违反宪法，侵害国民权利与自由、彻底破坏民主主义，是战前治安警察法的复活。要求政府立即撤回该修正案，否则将采取拒绝参加国会所有的审议活动。结果，国会审议活动全面停止。众议院议长、自民党议员星岛二郎将修正案委托给地方行政委员会审议，社会党采取占领委员会房间阻止审议的极端手段，自民党也采取武力对抗，国会一片混乱。议长只好收回修正案，在众议院全体会议上做主要内容说明。

社会党召开中央委员会，决定开展打倒岸信介内阁及反对《警职法》国民运动。10 月 24 日，"总评"召开临时大会，决定采取反对《警职法》的方针。社会党、"总评""全劳会议""新产别"等联合组成"反对《警职法》改

---

① 『朝日年鉴 1959 年』、178 頁。

恶国民会议",社会舆论反对的声音也越来越强。尽管如此,为通过修正案,自民党决定延长国会会期。在社会党尚无入场的情况下,自民党议员椎雄三郎副议长突然宣布会期延长 30 天。这种突然袭击的方式进一步引起社会党和舆论的批判,社会党议员不再进入国会参加审议。11 月 10 日,自民党提出党首会谈,经过多次商议,22 日岸信介与铃木茂三郎会谈,达成《警职法修正案》以审议未完的形式成为废案、众议院自然休会、参议院审议预算相关法案后休会的协议。

1958 年 12 月 10 日,第 31 届通常国会开幕,因上届国会混乱,众议院议长、副议长辞职,围绕新正副议长的人选,自民党与社会党产生对立,最后达成正副议长均脱离党籍,并选举自民党推荐的加藤镣五郎为议长、社会党推荐的正木清为副议长。但自民党内非主流派追究岸首相造成混乱国会的责任,要求刷新党内人事,同时为阻止岸信介连任而反对提前选举党的总裁。岸首相拒绝让步,结果非主流派的池田勇人国务大臣、三木武夫经济企划厅长官、滩尾弘吉文部大臣辞职。

尽管岸信介在 1959 年 1 月的自民党大会上顺利再次当选总裁,但党内非主流派对修改安保条约持慎重论,即使主流派的河野一郎也对同年 2 月藤山外务大臣发表的修改方案持反对意见,主张新条约应包括冲绳、小笠原等地区。直到 4 月 8 日,自民党干部会议决定了《日美安全保障条约修改纲要》,主要内容为:明确美国防卫日本义务的同时,明确日本在宪法范围内的应尽义务;明确在日美军为作战使用日本区域内设施时事前与日本政府协商;日本安全受到间接侵略威胁时,所采取措施与美国协商;新条约期限为 10 年,提前一年预告可以废除等。[1]

在 1959 年 6 月 2 日举行的参议院选举自民党获胜,岸信介再次改造内阁,非主流派池田勇人、石井光次郎进入内阁,采取认可修改条约的态度。尽管河野派对修改内容持反对态度、石桥湛山等人反对修改条约,

<hr/>

[1] 藤本一美、新谷贞編『戦後日本政治ハンドブック・第二卷・55 年体制の政治(1955—64 年)』、つなん出版、2005 年、110—111 頁。

但在 9 月 23 日的自民党会议上通过了决定："如果社会党不参加国会审议，可以进行单独审议。"在 10 月 26 日临时国会召开当天，自民党两院议员全体会议认可政府的条约修正案。

三、反安保斗争

随着日美政府之间修改安保条约的谈判步伐加快，特别是政府在提交《警职法修正案》提交国会的第二天，岸信介首相对美国记者表示"现在是废除宪法第九条之时"，给国民造成的印象是修改安保条约是为恢复战前的警察国家，然后复活军国主义，因而反对修改条约的社会舆论逐渐高涨。推动反对《警职法修正案》的各个团体感到有必要共同斗争，因而在 1949 年 3 月 28 日，社会党、日本共产党、"总评"、"中立劳联"、"原水协"、"中日恢复邦交国民会议"等 138 个团体组成"阻止修改安保条约国民会议"（简称"国民会议"）。

"国民会议"在 4 月 15 日指导了第一次统一行动，当天正值"春斗"的第六次统一行动，两者结合起来，各地举行罢工、游行、集会等，要求提高工资，反对修改安保条约。5 月下旬，藤山外务大臣表示新安保条约在 7 月签署后，"国民会议"感到紧迫性，因而在 6 月 16 日召开第一次全国代表者会议，迅速确立斗争姿态。每个月举行一次统一行动，同时结合其他的和平运动开展活动。例如第三次统一行动是在 6 月 25 日朝鲜战争爆发纪念日举行，第五次统一行动是 8 月 6 日广岛原子弹爆炸纪念日，又是每年一次的世界禁止原子弹氢弹世界大会。

9 月 16 日，"国民会议"召开第二次全国代表会议，决定开始以工人罢工为中心的实力行动。另一方面，社会党的左倾化、"总评"的斗争化以及艺术家明确反对态度进一步推动了反对修改安保条约运动的发展。9 月 13 日，在社会党大会上决定将公开发表"《日美安全保障条约》虽有不完善的地方但有利于我国安全"谈话的西尾末广提交统制委员会处理。10 月 15 日，统制委员会给予西尾谴责处分。10 天后西尾等 33 名议员退党，另组建社会俱乐部。11 月 25 日，河上丈太郎派 12 人退党，另组建民社俱乐部。11 月 30 日,社会俱乐部与民社俱乐部组成"民主社会主义新党筹备会"。

"总评"工会在三井三池煤矿反对合理化的劳资争议达到最激烈阶段,决定将支持三池煤矿斗争、秋季斗争、阻止修改安保条约三个斗争结合起来,在第八、第九次统一行动中采取"停止一切生产活动,实施总罢工"。与此同时,中岛健藏等著名作家、艺术家、文化人士在 11 月 9 日组成"批判安保之会",拥有众多读者的这些人投身反对安保阵营使社会舆论进一步倾向批判政府。

为阻止政府在来年初签署新条约,"国民会议"在 11 月 27 日组织第八次统一行动,工会组织罢工,各地反对修改安保的团体纷纷举行集会、游行,呼吁沿途的国民参加。全日本有 650 个举行大规模的集会和游行,参加者达到 300 万人。在东京的国会请愿游行队伍将要求"停止修改安保条约谈判"的请愿签名书递交国会议员,政府动员 5 700 名武警用装甲车和防暴警察用卡车封锁通往国会的道路。唐牛健太郎委员长指挥的"全学联"游行队伍突破封锁的国会正门进入院内,工会会员也随之进入。尽管两个小时后学生和工人均撤出国会大院,但政府及自民党指责其行为是"暴徒闯入国会事件",提出对浅沼稻次郎三名国会议员进行惩罚,并制定禁止在国会周围地区游行的法案。其后两个星期内逮捕了 18 人,其中"全学联"7 人、工会会员 7 人、农会会员 2 人、日本共产党区议会议员 2 人。①

1960 年 1 月 6 日,日美有关修改安保条约的谈判结束,岸信介首相为签署新日美安保条约准备在 16 日从羽田机场出发赴美国。"国民会议"14 日在东京举行各地 1 000 多名代表参加的"反对赴美签署、组成抗议团"大会,组成 152 人的抗议团前往首相官邸、美国大使馆进行抗议。尽管"国民会议"不主张在羽田机场进行阻止活动,但 700 名"全学联"成

---

① 歴史学研究会編集『日本同時代史・3・五五年体制と安保闘争』,青木書店、1990 年、288 頁。

员在 15 日夜占领机场大厅,次日凌晨与警察发生冲突,有 78 人被捕。

1 月 19 日,日美双方在华盛顿签署了新安保条约(全称为《日本国与美利坚合众国之间相互合作及安全保障条约》)和"地位协定"(全称为《基于日本国与美利坚合众国之间相互合作及安全保障条约第六条的设施与区域以及在日本国的合众国军队地位之协定》)。2 月 9 日,新安保条约提交国会审议。社会党、日本共产党、"总评"、"国民会议"均发表了抗议签署新条约的声明,同时表示了阻止批准其条约的决心。

另一方面,民社党在 1 月 24 日举行成立大会,西尾末广担任委员长,曾弥益担任书记长,民社党有 40 名众院员和 16 名参院员。该党主张阶段性地废除安保条约,要求在批准新条约之前解散国会,但不参加"国民会议"的活动,另组织其他的运动,并与"全劳会议"工会组织一道行动。

"国民会议"在 1 月 28 日召开全国代表会议,决定统一行动计划。即国会内斗争与国会外斗争相结合、发动町村居民参与斗争、在国会审议关键时刻组成以大规模罢工为核心的社会各阶层奋起体制等。在该行动计划的指导下,各地的反对活动迅速增长,根据 3 月 18 日全国代表会议的报告,各地参加游行的人数达到 1 000 万,请愿署名者超过 400 万,地方共同斗争组织从 1 月底的 700 个增加到 1 200 个。①

在 2 月 9 日的众议院全体会议上,藤山外务大臣阐述了新条约的变化之处,即明确了与联合国的关系以及美国防卫日本的义务、在日美军重要配置和装备变更时进行事前协议、日美安保体制建立在广泛的政治经济基础上、设置了有效期为 10 年的规定等。在国会审议过程中,有关"远东地区""事前协议""日美共同作战"等的争议引起国民的强烈关注。特别是有关日美军作战范围的"远东地区",政府统一见解为"菲律宾以北及其周边地区",具体范围仍然模糊不清,而且在答辩中自相矛盾,社会舆论担心如果美军在东南亚进行战争日本也会卷入进去。

---

① 歴史学研究会編集『日本同時代史・3・五五年体制と安保闘争』,青木書店、1990 年、292 頁。

与此同时,中国与苏联均对新条约进行的严厉批判增加了日本国民的担心,另外韩国学生及市民运动推翻李承晚政权的消息使日本反对运动的高涨。此时正值第十五次统一行动时期,从 4 月 20 日开始为"国民全体奋起周",开展大规模国会请愿活动。26 日举行"10 万人规模大众性国会请愿"活动,当天国会收到 14 万封、133 万人署名的请愿书,参加请愿活动者达到 6 万人。

自民党加快了国会审议、表决的步伐,在社会党的抵抗下国会出现混乱,更多的民众参加了从 5 月 9 日开始的第十六次统一行动。在该次行动中,中小工商业者参加进来,大学教授和文化人也组成了单独的请愿活动,学生游行队伍中也出现了许多高中生的身影。"国民会议"在 14 日举办了"阻止批准安保条约、打倒岸内阁、要求解散国会的国民大会",并通过"非常事态宣言"和"对岸内阁的抗议书"。

为在美国总统艾森豪威尔 6 月 19 日访日之前批准新条约,岸内阁采取极端措施。5 月 19 日晚 10 时 25 分,众议院安保条约特别委员会强行中止质疑,10 时 50 分,500 名警察进入众议院,将坐在议长席前的社会党议员及其秘书强行架走,11 时 49 分,举行只有自民党议员的众议院全体会议,通过延长国会会期 50 天的决议,20 日零时 6 分,单独表决通过了新安保条约、新地位协定及安保相关法令整理法案。三木武夫、松村谦三、石桥湛山、宇都宫德马、河野一郎等人没有参加全体会议,26 名自民党议员放弃表决。按照宪法的有关规定,众议院通过的条约案送交参议院 30 天后,即使参议院没有表决亦自动生效。

在野党均发表通过无效的声明,并抵制国会审议。媒体也齐声批判政府,各地举行抗议活动,10 万人在国会附近游行,"全学联"成员闯入首相官邸。5 月 26 日,"国民会议"举行第十六次统一行动,17 万人参加国会请愿游行。6 月 4 日,举行第十七次统一行动,有 560 万人参加了罢工、游行。6 月 10 日,为艾森豪威尔访日做准备,总统新闻秘书哈格蒂到达日本。1.5 万名工会会员和"全学联"成员集中在羽田机场周围,将哈格蒂乘坐的汽车包围在机场出口,其一个小时后才被美军的直升飞机救走。6月15日,"国民会议"举行第十八次统一行动,"总评""中立劳联"的111个工会、580万人举行罢工,东京举行10万人的集会。学生游行队伍在国会附近与右翼团体发生冲突,许多学生负伤。学生在试图进入国会大院举行集会时又与警察发生冲突,导致东京大学文学部女学生桦美智子死亡,受伤者超过千人。

在接到警视厅无法承担美国总统安全任务的报告后,岸信介首相询问防卫厅长官赤城宗德能否出动自卫队。赤城认为因动用自卫队而出现死者的话将会导致全国性革命,所以不赞成出动自卫队。在16日早的内阁会议上,岸首相发言说美国总统访问日本延期。17日,朝日、每日、读卖、产经等七家大报在当天报纸的头版发表题为《废除暴力、严守议会主义》的共同声明,将指责的对象从自民党的强行表决转向"全学联"的游行。18日,参加国会请愿游行者达到33万人,并在国会前静坐,与在首相官邸的岸信介首相一起等待午夜新条约自然生效。22日,600万工人、学生、工商业者、学者参加了第十九次统一行动。23日,在外务大臣官邸日美双方交换了批准书,条约生效,岸首相表示辞职。7月15日,岸信介内阁集体辞职。7月21日,举行第二十一次统一行动,安保斗争结束。

第三节 经济恢复增长

一、国际化与政府计划

战后日本经济复兴以及实现高速增长,美国因素占较大比重。占领时期日本从美国获得总额约为20亿美元的援助,极大地缓和了日本经济的危机状况,而且根据1962年的债务偿还协定,减免了日本一多半的债务,即偿还4.9亿美元,15年内还清。[①] 另一方面,媾和后的日本在安

---

① 藤本一美、新谷贞编『戦後日本政治ハンドブック・第二巻・55年体制の政治(1955—64年)』、つなん出版、2005年、175页。

全上得到美国的保护,减轻了政府在国防预算方面的压力,可以将更多的资金运用在经济建设上。更为重要的是,日本的对外贸易完全依赖美国。1952 年对美出口为 2.29 亿美元,占出口总额的 18％,但从美进口为 7.68 亿美元,占进口总额的 37％。到 1957 年,对美出口 6.4 亿美元,占出口总额的 21％,从美进口 12.23 亿美元,占进口总额的 37％。[①] 特别是纺织产品、木制产品、日用杂货等轻工产品,日本在美国市场的占有率从 1955 年的 25.4％急速上升到 1960 年的 34.3％。美国国内出现要求限制日本棉纺织进口的运动,1956 年 9 月到 1957 年 1 月,双方进行协商,日本采取对美棉纺织品出口实施自主限制措施。[②]

占领结束后,美国继续向日本提供援助,主要为剩余农产品,其中分为有偿部分和无偿部分。作为无偿部分,1954 年 3 月双方签订《日本国与美利坚合众国之间关于经济措施协定》。对小麦等剩余农产品,5 000万美元中以 1 000 万美元为上限作为无偿援助,援助部分在日本销售后的金额转入 1954 年设置的经济援助资金特别会计,政府将该项资金主要用于防卫产业设备投资的长期贷款,其后贷款也扩大到飞机生产等,管理的金融机构为日本开发银行。同年制定的"关于经济援助资金运用的政令"规定其资金的运用方针,但贷款条件等需要与美国协商。

作为有偿援助,1955 年双方签订《日本国与美利坚合众国之间关于农产品的协定》,日本政府购买 8 500 万美元(3 500 万美元的棉花及2 250 万美元的小麦)的剩余农产品,其采购方式是美国政府以日元换算成相等数额的资金,由美国的进出口银行贷款给日本政府。其中 1 700万美元作为共同防卫相关费用,另外 1 200 万美元的小麦、脱脂奶粉和300 万美元的棉花赠送给日本的学校儿童。为将借入的这部分外汇资金作为财源进行贷款,在 1955 年设置了剩余农产品融资特别会计。

从美国进出口银行得到的借款对日本的民间长期设备投资具有重

---

① 小学館編集『日本 20 世紀館』、小学館、1999 年、636 頁。
② 歴史学研究会編集『日本同時代史・3・五五年体制と安保闘争』、青木書店、1990 年、221 頁。

要意义。从 1956 年 8 月到 1970 年 7 月,日本从该银行共得到包括电力 26 件 4.4 亿美元在内的 75 件 9.4 亿美元的长期贷款,同时从美国购买了大量的设备。该项贷款利息比日本国内的贷款低,而且是长期资金,由此扩大了外汇紧缺时期"重厚长大型"产业及飞机运输产业的设备投资。

另一方面,在美国的支持下,日本较为顺利地加入各种国际经济组织。1952 年 8 月加入国际货币基金组织(IMF)和国际复兴开发银行(世界银行)的同时,日本开始加入《关贸总协定》(GATT)的谈判,1955 年 9 月正式加入该组织。在此基础上,推动了大规模地引进外资和海外投资。1953 年 10 月,日本首次从世界银行获得贷款,用于关西电力多奈川火力发电厂、九州电力刈田火力发电厂、中部电力四日市火力发电厂;1955 年至 1956 年,世界银行的贷款用于八幡制铁、日本钢管、川崎制铁、丰田汽车、石川岛重工、三菱造船等重工业企业;1957 年的贷款用于爱知供水公团,其后逐渐扩大到名神高速、东名高速、首都高速等道路建设方面。另外在 1956 年 8 月到 1965 年 2 月之间,华盛顿进出口银行长期贷款的用途分别是:火力发电 1.923 8 亿美元,钢铁 1.361 0 亿美元,汽车、航空、化学等 1.496 8 亿美元等。引进外资的总额从 50 年代前半期的 1.39 亿美元增加到 50 年代后半期的 7.19 亿美元,增加了五倍。[1]

鸠山内阁成立后,在推动经济发展的同时,加强了发展经济的计划性。1955 年初,在经济审议厅报告的基础上制定《综合六年计划》,作为经济政策的依据,其目标是"实现我国经济的自立,同时提供逐年增加的劳动力以充分就业的机会"。其中在前三年达到没有"特需"的国际收支平衡,后三年扩大经济规模实现充分就业,在"国际收支平衡"和"实现充分就业"之间更重视后者,与"轻军备、重经济"的吉田路线不同,是以"再军备、社会稳定"为基本路线的政策。

---

[1] 歴史学研究会編集『日本同時代史・3・五五年体制と安保闘争』、青木書店、1990 年、221 頁。

　　1955 年 7 月 20 日,将经济审议厅改编为经济企划厅,进一步将经济审议会提出的长期经济计划方案具体化。在审议会提出的报告中,更重视充分就业,但遭到来自各方的批评。例如通产省认为过度期待第二产业吸收大量的劳动者是不合理的,因为这样一来将抑制劳动生产率的提高,劳动生产率的提高在某种程度上会限制扩大就业。如果强调实现充分就业,将会损害国际竞争力,妨碍日本经济的自立。

　　在接受各种意见的基础上,鸠山内阁在 1955 年 12 月决定了战后最初的正式经济计划《经济自立五年计划》。其中将原来六年计划中的"充分就业"修改为"扩大经济规模和增加就业机会",作为实现五年计划的基本措施有完善产业基础及逐渐贸易自由化体制、为提高自给水平而充分利用国内资源以及培养新产业等,其具体内容由相关行政机构加以探讨并提出方案。该计划设想的年均经济增长率为 5%,许多人认为这一目标过高,但为实现"充分就业"的目的,必须将经济规模扩大到能够吸收因合理化、现代化而淘汰的劳动力,因而有必要设计较高的经济发展速度。

　　为适应企业发展的需要,1955 年 7 月 25 日,废除了《经济力量过度集中排除法》等法律。1956 年 5 月,政府设置科学技术厅,推动技术的发明与引进。同年 7 月,经济企划厅发表了题为《日本经济的增长与现代化》的经济白皮书,强调了技术革新支撑下的现代化是推动经济持续增长的重要因素,其中写道:"现在已经不是'战后',我们现在面临着不同的事态。恢复性增长已经结束,今后的增长依靠现代化支撑,而现代化的进步也需快速且稳定的经济增长才成为可能。"[1]

　　《经济自立五年计划》确定后,当时的经济增长率已超过其设计的目标,而且经济迅速发展也带来许多问题,需要制定新的经济计划。1957 年 2 月岸信介内阁成立后,经济企划厅开始修改。在经济审议会审议的基础上,同年 12 月,政府确定了《新长期经济计划》,其主要内容为"在维

---

① 正村公宏『戦後史・上』,筑摩書房、1985 年、412 頁。

持经济稳定的同时尽可能实现高的经济增长率,使国民生活水准确实得到提高,接近充分就业的状态"。其中设定计划期间的实质经济增长率为6.5%,同时也要争取"更高的经济增长率"。大幅度提高居民的消费能力,普及家用电器等耐久性消费资料,同时增加机械、金属、化学工业等重化工产业的生产能力,使其取代杂货、药品、非金属等产业成为将来出口产业的中心。①

为扩大出口,1958 年 7 月 25 日,设置政府出资的日本贸易振兴会(JETRO),为通产省的关系团体,负责实施日本对外贸易政策,在世界各地设置事务所。该机构前身是 1951 年设置的财团法人海外市场调查会,在大阪财界的支持下,1954 年 8 月与国际展览会协议会、日本贸易斡旋所协议会合并为财团法人海外贸易振兴会。

从长期预测经济的意识出发,1958 年岸内阁在经济企划厅综合计划局中设置由四个研究小组构成的方法论研究会,邀请一桥大学教授山田雄三等学者进行研究。1959 年又在经济审议会中设置长期经济展望部会和能源部会,邀请东京大学教授东畑精一等人担任研究工作。由于经济发展比预期好,1959 年 6 月,岸首相及自民党开始探讨 10 年间收入倍增的经济计划。同年 11 月,岸首相指示经济审议会以综合经济部会为中心制定其计划。

二、产业政策与消费革命

1956 年,政府制定第二次产业合理化计划,继续采用间接金融及低利息政策、财政投融资、特别税收措施、政府补助金等措施,推动企业实施技术革新,以此达到基础产业现代化的目的。同年 3 月,日美签署技术协定,技术引进从 50 年代上半期的 446 件上升到 50 年代后半期的

---

① 武田晴人『シリーズ日本近現代史・8・高度成長』、岩波新書、2008 年、77 頁。

577 件。[1]

在钢铁业界,企业采取的措施有:为增加铣铁产量而增设高炉数量、新建可以节约碎铁的纯氧气吹转炉、引进可以连续压制板材的最新设备等。最初五年计划的设备投资为 1 780 亿日元,但企业的投资积极性很高,特别是住友制铁、川崎制铁、神户制钢等后起钢铁厂不断开设分厂,而且实施铣铁、钢材生产一贯制,结果实际投资达 5 416 亿日元。从 1955 年开始,日本钢铁产量每年以 18.7% 的速度增长,到 1960 年成为仅次于美国、苏联的第三大钢铁生产国,出口也随之迅速增长,同年在出口总额占据第一位。在成本方面,与美国、联邦德国几乎没有差别。[2]

在电力业领域,50 年代后半期火力发电超过水力发电,锅炉、涡轮、发电机等当初均为进口机械和技术。高温高压蒸气式的大容量火力发电厂建成以后,成本大幅度降低。火力发电设备一台的容量战前最高是 7.5 万千瓦,50 年代后半期达到 12.5 万千瓦,总发电量也从 1950 年的 463 亿千瓦小时增加到 1960 年的 1 155 亿千瓦小时。[3] 除火力发电外,九个电力公司在 1957 年出资开发沙特阿拉伯油田,1958 年 2 月设立阿拉伯石油股份公司,1959 年 9 月,日本政府与印度尼西亚签署开发油田的备忘录。1955 年 11 月,日美在华盛顿签署原子能协定。同年 12 月 19 日,政府颁布《原子能基本法》和《原子能委员会设置法》。1956 年 3 月设置日本原子能产业会议,6 月设置日本原子能研究所,8 月设置核燃料公司。住友、三菱、三井等企业集团也各自进行原子能的研究开发,在 50 年代中期出现了"原子能热"。1957 年 11 月,日本原子能发电股份公司成立,1959 年 12 月,批准建设英国改良型原子能反应堆。

---

① 歷史学研究会編集『日本同時代史・3・五五年体制と安保闘争』、青木書店、1990 年、221 頁。

② 武田晴人『シリーズ日本近現代史・8・高度成長』、岩波新書、2008 年、89 頁。

③ 正村公宏『図説戦後史』、筑摩書房、1988 年、167—169 頁。

在造船业,在战前积累的技术基础上,战后积极引进欧美造船技术,特别是美国在战争中开发的全焊接式船体以及德国、瑞士、瑞典、英国的超高温高压蒸汽涡轮及大型柴油机发动机制造技术等,钢铁业的合理化使炼钢、板材技术大为提高,能够提高给造船业廉价的材料。另外,此时的日本造船业在日本进出口银行的政策金融推动下,开始建造大型油轮和矿石专用船。1956 年,日本超过英国成为世界第一大造船国,60 年代钢船建造量占世界产量的一半。

50 年代的煤炭产业已经成为夕阳产业,但政府为节约外汇,认为必须有效利用贵重的国内资源煤炭,因而实施以煤炭产业合理化为中心的能源政策,为此抑制石油的利用,限制使用石油的锅炉。以此为基础,1955 年制定、实施《煤矿合理化临时措施法》,限制开设新煤矿,收购、整顿效率低的煤矿,采取减少经营状况恶化的中小煤矿政策。对效率高的煤矿日本开发银行提供贷款,用于矿井的建造、改良设施、引进新型机械等,但仍然不能与石油和进口煤炭进行竞争。因此,在 1959 年将能源的供给转向进口石油。

另一方面,产业合理化审议会在 1955 年发表了《关于完善产业地带条件的决议及报告书》,指出完善作为产业发展基础的道路、港湾、铁道等的运输网是重要的课题。政府也制定了许多相关政策,例如 1955 年的强化重点公共事业,1956 年的完善道路、国铁、港湾等产业基础,1957 年的国土综合开发和公共事业,1958 年的完善主要道路,1959 年的完善重要道路和港湾等。但 1956 年以后,基础设施的落后成为制约经济规模扩大的瓶颈,国铁运输能力的局限致使货栈的物资数量是正常状态的二三倍,钢铁等基础材料供给不足现象严重。[1]

日本政府 50 年代前半期重点扶植的产业为钢铁、电力、海运、煤炭、肥料等,50 年代后半期重点扶植的产业是化学、机械、电子等。[2] 政府制

---

[1] 武田晴人『シリーズ日本近現代史・8・高度成長』、岩波新書、2008 年、86 頁。
[2] 鶴田俊正『戦後日本の産業政策』、日本経済新聞社、1982 年、49 頁。

定了许多具体的产业政策,例如 1956 年的《机械工业振兴临时措施法》及《纤维工业设备临时措施法》、1957 年的《电子工业振兴临时措施法》,另外还有没有采取立法形式的《合成树脂工业育成对策》(1955 年)、《石油化学工业育成对策》(1955 年)等产业政策。

随着技术革新,也出现可以生产新材料和产品的产业,其中最具代表性的是石油化工产业。作为化学工业原料的石油在有机合成化学技术的推动下成为重要的原料,企业纷纷涌入该产业。政府在 1955 年提出扶植政策,以引进技术需要的外汇分配权限为依据,选择具有国际竞争力规模的企业,结果认可的企业达到九家,超过预期的两倍。1957 年以后,通产省通过税制上的优惠措施、石油的特别分配、提供政府资金等方式扶植该产业。到 1960 年,该产业不仅可以生产大批量的尼龙,而且可以生产大量的塑料制品。政府在作为汽车轮胎的合成橡胶方面也实施扶植政策,专门成立了日本合成橡胶股份公司。

对产业结构产生更大影响的是各种机械制造工业,其中心是汽车和家用电器产品。通产省认为轿车是国家经济发展的战略产业,以外汇紧张为由限制轿车的进口,保护国内有关厂家;许可从四个外国厂家引进技术,并从欧洲学习小型轿车的批量生产方式。1953 年,日产、五十铃、日野等汽车厂家从英国、法国引进技术并在技术合作的基础上进口零部件进行组装。尽管如此,通产省在 1955 年发表的"国民车构想"中,计划轿车生产集中在一家企业,而且在国际市场上也难以与美国汽车竞争。1950 年,日本生产轿车 1 600 辆,卡车 2.65 万辆。到 1960 年,轿车产量刚超过 10 万辆。①

在其他机械产业,无论是整体组装部门还是零部件生产部门,都存在技术水平较低的现象,因此导致其产品质量差、成本高。为推动这些产业设备更新基础上的技术革新,政府在 50 年代初就建立了车床进口补助金、车床等补助金制度。1956 年制定了五年期限的《机械工业振兴

---

① 正村公宏『図説戦後史』、筑摩書房、1988 年、174 頁。

临时措施法》,通过各种扶植措施推动机械工业的合理化。因此,企业生产的车床、切削模具、齿轮、汽车零部件、缝纫机等的质量得到大幅度提高,取得了设备现代化和生产率上升的双重效果。

在电子机械产业,特别是家用电器领域,不仅是零部件产品的质量,收音机、电视机等电子工业技术也需尽快提高。作为新兴产业,参加的企业较多,1952 年底生产电视机的企业就超过 60 家,难以批量生产,而且产品价格为职工家庭平均月收入的 6 倍,很难扩大消费的规模。政府意识到该产业的发展潜力,在 1957 年制定了《电子工业振兴临时措施法》,推动晶体三极管等的半导体技术开发,甚至也开始研究开发电子计算。东芝、日立、三菱、松下、三洋等大型企业获得急速发展,1953 年开始电视节目播放,当时电视价格较高,一般家庭难以接受,但随着合理化带来的成本下降及收入增加,电视机、洗衣机、电冰箱等耐久性消费品的生产量在 1958—1961 年均超过 100 万台。

1957 年的《经济白皮书》指出了日本经济中的"双重结构"问题,即非雇佣的家族就业者较多、企业之间工资差别较大、中间层次的企业较少,因而现代化部门与非现代化部门同时存在。例如在 1955,第一产业(农林渔业)就业者约占全部就业者的 40%,其中被雇佣者为 45.7%,自营业者 24%,家族就业者 30.3%。在第二产业的制造业,也存在着大企业与中小企业的差别。技术和经营先进的资本密集型大企业,劳动生产率高、工资水平高、劳动条件好,技术和经营落后的中小企业,劳动生产率低、工资水平低、劳动条件差。从宏观的角度看,这种现象阻碍了整体经济劳动生产率的提高。

为解决"双重结构"问题,政府也提出了许多有关中小企业和农业的政策,例如 1955 年的充实中小企业对策、1956 年的振兴中小企业、1958 年的中小企业对策、1959 年的强化对中小企业扶植以及事业减税等中小企业对策、1960 年的强化扶植中小企业等,以及 1955 年的振兴农林渔业及修改粮食管理制度、1956 年的建设新农村、1957 年的推进新农山渔村计划及粮食管理制度合理化、1958 年的农业对策、1959

年的振兴农林渔业等。另外,政府在1956年颁布了推进设备现代化的《振兴中小企业资金助成法》、1958年设置了中小企业信用保险金库。在此基础上,中小企业的劳动生产率有所改善,尽管工资差别仍然存在,但有缩小的趋势。农业不仅连年丰收,而且逐渐机械化,例如1955年只有7％的农户使用手扶式小型耕种机,但到1960年上升到35％,同时开始使用农用拖拉机。[①]

　　早在50年代初期,"特需"就引发了日本国民的消费热潮。1952年、1953年购买家具和耐用消费品的开支分别达到消费开支的47.3％和26.1％,当时的"三大件消费品"是自行车、缝纫机和收音机。到鸠山一郎内阁时期,日本国民消费热进一步升温,以洗衣机、电冰箱和黑白电视机"三件神器"为代表的家用电器迅速普及。例如洗衣机的销量从1954年的27万台增至1958年的100万台,黑白电视机的销量更是增长迅速,从1954年的3 000台增至1958年的100万台。1954—1958年四年间,家用工业产品的增长率,电视机为47倍,电冰箱为24倍,洗衣机与合成纤维均为3.7倍。到1960年底,城市居民家庭中"三件神器"的普及率达到电视机为71.9％、洗衣机为55％、电冰箱为26.6％。

　　消费热潮乃至"消费革命"之所以出现,首先,是城市居民随着经济的迅速发展,其收入大幅度提高,农村居民也因农业丰收和米价稳定而收入迅速增加。其次,因技术进步和大批量生产,家用电器价格不断下降,例如电视机从1953年每台18万日元下降到1959年的6万日元。第三,流通领域不断完善,例如连锁商店的建立、售后服务体制、分期付款制度等,著名的大型连锁商店"大荣"在1957年建立第一家店铺。第四,经济的迅速发展也增强了国民的未来期待心理及其消费意识。大量生产、大量消费成为社会行为的主流,甚至在商品开发方面也适应了快速生活的需要,例如1958年安藤百福"日清食品公司"发明的方便面立刻

---

① 歴史学研究会編集『日本同時代史・3・五五年体制と安保闘争』、青木書店、1990年、210頁。

成为深受欢迎的食品。第五,媒体的大力推动,即铺天盖地的广告也影响了消费者的行动。1959 年,皇太子明仁结婚,厂家和商家及时推出"通过电视观看结婚仪式"的广告,结果在结婚前的一周,与官方电视台NHK 签订收看合同的客户超过 200 万,一年间增加了一倍,半年后突破300 万,而且彩色电视节目也开始播放。

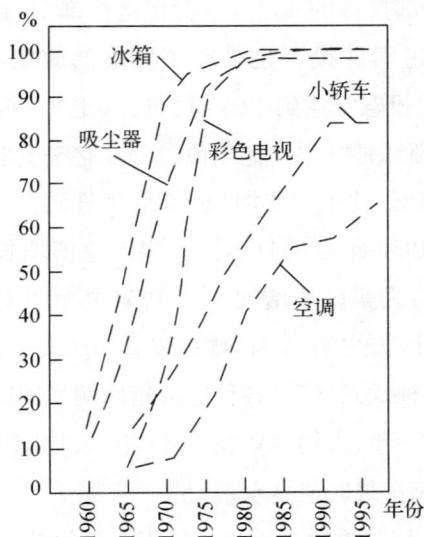

图 3 - 1　1960—1995 年日本的消费热潮

三、经济增长及其影响

从 1954 年秋季开始,日本出口每个月超过 500 亿—600 亿日元,一举改善了贸易收支状况。在此基础上,进入景气恢复局面。进入 1955 年以后,前期的投资效果开始显现,内需得到扩大,物价稳定,是没有通货膨胀的"数量景气"。1955 年的日本国民生产总值为 8.4 万亿日元,民间设备投资为 7 890 亿日元,为国民生产总值的 9.4%。1956 年,随着世界经济的繁荣,以电力产业为主,钢铁、化学、机械等基础产业出现旺盛的设备投资,导致投资引发的经济景气。1956 年民间企业的设备投资为12 020 亿日元,比上一年增加 52%,1957 年进一步增加到 16 720 亿日元,比上一年增加 40％。①

这一时期,政府的财政投融资数额也在急剧增加。1956 年 3 月,政府颁布《日本道路公团法》和《道路建设特别措施法》,成立了全部由政府出资的日本道路公团,承担收费道路的建设、管理、收费等。1958 年的《经济白皮书》指出:"在全部投资计划中,电力、钢铁、煤炭、海运等基础产业的投资约占全部投资的 40％,尽管在这些部门,包括政府的财政投融资在内,对来自民间的投资也采取了紧缩的政策,仍然优先得到资金。"1957 年的财政投融资达到 4 044 亿日元,比上一年增加 19％。最初计划的 1957 年度预算是"1 000 亿减税、1 000 亿公共投资",因而预算规模达到 11 375 亿日元,比上一年增加 1 000 亿日元。

1955 年度和 1956 年度的日本国民生产总值增长率为 12％,生产、销售、企业利润均有大幅度的增加。从 1954 年底开始的经济景气一直持续到 1957 年 5 月,长达 31 个月,媒体以日本历史上传说的第一位天皇加以命名,称之为"神武景气"。各种经济指标例如国民生产总值在 1954 年、工业生产在 1955 年、人均消费在 1956 年、人均国民生产总值和设备投资在 1957 年均超过战时最高水平。

1956 年 10 月,国际上出现围绕苏伊士运河的动乱,引发商品价格迅速上涨。日本由于旺盛的设备投资,机械及原材料进口大幅度增加,因而直接受到国际市场的较大影响。从 1956 年秋天开始,批发物价上涨,国际收支恶化,外汇储备由 1956 年底的 9.4 亿美元减少到 1957 年 5 月的 5.1 亿美元。1957 年 3 月,日本银行将官定利率提高到 7.67％,到 5 月进一步提高到 8.4％,实施金融紧缩政策。岸信介内阁 6 月制定《国际收支改善紧急对策》,采取抑制进口和紧缩金融的综合经济政策。另外在访问美国时,从世界银行得到 1.25 亿美元的贷款,以克服外汇危机。1958 年 12 月,政府颁布产业投资特别会计的发行外债法律,并在第二年开始发行外债。

① 金子贞吉『戦後日本経済の総点検』、学文社、1996 年、76 頁。

1958 年的《经济白皮书》认为"山越高沟越深","神武景气"非常长，萧条时间也较长，因而预测是"锅底萧条"，即像平锅那样底较宽。1958年的设备投资比上一年减少 10％左右，企业一直到 1959 年初在处理不断增加的库存。尽管如此，1957 年的经济增长率仍为 8.1％。1958 年的增长率为 6.7％。1958 年 6 月以后，政府连续四次下降官定利率，同时扩大财政支出。同年 10 月，经常收支变为 5 亿美元的黑字。因此，从1958 年 6 月开始，出现新一轮的经济高速增长时期，直到 1961 年 12 月，其持续时间长达 42 个月，年均经济增长率在 10％以上。媒体以日本神话中太阳神躲避的地方命名这次高速增长，称之为"岩户景气"。

设备投资不仅急剧增加，而且是"投资引发投资"。从数字上看，1958 年的民间设备投资为 2.7 万亿日元，比上一年减少 1 000 亿日元，1959 年为 2.6 万亿日元，1960 年为 3.7 万亿日元。[①] 1955—1960 年，相对于 10％的年均实际增长率，民间设备投资的年均增长率却高达23.7％。另外，一个部门的投资引起其他部门的连锁反应，例如消费资料产业的设备投资引发机械产业的设备投资，机械产业的设备投资引发钢铁、水泥等基础产业的投资，而基础产业的投资又引发电力、石油等能源产业的投资，从而形成各种产业相互促进设备投资的循环过程。

旺盛的设备投资的主要原因是大规模的技术革新投资，特别是合成纤维、石油化学、电子工业等新兴产业及其多样化的新产品开发。一方面，钢铁、铝等金属工业与汽车、机械工业等产业生产过程连续化，为实现快速化而加大设备投资，追求规模生产的经济性。1959 年在太平洋沿岸的新工厂地带陆续出现，道路、港湾、工业用水等基础设施需要大量社会资本的投入，而且企业集团之间的竞争激烈。三井、三菱、住友等旧财阀以各自的金融机构为中心构成企业集团，兴业、富士、第一等银行也形成企业集团，集团内部大多共同进行新产业的开发，正如三井石油化学、三菱石油化学那样。另一方面，相同的产业内部也存在激烈的竞争。

---

① 中村隆英『昭和史・2』、東洋経済新報社、1993 年、507 頁。

　　高速增长带来产业结构的迅速变化，推动了某些产业的夕阳化，经济萧条导致的金融紧缩政策进一步打击了这些夕阳产业，例如1958年的"锅底萧条"使纺织、煤炭、海运等产业陷入困境，被迫解雇人员，要求政府提供支持。纺织产业在通产省的行政指导下，组成萧条卡特尔，实施缩短开工时间和废除设备等措施。1958年1月，化学纤维5家企业共解雇6 503名工人，劳资双方达成经济好转时再就业的协议。

　　1958年春，"炭劳"工会提高工资斗争，遭到公司方面的拒绝。3月13日，工会举行24小时罢工，到6月18日劳资双方接受中央劳动委员会的斡旋，进行了90多天的斗争。1959年1月19日，三井矿山向工会提出企业再建合理化方案，其中包括希望6 000人退职、大幅度减少工资、降低劳动条件及福利相关费用、强化职务制度等。三井矿山工会联合会反对该方案，以三池煤矿为中心举行罢工，4月6日，1 324人退职后双方妥协。与此同时，其他煤炭企业也陆续出现劳资纠纷。8月29日，三井矿山提出第二次合理化方案，包括削减4 580名人员、大幅度削减工资、削减福利开支、强化工作纪律等内容。11月12日，团体交涉破裂，工会组织罢工。12月2日，公司方面指名三池煤矿1 492人退职，其中包括许多社会党及日本共产党的成员、工会活动家。[①]

　　1960年1月25日，公司不顾停止生产带来的损失，封锁作业现场，设置路障禁止工会成员进入。大型煤矿企业的社长协会决定支援三井煤矿公司，提供煤炭给三井的客户。为对抗公司的行为，三池工会决定实施无限期罢工。当时煤矿工人的月工资为1.6万日元，罢工后失去经济来源，为保障其生活，"总评"在全国募集资金，每月为罢工工人提供1万日元的补助，前后共提供了6亿日元。"炭劳"号召会员每月捐献600日元支援罢工工人，各地工人捐献的资金高达18亿日元。

　　进入无限期罢工后，工会内部开始出现不同声音。一部分成员认为工会的斗争应是改善劳动条件，不应摧毁企业，因为那样一来工人也会

---

① 正村公宏『戦後史・下』、筑摩書房、1985年、115頁。

失去生活来源,因而反对工会的阶级斗争路线。反对派组成第二工会——三池煤矿新劳动组合(简称"新劳")。在 1.5 万名工会成员中,有 3 065 人参加新工会,10 天后增加到 4 800 人。公司仅允许新工会成员开始生产,旧工会成员在矿井周围设置纠察队加以阻止。3 月 28 日,新工会成员手持木棒袭击旧工会成员的纠察队,并突破其封锁线。紧急赶来的其他旧工会成员加入混战,双方负伤者超过 200 名。第二天,200 名当地的暴力团袭击旧工会成员的纠察队,造成一名工会成员死亡。当时正值社会各界进行反对修改《日美安全保障条约》的斗争之际,30 万"总评"工会成员和"全学联"成员赶到九州支援三池工人。

由于旧三池工会成员占领装卸场,致使挖掘的煤炭无法运出,因而公司提出诉讼,要求福冈地方法院判决其行为违法。法院认可公司的请求,裁决工会在 7 月 21 日之前解除对装卸场的占领。工会在装卸场建设 40 座房屋,周围是深一米、宽二米、长 50 米的壕沟,并准备了汽油、火焰瓶以及 2 万人的守备队,抵抗警察的强行解除占领。与此相对,警方动员 1 万人,并调动装甲车、高压水车、直升飞机等,准备在 7 月 20 日清晨 5 点发起进攻。

在经济高速增长的 50 年代后半期,农业就业人数急剧减少,从 1955 年的 1 542 万人减少到 1961 年 1 303 万人,[1]其原因是城市就业机会大幅增加。即经济迅速增长,立足大城市的企业需要大量劳动力,升学率的提高使年轻就业者,特别是城市中的年轻就业者减少,企业被迫到农村招募工人。农村中学毕业者通过学校和职业介绍所集体离开家乡到企业集中的大城市就业,称为"集团就业"。同时"集团就业"得到铁路部门的支持,铁路部门从 1954 年开始组织临时列车运送这些新就业者,称为"集团就业列车"。仅在东北地方的岩手县,共送出 4.7 万年轻人到城市就业。日本人口逐渐集中到城市特别是东京、大阪等大城市。1957 年

---

① 歴史学研究会編集『日本同時代史・3・五五年体制と安保闘争』、青木書店、1990 年、210 頁。

东京的人口达到 851 万,为世界第一。

在经济高速增长的同时,也出现工业化引起的公害问题。50 年代熊本县出现猫发狂至死以及运动失调、视觉、听力、语言出现障碍的怪病,1959 年 7 月,熊本大学医学部专家发表研究结果,认为新日本氮水俣工厂排放废水中的水银化合物污染水俣湾及不知火海的鱼类,人吃了这些鱼类后导致患病。尽管工厂方面和熊本县议会反驳说是"没有根据的推论",但同年 11 月 2 日,2 000 多名渔民闯入拒绝谈判的工厂内部,与警察发生冲突,导致许多人受伤。11 月 12 日,厚生省宣布水俣病因有机水银中毒的结论。尽管政府在 1957 年制定了《水质保全法》《工厂排水限制法》等法律,但环境污染问题不断发生。1958 年 6 月 1 日,千叶县的 700 名渔民抗议本州制纸江户川工厂随意排放废水,与警察发生冲突,100 多人受伤。1960 年发生伊势湾鱼类腐烂恶臭事件,1961 年四日市因硫磺酸化物导致大气污染而出现许多哮喘病患者。另外,1955 年发生森永乳业德岛工厂制品因混入砒霜毒素,导致食用其产品的 1 万多名婴幼儿中毒,其中 130 名死亡。

第四节　社会、思想、文化

一、大众社会的出现

从社会结构来看,50 年代中期以前,在未雇佣人员或家族成员劳动的自营业中就业人员占较大比例,其中农业部门更是如此。战争结束以后,海外人员的撤回及军人的复员等原因,第一产业就业人口甚至远远超过战前。为解决农村过剩人口,在 1953 年重新开始向南美地区移民。但 1955 年经济高速增长以后,不仅农村人口急剧减少,而且从农村转出的人口绝大多数成为制造业的雇佣者。早在 1949 年,劳动省修改《职业安定法》,建立职业安定所与学校合作的指导就业体制。在非农业就业者中,经过职业安定所介绍的职业 50 年代后半期达到 65％。但男性初中毕业生就业的企业约半数为 15 人以下企业,只有 10％的人进入大企业。与其相反,女性初中毕业者在大企业就业者为 40％,因为她们多数在适合女性的纺织产业就业。

在 50 年代后半期,由于众多年轻单身男女从农村到远离家乡的城市中就业,所以恋爱结婚的形式明显增加,而且结婚后部分女性选择丈夫在企业工作,自己在家料理家务和照顾子女的性别分工方式,妻子"家庭主妇化"。1955—1961 年,围绕性别分工意识及女性解放方向产生了第一次主妇论争。[①]

到 1950 年,战后初期出生高峰时代结束,出生率急速下降与国家实施的政策有关。1949 年政府修改《优生保护法》,大幅度缓和对堕胎的限制,堕胎现象急剧增加。另外,政府在 1950 年批准生产避孕药,1952 年实施《普及调节怀孕实施要纲》,企业也大量生产避孕药和避孕工具。1954 年成立的"日本家庭计划联盟"等民间团体与厚生省合作,开展计划生育运动。鸠山一郎内阁也在 1955 年 2 月的大选中提出推广新生活运动的竞选公约,其内容包括计划生育在内的改善生活的方式。结果,每个家庭生育两个孩子成为标准家庭。

人口大量涌入城市,住宅成为重要问题。1950 年政府制定《住宅金融公库法》,向购买住宅的个人提供贷款,但因此购买住宅的人有限。1951 年政府颁布《公营住宅法》,国家提供建设补助金,地方公共团体建造住宅,提供给低收入阶层。住宅模式为两个房间,配有卫生间、洗澡间和厨房。由于住宅供不应求,50 年代中期以后东京等大城市开始扩大规模,建造质量欠佳的木质租赁公寓。

1955 年鸠山内阁提出住宅建设 10 年计划,同年 7 月成立日本住宅公团,开发大规模的住宅地区。钢筋混凝土的楼群能容纳许多住户,称为"团地"。每户住宅大多是 40 平方米的两居室,带有厨房、洗澡间、有抽水马桶的卫生间,适合父母及两个孩子居住。这样一来,孩子们成群

[①] 荒川章二『日本の歴史・第 16 巻・豊かさへの渇望』、小学館、2009 年、38 頁。

结队在街头玩耍的现象在 50 年代中期以后逐渐减少,一方面是因为"团地"出现后公共空间与私人空间明显分离,另一方面也是电视的普及和学历社会化趋势带来的结果。日本就业者的学历逐渐提高,1954 年就业者的 81.7％为小学毕业,13.5％为初中毕业,4.8％为高中毕业;1959 年时 76.1％为小学毕业,18.2％为初中毕业,5.7％为高中毕业。①

在大规模修建住宅区的过程中也出现了许多问题,特别是征购土地问题,其代表性的事件是千里卫星城的建设。1955 年大阪府决定建设千里卫星城,1958 年开始动工,该计划总面积 1 150 公顷,容纳 3.7 万户、15 万人居住。征购的土地涉及 300 名所有者,但大阪府没有与这些土地所有者充分协商,农民们认为自己的生活权、私有财产权、职业自由等宪法保护的权利受到侵犯,因而组成不卖土地联盟,并联合农民组合、工会组织共同斗争,但未获成功。

50 年代流行歌的歌词也证实了社会结构的变化。排名第一位的歌词以"旅行"为题材,第二位以"城市"为题材,第三位以"故乡"为题材,反映了人口移动、向往城市和怀念故乡的心情。50 年代末,城市人口已超过总人口的 50％,人们的行为与观念也随之发生变化,出现了反抗传统价值和道德的年轻人群体和国民性意识的变化。

1955 年,一桥大学法学部三年级学生石原慎太郎的《太阳的季节》获得《文学界》第一届新人奖,1956 年 1 月获第 34 届芥川龙之介奖,石原慎太郎是该奖项设立以来最年轻的获奖者。因作品以颂扬的笔调描述战后追求享乐的一代青年,其中有大胆的性爱和暴力描写,评选委员会委员间产生激烈争论。《太阳的季节》3 月发行单行本,30 万部瞬间销售一空。由石原慎太郎的弟弟、庆应大学在校学生石原裕次郎参加演出的同名电影在 1956 年 5 月上映,在年轻人中引起极大轰动,他们纷纷效仿主人公的行为与服饰。其后裕次郎主演的《疯狂的果实》《逆光线》《处刑的

---

① 歴史学研究会編集『日本同時代史・3・五五年体制と安保闘争』、青木書店、1990 年、250 頁。

房间》等"太阳族"系列电影越来越推崇性爱与暴力,进一步推动了"愤怒青年"的"无厘头反叛"行为。

1946年1月盟军总部指令废除公娼制度,并颁布9号敕令禁止卖淫,但日本政府在同年颁布《取缔私娼及防止事件发生、保护对策》,将事实上的卖淫业称为"特殊饮食店",在警察的特别监督下默认其营业。地图上将这些特殊饮食店指定地区用红线标出,因而通称这些地方为"红线"。1952年占领结束后,女性团体组成"推动制定禁止卖淫委员会",国会中的跨党派女性议员团体在1953年向国会提出《处罚卖淫等法案》,最终在1956年全体一致通过了《防止卖淫法》。

另一方面,在有关性的表现方面也出现了争议。1950年小山书店翻译出版了英国作家劳伦斯的小说《查太莱夫人的情人》,检察机关以违犯刑法第175条"发行猥亵书物"的规定,起诉翻译者伊藤整和小山书店社长,1952年东京地方法院判决翻译者和出版社社长均有罪,最高法院最后确定其判决。但该判决引起争议,反对者认为判决侵害了宪法规定的表现自由原则,另外书中有关性的表现是艺术还是猥亵也有完全不同的意见。尽管如此,有关性的话题在日本逐渐公开化,例如1960年出版的妇产科医生谢国权的《性生活智慧》成为畅销书,六年内共售出152万册。[1]

经济高速增长以后,生活水平迅速提高,女性的关心从"食"转向"衣",追求流行的服装、发型甚至身材,电影《君之名》上演后,公氏家真知子将长围巾搭在脖子和头上的打扮成为时尚。外国电影《罗马假日》在日本上演后,主人公的短发型立即为女性模仿。伊东绢子获得世界小姐第三名后,美容体操也获得大流行。特别是电视普及后,家庭生活、西部故事、侦探推理等各种类型的美国电视连续剧在日本上演,在占领时期已经给日本人留有印象的美国生活文化进一步渗透。

博彩业和体育在50年代也获得民众的青睐。1946年恢复了赛马,

---

[1] 小学館編集『日本20世紀館』、小学館、1999年、667頁。

1954 年成立日本中央赛马会后开始正式规模化经营；1948 年制定了《自行车竞技法》，到 1953 年全日本有 64 个自行车竞技场；50 年代初出现了赌博式的弹子机（被称为"扒金库"），用手操纵钢珠进入特定洞穴后可以得到大量的钢珠，由此换取奖品或金钱。因操作简单，它很快吸引了大量的人群。大相扑也发生变化，原来比赛的土台上的四根木柱被撤去，房顶由天花板下垂的绳索吊装，不仅可以避免选手受伤，而且更方便观众欣赏。在电视直播开始后，大相扑选手也进行了新老交替，千代山等横纲引退，栃锦、若乃花成为新横纲，两人势均力敌，互有胜负，其比赛吸引了大量的观众；棒球也进行了改革，1950 年正式分为中央联盟和太平洋联盟，各自决出胜者后再进行最后决战。特别是 1958 年长岛茂雄、1959 年王贞治加入读卖巨人军球队后，他们精湛、独特的球艺及其球队连续获得决战胜利的结果使棒球运动获得更多观众的喜爱。

二、思想与行动

20 世纪 50 年代中期以前，马克思主义在学术界仍具有较强的影响力，但对现状的分析有所变化。以讲座派为中心，认为主要的敌人是美帝国主义，其通过基地和农产品扩大美国的军事及经济影响力，日本农民受到冲击，这成为民族主义的社会基础，为此而进行的斗争是一场"民族民主革命"。当时在社会中也具有这种理论的基础，即反思战争基础上的厌战、反战的和平思想。例如 1955 年 11 月自民党成立时提出了"修改宪法"的纲领，根据《朝日新闻》所做的舆论调查，反对修改宪法第九条者为最高的 31％。到 1957 年 11 月，该报社再次做的舆论调查显示，认为"没有必要为建立军队而修改宪法"的人为 52％，比赞成"修改宪法建立军队"的人多 20％。①

1958 年 9 月，政府向国会提出《警职法修正案》后，具有战时体验的知识界人士站在拥护言论、思想、出版等自由的基本人权立场上加入反

---

① 须崎慎一『戦後日本人の意識構造：歴史的アプローチ』、梓出版社、2005 年、94 頁。

对运动。"拥护宪法教授恳谈会"最早发表反对的声明,接着日本学术会议全体会议通过"保护学术、思想自由的生命",并决定向政府提出反对意见书,历史学研究会等历史学研究相关学会也发表了反对的声明。学者们积极参加演讲会、学习会,解说修正案的内容和恶劣影响,形成了修正案是战前的治安维持法、警察国家再现的社会舆论,甚至出现了"恋爱约会将遭到干预""新婚旅行也会受到警察的盘问"等语言。

1959 年 2 月 23 日,86 名学者、评论家联名发表《关于修改安保条约的声明》,600 名文化人署名支持该声明。在其基础上,以上原专禄为中心的 30 名知识界人士组织"安保问题研究会",不仅在《世界》《中央公论》等综合杂志和工会组织的机关报上发表文章,指出新安保存在的问题,同时进行全日本演讲活动,动员广大国民起来反对修改安保。11 月 9 日,中岛健藏等文学艺术家组成"安保批判会",加入反安保阵营。

《世界》杂志在 1959 年 10 月号和 1960 年 2 月号上刊登了"国际问题谈话会"的共同讨论,该谈话会以丸山真男、清水几太郎为中心,另外有当时的年轻知识分子石田雄、坂本义和、日高六郎、加藤周一、福田欢也、小林直树等人参加。他们主张在日本高度工业化现状的基础上,应尽快消除对美国的从属性,脱离所有的军事同盟实行中立,以确立日本的自主性。[1] 在自民党强行表决通过新安保条约后,竹内好教授、鹤见俊辅副教授两位学者为抗议这种非民主主义政治行为,分别在 5 月 21 日和 30 日提交辞去东京都立大学和东京工业大学教职的申请书。

5 月 24 日,对强行表决感到愤怒的大学教授、研究者、电影及戏剧演员、大学生等在东京教育会馆召开 800 人参加的"学者、文化人集会",提出了"拥护民主主义、岸内阁全体辞职、解散国会、绝不承认批准新安保条约"等口号。会议建议成立全日本学者研究者之会,6 月 2 日,组成了全日本 737 所大学的 9 062 人、37 个研究所的 1 519 人,包括个人共

---

[1] 小熊英二『〈民主〉と〈愛国〉:戦後日本のナショナリズムと公共性』、新曜社、2002 年、501 頁。

12 333人参加的"保卫民主主义全国学者研究者之会"。①

5月29日,鹤见俊辅、竹内好等人举行"思想科学研究会"扩大评议员会议,会议的结论是"全体人员均同意将目前局势称为革命的观点"。竹内好解释道,这种"革命"不是社会主义政党夺取政权,也不是民主主义的完成,而是意味着作为过程、作为每天的实践乃至国民自己制定秩序、自己制定惯例、自己制定法律的训练,是一种"精神革命"。因为竹内好主张"认为最终夺取权力是革命的想法是一种观念性的想法"②

5月30日,年轻艺术家与作家组成"年轻日本之会",其中有江藤淳、浅利庆太、石原慎太郎、大江健三郎、开高健、武满彻、寺山修司、谷川俊太郎等20岁左右年轻有为的作家。虽然该组织采取个人自愿参加的方式,但其目标是通过各种声音表示不承认表决的新安保条约。

"哈格蒂事件"后,警察在6月13日晚进入有关大学搜查。教育大学、法政大学举行抗议集会,两校校长正式发表抗议的声明。14日,在东京都体育馆召开8 000人参加的"拥护民主主义,要求解散国会国民集会",羽仁说子、北川隆吉、中岛健藏、阿部知二、菊池勇夫、北泽新次郎、谷川彻三、上原专禄等有影响的知识界人士纷纷发言,诉说民主主义的危机。

丸山真男高度评价这种反安保斗争大众和平民主主义,他认为1960年5月19日的斗争使"大众变得伟大起来,从这种意识中看到其本质性意义,前所未有的、非常广泛的能量从中体现出来"③。实际上,这种草根和平民主主义与学者的努力有关。在反对修改《日美安全保障条约》的运动中,出现了很多地域性的共同斗争组织。例如在福冈县,1960年3月共有197个安保共斗组织,绝大多数是以小学校区为单位。其中有三个校区在1959年6月到9月举办过町民大会,约300人参加,阻止、反对

---

① 歴史学研究会編集『日本同時代史・3・五五年体制と安保闘争』、青木書店、1990年、297—298頁。

② 竹内好『竹内好全集』第9卷、筑摩書房、1981年、172頁。

③ 松沢弘陽、植手通有編『丸山真男集・第8卷』、岩波書店、1996年、325—326頁。

修改安保条约,其他校区也举行研究会、恳谈会、电影和演讲会等。9月组成校区联络会议,田川市和田川郡组成典型的町村共斗会议,郡内8个村均有共斗会议。这些组织增加了大众的参与程度。

在这些活动中起重要作用的是工会组织。自民党治安对策委员会曾出版《三池煤矿工会为什么强有力——组成其基础的学习活动实况》(1959年12月刊),分析了其原因。结论是1949年2月以后工会组织系统推进学习活动,特别是从1958年5月到1959年4月的一年之间,曾举办过学习会296次,参加学习者人次为28 111人,平均每位工会会员1.5次。这样一来,"工会会员长年进行热心、系统、有组织性的学习,结果是阶级意识极高,日常现场斗争组织完善,容易统一全体会员的意志"。支持这种学习活动的是社会党和日本共产党的活动家,他们从工会组织基层进行宣传教育和组织行动,就安保条约修改的内容、日美当局的意图、修改对日本将来的影响等进行细致的讨论,帮助工会会员进行判断并积极参加行动,从而推动了反对安保斗争不断走向高潮。[1]

值得一提的是,在三池煤矿工会中有理论学习班,通称"向坂教室"。当地出身的九州大学经济学教授向坂逸郎既是马克思《资本论》的翻译者,也是著名的战前"劳农派"和战后社会党左派的理论家。战后以其为中心的学者与三池工人一道研读《资本论》,学习班最多时每年近200次。向坂教授呼吁"工人必须成为企业的主人公,建立主人公社会",其主张在煤矿工人中间具有很强的说服力,由此培养了许多掌握阶级斗争理论、战斗性强的工会活动积极分子。向坂教授认为:"在三池工人的日常斗争中,确信社会主义必然实现是他们坚决支持阶级斗争理论的基础。"[2]

尽管如此,随着社会发生急剧变化,思想界也开始出现新的动向。1956年11月号的《思想》杂志发表了政治学者松下圭一的论文《大众国

---

[1] 歴史学研究会編集『日本同時代史・3・五五年体制と安保闘争』、青木書店、1990年、282—283頁。
[2] 社会主義協会編『資料三池闘争史』、社会主義協会出版局、1979年、278頁。

家的形成及其问题》论文,结果引起"大众社会论"的讨论。松下在论文中指出:所谓大众社会论是指在近代社会中,资产阶级等市民阶级成为政治、经济主体的市民社会,在发达国家,阶级分化及阶级对立逐渐消失,社会由称为"大众"的大量均质性人群构成。欧洲在20世纪20年代、美国在20世纪50年代初曾出现这样的议论。即使在日本,由于战后改革扩大了政治权利,随着社会的平等化,封建性的支配关系崩溃;另外1955年的高中升学率达到51.5%,由于教育的普及,知识水平也得到提高,经济发展使收入差距减少,原来的少数精英与多数大众的对立消失,逐渐变化为大众社会。这样一来,伴随着大众社会的形成,新的组织与制度的建设就成为重要的课题。该观点冲击了清除封建残余及实现市民社会的战后民主主义论,更是遭到以阶级社会为前提提倡阶级对立和阶级斗争的马克思主义者的反击。

与此同时,加藤秀俊在1957年3月号的《中央公论》上发表《中间文化论》论文,提出"中间文化"的观点。加藤认为,由于大量消费社会的到来及大众传播媒介的发达,面向精英的高级文化与面向大众的低俗文化的"上下葫芦型"文化崩溃,中间肥大的"灯笼型"文化形成,即为中间文化。这种观点预示高速经济增长基础上大众消费文化时代的到来,从另一个侧面支持"大众社会论"。

1955年7月,远山茂树、今井清一、藤原彰合著的《昭和史》出版,主要叙述了昭和初期到战后的政治史,受到广大读者层的欢迎,成为超过预想的畅销书。龟井胜一郎在1956年3月号的《文艺春秋》上发表《对现代历史学家的疑问》一文,批判《昭和史》没有人的描述,仅使皇国史观及唯物史观均清晰的历史泛滥,却看不到摇摆于军部、政治家和共产主义者、自由主义者之间的国民阶层身影。即在历史叙述方式上,只是描述无产阶级和资产阶级对立的构图远远不够,必须注意到两个阶级之外各种人的生活状态,关注那些普通人的历史性生存。由此引发一场较大范围的"昭和史论争",参加者不仅有历史学家,还有文学家、评论家、剧作家、政治学家、经济学家、哲学家等,主要舞台是《文艺春秋》《中央公论》《世界》《思想》《历史学研究》《日本读书新闻》《图书新闻》等，争论的焦点集中在政治史的研究方法、"人"的描述方式、"国民"的把握模式等。①

另一方面，梅棹忠夫在1957年2月号的《中央公论》上发表《文明生态史观序说》论文，提出与传统马克思主义单一历史发展论不同的多元迁移说。松下圭一在同年3月号的《中央公论》上发表《马克思主义理论20世纪的转换》，认为应当以"大众"概念取代19世纪的"阶级"模式，马克思主义以及近代主义以"近代"作为模式，但大众社会的出现是"现代"的问题，在经济基础和上层建筑之间存在大众社会形态。松下进一步指出：应将具有前近代侧面的"村落"与具有现代侧面的"集团"同时作为分析对象，另一方面，日本的大众具有形成宪法所规定的人权意识稳定秩序的可能性和条件。②

三、传媒与文艺

随着经济的高速增长，大众传播媒介也迅速发展起来，推动了以娱乐文化均质化为基础的大众社会的出现。1951年9月1日，名古屋的"日本广播"民间电台正式播放，同年有六家电台、第二年有九家电台开始广播，NHK独家垄断广播的时代结束。为争取更多的听众，各家电台在节目编制上想尽各种办法，例如增加报道消息节目的次数、增加智力竞赛时间、电话连线使在家的听众也可以参加节目等。民间电台也开始播放广告，"中部电台"上午7时播出的"精工舍的钟表现在7时正"是第一个广告，但随着电视的普及，听众很快转向电视。但因半导体收音机的发明，小型化收音机作为个人收听的工具十分方便，且流行夜间收听。

NHK从1950年11月开始定期实验性播放电视，1953年2月1日

① 大门正克『昭和史論争を問う——歴史を叙述することの可能性』、日本経済評論社、2006年、4頁。
② 歴史学研究会編集『日本同時代史·3·五五年体制と安保闘争』、青木書店、1990年、261—262頁。

正式播放,同年"日本电视公司"成立,开始民间电视播放。当时刚参加工作的大学生月薪是 1 万多日元,14 英寸的电视机售价 17 万日元,一般家庭难以购买。电视公司将大型电视机放置在广场和街头,电视机前人山人海,交通堵塞,甚至出现受伤者。当时最受欢迎的是直播体育节目,例如棒球比赛、大相扑等。1957 年电视机普及到一般家庭中,电视成为人们接受信息和娱乐的主要工具,但编导为增加视听性,加强了煽情性内容,著名评论家大宅壮一批评低俗的电视节目将使日本人"一亿白痴化"。

1951 年废除用纸配给和价格统制后,报纸的竞争激烈化,刺激感官的报道也随之大量增加,出现许多涉及媒体伦理的问题。例如 1958 年发生的小松川高中女学生被杀事件,嫌疑人为 18 岁的在日朝鲜人。一部分媒体无视少年保护法的规定刊登其照片,使用真实名字加以报道。对政治问题的报道也是如此,在 1960 年反安保斗争中,游行队伍与警察发生冲突出现死者后,七家大报纸发表废除暴力的共同声明,忽视了反安保斗争的性质。

在杂志方面,周刊杂志取代月刊杂志成为新闻报道的核心。作为报社的周刊杂志,除战前延续下来的《周刊朝日》《星期六每日》之外,1952年又出现了《周刊产经》《周刊读卖》。1956 年《周刊新潮》创刊,并因连载小说而受欢迎,发行量急剧增长。受其刺激,1959 年《周刊现代》《周刊文春》等出版社的周刊也陆续出现。同年创刊的《朝日周报》在安保斗争以及其后的学生运动、年轻人文化方面发挥了较大的影响,但杂志也存在报道上的伦理问题。1961 年 2 月,发生了令人震惊的事件,17 岁的右翼少年袭击中央公论社岛中鹏二住宅,杀害女佣,致其夫人受伤。事件的发生原因是 1960 年 11 月号《中央公论》刊登深泽七郎的小说《风流梦谭》,描述了梦中发生的革命,有天皇、皇后、皇太子夫妇被害的场面,右翼团体对此提出抗议。作品中有女性记者想尽各种方法采访美智子妃处刑的内容,其意讽刺媒体煽动的美智子热。同年年底,中央公论社决定停止发行 1962 年 1 月号《思想的科学》(天皇专集)。

以描述孩子日常生活及冒险故事为中心的儿童漫画出现革新性变化。1947 年发行的单行本《新宝岛》大获成功,其作者手塚治虫引起舆论的注目。在被称为"红本"的低俗漫画的世界中,手塚陆续发表了《地底的怪人》《最后的世界》《大都会》《未来世界》等作品。其作品特征是以人类命运的宏大主题与人道主义、基于科学知识的未来世界、自由地取舍以及电影式的手法大胆地描述了此前儿童漫画中没有的内容,由此成为故事性漫画的开拓者。其后手塚连续在东京的漫画杂志上发表了《森林大帝》《铁臂阿童木》《飘带骑士》等作品,这些作品被改编成动画片,奠定了动画热的基础。

手塚治虫的作品极大地改变了漫画世界,当时受欢迎的是从手塚那里学到了故事漫画技巧的一些作品,如川内康范作与桑田次郎的《月光假面》(1958 年,《少年 Club》)、武内纲义的《赤胴铃之助》(1954 年,《少年画报》)、福井英一的《伊贺谷粟助》(1952 年,《冒险王》)等。[①] 另一方面,1956 年出租漫画杂志《影》出版,带来出租漫画热。其后很快出现了写实手法的连环漫画,读者层的年龄逐渐提高。1959 年面向青少年的漫画周刊《少年杂志》《少年星期六》创刊,漫画不再只是儿童的读物,逐渐成为受众广大的产品。

1959 年形成的"美智子热"集中体现了媒体的造势功能。1958 年 11 月 27 日,宫内厅宣布 25 岁的皇太子明仁与日清制粉社长正田英二长女、24 岁的美智子订婚。当天美智子与父母共同会见记者,晚报、电台、电视台均以头条新闻加以报道,其采访一直持续到 1959 年 4 月 10 日结婚仪式。平民女性首次嫁入天皇家庭,两人相识、相爱从打网球开始,在"恋爱结婚"逐渐超过"相亲结婚"的社会中更能引起人们的兴趣。尽管当时正值"反安保斗争"的高潮时期,但媒体促成的大众文化现象已经开始主导社会主流。

为皇室婚礼而创刊的《周刊明星》《周刊女性》《周刊女性自身》等不仅

---

① 竹内长武:《战后漫画 50 年史》,南京大学出版社 2010 年版,第 29 页。

可以发表特快消息,而且利用版面多、时间快的优势,以特集、照片的形式介绍美智子及其婚姻。另一方面,为传送东京七个电视台的信号,花费28亿日元的东京塔在1958年12月23日完工,其高度333米,超过法国的埃菲尔铁塔,为当时世界第一。在结婚仪式当天,沿途观看婚礼马车行进的东京民众达到53万人,通过电视及广播收看、收听者达到1 500万人。①

50年代,电影是日本普通民众最喜欢的娱乐活动,松竹、大映、东映、新东宝、日活等大型电影公司以及一些独立制片厂每年制作500部以上的电影,当时全日本的电影院超过7 000家。另一方面,日本电影在国际电影节上经常获奖,是艺术评价和票房上均获成功的黄金时代,著名的导演有黑泽明、沟口健二、小津安二郎等人。

黑泽明在继《罗生门》之后,在1954年导演了《七武士》,讲述战国时代为强盗所苦的农民雇用七名失去主君的流浪武士保护家园、与强盗战斗的故事,该影片获得同年威尼斯电影节银狮子奖。在《罗生门》和《七武士》中均扮演男主角的三船敏郎也两次获得威尼斯电影节最佳男演员奖,因而黑泽明及三船敏郎的名字为世界电影爱好者所熟悉。黑泽明善于利用大镜头及远镜头、注重小道具和外景等细节的完美主义方式,对后来的电影制作产生了较大的影响。

沟口健二在1952—1954年连续导演了《西鹤一代女》《雨月物语》《山椒大夫》等电影。《西鹤一代女》讲述的是江户时代元禄年间一位僧尼经历各种职业的故事;《雨月物语》讲述沉溺色欲忽略妻子的男性,醒悟后回家受到战死变成亡灵的妻子的热情招待;《山椒大夫》讲述靠妹妹的牺牲摆脱奴隶境遇的贵族子弟,成为地方行政官员后回到庄园解放奴隶,并到佐渡会见处在悲惨境地的母亲。这三部电影连续三次获得威尼斯电影节奖。沟口健二带《雨月物语》到威尼斯参展时说,如果该影片不获奖就不回日本,并一直在饭店的房间中向佛祖祈祷。与三船敏郎擅长塑造强壮男性不同,在沟口的电影作品中,主要演员田中绢代往往扮演

---

① 小学館編集『日本20世紀館』、小学館、1999年、673頁。

不幸的女性。

小津安二郎导演的电影较多地反映了战后的新价值观念，也有以日本传统文化为素材的电影。小津导演、笠智众及原节子搭档的《晚春》（1949 年）描述了刚刚稳定下来的日本社会中朴实、安静生活的父女，为同年的《电影旬报》评为"日本电影第一"，受到评论家和观众的高度评价。小津又连续导演了《麦秋》（1951 年）、《东京物语》（1953 年）等电影，均为笠智众及原节子主演，描述了中产阶层家庭在细碎的日常生活中相互思念的心情以及微妙的感情。其作品在国外也广为人知，有学者从中探讨日本家族的存在方式以及日本人深层次的精神。

50 年代最受观众喜爱的电影是大庭秀雄导演的《君之名》三部曲（1953—1954 年），原为菊田一夫创作的同名广播连续剧，其在前一年播放时就受到观众的喜爱，甚至到达"播放时女澡堂没有人"的程度。佐田启二及岸惠子主演的三部曲共获得超过 10 亿日元的票房，岸惠子扮演主人公氏家真知子，其服饰，特别是将长围巾搭在脖子和头上的打扮成为时尚，叫作"真知子卷"，主题歌成为流行歌，相关商品也畅销。其故事情节为：战争结束前夕，躲避空袭的青年男女偶然相遇，没有互留姓名就约定半年后再相会，其后在日本各地不断失之交臂。电影以爱情故事为主线，反映了因战争而生死离别的亲人及朋友的经历，引起具有战争体验及战后混乱记忆的观众的强烈共鸣。

1954 年 11 月，确立特技摄影及新体裁的开拓性电影《哥吉拉》上演，由本多猪四郎导演、圆谷英二特技摄影。同年 3 月发生了遭到核试验污染的"第五福龙丸事件"，其故事情节就是比基尼氢弹试验使附近沉睡中的远古怪兽哥吉拉醒来，然后在东京湾登陆，身高 50 米的怪兽口中喷射超高温的放射线，人和建筑物在瞬间消失。电影上演后很受观众欢迎，不断拍摄续集，到 2004 年已经拍到 28 集。

在 50 年代，较为著名的电影作品还有黑泽明导演，描述即将死亡的癌症患者发现人生意义的《活着》（1952 年）；今井正导演，描述在冲绳战役中死亡的女学生的《姬百合》（1953 年）；木下惠介导演，根据同名小说改编的《二十四颗眼珠》(1954 年);市川崑导演,描述战争结束前夕曾为僧侣的日本兵在缅甸演奏竖琴的《缅甸的竖琴》(1956 年);木下惠介导演,描述古代农村地区抛弃老人风俗的《楢山节考》(1958 年);大岛渚导演,描述反叛传统的年轻人生活的《青春残酷物语》(1960 年)等。1958年,进入电影院的日本观众达到顶峰的 11.27 亿人次。[1]

在文学方面,1954 年三岛由纪夫发表了描述海岛男女青年爱情的《潮骚》。1950 年 7 月,京都鹿苑寺的金阁寺在一起纵火案中被焚烧殆尽,以这次事件为题材,三岛由纪夫在 1956 年发表了《金阁寺》;1957 年井上靖发表了描述鉴真和尚东渡的《天平之梦》,1959 年发表了讲述敦煌来历的《敦煌》等。

战争结束后,描写战后混乱的风俗小说及幽默小说获得追求娱乐的读者的喜爱,但 50 年代随着大众社会的出现和周刊杂志的兴起,传统的大众文学演变为适应大众社会的"中间小说"——与传统历史小说不同、乐意尽情发挥作者想象空间的时代小说及推理小说以连载的形式赢得许多读者,并在很大程度上决定了周刊杂志的发行量。其中最具代表性的是吉川英治的《新平家物语》(1951 年)、山冈庄八的《德川家康》(1953年)以及松本清张的《点与线》(1958 年),这些小说被改编成电影或电视剧后进一步扩大了读者群体。

吉川英治自 1950 年在《周刊朝日》杂志上连载讲述平安时代末期平氏武士家族兴亡故事的《新平家物语》深受读者欢迎,竟然使这个杂志发行量陡涨五倍,突破百万册;1950 年,山冈庄八描述江户时代开创者的《德川家康》开始在《北海道新闻》连载,刚开始时并未受到多少重视,150 回之后重要报纸也纷纷同步连载,在地方报纸连载 18 年后集结成 26 卷;松本清张1957 年 2 月起在《旅》月刊连载《点与线》,引起大反响,作品在传统推理小说的诡谲情节之外,加入了社会写实内容和犯罪动机分析,开创了世界推理小说社会派的先河,并确立了社会派推理小说的创作形态。

---

[1] 小学館編集『日本 20 世紀館』、小学館、1999 年、657 頁。

第四章　经济大国的形成

第一节　池田勇人政权

一、"宽容与忍耐"

　　1960 年 6 月 23 日,岸信介首相表示辞职后,大规模反对修改《日美安全保障条约》的社会运动迅速消失,舆论转向自民党总裁的选举。由于自民党内部派系矛盾,难以统一推荐候选人,因而举行公开选举,为此自民党各个派系展开激烈的角逐。当时自民党内分为一直从事政治活动的党人派政治家以及从官僚转化而来的官僚派政治家。池田勇人、佐藤荣作、岸信介等属于官僚派,大野伴睦、石井光次郎、河野一郎、三木武夫、松村谦三、石桥湛山等为党人派,藤山爱一郎从财界转化而来。结果官僚派支持池田,党人派在"打破官僚政治"的口号下推举石井,藤山临时组成藤山派参加竞选。

　　7 月 14 日,自民党召开大会选举总裁。在第一轮投票中,池田勇人获得 246 票,石井光次郎获得 196 票,藤山爱一郎获得 49 票。在第二轮决胜投票中,池田获得 302 票,当选为总裁,石井仅获得 194 票。池田获胜的原因一方面是得到佐藤派、岸派的支持,在第二轮投票中又得到藤山派的支持,大野派的许多选票也投向池田。另一方面,池田得到财界的大力支持。财界希望经济官僚出身的官僚政治家出任首相,因而大力支持池田。据说大野阵营为竞选筹措到 3 亿日元资金,但池田阵营筹措到 10 亿政治资金,是其三倍多。[①]

在 7 月 18 日召开的临时国会上,池田勇人当选首相。为解决三池煤矿的劳资争议,特意任命"日经联"推荐的石田博英为劳动大臣,同时还任命了第一位女大臣,即担任厚生大臣的中山正。在内阁成员和党内人事上,虽然主流派占据重要位置,但尽量照顾到各派系的利益。组阁完成后,接受官房长官大平正芳等人的建议,向媒体表明"在宽容和忍耐的基础上,以协商的态度进行国会活动,今后绝不实行单独审议";表示努力消除保守政治势力与革新政治势力之间的尖锐对立,杜绝无所作为的等待政治和贿赂腐败的高尔夫政治,而是与在野党一边吃简单的咖喱饭一边进行党首之间的协商。[②]

石田博英担任劳动大臣后,立即召开有关会议。在 19 日的第一次内阁会议上,提出处理三池煤矿的三个方针,即避免流血惨案、遵守法律的原则不变,邀请中央劳动委员会出面斡旋。然后石田大臣召集劳资代表,提出政府劝告,同时邀请中央劳动委员会斡旋。该委员会藤林敬三会长为避免武力冲突,向劳资双方提出无条件地服从斡旋的要求,并提出斡旋方案,即"公司方面设置一个月整顿事件,取消去年底的指名解雇,被解雇者在整顿期间结束后自动退职"[③]。围绕是否接受实质上是指名解雇的斡旋方案,"炭劳"工会内部产生对立,但 9 月 6 日终于决定接受该方案。另一方面,三井矿山方面也不赞成斡旋方案,石田博英大臣与"日经联"首脑加以说服工作,劳资双方在 10 月 29 日签署关于公司再建的协定。11 月 1 日,封锁解除,生产全面恢复,同时 1 200 名工会会员

---

① 渡边恒雄编『永田町見聞録——政界・派閥・権力』、東洋経済新報社、1980 年、17 頁。
② 藤本一美、新谷貞編『《戦後日本政治ハンドブック・第二巻・55 年体制の政治(1955—64 年)』、つなん出版、2005 年、152 頁。
③ 正村公宏『戦後史・下』、筑摩書房、1985 年、142—144 頁。

离开矿山。

为寻求民意的支持,池田首相决定在 1960 年 10 月解散众议院举行大选。在 NHK 等电视台的举办下,10 月 12 日,自民党总裁池田勇人、社会党委员长浅沼稻次郎、民社党委员长西尾末广在东京日比谷会堂进行预备演说会。在浅沼演说时,突然一个右翼青年用短刀刺向其胸部,浅沼在被送往医院的途中去世。池田首相担心暗杀事件引起反体制运动,因而在 17 日临时国会开幕后进行了追悼浅沼的演说,内容感人,甚至社会党议员也为之鼓掌。11 月 10 日举行大选,选民对自民党、社会党均投了支持票,减少了对民社党的投票。自民党获得 296 个席位,比选举前增加了 9 个;社会党获得 145 个,比选举前增加 23 个;民社党获得 17 个,比选举前减少 23 个;日本共产党获得 3 个;等等。

选举后的 12 月 8 日,第二届池田内阁成立,其平衡派系的做法反而引起佐藤、岸等主流的不满。在国会通过 1961 年度政府预算方案后,自民党和民社党在 5 月 13 日提出旨在取缔革新性运动的《防止政治暴力行为法案》,并依靠强行表决通过众议院的审议,参议院未能完成审议,决定在下届国会上继续审议,但其最终在第二年的国会上成为废案。该法案没有通过参议院的审议主要是因为以社会党为中心的革新政治势力的激烈反对,同时国会外也出现了反对运动,池田首相也采取了拖延的战术。①

另外,池田内阁面临着自民党改革的问题。"当时自民党每月经费需要 9 000 万日元,财界通过经济再建恳谈会每月提供 4 000 万日元的政治资金,差额由总裁、干事长等大政治家筹措。因反安保斗争时花费了相当多的宣传费用,池田接任政权时自民党赤字 1 亿日元,另外还有 4 000 万未付款的空洞。还有数千万使用不明金。党的经营合理化、重建财政是燃眉之急。"②因政治捐款数量不断增加、自民党派系各自筹措政

---

① 藤本一美『戦後政治の争点:1945—1970』專修大学出版局、2000 年、231—232 頁。
② 富森叡儿『戦後保守党史』、日本評論社、1978 年、124—127 頁。

治资金、捐款的用途不明以及公开捐款遭到舆论批评等因素,"经济同友会"在 1961 年 1 月发表《关于刷新政治的中间报告》,主张废除财界提供政治资金的经济再建恳谈会。同年 7 月,自民党成立从国民各个阶层筹措政治资金的财团法人"国民协会",岩田宙造为会长,财界、文化界的 22 名代表任理事,其目的是通过政治资金的一元化管理,提高政治资金的透明度,同时打破党内派系竞争的局面。

"国民协会"通过都道府县的支部向个人或法人团体募捐,个人每月捐款 100—1 万日元,团体每月捐款 5 000—10 万日元,募集的资金目标是每月达到 1.5 亿日元。到 1963 年底,共有法人会员 3 456 个,个人会员 40 962 名,筹措的政治资金为 21.98 亿日元。[①] 但通过"国民协会"提供的政治资金仍然主要由财界提供,只是数额在急剧增加的同时,总裁所在的主流派系的政治资金变得富裕起来。

1961 年 7 月,池田首相改造内阁,佐藤荣作、河野一郎、藤山爱一郎、三木武夫等有实力者均成为内阁成员,但担任经济企划厅长官的藤山爱一郎在 1962 年 7 月 6 日因批判池田内阁的高速增长政策而辞职。在 1962 年 7 月的参议院选举中,自民党比改选前增加 5 个议席。14 日自民党临时大会,池田以 391 票再次当选总裁。接着池田再次改造内阁,曾为其秘书者占据党内和内阁的重要职务,例如大平正芳担任外务大臣,宫泽喜一担任经济企划厅长官,被媒体称为轻量级的"秘书官内阁"。1963 年 7 月 18 日,池田再次改造内阁和党的人事,重新使用重量级政治人物,例如藤山爱一郎担任总务会长,三木武夫担任政务调查会长,佐藤荣作担任北海道开发厅长官,同时为准备奥运会担任奥林匹克国务大臣。8 月 15 日,政府在东京日比谷公会堂举办第一次战死者追悼会。

为协调政府各个部门关系以及自民党与政府的关系,提高首相官邸的综合协调功能,池田内阁计划对行政机构和自民党组织进行改革。政府在 1962 年 2 月设置以"经团联"副会长佐藤喜一郎为会长的临时行政

---

① 歴史学研究会編集『日本同時代史・4・高度成長の時代』、青木書店、1990 年、29 頁。

调查会。该调查会在 1964 年 9 月提出报告，建议整合总理府各部门、设置总务厅，原则上中央省厅专门计划事务、实施事务委托地方进行等，以提高行政机构的合理化、效率化。但在官僚的抵抗下，几乎没有实施。

早在 1961 年 1 月的自民党大会上，池田首相就强调党组织的现代化，并提出设置专门从事党组织活动的人员、制定长期且稳定的财政计划、实施党员登记及党费制度、强化学生组织及支持工会活动等组织改革目标。会后成立了组织调查会，就改善资金筹措、总裁选举、解散派系等提出建议。1962 年以福田赳夫为中心的"党风刷新恳话会"对派系弊端的批判越来越强，自民党在 1962 年 11 月成立以三木武夫为会长的组织调查会，1963 年 10 月该调查会提交以无条件解散派系为主要内容的报告。

1963 年 11 月的大选结果是自民党获得 283 个席位，社会党 144 个，社民党 23 个，日本共产党 5 个等。比起上一次大选来，自民党减少 7 个，社会党减少 1 个，社民党增加 6 个，日本共产党增加 2 个，社民党渡过了该党解体的危机。选举后组成第三届池田内阁，全部内阁成员留任。

1964 年 7 月 17 日，自民党进行总裁选举。为阻止池田勇人第三次当选总裁，佐藤派与福田派、石井派联合，对抗池田、河野、大野、川岛、三木等五派。各派为拉选票，动用大量资金收买人心，据说池田、佐藤、藤山三位候选人共花费 20 亿日元。[1] 选举结果，池田获得 242 票、佐藤 160 票、藤山 72 票，池田以超过半数 4 票的微弱多数当选。池田首相表示"真正的池田政治从今开始"，准备纠正经济发展中的不良后果、积极推进邻国外交等。但他 8 月诊断患有癌症，9 月住进医院，10 月 25 日奥运会结束后表示要辞职。藤山、河野、佐藤三人表示竞选自民党总裁，在党内支持佐藤者较多、财界也认为佐藤继任最合适且具有稳定性的基础上，经过川岛、三木的调解，由池田首相指名佐藤为后任首相。11 月 9 日，在第 47 届临时国会上，佐藤当选为新首相。从继任内阁的立场出发，除桥本登美三郎出任官房长官外，前任内阁成员全部留任。

---

① 堀越作治『戦後政治裏門史——〈佐藤栄作〉日記が語るもの』、岩波書店、1998 年、103 頁。

二、"国民收入倍增计划"

1960 年 7 月，池田勇人首相在组织内阁后的记者会见中，强调将经济问题作为施政的重点，提出"尽早实现月薪增加两倍"、以"社会保障、减税、公共事业投资"为中心的新政策。9 月 3 日，内阁决定了"为使国民收入在 10 年内增加两倍，努力使今后三年的经济增长率保持 9％"[1]。1960 年 9 月 5 日，池田首相发表由九项内容组成的自民党新政策，阐述了倍增计划的具体内容，即从 1961 年开始的三年间维持年均 9％的经济增长率，1963 年的国民收入增加 30％。其后继续推动这样的增长速度，在 10 年之内达到两倍以上的收入，实现充分就业，农林渔业及其他产业之间、大企业和中小企业之间、地域之间的收入达到均衡，生产能力较弱者也能保障生活。为此，政府的政策将以创造能够充分发挥国民能力的环境与条件为中心，重点放在强化经济基础、提高产业结构、培养技术革新需要的人才、扩充社会保障等方面。[2]

1960 年 12 月 24 日，自民党总务会通过《国民收入倍增计划的构想》，27 日的内阁会议正式决定《国民收入倍增计划》。按照该计划，从 1961 到 1970 年，日本国民生产总值增加两倍，达到 1958 年价格的 26 万亿日元，经济增长率年均 7.8％。届时人均国民收入达到 20.8 万日元，即 579 美元，低于 1957 年时的联邦德国、法国 742 美元。另外在政府政策中也增加了促进贸易和国际经济合作的内容。[3]

1961 年 3 月 31 日，政府颁布《港湾整备紧急措施法》，并在第二年 2 月制定了港湾整备五年计划。在财政方面实施扩大财政政策，早在 1960 年底，政府就增加了 1 514 亿日元的补充预算，为战后最大补充预算规模，用于扩大文教、灾害对策、社会保障、产业投资、财政投融资的规模

① 伊藤昌哉『日本宰相列伝 · 21 · 池田勇人』、時事通信社、1985 年、166 頁。
② 『朝日新聞』1960 年 9 月 6 日。
③ 歴史学研究会編集『日本同時代史 · 4 · 高度成長の時代』、青木書店、1990 年、41 頁。

等。1961 年初内阁会议决定的 1961 年度政策预算方案超过 2 万亿日元,比前一年增加 24.4%,是超大型预算方案。在财政投融资方面,1961 年的计划也比前一年增加 27.5%。[1]

政府资本的形成也在经济高速增长过程中发挥了较大的作用。经济高速增长使政府财政收入大幅度超过预期,政府在补充预算中将其转化为公共投资,或者按照物价上涨的比率提高所得税征收起点,或者暂缓增税。1960 年资本形成在国民生产总值中的比重为 27%,到 1965 年时达到 30%,推动了经济的迅速发展。在收益者负担的基础上,政府一般会计负担大为减轻,富裕资金也转向公共投资。另外还有来自世界银行的贷款,巨额资金投向高速公路网、新干线、港湾、电气通讯等领域,克服了基础设施投资迟缓的局面。

针对不同的批评意见,政府也加快制定农业政策。早在 1959 年 4 月,政府设置"农林渔业基本问题调查会",作为首相的咨询机构。该机构在 1960 年 5 月提出《农业基本问题与基本对策》的咨询报告,在其基础上,政府在 1961 年 6 月 12 日颁布了《农业基本法》。其主要为:尽可能使农产品价格接近供需均衡水平,有选择地增加预测的需求扩大部分,通过结构政策消除农业与其他产业之间的生产率差距,培养只依靠农业收入便达到其他产业生活水平的专业农户。

为实现上述目标,政府在 1962 年修改了《农地法》和《农业协同组合法》,取消原来每户拥有土地不得超过 3 公顷(北海道为 12 公顷)和出租土地不得超过 1 公顷(北海道为 4 公顷)的规定,积极扶植、发展专业农户;建立"农业生产法人"制度,促进大规模合作经营;建立"土地信托制度",通过农业协同组合可以出租活买卖土地,促进土地流动。另一方面,增加政府对农业结构改革的财政支出,由 1962 年度的 43 亿日元增加到 1965 年度的 160 亿日元,主要用于扩大农地的单块面积,以便使用大型播种机、除草机和收割机等,提高农业生产率。

---

[1] 歴史学研究会編集『日本同時代史・4・高度成長の時代』、青木書店、1990 年、16 頁。

　　1961年11月,通产省批准山口县德山、冈山县水岛建设石油化学中心,积极推动石油联合企业的建设。1962年5月,政府颁布《新产业城市建设促进法》。同年8月,政府指定道央、八户等15个地区为新产业城市,指定鹿儿岛等6个地区为准新产业城市。同年10月,政府制定了《全国综合开发计划》。

　　战争结束后,为适应经济复兴的需要,政府着手制定国土开发计划。最初担当该项工作的内务省撤销后,经济安定本部在1950年制定《国土综合开发法》,其目标从全局观念出发实施国土的利用、开发、保护,实现产业布局的合理化,以推动社会福利的提高,同时提出设置国土综合审议会、制定全国综合开发计划、都道府县及地方综合开发计划、特定地区综合开发计划等。20世纪50年代尽管制定了全国综合开发计划,但未能成为政府的政策,当时的重点是《特定地区综合开发计划》及其实施,特定地区是指那些资源开发不充分、防止灾害发生、临近城市需要特别建设等地区,其后政府又制定了东北、九州、四国等较为落后地方的开发促进法。

　　进入60年代后,随着经济高速增长,出现了深刻的城市问题和地区差距问题,即"过密过疏"问题。例如东京、大阪、名古屋等大城市人口急剧增加,东京人口在1962年达到1 000万,产生了住宅不足、交通困难等问题,在边远地区却出现人口急剧减少、生活不便的现象。在《国民收入倍增计划》中已经提出纠正产业布局和地区经济发展不平衡问题,工业开发的重点是转向原有四大工业地带以外,确立综合交通体系等政策。

　　池田内阁决定的《全国综合开发计划》是战后第一次全国综合开发计划,因而简称"一全综"。该计划重视纠正地区间差距和扩充工业基础设施两个目标,作为经济发展动力的工业,从纠正其布局的观点出发提出工厂分散政策,但考虑到开发效果,不是采取全面分散而是有顺序、集中地进行据点式开发,即在各地设置一些大规模的开发据点,同时也设置一些中小规模的开发据点,以发达的交通、通讯将各个据点联成一体,相互带动,形成连锁发展的态势。

政府在 1963 年 3 月颁布《中小企业现代化促进法》，7 月颁布《中小企业基本法》，从保护主义政策转向推动现代化政策，即以克服规模差距、设备现代化及充实本身资本、完善劳动环境、劳资关系现代化等为目标，培养骨干企业，推动小企业的组织化。尽管其目标未能完全实现，但在整个产业结构提高和生产扩大的背景下，电子元件、音响机械、制瓷等有实力的中小企业发展起来，中等规模企业的发展也超过预期。

池田内阁采取较为积极的工人政策，其体现是自民党工人宪章与政府工会协调。解决三池煤矿劳资纠纷的石田博英在 1963 年 7 月担任自民党全国组织委员长，10 月起草了自民党工人宪章草案，其中提出"经营者与工人并非是本质对立的关系，如果没有经营者和工人的自发性创意及相互合作，就不可能有自由经济社会的发展"，并明确表示"我们对这样的劳资关系采取中立态度，是代表全体国民的厉害调整者"。在 1964 年 4 月的"春斗"中，公共企业体等劳动组合协议会计划在 4 月 17 日举行半天罢工，为避免出现这一事态，池田首相直接与太田薰"总评"议长举行会谈，达成公共企业体工资民间标准化等六项协议，奠定了公共企业工资决定的规则。但在自民党内部存在不同的意见，因而正式决定工人宪章是在两年半之后，而且其内容也有大幅度的后退。

池田首相在 1962 年夏季参议院选举时提出"建设国家""培养人才"的政策，10 月 26 日由来自财界的 25 名委员组成"建设国家恳谈会"，12 月 5 日又组成包括东京大学校长茅诚司等学界、财界、舆论界等 23 名人参加的"培养人才恳谈会"，分别作为首相大私人咨询机构。其"培养人才"政策是基本的文教政策，内容包括推进无偿提供教科书计划、普及并充实学校提供食物、扩充完善大学理工学院学科、增设国立高等专门学校等，同时又是推动经济高速增长所需技术革新及技术开发的科技政策，又是培养掌握高度技术工人的劳动力政策。

在高速增长的背景下，社会保障制度也得到充实。企业工人的养老金制度是 1944 年设置的厚生年金，高速增长时期企业及其工人迅速增加，因缴纳养老金者年龄偏低，因而其公积金数额急剧膨胀，成为资金运用部委托保管的财政投融资。另外,公务员、公司成员、私立学校就业者的共济年金也逐渐完善。1959 年 11 月,实施《国民年金法》,通过设置国民保险特别会计建立养老金制度,使原来没有社会养老金制度的农林渔业及自营业者也可享受养老金。1962 年开始征收国民年金保险税和国民健康保险税,另外为因年龄偏高而交纳时间不足者设置一般会计转入的福利年金制度,因而形成了"国民全部享受养老金制度"。随着养老金保险税的迅速膨胀,这些资金又成为政府财政投融资的来源。

三、社会党的"结构改造论"

三池煤矿斗争结束后,"总评"工会组织的工人运动方针一方面从"现场斗争"转向"现场活动",即监督企业是否遵守劳资双方达成的协议。另一方面,加强了要求提高工资的统一行动——"春斗",即从"以春斗为主的工会运动"转为"完全是春斗的工会运动"。[①] 在 1962 年的"春斗"中,"总评"在经济高速增长支柱产业的重化学工业领域发动斗争,获得工资提高 13.8%的成果,此后进入年均工资增长比例两位数的时代。1963 年"春斗"时"总评"提出"欧洲水平工资"的要求,1964 年的"春斗"因池田首相与太田议长直接会谈并达成妥协,"春斗"成为政府认可的每年例行公事,并将其纳入国民收入倍增计划中。在此背景下,"春斗"发展成为大众性运动。1955 年时只有 70 万人参加"春斗",到 1964 年参加者急剧增加到 657 万人。[②]

在这一过程中,劳资关系也发生了较大的变化,逐渐形成"日本式劳资关系"。其背景首先是巨大企业集团的出现,例如在 1963 年,资本金10 亿日元以上的大企业在全部企业中的比例仅为 0.15%,但从金融机

[①] 升味准之辅:《日本政治史》第四册,商务印书馆 1997 年版,第 948 页。
[②] 山田敬男『新版戦後日本史——時代をラデイカルにとらえる』、学習の友社、2009 年、193 頁。

构的短期贷款比例为 51.7％,长期贷款为 67.1％,销售额为 37.6％。在 1964 年,比例为全部企业 0.02％的 100 家大企业拥有 39％的资本金和营业利润的 28.7％。① 在各个产业部门均为大企业垄断,例如钢铁六企业(八幡制铁、富士制铁、日本钢管、住友金属工业、神户制钢、川崎制铁)、电机五企业(日立制作所、松下电器产业、东京芝浦电机、三菱电机、日本电机)、汽车两企业(丰田、日产)、造船三企业(石川岛播磨重工、三菱重工、川崎重工)等。这些企业以银行为中心,构成拥有重要产业部门及综合商社的六大巨大企业集团,例如以战前旧财阀为中心的三菱、三井、住友集团,战后以富士银行、第一劝业银行、三和银行为中心的芙蓉集团、第一劝业集团、三和集团等。

从就业到退职年龄持续在同一企业工作的终身雇佣体制以及按照工作年限增加工资的年功序列工资制度是日本企业劳资关系的重要特征。虽然这种现象出现在战前的企业,主要为维持技术工人的稳定性,也容易产生劳资一体化的意识,但在经济高速增长时期的大企业特别是民间大企业中逐渐制度化。日本式企业经营或劳资关系的另外一个特征是企业内工会。这种战时形成的体制在战后保留下来,即使在战后初期工人运动高涨时期也是如此,在经济高速增长时期进一步成为提高生产率的劳资协议组织。

另一方面,在经济高速增长的基础上,不断的技术革新使生产过程发生变化,重体力劳动的蓝领工人减少,带有管理色彩的白领工人增加,相互之间的合作减少以及频繁的岗位调动使工人的团体归属感减弱,民间大企业也注意为提高生产率而照顾到工人的利益,有比例地分配营业利润。因此,民间企业工会组织的运动方针逐渐转向劳资协调路线,较大地影响了全国性工会组织的分化组合。1964 年 5 月接受国际金属工会联合会指导的日本协议会成立,金属机械产业的相关工会为该组织中

---

① 山田敬男『新版戦後日本史——時代をラデイカルにとらえる』、学習の友社、2009 年、169 頁。

心成员,明确主张劳资协调路线。同年 11 月,以两年前分裂的"总同盟"和"全劳"为中心组成"全日本劳动总同盟"工会组织(简称"同盟"),在成立宣言中宣称"对抗共产主义及法西斯主义等全体主义并与之斗争"①,主张经济主义、劳资协调,在政治态度上支持民社党。到 20 世纪 60 年代中期,"同盟"工会会员约 178 万,"总评"工会会员约 429 万。

　　社会党委员长浅沼稻次郎被右翼青年杀死的第二天、即 1960 年 10 月 13 日,社会党召开第 19 次临时大会,决定由书记长江田三郎代理委员长职务。由于此次大会变成追悼浅沼的大会,因此大会上通过的决议和报告没有经过仔细的讨论,其中包括江田三郎的题为《为取得大选胜利和党的发展》的文件中首次出现"结构改造论",即通过工人参与具体决策过程,部分地改变生产关系,和平地过渡到社会主义。其实"结构改造论"最早由意大利共产党总书记陶里亚蒂提出的理论,认为不是通过激进的手段颠覆资本主义,而是通过不断的改革实现社会主义。1955 年该理论由日本共产党的佐藤升等人介绍到日本,社会党内以江田三郎为中心的少数人士也受到其影响。1958 年 2 月社会党大会后,设置机构改革特别委员会,江田代表中央执行委员会主持该委员会的工作,其目标是建议以积极分子为中心的社会党,因而在党内提高了声望。

　　1960 年 11 月 12 日,在自民党总裁池田勇人、社会党代理委员长江田三郎、民社党委员长西尾末广三党首电视讨论会上,柔软语调娓娓叙说,加上满头白发的潇洒,江田的风姿征服了许多观众,因而在随后举行的大选中,社会党在众议院的席位从 122 个增加到 144 个。江田三郎在 1961 年 1 月号的《月刊社会党》上撰文对"结构改造论"进行了详细的阐述,指出:"结构改造路线,简而言之,就是面对以垄断资本为靠山的政府及其掌握的权力试图维持和强化有利于垄断资本的经济结构,联合受垄断资本侵害的势力,设法使垄断资本改变其政策。也就是说,不只是反

---

① 金子贞吉『戦後日本経済の総点検』、学文社、1996 年、102 頁。

对垄断资本推行的政策,而且要在反对的基础上积极地限制其权力的运用并开展要求改革政策的斗争。"①

　　但"结构改造论"立即遭到社会党内的批判,向坂逸郎指责其理论无意识之中孕育着改良主义的危险,"总评"议长太田薰也发表了题为《对社会党结构改造论的七个疑问》的文章,认为结构改造论就要陷入改良主义的泥潭,不是真正的斗争。尽管在 1961 年 3 月的社会党大会上河上丈太郎当选为委员长、江田三郎再次当选书记长,但大会集中批判了"结构改造论",并决定"结构改造论""不会作为战略路线立即成为党的基本方针"。

　　在 1962 年 7 月 1 日举行的参议院选举中,自民党比选举前增加 5 个议席,加上非改选席位共 142 个,社会党增加 1 个席位,共 37 个席位,初次参选的民社党减少 5 个席位,成为 4 个席位,日本共产党增加 1 个席位,为 4 个议席。社会、民社、共产三个革新政党的席位低于阻止修改宪法的 84 席,因而有评论认为社会党有必要认真反省,应强化党组织的扩大,不能仅依赖工会组织,也应采取更为积极的政策。②

　　同年 7 月 27 日,江田三郎在全国地方组织召集人会议上发表"江田构想",即将"美国的生活水准、苏联的社会保障、英国的议会民主、日本的和平宪法"作为社会主义政党的奋斗目标。结果进一步遭到党内左派的激烈批判,特别是江田在党内的竞争对手佐佐木更三批判其是"对资本主义体制的认可"。反对派对党中央执行部提出质问信,并表示如果不撤回构想就斗争到底的强硬态度。在同年 11 月召开的第22 届党大会上,以 232 票对 211 票的表决结果通过了批判"江田构想"的决议案——《关于强化党领导体制的决议》,江田愤而辞去书记长的职务。

　　1963 年 11 月大选失败后,社会党书记长成田知巳在总结中提出了

① 升味准之辅:《日本政治史》第四册,商务印书馆 1997 年版,第 1151 页。
② 増島宏ほか「参議院選と革新勢力——安保闘争の二年後に(対談)」,『世界』1962 年 9 月、77 頁。

"成田三原则",即社会党存在着难以开展日常活动的组织不健全、议会党团色彩太浓、过于依赖工会组织等三个体制上的局限性。[①] 社会党党员不多,而且大多是工人党员,进行选举、政治资金、人才来源主要依靠"总评"工会,因而限制了其社会基础的扩大。因此,在选民不断增加的状况下,尽管其绝对得票数变化不大,但其相对得票率逐渐下降,而且议席占有率也在下降。

社会党在 1964 年 12 月 8 日的党大会上通过了题为《日本走向社会主义道路》的纲领性文件。该文件将社会党规定为"领导社会主义革命"的阶级性群众政党,并强调指出"现在是从资本主义向社会主义过渡的时代";尽管战后日本的国家垄断资本主义得到空前迅速的发展,但资本主义的基本矛盾也开始激化,出现了"繁荣中的贫困"现象;福利国家"不过是一种延缓资本主义寿命的政策","社会主义制度日益显示出其优越性";在工人阶级取得国家政权初期,"必须实行某种形式的阶级统治"等。这份纲领性文件以其"科学社会主义理论"以及"承认无产阶级专政"的观点显示出该党在 60 年代的革命性和激进性。

1961 年 7 月,日本共产党召开第八次大会,会上全体一致通过了酝酿已久的《日本共产党纲领》,认为"目前统治日本的是美帝国主义以及从属其的日本垄断资本。日本虽然是高度发达的资本主义国家,但因美帝国主义的半占领,是事实上的从属国"。"日本当前的革命是反对美帝国主义以及日本垄断资本统治这两个敌人的新民主主义,是人民的民主主义革命。工人阶级的历史使命是走向社会主义道路,以美帝国主义及日本垄断资本为中心的势力封锁这条道路,只有打破反民族、反人民的统治,通过实现真正独立以及对政治、经济、社会实施彻底的民主主义改革,才能走向社会主义道路。"[②]同时尊重议会制民主主义,为进行斗争与

---

① 五十岚仁『政党政治と労働組合運動:戦後日本の到達点と二十一世紀への課題』、御茶の水書房、1998 年、177 頁。

② 『日本共産党の八十年:1922～2002 日本共産党の八十年(1922—2002)』、日本共産党中央委員会出版局、2003 年、159 頁。

目标一致的党派、团体、个人组成统一战线。在该次大会上，还选举产生了以野坂参三为主席、宫本显治为总书记的中央委员会。

革新政党的行动未必统一。1961年9月，苏联重新开始核试验，日本政府立即表示抗议，日本青年团协议会批判其行为是和平的敌人。10月众参两院分别通过禁止核试验的决议。社会党反对"任何国家的核试验"，日本共产党主张"社会主义国家可以核试验"，从而发生尖锐对立。在1963年8月的第九次禁止原子弹氢弹世界大会上，围绕对禁止部分核试验协定的评价，社会党与日本共产党的意见再次发生分歧，社会党、"总评"退出大会及"原水协"。1964年10月17日，日本政府、社会党、民社党、公明党均发表抗议中国核试验的声明，日本共产党发表"试验是不得已的自卫手段"的见解。1965年2月，社会党及"总评"组织禁止原子弹氢弹国民会议（简称"原水禁"）。

在社会结构发生变化的基础上，60年代出现了新的政党。宗教团体创价学会在1955年参加统一地方选举，53名地方议会议员候选人全部当选。1956年学会推荐六名候选人参加参议院议员选举，其中四名参加全国区选举，两名参加东京和大阪的地方区选举。在全国区学会共获得99万张选票，当选两名参议员，地方区大阪候选人当选，东京候选人落选。但在第二年举行的大阪选区参议院议员补选中，由于所有的政党竞争一个名额，因而选举战异常激烈。学会干部池田大作亲临现场指挥，结果以指示挨门逐户访问违反选举法嫌疑遭到逮捕并给予起诉。经过四年的审判，最后判决其无罪。

1959年学会再次参加统一地方选举和参议院议员选举，其中在各级地方议会中的席位增加到272个，同时新增加6个参议院席位。为便于进行政治活动，学会在1961年11月成立"公明政治联盟"，提出了反对核武器、维护和平宪法、公正选举、净化政界等具体竞选口号。1962年7月参议院议员选举后，学会共占有15个参议院席位，因而组成了具有集体交涉权、提出议案权和决定议事日程权的院内会派"公明会"。

1964年5月，学会会长池田在创价学会第27次大会上提出进军众议院的决定。① 同年 11 月,学会在东京召开公明党成立大会,原岛宏治担任委员长,北条浩担任书记长,该党宣称:"以王佛冥合、佛法民主主义为基本理念,从根本上净化日本的政界,确立议会民主政治的基础,深深地扎根于大众之中,谋求大众福祉的实现。"该党的支持者大多是从农村转入城市、未加入工会组织的中小企业劳动者。

第二节　高速增长与社会变化

一、"半导体推销商"

1955 年日本加入关贸总协定后,约定逐步开放市场。因此,1960 年 6 月 24 日,岸信介内阁制定了《贸易汇兑自由化计划大纲》,指出自由化不仅是世界经济的要求,对日本经济也是极为重要的课题,在实施推动经济高速增长、扩大就业出口、加强经济合作、提高产业结构、改善农业及中小企业、修改关税税率及其制度等政策的基础上,推动对外贸易汇兑的自由化。计划的具体目标是 3 年后自由化率从 40% 提高到 80%,如果实施石油煤炭自由化可达到 90%。1961 年 7 月,池田勇人内阁制定"贸易及汇兑自由化促进计划",决定提前半年,即 1962 年 10 月实现 90% 的自由化率。

日本政府积极推动贸易自由化的背景来自欧美发达国家的压力。1957 年 3 月欧洲共同体成立后,不仅参加共同体各国实施贸易自由化和废除关税,同时要求其他国家也实行贸易自由化,否则实施贸易进口限制。另一方面,美国也要求日本尽快实行贸易自由竞化,1959 年在东京召开《关贸总协定》大会时,专门讨论了美国要求的贸易自由化问题。美国代表甚至扬言:"如果现在日本限制从美元地区的进口且不尽快实施对受到区别对待的大豆、铣铁等 10 种商品自由化,美国将对日本商品采

---

① 『聖教新聞』1964 年 5 月 5 日。

取进口配额制度。"①

　　1961 年 1 月肯尼迪就任美国总统后,为改善因新安保条约受到影响的日美关系,任命熟悉日本历史文化的赖肖尔为驻日大使。赖肖尔到任后积极接触工会干部、知识分子,并以近代日本为典型事例大力宣扬资本主义经济增长带来现代化的优越性。另一方面,池田首相为加强日美关系,特别是经济合作关系,同时也显示"安保斗争"后日本政治、经济的稳定性而计划访问美国。在访问前夕的 6 月 12 日,政府颁布防卫厅设置法修正法及自卫队法修正法,将陆上自卫队增加到 13 个师团。

　　同年 6 月 19 日,池田首相到达美国,第二天举行日美首脑会谈,就维也纳美苏首脑会谈、停止核试验问题、中国及韩国问题等交换了意见。第三天在美国总统专用游艇上继续会谈,日本内政、中国及韩国问题成为中心话题。22 日双方发表了日美共同声明,其中约定设置日美贸易经济联合委员会、文化教育委员会、科学合作委员会,明确表示日本对冲绳的潜在主权,为此冲绳的公共建筑物节假日可悬挂日本国旗,同时美国进一步努力增加冲绳的福利。

　　1961 年 7 月 18 日,国防会议决定了第二次防卫力量整备计划,主要内容为在未来 5 年内,在日美安保体制下,建立能够应付以传统武器装备的局部入侵的防卫力量,即加强导弹的装备;陆上自卫队达到 18 万人,预备役自卫官 3 万人,海上自卫队拥有舰艇 14 万吨,航空自卫队拥有飞机 1 000 架,建立 4 支防空导弹部队,所需经费 1.2 万亿日元,约为国民生产总值的 1.2%。② 同年 11 月 2 日,第一次日美贸易经济联合委员会召开,确认推动日美经济合作。

　　在日韩关系上,1960 年 9 月,池田内阁的外务大臣小坂善太郎作为战后正式使节访问韩国,与伊谱善总统、张勉总理、郑一亨外长进行会谈,约定重开日韩会谈。10 月,开始第五次日韩会谈。日本代表提出首

① 正村公宏『战后史・下』,筑摩書房、1985 年、181 頁。
② 王少普、吴寄南:《战后日本防卫研究》,上海人民出版社 2003 年版,第 123 页。

先就渔业问题进行谈判,韩国最重视请求权问题。到 1961 年 3 月,双方立场接近,自民党内也设置了"日韩问题恳谈会",以野田卯以为团长的 8 名自民党议员在 5 月 6 日到 12 日访问韩国,外务省亚洲局长一同前往。[①] 但韩国在 5 月 16 日发生军事政变,会谈中断。

1961 年 7 月,朴正熙就任国家重建最高会议议长,掌握国家政权,随后向日本提出再开会谈的要求,日本表明给予响应,因为在池田首相访美发表的共同声明中表示"日美双方就两国与韩国的关系交换了意见"。结果同年 10 月开始第六次日韩会谈,11 月朴正熙访日与池田首相会谈。韩国提出 6 亿美元的赔偿,日本主张 3 亿美元的无偿援助及经济合作,难以达成妥协。其后新任外务大臣大平正芳与韩国中央情报部长金钟泌进行会谈,并达成日本方面无偿提供 3 亿美元经济援助和 2 亿美元日元贷款的协议,但因韩国国内政局不稳中断会谈。1964 年春,池田内阁的农林大臣赤城宗德以渔业问题为中心与韩国进行会谈,但也很快无果而终。

同年 11 月,池田出访巴基斯坦、印度、缅甸、泰国等南亚和东南亚四个国家。在与各国首脑的会谈中,池田的话题几乎全部围绕经济,其内容多为自由主义经济对国家建设的重要性,并以明治维新和战后的经验加以说明。[②] 面对印度希望日本进口棉花、砂糖等要求,池田首相指出其商品价格高质量低,希望对方采取现代化生产,提高国际竞争力;在巴基斯坦的首脑会议上,池田答应尽快建设合作生产收音机、电视机;在泰国,签署了处理战时日本军队在泰国发行日元的《日本与泰国关于解决特别日元的协定》,约定 5 年内用英镑支付 54 亿日元的债务,另外提供 96 亿日元的经济合作,泰国用这些资金购买日本的生产资料等产品和劳务费。

在 60 年代上半期,自民党内部也有不少国会议员为推动中日关系

---

① 石丸和人、松本博一、山本刚士『戦後日本外交史・Ⅱ・動き出した日本外交』、三省堂、1983
年、323 頁。

② 山本刚士『戦後日本外交史・Ⅵ・南北問題と日本』、三省堂、1984 年、39 頁。

积极行动。早在 1959 年 9 月，石桥湛山访华并与周恩来总理会谈，确认"政治三原则"。10 月，松村谦三访华也与周恩来总理会谈。1960 年 2 月，石桥派成员宇都宫德马等议员组成"中日邦交改善研究会"，三木派成员松村谦三等议员组成"中国问题研究会"。1960 年夏季，日中贸易促进会铃木专务理事访华，周恩来总理在与铃木的会谈中提出"政府间协定、民间协定、个别照顾贸易"的"贸易三原则"。民间协定是中国指定的"友好商社"进行的贸易，1960 年 11 月以后，商社和协定不断增加，中国方面以全国总工会为窗口，日本方面以"总评"和社会党为窗口，从中国进口生漆、板栗、中国料理材料等，日本出口农业机械、农药等。

1962 年 9 月，松村谦三再次访华，并与周恩来总理达成"通过政治、经济方面的积累迈向两国关系正常化方向"的共识。当时中国经过三年经济调整时期，准备开始第三次国民经济五年计划，而且与苏联的关系恶化，需要扩大与日本的贸易经济关系。因此，同年 10 月以高崎达之助为团长的 42 人大型经济使节团访问中国，与中国亚非合作委员会主席廖承志交换了中日综合贸易备忘录，以两人姓名的英文开头字母命名为"LT 贸易"。

1963 年以后，中日之间人员往来频繁，贸易量也不断增加。但池田政权在 8 月 20 日批准利用日本进出口银行向中国提供维尼纶成套设备合同后，台湾政权立即以"进出口银行系日本政府金融机构，利用该银行的资金已超越民间贸易的范围"为由，向日本政府提出强烈抗议，并下令召回"驻日大使"，宣布暂时停止台湾与日本政府间的贸易。美国也表示反对态度，池田首相请求前首相吉田茂在 1964 年 2 月 23 日以私人身份"出访台湾"，三次与蒋介石会谈，回日本后提出所谓的"吉田书简"，其内容主要是日本对中国的融资仅限于民间商业贷款、日本政府无意在 1964 年度再次批准使用进出口银行贷款等。尽管同年 4 月第三次访问中国的松村谦三与中国方面达成互换记者和互设贸易联络事务所的协议，其后中国在东京开设事务所，记者交换也得到实现，但外务大臣大平正芳在 7 月访问了台湾，并再次明确表示支持台湾政权，中日关系改善的步伐停顿下来。

　　1962 年 11 月 4 日,池田首相出发访问西欧地区的联邦德国、法国、英国、比利时、意大利、荷兰 6 个国家和梵帝冈,主要目的是日本加入经济合作发展组织(OECD)、撤销对日歧视性进口限制、密切与欧洲经济共同体的关系等。当时经济合作发展组织的成员有欧洲 18 个国家和美国、加拿大,日本仅为该组织下属机构的发展援助委员会成员;在双边贸易方面,英国、法国、荷比卢(荷兰、比利时、卢森堡三国经济同盟)援引《关贸总协定》第 35 条的规定(成员国双边国家尚未谈判关税以及尚未同意缔约时可保留运用《关贸总协定》的有关条款),对进口日本产品实施限制;当时欧洲共同体有联邦德国、法国、意大利、荷兰、比利时、卢森堡 6 个国家,在人口、贸易额、船舶保有量、经济增长率等方面均超过美国,虽然人均产值还落后美国,但市场规模与美国并驾齐驱。尽管如此,日本与欧洲共同体之间的贸易量较小,1961 年日本出口的 28% 是对美贸易,对欧洲共同体贸易仅占 5%。[①]

　　池田首相首先访问联邦德国,与德国总统、总理、经济部长、外长等会谈后,发表了日德联合公报,其中提到"两国首相就下述问题达成一致意见,即再次确认日本参加 OECD 的愿望,并朝其方向强化日本与 OECD 的关系";在法国,池田首相与法国总统、总理、外长等会谈,并要求法国撤销援引《关贸总协定》第 35 条规定。法国总理明确表示在有效保护法国利益的条件下取消援引第 35 条规定,在联合公报中以"解决两国之间存在的关于《关贸总协定》的悬案"表示,并支持日本参加 OECD。因池田首相过于重视经济问题,结果被法国总统戴高乐评价为"半导体推销商";在英国,池田首相与英国首相共同出席了关于两国通商航海条约及其附属议定书的会谈,约定撤销援引第 35 条规定,给予最惠国待遇,英国方面表示支持日本加入 OECD;比利时、荷兰也表示撤销援引第 35 条规定,比利时、意大利表示支持日本加入 OECD。

----

① 安原和雄、山本剛士『戦後日本外交史・Ⅳ・先進国への道』、三省堂、1984 年、186 頁。

1963 年 2 月 20 日,关贸总协定理事会通告日本成为《关贸总协定》第 11 条款国,即禁止以国际收支为由限制贸易。为对应贸易自由化,强化日本制造业的国际竞争能力,通产省起草了《特定产业振兴临时措施法案》,以"官民协调"的方式对汽车、特殊钢材、石油化工三个产业实施企业改组及其合理化。该法案在 3 月由内阁提交国会审议,但遭到已经具有自信的经济界以及学界的强烈反对,认为该法将强化官僚的权限,束缚产业的自主经营及竞争能力。在野党批判该法使禁止垄断法形式化,自民党也较为消极,该法案最后以审议未完成为废案。其后又两次提交国会审议,均未成立。

1963 年 9 月到 10 月,为加强日本在亚洲太平洋地区的地位及经济合作,池田首相访问了菲律宾、印度尼西亚、澳大利亚、新西兰等国家。1964 年 4 月 1 日,日本成为国际货币基金组织第八条款国,即禁止以国际收支恶化为由限制汇兑交易,日元成为可兑换货币。同年 4 月 28 日,日本加入 OECD 组织,不仅成为开放经济体制,而且也加入资本主义发达国家的行列。

二、奥林匹克繁荣

日本持续的大量设备投资引起进口迅速增加,1961 年入超约 16 亿美元,日本银行在同年 5 月实施限制贷款的窗口指导,7 月和 9 月连续两次提高官定利率,主要缩减对进口金融的资金。1962 年的增长幅度降低,实际增长率为 8.7%。1962 年版的《经济白皮书》将其称为转型期,即仅依靠设备投资的增长结束,"意味着增长模式的变化,即使增长率不变,但国民总支出中的消费和投资比率发生变化"[1]。民间设备投资同期比 1960 年增加 47.5%,1961 年增加 34.6%,1962 年增加 7.5%,1963 年增加 8.3%。工矿业生产从 1962 年 7 月开始极端恶化,比前一个月增加 9%,但 12 月到第二年 1 月为 0%。

---

① 金子贞吉『戦後日本経済の総点検』、学文社、1996 年、102 頁。

为刺激经济恢复景气，政府在 1962 年 10 月和 11 月连续降低官定利率，缓和对金融的限制，年底经济开始好转。1963 年的实际增长率为 10.5％，1964 年为 13.1％。民间设备投资同期比 1963 年增加 8.3％，1964 年增加 18.8％。因物价上涨，政府在 1963 年底实施金融紧缩政策，1964 年 3 月提高官定利率，出现了"宏观景气、微观萧条"经济现象，即整体经济繁荣，但个别企业出现危机。

政府财政在摆脱危机方面发挥较大作用。60 年代上半期一般会计最初预算的年均增长率为 18.5％，超过 15.5％的国民生产总值年均增长率，特别是公共事业投资和社会保障相关费用大幅度增加，其年均增长率分别为 19.2％和 23.3％。1962 年度的一般会计支出比上一年增加 24％，1963 年度增加 19％，1964 年度增加 9％，达到 3.3 万亿日元。通过政府有关金融机构（公团、公库等）进行的财政投融资 1962 年为 9 500 亿日元，1963 年增加 26％，达到 1.2 万亿日元，1964 年增加 19％，达到1.43 万亿日元。在 60 年代，财政投融资相当于一般会计预算的 40％。[①]

国际奥林匹克委员会在 1959 年 5 月决定 1964 年夏季奥运会在日本东京举办，为此日本政府进行大规模公共事业投资，其中最具代表作性的项目是新干线建设和东京城市改造。从总体规模上看，为举办奥运会直接投资 295 亿日元，间接投资为 9 600 亿日元，合计约为 10 000 亿日元。其中新干线建设约 3 800 亿日元，东京的地铁修建为 1 895 亿日元，道路修建为 1 753 亿日元。

国铁干线调查会在 1958 年 7 月提出报告，为解决旅客及货物运输紧张的问题，建议修造从东京到大阪的超高速列车，但当时遭到"不切实际"的批评。决定东京举办奥运会后，作为国家事业，东海道新干线从 1959 年开始建设，费时五年半，在奥运会开幕前的 1964 年 10 月 1 日正式通车。新干线列车时速 210 公里，采用了 2.5 万伏高压电、列车自动刹车装置、列车集中刹车装置等先进技术。东京到大阪 550 公里，中途

---

① 金子贞吉『戦後日本経済の総点検』、学文社、1996 年、114 頁。

停留 12 站,全程需要 4 个小时,比原有的特急列车缩短两个半小时。票价 2 480 日元,当时大学毕业成为公务员后的最初月工资 1.9 万日元,票价较贵,但因速度快,还是很受欢迎。

20 世纪 50 年代的东京人口大量增加,不仅住宅困难,交通几乎陷入麻痹状态。例如从羽田机场到东京市中心只有 13 公里,乘车需要一个半小时到两个小时。东京地方自治体和社会舆论不断呼吁完善城市道路建设的必要性,特别是决定举办奥运会后,在 1958 年第一次首都圈整备计划的基础上,在 1959 年 6 月组成首都高速道路公团。另外按照 1958 年制定的道路整备紧急措施法,在第三次道路整备五年计划中加入紧急建设奥运会相关道路的内容。在奥运会之前陆续修建了羽田机场到东京市中心的单轨铁路、连接各个运动场的高速道路、丸之内等三条地铁、大型港口等,大大改善了市内的交通状况。单轨铁路建成后,羽田机场到市中心只需 15 分种,因而称之为"交通革命"。

另外,政府在 1962 年 5 月设置阪神高速道路公团,制定道路整备 22 年计划(其中 1961—1965 年投资 2.1 万亿日元)以及新道路整备五年计划(1964—1968 年之间投资 4.1 万亿日元)。另外,1956 年 4 月成立的日本道路公团承担了名古屋到神户、东京到名古屋、中央等 3 条高速公路的修建,其中名古屋到神户的道路在奥运会之前开通。但道路的柏油铺修率仍然较低,1960 年仅为 3%(国道为 32%),到 1965 年也只上升到 7%(国道为 57%)。[①] 1964 年 3 月,政府设置日本铁道建设公团,建设 64 条铁路支线。

1964 年 10 月 10 日,第 18 届奥运会在东京正式开幕。这届首次在亚洲召开的奥运会规模空前,共有 94 个国家和地区的 5 140 名运动员参加。点燃奥运会火炬的是日本 19 岁的早稻田大学学生坂井义则,他出生在广岛原子弹爆炸日。在这次奥运会上,日本共获得 16 枚金牌,仅次于美国、苏联,排名第三。其中最引人注目的是由大松博文苦心训练、有

---

① 宫本宪一『昭和の歴史・第 10 巻・経済大国』,小学館、1983 年、90 頁。

"东洋魔女"之称的日本女排获得金牌。

20 世纪 60 年代前半期经济高速增长的特征是重化学工业发展速度快,国际竞争力增强。设备投资以重化学工业为中心,合成纤维、家用电器及电子工业等新兴先进技术产业的发展进一步推动了重化工业的投资,仍带有"投资引发投资"的基本特征。尽管钢铁业的设备投资增长率有所下降,在制造业中的设备投资比例从 1961 年的 20.9% 下降到 1965 年的 17.5%,但仍居各产业之首。根据 1961—1970 年的第三次合理化计划,建设年产粗钢 500 万吨级的大规模沿海钢铁厂,到 1965 年实际投资达到 1.92 万亿日元。1964 年日本粗钢产量达到 3 980 万吨,超过联邦德国,居世界第三位。[1]

在能源方面,1961 年煤炭生产达到顶峰的 5 541 万吨。与此同时,石油进口的数量迅速增加。1950 年为 196 万千升,1955 年为 855 万千升,1960 年达到 3 112 万千升。1962 年石油进口自由化,而且石油在一次能源中超过煤炭。到 1965 年,石油在一次能源中的比例为 58.4%,煤炭为 27.3%。石油不仅是能源,也是工业材料(塑料)的生产中心。1961—1965 年,东燃・川崎、大协和・四日市、丸善・千叶、三菱化成・水岛、出光・德山等五大化学联合企业建成,技术上也从原有化学制品向制油化学方式转化,例如 1965 年 71% 的乙醛利用化学方式生产。1963 年,重化学工业的固定资产比例为 41.6%。从出口量来看,1950—1965 年,出口总额增加 10 倍,重化学工业产品增加 20 倍。其中重化学工业产品的比例从 32% 上升到 62%,纺织产品却从 49% 下降到 19%。[2]

在汽车业,通产省 1957 年发表《汽车生产长期计划》,支持设备投资。丰田元町工厂在 1959 年、公爵村山工厂在 1960、日产追滨工厂在 1961 年分别开始生产轿车。最早生产轿车的丰田、日产、富士精密、五十铃日野等五家公司与后来生产轿车的新三菱、东洋工业、富士重工、大发

---

[1] 金子贞吉『戦後日本経済の総点検』、学文社、1996 年、114 页。
[2] 正村公宏『図説戦後史』、筑摩書房、1988 年、175 页。

工业、本田、铃木汽车展开竞争。1955 年登记在册的轿车为 16 万台,到 1965 年达到 188 万台。[①] 1965 年,共生产了约 69.6 万台轿车和 117.9 万台卡车,分别是 1960 年的 4.2 倍和 3.7 倍,次于美国、联邦德国和英国,居世界第四位。[②]

随着经济高速发展及进出口贸易的急剧增加,港口吞吐量也在不断增加。1955 年有 772 个港口,货物处理量为 2.6 亿吨,到 1965 年增加到 904 个港口,货物处理量也增加到 8 亿吨。从中东地区进口大量每桶仅为 2 美元的石油,为节省运输成本,大型油轮应运而生。1962 年载重 13.23 万吨的"日章丸"下水,1966 年 20.9 万吨的"出光丸"也下水。因此,进出口贸易推动了大型船坞的建设和大型油轮的建造,1962 年到 1964 年出现了第二次出口船热。

企业旺盛的设备投资也与政府的低利率政策有关。在民间的设备投资中,外部资金、特别是借款占较高的比例。内部资金比例 1956—1958 年之间为 39.2%,1959—1961 年为 39%,1962—1964 年为 39.7%。相同时期美国为 65%,英国为 62%,设备投资旺盛的德国也为 55%。另外从外部资金来看,借款所占的比例 1956—1958 年之间为 74.4%,1959—1961 年为 65.9%,1962—1964 年为 74.7%。借款主要来自面向重化学工业大企业融资的城市银行,城市银行资金不足时从日本银行借款。支持这种放款过多现象的是政府的低利率政策。根据 1947 年临时利率调整法设置的最高存款利率,在 1961 年进一步下降,一年期存款利率从 6% 下降到 5.7%,此后一直维持到 1970 年。[③]

在 60 年代上半期的经济高速增长时期,300 人未满的中小企业虽然从 21 万家增加到 33 万家,仍然占全部企业的 99%,企业人员在 1960 年约占全部就业人数的 70%,1965 年仍然为 69%。在经济发展过程中,虽然也有一小部分中小企业利用丰富的优秀劳动力,积极采用新技术,专

① 宫本宪一『昭和の歴史・第 10 巻・経済大国』、小学館、1983 年、89 頁。
② 歴史学研究会編集『日本同時代史・4・高度成長の時代』、青木書店、1990 年、45 頁。
③ 歴史学研究会編集『日本同時代史・4・高度成長の時代』、青木書店、1990 年、47 頁。

门生产汽车、家电等新兴产业的零部件,或者开发新的消费资料,成为中等规模的企业,但大多数中小企业成为大企业的承包工厂,特别是在新兴产业的机械、电机、汽车等部门。

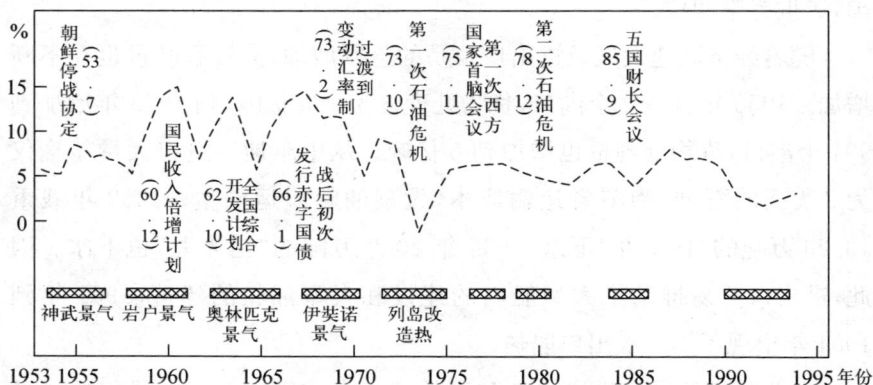

图 4 - 1　1953—1995 年日本经济发展

三、社会的变化

在经济高速增长的背景下,农业人口继续减少。农业就业人口在1960 年时约有 1 313 万人,1965 年为 1 086 万人,减少 227 万人。但农村的户数几乎没有减少,只是农业劳动时间减少,从事农业以外工作的时间增加。仅依靠农业收入的专业农户从 1960 年的 34.3% 减少到 1965年的 21.5%,以农业为主兼业为副的第一种兼业农户从 33.6% 上升到36.7%,以兼业为主农业为副的第二种兼业农户从 32.1% 增加到41.7%。1965 年时,兼业者的 81.4% 成为被雇佣者,其中之 34.2% 为外出打短工。① 由于年轻人中学毕业后几乎全部到城市就业,中年男性也到城市做临时工,兼业农户的农活基本由老爷爷、老奶奶、老婆承担,因而为"三老农业"。

另一方面,人口向太平洋沿岸的城市集中,特别是向东京、大阪、名

---

① 歴史学研究会編集『日本同時代史・4・高度成長の時代』、青木書店、1990 年、64—65 頁。

古屋等产业集中的三大城市圈集中;在东京湾、伊势湾、大阪湾、濑户内海等地区,填海造地后成为集中人口的新工业地带,但其他地区的人口大量流出,特别是在缺少产业的日本海沿岸,出现了"过密"的大城市圈、人口较为集中的地方圈和人口"过疏"的地区。1955—1970 年,东京圈、大阪圈、名古屋圈的都府县人口急剧增加,九州、四国、山阴、北陆、甲信、东北等 21 个县人口大幅度减少,其中岛根、佐贺两县 10 年间减少了10％以上的人口,10 年间减少 5％以上人口的县也有 15 个。[①]

东京圈集中大量人口除工业较多的原因外,信息、权力、文化也是重要的因素。在地方圈中,因行政机构和大企业的分厂集中,同时也兼有信息、权力、文化功能的中枢城市,例如札幌、仙台、金泽、冈山、广岛、福冈、熊本等,其人口也较为快速地增加。即使在县厅所在地,人口集中程度也较为突出。

伴随经济高速增长的人口移动,不仅进入城市的青年男女结婚组成"核心家庭"的现象日益普遍,而且其意识也逐渐固定下来。早在 1960 年就出现了年轻女性提出"要房、要车、不要爸爸"的结婚条件,即使与未婚子女一起生活的中年夫妇,其高龄后希望不依赖子女单独生活的人越来越多。例如 1955 年有 22％的中年夫妇回答"完全不依赖子女生活",到 1969 年增加到 50％,相反,回答"依赖子女生活"的人从 45％下降到28.6％。[②]

尽管 20 世纪 60 年代初政府积极推动女性进入劳动力市场,但民间大企业通常认为女性的主要职责是家庭主妇,外出工作是利用业余时间贴补家用,因而女性的工作大多是低工资、无福利、按照时间领取报酬的"钟点工"。这样的女性工人不仅在纺织、烟草等产业较多,而且在电机、精密机械工业也迅速增加。因此,部分女性通常是结婚前工作,结婚后退职在家养育子女,子女成人后再外出做工。也有部分女性选择结婚生

---

① 正村公宏『図説戦後史』、筑摩書房、1988 年、221 頁。
② 小学館編集『日本 20 世紀館』、小学館、1999 年、729 頁。

育后继续工作,因而出现了不少钥匙挂在脖子上去学校的小学生。1960年妻子无工作者为1 026万人,有工作者为895万人,到1965年,前者增加到1 139万人,后者增加到1 051万人。

大量核心家庭入住"团地",改变了日本人的生活方式。尽管卧室仍为日本的草席,但兼充餐室的厨房使睡眠和吃饭的地方分离,过去的矮饭桌变成外国式高桌椅,特别是以"三件神器"为中心的家用电器的普及,烤面包机、电饭锅、吸尘器、被炉等也广泛利用,家庭生活方便化、西方化。特别是带有恒温装置的自动式电饭锅在1955年开始销售后,到1963年共生产500万台,因其过于方便,有批判说将"使女性变为懒惰者"。

在家用电器的普及上,城市与农村仍有差距。在1964年,电冰箱在城市的普及率为66.2%,在农村为14.5%;洗衣机在城市的普及率为75.8%,农村不到50%。尽管在社会阶层方面,家用电器普及率有差距,但其差距逐渐缩小。例如在1959年,1 000个雇主家庭拥有244台黑白电视机,1 000个临时工家庭只有19台;但到1964年,前者上升到974台,后者上升到619台。

随着电力、石油的广泛应用,过去厨房所用的木炭或木柴逐渐为液化石油气或电力所取代,同时消失的还有炉灶、炭炉、陶炉等。50年代炭炉与煤气炉同时存在,1957年木炭生产量到战后最高,但到1963年减少一半。即使在农村,1959年开始使用煤气,当时70%的燃料是木炭,热能的自给率为60%;但到1963年热能的自给率下降到30%。大量农村烧炭者失去职业,加入到外出打工者行列。

随着电视机的普及,日本人主要的余暇娱乐是看电视节目,特别是NHK电视台在除夕夜举行的每年一度"红白歌组对抗赛"吸引了大批观众。据NHK电视台的调查,从1962年到1998年,收视率最高的节目是1963年12月31日NHK的"红白歌组对抗赛",达到81.4%。大量的电视广告也影响到人们的消费行为,也有不少因广告成功而企业获得发展的事例。

另一方面,由于家用电器的普及、周休两日的实施,1961 年出现了"余暇娱乐热"的流行语,同年滑雪者超过 100 万人,登山者达到 224 万人,旅行开始成为日本人渡过余暇时间的主要活动。尽管 1954 年日本航空公司开辟了羽田到旧金山的航线,但海外旅行尚未得到政府的许可。1964 年 4 月开放海外旅行,但一年只能一次及携带 500 美元。4 月8 日,25 人参加、平均 48 岁、穿和服女性较多的战后首次日本人海外旅行团从羽田飞往夏威夷,费用为 36.4 万日元,相当于大学毕业参加工作后的一年半工资,一般人难以承受。

大量生产、大量消费的廉价商品使"用完就扔"的一次性消费逐渐成为 60 年代日本人的生活模式,其中超级商场的出现推动了这一过程。日本最初的超级商场是 1953 年青山地区的纪伊国屋,当时主要面向外国人。1957 年 9 月,超级商场"大荣 1 号店"在大阪开始营业,虽然遭到同行业人士的抵制,但超级商场迅速发展起来。1962 年有店铺672 个,1965 年增加到 2 171 个。但销售额的比重不高,仅占零售总额的 5%,当时百货商店也只占零售总额的 10%。超级商场发展迅速的背景之一是"饮食和起居的西方化",食物为牛肉、黄油和汉堡包,起居室是窗帘、地毯和桌椅。但大量生产、大量消费的结果是大量垃圾,整个 60 年代,伦敦的垃圾增加 10%,但东京却增加了三倍。特别是耐久消费品的废弃,这些粗大垃圾不仅给环卫事业带来困难,也给环境带来污染。

在经济优先主义的池田政权时期,大力实施人才培养政策。1962年文部省发表了《日本的增长与教育》白皮书,1963 年经济审议会提出《经济发展中人员能力开发的课题与对策》咨询报告,均提到在中学阶段注意培养 2%—3% 的精英人才,其他均为从事机械劳动的工人。在其基础上,文部省为获得按照能力及适应性升学的客观资料,开始实施全日本一齐进行的学力测验,建立学生能力数值化的选拔体制。结果为争取好的名次,出现诸如教师在考试考场散发正确答案、学习成绩差的学生字考试日在家休假等作弊现象,遭到社会舆论的批判,甚至出现了反对运动。尽管 1967 年统一学力测验终止，但加强了在学校中根据成绩决定学生发展方向的教育方式，学校教育成为经营企业那样的管理对象。

第三节　佐藤荣作长期政权

一、对立的国内政治

与池田勇人内阁的经济外交相比，佐藤荣作内阁在外交上不仅活动多，获得的成果也较为突出，但由此引起了国内政治势力之间，特别是执政党与在野党之间的对立。实际上，佐藤政权时代"最大的政治目标、最大的事件"是美国将冲绳行政权归还日本。① 早在 1964 年 7 月，佐藤在宣布参加自民党总裁竞选的记者会上表示"积极要求苏联归还南千岛以及美国归还冲绳"。尽管美国总统肯尼迪在 1962 年明确表示原则上归还冲绳给日本，但随着越南战争的扩大，冲绳的战略地位进一步提高，形势变得模糊起来，甚至美国驻日大使赖肖尔劝告即将访美的佐藤首相不要明确提出该要求。

1965 年 1 月 10 日，佐藤首相达到美国访问。在 12 日与美国总统约翰逊进行的首脑会谈中，针对中国前一年 10 月成功进行核试验，佐藤首相询问日本受到核攻击时美国能否给予保护，美国明确表示对日本提供核武装保护。在冲绳问题上，双方确认维持冲绳现状的重要性，只是在共同声明中提出："双方原则达成扩大日美协议委员会的功能，即该委员会今后不仅对琉球群岛的经济援助问题，而且继续为提高琉球群岛居民安定而讨论两国合作的其他问题。"②在访美半年后的 8 月 19 日，佐藤首相作为战后首次访问冲绳的首相发表演说指出："如果冲绳没有回归祖

① 楠田実『楠田實日記：佐藤栄作総理首席秘書官の二〇〇〇日』、中央公論社、2001 年、879 頁。
② 藤本一美、浅野一弘『日米首脳会談と政治過程——1951～1983——』、龍溪書舎、1994 年、170 頁。

国，我国的战后就没有结束。"①

　　日本与韩国的第七次会谈在 1964 年 12 月 3 日开始，当时韩国朴正熙政权希望通过与日本恢复邦交正常化获得经济援助，以便顺利实施经济发展五年计划。美国因国际收支赤字和越南战争，也希望日本给予韩国援助，同时需要韩国出兵越南，美日韩联合应对东亚地区的紧张局势。在佐藤首相访问美国时，美国方面再次督促日本尽快签署日韩条约。因此，1965 年 2 月 17 日，椎名悦三郎外务大臣访问韩国，在机场对过去不幸的历史表示遗憾和反省。在会谈中，双方就旧条约的无效时期和韩国政权的管辖范围达成一致，并在 20 日草签了《日韩基本条约》。

　　其后日韩之间就渔业、请求权、在日韩国人地位、经济合作等问题也达成一致，最后竹岛（韩国称独岛）的归属问题作为有待解决的纠纷处理，6 月 22 日在日本首相官邸签署了《日韩基本条约》及其附属的 4 个文件、其他 25 个文件，主要内容为：日本答应在 10 年内提供 3 亿美元的无偿资金、2 亿美元的有偿资金、3 亿美元的商业借款，韩国放弃对日请求权，两国间签订的旧条约无效，在日韩国人可申请协定永居权等。但该条约无论在日本还是在韩国，都遭到社会舆论的强烈批判。

　　在 1965 年初的通常国会上，自民党提出国际劳工组织（ILO）相关法案。1951 年日本加入了国际劳工组织，但没有批准有关"保护结社自由及结社权"的 ILO 第 87 号条约。1957 年"春斗"时，公共企业工人举行罢工，公司方面以没有集体谈判权为由解雇了领导罢工的工会干部等，工会方面向国际劳工组织提出诉讼。国际劳工组织不仅数次向日本政府提出劝告，甚至在 1965 年 1 月前所未有地派遣调查团到日本进行实地考察。自民党提出的法案带有苛刻的条件，引起社会党的强烈不满。4 月 15 日，自民党依靠压倒多数在特别委员会采取强行表决方式，在 1 分多钟的时间内通过了批准 ILO 第 87 号条约案及国内相关法案。为此

① 藤本一美、宗像优编『戦後日本政治ハンドブック・第三巻・高度成長の政治（1965—74年）』、つなん出版、2006 年、40 頁。

在野党拒绝参加国会审议,众议院议长出面斡旋,自民党特别委员长与社会党推动批准条约特别委员长进行会谈,在具体问题上妥协,然后众参两院顺利通过相关法案。

同一国会审议的农地赔偿法案再次引起对立。尽管1953年最高法院判定农地改革符合宪法,并非属于宪法保护的财产权受到侵害,但失去土地的地主依然不满,特别是经济高速增长时期城市周围土地以高价转卖,旧地主更加感到不平,要求国家赔偿。他们组成"全国农地解放者同盟"等团体,向自民党施加压力。自民党在1965年5月决定以每公亩2万日元的价格给予补偿,其中也有在参议院选举中获得更多选票的动机在内。但有关法案引起在野党的强烈反对,自民党在众议院内阁委员会和全体会议上均采取强行表决方式,在参议院在野党提出各种动议,甚至用牛步战术加以阻止,但未能成功。

1965年6月,佐藤首相改造内阁,福田赳夫担任政府大藏大臣,田中角荣担任自民党干事长。在同年7月举行的参议院选举中,自民党减少4个议席,社会党增加8个,公明党增加7个。虽然自民党不是大败,但也不是好成绩,[1]但此时包括池田勇人、大野伴睦、河野一郎在内的党内有力竞争者相继去世,同时在野党的多党化以及在其基础上的弱化,在福田、田中等较年轻优秀人才的支持下,佐藤政权逐渐稳固并走向长期化。

1965年10月5日,第50届临时国会开幕,执政党、在野党围绕《日韩基本条约》展开激烈的争论。社会党与日本共产党采取统一"阻止批准日韩条约"的统一行动,发动10万国民在国会附近举行示威游行。在社会舆论的支持下,社会党陆续提出不信任案,每次均采取牛步战术拖延时间,但佐藤首相不做让步。11月5日,民社党决定赞成日韩条约,自民党在其合作下采用强行表决方式,陆续在众参两院通过相关条约,时间为临时国会闭幕的12月13日前两天。该届国会未能审议其他法案,

---

① 林茂、辻清明編集『日本内閣史録・6』、第一法規出版、1981年、121—122頁。

成为名副其实的日韩条约国会。

为准备即将到来的大选，佐藤首相在 1966 年 8 月改造内阁，但接二连三的政界丑闻动摇了其政权。8 月 5 日，东京地方检察机关以恐吓、欺诈国际兴业股份公司小佐野贤治会长 1 亿日元以及日本住宅公团不正当转卖 2 亿日元的嫌疑提出逮捕自民党众议员田中彰治。在野党提出开除田中的要求，但议员受到《国会法》有关规定的保护，直到田中向众议院议长提出辞职申请并得到批准后，检察机关才在 8 月 26 日以八项罪名起诉田中，1974 年 12 月判处其四年有期徒刑。

从 1963 年政府实施处理国有林业的方针以来，其中出现的不正当处理事件成为较大的社会问题。1966 年 5 月，社会党参议员大森创造追究政府在处理栃木县林业中不当行为的责任，并要求传唤证人，其后又与公明党议员追究该地区的林业处理问题。特别是东京农业开发兴业公司得到价值 3 496 万日元的国有林，一年后以近 40 亿日元的抵押价格从金融机构获得贷款，其背景是社长与政界具有密切的关系。政府下令暂时停止处理国有林，同时国会追究的目标转向与处理国有林有关的共和制糖事件。

9 月 27 日，大森议员揭露共和制糖从农林渔业金融金库、农林中央金库、开发银行等金融机构共获 26 亿日元的贷款，但实际工程费用只使用 13 亿—15 亿日元的资金，而且融资需要的文件上使用了伪造的印章。其后暴露的有关金额达到 72 亿日元，其中 7 亿—10 亿日元用在填补企业赤字与政治资金上。最后，政府被迫承认过度融资责任，并公布了包括自治大臣在内 11 名接受政治资金议员的名字。

另外，在野党追究运输大臣荒船清十郎动用职权命令国铁临时改动时间表以使特快列车在自己选区的车站停车事件，同时也揭露其在其他问题上具有不正当活动，结果在社会舆论的压力下，佐藤首相更换了运输大臣；10 月 17 日，在野党再次揭露防卫厅长官上林山荣吉不当使用自卫队飞机并率多名自卫队干部回故乡鹿儿岛、松野赖三农林大臣外出旅行过多随行人员、有田喜一文部大臣使用正在缓期执行的秘书、通产省在进口台湾香蕉配额不当等问题,称为"黑雾"的这些渎职、腐败事件引起社会对自民党及佐藤政权的强烈不满。朝日新闻社在 11 月 21、22 日进行的舆论调查显示,佐藤内阁的支持率下降到 25%,同年 4 月的调查为 30%;赞成佐藤内阁全体辞职者为 44%,反对者只有 20%。①

尽管佐藤荣作在 12 月 1 日的自民党大会上战胜藤山爱一郎第三次当选该党总裁,但批判票超过三分之一。在其后进行的内阁改造中,佐藤首相没有吸收非主流三派的成员进入内阁,被媒体称为"右翼单肺内阁"。12 月 3 日,临时国会在社会党、日本共产党缺席状况下开幕,在野四党发表迫使国会解散的声明。12 月 9 日,政府以政令形式宣布以旧纪元节的 2 月 11 日作为建国纪念日,"国民文化会议""纪元节问题恳谈会"等社会团体对此发表抗议声明。

12 月 27 日,第 54 届通常国会召开当日宣布解散众议院,1967 年 1 月 29 日举行大选,尽管总席位增加到 486 个,但自民党仍从选举前的 283 席减少到 277 席,社会党从 144 席减少到 140 席,日本共产党依然为 5 席,民社党从 23 个增加到 30 个,公明党首次参加大选一举获得 25 席。在大选后举行的公明党大会上,竹入义胜当选该党委员长,矢野绚也当选书记长。

除自己也有政治资金问题外,社会党的失败还与党内矛盾有关。1965 年 3 月 1 日,河上委员长因病辞职,在 5 月 6 日召开的党临时大会上,副委员长佐佐木更三无投票当选为委员长。与此同时,江田等人组织"社会主义运动研究会",在理论和人事上寻找东山再起的机会。在 1966 年 1 月召开的第 27 次党大会上,江田竞选委员长职务未获成功。同年 12 月召开第 28 次党大会,江田再次败给佐佐木,而且以佐佐木派为首的主流派占中央执行委员会的多数,江田派没有得到一个主要职务。②

---

① 藤本一美、宗像优编『戦後日本政治ハンドブック・第三巻・高度成长の政治(1965—74 年)』,つなん出版,2006 年,69 頁。
② 冈田一郎『日本社会党——その组织と衰亡の歴史』,新时代社,2005 年,112 頁。

1967 年 4 月，佐藤首相在众议院预算委员会上表示"不向共产主义国家、联合国决议禁止的国家、纠纷中的当事国"出口武器的三原则，同时为表示反对共产主义的姿态，在同年 9 月访问台湾。早在 1965 年 4 月，佐藤政权就与台湾政权达成日本在五年间向台湾提供总额 540 亿日元贷款的承诺。其在访问台湾时与蒋介石等人会谈，并发表了强化地区各国关系的共同声明。其后日本对台湾的援助不断增加，1965 年台湾接受的政府借款中美国占 54.7%，但到 1968 年下降到 15.4%，日本却从零上升到 25.6%。1971 年 8 月，佐藤政权又决定向台湾提供 80.82 亿日元的政府贷款。[①]

为配合美国的东亚政策，同时也为加强日本与东南亚各国的关系，1966 年 4 月，日本在东京在举办了战后首次国际会议"东南亚开发部长会议"，9 月在东京举办了"印度尼西亚债权国会议"。其后通过大量借款促使印度尼西亚转向西方，仅在 1966 年和 1967 年，日本就向印度尼西亚贷款约 450 亿日元。1967 年 9—10 月，佐藤首相两次访问东南亚和大洋洲，其中第一次访问了缅甸、马来西亚、新加坡、泰国、老挝等，第二次访问了印度尼西亚、澳大利亚、新西兰、菲律宾、越南南部等。在第二次出发访问越南南部时，日本国内存在很强的反对舆论。为阻止其访问，大学生与警察在羽田机场发生冲突，导致一名学生死亡和数百人受伤。

二、追赶型现代化的完成

1964 年 10 月东京奥运会结束后，日本经济恶化，1965 年民间设备投资比前一年减少 5%，实际增长率也从 13.2% 下降到 5.8%。1964 年底，日本特殊钢公司因负债 200 亿日元申请公司更生法，1965 年 3 月，山阳特殊钢公司因负债 500 亿日元申请公司更生法，这一时期许多较弱的中小企业倒闭。

---

① 山本剛士『戦後日本外交史・Ⅵ・南北問題と日本』、三省堂、1984 年、71 頁。

　　证券公司自池田内阁成立以后发展迅速,1961 年发行公司债券投资信托以后出现过热状态。证券公司以顾客储存的长期信用银行金融债券为担保借贷短期资金买卖股票和公司债券,其金额在 60 年代迅速膨胀,最高时的 1965 年 4 月达到 2 923 亿日元。但受美国总统肯尼迪 1963 年 7 月强化美元地位以及肯尼迪在同年 11 月被暗杀的影响,东京股票交易所平均股票指数下跌。尽管 16 家银行与 4 家大证券公司成立的"日本共同证券"投入大量资金挽救股市,日本银行也投入 845 亿日元,但四大证券公司之一的"山一证券"出现严重的经营危机。

　　1965 年 5 月 21 日,《西日本新闻》发表"山一证券"经营危机的特别快讯后,该公司顾客纷纷要求解除投资合同,三天之内偿还资金达到 70 亿日元,挤兑风潮也蔓延到其他证券公司。此时"山一证券"借款超过 700 亿日元,累计赤字超过 100 亿日元,即将倒闭的状态。[①] 5 月 28 日晚上,包括大藏省次官、日本银行总裁在内的数家大银行首脑紧急会谈没有得出结论,火速赶来参加会议的田中角荣决定以保护信用制度的名义发动日本银行法第 25 条,即日本银行"无限制、无担保"地向"山一证券"提供 282 亿日元的特别融资,终于平息了挤兑风潮,使众多证券公司渡过难关。

　　因经济萧条,税收低于最初的预算,为弥补收入不足,在 1965 年度的补充预算时发行了 2 000 亿日元的赤字国债。在 1966 年度的预算中,又发行了 6 750 亿日元的建设公债。作为战后首次发行的国债,除刺激经济恢复景气外,也有充实社会资本的目的。1965 年度的一般会计最终支出为 3.723 1 万亿日元,比前一年增加 12.4%,财政投融资为 1.776 4 万亿日元,比前一年增加 20.9%。同时出口增加,从 1966 年夏季开始设备投资出现高涨,日本经济出现战后最大的繁荣。

　　佐藤内阁在 1965 年 1 月制定了《中期经济计划(1964—1968 年)》,因证券危机而在 1967 年 3 月制定《经济社会发展计划(1967—1971

---

① 金子贞吉『戦後日本経済の総点検』、学文社、1996 年、117 頁。

年)》,设计年均增长率为 8.5％,同时对应 1967 年开始的资本自由化。佐藤内阁将物价稳定、经济效率化、社会发展作为重点政策课题,其中经济效率化的内容是中小企业、农业、流通业的现代化,并培育具有国际竞争能力的企业;社会发展的目标是提高与经济发展相适应的社会福利,改善住宅和交通,改善生活环境,消除公害等高速增长带来的弊端等。

　　从 1965 年 10 月到 1970 年 7 月,日本出现了长达 57 个月的经济繁荣。1966 年的实际增长率为 10.4％,其后每年均超过 12％。媒体以创造日本国土之神加以命名,称之为"伊奘诺景气"。1966 年出口额比前一年增加 16％,达到 3.519 5 万亿日元,1967 年为入超,1968—1971 年连续四年每年出口增长率在 20％左右。随着出口的增加,以设备大型化为目标的民间设备投资迅速增加,特别是在加工型产业和非制造业部门。1966 年民间设备投资比前一年增加 17％,1967 年为 31.6％,到 1970 年年均增长率均在 20％以上。实际投资额 1966 年为 11.5 万亿日元,1971 年增加到 26 万亿日元。[①]

　　出口急速增加与美国进行的越南战争有关。美国国内经济倾向于军需产业,其他产业的设备投资减少,这些产业的竞争力减弱,在固定汇率的基础上,日本产品迅速进入美国,1965 年以后对美出口年均增长率超过 30％;美国对亚洲地区各国的军事开支及对外援助也使日本对该地区的出口急剧增加,其中不仅包括工业产品及消费资料,也包括基地等建设所需机械、钢铁等重化学工业产品;根据美国的需要,日本也增加了对该地区的经济援助,从而带动了日本商品乃至日本企业进入东亚各国。但日本过度注重对外经济的姿态,以至于在 1969 年出现了日本为"经济动物"的流行语。

　　60 年代后半期,日本经济形成了钢铁、汽车、造船、电气等四大出口产业及其外需型结构。采用大型高炉的钢铁厂陆续建成投产,例如大幡制铁的堺工厂(1965 年)、名古屋工厂(1969 年)、君津工厂(1969 年),住

---

① 金子贞吉『戦後日本経済の総点検』、学文社、1996 年、121 頁。

友金属的和歌山工厂(1966年)、鹿岛制铁所(1971年),日本钢管的福山工厂(1969年)、川崎制铁的水岛工厂(1969年)、神户制钢的加古川工厂(1970年)等,均是占地面积大、进口煤炭和矿石、炼铁·炼钢·制品一体化的大型联合企业,1971年世界共有48座容量2 000立方米的大型高炉,日本就拥有22座。

1965年10月,汽车进口自由化,企业为此进行集约型的大规模设备投资。1964年"日产"建造专门生产小型车辆的座间工厂后与"公爵"合并,"丰田"与"日野汽车""大发工业"进行业务合作。汽车产量1965年为178万辆,1970年增加到529万辆,轿车的产量从1965年的69.6万辆增加到1970年的317.9万辆。轿车拥有量1964年为132万辆,到1972年超过1 000万辆。[①]

彩色电视机产量在1965年为9.8万台,1970年达到640万台,黑白电视机的产量也超过609万台,电视机的出口也大幅度增加。60年代后半期,出现了彩色电视机、空调、汽车统称为"3C"的消费时代,到1970年,彩色电视机的普及率为26%,空调为6%,汽车为22%。

日本经济持续的高速增长进一步加大了地区之间的差距,人口"过密"及"过疏"现象更为严重。为此,1969年5月内阁会议决定了《新全国综合开发计划》(简称"新全综"或"二全综")。该计划的基本目标是到1985年,建设联结东京与地方产业城市之间的新干线、高速公路、通讯网络,以形成物资流通和通讯网络,实现人与自然的协调,纠正地区差距。从北海道的苫小牧到鹿儿岛的志布志湾,整个日本列岛均纳入大规模产业开发之中。作为高速交通网络,东京湾沿岸道路、本州四国大桥、青函隧道、关西机场均在计划之列。

1970年5月,佐藤内阁制定《经济社会发展计划(1970—1975年)》,公共投资的重点放在环境卫生、公共住宅、道路、机场等领域。1968年,日本的国民生产总值超过联邦德国,居世界第二位,人均产值超过2 000

---

① 金子贞吉『戦後日本経済の総点検』、学文社、1996年、122頁。

美元,达到美国的 40％。第二产业从 23.4％上升到 34％,第一产业从 41％下降到 19.3％。出口总额约 7 万亿日元,增加约 10 倍,成为仅次于美国、联邦德国的第三大贸易国,是贸易盈余国。①

在 60 年代后半期,为适应国际化企业纷纷合并。1964 年新三菱重工、三菱日本重工及三菱造船合并,恢复财阀解体前的三菱重工;1965 年神户制钢与尼崎制钢合并;1966 年东洋纺织与吴羽纺织合并,1968 年石川岛播磨吸收吴造船厂,同年川崎三企业合并为川崎重工业;1969 年住友机械与浦贺重工业合并为住友重机械工业。其中最大的合并是 1970 年 3 月八幡制铁与富士制铁组成"新日本制铁",资本金高达 2 294 亿日元,从业人员 8 万名。合并前两个企业是该产业领域第一位、第二位大企业,合并后 20 种产品的市场占有额均超过 30％。

60 年代后半期,东南亚各国制定经济发展计划,引进外资,实施出口导向工业化。过去以战争赔偿及经济援助为主的投资逐渐转变为日元贷款的投资,其数额从 60 年代前半期的 5 亿美元增加 1969 年的 13 亿美元。民间直接投资 1965 年时为 197 件、1.59 亿美元,1968 年开始急剧增加,1970 年时达到 730 件、9.4 亿美元,这些投资大多以三井物产、三菱商事等大型综合商社为中心。②

经济高速增长带动了物价的上升。50 年代后半期物价基本稳定,60 年代前半期批发物价年增长率为 1％,但消费者物价每年上升 6％。1966 年消费者物价上升 5.1％,批发物价上升 4.3％,其后批发物价再次稳定,但消费者物价 1969 年上升 5.2％,1970 年上升 7.7％,在整个 60 年代年均上升 5.9％。但在同一时期,美国上升 2.8％,英国上升 4.1％,联邦德国上升 2.7％。③

在 60 年代后半期,农业人口继续减少,1970 年为 927 万,兼业农户上升到 84.4％。土地逐渐转化为工业用地和住宅用地,耕地面积从

---

① 金子贞吉『戦後日本経済の総点検』、学文社、1996 年、130 頁。
② 歴史学研究会編集『日本同時代史·4·高度成長の時代』、青木書店、1990 年、159—160 頁。
③ 歴史学研究会編集『日本同時代史·4·高度成長の時代』、青木書店、1990 年、183 頁。

1965 年的 6 004 千公顷下降到 1970 年的 5 796 千公顷。农产品进口逐年增加,1970 年达到 1 580 万吨,为 10 年前的 3.5 倍。日本国内对大米的需求量相对减少,出现过剩局面。1967 年大米丰收,产量达到 1 445 万吨。其中也有单位产量不断增加的原因,过去每 10 公亩产量 400 公斤,1967 年增加到 450 公斤,大米需求量却从 60 年代前半期的 1 300 万吨下降到 1 200 万吨。库存米在 1965 年为 5 万吨,1967 年增加到 64 万吨,1968 年为 298 万吨,1970 年进一步增加到 720 万吨。

大米价格分为以生产费用为基准的生产者价格和稳定消费者生活的消费者价格,60 年代生产者价格超过消费者价格,因而粮食特别会计存在赤字,其赤字从 1960 年的 281 亿日元增加到 1970 年的 3 608 亿日元。[①] 因此,政府在 1969 年实施冻结米价、1970 年开始减少水稻种植的生产调整政策。60 年代以前,政府管理粮食的流通,指定各级贩卖者。消费者到政府指定的粮食贩卖者那里接受配给的粮食,外出吃饭需带以大米换来的食券。1969 年修改《粮食管理发施行令》,大米开始自主流通,消费者自由选择零售店。

1969 年经常收支急剧增加,消费者物价上涨。同年 9 月实施紧缩政策,提高官定利率及准备金比率。1970 年设备投资达到顶点,同年 10 月政府降低官定利率。1971 年 8 月 15 日,美国总统尼克松颁布"新经济政策",宣布美元与黄金价格脱钩,对进口货物征收 10% 的附加税。政府连续六次降低官定利率,但最终被迫改变固定汇率,提高日元币值 17%,从 1 美元兑换 360 日元改为 1 美元兑换 308 日元。日本经济高速增长时代结束。

三、"以线换绳"

1967 年 11 月,佐藤首相访问美国,与约翰逊总统会谈后发表了共同声明,"首相和总统同意日美政府在冲绳行政权归还日本的方针下,共同

① 歴史学研究会編集『日本同時代史・4・高度成長の時代』、青木書店、1990 年、165 頁。

继续就冲绳的地位进行探讨"。日本积极发挥作用以协助美国封锁中国及其在越南的战争,美国在 1968 年 6 月之前全面归还小笠原群岛。[①] 在 12 月召集的临时国会上,针对社会党议员成田制巳提出"小笠原群岛归还日本后美国是否带入核武器"的质问,佐藤首相明确回答说:"在本土,我们主张无核三原则,即不制造、不拥有、不带入核武器",但没有阐明冲绳是否包括在内。尽管如此,佐藤因"无核三原则"获得 1974 年的诺贝尔和平奖。

在 1968 年 7 月举行的参议院选举中,自民党减少 2 个议席,社会党减少 8 个,公明党增加 2 个,民社党增加 4 个,日本共产党增加 1 个。同年 10 月,三木武夫为参加自民党总裁选举辞去外务大臣职务,并主张冲绳归还后与本土一样无核化,批判佐藤首相的区别对待政策。但在 11 月举行的总裁选举中,佐藤战胜三木和前尾繁三郎,第三次当选。在随后进行的内阁及党内人事改造中,佐藤首相任命爱知揆一为外务大臣,福田赳夫为大藏大臣,田中角荣为党干事长。在巩固政权的基础上,实现归还冲绳的目标,但此时日美之间的贸易纠纷骤然激化。

1965 年美国的对日贸易变为赤字,其后双边贸易摩擦不断。1968 年美国总统选举,尼克松为获得南方选民的支持,在自己的竞选纲领中提出将与日本为首的纺织品出口国签订限制进口协定。尼克松当选总统后,执政的共和党处于少数派地位,仍需民主党南方议员的支持。因此,尼克松上任不久就在 1969 年 4 月派商务部长斯坦斯访问东亚,要求各国在毛制品和纤维制品领域签订限制对美出口协定。日本纤维业界立即表示反对,并推动众议院通过了抗议美国对进口纺织品实施限制的决议。[②]

尽管 1969 年 3 月佐藤首相在参议院首次明确表示以无核化的方针与美国谈判归还冲绳问题,但暗中派京都产业大学教授若泉敬作为私人

---

① 藤本一美、宗像优编『戦後日本政治ハンドブック・第三巻・高度成長の政治(1965—74年)』、つなん出版、2006 年、82 頁。

② 細谷千博、綿貫譲治編『対外政策決定過程の日米比較』、東京大学出版会、1977 年、140 頁。

密使前往华盛顿,就冲绳归还与解决纤维贸易纠纷问题试探美方的意图,甚至与美国总统助理基辛格起草了紧急状态下冲绳美军可以带入或储藏核武器以及日本采取对美出口纺织品限制措施的秘密协商议事录。①

1969 年 11 月 17 日,佐藤首相访美,与美国总统尼克松进行了三次会谈,分别就包括冲绳在内的东亚安全问题、纺织品贸易问题交换了意见。第三次会谈后发表共同声明,包括坚持日美安保条约、韩国及中国台湾的安全对日本极其重要、在不损害美军基地功能的前提下 1972 年归还冲绳等内容。但在第一次会谈后,佐藤首相与尼克松总统进入总统办公室旁的小房间,两人在两份秘密协商议事录上签了名。②

从美国回到日本后,佐藤首相解散众议院,12 月 27 日举行大选。自民党获得 288 个席位,加上保守派无所属议员,达到 300 席。社会党惨败,议席从 134 个减少到 90 个,公明党增加到 47 席,民社党增加到 31 席,日本共产党也增加到 14 席。自民党得票率降低,在野党多党化趋势更加明显,相互之间出现联合的动向。但公明党因妨碍出版批判创价学会的书籍遭到舆论批判,在 1970 年 6 月宣布与创价学会脱离关系。日本共产党也在同年 7 月选举宫本显治为该党委员长、不破哲三为书记局长。社会党在同年 12 月的大会上,选举成田知巳为委员长、石桥政嗣为书记长。

1970 年 1 月,组成第三届佐藤内阁,中曾根康弘担任防卫厅长官。政府在 6 月 22 日宣布自动延长日美安保条约,在 10 月发表战后最初的《防卫白皮书》,同时在继 1966 年 11 月决定的第三次防卫力量整备计划大纲之后发表了第四次防卫力量整备计划大纲,确立了自主防卫基础上的专守防卫战略。10 月 19 日,在自民党临时大会上,佐藤击败三木,第

---

① 藤本一美、宗像优编『戦後日本政治ハンドブック・第三巻・高度成長の政治(1965—74年)』、つなん出版、2006 年、153—154 頁。
② 藤本一美、宗像优编『戦後日本政治ハンドブック・第三巻・高度成長の政治(1965—74年)』、つなん出版、2006 年、86 頁。

四次当选自民党总裁。

与此同时,为加快解决日美之间的纺织品贸易摩擦,佐藤首相在组织内阁时任命"美国通"宫泽喜一代替态度消极的大平正芳任通产大臣,但有关企业组成日本纤维产业联盟,反对限制对美出口纺织品。1970年6月,宫泽大臣在华盛顿与美国商务部长谈判,未能达成协议。1971年6月,日美正式签署归还冲绳协定。日本纤维业界从7月1日开始实施纺织产品对美出口每年限制在5%—6%的增加率,但未获得美国的认可。7月5日,佐藤再次改造内阁,任命田中角荣为通产大臣。但7月9日,美国突然宣布尼克松总统计划访问中国,8月15日尼克松总统宣布"新经济政策",同时对日本也加大压力,表示如果不签订日美政府间协定,美国不仅单方面实施纤维贸易限制措施,而且还要对汽车及彩色电视机等其他日本产品实施限制。

田中通产大臣加快谈判的过程,在10月15日与美国签署了政府间协定,主要内容为限制期间为1971年10月起3年、限制对象为所有毛纺品和化纤制品、在实行总额限制的同时实施品种限制等。另一方面,田中大臣积极采取救济纤维业界的措施。在佐藤首相的支持下,亲自与大藏大臣水田三喜男交涉,将救济所需2 029亿日元的款项编入政府补助预算方案中,既平息了企业的不满,也结束了长达两年半之久的日美纤维贸易纠纷。

在10月召开的临时国会上,执政、在野党围绕归还冲绳协定发生冲突,自民党在众议员特别委员会上采取强行表决方式,"总评"等工会组织发动200万人的抗议罢工。在众议院全体会议上,自民、公明、民社三党通过协定,附带通过无核三原则的决议。1972年5月,政府设置冲绳开发厅、冲绳振兴开发金融金库、冲绳县等。6月17日,佐藤首相表明辞职之意。

尽管1965年4月印度尼西亚举行亚非会议十周年纪念大会时,佐藤首相派遣自民党副总裁川岛正次郎参加会议,并与周恩来总理会谈,达成部长级成员定期会面的原则性协议,但并没有积极改善的行动。另一方面,中国在 1966 年 5 月开始进行"无产阶级文化大革命",意识形态逐渐强化,与日本共产党的关系也逐渐恶化。1967 年 1 月,日本共产党机关报《赤旗》刊登批判中国"无产阶级文化大革命"的文章,两党发生分裂。

受两国政治关系的影响,中日贸易方面也出现波折。1966 年 5 月自民党议员松村谦三为延长廖高贸易协定访华,但未得到中国方面的积极响应。1967 年廖高贸易协定到期后未能续签,1968 年 3 月,访华的自民党议员古井喜实等人与中国有关方面签订中日备忘录贸易(MT 贸易)协定,期限缩短为 1 年,以后每年更新协定。

1969 年日美首脑发表包括韩国和中国台湾条款的归还冲绳共同声明后,《人民日报》批判"日本已经复活军国主义,其侵略矛头直接对准中国"。1970 年 4 月,松村谦三到北京谈判贸易协定时,中国批判日本复活军国主义,多次指责松村"与佐藤勾结、为佐藤辩护"。在此次谈判中,周恩来总理提出中日贸易四条件,即拒绝与援助韩国和台湾政权、在韩国和台湾地区投资、为美国制造武器弹药、美国合办企业或子公司的工商企业进行贸易往来。因此,三菱重工、帝人、伊藤忠、丸红等大型企业和商社退出中日贸易。[①]

进入 70 年代以后,社会舆论要求恢复中日邦交正常化的声音高涨起来。首先在 1970 年年 10 月,国会跨党派推动中日邦交正常化议员联盟成立,有 379 名议员参加,其中自民党 90 人、社会党 30 人、公明党 71 人、民社党 30 人、日本共产党数人等,会长为藤山爱一郎。公明党在同年 12 月成立"中日邦交正常化国民协议会",社会党在 1971 年 2 月成立"中日恢复邦交国民会议",民社党在 3 月的大会上决定接受中日邦交正常化三原则,在中日邦交正常化过程中以适当方式解除"日台条约"。尽管如此,在 1970 年 11 月的联合国大会上,日本与美国共同再次提出"指

---

① 石丸和人、松本博一、山本刚士『戦後日本外交史・Ⅱ・動き出した日本外交』、三省堂、1983年、197 頁。

定重要事项决议案",将中国阻止在联合国之外。在 1971 年 10 月,日本和美国提出将台湾地区驱逐出联合国为重要事项的"逆指定重要事项决议案",企图保留台湾政权在联合国的席位,但以 4 票之差遭到否决。相反,有关中国加入联合国的提案以 41 票之差得到通过。[①]

第四节　社会与文化

一、非均衡发展与革新自治体

经济高速增长也带来了严重的非均衡现象,即公害的出现以及突出的城市问题。尽管 1950 年东京都、1951 年大阪府、1955 年福冈县陆续制定了防止公害条例,但公害问题有增无减。据相关统计,从 1963 年 11 月到 1964 年 10 月,日本地方报纸报道的公害事件约 700 件,其后五年间平均每年超过 1 000 件。[②]

尽管 60 年代以后石油逐渐代替煤炭,大城市的烟雾有所减少,但有害气体和烟雾混合的灰尘还是笼罩整个城市,甚至下午三点电车和汽车就要开灯行使。公害日趋严重的原因首先是政府的公害对策较为缓慢,民间防止公害投资到 60 年代后半期不超过 3%,1965 年以前民间企业没有一家处理污水的工厂。1961 年自治省曾调查各都道府县公害对策状况,只有 14 个都府县回答实施公害对策,具有专门公害对策机构的只有东京等 8 个城市;其次是当时日本的产业结构以重化学工业为中心,钢铁、化学、火力发电、造纸等均为污染较大的产业;另外还有人口过度集中在三大城市圈和濑户内海周围、迅速增加的汽车等交通工具以及大量消费带来的废弃物等原因。60 年代以熊本县水俣病、新潟县水俣病、四日市哮喘病及富山县痛痛病为代表的四大公害病及其诉讼典型地反

---

① 石丸和人、松本博一、山本刚士『戦後日本外交史・Ⅱ・動き出した日本外交』、三省堂、1983 年、210 頁。

② 宮本憲一『昭和の歴史・第 10 巻・経済大国』、小学館、1983 年、89 頁。

映了公害的恐怖性。

1968 年政府正式承认熊本县水俣病因工厂排出的废水所致,1969 年 6 月,当地 138 名水俣病患者以新日本氮股份公司为对象提出诉讼。1973 年 3 月,法院认为工厂方面的过失责任,判决原告胜诉。其后围绕认定患者出现波折,到 20 世纪末,正式认定的患者约 2 000 人;1965 年,新潟县阿贺野川下游也出现许多水俣病患者,后来查明是上游昭和电工鹿濑工厂排水中的水银所致。1967 年,受害者提出诉讼,1971 年法院判决原告胜诉,并在判决书中批评厂方对熊本县水俣病事例"隔岸观火"而忽略了安全管理义务。到 1982 年,新潟县认定的水俣病患者 579 人,其中 105 人死亡。

1959 年,四日市作为日本最初的石油联合企业基地开始生产。进入 60 年代后,首先是附近海域捕捞的鱼类带有油臭而不能销售,1961 年夏季,四日市以直接受到硫磺酸化物影响的矶津地区居民为中心,集体出现"四日市哮喘病",其中多是老人和孩子。1963 年石油联合企业正式大规模投产后,燃烧废油的烟雾大量排出。1964 年住在当地的原企业工人患肺气肿死亡,其后陆续出现因病自杀者,但追求利润的企业对此熟视无睹。1967 年 9 月,以患者为中心提出诉讼,1972 年 7 月,法院判决原告胜诉。当时认定的患者有 879 人,其中包括自杀的 64 人死亡者。在诉讼期间的 1969 年,当时的厂长因向海中排放有毒废水而遭到起诉并判有罪。

战争结束后,在富山县神通川流域的农村地区,以生育过子女的中年女性为中心,出现稍微不慎就骨折、全身剧痛的病状,1955 年以"痛痛病"为名广为人知。1961 年萩野生医生等人提出"镉原因说",1968 年正式认定其为上游三井金属矿业神冈矿业所排出废水所造成的公害病,同年,患者以工厂为对象提出诉讼,1971 年的一审、1972 年的二审均判决原告胜诉。到 1993 年,认定的患者 178 名,需要观察者 388 名。①

---

① 小学館編集『日本 20 世紀館』、小学館、1999 年、767 頁。

60 年代后半期，人口继续向城市，特别是大城市集中。1970 年，东京、大阪、名古屋三大城市圈的人口为总人口的 47％，其中东京圈的人口为总人口的 23.2％。市中心的地价太高，一般居民难以承受，只好在郊区购买住宅。例如离东京市中心 30 公里的町田市 1960 年时有 6.6 万人，到 1970 年达到 18.2 万人，增加了 3 倍。仅在 1969 年就迁入 2 万人，幼儿园、小学校严重不足，交通、上下水道、医疗设施、图书馆、公园、垃圾处理等方面均存在较大问题。[①]

另一方面，大城市仍存在住宅难问题。根据 1968 年的住宅统计调查，住宅共有 2 560 万户，超过家庭数量 67 万户，但实际住宅狭小、生活不便的住宅困难户大量存在，在 1969 年全日本平均为 47.5％，东京为 54.8％。[②] 大城市交通困难，不仅乘车时间长，而且乘客超员 200％，拥挤不堪。上述的町田市每天利用电车到市中心上班者三四万人，电车超员率达到 296％。如果超员率达到 250％，身体完全不能活动，往返时间长达 2—3 个小时，称为"上班地狱"。与此同时，汽车迅速增加伴随的大量交通事故，整个 60 年代每年因交通事故死亡的人超过 1 万，受伤者数十万。

城市居民对中央政府迟迟没有采取积极公害对策措施非常不满，因而出现批判自民党执政的自治体首长，特别是革新政党推荐当选的自治体首长，这些首长所在的自治体称为"革新自治体"。一般认为 1950 年京都大学经济学部部长、芦田均内阁的中小企业厅长官蜷川虎三在"宪法化为生活"的口号下当选京都府知事作为革新自治体的开端，其后福冈县、仙台市、冈山县、大宫市也出现社会党推荐的自治体首长。进入 60 年代以后，不仅革新自治体大量涌现，而且其基础是因公害问题、城市问题、社会保障问题、教育问题等兴起的居民运动。在选举中通常由社会党、日本共产党共同推荐，有时公明党、民社党也加以进来，在"总评"工

---

① 小学館编集『日本 20 世纪馆』、小学館、1999 年、768—769 頁。
② 宫本宪一『昭和の歴史・第 10 巻・経済大国』、小学館、1983 年、170 頁。

会等团体的支持下，无党派的学者、文化人士成为候选人并当选。

东京都在奥运会前后存在深刻的公害、住宅困难、教育不足、物价高涨等问题，1965 年出现自民党都议会议员腐败并被捕 17 人的丑闻，市民对此非常不满。1967 年东京都知事选举，社会党与日本共产党共同推荐东京教育大学教授美浓部亮吉为候选人，以"还东京蓝天"的竞选口号及其清廉形象得到选民的支持而当选。1969 年东京都制定《公害防止条例》，赋予企业防止公害最高标准的义务，比国家的标准严厉得多，中央政府施加撤回的压力，但在社会舆论和市民运动的支持下，反而是中央政府修改了标准。

受东京都的影响，在 1968 年冲绳最初的首长选举中，革新阵营共同推荐的屋良朝苗当选；1970 年京都府知事蜷川虎三在社会党、日本共产党的支持下，实现第六次当选；1971 年的统一地方选举是革新自治体的高潮，美浓部东京知事以压倒优势再次当选，在大阪，社会党、日本共产党共同推荐的宪法学者黑田了一击败自民党现任知事当选。在各城市的市长选举中，革新政党推荐的候选人在川崎、吹田、高松等 10 个城市当选。1973 年，加入革新市长会的城市达到 132 个，占全部城市的 20%。70 年代中期，革新自治体的人口超过总人口的 40%。

从发展优先向居民生活优先转化的革新自治体在施政方面、特别是公害对策方面具有先进性，例如东京都的公害防止条例、大阪府设置总量限制的环境整治计划、尼崎及川崎的公害受害者救济制度等。1965 年，制定公害防止条例的都道府县只有 9 个，但到 1969 年增加到 32 个，1970 年 46 个都道府县均制定了此类条例。专门设置公害对策部门的地方自治体 1969 年时有 9 个县、70 个市町村，但在 1970 年达到 37 个都道府县、125 个市町村。1969 年地方自治体的公害对策费为 226 亿日元，1970 年增加到 320 亿日元。[1]

---

① 藤本一美、宗像优编『戦後日本政治ハンドブック・第三巻・高度成長の政治(1965—74年)』、つなん出版、2006 年、168 頁。

另一方面,革新自治体注重社会保障与社会福利,大量增加幼儿园及养育设施、实行老人医疗免费等。与此同时,革新自治体重视居民参与施政,经常举行对话会、市长会、公证会、审议会等,组织市民委员会、居住区协议会,市民参与制定自治体的各种计划和设施建设,从而出现了市民社会的雏形。

尽管 1962 年日本政府制定了《煤烟规制法》,1963 年度的政府公害对策预算也增加到 133 亿日元,但扣除下水道事业费和防卫厅基地公害对策事业费外,仅剩下 1 亿日元,被讽刺为"从二楼点眼药"。[1] 1965 年颁布的《公害防止事业团法》第一条规定"以支持产业健全发展为目的",1967 年颁布的《公害对策基本法》第一条规定该法的目的是"努力与经济健全发展相协调",仍然强调公害治理不能成为经济发展的障碍。

在革新自治体和居民运动的推动下,自民党及日本政府被迫在 60 年代末开始采取正视城市问题及公害问题的态度。1967 年自民党成立以田中角荣为首的"城市政策调查会",1968 年发表《城市政策大纲》,在城市积极推动道路、公园、住宅、上下水道、文化体育等公共设施的建设。1968 年 5 月,政府颁布了《消费者保护法》,同年 6 月,政府制定《大气污染防止法》《噪音限制法》。1969 年 2 月政府制定《硫酸化合物的环境标准》、1970 年 2 月制定《一酸化炭的环境标准》、4 月制定《水质污染的环境标准》等。在同年 5 月召开的全国知事会上,佐藤首相表示"公害对策是重要的政治课题"。7 月 16 日,自民党公害对策特别委员会发表了《公害对策要纲》。31 日,成立直属内阁的"中央公害对策本部",佐藤首相兼任本部长。

1970 年 11 月 27 日召开临时国会,政府提出包括修改《公害对策基本法》在内的 14 个相关法案,其中《公害对策基本法修正案》《防止公害事业费事业者负担法案》《公害犯罪处罚法案》最引人注目。在《公害对策基本法修正案》中删除了"经济发展协调条款",而且为明确"没有福利就没有发展"的理念,强调该法的目的是"在确保国民健康、文化的生活

---

[1] 宫本宪一『昭和の歴史・第 10 卷・経済大国』,小学館、1983 年、147 頁。

方面,防止公害极其重要";在《防止公害事业费事业者负担法案》中,规定了国家、地方自治体在进行防止公害的公共事业时企业负担范围及作用;《公害犯罪处罚法案》的最初意识是公害即犯罪,并在行文中规定"有可能产生对公众生命或身体危险的状态造成者"给予处罚,但在财界的反对下,修改为"产生危险状态者"。

对上述法案,在野党要求进一步明确"生活优先"的姿态,并要求设置环境厅。12 月 18 日,国会通过了 14 个公害对策相关法案。1971 年 7 月,政府设置环境厅,负责保护大气及水质等自然、制定环境保护计划、调查环境影响、公害受害者补偿等。在 1970 年度的公害对策预算中,一般会计及特别会计合计为 666 亿日元,相关财政投融资 1 142 亿日元,比 1969 年度分别增长 52%和 26%。1970 年政府预算中的公害对策费及相关财政投融资进一步分别增加到 932 亿日元、1 702 亿日元。[①]

二、社会运动与校园斗争

20 世纪 60 年代的社会运动主题是反核、反战、反政府不当施政,其中学生组织的活动最为突出。反安保斗争前"全学联"已经分裂,激进的"共产主义者同盟"主导了其斗争,因未获成功而总结为"壮观的零"。60 年代中期出现三个"全学联",其中三个学生组织构成的"三派全学联"较为激进,倾向于实力斗争。

1963 年 1 月,美国驻日大使赖肖尔提出美国核动力潜艇进入日本港口的申请。同年 9 月,"反对安保国民会议"团体在横须贺、佐世保举行大规模集会,反对美国核动力潜艇进入日本。1964 年 8 月,政府同意美国核动力潜艇进入日本港口,在野党发表反对的声明。9 月,横须贺市举行 7 万人的反对集会,佐世保也举行了 1 万人的反对集会。11 月,美国"海龙号"核动力潜艇进入佐世保港口,抗议的游行队伍与警察发生冲突。1968 年 1

---

① 藤本一美、宗像优编『戦後日本政治ハンドブック・第三巻・高度成長の政治(1965—74年)』、つなん出版、2006 年、180—181 页。

月,美国核动力航空母舰"企业号"进入长崎县佐世保港口,以"三派全学联"为中心的各派学生组织与工会组织、市民团体从 1 月 17—23 日在佐世保与防暴警察连续发生冲突,参加者共有 6.5 万人,其中学生 4 000人,负伤者 519 人,其中学生 229 人,被捕者 69 人,其中学生 64 人。

1965 年 2 月,美国轰炸越南北部,开始在越南的全面战争,全世界出现大规模的反战活动。在这场战争中,日本不仅提供基地,还提供各种军需产品,日本政府也以日美安保条约为由支持美国的战争,但在野党及各界人士反对战争及政府的政策。"总评"工会在 1966 年 10 月举行了反战罢工,无党派的市民反战运动也大量出现,其中具有代表性的是1965 年 2 月成立的"越南和平市民联合"(简称"越平联")市民团体。该组织的代表是作家小田实,成员均为自发性参加,多为知识分子、市民、青年学生。在日本各地均有基础组织,最多时达到 350 个。其主要活动是"反战彻夜讨论会"、在美国大报刊登反战广告、帮助美国士兵脱离军籍、向在日美军做反战宣传工作、每周在大型车站广场举行集会、发行《周刊安保》、每月举行反战游行等。

1967 年 10 月 8 日,为阻止佐藤荣作首相访问越南南部,"三派全学联"指挥学生前往羽田机场,头戴安全帽、手持木棍的学生与防爆警察发生冲突,导致京都大学学生山崎博昭死亡,受伤者 600 余人,被捕者 58人,为"第一次羽田斗争";同年 11 月 12 日,为阻止佐藤首相访问美国,"三派全学联"3 000 人在羽田机场附近与防暴警察发生冲突,为"第二次羽田斗争"。1968 年 3 月,各派学生组织与市民一道反对在王子地区建立美军战地医院,并与防暴警察发生冲突,158 人被捕;同年 10 月 21 日"国际反战日",学生组织在东京举行集会,并在新宿地区爆发大规模骚乱,电车、派出所等被烧毁,警方派出大批防暴警察加以镇压,769 人被捕。

1965 年 6 月,政府颁布《新东京国际机场公团法》,计划建设新国际机场。1965 年 11 月,佐藤荣作内阁决定在千叶县富里建设新机场。为说服当地居民,千叶县政府提出土地补偿、替代土地、噪音对策、转职对策等四方面的要求,但佐藤政权没有给予明确答复,反对声浪立即高涨起来。佐藤内阁只好在 1966 年 7 月选择有皇家牧场的千叶县成田市三里塚作为新机场地址,但机场面积缩小一半,原计划的五条跑道也改为三条。感到歧视的三里塚 1 000 户、3 000 名农民或居民立即组成反对同盟——"三里塚芝山联合反对新东京国际机场同盟"进行抵抗,特别组织了青年行动队、老年行动队、少年行动队和妇女行动队。学生组织"全学联"、反对越南战争团体、支持革新政党的工会组织也纷纷给予支援。1968 年 2 月 26 日,"全学联"学生、反战青年委员会、反对同盟等 2 000 人在成田市召开集会,在游行示威时冲击了机场公团分部。现场试图阻止防暴警察殴打学生的反对同盟委员长户村一作被防暴警察摘去头盔猛击头部,造成严重的脑震荡。3 月 10 日,反对派 5 000 人再次举行抗议活动,结果出现 1 000 名负伤者、185 名被捕者。1971 年,政府准备对新机场建设用地强制性收购,因而千叶县地方政府连续采取两次强制代理行动。在 2 月 22 日到 3 月 25 日的强制行动中,千叶县出动警察 2.5 万人次,排除反对者组成的人墙,共逮捕 487 人,负伤者 700 人。在 9 月 16 日到 20 日的第二次强制行动中,3 200 名反对者固守在小屋中,并在机场周围开展游击活动,与 5 300 名警察不断发生冲突。

　　战后高等教育发展迅速,其原因第一,通货膨胀迫使大学扩大招生数额,以应付财政上的困难;第二,1956 年"日经联"提出《关于技术教育的意见》建议书,希望大学培养科学技术人才,私立大学积极响应。文部省在 1957 年制定科学技术人员培养扩充计划,1961 年放宽大学设置标准,有利于大学编成以培养科学技术人员的课程;第三,60 年代以后学生数量急剧增加,1964 年文部省制定学生数量急剧增长对策,私立大学成为接受这些学生的学校。1961 年,四年制大学有 250 所,1962 年达到 260 所,1963 年 270 所,1968 年达到 377 所,这些大学的学生也从每年 5—6 万人上升到 10 万人,短期大学也有类似迅速增长的倾向。[1]　由此

---

[1] 立命館大学人文科学研究所編『战后 50 年をどう見るか——二十一世紀への展望・下』、人文書院、1998 年、301 頁。

也产生了许多问题,例如学生选择好学校的学校差别问题、学生没有学习动力的教育质量问题、大课堂与实验设备不足等教育设施问题。与其相反,提高较快的学费引起学生的不满。

1965 年 1 月,庆应大学爆发学生反对提高学费的斗争。1966 年 1 月,横滨国立大学因改变名称引起学生的不满,学生占领校园,自我学习长达一个月。长崎大学、同志社大学等 65 所大学也因学生宿舍、校长选举、不正当入学等问题爆发学生斗争。早稻田大学学生在 1965 年 12 月开始反对提高学费、反对管理学生宿舍的斗争,1966 年 1 月,全体学生实施罢课活动,每天有 5 000 名学生举行抗议集会。学校当局求助警方,逮捕 203 名学生,其中 40 多人受到不同程度的处分。

1968 年 1 月,东京大学医学部学生自治会反对医学部教授会和学校附属医院有关注册医师的医师法修正案,为此举行罢课。其后因处分学生不当,医学部学生占领校部所在的安田讲堂。学校当局动用 1 200 名防暴警察将占领学生驱逐,但允许防暴警察进入校园引起其他学部学生的强烈抗议。6 月 20 日,安田讲堂前广场 6 000 名学生举行集会,同时,除法学部以外的各学部自治会一齐宣布进行无限期罢课活动,学校授课完全停止。7 月 5 日,学生组成"全学共斗会议",即全体学生共同斗争组织,简称"全共斗",物理学部博士生山本义隆当选为议长。10 月 12 日,全学校罢课。校方数度与学生谈判,"全共斗"拒绝,并加强防卫体制。1969 年 1 月 18 日,应校方的请求,8 500 人的防暴警察进入东京校园,用高压水枪、催泪弹等攻击学生,陆续解除校舍的封锁,被捕者 374 多人,其中有 70 名东京大学的学生。

日本大学的校园斗争的起因是 1968 年 1 月东京国税局查明学校有超过 20 亿日元的资金去向不明,学校经营第一、利润优先的大量生产教育以及对学生自治会的严厉管理,早就在学生中间积累了强烈不满情绪。5 月 23 日,举行日本大学学生第一次游行。27 日,提出学校理事总辞职、经营全面公开、集会自由、撤回不当处分等口号,并组成"全共斗",议长为经济学部学生秋田明大。9 月 30 日,两国讲堂汇集了 2.3 万名学生,与校方进行了 12 个小时的集体谈判,校方全面答应学生提出的要求,废除检查制度、经营全面公开、理事集体辞职等。但校方在政府的支持下很快收回确认书上的承诺,警方对秋田明大"全共斗"议长为首的 8 名"全共斗"干部发出逮捕令,防暴警察进入校园,陆续拆毁各学部的封锁。

1968 年的校园斗争涉及 165 所大学,为当时四年制大学总数的 80％,而且有近半数的学校、即 70 所大学的学生实施封锁校园或校舍等极端措施。1968 年底,政府决定停止 1969 年东京大学的入选考试。1969 年 5 月,佐藤首相与在野党会谈,表示为平息校园斗争制定强化大学校长及文部大臣的相关法律,但遭到在野党的反对。尽管如此,政府在月底向国会提出主要内容为国立大学校长可以在 9 个月时间内停止大学教育及研究,否则文部大臣可以停止其大学教育及研究的《大学运营临时措施法案》,同时发表寻求国民理解的声明。在自民党的强烈要求下,该法案又增加了"大学校长必须对行使暴力行为的学生采取适当的惩罚处分"。

1969 年 9 月 5 日,"全国全共斗联合"在东京召开 2.6 万名学生参加的成立大会,大会选举山本义隆为议长,秋田明大为副议长。但在防暴警察进入大学校园并排除封锁后,各大学的校园斗争逐渐平息。东京大学被捕学生 767 名,其中被起诉者 616 名。全体被告一致拒绝出庭,一审判决 133 人最高四年有期徒刑,400 人缓期起诉,无罪者仅 12 人。日本大学被捕学生 1 608 人,其中被起诉者 167 人,判决秋田明大等 5 人一年两个月有期徒刑,缓期执行五年,其罪名是在排除校舍封锁中的"妨碍公务罪"。在政府宣布日美安保条约自动延长的 1970 年 6 月 23 日,全日本约 132 所大学举行总罢课,东京的游行队伍与防暴警察发生冲突,被捕者 500 人,此后学生运动走向低潮。

1969 年 5 月,以关西地区为中心的 400 名学生组成进行武装斗争的"赤军派",不断袭击警察局、派出所,11 月为袭击首相官邸而在山梨县大菩萨岭进行集中训练,结果被警方察觉,有 53 人被捕。1970 年 3 月 31

日,正在富士山上空飞行的日本航空波音 727 航班"淀号"被 9 名混入乘客的"赤军派"成员劫持,飞机到达平壤。12 月,"赤军派"和"京滨安保共斗"开始合作,并在 1971 年 7 月组成"联合赤军"。该组织在山区进行军事训练,将 12 名成员处死,又有一部分成员逃走,其中 5 人闯入长野县轻井泽"浅间山庄",将管理员妻子牟田泰子作为人质。政府出动 1 500 名防暴警察,一周后将人质救出,5 人被捕,有两名警察中弹死亡,23 人受伤。

"赤军派"在国内发动武装斗争的同时,也向国外发展。1971 年 2 月,"赤军派"中央委员、明治大学校园斗争的积极分子重信房子前往巴勒斯坦,组成"日本赤军"。1972 年 5 月 30 日,在以色列特拉维夫机场,乘坐该航班的三名赤军派成员用自动步枪和手榴弹,向机场大厅的乘客和机场人员扫射,导致包括以色列著名科学家在内的 24 人死亡,80 余人受伤。两名赤军派成员当场被打死,一名被捕,被以色列军事法庭判处终身监禁。

三、"昭和元禄"

由于经济迅速发展,60 年代末日本社会出现了太平安逸、奢侈懒散的消费文化,后来担任首相的福田赳夫将其比喻为江户时代的元禄文化,称为"昭和元禄"。1968 年 4 月,经济企划厅发表了调查报告,指出购买"3C"渡过余暇时间的家庭迅速增加,大众消费社会到来。此时正值明治维新 100 周年,政府举行大型纪念仪式,并实施大赦,东京和日本各地举行大规模的庆祝会、狂欢节、盛装游行等文体活动。

1967 年 10 月 18 日,18 岁的英国女模特兹基到日本,其膝盖以上 30 公分的超短裙立即风靡日本列岛,从 1967 年到 1974 年到处都是身穿超短裙的女性,给日本社会带来强烈的文化冲击。进一步推动这种服装革命的是迅速发展的大众传播媒体,同年 12 月签订收看电视合同的家庭超过 2 000 万户,1968 年周刊杂志的发行量超过月刊杂志,广播电台也24 小时播放。大量针对性广告刺激女性的消费欲望,例如《女性自身》用兹基做杂志封面模特,获得成功。70 年代初,日本开始流行女性喇叭裤以及牛仔裤。

男女社会分工意识进一步明确,丈夫为拼命工作的"企业战士",妻子为主持全部家务的"家庭女王"。在企业的劳动者被称为"工蜂""猛烈员工",患上工作中毒症。其原因一方面是地位上升需要进行激烈的竞争,同时社会保障体制尚未完善,需要对企业的依赖。另一方面,民间大企业也实施提供住宅金融、养老金制度、休养设施等福利措施,使劳资一体化、企业命运共同体的意识增强。除此之外,企业内工会模式以及工会组织的弱化也是劳动者拼命为企业工作的原因。

男性的企业战士化同时也是女性的家庭主妇化。伴随着经济高速增长,工薪家庭大量增加。1962 年学校实施男女分科制教育,男生为技术科,女性为家庭科,灌输性别不同作用的意识。"专业主妇"性的家庭第一主义成为带有社会普遍的行为模式,在 60 年代"选择家庭或工作"的舆论调查中,男性回答工作的人为 60%,女性回答家庭的人为 70%—80%。在总理府的调查中,支持"丈夫在外工作,妻子在家操持"观点的人也达到 80%。当然,尽管女性结婚或生育被迫辞职经常成为工人斗争的内容,而且数次提出诉讼也以工厂方面败诉,但企业设置许多障碍阻止女性的升职,即使女性具有继续劳动的意识,最终也只好选择退职。支持结婚或生育退职的女性在 70 年代初达到 70%,因怀孕生育而退职的女性也从 1960 年的 38.9% 上升到 1965 年的 49.3%,60 年代后半期超过半数。[1]

60 年代以电吉他和大鼓为中心的小乐队风靡世界,特别是"披头士"(甲壳虫)英国四人组合乐队受到年轻歌迷的狂热追捧。1966 年 6 月,该乐队计划到日本演出,5 万张观看演出票,结果有 24 万人申请。保守派及右翼团体反对使用日本武道馆作为演出的场地,几乎与警察发生冲突。警视厅为防止混乱专门召集"披头士对策会议",甚至佐藤荣作首相

---

① 歷史学研究会編集『日本同時代史・4・高度成长の時代』、青木書店、1990 年、222 頁。

也发牢骚说"为保护披头士而头疼"。6 月 29 日,披头士乐队在日本武道馆演出第一场,当天政府动员了 1 900 名警察、200 名导游、20 台救护车、500 名消防队员等,仅在"披头士"下榻的希尔顿饭店就布置了 500 名防暴警察和女警察,被媒体称为"江户建城以来最完善的防备体制"。

自从决定日本举办大阪世界博览会以后,日本给 123 个国家和 13 个国际机构发出邀请信,并投入 2 000 亿日元建设费,除 117 个展示馆外,还新造了 216 个新干线所用车厢,进行了大阪周围的道路建设工程。有 77 个国家参加了大阪世界博览会,参观的人次达到 6 400 万,平均两个日本人中就有一个人参观过博览会。苏联馆在参加国中最大,美国使用了最新式的空调设备。美国展览了登陆月球的"阿波罗号"宇宙飞船以及从月球带回的石头,苏联展示了宇宙飞船。最受欢迎的是美国馆,人们为看两三秒钟的石头排上四个小时的队。

随着 60 年代电视机的普及,以漫画为基础的动画片吸引了大量观众,特别是青少年观众。最初的日本产动画片是根据手塚治虫原作改编的《铁臂阿童木》,该片从 1963 年初开始播出,收视率超过 30%。同年 10 月富士电视台开始播放《铁人 28 号》动画片,11 月 TBS 电视台开始播放《8 号人》动画片。虽然也有面向少女的动画片《使用魔法的萨莉》,但 60 年代的动画片主要是面向少年的机器人。最初的动画片以漫画原作为基础,后来两者逐渐分开,动画片的年龄层偏低,漫画的年龄层偏高。1967 年《周刊漫画行动》《月刊年轻人漫画》,1968 年《月刊头等漫画》《月刊娱乐漫画》创刊后,读者群的年龄进一步提高。但随着少年漫画杂志刊登的作品改编为动画片后,动画片的收视者也从学龄前儿童扩大到青少年群体,面向较低年龄层的漫画杂志因文字限制而萎缩。结果少年漫画杂志以高中生以上年轻人为读者获得成功,同时也成为"文艺作品"式的漫画。

60 年代随着生活水平的提高和业余时间的增加,日本国民追求知识的欲望增强,而且阅读层次也在不断提高,并呈现出多元化的趋势。从畅销书的排行榜上看,既有知识丰富的大百科全书,例如平凡社的 7 卷

本《国民百科事典》(1961 年)、小学馆的 14 卷本《日本百科大辞典》(1962
年)、小学馆的 18 卷本《大日本百科事典(日本趣味)》(1967 年)等,也有
思想性、学术性较强的书籍甚至丛书,例如井上清的《日本历史》(1963
年)、中央公论社编的 31 卷本《日本历史》(1965 年)、《毛泽东语录》(1966
年)、吉本隆明的《共同幻想论》(1968 年)、家永三郎的《太平洋战争》
(1968 年)、岩波书店 1970 年开始出版的 67 卷本《日本思想大系》等。

比起严肃的纯文学来,以历史小说和推理小说为中心的大众性小说
更受读者欢迎。例如公部安房描述男女在沙穴闭塞生活的《砂器》(1962
年)、司马辽太郎描述幕末时期坂本龙马生涯的《龙马归来》(1963 年)、大
江健三郎描述残疾儿的《个人的体验》(1964 年)、开高健的纪实报道《越
南战记》(1965 年)、三浦绫子描述人性原罪的《冰点》(1965 年)、井伏鳟
二描述原子弹爆炸悲剧的《黑雨》(1966 年)、大江健三郎描述兄弟之间不
同意识与行为的《万延元年的足球》(1967 年)、三岛由纪夫描述大正年间
贵族子弟恋爱的《春雪》(1969 年)、司马辽太郎描述日俄战争的《坂上之
云》(1969 年)、大冈升平描述日美在菲律宾决战的《莱特战记》(1971
年)等。

1968 年,川端康成获得诺贝尔文学奖,其在获奖大会上发表演说的
题目是"美丽日本的我",突出表示将自我掩饰在自然美中的日本文化,
批判了强调个人的西方价值观。川端康成的代表作《雪国》描述了当地
女艺伎与旅行知识人之间美丽短暂的交情,其近似病态的自然美与虚无
感是西方人所喜爱的异国情调。三岛由纪夫基于对大众社会的批判,将
其作品中追求美的意识转化为现实政治,组织小型私人军事组织"楯
会",在 1970 年 11 月 25 日写完长篇小说《丰饶的海》后,闯入自卫队市之
谷驻扎地,呼吁自卫队员进行政变,建立以天皇为中心的政治体制,无人
响应后当场自杀。1972 年 4 月 16 日,川端康成在自己的工作室含煤气
管自杀,体现了纯文学的衰落。

适应大众社会、以周刊杂志为舞台的作家赢得大量读者,其中最具
代表性的是松本清张与司马辽太郎。尽管 1962—1966 年在《产经新闻》

上连载《龙马归来》、1968—1972 年在《产经新闻》上连载《坂上之云》等许多历史小说的司马辽太郎将明治时期的人物理想化，但歌颂明治时代进取精神的方式适应了高速增长时期恢复自信的日本国民需求，引起许多人的共鸣，被称为"国民作家"。这一时期，廉价、方便携带及阅读的文库本大量发行也推动了大众文学的发展。

在思想文化界，一方面出现了肯定近代日本发展的"现代化论"甚至"大东亚战争肯定论"，及在经济高速增长的基础上探讨日本国民性的"日本人论"。1960 年在箱根召开了题为"日本近代国际关系"的会议，日美学者赫尔、多尔、川岛武宜、大内力、远山茂树等著名学者参加。以此为契机，战后历史学关于日本近代以及作为近代前提的日本近世都有了全然不同的认识，其主要观点为明治以来日本取得了"现代化"的成功，现在高速发展中的日本经济建立在这些历史前提之上。林房雄在 1962 年发表了《大东亚战争肯定论》，认为远东军事法庭的太平洋战争观是战胜者单方面强加给战败者的意识。对日本历史抱有强烈关心的哲学家上山春平也发表了《大东亚战争的思想史意义》，提出从"国家利益"的角度容忍战争的观点。

进入 60 年代，日本的高速经济增长受到了世界的瞩目。在得到赞赏的过程中，"日本社会论""日本文化论"之类的观点也日益盛行起来。文化人类学家中根千枝在 1967 年出版了《纵式社会的人际关系》著作，从比较类型论的角度出发，将日本社会形态定义为"纵式社会"。1970 年出版了山本七平比较两个民族异同并成为畅销书的《犹太人和日本人》、土居健郎分析日本人心理的《娇宠的结构》等。

另一方面，也有准确记述历史并为此向政府挑战的历史学家。东京教育大学教授家永三郎编写的《新日本史》在 1952 年提交文部省审查后受阻，1962 年第五版提交文部省审查仍然"不合格"，原因是"该书稿的正确性以及内容的选择取舍存在明显的缺陷"，其根据是使用的照片只是暴露战争的悲惨状态。家永三郎尽量做出修改后，1964 年文部省再次提出 300 多处修改意见。尽管《新日本史》最后通过审查，但已面目全非。

家永三郎决心通过法律判定孰是孰非,在 1965 年 6 月 12 日向东京地方法院提出以国家为对象的诉讼,认为教科书审查制度违背日本宪法,要求国家赔偿,史称"第一次教科书诉讼"。

1966 年 11 月,应文部省的要求,家永三郎再次对《新日本史》进行修改后送交文部省审查,但判定为"不合格"。家永三郎要求取消文部省的审查处分,并在 1967 年 6 月 23 日以文部大臣为对象向东京地方法院提出诉讼,史称"第二次教科书诉讼"。1970 年 7 月 17 日东京地方法院宣布的"杉本判决"不仅裁定文部省教科书审查制度违背宪法,同时承认国民的教育权利,因而判决家永三郎全面胜诉。

20 世纪 60 年代的日本电影处在危机与变革时代,较为著名的影片有浦山桐郎导演的以小型铸造工厂为舞台,反映贫困、亲情、友情、民族以及青春成长的《熔炉的街》(1962 年);黑泽明导演,描述绑架事件的《天国与地狱》(1963 年);今村昌平导演,描述妓女生活的《日本昆虫记》(1963 年);敕使河原导演,由安部公房小说《砂器》改编的《砂女》(1964 年);黑泽明导演,描述江户时代医生的《红胡子》(1965 年);山本萨夫导演,描述医学界争权夺利的《白色巨塔》(1966 年);今村昌平导演,描述难以适应高节奏城市生活及其人间关系的《人间蒸发》(1967 年);山田洋次导演,描述下层市民亲情与生活的《男人真辛苦》(1969 年);山本萨夫导演,描述 30 年代日本对外战争的《战争与人》(1970 年)等。

第五章　战后转换时期

第一节　田中角荣政权

一、中日邦交正常化

1972 年 6 月 17 日,佐藤荣作首相在参加完冲绳归还纪念仪式后宣布辞职。在任时间长达七年八个月,是 1885 年内阁制度实施以来最长的连续政权。由于未能解决经济高速增长带来的负面影响,以报纸为中心的纸质媒体给予许多批评,结果在记者会上,其将文字记者全部赶出会场,孤零零一个人对着摄像机宣布辞职。

佐藤荣作宣布辞职后,没有指定后继者,在田中角荣和福田赳夫两个得力助手中,比起自己所属派系的田中来,佐藤更希望继承岸信介派系的福田接任,因而处处帮助福田并在两人之间进行协调。但田中很早已开始做其他派系的争取工作。当时自民党内部存在"三角大福中"五大派系,即三木武夫派、田中角荣派、大平正芳派、福田赳夫派、中曾根康弘派,其中继承了池田勇人派系的大平正芳与田中是盟友关系,三木从恢复中日邦交正常化的立场出发希望田中获胜,中曾根派的年轻议员考虑到选举问题,也支持田中。

239

1972 年 7 月 5 日,自民党举行总裁选举,除中曾根以外的其他派系首脑参加竞选。在第一轮投票的 476 张有效选票中,田中获得 156 张,福田获得 150 张,大平获得 101 张,三木获得 69 张。在第二轮决胜投票中,田中获得 282 张,福田获得 190 张。7 日,第一届田中内阁成立,大平正芳担任外务大臣,中曾根担任通产大臣,三木担任副首相。

田中出身于日本海沿岸偏僻的农家,只有小学毕业的学历,但他既有"日本列岛改造论"的大胆构想,也有"决断和实行"的魄力和能力,被称为"推土机加电脑"。他当选首相时仅有 54 岁,为当时战后最年轻者,对厌倦佐藤长期政权的国民来说充满新鲜感和期待感。在 8 月底朝日新闻社所做的舆论调查表明,田中内阁的支持率为 62%,为历届首相最初组织内阁时最高数字,其中支持的理由分别为:平民型 19%、实行型 13%、能做些什么 11%、已经成立 5%、期待政策 4%、支持自民党 3%、担心其他政党 1%、谁做都一样 1%、说不清楚 4%、无回答 3%等。①

实际上,在田中角荣内阁之前,中日邦交正常化的时机基本成熟。1971 年 8 月,很早以前就积极推动中日关系正常化的三木武夫曾与到日本参加松村谦三葬礼的中国中日友好协会副会长王国权会谈。同年 9 月,以藤山爱一郎为团长的推动中日恢复邦交议员联盟访华团到达北京,与中日友好协会发表共同声明,确认中日邦交正常化四原则,即中华人民共和国是代表中国人民的唯一合法政府、台湾是中华人民共和国领土不可分割的一部分、应废除非法且无效的"日台条约"、应恢复中华人民共和国在包括安理会常任理事国在内的联合国所有机构中的合法权利等。②

在地方自治体中,1971 年 6 月,冈山县议会首先表决了恢复中日邦交的决议,到 10 月已有 20 个府县通过相同的决议,其他 26 个县也通过了恢复邦交的"意见书",另外包括横滨、京都、名古屋、神户在内的市町

---

① 『朝日新闻』1972 年 9 月 18 日。
② 石丸和人、松本博一、山本刚士『戦後日本外交史·Ⅱ·動き出した日本外交』、三省堂、1983 年、214—215 頁。

村也通过了相同的决议。财界从通过中国市场推动经济发展的立场出发，也开始推动中日恢复邦交的活动，1971 年 4 月，经济同友会木川田一郎发表"代表干事所见"文章，提出应努力推动中日两国交流的发展。①

1972 年 2 月，美国总统尼克松访华并发表上海公报。同年 4 月，三木武夫访问中国并与周恩来总理会谈。与此同时，社会党、民社党、公明党相继访华，了解中国恢复邦交正常化的原则。因为中国在前一年 10 月恢复在联合国的席位，因而过去的四原则变为三原则。在自民党总裁选举前，田中角荣、大平正芳、三木武夫等三位候选人达成政策协议，即通过政府间谈判与中华人民共和国缔结和平条约。7 月 7 日，田中首相在第一次内阁会议后发表了"迅速与中华人民共和国恢复邦交正常化，在激烈变化的世界形势下大力推进和平外交"的谈话，中国政府立即表示欢迎。

7 月 10 日，中国上海舞剧团到日本访问。20 日，藤山爱一郎举行欢迎舞剧团团长孙平化和中国驻日贸易代表处首席代表肖向前的宴会，大平外务大臣、三木副首相、自民党及在野党首脑、财界人士等参加。其后大平大臣数次与孙平化、肖向前会谈，相互传达了周恩来总理邀请田中首相访华、田中首相接受邀请的信息。8 月 12 日，中国外交部长姬鹏飞在北京宣布："周恩来总理为谈判并解决中日邦交正常化问题，欢迎并邀请田中首相访华。"

在此期间，公明党委员长竹入义胜与田中首相、大平外务大臣进行数次会谈后，在 7 月 25 日到达北京，与中国政府领导人会谈。中国提出中日邦交正常化的基本方针，即除回复邦交正常化三原则外，田中首相访华、中日两国发表关系正常化的共同声明、日美安保条约不会成为关系正常化的障碍、钓鱼岛所属问题也不会成为关系正常化的障碍、中日之间的战争状态结束并为将来友好而放弃赔偿请求权、中日之间签订新的和平友好条约等。

---

① 『每日新闻』1971 年 4 月 25 日。

日本自民党内设置"中日邦交正常化协议会",7月24日举行了249人参加的首次会议,8月9日的全体会议做出两点决议,即中日邦交正常化及田中首相访华。但岸信介等亲台湾议员强烈反对,其理由是不要"抛弃"台湾。外务省也比较消极,因为中国提出的"复交三原则"均涉及有关法律问题。外务省认为日本在《旧金山对日和约》中仅放弃了对台湾的领有权,"日台条约"也只能"自动消失"①。

8月31日,田中首相、大平外务大臣前往夏威夷,与美国总统尼克松进行了两天的会谈,最后发表了包括坚持日美安保条约、中日邦交正常化、解决日美贸易不平衡问题的共同声明。② 9月初,古井喜实等人以谈判1972年度备忘录贸易为名访问中国,向中方提出日本的最终方案,并得到中国政府的认可。9月25日,田中首相、大平外务大臣、二阶堂进官房长官、外务省亚洲局局长、外务省条约局局长及随员共49人到达北京,周恩来总理等在机场迎接。在当天举行的第一次首脑会谈中,双方就中日邦交正常化达成原则同意。在当天晚上举行的欢迎宴会上,田中首相致辞时谈到近代日本对中国国民带来很大"麻烦",受到中国方面的质疑,另外在第二天的外长会谈中,外务省条约局长主张中日之间的战争根据"日台条约"已经宣布结束,也引起中国方面的强烈不满。

经过四次首脑会谈、三次外长会谈,双方在台湾的归属和战争状态结束问题上进行了激烈的争论,最终在首脑会谈中达成全面协议。期间田中首相在27日晚上到毛泽东主席在中南海的住处,与毛泽东会谈一小时,并得到六卷本《楚辞集注》。

9月29日,双方在人民大会堂签署《联合声明》。该文件由前言和九条正文组成。前言分三个方面:第一,"中日两国是一衣带水的邻邦,具有长期传统的友好历史。两国人民殷切希望结束两国之间不正常的状态。战争状态的结束与中日邦交正常化这种国民愿望在两国关系历史

---

① 升味准之辅:《日本政治史》第四册,商务印书馆1997年版,第1166页。
② 正村公宏『戦後史・下』,筑摩書房、1985年、395页。

上揭开新的一页";第二,"日本方面痛感日本过去通过战争给中国国民带来重大损失的责任,并进行深刻反省";第三,"尽管中日两国之间社会制度不同,两国应当也有可能建立和平友好关系,两国关系正常化,发展相互睦邻友好关系符合两国国民的利益,也是对缓和亚洲紧张局势和维护世界和平的贡献"。

正文由九条组成,即"日本国与中华人民共和国之间至今的不正常状态在联合声明发表之日终结";"日本承认中华人民共和国为中国唯一合法的政府";"日本国政府十分理解、尊重台湾是中华人民共和国领土不可分割的一部分这一中华人民共和国的立场,坚持基于《波茨坦宣言》第八条的立场";两国建立外交关系;为中日两国人民的友好中国政府放弃战争赔偿请求权;"在相互关系中用和平手段解决一切争端,不诉诸武力和武力威胁";中日邦交正常化不针对第三国,两国不在亚太地区争取霸权;同意"进行以缔结和平友好条约关系为目的的谈判";为进一步发展两国间的关系和扩大人员往来,同意进行以缔结贸易、航海、航空及渔业等协定为目的的谈判等。

《联合声明》没有涉及"日台条约"问题,大平外务大臣与二阶堂官房长官在北京民族文化宫会见记者并发表《联合声明》,大平外务大臣在发言的最后指出:"日本政府的见解是,作为中日关系正常化的结果,'日华和平条约'失去了存在的意义,承认其结束",宣布"日台条约"失效。①

尽管中日邦交正常化是田中政权的最大业绩,因而在回国时社会、公明、民社三在野党党首均到机场迎接,但在物价和公害,特别是在地价上涨对策方面没有采取积极的措施,所以在大选中自民党惨遭失败。同年12月10日举行大选,自民党从300席减到284席,议席占有率也从60%下降到57.8%;社会党从90席增加到118席,势力得到恢复;日本共产党从14席增加到40席,呈现跃进式的增加;公明党受"政教分离"

---

① 石丸和人、松本博一、山本刚士『戦後日本外交史·Ⅱ·動き出した日本外交』、三省堂、1983年、235頁。

的影响，从 47 席减少到 29 席；民社党也从 32 席减少到 19 席。①

选举后组成第二届田中内阁，为实现党内一致体制，田中首相对福田派采取缓和对立的态度，任命福田赳夫担任行政管理厅长官、福田派的仓石忠雄担任党政务调查会长。在 1973 年 1 月 27 日的施政演说中，强调完善社会保障制度、积极应对物价问题，特别将土地问题作为最大的政治课题。实际上，田中首相和自民党最关心的是导入小选区制度。面对日本共产党议席的跃进，自民党内部的危机意识增加，因而改革选举制度的呼声高涨。自民党选举调查会主张在参议院全国区实施比例代表制的同时，在众议院实施小选区制度，并在 4 月决定了"国会议员选举制度改革基本方针"，自民党总务会也认可了该基本方针。四个在野党采取统一行动，阻止修改选举制度，并在 5 月 11 日开始实施拒绝国会审议的战术，另外发动社会运动增加声势，媒体对此也采取批判的态度。

虽然以前就主张小选区制度的福田赳夫支持田中首相的行动，但鉴于在野党的强烈反对，大平、三木、中曾根等派系首脑持慎重态度，纷纷劝告田中打消将小选区法案提交国会审议的念头。5 月 16 日，内阁会议决定放弃提交国会审议。尽管如此，田中首相仍然提出了许多执政党与在野党严重对立的法案，例如《土地对策相关法案》《提高国铁运费相关法案》《健康保险法修正案》《防卫相关两法案等》，并试图强行表决。自民党单独表决两次延长国会会期的决议，但在长达 280 天（1992 年 12 月 22 日到 1973 年 9 月 27 日）的国会会期中，国会审议活动中断就有 160 天。

在国会会期结束时，在朝野对立的法案中，通过了《提高国铁运费相关法案》《健康保险法修正案》。另外，自民党强行表决通过了将东京教育大学迁往筑波并改为筑波大学的《筑波大学法案》、在冲绳配备自卫队的《防卫厅设置法及自卫队法修正案》，但在田中首相特别注重的《日本列岛改造相关法案》中，除《自然公园法》和《自然环境保全法》以外几乎

---

① 石川真澄『戦後政治史』、岩波書店、2004 年、120—122 頁。

没有通过。①

二、日本列岛改造论

作为内政的重要政策,田中政权提出改造日本列岛的计划。实际上,早在佐藤政权时期,一度受到冷落的田中担任自民党城市政策会长时,便汇集自己的秘书、通产省、大藏省、建设省的官员以及专家学者制定了"城市政策大纲"。在此基础上,1972 年 6 月 11 日,通产大臣田中角荣发表了《日本列岛改造论》。其主要观点是:从东京到大阪的东海道一带人口过度集中,出现住宅不足、交通堵塞、大气污染等弊端。与此相反,农村地区的劳动力大量转移到城市,出现了"过疏"的弊端。为解决上述问题,将第二产业从"过密"的城市转移到"过疏"的农村,同时带动劳动力转移,形成以 25 万人口为基准的城市,预防公害的发生,完善住宅、公共及教育设施,使其具有充分的城市功能。为将各城市的生活条件平均化,应利用新干线或高速公路组成交通网络。

在此计划基础上,制定《工业再配置促进法》,将减少工厂地区作为转移地区,将接受工厂地区作为诱导地区。政府在诱导地区支出诱导补助金,在转移地区征收移动税。结果无论是诱导地区还是移动地区,均发起请愿运动。政府只好修改法案,增加 15% 的诱导地区,减少 50% 的转移地区。1972 年 9 月 14 日,政府批准青森县陆奥小川原开发计划,为列岛改造的最初计划。另一方面,在可以预见成为新城市的地区,以综合商社为中心的大企业投机性抢购土地,引起地价飞速上涨。1973 年 4 月,建设省公布了全日本 5 490 个地区的地价,一年时间内地价平均暴涨 30.9%。城市居民获得住宅的梦想被打破,对田中内阁的不满开始上升。

伴随着地价的高涨,物价也在上升。全国消费者物价综合指数在 1972 年以前年均增长率在 4%—6% 之间,但 1973 年上升 11.7%。批发

---

① 藤本一美、宗像优编『戦後日本政治ハンドブック・第三巻・高度成長の政治(1965—74年)』、つなん出版、2006 年、246 頁。

物价原来的增长率在 2％—3％,但 1973 年上升 15.9％。[1] 与物价上升相反,田中内阁的支持率在下降。朝日新闻社在 1973 年 4 月做的舆论调查显示,内阁支持率为 27％,与 1972 年 8 月的 62％相比,下降幅度较大,在不支持的理由中,"物价高"占压倒多数。朝日新闻社在同年 6 月东京都议会选举时的调查显示,东京居民对田中内阁的支持率只有17％。7 月田中政权一年时的调查显示,支持率为 25％,不支持率为 49％。[2]

1973 年 10 月 6 日,第四次中东战争爆发。17 日,参加石油输出国组织(OPEC)的波斯湾 6 个产油国宣布提高 70％的原油公示价格,同时阿拉伯石油输出国组织(OAPEC)10 个成员国决定按照每月 5％的速度削减原油生产,减少对"非友好国家"的石油出口。其后石油价格迅速上升,1974 年 1 月的石油价格比 1973 年 1 月上涨了四倍。[3] 99.7％的石油消费以及 90％初级能源依赖进口的日本受到严重冲击,通产省决定从同年 10 月中旬开始对电力、钢铁、石油化学等产业实施行政指导,并探讨呼吁普通消费者节约的对策。但企业与国民产生危机感,11 月 2 日,"厕所用纸将产生断货"的流言使尼崎 200 名家庭主妇涌到超级商场,将有关商品一抢而光。抢购风蔓延日本列岛,抢购的商品也扩大到砂糖、肥皂及洗衣粉等,引起物价迅速上涨,福田行政管理厅长官将其称为"狂乱物价"。

11 月 16 日的内阁会议决定成立以田中首相为本部长的"紧急石油对策推进本部",并决定了三大事项,即"石油紧急对策要纲"——削减10％的石油及电力的使用量、缩短百货商店与超级商场的营业时间、自我限制深夜电视播放;"消费节约运动"——节约霓虹灯等的使用、减少20％的电梯使用量、家庭用轿车自我限制使用、室内温度控制在 20 度、停止长明灯及电视收音机通夜播发等;"政府机构节约要纲"——关闭窗

---

① 石川真澄『戦後政治史』,岩波書店、2004 年、124 頁。
② 『朝日年鑑』1974 年、238 頁。
③ 山村喜晴『戦後日本外交史・Ⅴ・経済大国への風圧』、三省堂、1984 年、193 頁。

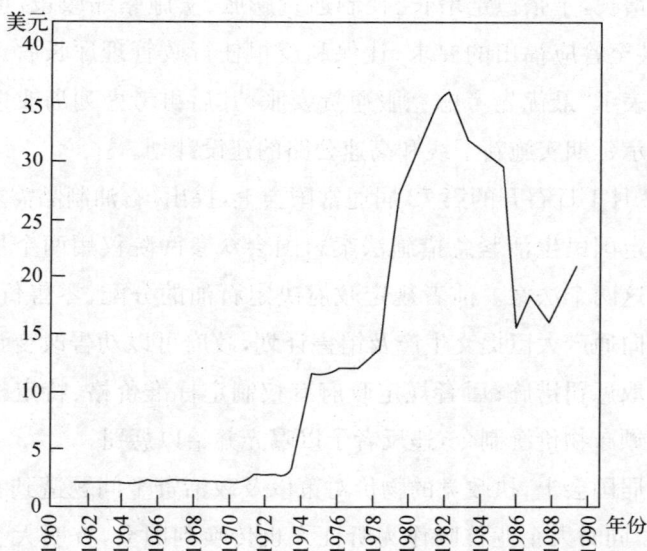

图 5-1　石油价格的变化

边和楼梯的电灯、控制使用公车、公务员自我限制使用汽车等。[1]

　　日本银行在 1973 年 4—8 月间，连续五次提高官定利率，实施金融紧缩政策，政府也决定延期实施 1973 年度 8％的公共事业费，但仍未控制物价，东京都 11 月的消费者物价指数同月比上升 14.8％。根据 OECD 在同年 9 月的调查，过去一年的物价上升幅度日本最高为 14.6％，英国为 9.4％，美国为 7.4％。1973 年日本全国平均地价上升 30.4％，上升幅度最高的埼玉县为 44.1％。少数人因地价上升获益，1972 年最高收入的 100 人中，有 94 人是因买卖土地所致，更多的人却因地价高昂导致拥有带庭园住户小楼的梦想破灭。[2]

　　因爱知揆一大藏大臣在 11 月 23 日突然去世，田中首相改造内阁，任命自己的政治对手福田赳夫为大藏大臣。在经济政策上，福田反对田

---

① 藤本一美、宗像优編『戦後日本政治ハンドブック・第三巻・高度成长の政治（1965—74 年）』、つなん出版、2006 年、252—253 頁。

② 『朝日年鑑』1974 年、216—217 頁。

中的高速增长,主张稳定增长、控制通货膨胀、实施紧缩政策,但迫于形势,田中甚至答应福田的要求,让保利茂担任行政管理厅长官。福田就任后立即表示"最优先考虑克服通货膨胀,其后再考虑列岛改造",田中首相也指示延期实施新干线和高速公路的建设计划。

在12月1日召开的第72届通常国会上,提出《石油制品需求稳定法案》和《稳定国民生活紧急措施法案》,国会众参两院仅用两个星期就审议通过了这两个法案。前者规定政府决定石油的分配、零售价格,石油供需双方向通产大臣提交生产及销售计划,政府可以劝告改变计划并对违反者采取惩罚措施;后者规定政府有权制定标准价格、特定标准价格制度甚至颁布物价统制令,违反者予以曝光并给以惩罚。

在该届国会上,执政党的物价对策以及政治资金问题遭到在野党的严厉追究,同时大企业首脑作为听证人也传唤到国会,查明大企业趁物价上升赚取巨额利润的活动。尽管财界四团体发表了企业自我限制囤积居奇、搭车涨价的行为,政府也颁布了对企业在通货膨胀获得利益征税的《公司临时特别税法》,但国民对政府及自民党的不满仍在增加。

为应付1974年7月的参议院选举,田中首相付出全部精力,不仅每日花费200万日元租用直升飞机作为全国游说的工具,而且推举许多电视明星和高级官僚作为候选人。5月11日,田中首相从德岛县开始竞选演说,共在46个都道府县的147个地点进行了演说,行程达到4万公里。自民党特别是田中派动用大量资金进行选举,另外委托大企业承包选票,即该企业全体人员统一投票给自民党指定候选人,例如三菱集团投票给原官僚坂健、日立集团投票给演员山东昭子、丰田贩卖公司投票给NHK播音员宫田辉等。大企业不仅向自民党提供政治资金,而且动员自己的工人投票给自民党候选人,反而强化了自民党是大企业代言人的不利形象。[1]

选举结果为自民党当选62人,社会党28人,公明党14人,日本共产

---

① 『朝日新聞』1974年7月4日。

党 13 人,民社党 5 人等。自民党得票率地方区减少 4.4%,全国区减少 0.1%,比改选前减少 9 个席位,参议院执政党、在野党的席位进一步接近。在此次选举中,违反选举法的事件比上一次选举增加 37%,人员增加 71%,被拘留者达 1 287 人,被逮捕者 142 人,为历史最高。

在 7 月 24 日召开的临时国会上,田中首相没有进行施政演说,自民党内部也出现批判声音,甚至在决定会期时,福田派和三木派的议员没有服从党的决定。尽管田中首相发出开除出党的警告,否决了在野党陆续提出的内阁不信任案和首相问责决议案等,但常设委员会委员长职位多数被在野党获得,甚至日本共产党也获得一个,而且该届国会没有审议任何法案就在 31 日结束。

受美国总统尼克松因"水门事件"辞职事件的鼓舞,《文艺春秋》委托自由撰稿人立花隆、儿玉隆也撰写有关田中政治资金以及全权管理田中政治资金女性秘书的文章。经常一番调查和采访后,《文艺春秋》1974 年 11 月号刊登了立花隆的《田中角荣研究——其金脉与人脉》和儿玉隆也的《寂寞的越山会女王》。立花隆的文章主要剖析了田中角荣作为具有较大影响力的政治家,利用政府出资修建道路、港口、桥梁、机场、水坝等公共设施的机会,或者成立皮包公司承包这些工程,或者利用皮包公司事先购买将要修建公共设施的土地,然后寻找最佳时机将其卖掉,从中获取巨额利润;儿玉隆也的文章叙述了管理田中政治资金的秘书佐藤昭从年轻时代进入田中事务所的经历和该事务所内部状况等。

该杂志 10 月 9 日发行后并未引起轰动,22 日外国记者特派员协会向田中首相提问报道是否准确,田中首相回答说个人经济活动与政治活动不能相提并论、收入报告没有问题、政治家应当公布财产等。其后包括全国性报纸在内的各种媒体均大量报道了田中首相的政治资金问题,社会党议员在国会中加以追究,自民党内三木、福田、中曾根三派的 22 名年轻议员组成"党重建议员联盟",要求追究真相。尽管田中首相在 10 月末出访大洋洲三个国家,并在 11 月中旬改造内阁后接待了作为历史上首次访问日本的美国总统福特,但在 11 月 26 日最终表示辞职。

三、能源自主外交

由于能源在日本经济的重要性，因此，尽管田中政权存在的时间不长，但在外交方面十分活跃。除恢复中日邦交正常化的业绩之外，田中首相还多次出访外国，其主要目标是能源来源的多元化。实际上，田中首相早在石油危机爆发前就组织经济界人士和原通产省次官两角良彦等官僚，探讨作为资源小国的日本能源自立的方案。[①] 1973 年 7 月，通产省设置资源能源厅，9 月发表了最初的《能源白皮书》。

1973 年 7 月 29 日，田中首相达到华盛顿，与美国总统尼克松会谈，并提出"世界中的日美关系"。当时美国经济实力受到越南战争的影响，而日本成长为经济大国，两国出现贸易摩擦问题。两次会谈后发表的共同声明中强调"日美两国为世界和平和繁荣在所有可能的领域进行合作"。

9 月 26 日，田中首相到西欧的法国、英国、联邦德国访问，此前日本首相访问过欧洲的是 11 年前的池田勇人。在 27 日与法国总理的会谈中，双方就共同进行石油资源的开发事业、共同开发第三国铀矿、缔结日法海运协定等达成协议。在 28 日与法国总统蓬皮杜的会谈中，双方就美国总统助理基辛格提出的加强发达工业国团结、日本与欧洲共同体的政治经济关系、亚洲形势等交换了意见。田中首相站在美国的立场上支持基辛格构想，并呼吁日本、美国、欧洲宣布共同原则，法国同意加强日法关系，但对日本加入欧美宣言持否定态度。

9 月 29 日，田中首相到达英国，第二天与希思首相进行正式会谈。双方原则上同意共同开发英国北部的北海油田，但在基辛格构想方面，英国也对宣布"日美欧共同原则"持慎重态度。[②] 10 月 3 日到达柏林的田中首相第二天与联邦德国总理勃兰特会谈，勃兰特总理表示"包括日

---

① 田原総一朗「同時代政治史——田中角栄以後」、『諸君』2002 年 9 月、22 頁。
② 『朝日年鑑』1974 年、226 頁。

美欧在内的宣言并非必要",但就合作开发西伯利亚等资源开发问题交换了意见。5 日的首脑会谈后发表了联合公报,主要内容包括加强经济、文化、科学技术等领域的双边交流,设置探讨天然资源、能源供应领域合作可能性的资源共同委员会,日本政府赠送联邦德国 3 亿日元,以资助联邦德国的大学进行日本研究等。①

结束对西欧各国的访问后,田中首相访问苏联,时隔鸠山首相访问苏联达 17 年。在 10 月 8 日上午进行的第一次会谈中,田中首相强调将齿舞、色丹、国后、择捉北方四岛归还日本是日苏两国关系的必要,是缔结和平条约的基本前提。勃列日涅夫总书记明确苏联对世界和平的看法,两个小时的会谈中,双方基本立场截然不同。下午举行第二次会谈,勃列日涅夫总书记指出苏联有丰富的资源,希望以此次首脑会谈为契机签署经济合作协定。田中首相对此保持慎重态度,表示如果民间企业与苏联政府进行协商的西伯利亚开发形成具体计划,日本政府可考虑合作。在其后的两次会谈中,领土问题仍然是主要话题。日本方面主张解决包括领土在内的第二次大战遗留问题后才能缔结日苏和平条约,并得到苏联认可。在随后发表的日苏联合声明中,强调"解决第二次世界大战遗留问题后缔结和平条约",在"1974 年适当时期进行谈判",但由于没有出现"领土问题"字样,双方立场无任何接近。

1973 年 11 月 18 日,阿拉伯石油输出国组织在维也召开会议,在宣布的不实施减少供应措施国家名单中没有日本,沙特阿拉伯石油大臣对记者表明,"如果日本想得到阿拉伯产油国的正常石油供给,必须与以色列断交"②。受到冲击的日本政府在 22 日发表官房长官谈话,表示支持联合国安理会关于"以色列退出最近占领的土地、公正解决难民问题"的第 242 号决议,反对武力占领土地,支持以色列退出在 1967 年战争中占

---

① 藤本一美、宗像优编『戦後日本政治ハンドブック・第三卷・高度成長の政治(1965—74年)』、つなん出版、2006 年、252—253 頁。

② 『朝日新聞』1973 年 11 月 20 日。

领的土地,尊重巴勒斯坦的正当权利等。

同年 12 月 10 日,三木武夫副首相作为日本政府特使访问中东 8 个国家,即阿拉伯联合酋长国、沙特阿拉伯、埃及、科威特、卡塔尔、叙利亚、伊拉克、伊朗。其以经济援助为条件要求各国供给石油,阿拉伯各国对日本的态度比预想的好。特别是在要求日本与以色列断交的沙特阿拉伯,其国王态度十分友好,表示感谢日本友好的立场,尽最大努力满足日本的要求。12 月 25 日,阿拉伯石油输出国组织在科威特召开会议,将日本、菲律宾、比利时作为阿拉伯友好国家,供给必要数量的石油。会后沙特阿拉伯石油大臣和阿尔及利亚石油部长明确表示在 1974 年 1 月 22 日访问日本。[①]

实际上,此次"石油冲击"并没有影响到日本的石油进口,根据通产省的贸易统计,1973 年 10—12 月的石油进口比上一年同期增加 1.3%。因为产油国的步骤并非一致,有些国家对日本减少供应量,有些国家反而对日本增加供应量。尽管如此,由于石油在日本能源供给中的比重 1971 年为 73%,而且 1972 年以前 81% 的石油来自中东地区,[②]因而日本的能源危机意识提升。

1974 年 1 月,田中首相访问东盟五国,即菲律宾、泰国、新加坡、马来西亚、印度尼西亚,其主要目的仍然为资源能源问题。战后日本的对外投资最初面向亚洲,例如 1973 年,对亚洲的投资约占全部对外投资的 28.6%,北美为 26.1%,中南美为 26.1%。[③] 许多企业进入东南亚地区,其经营方式与当地文化发生摩擦和冲突。另一方面,大量日本产品进入东南亚地区,资源能源的开发使环境受到破坏等,也引起当地居民的强烈不满。

田中首相首先到菲律宾访问,其后在泰国遇到反日游行队伍。在其

---

① 山村喜晴『戦後日本外交史・Ⅴ・経済大国への風圧』、三省堂、1984 年、214 頁。
② 歴史学研究会編集『日本同時代史・4・高度成長の時代』、青木書店、1990 年、257 頁。
③ 小学館編集『日本 20 世紀館』、小学館、1999 年、854 頁。

下榻的饭店外,曼谷的市民烧毁日本汽车的模型。田中首相访问新加坡和马来西亚后到达印度尼西亚,原计划与同时来访的沙特阿拉伯官员、印度尼西亚官员协商三方合作开发资源能源问题。但因激烈的反日游行队伍包围田中首相住宿的总统官邸,市民烧毁日本汽车并砸毁与丰田汽车合作的企业,田中首相三天之内未能走出总统官邸,会谈未能举行。最后其乘坐直升飞机离开总统官邸,转机回到日本。

田中首相在 1974 年 9 月出访墨西哥、巴西、美国、加拿大等国,同年 10 月底又到新西兰、澳大利亚、缅甸访问。在巴西名义上是协商共同开发亚马逊流域,实际上是协商共同利用原子能,在加拿大、澳大利亚也是讨论共同开发原子能问题。

因石油危机带来的影响,1974 年的日本经济进一步恶化。石油价格的大幅度上涨使所有产业的成本上升,带动产品价格的上升。1973 年 12 月 17 日,田中内阁和自民党决定将提高国铁运费和消费者米价的计划延迟半年实施。但仅提高生产者米价而不提高消费者米价,将增加政府的粮食管理特别会计赤字,不提高运费也会使国铁经营恶化,均增加了政府的财政负担。工会在 1974 年“春斗”中提出大幅度增加工资的要求,以应付激烈的通货膨胀。结果工资平均增加近 3 万日元,达到 32.9％的增长率,为战后最高。与此同时,企业经营出现困难,企业为防止价格下跌而降低开工率。与其他资本主义国家一样,日本也出现了经济发展停滞下的通货膨胀,通称为“滞胀”。

1973 年 5 月,股票价格出现下降的趋势,日经平均跌破 5 000 日元,1974 年下降到 3 355 日元。尽管 1974 年后半期出现物价稳定的征兆,但经济萧条深刻化,倒闭的企业增加。1974 年的贸易赤字近 2 万亿日元,实际经济增长率为－0.8％,工矿业生产指数为－9.7％,民间设备投资为－1.5％,均为战后负增长。[1]

---

① 金子贞吉『戦後日本経済の総点検』、学文社、1996 年、150 頁。

第二节 执政党内争

一、三木武夫政权

1974 年 11 月田中首相表示辞职后,大平正芳、福田赳夫、三木武夫、中曾根康弘准备参加自民党总裁竞选。大平派、田中派主张对自己有利的选举,但福田派、三木派认为激烈的总裁选举导致了田中政治资金问题,因而主张协商解决,并表示抵制引起国民质疑的总裁选举,甚至不惜脱离自民党另组"三木新党"。[①] 作为协调者的自民党副总裁椎名悦三郎从清廉形象、改造自民党体制、组织现代化意识的立场出发,最后裁定三木武夫为新总裁。

12 月 2 日,得到自民党国会两院议员全体会议认可的三木武夫新总裁宣布五项方针,即改革总裁选举方式及政治资金、选举等,提出通货膨胀及经济萧条对策,杜绝虚伪政治,进行国际协调,与在野党对话等。9 日,三木武夫在国会两院首相指名选举中获得过半数,组阁时起用福田赳夫为副首相兼任经济企划厅长官,大平正芳留任大藏大臣,中曾根康弘任党的干事长等。

三木武夫反对等待型政治,也不重视事前协调,主张修正资本主义,因而在党内和经济界存在不少反对声音。尽管具有清廉形象,但其政治资金问题在国会中仍然遭到在野党的追究。三木内阁成立后支持率为 45％,有关保守政权继续存在的原因,41％的被调查者认为是在野党的责任。

进入 70 年代以后,随着自民党势力的逐渐减弱,各在野党均提出非自民党联合政权构想,当时的社会舆论也有这种倾向。例如 1973 年底《每日新闻》的舆论调查显示,田中内阁的支持率跌落到 22％,在不支持田中内阁的人中,有 25％的人希望自民党政权,有 24％的人希望社会党

---

① 增田卓二『三木政治研究』、ホーチキ商事出版部、1976 年、27 頁。

与日本共产党联合政权。[①]因此，在 1974 年 7 月参议院选举之前，公明党提出了由社会、公明、民社三党组建"中道革新联合政权"的构想，社会党提出由反自民党的全部在野党参加的"国民联合政权"构想，民社党提出将日本共产党排除在外的"革新联合国民政府"构想，共产党提出只与社会党内革新阵营联合的"民主联合政府"等。日本共产党与创价学会甚至在 1974 年 12 月达成协议，约定 10 年内互不干涉。

三木武夫首相在 1974 年 12 月 26 日公布了自己的财产，第二天发表改革自民党总裁选举方式、修改政治资金限制法、修改公职选举法等方案，并表示其后半年内倾注全部精力加以实现。三木武夫认为自民党总裁由自民党的国会议员和地方议会议员选举产生是"金权政治"的根源，应修改为首先由 10 名以上国会议员推荐候选人，然后由中央及地方全体自民党党员投票确定前两名，最后由国会议员选举产生新总裁，但这一方案遭到田中派和大平派的强烈反对而搁浅。

1948 年制定的《政治资金限制法》有许多漏洞，其后政治资金丑闻不断。三木内阁提出的《政治资金限制法修正案》包括从数量和来源上对政治资金捐款进行限制、政治资金公开化、鼓励个人捐献政治资金、明确政党与政治团体的区别等内容。另外，《公职选举法修正案》的内容包括扩大选举的公共成分以减少费用、限制包括发放传单海报机关报等在内的选举宣传活动、实施连坐制度以取缔选举违法行为等。但这两个法案提交国会审议后，不仅遭到在野党的反对，特别是公明党、日本共产党反对限制选举宣传活动并结成两党共同斗争方式，自民党内对政治资金的限制也大为不满。因此，两个法案经过实质性修改后在国会闭幕当天通过。

另一方面，三木武夫首相从自己的理念出发，准备修改《禁止垄断法》，以加强对大企业的限制。石油危机爆发后，企业的趁机涨价牟取暴利行为遭到社会舆论批判，公平交易委员会也发现大企业有垄断行为，

---

① 冈田一郎『日本社会党——その組織と衰亡の歴史』，新時代社，2005 年、142 頁。

因而在 1974 年 9 月提出加强对企业管制的《禁止垄断法修改试案大纲》。三木武夫首相在首次内阁会议上提出将大企业分割为小企业的彻底修改方针，并在 1975 年 4 月制成法案提交国会审议。[①] 但该方案遭到财界的强烈反对，其理由是经济萧条时期分割企业将削弱企业的活力和国际竞争力。在其压力下，自民党内部也出现强大的反对势力，因为自民党需要财界捐献的巨额政治资金。在自民党的刻意安排下，该法案经过大幅修改后通过众议院的审议，但 7 月 4 日在参议院以审议未完的名义成为废案。

1975 年 7 月 23 日，宫泽喜一外务大臣访问韩国，就重开因金大中事件中断的日韩部长级会谈达成协议。8 月 5 日，三木首相访问美国并与福特总统会谈，会后发表的共同声明强调韩国安全对东北亚安全的重要性。为平息党内鹰派势力的不满，三木首相在 8 月 15 日战败纪念日以个人的身份，作为现任首相战后第一次参拜靖国神社。1974 年 5 月，自民党向国会提出以国家管理为主要内容的《靖国神社法案》，遭到在野党的强烈反对，虽然在众议院强行表决通过，但在参议院成为废案。

同年 9 月 30 日，昭和天皇夫妇访问美国。现任天皇初次访问外国是在 1971 年 9 月 27 日到 10 月 14 日，当时昭和天皇夫妇访问了丹麦、比利时、法国、英国、荷兰、瑞士、联邦德国等。不仅国内过激派学生阻止天皇出访，而且在访问国家也有反对的示威游行，特别是在英国和荷兰，因战时日本军队虐待战俘问题出现抗议天皇访问的活动。天皇回国时顺路在美国逗留，尼克松总统邀请访美，但因第二年发生的"水门事件"而辞职，福特总统访日时再次邀请。天皇访问美国受到欢迎，10 月 14 日回国后在记者招待会上表示理解战时美国投下原子弹，但在访美之前以宪法上难以拒绝为由回避了自己的战争责任。

为克服经济萧条，三木内阁成立后立即设置了副首相兼经济企划厅长官管辖的经济对策阁僚会议，并在第一次会议上决定了以下方针：以

---

① 升味准之辅：《日本政治史》第四册，商务印书馆 1997 年版，第 1191 页。

相当于国际水平的节制增长为目标、1975—1976 年为"调整时期"、控制消费者物价指数上升率以控制工资上涨等。其目标是 1975 年 3 月的消费者物价指数上升率比前一年上升 15％，1975 年度保持在一位数水平，但为防止"春斗"大幅度增加工资，金融缓和政策暂缓实行。

1975 年 2 月 24 日的经济对策阁僚会议决定实施以顺利向中小企业融资、促进公共事业等为主要内容的第一次萧条对策，3 月 24 日、6 月 16 日、9 月 17 日连续决定了其后数次萧条对策。在物价趋势和"春斗"状况稳定后，日本银行在同年 4 月 16 日、6 月 7 日连续两次下降官定利率，从 9％降到 8％。[①] 同年 11 月，一般会计补充预算成立，因税收不足，特地制定允许发行赤字国债的《财政特例法》，当年发行 2.29 万亿的赤字国债。在 1976 年度的政府财政预算方案中，国债比重占 29.9％，而且 1960 年一直减免所得税的政策也首次停止。由于经济政策效果的显示需要时间，因而 1975 年的经济形势最为严重，同年第四季度的工矿业生产指数仅相当于 1973 年同期的 13％，失业人数也达到 85 万人。

1975 年 11 月，根据法国总统的建议，在巴黎郊外举行第一次发达国家首脑会议，有美国、英国、法国、联邦德国、意大利、日本等参加，日本方面三木首相、宫泽外务大臣、大平大藏大臣出席会议。会议主要讨论了重建世界经济秩序的问题，在会后发表的宣言中强调自由民主主义和自由贸易体制的重要性、防止外汇市场剧烈波动、节省能源以及开发替代能源、发展中国家赤字对策的必要性等。

同年 11 月 26 日，三大国营公司（日本国有铁道、日本电信电话公社、日本专卖公社）与五个国营企业（邮政、国有林业、印刷、造币、酒专卖）为争取罢工权而罢工，八天之间日本列岛的铁道干线处在瘫痪状态。三木内阁和企业计划有条件地给予罢工权，但田中派和大平派反对，自民党内强硬论也占绝对优势，三木首相只好发表否认公共企业工人罢工权声明，要求终止罢工。组织罢工的"公共企业等劳动组合协议会"（简

---

① 正村公宏『戦後史・下』、筑摩書房、1985 年、442 頁。

称"公劳协")在舆论压力下停止罢工,斗争以失败告终。①

1976 年 2 月 4 日,美国参议院外交委员会跨国公司小委员会证实,美国洛克希德飞机制造公司为推销飞机曾向日本政府高级官员行贿。消息传来,三木首相反应迅速,6 日在众议院预算委员会表示追查到底,并通过外务省要求美国政府提供所有资料。23 日,众参两院通过要求美国国会与政府提供所有材料的决议,三木首相也亲自写信给美国福特总统。24 日,日美签署司法互助协定,规定美国向日本检察机关提供材料,日本可委托美国方面审讯美国有关人员。与此同时,国会传唤了与该事件有关的国际兴业社主小佐野贤治、全日空社长若狭得治及副社长渡边尚次、丸红会长檜山广等,东京地方检察机关调查住院的儿玉誉士夫,并以漏税嫌疑给予起诉。

4 月 10 日,美国参议院的材料送到东京地方法院。从 6 月开始,东京地方检察机关陆续逮捕涉嫌人,包括若狭、檜山等。7 月 27 日,检察机关逮捕前首相田中角荣及其秘书榎本敏夫,并在 8 月 16 日以"受托受贿罪"和"违反外汇法罪"给予起诉。后来查明田中在 1973 年 8 月到 1974 年 3 月任首相期间前后四次从檜山等人手中接受洛克希德公司现金 4 亿日元,利用职权指示运输大臣进口该公司生产的飞机,为"洛克希德案件"。

在调查"洛克希德案件"的过程中,6 月 13 日,河野洋平、田川诚一等六名议员为显示与腐败告别而脱离自民党,并在 25 日组成"新自由俱乐部"。同年 10 月,宇都宫德马为抗议"洛克希德案件"和"金大中事件"脱离自民党,随即辞去议员职务。但自民党内绝大多数人担心引火烧身,开始掀起"倒三木运动"。

8 月 4 日,田中派召开全体会议,通过要求三木下台的决议。17 日,田中交纳 2 亿日元保证金后获得保释,"倒三木运动"高涨起来。19 日,福田派、大平派、田中派组成有 270 名自民党国会议员参加的"确立举党

---

① 升味准之辅:《日本政治史》第四册,商务印书馆 1997 年版,第 1192 页。

体制协议会"，要求仍然积极追究"洛克希德案件"的三木首相辞职。但三木首相利用社会舆论给予抵抗，反对派也因在推荐后任总裁问题上意见不一而暂时停战。

其后三木首相进行内阁改造，除福田副首相、大平大藏大臣外全部更换。但到 10 月 21 日，在福田和大平在后任总裁问题上达成妥协后，"确立举党体制协议会"推荐福田取代三木担任首相。11 月 5 日，福田辞去副首相及经济企划厅长官职务。

由于"第四次防卫计划大纲"在 1976 年结束，三木内阁在 10 月 29 日决定了新的防卫计划大纲，明确平时防卫力量的最高标准，注重防卫力量的质量。另外决定防卫计划大纲每年制定一次，防卫费也不得超过国民生产总值的 1%。1977 年度的防卫费为国民生产总值的 0.88%，1978 年度为 0.9%。[①]

1976 年 12 月 17 日大选是战后唯一一次议员任期届满举行的选举，由于自民党内部的矛盾和分裂，另外还有"洛克希德案件"的影响，虽然总议席从 491 席增加到 511 席，但自民党仅获得 249 席，比上次还少 22 席。选举后发展无党派议员加入自民党，才勉强达到过半数的 263 席；社会党获得 123 席，增加 5 席；公明党获得 55 席，增加 27 席；民社党 29 席，增加 9 席；日本共产党议席减半，获得 17 席；新组建的新自由俱乐部势头较旺，获得 17 席，增加 12 席。

二、福田赳夫政权

1976 年 12 月 17 日，三木首相表示承担选举失败责任而辞职。23 日，自民党两院议员全体会议一致选举福田赳夫为新总裁。福田任命大平正芳任党干事长，田中派江崎真澄任总务会长，三木派河本敏夫任政务调查会长。24 日，众参两院首相指名选举。因为执政党与在野党的议席数十分接近，众议院投票福田以 255 票超过半数一票的结果当选。福

---

① 王少普、吴寄南：《战后日本防卫研究》，上海人民出版社 2003 年版，第 158 页。

田首相就任后表示"右边是通货膨胀,左边是通货紧缩,一步走错日本经济将产生较大混乱",因而在组阁时特别重视经济方面的内阁成员。任命原大藏省资深官僚宫泽喜一为经济企划厅长官,原大藏省资深官僚村山达雄为大藏大臣,任命石田博英为劳动大臣。

　　1976 年底的实际经济增长率与前一年相比不到 1‰,11 月企业倒闭 1 600 家,完全失业人数也超过 100 万。9 月东京的消费者物价指数与前一年同期比增长 9.3‰。12 月经济企划厅发表的《1976 年经济的回顾与课题》表示"景气自动恢复力较弱",建议采取扩大财政支出的景气对策。因此,福田内阁在编制 1977 年度政府预算时注意物价稳定、恢复景气、财政健全化三个方面。另外,政府为刺激经济景气而扩大公共事业费,使之成为比前一年增长 17.4‰的大型预算。同时,为满足财界、工会、女性团体等大幅度减税一万亿日元的要求,减少 3 500 亿所得税,导致财源严重不足,只好发行 8.5 万亿日元的国债,预算比重为 29.7‰。①

　　福田赳夫本来是"稳定增长论者",主张慎重发行国债,但为刺激景气只好扩大公共事业费和减税。尽管如此,在野党仍然要求增加减税。由于在众议院预算委员会中执政党人数与在野党相同,首次按照在野党的要求修改预算方案,增加 3 600 亿日元的减税。尽管如此,经济景气仍然恢复很慢。福田内阁加大了刺激经济的力度,不仅在 3 月、4 月、9 月连续三次降低官定利率,而且在 9 月实施了追加 2 万亿日元公共事业费的综合经济对策。福田首相同年 5 月参加第三次西方国家首脑会议时曾表示 1977 年度日本的实际经济增长率将实现 6.7‰的目标。加拿大从第二次会议成为会议成员,此次会议欧洲共同体参加,会上提出美国、日本、联邦德国应成为世界经济发展的牵引车以及"无通货膨胀的经济增长"等议题。

　　尽管如此,在 1977 年 7 月举行的参议院选举中,自民党保持了相对

① 山岸一平『昭和後期 10 人の首相:日経の政治記者が目撃した「派閥の時代」』、日本経済新聞社、2008 年、142 — 143 頁。

稳定。加上非改选议席，自民党为124席，社会党56席，公明党28席，日本共产党16席，民社党11席，新自由俱乐部4席，其他12席。

为改善日本与东南亚各国的关系，1977年3月在东京召开日本—东盟论坛。当时东盟成员国除1976年的5个创始国，即印度尼西亚、泰国、菲律宾、新加坡、马来西亚外，还有文莱。当时东盟正在探讨"共同工业化项目"，需要日本的经济合作，因而邀请日本参加第二届东盟首脑会议，同时也邀请了新西兰和澳大利亚。

在参加完东盟首脑会议和扩大会议后，福田赳夫首相访问了印度尼西亚、泰国、菲律宾、新加坡、马来西亚、缅甸。在菲律宾首都马尼拉，福田首相发表了题为《日本的东南亚政策》的演说，提出了所谓的"福田主义"，其主要内容为：(1)日本不做军事大国；(2)建立与东南亚各国的"心心相印"的相互信赖关系，这种关系不仅限于政治、经济，还包括社会、文化的多方面关系；(3)日本作为平等的合作伙伴，积极与东盟各国加强合作、紧密联系，与印度支那各国建立相互理解的关系，为整个东南亚地区的和平与繁荣作出贡献。[①]

在与各国的首脑会谈中，福田赳夫首相提出了日本提供100亿日元建立"文化交流基金"的设想，并对东盟提出的"共同工业化项目表示给予合作，商议金额为1 000亿日元。在双边合作项目上，有偿援助1 600.4亿日元，无偿援助89.3亿日元，技术合作99.9亿日元，合计为1 789.6亿日元，折合美元约6.7亿美元。[②]

1977年11月，福田赳夫首相改造内阁，建立自己的实力内阁。特别是在经济方面，除任命河本敏夫为通产大臣外，还专门任命原驻美大使牛场信彦为对外经济担当大臣，以解决贸易摩擦问题。与此同时，编制了1977年度第二次补充预算方案和1978年度预算方案。为刺激经济恢复景气，公共事业费年度预算为5.2万亿日元，补充预算为3 700亿日

---

① 五百旗头真：《新版战后日本外交史（1945—2005）》，世界知识出版社2007年版，第135页。
② 山本刚士『戦後日本外交史・Ⅵ・南北問題と日本』、三省堂、1984年、341頁。

元,为此发行总额为 10.58 万亿日元的国债,国债依赖率达到 37.8%,大大超过了福田首相承诺的控制在 30% 以内。在野党对此表示反对,并要求减税 1 万亿日元和提高福利养老金。最初福田赳夫首相以"公共投资更有波及效应"为由加以拒绝,但最终对预算法案作出包括减税 3 000 日元在内的修正。①

1977 年初,福田赳夫首相指示有关当局在年度内新成田国际机场正式运营。政府出动防暴警察准备拆毁反对派在岩山建设的大铁塔,反对派在成田市三里塚第一公园召开有 2.3 万人参加的集会和游行。5 月 2 日,千叶地方法院做出拆毁铁塔裁决,政府出动 5 000 名防暴警察拆毁了铁塔。结果引起反对派的愤怒,在不断发生的冲突中,有大学生和警察死亡。同年 11 月 25 日,福田内阁决定 1978 年 3 月 30 日为新机场正式运营日,强制性搬走仍然留在第一期工程内的一家农户。1978 年 3 月 26 日,反对派 20 名成员通过机场排水沟进入机场,占领机场管制塔,并破坏了部分设备,整个机场处于麻痹状态,政府只好决定正式运营时间延期 50 日。5 月 20 日,成田机场正式运营,但第二条跑道迟迟不能动工。

70 年代中期,针对远东地区美国整体势力的衰弱以及苏联军事力量增强的状况,日本在加强自身防卫力量的基础上,积极谋求将《日美安全保障条约》具体化和有效化。经过两年多时间的协商,日美两国在 1978 年制定《日美防卫合作指针》,就防止侵略、日本遭到武力攻击以及远东地区发生对日本产生重要影响的事态时作了具体的规定:第一,双方为预防对日本的武装入侵,应建立有效的防卫合作态势。第二,当日本受到武力进攻时,日本负责领土及周边海域、空域的防御作战,美国负责攻势作战及对日支援作战。第三,在远东地区发生危机日本安全的事态时,日美双方要进行密切的合作,随时根据形势的变化进行磋商,并事先

---

① 山岸一平『昭和後期 10 人の首相:日経の政治記者が目撃した「派閥の時代」』、日本経済新聞社、2008 年、142 — 143 頁。

研究采取必要措施，以保证日本为美军前来支援提供必要的各种方便。由于前两项主要涉及自卫队和驻日美军的合作问题，所以到 1984 年时双方已经制定相应共同作战计划，但第三项有关"远东发生不测事态时日美进行合作"只是笼统地提出日本要给美国"提供便利"，但对提供何种便利没有做出具体的规定。

1974 年中日"贸易协定""航空协定""海运协定"签订以后，两国贸易往来日益频繁，中国不仅成为日本在亚洲最大的贸易伙伴，更是其在亚洲最有潜力的市场。经过较长时间的谈判，1978 年 3 月，中日长期贸易协定在北京签订。同年 5 月，"新日铁"与中国签订合作建设上海宝山钢铁厂的协议。但在谈判缔结《中日和平友好条约》的问题上，福田内阁最初较为消极。作为忍耐与慎重的政治家，上台之初的福田赳夫首相担心中苏对立，而且 1976 年 9 月苏联米格 25 战斗机迫降北海道函馆机场、飞行员亡命美国、防卫厅与美军将飞机解体检查的事件使日苏关系发生裂痕，同年 12 月苏联宣布设置 200 海里渔业专属水域使日本面临渔业问题，因而福田赳夫首相第一次组阁时任命恢复日苏邦交正常化的鸠山一郎首相之子鸠山威一郎为外务大臣，以改善日苏关系。①

当时苏联也对日本政府施加了压力，影响了日本政府的决策。另外，日本国内的"慎重派"、自民党内亲台势力和右翼团体也反对缔结条约，其理由为以日本为假想敌的《中苏互不侵犯条约》的存在、钓鱼岛归属问题、霸权条款问题等。进入 1978 年以后，面对苏联不断增大的威胁，美国支持中日签订和平友好条约。1978 年 5 月 3 日，福田赳夫首相与美国总统卡特会谈时，后者表示"希望能更积极地进行"。中国方面也表示中苏条约名存实亡、搁置钓鱼岛争议、反对霸权不针对特定国家，福田赳夫首相遂表示全面支持对缔结条约持态度积极的圆田直外务大臣，并亲自出面劝说亲台湾派议员。② 8 月 12 日，中日正式签署《中日和平

---

① 浦田進『福田赳夫：評伝』、国際商業出版、1978 年、65 頁。
② 山岸一平『昭和後期 10 人の首相：日経の政治記者が目撃した「派閥の時代」』、日本経済新聞社、2008 年、148 頁。

友好条约》。

《中日和平友好条约》的主要内容为：缔约双方应在互相尊重主权和领土完整、互不侵犯、互不干涉内政、平等互利、和平共处五项原则的基础上，发展两国间持久的和平友好关系；根据上述各项原则和联合国宪章的原则，缔约双方确认，在相互关系中，用和平手段解决一切争端，而不诉诸武力和武力威胁；缔约双方表明，任何一方都不应在亚洲和太平洋地区或其他任何地区谋求霸权，并反对任何其他国家或国家集团建立这种霸权的努力；缔约双方将本着睦邻友好的精神，按照平等互利和互不干涉内政的原则，为进一步发展两国间的经济关系和文化关系，促进两国人民的往来而努力；本条约不影响缔约各方同第三国关系的立场等。1978 年 10 月 23 日，邓小平作为战后第一次踏上日本国土的中国政府高级领导人，参加了《中日和平友好条约》批准书的交换仪式，条约正式生效。

三、大平正芳政权

在"倒三木运动中"，福田赳夫与大平正芳达成协议，约定福田担任两年的自民党总裁后大平接任，并为此将自民党总裁的任期从三年改为两年。但随着日期的临近，福田赳夫首相希望继续连任。大平正芳早在 1978 年 2 月就表示参加自民党总裁竞选，10 月 20 日专门访问福田赳夫的私宅传达此意，但 24 日福田赳夫以派内成员的意见为由表示继续参选。

自民党在 1977 年 4 月的临时大会上修改总裁选举规则，实施全体党员、党友投票的预备选举。以都道府县为单位，每 1 000 票算为 1 点，得分较多的两名候选人由自民党国会议员选举其中一人为新总裁。在田中派的支持下，大平获得 748 点，福田 638 点，中曾根 93 点，河本 46点。① 1978 年 12 月 1 日，在自民党国会两院议员全体会议上，大平正芳

---

① 升味准之辅：《日本政治史》第四册，商务印书馆 1997 年版，第 1192 页。

当选自民党总裁。然后顺利通过国会的指名，当选为新首相。在组织内阁时，照顾到派系平衡，同时起用年轻议员担任重要职务，例如任命财界转入政界的小坂德太郎为经济企划厅长官、中曾根派的渡边美智雄为农林大臣、田中派的桥本龙太郎为厚生大臣等。

大平内阁成立后首先面临的工作是编制 1979 年度政府预算方案。尽管编制方针是"刺激景气"与"重建财政"，但编成后的预算方案一般会计规模为 38.6 万亿日元，比前一年增长 12.6％，为 1965 年以来增长率最低。因收入不足，国债发行量达到 15.27 万亿日元，国债依存度达到历史最高的 39.6％，而且赤字国债超过建设国债。[①]

为准备 1979 年 6 月在东京召开的第 5 次发达国家首脑会议，同年 4 月 30 日大平正芳首相访问美国，与卡特总统就东亚问题、中东问题、战略核武器问题、防卫问题特别是日美贸易摩擦问题交换意见，并在日美贸易摩擦问题上达成原则性协议。[②] 6 月 28 日，发达国家首脑会议在东京召开，新闻报道人员超过 400 人，政府动员 41 万警员加强保卫工作。

由于 1979 年 1 月石油输出国组织宣布阶段性提高石油价格，同时主要产油国伊朗爆发革命，停止出口石油，导致石油价格在两个月之内从每桶 14 美元涨到 24 美元，形成"第二次石油冲击"。另外，石油输出国组织 6 月 26 日日内瓦会议上再次决定将石油标准价格提高 23.7％。因此，在东京发达国家首脑会议的第二天会议上，法国总统德斯坦突然提出"发达国家应各自制定 1985 年限制石油进口具体目标"的建议。其他国家均有自己的油田，但日本 98％的石油需要进口，该建议对日本形成较大的压力。

当时日本每天进口石油 540 万桶，根据东京发达国家首脑会议前政府制定的《新经济七年计划》，1985 年每天进口石油为 710 万桶，如果接受法国的建议，进口量将减少 25％。因此，大平正芳首相自然以坚决的

① 山岸一平『昭和後期 10 人の首相：日経の政治記者が目撃した「派閥の時代」』、日本経済新聞社、2008 年、142 — 143 頁。
② 杉田望『総理殉職——四十日抗争で急逝した大平正芳』、大和書房、2008 年、399 頁。

态度拒绝。但其他 6 个国家赞成法国的提案,经过午间休息期间的紧急磋商,各国同意日本对限制幅度稍加修正,1985 年的石油进口量控制在630 万—690 万桶之间。在最后通过的《东京宣言》中除限制进口石油具体目标外,还根据大平正芳首相的建议,增加了对发展中国家提供能源开发援助、粮食增产援助等内容。

为解决因大量发行赤字国债引发的财政危机,大平正芳首相主张实施一般消费税。其在 1979 年 1 月的施政演说中向国民呼吁探讨实行一般消费税的可能性,在同年夏天自民党全国研修会上再次明确在国民理解的基础上增加新的负担。但党内以福田派为中心的反对派组成"财政再建议员恳谈会",反对实施一般消费税。尽管如此,在为解散众议院而召开的临时国会上,大平正芳首相再次明确在削减支出的同时增加收入,遭到在野党的批判。

本来选举形势对自民党较为有利,因为同年 8 月的舆论调查显示,自民党支持率达到历史最高水平的 52%。在选举过程中大平正芳首相也表示并非实施一般消费税,但在野党齐声攻击自民党要增加税收,结果大选围绕是否实施一般消费税展开。受其影响,自民党候选人也出现反对的声音,迫使大平正芳首相明确表示不实施一般消费税。但自民党仍然遭到惨败,仅得到 248 席,比上一次大选减少 1 席,没有达到半数。社会党也减少 17 席,新自由俱乐部从 14 席减少到 4 席,日本共产党从17 席跃进到 39 席。自民党发展无党派 14 位当选者,勉强过半数。

福田、三木、中曾根等非主流派以选举失败为由要求大平正芳首相下台,但遭拒绝。多次协商无结果,非主流推荐福田为首相候补,主流派推荐大平为首相候补。10 月 30 日召集特别国会,11 月 5 日指名选举首相因此推迟到第二天。第一轮投票大平和福田均未过半数,第二轮投票大平当选。尽管第二届大平内阁仍然是照顾各派系的全党一致政权,但从 10 月 7 日开始的自民党内"40 日抗争"为大平政权留下阴影。

1978 年底,中国政府采取改革开放政策,需要包括日本在内的发达国家的资金与技术合作。1979 年 8 月,为建设港湾、铁道、发电厂等而向日本提出政府贷款的申请。同年 9 月访日的谷牧副总理与日本政府达成借款协议。10 月,日本派遣政府调查团为大平首相访华时签署提供贷款协议做准备。12 月 5 日,大平正芳首相访华,在与中国领导人邓小平的会谈中就民间务实关系以及政府开发援助问题达成共识。日本在1979 年度向中国提供 500 亿日元、年利 3‰、偿还期为 10 年可延迟 20 年的贷款,原则上不带有附加条件。

为消除欧美国家对日本将垄断中国市场的担心,以及其他亚洲国家,特别是东南亚国家担心来自日本的援助可能减少,大平正芳首相特意向访日的谷牧副总理传达日本对华经济合作的三项原则,即对中国现代化事业的经济合作与欧美各国协调、顾及与东盟各国的平衡、不进行军事合作等。

作为大平正芳首相访华的回访,中国政府总理华国峰在 1980 年 5月 27 日到 6 月 1 日访问了日本。双方在发表的联合新闻公报中强调日本继续支持中国的"社会主义现代化",特别在资源和能源方面加强合作。华国峰总理访日期间,达成了中日合作开发渤海湾石油(1981 年 4月开发成功)、定期召开部长级会议、促进文化交流、交换留学生、设置"中日会馆"等协议。

在大平政权时期,中日经贸关系得到急速的发展。1972 年中日双边贸易额进出口合计仅为 11 亿美元,1975 年因日本正式进口中国原油而增加到 35 亿美元,1978 年超过 50 亿美元,1981 年达 103.789 2亿美元。在日本的贸易对象国中,1981 年出口中国为第七位,所占比例为 3.4‰,从中国进口为第六位,所占比例为 3.7‰。从进出口总额来看,中国在美国、沙特阿拉伯、印度尼西亚、澳大利亚之后,占重要地位。[①]

---

① 石丸和人、松本博一、山本刚士『戦後日本外交史・Ⅱ・動き出した日本外交』、三省堂、1983年、256 頁。

1980 年 1 月，大平首相连续访问了澳大利亚、新西兰、巴布亚新几内亚三国，在 5 月初黄金周时间又访问了美国、墨西哥、加拿大，途中到南斯拉夫参加了铁托总统的葬礼。5 月 11 日回国后的第 5 天，社会党在国会中提出内阁不信任案。自民党非主流派组成"自民党刷新联盟"，并在投票表决不信任案时拒绝进入会场，导致以 243 票对 187 票的结果通过了不信任案。大平首相立即决定解散众议院，并在 6 月 22 日同时举行众参两院选举。

5 月 30 日，大平正芳首相在东京开始首次选举演说，一天之内进行了 5 场。他夜间回到家后感到身体不适住进医院，6 月 12 日因病情恶化去世。因大平正芳去世，在野党难以批判政府，自民党内也放弃对立合作竞选，另外也获得许多国民的同情票，所以自民党在众参两院均获得稳定多数席位的胜利。自民党获得众议院 284 席，社会党 107 席，公明党 33 席，民社党 32 席，日本共产党 29 席，新自由俱乐部 21 席，社民联 3 席等。自民党在参议院 135 席，社会党 47 席，公明党 26 席，日本共产党 12 席，民社党 11 席，新自由俱乐部 2 席，社民联 3 席等。

第三节　稳定增长时代

一、经济稳定增长

为对应石油危机带来的经济衰退，日本政府首先利用货币政策、即降低官定利率的方式刺激经济景气，例如在 1975 年实施四次、1977 年实施三次、1978 年实施一次，共八次降低官定利率。结果官定利率从 1975 年初的 9％下降到 1978 年的 3.5％，为战后最低。其次采取积极的财政政策，扩大需求，具体措施就是公共投资的急剧增加。从 1976 年度到 1979 年度的政府预算，一般会计预算增加部分中的公共事业费增长率达到 60％。为弥补财政收入的不足，公共投资的来源是赤字国债。20 世纪 70 年代前半期只有 2 万亿日元的赤字国债，1975 年重新发行国债时为 5.3 万亿日元,1976 年为 7.2 万亿日元,1977 年为 9.6 万亿日元,1978 年突破 10 万亿日元。[①]

除采取财政、金融等宏观经济政策外,日本政府还在具体的产业政策上寻求对策。在政府的指导下,允许企业组成萧条卡特尔、合理化卡特尔或特定电子工业及特定机械工业临时措施法卡特尔等垄断组织。1977 年 6 月,福田内阁向国会提出《禁止垄断法修正案》并得到通过。对那些结构性萧条的产业,政府在 1978 年制定《特定萧条产业临时措施法》,在数年间实施了激烈的设备处理行动。另外,1971 年制定《特定电子工业及特定机械工业振兴临时措施法》,允许成立为培育特定电子工业等的卡特尔,1978 年制定《特定机械信息产业振兴临时措施法》,并制定《集成电路开发促进费补助金制度》《下一代电子计算机用大型集成电路开发促进费补助金制度》,给电子工业以优惠政策。[②] 这些优惠政策推动了集成电路的技术开发,使之成为 80 年代具有高附加价值的主要产业。

另一方面,政府推动发展节能产业和原子能。首先在 1975 年度的税制改革中,在《租税特别措施法》中增加投资节能产业的特别偿还制度,其后逐渐扩大了其范围。1975 年 12 月颁布《石油储备法》,储备目标从 60 天的使用量增加到 90 天。1979 年颁布《能源使用合理化法》,推动节能技术的开发及使用。与此同时,停止石油火力发电厂的建设,积极推动核能发电。

日本在 1955 年制定《原子能基本法》,最初的核电站在 1966 年开始运转。从 1969 年到 1972 年,日本核电站建设出现高潮,但由于 1974 年 8 月运送核能的船只"陆奥"号出现泄露引起不安,核电站所在地居民掀起反对运动。第一次石油危机爆发后,政府制定《电源三法》,即《电源开发促进税法》《电源开发促进对策特别会计法》《发电用设置周边地区整

① 歴史学研究会編『日本同時代史・5・転換期の世界と日本』、青木書店、1991 年、13—14 頁。
② 金子貞吉『戦後日本経済の総点検』、学文社、1996 年、167 頁。

备法》，以利益还原的方式获得核电站所在地居民的同意，另外也积极实施核能发电安全性的调查研究。核能发电在全部发电容量的比例迅速上升，从 1973 年的 2.7％增加到 1978 年的 10.8％。①

克服经济萧条最根本的手段是企业采取的"减量经营"措施。其内容包括通过改革企业结构降低生产和流通成本、使用电子机械以节能省力、实现经营多元化、确保金融及其投资的收益、减少新雇佣人数、增加派出人员、压缩承包数额等，其中最重视的是调整雇佣政策。调整雇佣政策首先是因为工资的大幅度上升，且田中内阁的"列岛改造论"和第一次石油危机引发剧烈的通货膨胀，工人的实际工资急速下降，因而在"春斗"中工会方面要求大幅度提供工资，1974 年的工资增长率达到创纪录的 32.9％。

"减量经营"的雇佣政策基本方式是减少雇佣人员。例如在东京证券第一部上市的企业中，雇佣人员在 1974 年，到达最高，其后逐渐下降，1980 年减少了 10.9％。根据总理府的调查，70 年代后半期，就业人员在 1 000 人以上的大企业的雇佣人员在下降，在全部就业人口中的比例仅占 2％左右。从减少人员的方式上看，首先是限制加班、暂时解雇，然后是不增加新人、削减钟点工或临时工等非正式雇佣人员，最后是将员工派遣到其他部门、自动退职、指名解雇等。总的来说，在 70 年代，日本企业特别是大企业继续维持终身雇佣和年功序列工资的经营方式，较少采用解雇人员的方式。即使业务减少，没有具体工作的中年职员仍然得到雇佣，只是办公桌搬到"不受重用"的窗户旁边，这个群体就是 1978 年出现的流行语"窗边族"。

在"减量经营"的基础上，企业内部也进行了组织机构改革。例如新设事业部组织、方阵组织、独立经营、新事业部门等，同时改革下属企业承包体制。所谓事业部组织和方阵组织是打破过去生产、销售、研究开发、财务、劳务等各自为政的局面，为某项事业目标将这些部门统一起

---

① 小学馆编集『日本 20 世纪馆』、小学馆、1999 年、803 頁。

来,以便扩大生产规模、降低生产成本,同时按照市场的变化迅速改变事业目标;独立经营和新事业部门也是根据市场的需求增加具有针对性的机构,例如日本电气公司在 1971 年制定一个战略计划并加以实施,到 1980 年分别设置了稳定服务部门、销售专业及附属部门、生产附属部门、专业知识实施部门、软件相关部门等与公司分离的下属企业,以便在节约经营成本的同时,追求企业生产的效率化;改革下属企业承包体制是改变相关企业的组织方式,将过去简单的企业内组织变为阶层结构组织,例如丰田汽车公司的生产同步进行无库存合理化体制、松下电器公司的统一计算管理体制等,以便达到统一提高生产效率、减少流通环节的目标。[①]

实际上,企业最重要的措施是通过技术改造或革新降低生产成本,节省能源。例如久留米市的普林斯通轮胎公司建于 1937 年,到 70 年代石油危机时仍然使用蒸汽动力。因经济萧条而过剩的人员将蒸汽管道用绝缘材料加以包装,结果重油消耗量减少接近一半。特别是在钢铁业、非金属制造业、石油化工业这些巨大能源消耗企业,通常认为其增长率与能源消耗率同步增长,难以节约能源。但在石油危机和经济危机的压力下,各企业努力创造节能的技术,结果在经济恢复增长的同时,降低了能源消耗量。例如 1973 年的石油进口为 2.9 亿千升,1975 年为 2.6 亿千升,生产得到相当恢复的 1978 年为 2.7 亿千升。[②]

使用能源减少的另外一个重要原因是产业结构变化,即重化学工业的生产增长率逐渐停滞,以电子机械产业为中心的高附加价值产业与服务业迅速增长,资本密集型产业转向知识密集型产业。例如钢铁产业在 1973 年达到最高产量的 1.2 亿吨,其后开始减产;钢船建造在 1975 年达到最高的 1 823 万吨,1977 年减少到 973 万吨,1979 年进一步减少到 400 万吨左右。[③] 与其相反,电器、运输、精密机械等产业却迅速增长。小型

---

① 歴史学研究会編『日本同時代史・5・転換期の世界と日本』,青木書店,1991 年、19—20 頁。
② 中村隆英『昭和史・II』,東洋経済新報社,1993 年、634—635 頁。
③ 金子貞吉『戦後日本経済の総点検』,学文社,1996 年 166 頁。

电子计算器、电子计算机等在 70 年代迅速发展,台式电脑从 996 万台增加到 4 232 万台,轿车也从 447 万台增加到 594 万台。产业从钢铁、金属、造船、机械等"重厚长大型"向电子计算器、小型照相机、随身听等轻薄短小型转化。

从 70 年代的设备投资也可以看出产业结构的变化。1974 年和 1975 年的设备投资增长率均为负数,1976 年和 1977 年仍然低迷,1978 年终于达到 10% 的增长率,其中 60% 是非制造业部门的设备投资。制造业实际设备投资在国民生产总值中的比重从 1970 年的 9.5% 下降到 1978 年的 3.8%。[①]

70 年代产业结构变化的另外一个特征是第三产业的变化与发展。大型超级商场在 70 年代初的日本较少,但 70 年代末已经普及到地方。尽管引起零售商店业者的不满,但城市型消费模式最终普及到日本各个角落。汽车销售连锁店、电器廉价店、高尔夫商店、城市餐馆等散布在地方城镇和高速公路两侧。另一方面,以电子计算机为中心的工厂和办公设备自动化等对企业服务的产业不断扩大。除原有的广告、产业信息提供之外,还包括提供电子计算机软件在内的信息服务、事业管理、警卫、清洁、废物处理等业务。70 年代末,这些部门的就业人数和产值均占到国民生产总值的一半以上。[②] 在上述变化的基础上,第二次石油危机对日本经济的冲击较小。

从整个 70 年代经济发展状况来看,1974 年日本经济出现战后最初的负增长,但到 1975 年 3 月开始出现复苏迹象,直到 1976 年底的 22 个月之间处在繁荣时期。1977 年 1 月再次进入萧条时期,直到同年 10 月。其后进入繁荣时期,直到 1980 年 2 月,28 个月期间实际增长率在 5% 左右。1973—1980 年各国经济的实际年均增长率法国为 2.5%,美国和联邦德国均为 2.3%,英国为 0.9%,日本为 4%。日本国民生产总值 1970

---

① 金子贞吉『戦後日本経済の総点検』、学文社、1996 年 166 頁。
② 中村隆英『昭和史・Ⅱ』、东洋经济新报社、1993 年、638 頁。

年为2 042亿美元,到1979年达到10 085亿美元。人均国民收入也从1 768美元提高到8 688美元,美国从8 916美元提高到21 258美元,但日本的增长速度远远超过美国。[①]

1977年11月,福田内阁制定第三次全国综合开发计划(三全综)。该计划以居住环境的综合完善为目标,提出居住圈构想。居住圈是在考虑自然环境和生活环境的基础上,符合自然地保护和利用国土,以生活圈为地域开发的基础单位。1979年1月,大平正芳首相提出"田园城市国家构想"——为改善城市不稳定的生活基础,构筑与自然协调的富裕居民生活。从1979年到1981年,选定44个模范居住圈,但该构想成为河流管理和郊区住宅开发的借口,而且建设省首先制定了道路修建五年计划,扩大修建道路和港口。

进入70年代以后,日本政府提出"综合农政政策",其主要内容为进一步扩大农产品的商品化、压缩稻米种植面积、限制开垦农田、鼓励土地流动、放宽征用土地的限制等。与此同时,增加政府对农村的投资,以整顿和完善生产措施、修建道路和用水设施、完善农村的公共福利设施等。1975年以后,政府陆续提出"综合粮食政策"和"区域农政特别对策事业"等基本方针,提高水稻以外农产品的自给率,根据各地区的状况实施特色农业等。随着大批兼业农户进入城市,作为农民组织的"农协"除农产品生产及流通的基本业务外,也更多地涉及城市的储蓄、信贷、购买生活资料、经营旅店等领域。

二、贸易摩擦与综合安全保障

日本能够在石油危机引发的经济危机中很快摆脱出来并保持较高的经济增长率,其中一个重要的原因是出口迅速增长。日本经济在1974年出现战后最初的负增长,但出口实际增长率为23.3%。出口在70年代前半期年均增长率为24.7%,70年代后半期为18.6%;进口70年代

---

① 矢野恒太纪念会编:《日本100年》,时事出版社1994年版,第77页。

前半期为 24.8％,后半期为 20％,均大大超过经济增长率。从出口额来看,1973 年为 369 亿美元,1979 年上升到 1 030 亿美元。① 从贸易收支来看,1970 年的贸易盈余为 4.4 亿美元,1971 年为 43 亿美元,1972 年为 51 亿美元。1973—1975 年转为贸易赤字,1976 年贸易盈余 24 亿美元,1977 年为 97 亿美元,1978 年达到 182 亿美元。1979 年和 1980 年再转为赤字。出口对国民生产总值的贡献度 1970 年为 9％,1976 年上升到 11.6％。②

从出口对象来看,集中在北美、西欧、东南亚三个地区。1975 年日本对三个地区的出口贸易占出口贸易总额的 59％,1980 年上升到 66％。另外从 1970 年到 1980 年出口增加贡献度来看,北美为 25％,西欧为 17％,东南亚为 24％,全体为 66％,占 70 年代日本出口增加额的三分之二。③

对美国出口 1973 年以前超过 30％,但 1973 年以后在 25％以下。从美国进口也从 1970 年的 29.4％逐渐下降,1976 年以后大约在 18％上下。但由于从美国进口量减幅较大,因而贸易盈余增加。60 年代通常为数亿美元,1971 年为 25 亿美元,1972 年为 30 亿美元,1973 年和 1974 年降到 1 亿美元,1975 年变为 46 亿美元赤字。1976 年转为 38.8 亿美元盈余,其后盈余不断增长,甚至达到 100 亿美元。

在日本的出口产品中,1974 年钢铁占到 19.4％,其后逐渐降低,钢铁产量的 30％以上用于出口。70 年代中期以后,汽车出口超过出口总额的 10％,1970 年轿车出口仅为 72 万辆,1975 年达到 182 万辆,1978 年超过 300 万辆,出口依存度超过 50％。另外,录音机、电视机、录像机、钟表、照相机出口增加迅速。

出口迅速增加的原因为劳动生产率提高、降低成本使出口价格下降、质量管理使产品质量上升、产品的高技术化等。从 1973 年到 1979

---

① 歴史学研究会編『日本同時代史・5・転換期の世界と日本』、青木書店、1991 年、10 頁。
② 金子贞吉『戦後日本経済の総点検』、学文社、1996 年、170 頁。
③ 歴史学研究会編『日本同時代史・5・転換期の世界と日本』、青木書店、1991 年、11 頁。

年,日本的劳动生产率提高 5%,美国只有 0.9%,欧洲共同体为2.9%。[1]另外,这一时期韩国、新加坡及中国台湾、香港等新兴工业经济地区的实际年均经济增长率为 7%—9%,也推动了日本出口的迅速增加。在出口政策上,汽车、钢铁、家用电器等的价格低于国内价格,是经济危机时期带有倾销式的出口政策。

出口迅速增加引起贸易摩擦,特别是日美之间的贸易摩擦。1972 年日美间签署纤维协定,自主限制日本纺织品出口美国。1974 年《关贸总协定》达成《多国间纤维协定》,其后日美在此基础上解决纺织品贸易问题。1970 年美国的显像管减产 20%,美国财务部在 1971 年对日本征收倾销税,日本支付 7 600 万美元的和解金。1976 年日本彩色电视机对美出口增加 2.5 倍,达到 296 万台,占美国国内需求的 30%。美国总统卡特迫使日本签订《维持市场秩序协定》,三年间将日本彩色电视机对美出口量限制在 175 万台。其后日本企业 1979 年对美出口 69 万台彩色电视机,当地生产 335 万台。[2]

日本钢材的对美对口早在 60 年代中期就经常采取自我限制措施,进入 70 年代以后又连续在 1972 年和1974 年两次自我限制。但 1977 年对美出口钢铁达到 1930 万吨,为国内消费量的 18%,因而实施标准价格制度,即以劳动生产率最高国家的生产成本为基础决定进口价格,在其价格以下就是倾销。1975 年日本轿车对美出口不足 82 万台,为美国市场的 10%以下。70 年代汽油价格暴涨,费油的美国大型轿车向省油的中小型车转化,日本轿车对美出口开始增加。1977 年为 171 万台,1980年急剧增加到 180 万台。

与此同时,美国要求日本开放市场。美国在 1973 年《关贸总协定》"东京回合"中强烈要求日本进口农产品。双方 1977 年开始围绕牛肉、柑橘进行谈判,并在 1978 年 12 月达成 5 年内进口 3.08 万吨牛肉、8.2

---

[1] 歴史学研究会編『日本同時代史・5・転換期の世界と日本』、青木書店、1991 年、12 頁。
[2] 金子貞吉『戦後日本経済の総点検』、学文社、1996 年、172 頁。

万吨柑橘的框架协议。"东京回合"经过 6 年的谈判达成协议,日本大部分工业制品降低接近 50％的关税,农产品关税仍然采取以前的方式。从工业制品的关税率来看,日本为较低的 3％,美国为 4.2％,欧洲共同体为 4.9％;在农产品领域,日本的关税率为 8.6％,美国为 2.9％,欧洲共同体为 12.3％。[①]

在欧美国家的要求下,日本从 60 年代后半期开始进行资本自由化,但进展缓慢。1967 年的第一次资本自由化,允许外资在收音机、电视机、照相机等 33 个产业中占 50％,在水泥、摩托车、普通钢材等 17 个产业中占 100％;1969 年的第二次资本自由化,前者增加了 160 个产业,后者增加了 77 个产业,由此 80％的产业实现资本自由化;经过 1970 年的第三次、1971 年的第四次资本自由化,95％的产业实现资本自由化;1973 年 5 月的第五次资本自由化,除农业水产业、矿业、石油业、皮革业、零售业,原则上实现了资本自由化。[②]

日本海外投资也逐渐自由化,除政策原因外,也有减少贸易摩擦的背景。1972 年取消投资额度的限制后,日本资本的海外直接投资急速增加,当时称为"海外直接投资元年"。1971 年日本的海外投资不足 9 亿美元,1972 年达到 23 亿美元,1973 年迅速增加到 35 亿美元。其后因石油危机稍有减少,1974 年为 24 亿美元,1975 年为 33 亿美元。这一时期以对东南亚投资为主,印度尼西亚的油田开发为最大项目,接着向中南美的资源开发投资。另外,制造业因国内劳动力成本上升,对纺织领域的海外投资也非常明显。

对外投资在 70 年代末再次出现高潮。1977 年 12 月修改外汇法,对资本流动的限制大为缓和。1978 年的对外投资为 48 亿美元,1979 年迅速增加到 90 亿美元,1981 年为 89 亿美元。这一时期的投资主要是制造业及其销售其产品的流通业,资源开发投资逐渐减少。在制造业中,能

---

① 浜中秀一郎『図説・日本の関税』、財経詳報社、1992 年、61 頁。
② 金子貞吉『戦後日本経済の総点検』、学文社、1996 年、175—176 頁。

源消耗大、成本高、易污染的产业逐渐转移,例如炼铝产业。另一方面,当时日元升值的状况也推动了海外投资。

因对外贸易和对外投资的急速增长,促使日本出现了"全方位外交"以及"综合安全保障"的动向。虽然早在鸠山一郎内阁时期就提出"全方位外交"的口号,但主要着眼于恢复日苏邦交的政治目的。70年代以后,随着日本的经济大国化,不仅在经济合作领域需要开展全方位外交,日本也希望在国际政治领域提高自己的地位,以保障自己的经济利益。在这一方面,应以田中角荣政权的能源自主外交作为开端,但真正形成理论性政策方针是大平正芳政权时期。

1979年1月25日,大平正芳首相在第87届通常国会的施政演说中提出日本作为经济大国的"综合安全保障"政策。通常首相施政演说稿由各省厅事务当局提出的材料综合而成,但在大平正芳首相的演说稿中还有政策智囊团提出的政策建议,参加演说稿起草的有学习院大学教授香山健一及东京大学教授佐藤诚三郎、公文俊平等。在大平政权时期,采取了两个制度化建设。一是设置首相助理官员,在首相官邸中设立助理官员室,任命大藏省、通产省、外务省各一名官员担任其职。另外一个是组织九个作为首相私人咨询机构的政策研究小组,进行彻底的政策研究。

大平内阁成立后一个月就组成以梅棹忠夫为首的"田园城市构想研究集团",其后陆续组成以内田忠夫为首的"对外经济政策研究集团"、以林知己夫为首的"多元化社会生活关心研究集团"、以大来佐武郎为首的"环太平洋合作研究集团"、以伊藤善市为首的"充实家庭基础研究集团"、以猪木正道为首的"综合安全保障研究集团"、以山本七平为首的"文化时代研究集团"、以馆龙一郎为首的"文化时代经济运营研究集团"和以佐佐学为首的"科学技术历史性展开研究集团"等九个智囊机构,但在大平首相生前,只有"对外经济政策""环太平洋合作""充实家庭基础"研究集团提出了研究报告。①

---

① 歴史学研究会編『日本同時代史・5・転換期の世界と日本』、青木書店、1991年、144頁。

在大平首相智囊团以及大平首相本人的"综合安全保障构想"中，其中一个重要内容就是环太平洋合作构想。按照"环太平洋合作研究集团"提出的中期报告，其设想是建立包括日本、美国、加拿大、澳大利亚、新西兰、东盟在内的合作关系，在亚洲、太平洋地区范围内协调生产发展、合作开发资源等。大平正芳首相在访问澳大利亚时说："环太平洋各国之间的合作也绝非为了建立排他性的国家集团。其最终目的是为了造福于太平洋各国以及最大限度地促进整个人类社会的幸福和繁荣。"①

实际上，综合安全保障基础上的"环太平洋合作构想"是对"吉田路线"的修正，即在坚持日美同盟的同时，发挥经济大国日本作为亚洲国家的独特作用，在国际事务中提高自己的发言权。正是在大平设想的推动下，1980 年 9 月召开了第一届环太平洋研讨会，不久发展为以民间为主体的太平洋经济合作会议（PECC），后来进一步发展为政府层次的亚洲太平洋经济合作会议（APEC）。②

三、在野党联合政权设想

尽管社会党在 1972 年和 1976 年举行的大选中恢复到 118 席和 124 席，但由于众议院总议席从 467 席增加到 511 席，因而社会党的议席占有率也从 1960 年的 30.8％下降到 1976 年的 24.3％。③ 从国际上看，1966 年中国开始的"文化大革命"所造成的社会混乱以及 1968 年华沙条约集团军队入侵捷克斯洛伐克，也影响到日本选民对社会主义政党的印象。

实际上，在社会党势力相对减弱的现象背后是社会结构以及国民追求目标的变化。首先随着工业化的迅速进展，大批农业人口流入城市，

---

① 大平正芳回想录刊行会编：《大平正芳传》，吉林人民出版社 1984 年版，第 584 页。
② 福永文夫『大平正芳』、中央公论新社、2008 年、260 页。
③ 石川真澄『戦後政治史』、岩波書店、1995 年、224—229 页。

成为工薪劳动者,参加工会的工人也从 1949 年的 666 万人增加到 1975 年的 1 247 万人,但组织率却从 55.8％下降到 34.4％;另一方面,50 年代中期开始的经济高速增长和劳动生产率的提高,工人的实际收入也随之增加。1966 年工厂劳动者的年工资增长率为 10.6％,1970 年为 18.5％,1974 年达到创记录的 32.9％。[1]

由于石油危机及经济危机的影响,"春斗"提高工资的要求遭到扼制。1975 年工会方面提出增长工资 30％以上,"日经联"提出的标准是 15％,最终结果只达到 13.1％,其后工会的要求一再受挫;另一方面,70 年代中期以后日本产业结构从"重厚长大型"向"轻薄短小型"转化时期,这种转化带来的就业革命削弱了工会的凝聚力和战斗力,1975 年"国铁"等国公营企业工人为争取罢工权而举行的罢工遭到失败后,"总评"的斗争方式也逐渐转向以劳资协调为主。

社会党未能根据时代的变化及时调整自己的发展战略,基层组织不健全自始至终伴随着社会党,即社会党的组织成员太少,难以进行有效的大众动员,制约了其力量的发展。直到 1977 年,社会党只有 4 万多名党员。尽管该党在大选中获得的 1 000 万张以上选票,但"有组织的选票"只占 30％,其余 70％则是浮动票。因为社会党的党员较少,因而各级议会议员在党员中占据相当比例,70 年代中期,平均十个党员中就有一个议员。

社会党几乎不在一般工会会员中发展党员,即使在"总评"内部,社会党也只是在主流派势力内发展党员,非主流派活动家难以入党。因此,社会党党员在工会会员中所占比例很小,就连党员人数最多的国营铁路工会,其比例也不过工会会员人数的 2％。在党员以及各级议会候选人的补充、政治资金的募集、选举时的集票活动、大众运动时的组织者均严重依赖"总评"工会。这种状况一方面使"总评"在政治倾向上的任何一次左右摇摆都直接影响到社会党内左右势力间的权力关系以及党

---

① 新藤宗幸『現代日本政治』、放送大学教材、1990 年、36 頁。

的整个政治倾向；另一方面，社会党受到"总评"工会的控制，因而该党扩大社会基础的目标难以得到实现。尽管工业化、城市化迅速发展，但作为城市型政党，社会党并没有将城市新增加人口纳入自己的动员体系。

　　70 年代初，江田三郎等人以"现代社会主义研究会"为基地，为对抗左派的"社会主义协会"，提出"新社会主义、新社会党"的口号，主张社会党进行自我改造，以便实现"基于个人自由，承认多样化的价值观，工人代表参与企业决策、多元主义下的政治参与式的分权社会主义"，以此适应市民运动、革新地方自治体、工人自主管理的新潮流。[①] 1976 年 2 月 7 日，社会党副委员长江田三郎、公明党书记长矢野绚也、民社党副委员长佐佐木良等组成"思考新日本之会"政策集团，试图推动能够取代自民党政权的在野党势力合作，社会党内部左派的社会主义协会对江田三郎进行批判。[②] 江田在 1976 年 12 月的大选中落选，1977 年 2 月社会党召开大会，"社会主义协会"派成员轮流批判江田，江田在同年 3 月 26 日脱离社会党，与市民活动家菅直人组成"社会市民联合"，但 5 月 22 日江田突然去世。

　　70 年代是日本共产党顺利发展时期。该党不仅在地方选举中频频获胜，而且在国会选举中也取得长足的进步。日本共产党在 1971 年和 1975 年的地方统一选举、1972 年和 1979 年的大选中，均获得较大的胜利。在 1974 年的参议院议员通常选举中，共获得 20 个参议院席位，在众参两院选举中所获得的选票均达到 600 万张左右。

　　日本共产党获得选举较好成绩主要是因高速增长带来的公害问题使执政的自民党受到选民的冷落，而一贯主张改善国民生活和对地方自治体进行民主化改革的日本共产党得到选民的支持，另外多党化的倾向也是其原因之一。但日本共产党也因此引起其他政党的担心，执政的自民党自不待论，在野的社会党、公明党、民社党等也采取排共行动。70 年

---

① 高畠通敏『現代日本の政治と選挙』，三一書房、1980 年、63 頁。
② 冈田一郎『日本社会党——その組織と衰亡の歴史』，新時代社、2005 年、156 頁。

代末期,社会党与公明党、公明党与民社党分别发表建立联合政权的设施,均将日本共产党排除在外,而且在行动上也对日本共产党加以抵制。

由于实施"政教分离",未能发挥学会的动员能力,因而公明党在1972 年的大选中惨遭失败,获得选票从 512 万张下降到 444 万张,在众议院的议席从上一次的 47 个减少到 29 个。这种状况一方面迫使公明党重新与创价学会建立起密切关系,此后该党在大选中所获选票基本保持在 600 万张左右。另一方面,公明党打出"中道革新"的旗号,以期争取更多的社会支持者。

1973 年公明党发表的《中道革新联合政权设想》反映了该党的左倾趋向。在这个文件中,公明党提出"反自民党、反现政权、反大资本"的基本方针,主张"废除《日美安全保障条约》"和"改组自卫队",这样的政策主张接近社会党和共产党。虽然创价学会的最高领导人与日本共产党领导人在 1974 年底达成相互尊重对方立场和不同观点的十年协定,但因公明党的极力反对,两党关系在 70 年代以后始终处在对立状态。同时,公明党还致力于与社会党、民社党的联合,争取在选举中实现"保守、革新势力的逆转",以期建立"中道革新联合政权"。由于数次联合行动未能取得实质性的进展,从 70 年代末开始,公明党逐渐向右倾斜。

1978 年公明党召开第 15 届大会,该党委员长竹入义胜在开幕词中提倡设立包括自民党与财界在内的"80 年代基本问题研究会",并表示公明党将在政治资金、选举制度、《日美安全保障条约》、自卫队、原子能发电等问题上采取现实主义态度,特别是在自卫队问题上,竹入委员长强调"自卫队的存在是既成事实",废除《日美安全保障条约》要充分考虑亚太地区国际形势的变化等。对此,自民党福田赳夫首相致电表示感动,自民党干事长大平正芳也发表了公明党是"友党"的谈话。尽管公明党仍然在 1979 年 12 月与民社党达成《中道联合政权设想》,在 1980 年 1 月又与社会党达成《关于联合政权的设想》,但此时该党放弃了"反自民党"的口号,转向与自民党也可以联合组阁的方针。1980 年公明党大会通过的《80 年代联合政权要纲》,进一步明确提出"继续保留《日美安全保障条约》"和"维持自卫队"。

虽然民社党将自己定性为承认社会集团间利益对立以及国民利益具有共同性的国民性政党,而不是代表特定阶级利益、实现社会主义历史使命的阶级性政党,但实际上,该党只是代表主张"劳资合作"的民间大企业工会,除为数不多的大城市外,缺乏社会支持者。[1] 同社会党一样,民社党主要依靠"同盟"工会组织的支持。在承认党纲、党章、缴纳党费、购买机关报的个人正式党员外,还有一种"团体党员"。其成员主要来自该党主要支持团体,包括"同盟"下属的民间大企业工会组织和"民社中小企业政治联合会"。

进入 70 年代以后,由于多党化局面未能动摇自民党的执政地位,民社党一改反公明党的态度,该党第二任委员长西村荣一在 1970 年 6 月提出"在野党重新组合"的设想,计划将日本共产党和社会党激进派排除在外,民社党、公明党、社会党右派进行联合。1971 年 8 月春日一幸当选为民社党的第三任委员长,在"中国问题"上改变了该党过去一直坚持的"一中一台"立场,并在 1972 年 3 月率领民社党第一次访华团到中国访问,回国后积极推动政府早日实现中日邦交正常化。

尽管 1973 年 4 月的民社党第 17 届大会通过《革新联合国民政权构想》,提出以社会党温和派、公明党、民社党为核心的"中道革新力量联合",建立"反自民、非共产"的"中道革新联合国民政权"方案,但由于在半年前举行的大选中,该党在众议院的席位从 32 个下降到 20 个,导致其政策方针开始向右转化。特别是 1977 年 11 月佐佐木良作当选民社党第四任委员长后,提出"负责任的在野党"口号,并积极调整政策,肯定《日美安全保障条约》的积极意义,在联合政权问题上强调中道四党(民社党、公明党、新自由俱乐部和社会民主联合)的合作,促使社会党放弃激进路线。与此同时,民社党改变 70 年代上半期"反自民党"的方针,积极寻求与自民党联合组织政权的途径。1978 年民社党第 23 届大会表示

---

[1] 大西典茂ほか編『入門現代日本の政治』,法律文化社、1977 年、151 頁。

了与自民党联合的可能性,1979 年该党第 24 届大会进一步发表了《自民、中道联合政权构想》。

　　1980 年 5 月 24 日,因自民党内乱而解散众议院,在野党纷纷发表联合政权设想。日本共产党委员长宫本显治发表"民主联合政府当前的中心政策";6 月 4 日,社会党委员长飞鸟田一雄在神户提倡"国民共同的紧急且民主主义政府";6 月 5 日,公明党委员长竹入义胜在福冈发表联合政权的"政治原则及基本政策大纲试案";6 月 16 日,民社党委员长佐佐木良在福井提倡事实上的自、社、公、民的大联合。由于大平首相突然去世,自民党赢得众参两院选举的胜利。尽管 10 月 13 日,公明、民社、社民联、新自由俱乐部举行四党首脑会议,摸索摆脱在野党混乱状态的途径,但联合政权的可能性逐渐降低。

第四节　社会与文化

一、革新自治体衰退

　　20 世纪 70 年代上半期,革新自治体继续发展,其背景是团地型生活方式基础上的"生活革新主义"。1970 年大阪世界博览会开幕,其附近的千里卫星城到 1973 年已经入住 3.7 万户家庭,人口 14 万,是东亚第一大计划住宅城市。居民的平均年龄男性为 32 岁,大学毕业;女性为 27 岁,短期大学或高中毕业,均为工薪家庭。高速增长时期,在大城市周围,陆续建造住宅区,仅日本住宅公团就在 1955—1975 年之间建设了 80 万户住宅。从居住者户主的职业上看,23％为白领人员,20％为专业技术人员,19％为销售服务人员,18％为技术工人,7％为管理人员,4％为个体或自由职业者,2％为社会团体职员。由于入居住宅区需要审查支付能力,所以住宅区居民收入较高。平均每户月收入 13.9 万日元,住宅月租金 2.2 万日元,多数家庭为年轻夫妇及其子女的核心家庭,平均每户 2.68 人。[1]

---

[1] 歴史学研究会編『日本同時代史・5・転換期の世界と日本』,青木書店、1991 年、69 頁。

　　在住宅区形成时期,为减轻住宅租金负担、提高居住水平、改善居住环境、反对提高租金、降低公共修理费、增设托儿所幼儿园医院、增加交通设施、反对提高运费等组成居民自治会,并进行各种各样的活动,例如共同组建托儿所、共同购买商品、参加生活协同运动及小集团活动、节假日庆祝等。尽管住宅区的居民相互之间攀比、竞争意识较强,但在共同活动中具有平等的革新观念,因而成为革新自治体的社会基础。据调查,从178个住宅区产生的123名地方议员中,日本共产党所属为29％,社会党24％,公明党15％,民社党7％,自民党只有3％。实际上,参加住宅区集体活动者基本是家庭主妇。因"无照顾子女者""没有合适工作""上班途中时间过长"等原因留在家中,1970年的调查表明,住宅区有职业女性为9％,钟点工为8％,无职业者为77％。①

　　1973年爆发石油危机后,大企业趁机囤积居奇、获取不当利益的行为曝光。例如1974年1月发现在东京三鹰市中央物产仓库中隐藏了1万箱洗衣粉,同年2月发现"将军石油公司"在内部文件中提出"石油危机是千载难逢的机会"。国会传唤大企业首脑,并制定《公司临时特别税法》,同年举行的参议院选举中出现的"企业集团投票",其后暴露的田中首相政治资金问题等,这种执政党与大企业之间的勾结引起以住宅区居民为中心的消费者极大不满,掀起一场保卫生活的"生活革新主义运动"。

　　"生活革新主义运动"的具体内容十分丰富,包括要求保护生活环境、追究政府与企业在公害问题上的责任、反对提高物价、共同购买灯油等。与此同时,工人运动也达到战后高峰。1974年,工会会员有1 250万人,组织率为34％。同年爆发的劳资纠纷超过1万件,半天以上的同盟罢工从前一年的45％上升到68％,参加人次达到1 432万人。国民对政治的不满也达到战后最高,同年的舆论调查表明,对政治满意的只有18％,不满的81％,对自民党支持率也为最低的24.7％。

---

① 歴史学研究会編『日本同時代史・5・転換期の世界と日本』,青木書店、1991年、70頁。

以"生活革新"为主的社会运动和要求提高工资的工人运动直接推动了地方自治的迅速增加。在 1975 年的统一地方选举中,革新阵营的长洲一二当选为神奈川县知事,市町村革新自治体也有所增加。截至同年 7 月,东京都、埼玉县、神奈川县、京都府、大阪府、冈山南县、岛根县、香川县、冲绳县等 9 个都府县为革新自治体,另外还有横滨市、川崎市、名古屋市、京都市、大阪市、神户市等大城市及大城市圈城市、地方城市为革新自治体,仅加入革新市长会的市长就有 122 名。① 如果再加上没有加入革新市长会的城市,大约占全部 640 个城市的四分之一。但人口集中的大城市和大城市圈的城市革新自治体较多,因而其拥有的人口接近全部人口的半数。

革新自治体进一步完善了其施政目标以及直接民主主义体制。根据 1970 年革新市长会发表的《建设革新城市纲领——制定市民生活环境最低标准》,首先提出了"主体性居民自治""现代化居民生活优先""民主性平等""公共性计划""科学性城市政策""确立自治权""直接民主主义"等各项原则,然后在具体领域提出了政策目标。例如在完善生活环境方面,提出增加公园绿地、集会设施、大众体育设施、垃圾处理、上下水道等;在社会福利方面,提出增加托儿所等福利设施、减轻生活受保护者的负担、补助残疾者和高龄者、增设儿童补贴、扩大福利服务等;在保健医疗方面,提出增加保健所、公立医院、高龄者及残疾者医疗免费等;在教育方面,提出增加公立中小学、图书馆、文化厅以及教育委员会公选、义务教育免费等;在交通方面,提出建设步行者优先道路、大幅度增加公共交通网等;在防止公害方面,提出制定独特的公害防止措施、设置公害限制标准、明确企业的责任等;在防止灾害方面,提出增加建设密集型住宅区,同时大量建设面向低收入者的优质住宅;在产业方面,提出扶植中小企业、稳定农林水产品价格、扩大消费者权利等;在城市计划方面,提出制定独特的土地利用计划、设置住宅用地开发限制标准、重视居民的

---

① 横山桂次『地域政治と自治体革新』、公人社、1990 年、14 頁。

居住权及日照权、保护文物古迹、通过税收抑制地价等。①

从革新自治体的成果来看,首先,是革新自治体行政的计划化、科学化,许多自治体均制定了市民生活环境最低标准;其次,是居民参与革新自治体的决策过程,例如东京都设有公害监督委员、消费生活审议会,其委员均为普通市民;第三,革新自治体按照居民运动的要求设置公共设施、增加医院及学校等,大量增加保育员、医生、护士、保健师、学校员工、公共交通人员、上下水道就业者、清扫职员等,推动了福利社会的形成;第四,纠正发展主义国家政策带来的某些弊端,例如东京都 1973 年制定的《阳光最低照射标准》、川崎市 1976 年制定的《环境影响评价条例》等,其标准大大高于国家标准;第五,革新自治体积极推动反对越南战争、反对冲绳基地、拒绝美国装载核武器军舰进入日本港口、和平运动、与尚无外交关系国家进行市民交流的运动等。

革新自治体的上述政策进一步对自民党政权产生影响,1972 年厚生省宣布该年为"福利元年",实施 65 岁以上老人医疗免费、国民养老金按照物价水平上涨、儿童补贴等社会保障政策。自民党在 1972 年 12 月大选惨败后,各在野党均发表了联合政权构想,其中一个主要内容就是建设物价稳定以及医疗、教育、住宅完善的福利国家。

尽管战后日本实施地方自治制度,但中央政府不仅集中了 60%—70% 的财源,而且决定地方税。相反,地方自治体承担了 60%—70% 的公共事业,因而中央政府以"交付金"及"国库补助金"的形式将财政转拨地方自治体。革新市长会曾在 1973 年提出《关于托儿所费用超过负担金的调查报告》,要求国家大幅度增加国库补助金,扩大公共保育设施,否则地方自治体将起诉国家;1975 年又提出《关于设置福利省的要求书》,要求设置具有预算权且实施国家福利政策的福利省,同时设置有各界代表参加的"国民福利会议"。

70 年代末,革新自治体开始走向低潮。1977 年北海道钏路市市长

---

① 渡边治『日本の時代史(27)高度成長と企業社会』,吉川弘文館、2004 年、239 頁。

选举,革新阵营的山口哲夫竞选第四次连任。由于民社党、公明党转向支持自民党候选人,结果山口败选。以此为开端,1978 年京都府、冲绳县、横滨市均为保守势力掌握,1979 年东京都、大阪府和大阪市也为保守势力掌握,革新自治体时代宣告结束。

革新自治体衰退的原因大致有三个:首先是革新政党的对立及中道政党的保守化。70 年代中期以后,社会党与日本共产党的关系逐渐恶化,背景是社会党逐渐接近一直采取反对日本共产党的公明党。1979 年10 月,日本共产党委员长宫本显治批判社会党的右倾化,牵制社会党与公明党的接近。但社会党委员长飞鸟田一雄表示在维持全体在野党共同斗争的原则基础上,以"社会、公明"两党为中心。同年 11 月,社会党与公明党开始协商,并在 1980 年 1 月达成排除日本共产党的"联合政权构想"。在该构想中没有批判自民党,反而明确"双方同意在目前状况下不将日本共产党作为政权合作的对象"[1]。另一方面,中道政党逐渐向自民党靠近,最初是民社党,然后是公明党,上述钏路市长选举公明党就是在民社党劝诱下转而支持自民党候选人。1978—1979 年,东京、大阪、京都、横滨、冲绳的自治体首长选举中,均是公明党、民社党、自民党推荐的候选人击败革新阵营的候选人,媒体以五个地区的大写英文字母称之为"TOKYO 战争"。[2]

革新自治体衰退的第二个原因是财政危机。石油危机引发的经济衰退使地方自治体的收入骤减,中央政府也减少了财政方面的援助,因而难以适应居民扩大公共设施、公共服务的要求,革新自治体被迫实施减少公务员及公共设施的"城市行政效率化"、"提高公共设施费用"的"市民负担公正化"、委托民间经营的"行政责任明确化"等措施。特别是减少公务员及其工资的措施引起公务员工会的不满,革新自治体首长为取得地方议会的支持,被迫转向保守势力。保守政治势力趁机在1975—

---

[1] 『日本共産党の八十年:1922~2002 日本共产党的八十年(1922—2002)』、日本共産党中央委員会出版局、2003 年、232—233 頁。

[2] 渡边治『日本の時代史(27)高度成長と企業社会』、吉川弘文館、2004 年、247 頁。

1979 年大力宣传"革新自治体乱花钱的福利导致财政危机",缺乏坚实、直接的民主主义基础的革新自治体纷纷解体。

革新自治体衰退的第三个原因是工人运动的低潮。1975 年公营企业工人要求罢工权的罢工失败之后,工会逐渐走向劳资协调主义的方针,劳动者从意识上也变成企业社会的附属品。从劳资纠纷的件数和参加人员上也可以看出这一点,1974 年有 9 581 件劳资纠纷,参加人员为 533 万;1979 年下降为 3 492 件,人员也下降为 148 万。[①]

1979 年 3 月,欧洲共同体在"对日战略基本文件"中将日本人称为"住在兔子窝的工作狂"。男性为企业与家族拼命工作,每天在家的事情是"吃饭、洗澡、睡觉",虽然 1979 年要求妻子无条件服从的《关白宣言》成为流行歌,但男性在家庭内被看作是无用之物的"粗大垃圾"。掌握家庭大权的女性为维持家庭生活水准精打细算,整个社会转向努力保护自己生活的"生活保守主义",影响到居民对革新自治体的关心与支持。实际上,比起提高福利来,经济发展更是日本国民注重的对象。据调查,1973—1978 年,认为"提高国民福利"是重要政治课题的人从 49％下降到 32％,认为"发展日本经济"是重要政治课题的人从 11％上升到 21％。与此同时,自民党支持率从 34％上升到 38％,社会党支持率从 20％下降到 14％。[②]

二、"一亿中流"

根据内阁总理府的舆论调查,在日本,1958 年认为自己生活属于"中上"的为 3％,"中中"为 37％,两者相加为 40％。另外,"中下"为 32％,"下"为 17％;到 1970 年,"中上"达到 7.8％,"中中"达到 56.8％,两者相加为 64.6％,"中下"减少为 25％,"下"减少为 6.6％。如果将"中下"也包括在"中"的意识中,1958 年 72.4％的人具有中流意识,到 1979 年则

---

① 中村隆英『昭和史・II』、东洋经济新报社、1993 年、655 頁。
② 小学館編集『日本 20 世紀館』、小学館、1999 年、836 頁。

达到 91.3％。另外，根据社会学者的调查，具有中流意识的人在 1955 年为 41.9％，1965 年增加到 54.8％，1975 年进一步增加到 76.4％。① 尽管因问卷对象、问卷方式、选择方案的不同会产生调查结果相异，但认为生活不断提高的意识却是共识。

正如 70 年代的政治、经济处在动荡时期一样，日本社会也呈现各种现象。首先刚刚富裕起来的日本国民对未来仍抱有不安，特别是石油冲击带来的阴影。1973 年，小松左京撰写一部科幻小说《日本沉没》，描述几位海洋地质学家发现日本列岛将沉没的征兆，越来越多的迹象证明了其推断，政府首相不得不向国民宣布"日本列岛将在 10 个月内全部沉入大海"。整个日本处在一片恐慌和混乱之中，在接连不断的地震、海啸和火山喷发中，人们纷纷想方设法逃往海外，内阁策划向世界各地输送移民，又引起各国的强烈反应。该书出版后立即成为畅销书，一年内上、下册共发行 400 多万部，随后拍摄的同名电影的观看数累计达 880 万人次。

其次，上述不安心理在某种程度上促使社会性暴力转化为少数人的恐怖行为或内部暴力。60 年代末大规模的学生运动消失后，除"赤军派"外，另外还有少数激进分子进行恐怖活动。1971 年，警视厅警务部长土田国保之妻被邮寄的炸弹炸死。1974 年 8 月，名为"东亚反日武装战线"的组织在三菱重工公司大楼引爆炸弹，造成 8 人死亡、385 人受伤，其后该组织又连续制造 10 多起针对大企业的爆炸事件。1975 年 5 月，该组织的 8 名成员警方被捕，但到 1979 年仍进行了包括北海道警察本部、北海道厅、东本愿寺、神社本厅等在内的爆炸事件，其后逐渐平息。

另一方面，学生组织之间实施的暴力活动增加。1970 年 8 月，"中核派"杀害"革命马克思主义派"成员，以此为开端，再加上"社会主义青年同盟解放派"，三个学生组织之间的暴力活动不断升级。仅在 1974 年就有 11 人死亡，605 人受伤，423 人被捕。暴力现象也蔓延中小学校和家

---

① 佐佐木毅ほか編『増補新版：戦後史大事典』，三省堂、2005 年、606 頁。

庭,1980 年"校内暴力""家庭暴力"成为流行语。

　　"校内暴力"及"家庭暴力"与社会的竞争压力增大有密切关系。石油危机引发经济萧条以后,各企业实施合理化、效率化应对措施,劳动者之间的竞争意识增强。获得更好的社会地位和财富的心理转移到子女一代,为进入最好的小学、中学、大学,除学校正规教育之外,孩子们在课余时间再到各种各样的补习学校学习。1975 年出现了"乱塾时代"的流行语,同年大学生突破 200 万人,课余去补习学校的小学生为 62%,中学生为 46%。①

　　随着经济的高速增长,农村居民逐渐转移到城市。为获得更好的工作条件,高学历是前提条件,因而激发了其升学欲望。高中升学率 1950年为 42.5%,1960 年为 57.7%,1970 年上升到 82.1%。"从好学校到好公司"成为学生和家长追求的目标,1976 年全日本实施的"学习能力测验"进一步加剧了学生之间的竞争意识,因为这种测验形成的"偏差值"不仅决定学生在学校的名次,而且也成为学生考取何种大学的依据。为提高较差学生的成绩,大量补习应运而生。

　　称为"学习塾"的补习学校最初针对成绩差的学生,到 70 年代中期演变为应付入学考试的特别训练学校。1979 年实施大学统一考试制度,每年只有一次国公立大学入学考试的状况进一步增加了著名大学的竞争率,推动了补习学校的迅速发展。大型补习学校在 1975 年陆续法人化,成为教育产业的重要组成部分。当时家庭教育开支中的补习学校费用也达到一个高潮,为 17%左右。

　　但是,学习的巨大压力往往使学生身体及心理均出现异常,例如在中小学生的健康调查中,经常出现"体温调节功能下降""咬手指及抽搐症增加""经常跌倒的孩子增加"等情况,这些症状进一步发展为食欲不振、呕吐、视听障碍等病症。从 70 年代后半期开始,拒绝上学的青少年开始引人注目地增加。1975 年拒绝上学的青少年为 10 534 人,其中小

---

① 歴史学研究会編『日本同時代史・5・転換期の世界と日本』、青木書店、1991 年、90 頁。

学生 2 830 人,初中生 7 704 人;到 1980 年分别增加到 3 679 人和 13 526 人。与此同时,暴力化现象也逐级增加,也有为此自杀者。1975 年校内暴力达到高峰的 2 700 件左右,虽然其后迅速下降,但对教师的暴力行为却呈现出上升趋势。[①]

70 年代也是日本的偶像时代,默默无闻的普通人物一旦放在舞台的聚光灯下,再通过显像管传播出去,立即成为普通大众的偶像,使年轻少男少女均抱有"或许自己也能成为明星"的梦想。日本电视台为发现新歌手而制作的唱歌比赛节目《明星诞生》从 1971 年 10 月开始播放,到 1982 年结束时推出了许多新歌手,其中不少成为明星,特别具有代表性的是山口百惠。

1973 年,山口百惠、森昌子、樱田淳子作为"花丛三人组"推出,有"蓝色之性"歌曲的《一个夏天的经验》大受欢迎,成为人气歌手。明快、可爱的偶像符合时代主流,成熟的形象大放异彩。1974 年 10 月开始播放包括《血疑》在内的"红色系列"等充满悬念的连续电视剧,山口在其中扮演了不幸的女主人公。另外她还在《伊豆舞女》《潮骚》等电影中与三浦友和联合演出,奠定了巨星的地位。在事业达到顶峰的 1980 年 11 月,山口百惠宣布与三浦友和结婚,完全退出演艺圈,年仅 21 岁。山口百惠为获得家庭大幸福而放弃超级巨星的地位,其纯洁的举动更增加了人们的喜爱。当时山口百惠撰写、出版的自传体随笔《蓝色时代》成为销售超过 200 万册的畅销书。

在经济高速增长时期,尽管大量农村出身女性转移到工人队伍中,但女性在就业人员的比例却因大量家庭主妇的出现而下降。例如 1960 年女性就业比例为 54.5%,到 1975 年下降到 45.8%。与此同时,专门从事家务的比例从 1960 年的 29.8% 上升到 1975 年的 36.9%。70 年代中期是家庭主妇最高比例时期,当时流行的《结婚吧》(1971 年)、《你》(1972 年)、《新娘》(1973 年)、《磕头虫的桑巴》(1973 年)等歌曲均反映了主妇

[①] 小学館編集『日本 20 世紀館』,小学館、1999 年、829 頁。

愿望及分工意识。

　　石油危机之后，企业进行合理化措施，调整雇佣政策，为降低成本而积极雇佣女性钟点工。另外，男性工资也难以得到较快提高。为补贴家用，女性也开始走出家庭。从1977年开始，女性就业的比例逐渐提高，1984年超过家庭主妇的比例。但就业女性中的钟点工比例逐年增加，1975年为17.4％，到1985年上升到22％，[1]其中大多是中高年女性，即年轻时工作，结婚后退职在家生儿育女，儿女长大成人后再出来工作的女性较多。据调查，专心家庭的女性从1973年的30％下降到1983年24％，相同时期主张"家庭和事业"两立的女性从24％上升到34％，主张为生育子女及其教育而退职的女性也从44％下降到40％。当时钢铁工人的四口之家在1973—1983年收入增加二倍，但子女的教育费却增加了四倍。[2]

　　1972年作家有吉佐和子出版《恍惚的人》，细致地描述了患老年痴呆症者的悲惨与家族护理的困难，引起许多读者的共鸣。第二年该小说被改编为电影，老龄化社会的问题进一步成为社会性话题。1977年，日本人男女的平均寿命均为世界第一，男性为72.69岁，女性为77.95岁。1970年时，65岁以上者在全部人口中的比例为7.1％，1975年为7.9％，到1980年达到9.1％，约1 065万人，同年日本总人口为1.17亿。

　　虽然日本的老龄化现象尚不如欧美发达国家，但老人难以与子女同居，社会福利设施严重不足，因而成为较大问题。1973年，政府设置以田中角荣首相为本部长的"老人对策本部"，并实施70岁以上老人医疗免费化。地方自治体实施老人乘车免费、大量增加包括门球在内的老人体育设施。但实施老人医疗免费制度后，老人就诊率大幅度上升，其费用超过政府预计的三倍。另外因医院未能相应提高接待措施，出现等待就诊时间较长、增加医院负担等问题，1983年政府被迫实施老人医疗部分

---

① 歴史学研究会編『日本同時代史・5・転換期の世界と日本』、青木書店、1991年、89頁。
② 歴史学研究会編『日本同時代史・5・転換期の世界と日本』、青木書店、1991年、90頁。

收费,以减轻国家负担。

经济高速增长以后,外出就餐的个人及家庭迅速增加,因而形成了庞大的餐饮产业。1970 年被认为是日本餐饮产业元年,因为同年美国的麦当劳和肯德基等快餐连锁企业开始登陆日本,另外在大阪举办的世界博览会参观人数众多,皇家股份公司经营的四家饭店,利用中央厨房的方式满足了巨大规模的餐饮需求,销售收入达到 10 亿日元,引人注目。此后,以家庭餐馆为中心的餐饮产业迅速发展起来,在 1960 年以后的 40 年间,人们在餐馆就餐的习惯使得食品支出增加了近三倍。[①]

1977 年也是卡拉 OK 大流行之年。1972 年在神户俱乐部及酒吧为客人伴奏的井上大佑为外出旅行的老顾客录制了一盘伴奏录音带,效果不错。受其启发,井上组织小乐队录制了 60 首伴奏曲,放在电唱机中为客人伴奏。兵库有一家生产家庭音响的企业在 1975 年发明了八声道磁带和放大器组成的伴唱设备,并开发适合客人演唱的磁带及其商业用伴唱机,受“无人乐队”名称的启发,称之为“卡拉 OK”。

最初的卡拉 OK 是手持麦克风看着歌词本演唱,1978 年 8 月 15 日,带有歌曲和歌词的录像带上市销售。1982 年,先锋公司制作出画面清晰、方便寻找歌曲的光盘,不仅解决了录像带存在的问题,也进一步推动了卡拉 OK 热。1985 年 5 月,冈山县经营拉面馆的老板将集装箱改造成卡拉 OK 包厢,每小时收费 1 000 日元,客人源源不断。过去是一边喝酒一边演唱,但现在不用喝酒就可以唱歌,于是那些不能喝酒的中学生和不会喝酒的家庭妇女、老年人也加入到卡拉 OK 的大军中。

三、“日本名列第一”

1972 年,美国著名评论家布热津斯基撰写了《脆弱的花朵·日本》一书,指出日本具有政治、社会的不稳定因素,因而未来经济发展并非良

[①] 鹈饲正树、永井良和、藤本宪一编:《战后日本大众文化》,社会科学文献出版社 2010 年版,第57 页。

好,持续高速增长的可能性较小。但日本企业克服了第一次石油危机带来的种种困难,加强了国际竞争力,使日本经济再次出现繁荣。1979年美国著名日本问题专家埃兹拉·沃格尔出版了《日本名列第一:对美国的教训》,在分析日本企业、日本经济的基础上,呼吁美国人学习日本的长处。该书还指出日本在政治、教育、社会等方面的长处,在日本也成为发行50万部的畅销书。

沃格尔指出应在以下四个方面学习日本:第一,正确判断将来在国际市场上具有竞争力的产业,通过政策进行扶植,对那些没有竞争力的产业,采取减产以及工人再就业的临时措施,也就是政府干预市场,实施强有力的产业及贸易政策;第二,即使出现政权交替也不应更换精英官僚,并培养具有长远眼光的少数精英官僚;第三,尊重自由名义下受到损害的集团及共同利益,促进其发挥在组织中发现价值的活力;第四,各企业之间以及各个部门之间为公共利益合作,共同面对国际贸易谈判及能源政策等。

实际上,在70年代将日本及其文化作为"肯定的特殊性"也是日本思想界的特征,而且超越"现代化为西欧化"的视角,试图阐述"日本是什么"的本身认同。例如滨口惠俊1977年出版的《"类似日本"的再发现》,重新探讨了本尼迪克特提出的"集团主义"和"耻辱文化"。滨口认为从"耻辱文化"到"纵式社会"的"固有日本之观念"并没有设置行动科学标准,所谓行动科学标准是支持日本人社会行为根基的一般行动原理,以前的研究并没有提出这个标准。滨口指出"日本人不是生来就缺乏自我主张,也并非没有确立自己的认同性,只是其表现并不像西方人那样明显,而是采取了社会高度形成的形态"。因此,日本人所持的既不是西方的"个人主义",也不是"集团主义",而是一种"间人主义",其特征是"相互依存主义""相互信赖主义""重视人际关系本质"。[①]

---

① 青木保「「日本文化論」の変容:戦後日本の文化とアイデンティティー」、中央公論社、1999年、119頁。

1979 年出版了村上泰亮、公文俊平、佐藤诚三郎的共同研究《作为文明的家社会》,该书仍然针对本尼迪克特提出的"集团主义"及"耻辱文化"探讨日本的本质,指出人类历史是多元化发展,日本具有独特的组织原理,从最初的氏族社会发展到后来的家族社会,最后形成了家族联合国家,并实现了家族社会的现代化,同时对家族社会的未来发展进行了预测和展望。该书特别指出:"在现代化、产业化的过程中,个人主义式的欧美文化起到决定性的作用,是最近数百年人类史的主要发展模式。但如果在下一个发展阶段从其他系统开始的话,在探讨将来发展的可能性时,就不应仅局限于欧美型的个人主义文化,而是应考虑其他各种可能性。"

《作为文明的家社会》的作者认为,日本之所以能实现"现代化、产业化",是因为具有"家族型组织原则"的日本社会有一种柔软的适应能力,特别是企业等"中间集团"在实现现代化过程中发挥了有效的作用,家族也随着产业化的进展演变为"家族型企业",可以说是一种"集团间柄主义"。即"家族型组织原则"也是"村落社会",基于平等主义原理,社会秩序建立在全体成员一致同意的基础上,背后发挥了领导力,由此形成了"上意"能够"下达"的体制,如果失去平衡就会出现反抗"上意"的局面。尽管在"现代化、产业化"的过程中,日本社会也出现了"个人主义"的倾向,但与欧美意义上的"个人主义"不同,是一种特殊的"个人主义"。

学术界还对"中产阶层"的内容进行了争论。理论经济学家村上泰亮使用了"新中产大众"概念,并主张"在上层与下层之间出现一个巨大阶层,该阶层在生活方式和意识方面比较均一,而且还在不断吸收周围人群继续扩大"。[1] 他认为占总人口 60％的白领阶层左右了日本人的生活方式、消费方式甚至政治动向,同时伴随着"富裕社会"的到来,其政治意识趋向保守化;经济学家岸本重陈认为由于生活水平的相对提高、重视自己的努力、具有与别人相同的物品等原因,许多人回答自己属于中

---

[1]『朝日新闻』1977 年 5 月 20 日夕刊。

产阶层,实际上是一种"中流的幻想";社会学家富永健一认为在社会阶层的划分上,存在着社会地位与收入不成正比关系的"非一贯性",因而存在"各种各样的中产";小泽雅子则从消费方面对"中产阶层"进行分析,认为在石油危机之后出现了从大众消费时代向阶层消费时代过渡的结构性变化。[①]

与学术界较多对日本及其文化持肯定态度一样,普通民众也具有同样的意识,其中一个突出表现是民族认同感和优越意识。例如"以日本人为荣"者在 1973、1978、1983 年的舆论调查中分别为 91％、93％、96％;同期对日本传统文化还有亲切感者稍有波动,但仍保持较高的水平,分别为 88％、87％、84％;对"是否具有为日本做贡献愿望"的提问,肯定回答者基本稳定,分别为 73％、69％、72％;认为"日本是一流国家"的人从 1973 年的 41％上升到 1983 年的 57％;认为"日本人拥有优秀素质"的人从 1973 年的 60％上升到 1983 年的 71％。[②]

在上述意识的基础上,维持现状的现实主义思想较为突出,特别体现在对日美安保条约和自卫队的态度上。1970 年,支持和赞成日美安保条约的人为 34％,反对的人为 28％;到 1980 年,支持者上升到 54％,反对者下降到 14％。认为日本需要自卫队的人从 1956 年的 58％上升到 1980 年的 78％,持否定意见的人则从 17％下降为 11％;反对日本拥有核武器的人从 1978 年的 74％上升到 1981 年的 83％,赞成的人仅有 10％和 11％。虽然赞成修改宪法者占多数,但反对修改宪法第九条的人在 1978 年和 1981 年均为 71％,同一时期的赞成者从 15％下降到 14％。[③]

尽管如此,从畅销书和受欢迎的电影来看,70 年代的社会思潮却呈现出各种趋势。首先是民众对政府与企业勾结产生的腐败问题以及污染带来的社会问题较为关心并持批判态度。例如山崎丰子 1973 年的小说《华丽家族》以 60 年代山阳特殊制钢破产事件为模型,通过日本几家

---

① 中村政则:《日本战后史》,中国人民大学出版社 2008 年版,第 120—122 页。
② 纪廷许:《现代日本社会与社会思潮》,中国社会科学出版社 2007 年版,第 171 页。
③ 同上书,第 170 页。

大银行的合并,描写了资本家之间的勾心斗角,以及政界和经界相互倾轧、相互勾结的诡诈行径。1974 年,该小说改编为电影,由山本萨夫导演;山崎丰子 1976 年发表的小说《不毛地带》以 1970 年的"洛克希德案件"为素材,讲述了原日本陆军军官学校首席毕业生在西伯利亚经历 11 年战犯生涯,回到日本后加入了一家商业机构,向政府军事机构推销美国战斗机,同时向首相行贿的紧张惊险的商业战。

　　山本萨夫 1975 年导演的电影《金环蚀》根据石川达三 1966 年的同名小说改编而成,以水库工程招标的前后为主线,描述执政党最高首脑对主管这项工程的电力建设公司总裁施加压力,使提供竞选资金的竹田建筑工程公司在招标中夺魁,典型地反映了日本政治体制的"金权政治"特征;佐藤纯也 1976 年导演的《追捕》讲述东京地方法院检察官恪守职责,因办理一桩涉及政府高官的案件而得罪某些议员,议员花钱雇佣平民对其栽赃陷害。为洗清自己的"罪名",检察官逃出拘留所,一边躲藏追捕的警察,一边孤身勇闯虎穴,终于查出了议员的犯罪事实,证明了自己的清白。另外,1975 年有吉佐和子出版了分析各种毒素相互作用产生更大危害的小说《复合污染》,引起较大的社会反响。

　　其次是反映战争与人性的《山打根八号娼馆》《人性的证明》。前者是山崎朋子在 1972 年出版的小说,讲述 20 世纪初年九州岛南部贫穷的农家少女被迫到东南亚卖淫、晚年回到故乡受歧视的故事。该小说 1974 年改编为名为《山打根八号娼馆·望乡》的电影,由熊井启导演,栗原小卷、田中绢代扮演女主角;后者是森村诚一在 1976 年出版的小说,1976 年改编为同名电影(中国翻译为《人证》),由佐藤纯弥导演。故事讲述占领时期美国黑人士兵与日本女性结婚生一儿子,此后天各一方。穷困潦倒、流落街头的士兵临死前让儿子赴日本寻母,已经成为著名服装设计师的母亲为保住地位与名誉,杀死了儿子,但为警方所追,最后跳崖自杀。

　　另外还有反映价值观念及道德伦理变化的小说,例如 1976 年村上龙的《近似无限透明的蓝色》、1977 年大冈升平的《事件》、1978 年吉行淳之介的《至黄昏》等。村上龙出生在美军在日海军基地佐世保,高中时代曾目睹"全学联"学生阻止美国核动力航空母舰进入佐世保港口,到东京后居住在美军在日空军基地横田附近的福生市,其小说描写基地的一群年轻人,面对矛盾重重的社会现实,因无力抵抗,从而变得自暴自弃,颓废无聊,在摇滚、吸毒、群居、暴力、飞车中消磨青春,游戏生命。他们只能在幻觉中寻找自我,在沾有自己鲜血的玻璃碎片中看到"近似无限透明的蓝色"。《近似无限透明的蓝色》获《群像》新人奖、芥川奖等多项文学大奖,为日本文学界开创了一个新的流派——透明族。1979年,村上龙自编、自导了根据小说改编的同名电影。小说《事件》最初以"若草物语"的题目在《朝日新闻》上连载,讲述的是1977年在神奈川的密林里发现一具被杀死的年轻女性尸体,为23岁的厚木市经营饮食店者,并有3个月的身孕。几天后警察逮捕了19岁的员工,其与受害者的妹妹同居,有目击者在事件发生时看见其出现在现场。在审判过程中,真相逐渐显露出来。1978年该小说改编成电影,由野村芳太郎导演。《至黄昏》讲述中年男性与年轻女性没有性关系的同居生活,同时窥探其他女性,出现多种性幻想。因这本小说的缘故,"黄昏恋"在1979年成为专指年轻女性与中年男性恋爱的流行语。1980年该小说改编成电影,由黑木和雄导演。

　　70年代的日本电影呈现出多元化发展的趋势,但出现衰退的迹象,1975年外国电影的票房(56%)超过了日本电影的票房(44%)。70年代比较受欢迎的电影还有1975年浦山桐郎导演的《青春之门》,改编自五木宽之的小说《青春之门·第一部·筑丰篇》,讲述九州岛北部筑丰出生少年的成长过程,探讨明治维新以来日本国民性的根源以及战后历史的急速变化;1977年山田洋次导演了《幸福的黄手帕》,讲述刑满释放的中年男性能否回到妻子身边的故事,由高仓健、倍赏千惠子分别扮演男女主角。该电影获得1978年第一届日本电影学院奖中的优秀作品、优秀导演、优秀男主角奖;1980年山田洋次再次导演由高仓健、倍赏千惠子分别扮演男女主角的《群山的呼唤》,讲述逃亡中的中年男性在北海道为单身女主人照顾农场的故事;另外,山田洋次导演、渥美清扮演男主角的喜剧片《男人真辛苦》自 1969 年上演第一集后,因受到观众的较大欢迎,结果以每年一到两集的速度持续上演。

70 年代,漫画和动画继续兴旺发展,特别是少女漫画与机器人动画,其中最具代表性的作品是池田代理子 1972 年开始连载的《凡尔赛的玫瑰》和藤子不二雄 1970 年开始连载的《机器猫》。前者开创了少女漫画的时代,根据后者改编的动画片《机器猫》在 1979 年 1 月由朝日电视台开始播发后,大受孩子们的欢迎。这部作品中的角色机器猫本来是未来社会研制的照顾幼儿的猫型机器人,为帮助落后少年而来到当代人间,可以从胸前的四方口袋里取出许多神通广大的工具,其魔力能够满足孩子们的各种梦想。

第六章　政治大国动向

第一节　日美关系风波

一、铃木善幸政权

1980 年 6 月 12 日大平正芳首相在竞选过程中突然去世后,由伊东正义官房长官担任代理首相,大来佐武郎外务大臣参加了 6 月 22 日在威尼斯举行的发达国家首脑会议。自民党在众参两院同日选举中均获胜后,中曾根康弘、河本敏夫、铃木善幸、宫泽喜一等人表示竞选自民党总裁。经过党内的协调,推举大平派成员、总务会长铃木为后任总裁,并得到田中角荣、福田赳夫的认可。7 月 15 日,自民党两院议员大会选举铃木为新总裁,在随后举行的记者会见中,铃木表示"坚持诚心诚意的政治信条,尽量避免政治斗争,以求和的姿态处理问题"①。1980 年 7 月 17 日,特别国会选举铃木善幸为新首相。

尽管在日本政府"综合物价对策"的作用下,1980 年秋季的物价稳定下来,但经济尚未恢复景气,难以达到政府提出的 4.8%年经济增长率目

①　藤本一美『戦後政治の決算:1971—1996』、專修大学出版局、2003 年、156 頁。

标。因此，铃木内阁必须采取稳定物价和刺激经济的政策，同时实现健全财政的目的。首先在 8 月底，日本银行将官定利率从 9％下降到 8.25％，9 月铃木首相提出编制新年度政府预算方案时国债发行量要比前一年减少 2 万亿日元，甚至计划到 1985 年停止发行赤字国债。因为自民党在竞选公约中提出不增加税收，所以只好以减少政府支出的方式健全财政。

当时日本的财政确实严峻。1979 年发行了 15.27 万亿日元的赤字国债，相当于最初预算方案的 39.6％。1980 年预算方案减少 1 万亿日元的赤字国债，在预算中的比例下降到 33.5％。铃木内阁编制的 1981 年预算减少发行 2 万亿日元的赤字国债，在预算中的比例进一步下降到 26.2％。预算规模一般会计为 46.788 万亿日元，比上一年度增加 9.9％，22 年以来增长率首次为个位数。预算中的支出增长率从上一年度的 5.1％下降到 4.3％，是 1956 年以来的最低增长率。[1]

为减少开支并压缩行政经费，铃木内阁决心推动行政改革。铃木善信任第三届池田勇人内阁官房长官时，恰好是第一次临时行政调查会提出咨询报告。铃木内阁成立后决定成立第二次临时行政调查会（简称"第二次临调"），相关法案在 1980 年 11 月通过国会审议。1981 年 3 月，"第二次临调"正式成立，会长为原"经团联"会长土光敏夫，因而也称为"土光临调"。正式成员有前日本经济新闻社长圆城寺次郎、伊藤忠商事顾问濑岛龙三、东京证券交易所理事长谷村裕等 9 人，另外有专门委员 21 人、调查员 63 人以下。专门委员、调查员大多是官僚出身者和官僚。

土光提出咨询报告必须实施、以小政府为目标、进行地方层次改革、官办企业民营化等四个就职条件，铃木首相全面接受，并亲自担任行政改革推进本部长，行政管理厅长官中曾根康弘具体负责。在 1981 年 3 月的"第二临调"首次会议上，铃木首相明确表示"从不增税前提下健全

---

[1] 山岸一平『昭和後期 10 人の首相：日経の政治記者が目撃した「派閥の時代」』、日本経済新聞社、2008 年、184 頁。

财政的立场进行行政财政改革"。

1981 年 7 月,"第二临调"提出第一次咨询报告,建议老人医疗部分付费化、减低养老金国家负担率、削减儿童补贴、抑制私立学校补助金、提高国立大学学费等,多为增加国民负担的措施,因而遭到舆论的较多批判。"第二临调"在 1982 年 2 月提出以整理许认可制度使其合理化为内容的第二次咨询报告,在 1982 年 7 月提出第三次咨询报告,就行政改革的理念和目标提出建议。第三次咨询报告从适应变化、确保综合性、简单效率化、信赖性等四个方面论述了行政改革的必要性,为实现"有活力的福利社会"以及"对国际社会做出积极贡献"的目标,必须发挥民间的活力。第三次咨询报告同时提出国铁、电信电话、烟草专卖三大国营企业分割民营化建议,并制定政府在各种政策上的服务水平标准以及负担方式,以形成"选择与负担"相结合的社会福利结构,例如在农业、社会保障、文教等方面减少行政机关的干预、成立综合管理厅、整理中央政府委托地方的事务等。①

经济在 1981 年上半年出现复苏的迹象,但下半年转入恶化,其原因一方面是第二次石油危机带来油价上涨,另一方面是美国的高利率政策引起日本资本外流。美国在 1981 年 5—10 月将官定利率提高到 14%,最优惠贷款利率达到 21.5%,结果影响了日本经济的复苏。为此刺激经济,铃木内阁在改造内阁前后连续四次调低官定利率,从 9% 下降到 5.5%,但经济仍然没有起色。政府编制的 1982 年度预算规模为 49.6808 万亿日元,比上一年增加 6.2%,但扣除国债付本还息费和地方交付税,一般支出仅增加 1.8%,为 1955 年以来最紧缩的预算。②

为坚持到 1985 年停止发行国债的诺言,日本 1982 年国债发行量比上一年减少 1.83 万亿日元,要求各省厅"彻底地节约支出、费用合理化",具体预算额零增长率。为此,内阁专门向国会提出《行政改革相关

---

① 小野耕二『新版日本政治の転換点』、青木書店、1998 年、151 頁。
② 山岸一平『昭和後期 10 人の首相:日経の政治記者が目撃した「派閥の時代」』、日本経済新聞社、2008 年、190 頁。

特例法案》，其主要内容为除生活保护费外各省厅补助金一律减少 10%、抑制国家公务员工资上升的同时五年内减少 5% 的国家公务员等。但在国会审议过程中遭到在野党的反对，被迫大幅度修改法案，结果削减的支出还不到政府希望的 10%。同时因经济萧条，预计 1981 年的税收将减少 3 万亿日元。

1981 年 11 月，铃木首相改造自民党和内阁，其后表示将修改税收特别措施，事实上准备采取增加税收政策，对此财界表示强烈的反对。最后政府与财界达成妥协，增加 3 500 亿日元的税收。在最后决定的政府预算方案中，公共事业费、中小企业对策费、文教科学振兴费的增长率限制在 2% 以下，防卫费却增加 7.8%，综合安全保障相关费用也大幅度增加。另外，作为 1981 年年度预算的补充，追加发行弥补收入不足的 3 750 亿日元赤字国债。①

铃木政权时期，日本与欧美国家之间的贸易摩擦继续。1981 年 12 月，为解决贸易不平衡问题，铃木内阁决定降低 1653 种商品的进口关税，并简化进口手续。1982 年 1 月，美国议会提出各种贸易保护主义法案。3 月，欧洲共同体也要求日本对汽车、彩色电视机、车床等出口实施自主限制。铃木内阁在 5 月召开经济对策阁僚会议，决定第二次降低关税，以避免 6 月在巴黎举行的发达国家首脑会议上成为批判的对象。但降低关税的产品为洗衣机、微波炉、发电机等工业制品，农产品进口自由化没有任何进展。

1982 年 6 月 3 日，铃木首相从日本出发参加在巴黎郊外凡尔赛宫举行的发达国家首脑会议。会议的主要议题是对苏政策、宏观经济运营、汇率稳定等问题。尽管日本的第二次降低关税措施得到评价，但欧洲共同体国家仍然要求日本进一步开放市场。由于美国与欧洲在对苏政策以及高利率政策方面产生尖锐对立，因而日本开放市场问题没有深入讨论。铃木首相在全体会议上指出世界经济出现危机现状，希望各国努力

① 升味准之辅：《日本政治史》第四册，商务印书馆 1997 年版，第 1229 页。

恢复经济景气并完善自由贸易体制。首脑会议最后发表的共同宣言强调维持自由贸易体制,举行南北对话,限制向苏联提供政府资金等。①

在 1982 年的通常国会上,最受注目的是《公职选举法修正案》,其主要内容是废除参议院选举中的全国区,实施拘束名薄式比例代表制,即政党在选举前提交不能更改顺序的候选人名单,按照各党的得票数额分配议席,并按照名单顺序决定当选者。提交名单的政党或政治团体资格为拥有 5 名以上国会议员、最近选举中得票率超过 4%、拥有 10 名以上候选人等。另外,候选人保证金提高两倍,也强化了对竞选活动的限制。

较大的社会党表面上反对自民党提出的法案,但因法案对自己较为有利,因而实质上是赞成的。公明党、民社党、日本共产党、社民联等以“违反宪法”为由反对,其他小政党更是不满。4 月,特别委员会对法案进行审议,因在野党的抵制难以顺利进行,并中途停止审议。自民党只好大幅度延长国会会期,并在 7 月强行表决通过特别委员会的审议。在社会党、民社党缺席的参议院全体会议上,以多数赞成票通过法案的审议,并将法案送交众议院审议。无论在特别委员会还是在全体会议,均由自民党、新自由俱乐部联合赞成多数通过法案。8 月 24 日,修改过的《公职选举法》颁布,候选人选举车、候选人海报及传单等在参议院选举中消失,无组织的著名人士和演员再也难以参加竞选。

1982 年的经济形势未能好转,不可能达到政府计划的 5.2% 的经济增长率目标,甚至税收将减少 6 万亿到 7 万亿日元。同年 8 月,渡边大藏大臣以税收大幅度减少为由要求辞职,铃木首相加以挽留。福田原首相建议召开临时国会宣布财政非常事态,以争取国民的支持。铃木首相在 9 月 16 日紧急会见记者,再次表明“不增税前提下健全财政”、抑制支出的决心,并希望“国民理解非常事态,分担痛苦,共同努力克服困难”。与此同时,政府人事院宣布冻结提高国家公务员工资的决定。

---

① 藤本一美『戦後政治の決算:1971—1996』、専修大学出版局、2003 年、176 頁。

同年 10 月 8 日,铃木首相召开经济对策阁僚会议,决定总额为 2.7 万亿日元的刺激经济景气对策。12 日,铃木首相突然宣布不再参加自民党总裁选举。

二、日美关系风波

在 70 年代,美国整体实力下降,相反苏联却采取咄咄逼人的攻势。1979 年 1 月,伊朗爆发革命,同年 11 月美国驻伊朗大使馆被当地学生占领,扣留使馆人员为人质,美国出动军队拯救失败。12 月阿富汗发生政变,苏联突然入侵阿富汗。美国国防部在 1980 年 2 月罕见地发表声明,要求日本大幅度增加防卫费。当时的大平正芳首相同年 5 月会见美国总统卡特时约定增加防卫费,因而在编制新年度预算时,一般支出较上一年的增长率为 4.3%,但防卫费却增长了 7.6%。铃木善幸内阁成立后仍然维持了这一预算方案,同时成立包括粮食、资源能源等经济合作以及文化交流在内的"综合安全保障阁僚会议"。在 1981 年 1 月的国会施政演说中,铃木首相明确表示未来五年将政府开发援助提高一倍,即从 1976 年到 1980 年的 107 亿美元提高到 1981 年到 1985 年的 214 亿美元。①

1981 年 1 月 6 日,内阁会议决定 2 月 7 日为"北方领土日",因为 126 年前的同一天德川幕府与俄国签订《日俄亲善条约》。2 月 7 日,日本各地举行要求苏联归还北方四岛的集会。同年 9 月 10 日,铃木善幸作为现任首相第一次乘坐自卫队直升飞机从空中视察了北方四岛。战争结束时北方四岛有 1.7 万日本人,1980 年时还有 5 300 人。

1981 年 1 月 8 日,铃木首相出访东盟五国,即菲律宾、印度尼西亚、新加坡、马来西亚、泰国等。铃木首相认为,作为首相出访首先选择东南亚是表示日本为亚洲成员,通过加深与邻国的友好关系和相互合作确保和平与安全,同时已经确定同年 5 月访美,与美国总统里根会谈,会谈之

①山本刚士『戦後日本外交史・Ⅵ・南北問題と日本』,三省堂、1984 年、352 頁。

前应倾听发展中国家有关南北首脑对话的建议。① 在访问过程中,除向菲律宾提供 420 亿日元贷款和对印度尼西亚追加 189 亿日元资金外,铃木首相特别重视培养能够振兴农业、中小企业、资源开发的人才。因此,提出设置"人才培养项目",即日本提供 1 亿美元的无偿援助和技术合作,在东盟各国和日本的冲绳县设置"人才培养中心",支援东南亚各国的人才培养。

1981 年 1 月,保守派政治家里根就任美国总统,在不断批判苏联的同时,主张"强大的美国",世界形势呈现"新冷战"局面。1981 年 5 月 4 日,铃木首相访问美国,并在 7 日和 8 日与里根进行两次会谈。在 7 日的会谈中,双方就亚洲形势交换了意见,里根总统希望日本提高防卫力量。

在会谈后发表的共同声明中,日美双方为世界的和平与繁荣紧密合作,建立自由与民主共同价值观基础上的"同盟关系";对苏联干预阿富汗事务及其在第三世界国家的活动表示担心,并呼吁"立即无条件地撤退";日美为应付对和平与安全的"国际性挑战"进一步加强在防卫、经济、援助等方面的合作;在确认日美安保条约意义的基础上,日美两国"明确分担义务",日本自主地以符合宪法及基本防卫政策的形式完善本土及周边海空区域的防卫力量,并负担在日美军的费用。

在日美首脑会谈结束后举行的日本记者团见面会上,针对如何评价首次在共同声明出现的"同盟关系"提问,铃木首相回答说:"在自由与民主主义、自由市场的经济体制等价值观方面,日本与美国完全相同。是维护上述价值观的同盟关系,不带有军事的涵义",明确否认了"军事同盟"性质。②

1982 年 6 月,铃木首相在参加发达国家首脑会议时与美国总统里根会谈,表示"目前的日美关系是最坚固的同盟关系",里根评价了日本政府增加 1982 年度预算中的防卫费以及第二次开放市场措施,重新确认

---

① 東根千万億編『等しからざるを憂える――元首相鈴木善幸回顧録』,岩手日報社、2004 年、96—97 頁。

② 藤本一美『戦後政治の決算:1971—1996』、専修大学出版局、2003 年、165—166 頁。

了日美之间的合作关系。① 尽管如此，仍然没有完全消除因铃木首相"日美同盟关系不包括军事涵义"发言带来的日美关系紧张状态。

中日邦交正常化以后，两国贸易迅速增长。日本出口建设材料、钢铁、成套设备等到中国，从中国进口原油、煤炭、农产品等。中国计划到1985 年生产 6 000 万吨粗钢，作为核心企业的上海宝山钢铁厂建成后年产 600 万吨。日本的新日铁、三菱集团与中国合作，从 1978 年 12 月动工建设，是中日长期贸易协定具有象征性的事业。但在 1980 年底中国宣布停止第二期工程，并通告新日铁、三菱集团废除合同。同年 12 月在北京召开的第一次中日定期部长级会谈后，中国正式通告有关日本企业，中止包括宝山钢铁厂、北京新东方石油化学工厂、南京及山东省的石油化学工厂等在内的中日经济合作巨大项目的建设，并废除有关合同。②

中国的解释是建设计划过大，这些企业属于经济计划调整对象。但中国废除合同总额达到 5 000 亿日元，其中日本占 3 000 亿日元。1981年 9 月，二阶堂自民党总务会长访问中国，提出日本为宝山钢铁厂、大庆石油化学工厂继续建设提供 3 000 亿日元的资金合作，中日双方达成协议。同年 12 月在东京召开的第二次中日定期部长级会谈中，签署 3 000亿日元的资金合作文件，另外在 1981 年度向中国提供 600 亿日元的贷款。

1982 年 5 月 31 日至 6 月 5 日，中国国务院总理赵紫阳应邀对日本进行正式访问。在访问期间，赵紫阳总理拜会了裕仁天皇，还同铃木善幸首相举行了两次诚挚、友好和坦率的会谈。他们就当前的国际形势和共同关心的国际问题交换了意见，着重讨论进一步发展两国合作关系的问题。赵紫阳总理提出了发展中日经济关系的三项原则，即在两国之间现存的和平友好关系基础上，积极发展两国的经济关系；中日经济关系

---

① 藤本一美、浅野一弘『日米首脳会談と政治過程：1951 年～1983 年』、竜溪書舎、1993 年、645—646 頁。
② 石丸和人、松本博一、山本剛士『戦後日本外交史・Ⅱ・動き出した日本外交』、三省堂、1983 年、260 頁。

应该遵循平等互利的原则，从各自的需要和可能出发，互通有无，取长补短，不断向新的广度和深度发展；发展这种经济关系符合中日两国人民的根本利益和世世代代友好下去的愿望，应该是长期的、稳定的，不受国际风浪的影响。

1982年日本文部省对当年送审的高中一、二年级的历史教科书提出诸多修改原则，要求对日本在第一次世界大战和第二次世界大战时的侵略行为加以淡化，并对一些具体的史实提出了详细的修改意见，例如将日本关东军蓄意制造"九一八"事变，改为日本军队"爆炸了南满铁路的局部地方"；将日本军队挑起"卢沟桥事变"和侵略华北改为"进入"，并将所有涉及"侵略"的词句全部换成日语的"进出"；将日军在中国实行的惨无人道的"三光政策"，改为"抗日运动的展开，迫使日本军队保证治安"；将原来教科书中的"在占领南京之际，日军杀害了中国军民，并进行了强奸、掠夺、放火，这一南京的屠杀遭到了国际上的谴责，据说中国牺牲者达20万人之多"一段删除，改写为"在占领南京时，遭到中国军队的顽强抵抗，日本军队蒙受相当大的损失，引起了日军激愤，杀害了很多中国军民"。

上述教科文内容立即引起中国、韩国等国家的强烈反对。《人民日报》在7月20日发表批判的文章，26日中国驻日使馆向日本政府提出抗议。8月1日中国政府通知日本方面：在日本文部省篡改侵华史实问题未解决之前，文部大臣小川平二访华是不适宜的。8月6日，日本文部大臣小川平二公开承认，第二次世界大战期间日本对中国的战争是侵略，日本准备接受出版社和作者的申请，修订那些教科书上不正确的叙述。8月8日，铃木首相决定在原则上重写中学历史教科书。26日，宫泽喜一官房长官发表谈话，表示政府具有修改其记述的责任，今后在审查教科书时尊重《中日共同声明》精神，并充分倾听来自中国、韩国的批判声音。

1982年9月14日，文部大臣小川平二在记者招待会上表示要求"在处理与近邻亚洲各国发生的近代和现代历史上的事实和现象时，从国际理解和国际协调的观点出发，给予必要的考虑"。教科书审定调查审议会也同意在社会科教科书审定基准中增加一项规定："在处理我国与亚洲近邻各国之间近现代史的历史事件时,要从国际理解和国际协调的角度予以必要的考虑",即所谓的"近邻诸国条款"。

三、中曾根康弘恢复日美关系

由于铃木首相宣布不参加下一期自民党总裁选举,结果中曾根康弘在 11 月 25 日举行的自民党临时大会上无投票当选为新总裁。11 月 26 日,国会众参两院选举中曾根康弘为新首相。在安排自民党及内阁人事时,田中派的二阶堂进任党干事长,甚至内阁官房长官也为田中派的后藤田正晴,外务大臣为安倍晋太郎,竹下登为大藏大臣。该届内阁共有 7 人为田中派成员,法务大臣秦野章虽然为无派系议员,但与田中原首相关系密切,因而被舆论评价为"田中曾根内阁"。

同年 12 月 3 日,中曾根首相在临时国会的施政演说中强调世界存在东西军事对立及南北矛盾,面临前所未有的经济、社会困难,日本也处在战后最重要的转换时期,需要进行包括行政及财政改革在内的各项改革,进行"战后政治总决算",决定新的发展方向,同时强化日美信赖关系。

中曾根上任之初就派遣自己的智囊濑岛龙三访问韩国,修复因教科书问题和借款问题而恶化的日韩关系。1981 年 8 月 20 日,日韩外长在东京举行会谈,韩国方面希望日本提供总额为 60 亿美元的政府贷款,但在 9 月 10 日举行的定期部长级会议上遭到日本拒绝。1983 年 1 月 11 日,中曾根首相突然访问韩国,与韩国全斗焕总统会谈,表示日本向韩国提供 40 亿美元的经济合作,并解决教科书问题。在首脑会谈后发表的共同声明中,特意表明进入"日韩新时代",以强化日、美、韩安保体制的方式适应美国的要求。

与此同时,为满足美国以前提出的日本向美国出口武器技术、将美国排除在武器出口三原则之外的要求,1 月 14 日政府决定向美国提供武器技术。17 日,中曾根首相访美,与美国总统里根进行两次会谈,就强化日美两国的相互信赖、再次确认同盟关系、共同推动和平与繁荣等问题达成共识。中曾根首相表示"日美两国是连结太平洋的命运共同体",美国给予高度评价,奠定了中曾根与里根的个人密切关系,但日本国内舆论批判其为"军事优先的对美协调姿态"。①

在日美首脑会谈中也提出日美经济摩擦问题,里根总统指出因议会和经济界的压力,希望日本努力开放市场以纠正贸易不平衡问题。中曾根首相表示"尽量努力",但在统一地方选举和参议院选举之前难以采取较大行动,并提出维持自由贸易体制的建议。另一方面,也谈到日美之间的牛肉、柑橘贸易问题,但双方的意见并没有达成一致。在首脑会谈后举行的日本记者团见面会上,中曾根首相表示再次确认的日美同盟关系是基于自由世界共同价值观的关系,自然包括军事方面的安全保障因素。在1983年5月举行的威廉斯堡发达国家首脑会议上,中曾根首相积极支持美国、英国的对苏强硬态度,在会后发表的政治宣言中强调"抑制任何攻击,抵抗任何威胁,为确保和平维持充分的军事力量"。

1983年1月26日,在东京地方法院审理"洛克希德行贿受贿案"过程中,检察机关要求对田中角荣原首相判处5年有期徒刑,追缴5亿日元资金。2月9日,在野党全体一致在国会中提出"劝告田中角荣辞去议员职务决议案"。尽管中曾根首相辩护说检察方面的意见与判决并非一致,但还是影响到自民党的选举状态。在4月10日举行的第10次统一地方选举中,革新阵营的横路孝弘、奥田八二分别当选北海道知事和福冈县知事,对中曾根内阁打击较大。

但在6月26日举行的参议院选举中,自民党比上一次选举增加3席,加上未改选议席共137席,获得稳定多数议席。尽管社会党、公明党、民社党、日本共产党的席位多少有增减,但变化不大。由于首次实施比例代表制,新自由俱乐部、社民联、工薪新党、两院俱乐部、福利党等较小政党或政治团体受打击较大,多数候选人落选。

同年10月12日,东京地方法院对田中角荣判处4年徒刑,并追缴5亿日元资金。在野党再次提出劝告田中辞去议员职务的决议,并要求

---

① 藤本一美『戦後政治の決算:1971—1996』、専修大学出版局、2003年、190頁。

解散众议院。中曾根首相亲自面见田中并建议自动辞职，但田中加以拒绝。中曾根首相与在野党首脑会谈并表示在合适时机解散众议院的意向，国会恢复正常活动。[1]

同年 11 月 9 日，美国总统里根访问日本，在与中曾根首相的会谈中，讨论了为纠正日美货币汇率元偏差而设置协议委员会、为实现多边贸易谈判共同努力等问题，并要求日本进一步开放市场以及提高防卫力量。善于表演的中曾根首相及其夫人邀请里根总统夫妇到自己在东京郊区的别墅"日出山庄"进行炉边交谈，并利用日本乐器共同演奏，宣扬两人之间的亲密关系。

1983 年 11 月 28 日，中曾根首相按照与在野党达成的约定解散众议院，舆论通常将其称为"田中判决解散"。12 月 18 日投票的结果，自民党获得 250 席，社会党 113 席，公明党 59 席，民社党 38 席，日本共产党 27 席，新自由俱乐部 8 席，社民联 3 席，无所属 11 席，共 511 席。自民党比上一次大选减少 34 席，选举后发展 9 名无所属议员入党，才超过总议席的半数。此次大选投票率为 67.94%，为历史最低。选举后组成自民党与新自由俱乐部的联合政权，中曾根首相的亲信藤波孝生担任官房长官，新自由俱乐部的田川诚一担任自治大臣兼国家公安委员会委员长，但第二届中曾根内阁仍然是田中派成员居多。

尽管在田中角荣原首相的大力支持下，压制了派内拥立二阶堂进为新总裁的活动，使中曾根在 1984 年 10 月连任自民党总裁，但党内批判过度依赖田中派的声音较大。因此，中曾根首相在改造党内和内阁人事时注意派系平衡，例如田中派的金丸信担任党干事长，铃木派宫泽喜一担任党总务会长，福田派藤尾正行担任党政务调查会长。为迎接世界妇女日，中曾根首相特地安排参议员石本茂担任环境厅长官，日本时隔 22 年后再次出现女性内阁成员。由于该届内阁仍然是联合政权，因而新自由俱乐部的山

---

[1] 山岸一平『昭和後期 10 人の首相：日経の政治記者が目撃した「派閥の時代」』、日本経済新聞社、2008 年、200 頁。

口敏夫担任劳动大臣。

1985年1月1日,中曾根首相再次访美,与刚刚连任美国总统的里根会谈,表示理解并支持美国的战略防御计划(SDI,通称"星球大战")。同年2月,以竹下登为中心的40名议员组成"创政会"并公开活动,田中派分裂。田中原首相因中风住进医院,虽然两个月后出院,但留下语言障碍等严重的后遗症,难以参加政治活动。在此背景下,中曾根首相开始打出自己的特色,大张旗鼓地实施行政改革、教育改革、参拜靖国神社、防卫费突破国民生产总值1%等"战后政治总决算"措施,其修改战后日本和平发展路线的举动在国内外引起较大争议。

首先在1月31日的众议院预算委员会上,中曾根首相表示"难以遵守防卫费不超过国民生产总值1%的规定",引起在野党的强烈反对,国会审议被迫中断。后来在自民党干事长金丸信的协调下,国会审议恢复正常,但到4月,加藤纮一防卫厅长官在众议院安全保障特别委员会上再次表示目前的防卫计划有可能打破1%的规定。在7月举行的自民党轻井泽研讨会上,中曾根首相明确表示撤销1%的规定,并准备正式参拜靖国神社。在8月的国防会议上,中曾根首相指示防卫厅探讨撤销1%规定的具体方法。

同年8月15日,中曾根首相率领全体内阁成员以公职身份正式参拜靖国神社,遭到国内外舆论的批判。但在防卫费超过国民生产总值1%的问题上,由于自民党内持慎重论者较多,执政伙伴新自由俱乐部也反对,9月6日的内阁会议决定暂时放弃其计划。

1986年4月12—14日,中曾根首相赴美与里根总统会谈,就解决双边贸易纠纷及东京发达国家首脑会议交换意见。同年5月4—6日,在东京举行发达国家首脑会议。会后发表了在政治外交方面呼吁西方国家合作的《东京宣言》、针对利比亚恐怖活动的《国际恐怖主义宣言》、要求提供情报的《切尔诺贝利核电站事故宣言》,另外在《经济宣言》中决定设置七国财政部长会议,以监督参加国的经济政策,稳定国际货币市场,同时规定各国经常收支通货膨胀的指标等。

由于在外交、内政方面的积极活动,同年 5 月的舆论调查表明,中曾根内阁的支持率达到 53％,为其政权成立以来最高。[①] 因此,在 7 月 6 日举行的众参两院同日选举中,自民党大胜。从最终结果看,自民党众议院拥有 304 席,社会党 85 席,公明党 56 席,民社党 26 席,日本共产党 26 席,新自由俱乐部 6 席,社民联 4 席等;在参议院,自民党 142 席,社会党 41 席,公明党 24 席,日本共产党 16 席,民社党 12 席,新自由俱乐部 2 席,社民联 1 席等。

在选举后成立的新中曾根内阁中,金丸信担任副首相,后藤田正晴担任官房长官。新自由俱乐部因选举失败解散,除田边诚一外均回归自民党。同年 9 月,自民党两院议员全体会议赞成修改党章,将中曾根的总裁任期延长一年。同年 12 月,在编制 1987 年度政府预算方案时,防卫费终于突破国民生产总值的 1％,引起国内外的质疑。

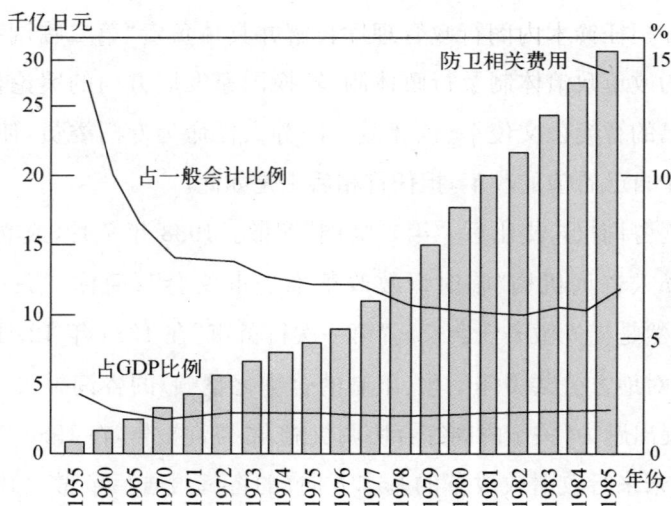

图 6‑1　1955—1985 年日本防卫相关费用情况

---

① 藤本一美『戦後政治の決算:1971—1996』、専修大学出版局、2003 年、243 頁。

第二节　政治大国化改革

一、行政财政改革

"第二临调"在中曾根政权成立后的 1983 年 2 月、3 月分别提出第四次、第五次咨询报告。第四次咨询报告的主要内容是行政改革的推进体制，第五次咨询报告为最终报告，由总论的序章和论述不同领域的 8 章组成，详细分析了行政组织、特殊法人、国家地方关系及地方行政、补助金等、许认可制度、公务员、预算及财政投融资、行政信息公开及行政程序等存在的问题及改革方案，共提出 1 350 项建议。

在财界的推动下，本来"第二临调"的中心课题是"不增税前提下健全财政"，铃木内阁也是将消除赤字国债作为目标而成立该机构。但中曾根早在担任铃木内阁行政管理厅长官并具体负责"第二临调"事务时将其作为改革政治体制及行政体制、转换国家发展方向的舆论机构，为此将自己的智囊公文俊平、佐藤诚三郎等人任命为专门委员，使咨询报告有利于自己希望的改革，担任首相后更是如此。

最终咨询报告提出后，"第二临调"解散。1983 年 7 月，成立了中曾根首相私人咨询机构"临时行政改革推进审议会"（简称"第一次行革审"），仍然是土光敏夫任会长。"第一次行革审"在 1984 年 12 月提出题为《国家对地方公共团体干预、限制的合理化整顿》的咨询报告，在 1985 年 7 月提出题为《关于内阁综合协调机能》的咨询报告，在 1986 年 6 月提出题为《未来行政财政改革的基本方向》的咨询报告后解散。1987 年 4 月，又成立了新的"临时行政改革推进审议会"（简称"第二次行革审"），会长为大槻文平。

"第一次行革审"进一步改变方向，其审议的课题主要集中在民间活力和放松政府管制上。除主观因素外，客观上也有国际收支不均衡现象进一步突出、技术革新迅速发展、行政服务化及柔软化等背景。因此，需要强调市场原理基础上的经济活性化以及培养民间活力,为此有必要放松政府的管制。例如在对外经济方面,外汇市场、金融市场进一步透明化;在科学技术政策方面,进行各种制度的自由化及缓和限制等改革;在行政服务化方面,与高速增长时期行政决定社会资本供给以及国民财富再分配,但未来行政主要是构筑能够自由发挥个人及企业活力的秩序框架,并提供及时、准确的信息。[①]

1985 年"第一次行革审"放松管制部会专门提出"推进放松管制具体方针",分别就金融、运输、能源、城市建设等四个方面提出放松管制的具体内容,并认为原来的行政管制大多针对环境保护、城市计划、基础设施、安全标准等社会性措施上,没有注重培养民间的活力,对经济活动造成各种限制,结果妨碍了技术革新的实施,保护了劳动生产率较低的企业和产业。在此咨询报告的基础上,自民党提出"促进民间活力方针的第二次报告",通过民间的活力,推动横跨东京湾大桥、明石海峡大桥、首都圈中央联络道路等三大基础设施项目的建设,以实现经济的活性化。

在上述理论的指导下,实施了国铁、电信电话、专卖等三大国营企业的民营化改革。"第二临调"在 1982 年 7 月向政府提出对电信电话公司(简称"电电公社")实行分割民营化的建议。对此,其工会组织——日本全国电气通信劳动组合(简称"全电通",日本最大的企业工会,会员 28 万,组织率为 99.52%)明确表示反对。其理由是,第一,电气通信事业的公益性较高,因而电电公社不应成为民营企业,否则将有损于向社会提供公平服务的原则;第二,电气通信设备是国民的公共财产,不能将其分割出售;第三,在电气通信事业领域导入民间企业,以防止电电公社的垄断性经营;第四,电电公社应成为由政府和利用者共同出资的特殊法人,对国民开放。

1984 年 4 月,中曾根内阁将电信电话公司民营化相关三法案提交特别国会审议,社会党表示不全面反对民营化,但要求对有关法案内容进

---

① 歴史学研究会編『日本同時代史・5・転換期の世界と日本』、青木書店、1991 年、187 頁。

行修正,并在7月6日提出11项修正要求。由于自民党表示难以对有关法案进行大幅度修正,社会党再次确认将大臣许可制改为呈报制、废除董事以外职员的许可制、废除罢工限制等三项主要修正要求,否则将阻止有关法案通过国会审议。由于自民党考虑到在该国会上同时审议的重要法案还有《健康保险法修正案》和《临时教育审议会设置案》等,而且该党总裁选举即将来临,因而自民党多数领导人主张避免与在野党发生冲突,遂表示可以对在野党做出让步。但因自民党未能在彻底废除罢工限制上做出让步,社会党拒绝参加众议院通信委员会的审议活动。

为恢复国会正常审议活动,于7月18日再次召开各党国会对策委员长会议,结果除罢工限制问题外,执政、在野党达成各自做出让步的协议。社会党再次提出三年后废除罢工限制以及废除附带业务许可制的要求,自民党接受其要求,在众议院通信委员会上以自民、公明、民社三党共同修正的形式通过了电信电化公司民营化三法案,次日众议院全体会议也通过了三法案。但在参议院的社会党以国会即将休会审议时间不多为由,提出将三法案转交下届国会审议的建议,同时提出10多项再修正要求。执政、在野党首脑会谈的结果为:决定将三法案移交下届通常国会继续审议。1984年12月1日,第102届通常国会一开幕,参议院通信委员会开始审议电信电话公司民营化三法案。在接受了在野党提出的修正要求后,法案于14日通过委员会的审议。20日,参议院修正过的相关三法案再次通过众议院全体会议的审议。

1985年4月1日,作为民营企业的日本电信电话股份公司(NTT)及日本烟草产业股份公司(JT)成立,垄断电气通讯事业115年的国营电信电话公司和持续经营80年的国营烟草公司告别市场。NTT拥有7 800亿日元资本金,从业人员37.4万人,总资产10.9万亿日元,年销售额4.7万亿日元。①

---

① 山岸一平『昭和後期10人の首相:日経の政治記者が目撃した「派閥の時代」』、日本経済新聞社、2008年、206頁。

实际上,1982 年 7 月"第二临调"的第三次咨询报告的中心是国铁改革问题。该报告指出:"1981 年度国铁累积债务达到 16.42 万亿日元,其原因是国铁没有适应急速增加的运输需求变化、当事者缺乏能力带来日本家庭式经营方式、不稳定的劳资关系带来工作纪律混乱及异常的人事费用等。因此,只有通过分割民营化的方式使经营方式效率化,以达到重建国铁的目标。"

各大报纸也以较大篇幅报道国铁问题,例如《读卖新闻》刊登了《如何治理处在病态的国铁》、《朝日新闻》刊登了《国铁的现状》、《每日新闻》刊登了《重建国铁的基础》、《产经新闻》刊登了《确实需要国铁吗》等文章。结果形成政府、自民党、"第二临调"、媒体对国铁大批判的高潮。在此背景下,在中曾根内阁成立后不久的 1982 年 12 月 7 日,政府决定设置"国铁再建对策推进本部"。

1983 年 6 月,成立"国铁重建管理委员会",在更换了两任国铁总裁后,该委员会在 1985 年 7 月提出最终咨询报告。其主要内容为:到 1987 年 4 月 1 日,国铁分割为北海道、东日本、东海、西日本、四国、九州等 6 个客运公司和一个货运公司,实施民营化;新公司职员为 18 万人,在剩余的 9.3 万人中,新公司吸收 3.2 万人,其余人员自己希望退职或通过特别立法再就业;总额为 37.3 万亿日元的长期债务,14.2 万亿日元由新公司负担,通过买卖股票和土地偿还 9.2 万亿日元,其他由国家承担。[1]

政府在同年 8 月成立"国铁剩余人员雇佣对策本部",10 月内阁会议决定"国铁改革基本方针"。政府将国铁改革相关 8 法案提交 1986 年通常国会审议,但因很快解散众议院成为废案。大选后再次将法案提交临时国会审议,11 月 28 日,法案在自民党、公明党、民社党等的赞成下得到通过,拥有 115 年历史的国营铁路画上句号。

在行政机构改革方面,中曾根内阁将原行政管理厅和总理本府的大

---

[1] 山岸一平『昭和後期 10 人の首相:日経の政治記者が目撃した「派閥の時代」』、日本経済新聞社、2008 年、207 頁。

部分机构合并,组成新的总务厅,加强编制和人事方面的综合协调能力。同时修改了《国家行政组织法》,把原来需根据法律设置各种审议会和各省厅的机构改为由内阁政令设置,既方便对省厅内部机构的改组,又加强了首相的权力。此外,还对中央政府的地方派出机构进行了精简;在社会福利制度方面,实行养老金制度一元化,并通过提高缴纳数额、减少领取数额以及提高领取年龄的方式减少政府负担。与此同时,还废除老人医疗免费制度,提高健康保险制度中的个人负担率,减轻国库负担;在改革行政程序方面,通过废除和简化审批手续等形式,放松对企业和居民经济活动的限制。其中废除和简化审批手续约 390 项,委托转让权限260 项,移交和简化机关委任事务约 120 项。[1]

但在流通业团体、农业团体以及自民党、行政官僚的抵抗下,加之当时的日本经济也处在繁荣时期,中曾根政权进行的行政财政改革并不彻底。不仅其提出的许多目标没有实现,国债发行余额从 1982 年中曾根上台时的 90 万亿日元增加到 1987 年其下台时的 150 万亿日元,政府所拥有的审批权限也从 1985 年 12 月的 10 054 项限制增加到 1989 年 3 月的 10 278 项。[2]

二、邻国的合作与摩擦

中曾根政权成立之初,重视并积极推动与邻国的关系。1983 年 11月 23 日,胡耀邦对日本进行友好访问,这是中国共产党最高领导人第一次访问日本,也是第一次访问发达国家。第二天上午,胡耀邦总书记和中曾根首相在迎宾馆举行会谈,就当前国际形势和两国关系诚挚友好地交换了意见,双方都表示愿为中日睦邻友好关系的长期稳定发展而努力,愿为亚洲与世界的和平与稳定做出贡献。其后胡耀邦在日本国会发表演讲,在具体谈到中日经济合作问题时,胡耀邦总书记指出决不能凭

---

① 大槻文平「行革審の成果と今後の課題」、『経団連月報』1986 年 6 期、5 頁。
② 阿部齐ほか『概説現代日本政治』、東京大学出版会、1992 年、97 頁。

一时一事来衡量利害得失,而需要一种高瞻远瞩,有全局和长远的眼光和魄力,重要的问题是双方要站得更高一点,眼光更远一点。

胡耀邦访日期间还邀请 3 000 名日本青年访问中国,结果在 1984 年 9 月 24 日至 10 月 8 日,日本政府、政党、青年团体、友好团体、工会以及妇女组织等 300 多个部门、团体和大学,包括政界、经济界、文化界、体育界、宗教界等社会各界的 3 000 名日本青年组成 217 个代表团分四路到中国,分别访问了上海、南京、杭州、西安、武汉、北京,参加了各地的活动,与中国各界青年进行了深入的交流。

1984 年 3 月 23 日,中曾根首相访华。中曾根首相访华期间,与胡耀邦、邓小平等中国领导人进行了会谈,双方再次确认了中日关系四原则,商谈成立"中日友好 21 世纪委员会",并就日本战争遗孤回国探亲、专利保护、投资保护协定及科技合作等问题交换了意见。中曾根首相正式宣布向中国提供为期 7 年、数额共计 4 700 亿日元的第二次对华贷款,用于衡阳至广州和郑州至宝鸡复线电气化铁路、秦皇岛港丙丁码头建设工程、连云港庙岭二期工程和天水桥水利发电站等 7 个项目。在政府的带动下,同年 10 月,日本的汽车制造厂"大发工业"在天津开始生产轿车,这是中国最早生产日本汽车的项目。

1984 年 9 月 6 日,韩国总统全斗焕访问日本。在当天举行的宫中晚餐会上,昭和天皇在讲话中表示"本世纪一段时期两国之间存在不幸的过去,对此表示真诚的遗憾,不能重演这样的历史"。在第二天首相夫妇举办的晚餐会上,中曾根首相也表示"在日韩交流史中的一段时期,日本对韩国及韩国国民带来巨大的苦难是不能否定的事实,对此日本政府和日本国民感到深深的遗憾"。在最后发表的共同声明中,双方强调"开辟了日韩关系的新篇章",未来日韩关系将是"成熟的善邻友好关系"。[1]

但是,中曾根提出的"战后政治总决算"不仅包括政治、经济等方面的改革,也包括教育、修改宪法等意识形态方面的改革,其中主要的是爱

---

[1] 藤本一美『戦後政治の決算:1971—1996』、専修大学出版局、2003 年、243 頁。

国主义教育以及公职人员参拜靖国神社等。他在上台之初明确表示修改宪法的姿态："没有完善的法律和制度，宪法也是如此。""我高度评价现代的民主主义、基本人权、和平主义、国际协调主义等基本理念，但任何制度及法律均非完美无缺，应经常面对更好的方向加以探讨、修改。"①

另一方面，中曾根派在自民党内势力较弱，但中曾根政权不仅持续了较长的时间（五年），而且也进行了许多改革。其中一个很大因素是其善于利用媒体为自己的改革造势，即首先设立许多首相的私人咨询机构，通过自己的智囊引导这些咨询机构的讨论，然后通过媒体将其论点扩大到整个社会，并影响舆论。例如根据 1983 年 6 月 14 日成立的"文化及教育恳谈会"的最终报告书，1984 年成立"临时教育审议会"；根据"和平问题研究会"的建议重新审查防卫费，使其突破国民生产总值 1％的限制；通过"阁僚参拜靖国神社问题恳谈会"，使包括首相在内的内阁成员可以正式参拜等。尽管中曾根首相重视亚洲邻国的外交，并与中国、韩国建立了较好的合作关系，因其国家主义的意识形态，也引起了相互之间的矛盾与摩擦。

经济高速增长以后，以企业为中心的社会结构形成，父母希望子女接受更好的教育以便进入更好的企业或政府机构，从而增加了高等学校的入学竞争率。70 年代上半期，日本高中的入学率超过 90％，大学的入学率超过 49％，但同时也产生了校内暴力、虐待、拒绝上学等深刻的教育问题。另一方面，在 70 年代后半期，财界也提出废除教科书无偿化、放松政府对教育的管制、教育内容多样化等教育改革要求。但中曾根首相的教育改革与其不同，中曾根首相是为建立政治大国而实施国家主义教育，即强调教育内容的统一、国家对教育的管理以及强化教科书的审查等。

1984 年 8 月，政府制定《临时教育审议会设置法》，成立以冈本道雄为会长的"临时教育审议会"，直属内阁，其成员多为非教育相关者。该

---

① 渡边治『政治改革と憲法改正——中曾根康弘から小沢一郎へ』、青木書店、1994 年、334 頁。

审议会在 3 年时间内提出 4 个咨询报告,在最终咨询报告中强调教育改革应重视个性原则、建立终生学习体制、适应国际化信息化时代等。① 在具体内容上,咨询报告主张强化对教科书的审查、维持教科书无偿化、重视爱国主义教育、强制实施学校活动时唱"君之代"歌和升"日之丸"旗、强化教师培养制度以及新教师进修制度、扩大道德教育的内容等。②

由于靖国神社在战争时期发挥了激发军国主义意识的作用,所以占领时期盟军总部实施政教分离的改革措施。1969 年自民党提出以国营化为主要内容的《靖国神社法案》,但均没有通过国会审议。其后自民党改变方针,以推动包括首相在内的公职人员正式参拜靖国神社作为目标。1978 年东条英机等 14 名甲级战犯合祀到靖国神社,因而表明该神社转为肯定侵略战争的立场,导致其后天皇也不再参拜。中曾根首相为实现政治大国化的目标,通过各种方式试图将政府官员参拜靖国神社合法化。

1984 年 4 月 13 日,自民党总务会决定将正式参拜靖国神社符合宪法作为该党方针。1984 年 8 月,成立了官房长官的私人咨询机构"关于内阁成员参拜靖国神社的恳谈会",经过一年的讨论,得出内阁成员参拜靖国神社符合宪法的结论。1985 年 2 月 11 日,中曾根首相作为现任首相第一次参加具有神道色彩的建国纪念日庆祝典礼。1985 年 8 月 14 日,官房长官藤波孝生发表政府关于公职人员参拜靖国神社方针的谈话,认为参拜方式简略化、公费支出仅为鲜花费等,不能将其作为宗教活动,也就不违犯宪法规定的政教分离原则。在此基础上,第二天、即日本战败 40 周年的 8 月 15 日,中曾根首相率领全体内阁成员以公职身份正式参拜了靖国神社。

中曾根内阁正式参拜靖国的行为不仅引起国会社会舆论和在野党的批判,市民为此提出违宪诉讼,而且也遭到包括中国、韩国在内各国的

---

① 立命馆大学人文科学研究所编『戦後五〇年をどうみるか:二一世紀への展望のために（下）』,人文書院、1998 年、285 頁。
② 渡辺治『政治改革と憲法改正——中曾根康弘から小沢一郎へ』、青木書店、1994 年、325 頁。

反对。1986 年 8 月 14 日,官房长官后藤田正晴发表谈话表示:"鉴于我国作为和平国家处于为国际社会的和平与繁荣承担更大责任的立场,也必须重视国际关系,适当照顾近邻各国的国民感情。"中曾根首相、外务大臣仓成正及官房长官等人终止参拜靖国神社。

1986 年 5 月,由"保卫日本国民会议"编写的历史教科书《新编日本史》被文部省审定为合格,该书多处记述歪曲史实,只字不提日本曾经侵略过别的国家,公开为侵略战争粉饰和翻案。把侵华战争写成"被迫应战",掩饰南京大屠杀的真相,称其"未有定论",把日本进行太平洋战争说成是"从欧美列强的统治下解放亚洲","并在日本的领导下建设大东亚共荣圈"。这一教科书得到批准后,随即引起国内外舆论的强烈批评,亚洲有关国家和地区纷纷要求日本文部省纠正错误。中国外交部向日本递交了备忘录,强烈要求日本修改教科书中的错误。但日本右翼称亚洲国家提出教科书问题是干涉内政,叫嚣文部省审定的教科书不得重新修改。在这种情况下,中曾根首相经过再三权衡,四次指示和敦促编撰者修改,表示要按照 1982 年日本内阁官房长官谈话精神修改此书,虽然修改工作一再拖延,但基本还是按照日本政府的意见进行了修改。

从 1986 年 7 月起,文部大臣藤尾正行在记者招待会等公开场合多次美化侵略战争,为日本军国主义翻案。藤尾指责远东国际军事法庭审判日本战犯,明确表示:"胜者就能审判败者吗?""世界就是一部侵略史、战争史,必须纠正那种认为只有日本进行过侵略的错误看法。"其在《文艺春秋》上发表文章说"南京大屠杀是一个不明白的事件";"战争就是杀人,这从国际法来说就不是杀人";"日韩合并无论从形式上还是事实上,都是经两国商议好了,韩国也是有责任的"。藤尾的谬论遭到日本国内和很多亚洲国家的强烈谴责,在野党称其为"妄言大臣",但藤尾表示拒绝道歉。中曾根出于重视亚洲邻国的考虑,在 9 月 8 日宣布罢免藤尾的职务,并重申不能否定日本军国主义侵略中国的事实。9 月 20 日,中曾根首相访问韩国时专门为此事进行道歉。

1986 年 11 月 8 日,中曾根首相再度访华,成为首位在任期内两度访问中国的日本首相。在此次访问中,中曾根首相参加了日本无偿援助的中日青年交流中心奠基仪式,并与中国领导人就中日关系和国际局势再度举行会谈。在会谈中表示"只要今后继续坚持和维护指导两国关系的各项基本原则,日中关系就一定能够顺利发展","加强日中友好合作是维护亚洲稳定和世界和平的基本条件,是解决双边关系中一切问题的大局所在"。[①]

在中曾根执政时期,还出现了影响中日关系的"光华寮事件"。光华寮原是京都的中国留学生宿舍,1950 年中国驻日代表团正式购买该寮的产权。1977 年 9 月 16 日,京都地方法院对光华寮案作出判决,确认光华寮是中国国家财产。1986 年 2 月 4 日,该法院又重新作出判决,将光华寮判给了台湾当局。1987 年 2 月 26 日,大阪高等法院做出维持原判的决定。上诉人在 1987 年 5 月 30 日向日本最高法院上诉,要求撤销大阪高等法院的判决,重新做出公正裁判。为此,中国政府多次向日本政府提出严正交涉,但日本政府始终以强调"三权分立"原则为借口回避责任。该事件发展成为两国首脑会谈的外交问题,日本最高法院将其长期搁置。

三、贸易摩擦与扩大内需

在铃木政权末期,美国政府为解决对外贸易大幅度赤字,特别是日美贸易严重不平衡问题,强烈要求日本开放市场。日本政府在 1981 年 12 月到 1984 年 12 月连续六次提出解决问题的对策,努力扩大进口美国产品,但由于美国的高利率政策导致美元币值上升,贸易不平衡问题始终没有得到改善。1984 年,日本的经常收支达到 350 亿美元盈余,贸易收支盈余也超过 443 亿美元。[②]

[①]《新华月报》,1986(11):第 174—177 页。
[②] 山岸一平『昭和後期 10 人の首相:日経の政治記者が目撃した「派閥の時代」』、日本経済新聞社、2008 年、201 頁。

进入 20 世纪 80 年代以后,日本面临美国的双重压力,一方面是自动限制对美出口,另一方面是开放国内市场。1980 年的日本汽车产量达到 1 100 万台,钢铁产量 1.1 亿吨,均为世界第一。日本的汽车制造业不仅劳动成本较低,而且节省能源,1980 年一台日产轿车出口到美国,交纳关税后的价格仍然比美国车低 1 700 美元。同年日本对美出口汽车 182 万台,在美国市场的占有率从 1976 年的 9.3％上升到 21.3％。在此状况下,美国汽车工业陷入困境,当年亏损 42 亿美元。①

美国政府和汽车业界在要求日本自动限制对美出口的同时,为解决失业问题和吸收日本技术,希望日本汽车制造业到美国投资,在美国当地生产汽车。1980 年 4 月,日美政府代表连续两次在华盛顿和东京举行会议,日本代表在会上做出三项承诺,即日本政府尽量说服各汽车制造厂家在美国投资、日本简化进口手续以增加美国对日出口汽车、日本尽快废除汽车零部件进口关税以增加美国产品的进口等。②

1981 年 1 月,美国总统里根成立特别工作小组,讨论日本汽车对美出口问题。其后通过美国驻日大使非正式传达信息给日本外务大臣伊东正义:美国国会正在酝酿通过一项强制性限制进口的法案,日本宣布自愿削减可能会阻止这个法案的通过。③ 3 月,日本通产大臣田中六助表示日本汽车业界自愿限制对美出口汽车,并得知美国希望日本三年内将出口美国汽车数量限制在每年 150 万辆以下。④ 日本希望对美出口为每年 170 万辆,经过多次磋商,终于在 5 月达成协议:日本对美出口小汽车在从 4 月起的一年内限制在 168 万辆,第二年限制在 168 万辆加上该年度美国市场扩大量的 16.5％,第三年视美国市场的情况而定。包括卡车在内的日本四轮车对美出口从 1980 年的 240.76 万辆下降到 1983 年

---

① 刘世龙:《美日关系(1791—2001)》,世界知识出版社 2003 年版,第 598 页。
② 通商产业省编:《日本通商产业政策史》第 12 卷,中国青年出版社 1995 年版,第 393—394 页。
③ 罗纳德·里根:《里根回忆录》,中国工人出版社 1991 年版,第 243 页。
④ 谷口将紀『日本の対米貿易交渉』、東京大学出版会、1997 年、104 頁。

的 223.44 万辆。[1]

80 年代导致日美贸易摩擦的另外一个主要产品是半导体。日本的半导体产业在 70 年代获得迅速发展,1979 年集成电路出口首次在世界范围内出现盈余,1980 年对美出口也出现了盈余。1980 年美国半导体工业协会要求日本尽快实施削减集成电路的进口关税,日本答应到 1982 年将关税降至 4.2% 的水平,但美国方面不满足,最后达成从 1984 年 4 月起,日美集成电路关税均为零的协议,结果反而对日本有利,日本集成电路对美出口的盈余从 1980 年的 28 亿日元增加到 1983 年的 767 亿日元。[2]

美国再次施加压力,要求日本开放市场。1982 年 4 月,日美成立高技术工作小组,并在 11 月达成协定,规定日本扩大高技术制品进口并建立收集半导体转载数据的体制。由于没有真正解决问题,日美在 1983 年再次谈判,并在同年 11 月达成第二个协议,其中秘密备忘录表示通产省将鼓励日本的芯片使用者购买更多的美国产品,并与美国供应商发展长期关系。1985 年世界半导体市场陷入空前衰退,同年 6 月美国半导体工业协会根据 1974 年《贸易法》第 301 条款起诉日本,要求提高美国半导体在日本市场的占有率,并阻止日本在第三国市场倾销半导体。日美双方不断谈判,但立场相去甚远。例如美国要求建立政府迅速采取行动的体制,确保美国产品在日本市场的占有率,建议监督在第三国销售价格的制度等。[3]

另外,美国要求日本开放农产品国内市场。1980 年,美国对日出口农产品超过 60 亿美元,占对日进口总额的 29.4%,占美国农产品出口总额的 15.3%。但日本出于经济和政治两方面的需要,极力保护农业部门。1981 年 7 月,美国要求日本放宽对进口美国牛肉、柑橘等农产品的限制。1983 年进一步要求取消限制,日本表示坚决反对。双方在进口数

---

[1] 刘世龙:《美日关系(1791—2001)》,世界知识出版社 2003 年版,第 600 页。
[2] 刘世龙:《美日关系(1791—2001)》,世界知识出版社 2003 年版,第 602 页。
[3] 佐藤英夫『日米経済摩擦:1945～1990 年』、平凡社、1991 年、114 頁。

量上反复谈判,直到 1984 年 4 月才达成为期四年的协议。协议规定日本从世界范围内进口的高级牛肉每年增加 0.9 万吨,柑橘每年增加 1.1 万吨等。[①]

1983 年 10 月,日美咨询委员会提交的报告指出:在过去 8 年内,日本对美出口以年均 16％的速度增长,而美国对日出口仅为 9％。建议在美国拥有竞争优势的电信、电子、林业和医药产品等四个部门要求日本开放市场。1985 年 1 月,中曾根首相与里根总统会谈,同意进一步开放日本市场,并为此进行"选定部门面向市场会谈"。其后日美双方开始在四个部门的开放市场谈判,并使美国在四个部门的产品对日出口 8 个月内增加了 5.7％,后来又追加运输机械部门,其谈判一直持续到 1987 年 8 月。

实际上,早在 1985 年 4 月,美国国会参议院财政委员会通过《对日贸易报复法案》,里根总统急忙派遣总统助理到日本,强烈要求日本合作。感到事态严重的中曾根首相在 4 月 9 日宣布第七次市场开放对策,实施通讯机械、电子元件、木材、医疗器械、医药品等开放措施,并决定在 7 月制定具体的市场开放行动计划。当天中曾根首相在电视节目中呼吁国民合作解决贸易摩擦,每人购买 1 000 美元(约 2.5 万日元)的外国产品。美国政府发表声明,高度评价日本政府的对外经济政策。

同年 7 月 30 日,日本政府与自民党联合组成的"对外经济对策推进本部"正式决定行动计划,在关税、进口限制、基准认证及进口程序、政府采购、金融资本市场、服务业等六个领域实施广泛的改革措施,以推动进口,三年内形成超过国际水平的市场开放程度。中曾根首相发表了关于行动计划的谈话,表示坚决反对贸易保护主义,积极推动开放市场和贸易自由化。[②]

尽管在 80 年代上半期的日美贸易摩擦谈判中,日本做出许多让步,

---

① 細谷千博ほか編『日米関係資料集:1945—97』、東京大学出版会、1999 年、1045—1046 頁。
② 山岸一平『昭和後期 10 人の首相:日経の政治記者が目撃した「派閥の時代」』、日本経済新聞社、2008 年、202 頁。

但未能减少对美贸易盈余。1981—1985 年，日本对美贸易盈余直线上升，从 158 亿美元增加到 462 亿美元。美国认为需要寻找更为根本的解决办法，于是在 1985 年 6 月的日美贸易委员会临时会议上提出日本社会结构改革、开放市场的 13 项建议，要求日本制定以 2000 年为目标的进口战略、调整工业结构、促进消费、降低储蓄率、减少工作时间以及修改保护夫妻店的有关法律等，并希望日本采取住宅投资等措施扩大内需。

另一方面，美国希望通过提高其他货币的币值解决贸易逆差问题。于是，1985 年 9 月 22 日，在美国纽约的广场饭店举行了日本、美国、英国、法国、德国等五国财政部长及中央银行行长参加的会议，各国代表均认为美元币值过高导致美国经常收支产生赤字，也将导致贸易保护主义抬头，因而达成各国政府积极介入外汇市场、纠正美元币值过高的协议。在此次"广场协议"的基础上，各国开始干预外汇市场，两天后东京市场的日元对美元汇率升高近 12 日元，1 美元兑换 230 日元。

与此同时，成立了首相私人咨询机构"为实现国际合作的经济结构调整研究会"，以日本银行原总裁前川春雄为会长，探讨日本经济结构从出口依赖型向国际协调型、内需扩大型转化的途径。该研究会在 1986 年 4 月 7 日提出通称为"前川报告"的建议书，其基本内容是：鉴于日本国际收支的经常项目盈余在 1985 年达到国民生产总值的 3.6% 水平，今后应以切实缩小盈余作为中期目标。为此日本应扩大内需，实现从依赖出口向内需主导型经济增长转变，同时改变产业结构，进一步改善市场进入。

为解决财政危机，在中曾根首相的指示下，自民党税制调查会在 1986 年 12 月提出减少所得税、法人税、居民税的同时实施课税面广的间接税方案，即实施销售税，并废除邮政储蓄利息非课税制度。政府在其方案的基础上，在 1987 年 1 月 16 日决定了税制改革大纲，并根据税制改革的结果编制 1987 年度预算方案。为防止在野党的攻击，中曾根首相在 1 月 26 日的施政演说中没有提及销售税，但在质询过程中表明"税制改革包含创设销售税",并在 2 月 4 日将销售税等相关法案提交国会审议。

在国会审议过程中,由于自民党单独召开众议院预算委员会会议,在野党进行抵制,政府只好编制临时预算对应新年度的开始。4 月 15 日,自民党在众议院预算委员会单独强行表决,并在 21 日强行召开众议院全体会议。在野党提出对预算委员会委员长砂田重民等不信任案,在表决时采取"牛步战术",使全体会议产生较大的混乱,国会出现 10 年以来的彻夜审议。由于流通业等社会团体强烈反对实施销售税,导致自民党在补缺选举和统一地方选举中失败,党内也出现反对的声音。4 月 30 日,在众议院议长斡旋下,众议院全体通过 1987 年度预算方案,送交参议院审议,销售税相关法案成为废案,并设置由各党成员组成的协议机构讨论税制改革。在同年 7 月的临时国会上,通过了所得税减税、居民税减税、原则废除小额储蓄和邮政储蓄利息免税的税制改革三法案。[①]

1987 年的日美关系再次出现紧张状态,一方面是美国对日贸易赤字达到历史最高,另一方面是东芝机械公司违反"巴统"事件。1987 年 3 月,美国国防部透露,由于东芝不正当出口螺旋桨加工车床,使苏联降低了核潜艇的螺旋桨声音,严重打击了美国的潜艇侦察能力。4 月 30 日,警视厅对东芝机械公司及其相关事务所进行搜查,并逮捕两名职员。查明 1982—1983 年东芝机械公司与挪威有关企业合作,将四台加工螺旋桨的大型数控车床伪造性能后向苏联出口,违反了"巴统"的有关规定。东京地方法院在 6 月 15 日起诉东芝机械公司和逮捕的两名职员,通产省也以违反出口贸易管理令为由,对东芝机械公司实施一年内全面禁止向共产主义国家出口的处分。[②]

---

① 山岸一平『昭和後期 10 人の首相:日経の政治記者が目撃した「派閥の時代」』、日本経済新聞社、2008 年、214 頁。
② 藤本一美『戦後政治の決算:1971—1996』、専修大学出版局、2003 年、251 頁。

第三节　政治资金丑闻

一、竹下登内阁

　　1987 年 10 月,中曾根首相延长一年的自民党总裁任期届满,因而总裁选举计划在 10 月 8 日开始。参加竞选的有竹下登干事长、安倍晋太郎总务会长、宫泽喜一大藏大臣,三人被舆论视为自民党的"新领袖"。与旧政治家相互之间激烈的争夺权力不同,"新领袖"们注重协调,在表示竞选后三人进行过五次会谈。但协商无结果,最后委托中曾根首相裁决。由于竹下派在自民党内具有优势,而且与宫泽派和中曾根派的关系较好,因而在中曾根首相在 10 月 20 日宣布指定竹下登为后任自民党总裁。在 10 月 31 日的自民党临时大会上,竹下当选为新总裁。11 月 6 日召集临时国会,众参两院指名竹下登为内阁首相。

　　1988 年 1 月 12 日,竹下首相访美,并在第二天与美国总统里根会谈,会后发表了联合声明,强调日本为世界做贡献。竹下首相在华盛顿的演讲中提出了"外交四原则",即外交政策具有连续性、反映自己意志的主体性外交、以日美关系为基轴、自觉承担国际责任,在此基础上建设"为世界作贡献的"日本。

　　1988 年 5 月 4 日,竹下在访欧途中提出日本外交的三原则,即为和平加强合作、促进国际文化交流、扩大政府开发援助。为和平加强合作主要强调用外交努力巩固国际和平、对防止纷争的国际活动予以合作、积极参与纷争的和平解决、加大对难民的援助、增加对纷争国家战后复兴事业的援助。在促进国际文化交流方面则希望通过加大人员交流、对海外日本研究及日语教学提供资助、资助扩充文化合作机构,在世界各国培养"知日派"人士,加深各国对日本的"理解"。

　　竹下首相在 1987 年 11 月 29 日的施政演说中强调"增进同韩国、中国、东南亚国家联盟各国等近邻国家的关系乃是重要的课题"。1988 年

5月5日,中日两国政府关于日本援助中国东北大兴安岭森林火灾地区恢复、北戴河实验站建设、1988年度日本政府向中国国家图书馆提供文化合作赠款及日本政府为协助中国外语教育事业的发展提供无偿援助等四个项目的换文在北京签字。5月9日,国土厅长官奥野诚亮发表"中日战争没有侵略意图""卢沟桥事件是偶然发生的事件"等美化侵略战争的言论,遭到中国和韩国媒体的批判,在野党也追究竹下首相的责任。奥野被迫辞职。

1988年8月《中日和平友好条约》签订10周年之际,竹下首相访问中国。在两国首脑会谈中,竹下首相强调"日中友好是日本外交的主要支柱之一",重申"日本政府以对过去历史进行严肃反省为出发点,以日中联合声明、日中和平友好条约及日中关系四项原则为依据,继续重视和发展日中关系的政策不变"。同时表示对中国的现代化建设给予力所能及的合作,"日本政府将从1990年开始的六年间向中国提供约8100亿日元的新的政府贷款"。此次第三批对华日元贷款主要用于建设水力发电站、宝鸡至中卫铁路、扩建六处港口、云南化肥厂、引黄水渠等与发电、铁路、港口和农业技术改造有关的45个项目,比总额为4700亿的第二批对华日元贷款增加了70%。[1] 同年8月27日,中国外贸部部长郑拓彬和日本驻华大使中岛敏次郎分别代表本国政府签署了《中华人民共和国和日本国关于鼓励和相互保护投资协定》。该协定有助于中日两国经济、科技合作的进一步发展,为促进"日本企业对华投资和技术转让开辟了道路"。

竹下政权的最大课题是实施大型间接税,以便解决政府财政危机问题。1988年3月10日,竹下首相在众议院预算委员会上提出有关实施大型间接税的六个疑问,即税制改革是否弱化国民收入再分配功能、是否加重中间收入者的不公正感、是否加重低收入者的负担、能否简单地提高税率、对经营者是否税率过低、新税制能否成为通货膨胀的因素等。

---

① 王新生编:《中日友好交流30年》,社会科学文献出版社2008年版,第177页。

后来自民党又加上能否转嫁到商品价格、是否会出现偷税漏税、是否成为地方自治体财政的障碍等三点疑问,并为此进行大规模地宣传。政府与自民党希望通过这种方式引起社会讨论,使国民逐渐认识到实施大型间接税的必要性。[1]

政府税制调查会在同年 4 月提出"有必要实施范围广、负担轻的新型消费税"的咨询报告,其后自民党以党的税制调查会为中心开始起草消费税法案。原来一直反对消费税的"日商"表示有条件地赞成,其他"经团联""日经联""同友会"等财界三团体均支持实施消费税。政府与自民党在 6 月决定了税制改革大纲,但在税率问题上产生分歧,大藏省主张为 5%,自民党要求较低税率。最后竹下首相决定税率为 3%,从 1989 年 4 月开始实施,同时为减轻中小企业的负担,设置了经营者免税制度和简易课税制度。

竹下首相在 1988 年 7 月召集临时国会,正式提出《消费税法案》《所得税法修改法案》《消费让与税法案》等税制改革六法案。在野党提出首先通过 1.3 万亿日元减税法案的要求,得到竹下首相的同意。尽管如此,消费税法案在国会审议过程中阻力较大。特别是社会党和日本共产党采取各种手段反对,同时极力追究此时已经曝光的政治家非法接受未上市股票事件,使国会审议时常陷入停顿。作为国会对策专家的竹下首相与自民党领导机构成员协商,采取离间在野党的战术,也就是接受公明党、民社党提出的修改意见,即实施消费税后半年内灵活处理、提高退职金扣除下限、提高卧床不起老年人的抚养费下限等。这样一来,公明党、民社党参加国会审议并采取部分赞成的态度,11 月税制改革相关法案通过众议院的审议。在参议院,尽管社会党、日本共产党实施"牛步战术"等彻底抵抗策略,表决时间长达 26 个小时,但终于在 24 日通过参议院的审议,消费税相关法案成立。为此自民党两次延长国会会期,使该

---

[1] 山岸一平『昭和後期 10 人の首相:日経の政治記者が目撃した「派閥の時代」』、日本経済新聞社、2008 年、220 頁。

届临时国会达到历史最长的 163 天。

为振兴地方经济,建立完善的生活基础,竹下首相提出"故乡再生论"。经过政府内部的讨论,决定实施"市町村 1 亿日元事业费",即不论人口规模多少,每个市町村发放 1 亿日元,其用途完全由市町村自己决定。另外,专门设立"故乡再生特别对策事业费",地方自治体可以发行公债进行某项振兴地方经济的事业,其债务的一半由国库通过地方交付税的形式支付。

1988 年 7 月,日美两国代表在华盛顿签署第三个牛肉和柑橘协议,日本逐步取消对牛肉和柑橘的进口限制。在到 1991 年 3 月为止的三年内,日本每年增加六万吨牛肉进口,从 1991 年 4 月起实现牛肉进口自由化,同时调整牛肉的进口关税。1991 年度从 25％提高到 70％,1992 年度降到 60％,1993 年度降到为 50％。柑橘从 1991 年 4 月进口自由化,此前每年增加 2.2 万吨进口。浓缩橘汁从 1992 年 4 月起进口自由化,此前从 1988—1990 年每年增加 4 000 吨进口,1991 年增加 7 000 吨进口。[1] 与此同时,竹下政权投入 1 500 亿日元的资金,用于提高日本的畜牧业生产水平,但仍然引起农民的强烈不满,导致自民党在 1989 的参议院选举中惨败。[2]

1987 年底,昭和天皇查明患癌症并动手术,身体有所好转,但从 1988 年 8 月起状况恶化,依靠输血和输液维持。在此过程中,出现各家电视台中止娱乐节目、演员延期举行结婚仪式、中小学校中止运动会、停止举办焰火大会等"自我约束"现象。另一方面,有关天皇或天皇制的言论也遭到压制。10 月 13 日,静冈市民团体"思考天皇制市民联络会议"计划召开集会,但静冈市拒绝提供会场。12 月 7 日,长崎市长在市议会上回答质询时说"天皇有战争责任",自民党长崎县联合会迫使其取消发

---

① 細谷千博ほか編『日米関係資料集:1945—97』、東京大学出版会、1999 年、1138—1142 頁。

② 山岸一平『昭和後期 10 人の首相:日経の政治記者が目撃した「派閥の時代」』、日本経済新聞社、2008 年、225 頁。

言,甚至右翼邮寄子弹进行恐吓。①

1989 年 1 月 7 日,昭和天皇去世。同日早上的内阁会议决定,立即在皇居举行继承三件神器以及皇太子明仁的即位仪式。下午,竹下内阁召集由有识之士参加的"有关年号恳谈会",在"平成""修文""正化"三个年号中选择"平成"作为新年号,由小渊惠三官房长官通过电视向社会各界宣布。新年号出自中国《史记》的"内平外成"和《书经》的"地平天成"。2 月 24 日,举行天皇葬礼,164 个国家和 27 个国际组织约 9 800 名代表参加,沿途有 75 万民众送行。

二、"利库路特案件"

竹下内阁成立不久就出现了大型信息产业利库路特公司相关企业宇宙公司将未上市股票以低廉价格转让给政界人物,其后股票公开上市后高价卖出获取巨额利润的"利库路特行贿受贿案件",严重打击了自民党政权。1988 年 6 月 18 日,《朝日新闻》揭露川崎市长助理小松秀惟协助利库路特公司低价购买市政府所有地,获得宇宙公司未上市股票,公开上市后将股票卖出,获利 1.2 亿日元。同月 20 日,小松辞职。

同年 7 月 6 日,《朝日新闻》再以头版头条的显著位置报道了前首相中曾根康弘、现任自民党干事长安倍晋太郎以及现任内阁大藏大臣宫泽喜一等政界要人接受利库路特公司未上市股票的情况。同一天出版的《朝日周刊》报道了日本经济新闻社社长森田康也曾接受过利库路特公司的未上市股票,迫使森田在当天辞去社长职务,利库路特公司的会长江副浩正亦辞去会长职务以消除舆论的压力。第二天的《朝日新闻》又继续报道了现任首相竹下登的秘书购买未上市股票之事,结果竹下首相成为反对党的攻击对象。8 月 1 日,社会党委员长土井多贺子向竹下首相就其事提出质问。9 月 5 日,"社民联"国会议员楢崎弥之助出示了"日本电视"拍摄的利库路特公司社长室室长松原弘向其行贿 500 万日元作

---

① 藤本一美『戦後政治の決算:1971—1996』、専修大学出版局、2003 年、264 頁。

为不在国会追究此案报酬的录象带,并在 8 日以行贿罪起诉宇宙公司社长池田、室长松原以及利库路特公司前会长江副。①

东京地方检察机关展开搜查工作,逐渐查明利库路特公司通过各种渠道向政治家、行政官员、经济界人士、学术界人士、媒体界人士等提供未上市股票,并购买政治家招待会的入场券,向政界人士提供政治资金等。众议院专门设置"利库路特问题调查特别委员会",并在 11 月 21 日传唤利库路特公司的江副、高石邦男前文部省事务次官、加藤孝前劳动省事务次官。江副在作证时表示散发未上市股票没有特定的标准,多为临时决定数量,否认向政治家行贿,但其证实的向宫泽大藏大臣提供股票者与宫泽大臣在 10 月 27 日回答议员质询时提出的当事人不同。11 月 22 日,宫泽大臣会见记者时承认江副的证词是事实,修改在国会答辩时的说明。

在 12 月 1 日的参议院税制特别委员会上,宫泽大臣全面修改以前的说法,解释说是秘书利用自己的名义购买股票并获利 2 000 万日元。对此,在野党表示难以接受,社会党、公明党、日本共产党要求宫泽大臣自动辞职。6 日,参议院税制特别委员会再次传唤江副,其证词与宫泽大臣的解释仍然不同,宫泽大臣被迫在 9 日提出辞职请求,并得到竹下首相的认可。② 竹下首相兼任大藏大臣,继续推动国会审议消费税相关法案。

本来从 7 月 19 日召开的临时国会专门审议消费税相关法案,结果变为"利库路特案件国会"。以社会党、日本共产党为中心的在野党严厉追究该案件的全部真相,国会审议时常中断。尽管竹下首相通过各种渠道做在野党的工作,并取得公明党、民社党对消费税法案的有条件支持,终于在临时国会闭幕前通过消费税相关法案,但即将实施消费税以及"利库路特案件"引起国民对政治的不满,内阁支持率从 1988 年 10 月的

① 山岸一平『昭和後期 10 人の首相：日経の政治記者が目撃した「派閥の時代」』、日本経済新聞社、2008 年、225 頁。

② 『朝日年鑑』1989 年、87 頁。

41％迅速下降到同年 12 月的 29％。①

为消除"利库路特案件"带来的负面影响，竹下首相在 12 月 27 日改造内阁，宇野宗佑继续担任外务大臣，村山达雄担任大藏大臣，羽田孜担任农林水产大臣，小泉纯一郎担任厚生大臣等。但三天后长谷川峻法务大臣因其后援会接受利库路特公司的政治捐款而辞职，经济企划厅长官原田宪也因其后援会接受利库路特公司的政治捐款而在 1989 年 1 月 24日辞职。在同年 2 月 12 日举行的参议院福冈补缺选举中，自民党候选人惨败，以 18 万张选票的差距落选，社会党候选人当选。

2 月 13 日，东京地方检察机关以行贿罪嫌疑逮捕利库路特公司前会长江副浩正，其后以受贿罪嫌疑陆续逮捕电信电话公司前会长真藤恒、前文部省事务次官高石邦男、前劳动省事务次官加藤孝等。后来查明高石邦男接受利库路特公司 1 万股未上市股票，加藤孝用利库路特公司下属金融机构的贷款获得该公司 3 000 股未上市股票，均利用职权在起草有关法案时照顾利库路特公司的利益。同时查明接受利库路特公司未上市股票的政治家有自民党前首相中曾根康弘、现任首相竹下登、安倍晋太郎、宫泽喜一、渡边美智雄、加藤六月、加藤纮一、藤波孝生、渡边秀央、上田卓也和公明党的池田克也、民社党的塚本三郎等 13 名国会议员。

因昭和天皇葬礼而推迟到 1989 年 2 月 10 日召集通常国会，中曾根康弘前首相与竹下首相涉嫌利库路特案件成为国会审议的中心，在野党拒绝审议新年度政府预算方案，政府被迫编制 50 天的临时预算应付开始的新年度。3 月 30 日，媒体揭露竹下任自民党干事长举行招待会时，利库路特公司购买了 2 000 万日元的入场券。4 月 11 日，竹下首相在众议院预算委员会上主动说明利库路特公司共提供给自己 1.51 亿日元的政治捐款，结果引起在野党更加猛烈的批判，要求其辞职。22 日，竹下首相原秘书青木伊平在竹下担任自民党干事长时期曾从利库路特公司借款 5 000 万日元。结果自民党内部产生影响选举的危机感,并出现要求竹下首相尽快辞职的声音。①

4 月 25 日,竹下首相表示预算方案成立后内阁全体辞职,但在野党继续拒绝参加国会审议,自民党单独在众议院预算委员会审议、表决,单独在众议院全体会议表决后送参议院审议,为议会开设以来首次执政党单独表决通过政府新年度预算方案。在参议院仅举行了综合性质疑和听证会,未进行审议,在众议院表决 30 天后的 5 月 28 日,按照宪法规定,预算方案自然成立,这也是 1954 年以来的首次。同年 5 月 22 日,中曾根内阁时期的官房长官藤波孝生、公明党众议员池田克也因受托受贿罪被起诉。同月 25 日,众议院预算委员会传唤"利库路特案件"的证人中曾根前首相,中曾根全面否认,但被迫脱离自民党。

竹下首相宣布辞职后,自民党内部紧急协商后继人选。在较有实力的候选人中,宫泽喜一、安倍晋太郎、渡边美智雄均涉嫌"利库路特案件",只有伊东正义较为清廉,因而决定推荐伊东并得到竹下首相的同意。但伊东认为"自民党这本书不改变内容,仅改变封面没有意义",本人也有身体健康原因,因而坚决拒绝出任党的总裁和政府首相。② 结果在竹下首相的推荐下,中曾根派的宇野宗佑外务大臣成为候选人。6 月 2 日,自民党两院议员全体会议以起立表决的方式选举宇野为自民党总裁,同一天国会两院指名选举宇野为首相,第二天组织内阁,除任命三塚博为外务大臣等外,大多仍为竹下首相时期的内阁成员。

同年 6 月 4 日,以美国为首的西方国家对中国采取制裁措施,停止对华合作。宇野首相在国会答辩中表示,在采取制裁措施问题上,必须意识到中日关系和日美关系截然不同,中国是日本的重要邻国。7 月 10 日,宇野首相再次表示,日本政府不同意制裁中国,并为参加发达国家首脑会议分别与前首相交换了意见。尽管日本政府追随美国对中国采取

---

① 『朝日年鑑』1989 年、72—73 页。
② 俵孝太郎『戦後首相論』、グラフ社、2004 年、148 页。

制裁措施,但在巴黎召开的发达国家首脑会议上,宇野首相发言表示不应在国际上孤立中国。

宇野内阁成立不久,周刊杂志《星期天每日》就报道了宇野首相与原艺伎交往的女性问题,外国的媒体也报道此事,除此之外,"利库路特案件"、实施消费税、农产品进口自由化成为自民党选举的重大障碍。在 6月 25 日举行的新潟参议院补缺选举中,社会党女性候选人当选。在 7月 2 日举行的东京都议会选举中,自民党从 63 席减少到 43 席。在 7月 23 日举行的参议院选举中,在野党主张废除消费税,自民党坚持进行必要的修改,而且以社会党为中心的在野党大量提名女性候选人。在 670名候选人中,有 146 名女性。

选举结果自民党惨败,改选 69 席,仅保住 36 席。社会党改选22 席,增加到 46 席。公明党、民社党、日本共产党均减少议席,女性当选 22人。结果自民党在参议院的席位减少到 109 席,离半数 127 席较远,出现执政党及在野党席位逆转的局面。24 日,宇野首相在自民党本部会见记者,表示引咎辞职,执政仅有 69 天。从战后历史看,比石桥湛山执政71 天短,但比东久迩稔彦执政 50 天长。

参加自民党总裁选举的有海部俊树、林义郎、石原慎太郎,党内最大派系竹下派决定支持河本派的海部。海部在早稻田大学上学时曾为雄辩会成员,与同为该团体成员的竹下派实力政治家渡部恒三和小渊惠三等关系密切。海部既不是派系领袖,也没有担任过自民党的干事长、总务会长、政务调查会长等重要职务,即使在河本派内也有反对参加竞选的声音。但在竹下派的全面支持下,海部以压倒优势在 8 月 8 日的自民党两院议员全体会议上当选为新总裁。但在国会指名选举中,参议院选举社会党委员长土井多贺子,两院协商的结果,海部成为新首相。

三、80 年代的在野党

从 70 年代末开始,社会党大幅度地转换其政策。1979 年 8 月,社会党内部的"自主管理研究会"发布批判党的纲领性文件《日本走向社会主义道路》。同年 11 月,飞鸟田一雄作为现任社会党委员长首次访问美国,回到日本后表示在协商的基础上废除日美安保条约。1980 年 1 月,社会党与公明党达成两党联合政权协议,在政策大纲中表明承认《日美安全保障条约》和自卫队等。由于社会党放弃了原来主张的"全在野党联合"路线,将日本共产党排除联合政权在外,体现出明显的右倾趋向,遭到日本共产党的猛烈批判,将"社公协议"视为"反共保守联合"路线。①1980 年 5 月,飞鸟田委员长表示搁置"非武装中立"政策。1981 年 8 月,飞鸟田委员长在社会党自治体政策研究集会上表示冻结社会党与公明党的协议。

早在 1980 年 12 月,社会党社会主义理论中心发表题为《80 年代日本内外形势的展望与社会党的路线》的文章,指出现代社会存在各种各样的问题,但解决这些问题不是通过社会主义革命,而是通过以社会党为中心的联合政权进行渐进式改革。另一方面,不仅在资本主义国家,现有的社会主义国家也存在矛盾,不能以这些社会主义国家作为理想。②尽管在党内也遭到质疑,但 1981 年 10 月,社会党中央执行委员会将上述文章作为党的方针,并准备修改《日本走向社会主义道路》。同年 12 月,飞鸟田再次当选社会党委员长。在党的组织建设方面,飞鸟田委员长提出"百万党建设运动",增加党员人数。但其结果并不理想,仅从1979 年的 4.3 万人增加到 1983 年的 6.4 万人。③

1982 年 11 月,社会主义理论中心再次发表题为《创造新的社会——我们对社会主义的设想》的文章,强调在各个领域进行社会变革,在其基础上逐渐形成社会主义,重视抵抗、参加、介入等斗争手段,通过社会各个阶层的自立与合作,形成多数人参加的组织等。④同年 12 月,社会党代表大会以多数赞成将其作为党的文件。

---

① 日本共産党中央委員会編『日本共産党の70 年・下』、新日本出版社、1994 年、33 頁。
②『月刊社会党』第 292 号、1980 年 12 月。
③ 岡田一郎『日本社会党——その組織と衰亡の歴史』、新時代社、2005 年、170 頁。
④ 森裕城『日本社会党の研究——路線転換の政治過程』、木鐸社、2001 年、99 頁。

在 1983 年 6 月的参议院选举中,社会党的议席没有变化,但在比例代表区获得的选票与公明党不相上下,飞鸟田委员长引咎辞职。同年 8 月,石桥政嗣无投票当选为社会党委员长,田边诚为书记长,在同年 12 月举行的大选中,社会党增加了 6 个议席。石桥委员长提出"新社会党"的口号,并在与小林直树教授的对谈中赞成"自卫队违宪合法论"。① 即从宪法第九条来看自卫队的存在不符合宪法精神,但建立在国会决议的基础上,也得到多数国民的认可,因而合法。1984 年 2 月,社会党计划将"自卫队违宪合法论"作为年度运动方针,但因党内左派反对,石桥委员长只好解释为"自卫队不适合法律"。1985 年 1 月,石桥委员长在社会党大会上强调发展新社会党路线,但在同年 12 月,因党内左派的反对,社会党大会未能表决全面改变路线的《日本社会党新宣言》(简称《新宣言》),到 1986 年 1 月才通过该宣言。

《新宣言》放弃了以往的科学社会主义,声称社会主义是以"尊重人"的人道主义为基本理念,以"人的解放"为最终目标;不再用资本主义社会的基本矛盾来说明社会主义代替资本主义的历史必然性,而是用抽象的人道主义来说明走向社会主义的必要性;吸收了"结构改造论"的某些观点,将走向社会主义的道路看作是社会改革的过程,认为"走向社会主义的道路,是以现实为出发点的不断行动、不断发展、不断进行社会改革的过程"。也就是说,随着不断改革,社会主义因素在资本主义体制内不断增长,而社会主义因素的不断增长就可以使资本主义和平地进入社会主义;不再提社会党是"阶级性群众政党",而是"代表所有国民并向所有人开放的国民政党"。《新宣言》认为"联合政权是发展社会主义所不可或缺的承担者","今天在政治意识和价值观念多样化的情况下,联合政权将是很平常的",因而社会党"在政权问题上同任何政党都积极打交道"。

---

① 馬場昇『日本社会党 50 年の盛衰——護憲・九条の党で平和な世界を』、熊本日日新聞情報文化センター、1999 年、154 頁。

在实际行动上,社会党也开始接近执政的自民党。表面上社会党仍然处在与自民党对立的位置上,但经常与对手协商行事。即使在国会中出现个别自民党强行通过、社会党坚决抵抗的局面,也是双方已经达成协议或默契,至少是事先已经打过招呼。社会党大幅度地转换政策的背景首先是"总评"工会的转向。1979 年,"总评"表示执行"开放"的方针,将与社会各阶层合作,进行联合斗争。1984 年 12 月,自民党干事长金丸信与"总评"议长黑川武进行历史上首次会谈。1985 年政府实施三大国营企业(国铁、电信电话公社、烟草专卖公社)民营化措施进一步削弱了"总评"的力量。国营企业的民营化使雇佣工人的人数大幅度减少,例如民营化后的三大企业的工人从 61 万下降到 44 万。80 年代后半期,四大全国性工会逐渐统一。1987 年"同盟"与"中立劳联"相继解散,加入新成立的日本民间工会联合会(简称"联合"),"新产别"也在 1988 年宣布解散,加入"联合"。1989 年"总评"解散,与"联合"共同组成日本工会总联合会(亦简称"联合"),共拥有 78 个行业工会及 798 万会员,占有组织工人的 65％,山岸章当选为第一任会长。

同月,日本共产党系统的工会组成"全国劳动组合总联合"(简称"全劳联"),拥有会员 140 万,议长为松本道广。另外,未参加"联合""全劳联"的社会党左派系统工会在 12 月组成"全国劳动组合联络协议会"(简称"全劳协"),拥有会员 50 万,议长为宫都民夫。工会组织的重新分化组合的背景是组织率逐渐降低,1949 年为最高的 55.8％,1970 年为35.4％,1989 年进一步降到 25.9％。[①]

在 1986 年 7 月众参两院同日选举中,由于社会党减少 17 个众议院席位和 1 个参议院席位,石桥委员长引咎辞职,土井多贺子以较大优势当选为社会党委员长,为日本最早出现的女性担任党最高领导。土井委员长提出建立开放性政党,主张与市民团体结成更为密切的合作关系,将党的社会基础从以工会为中心转移到以一般市民团体为中心,"与党

---

① 小学館編集『日本 20 世紀館』、小学館、1999 年、940—941 頁。

外人士携手重建社会党"。1988 年 2 月,在土井委员长的坚持下,社会党决定实施合作党员制度。所谓合作党员每月交纳 500 日元党费,没有党内领导的选举权和被选举权,也不能成为公职选举党的候选人,但具有委员长选举时的投票权,可以不参加党的活动。①

借助国民反对消费税与农产品进口自由化,以及宇野首相的女性丑闻,土井委员长率领的社会党获得大量选民,特别是女性选民的选票。1989 年 7 月,社会党在东京都议会选举中从选举前的 11 席猛增到 29 席,从都议会中的第四大党成为第二大党。在同时举行的参议院选举中,从上一次选举的 22 席猛增到 53 席,成为参议院第一大党。同年 12 月,社会党联合其他在野党提出废除消费税等相关 9 法案,尽管这些法案通过了参议院的审议,但在众议院受阻成为废案。

由于遭到其他在野党的排挤,日本共产党在 80 年代势力有所减弱,尽管在国会选举中所得选票仍然停留在 500 万—600 万张左右,但在众议院的议席从最高的 41 席下降到 1990 年的 16 席,在参议院的席位也降到 1989 年的 14 席。尽管如此,日本共产党坚持批判自民党内外政策的立场。在 1982 年 7 月第 16 次党大会上,强调阻止核战争、全面禁止并废除核武器,批判"第二临调"的行政改革方针,主张进行国民本位的行政改革以及自主的经济外交等。在该次大会上,选举宫本显治为议长,不破哲三为委员长,金子满广为书记局长。

日本共产党反对中曾根政权强化日美军事同盟、增加日本防卫力量、防止间谍法、参拜靖国神社、大企业保护主义等政策,并在 1985 年与中国共产党进行接触。在昭和天皇去世时,该党发表追究天皇侵略战争责任的声明。针对 80 年代力量衰退的现象,该党反省后认为过于重视机关报读者群的扩大,忽略了为增加党员人数而努力。②

1982 年的公明党代大会承认"综合安全保障政策",进一步接近自民

① 冈田一郎『日本社会党——その組織と衰亡の歴史』、新時代社、2005 年、188 頁。
② 『日本共産党の八十年(1922—2002)』、日本共産党中央委員会出版局、2003 年、251 頁。

党的主张。反对中曾根政权的保守政策,甚至在 1984 年 9 月参与支持二阶堂进任自民党总裁的活动。1985 年 2 月,竹入义胜委员长与民社党委员长佐佐木良作会谈,协商联合政权问题。在 1986 年 7 月的众参两院同日选举中,公明党的议席均有减少。同年 12 月,公明党大会选举矢野绚也为委员长,大久保直彦为书记长。尽管 1987 年 5 月矢野委员长与社会党土井委员长就再次协商联合政权达成一致意见,但同时与自民党达成支持税制改革的协议,并在 1988 年国会审议消费税相关法案时采取赞成的态度。1989 年 5 月,矢野委员长因涉及股票内部交易问题而辞职,公明党临时大会选举石田幸四郎为委员长,市川一雄为书记长。但在建立在野党联合政权或者支持自民党政治改革派的政策选择上,公明党及其支持团体创价学会仍然犹豫不定。①

1981 年 1 月,民社党委员长佐佐木良作建议国会做出"自卫队符合宪法的决议"。1983 年 12 月,大选失败的自民党与新自由俱乐部联合组织政权,民社党认为"真正的联合时代已经到来",积极向自民党靠拢,被社会舆论视为"第二个自民党"。1984 年 3 月,民社党表示理解防卫费突破国民生产总值 1％的限制。1985 年 3 月,佐佐木辞去委员长职务,塚本三郎当选为委员长。1989 年 2 月,塚本委员长因涉嫌"利库路特案件"辞职,永末英一当选为新委员长。

进入 80 年代以后,各党之间的路线纲领和政策方针发生较大变化,相互之间的差距逐渐缩小,即使在执政党与在野党之间也是如此。其变化的主要原因是国民意识的趋同化与保守化,不固定支持特定政党的选民不断增加也反映了国民意识的趋同性。70 年代以前,由于意识形态的作用,支持保守系政党的选民和支持革新系政党的选民各占 30％,不固定支持特定政党的浮动票占 40％,而且各个政党及其支持团体的关系较为稳固,如自民党与"农协"组织、社会党与"总评"工会、民社党与"同盟"工会、公明党与"创价学会"宗教团体等。到 80 年代,不固定支持特定政党的

---

① 平野贞夫『公明党・創価学会と日本』、講談社、2005 年、211 頁。

浮动票上升到 60%，进入 90 年代以后，这一数字进一步变成 80%。[1]

第四节　泡沫经济

一、泡沫经济的形成

所谓泡沫经济，是指并非在实体经济发展上的股票及土地等价格异常上升，导致投机过热的经济状态。日本泡沫经济出现的外部原因是美国压力下包括证券化、国际化在内的金融自由化以及日元大幅度升值下的低利率政策。早在 80 年代初，美国政府就认为应通过调整美元与日元的汇率来解决日美贸易严重不平衡问题，为此强烈要求日本实施金融自由化的政策。从 1982 年到 1984 年，日美两国代表组成的"日元美元委员会"召开过三次会议，并在 1984 年 5 月提出报告书，强调日本金融与资本市场的自由化、外国金融机构对日本金融与资本市场的准入、海外日元交易市场投资与银行市场的发展、直接投资等，并带有尽快具体实施金融自由化的时间表。[2]

1984 年，大藏省接受"日元美元委员会"的建议，开始采取存款利率自由化措施，并在 1985 年建立了通过证券筹措资金的市场联动型定期存款（MMC）及利率联动型可转让存款证书（CD），不能从 CD 得到贷款的中小金融机构可通过证券公司买卖中期国债基金，从而得到自己希望的新金融产品。同时批准外国银行可以参与日本的信托业务，取消了外汇资金转换为日元的限制，将参与证券市场的外国公司从 3 个增加到 16 个。1986 年日本政府修改《外汇及外国贸易管理法》和《外汇管理令》，并设立东京离岸金融市场，允许 181 家外国外汇银行参加该市场外国居民。1987 年 5 月，日本金融机构也可以直接参加海外的离岸金融市场。

---

[1] 福冈政行「海図なき政党政治のゆくえ」、『中央公論』1991 年 9 月号。

[2] 蔡林海、翟锋：《前车之鉴——日本的经济泡沫与"失去的 10 年"》，经济科学出版社 2007 年版，第 10 页。

1988年，日本政府进一步修改《证券交易法》和《金融期货交易法》，完善了买卖选择权交易体制。[1]

　　"广场协议"后日元急速升值，1986年初突破1美元兑换200日元的关口，日本经济出现日元升值下的萧条现象。日本政府在增加公共投资的同时，将官定利率从5％下降到4.5％，3月再次降低到4％，4月降低到3.5％。日元继续急速升值，同年8月1美元兑换152日元，11月日本银行将官定利率进一步降到3％，1987年2月降到2.5％。1988年1月，1美元兑换121日元，日本币值比"广场协议"前正好增加两倍。1988年，联邦德国和美国提高官定利率，只有日本仍然采取金融宽松政策，金融自由化基础上的日本资金回流，导致货币供应量"流动性过剩"，直接推动了泡沫经济的出现。

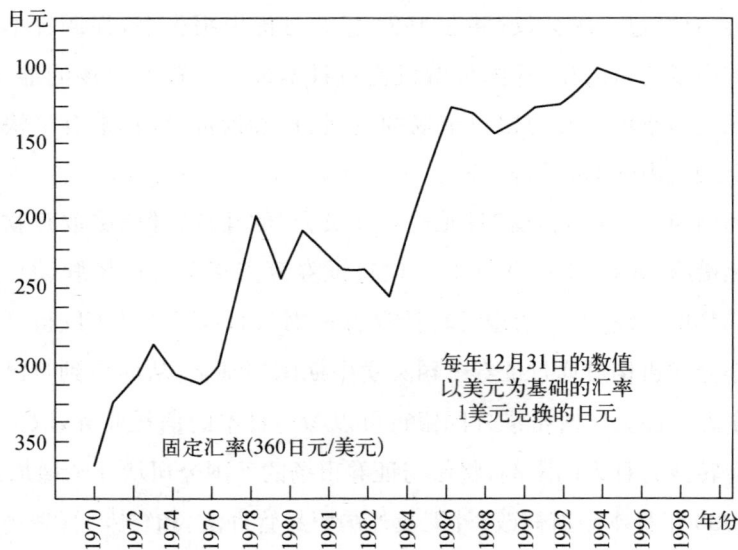

图6-2　日元汇率变化

① 金子贞吉『戦後日本経済の総点検』、学文社、1996年、213—215頁。

泡沫经济出现的内部原因实际上也是在美国压力下，中曾根政权实施的"扩大内需"政策，其中包括大规模增加公共投资、刺激民间活力、开发土地大型计划等。中曾根政权按照每届政府均有经济发展计划的惯例，在 1983 年 8 月发表了《80 年代经济社会的展望与指针（1983—1990 年度）》，同年 10 月设置"国有土地等有效利用本部"，1984 年 9 月在"临时行政改革推进审议会"中设置"民间活力推进方策研究会"。1985 年 7 月，自民党发表"在公共事业中导入民间活力特别调查会"报告。1986 年 5 月，政府制定了《民间活力特别措施法（关于在活用民间事业者能力基础上推动完善特地设施的临时措施法）》，同时制定《横跨东京湾道路建设特别措施法》，并将这一年称为"民活元年"。1987 年制定《社会资本完善法》，规定可以将出售电信电话公司股票的收入灵活运用在事业支出上。另外修改《开发银行法》，设置许多第三部门，对大型民间活力项目等事业进行投资。

80 年代上半期为健全财政而实施紧缩型预算，其规模大体上保持在 50 万亿日元，但实施扩大内需政策后，1987 年度政府预算规模为 62 万亿日元，1988 年为 66 万亿日元，1989 年为 73 万亿日元，1990 年为 77 万亿日元，五年时间增加 1.5 倍。另在 1985 年 10 月，追加 3 万亿日元的补充预算作为内需扩大对策；1986 年 10 月，追加 3.636 万亿日元补充预算作为综合经济政策；1987 年 5 月，追加 5 万亿日元作为紧急经济对策。①

1987 年 6 月，日本实施《综合休养娱乐地域整备法》（所谓"修养娱乐地法"），作为刺激民间活力、扩大内需、振兴地方的对策。民间或自治体组织第三部门事实开发事业，政府给予税制和金融方面的优惠待遇，并允许地方自治体为此发行公债。各地以"特定民间设施"的名义建设高尔夫球场、滑雪场、游艇基地、修养娱乐公寓等，同时建设下水道、公园、码头等配套设施。地方自治体出资 25％的第三部门大约有 4 000 个，计

① 金子贞吉『戦後日本経済の総点検』、学文社、1996 年、201 頁。

划从 1987 年开始的 10 年间,开发 600 万公顷的特定地区,相当于日本国土面积的 16％。① 90 年代泡沫经济崩溃后不仅负债累累,而且对自然环境也造成很大破坏。

代表性的大型建设项目有 1983 年开始施工的横滨国际文化城市"港口未来 21",占地 186 公顷,就业人口 19 万人。1984 年成立的"关西国际机场股份公司",全部事业费为 1.5 万亿日元,借款 1 万亿日元,仅利息就为 580 亿日元;1986 年 12 月制定的"东京湾临海副都心"开发基本构想,人工造地 450 公顷,建设每天容纳 45 万人的写字楼,全部事业费为 8 万亿日元等。1983 年 4 月,千叶县浦安市的"东京迪斯尼公园"开始营业,同年 7 月长崎的"荷兰村"也开始接待游客。"东京迪斯尼公园"开业第一年就有 1 000 万游客涌入,受其影响,日本掀起建设"主题公园热",政府仅在 1988—1989 年批准了 17 个各地建设主题公园的计划。

1987 年 6 月,政府决定《第四次全国综合开发计划》,根据国际性城市分工以适应后工业社会金融、信息国际化时代的思路,形成以东京为中心的交流网络,促进"多级分散型国土开发"。为此在 1988 年制定《多级分散型国土形成促进法》,其后陆续制定了《特定商业集中法》《地方据点城市整备法》等。这些法律与上述《综合休养娱乐地域整备法》的实施将日本 30％的国土列入开发计划中,②其直接后果就是导致了土地价格的飞速上涨。

日元升值带来的经济萧条很快在 1986 年 11 月结束,尽管当年的实际经济增长率只有 2.6％,但 1987 年上升到 4.3％,1988 年为 6.2％,1989 年为 5％,1990 年为 5.1％,经济景气持续 53 个月。民间设备投资在此次经济增长中发挥较大作用,1987 年的民间设备投资仅为 4.5％,1988 年上升到 13.9％,1989 年为 15.1％,1990 年为 13.3％。特别是住宅建设在 1987 年达到 26.3％。消费需求在国民总支出中仅为 58％,对

---

① 吉见俊哉『シリーズ日本近現代史・9・ポスト戦後社会』,岩波書店,2009 年、139 頁。
② 蔡林海、翟锋:《前车之鉴——日本的经济泡沫与"失去的 10 年"》,经济科学出版社 2007 年版,第 24 页。

扩大内需的贡献度变化不大。因日元大幅升值以及经济景气,在 80 年代末出现劳动力不足的现象,日本政府放松对外国研修生及语言学校留学生的限制,大批亚洲各国劳动者进入日本,其中也有持短期旅游签证逾期不归的"非法逗留""非法工作"者,多从事建筑、金属加工等通称"肮脏、沉重、危险"的三 K 职业。1982 年发觉的非法就业者为 2 000 人,到 1990 年达到 3 万人,但未发觉的非法就业者 1988 年为 5 万人,1990 年达到 10 万人。[①]

日元大幅升值也推动了日本的对外投资。1980 年日本对外投资额为 47 亿美元,同年累计总额为 365 亿美元,其中制造业为 126 亿美元,占全部对外投资的 34.5%。1985 年对外投资额为 122 亿美元,其后迅速增长,最高的 1989 年达到 675 亿美元,累计总额也达到 3 108 亿美元。其中对美投资最高,约占对外投资的一半,1987 年为 147 亿美元,1988 年为 217 亿美元,1989 年为 325 亿美元。其次是英国、荷兰等发达国家,80 年代上半期对外投资主要是为解决贸易摩擦的当地生产,多以电机、汽车产业为主。

"广场协议"后,日本不仅对外投资急剧增加,而且对股票等有价证券和不动产的投资增加非常显著。日本对外证券投资总额在 1985 年为 589 亿美元,到 1989 年增加 1 132 亿美元。其中持有外国有价证券余额 1985 年为 4.7 万亿日元,1989 年达到 17.8 万亿日元。[②] 1985 年,日本对美国的不动产投资只有 18.6 亿美元,仅占其对美投资总额的 9.8%;1986 年一年内增长 3 倍,达到 75.3 亿美元,占当年直接投资总额的 28%;1987 年不动产投资增加 70%,达到 127.7 亿美元,占直接投资总额的 41.2%;1988 年进一步增长 30%,达 166 亿美元,而且当年日本还在美国购买了 130 亿美元的公司债券和股票。到 80 年代末,全美国 10% 的不动产已归日本所有。在洛杉矶闹市区,几乎一半的房地产落到

---

① 小学館编集『日本 20 世纪館』、小学館、1999 年、884—885 頁。
② 金子贞吉『战後日本经济の総点检』、学文社、1996 年、248 頁。

日本人手里。夏威夷 96％以上的外国投资是来自日本,而且投资的对象集中在不动产方面,从大饭店、高级住宅到一户 20 万美元的普通别墅,都是日本购买的对象。

在一系列的交易中,最著名的是三菱地产公司以 14 亿美元的价格买下坐落在纽约曼哈顿市中心的美国象征——洛克菲勒中心,索尼公司以 34 亿美元的价格买下哥伦比亚电影公司,松下电器产业以 75 亿美元收购环球电影公司的控股公司 MCA 等。面对日本金融资本的大肆进攻,一些美国报刊称之为"经济珍珠港","没有军队的日本已经获得了他们发动第二次世界大战企图得到的东西——共荣圈",美国人痛心地大声疾呼,"美利坚被推上了拍卖台","日本人有朝一日会成为硅谷和华尔街的雇主"。

日本对亚洲的直接投资以利用当地廉价、素质高的劳动力为目的,1984 年超过 100 亿美元,1989 年为 824 亿美元,1990 年为 705 亿美元。在 1986—1989 年的三年间,从地区上看日本的对外投资,欧洲共同体占 28％,美国占 17％,东盟各国占 24％,东亚新兴工业地区占 12％等。[①] 80 年代后半期日本对美投资多倾向于非制造业部门,但对亚洲的投资多为制造业。

泡沫经济主要体现在土地价格和股票价格的暴涨上。战后日本曾三次地价暴涨,第一次是在池田勇人内阁实施"国民收入倍增计划"的 60 年代,全日本地价平均上涨幅 40％。第二次是田中角荣内阁实施"日本列岛改造计划"的 70 年代,全日本地价平均上涨 36％。1985 年国土厅发表解决东京写字楼不足的"首都改造计划",配合日元升值等因素,地价开始飞速上涨。1987 年日本六大城市地价比前一年增长 28.8％,1990 年为 30％。1985—1990 年,六大城市地价上涨 3 倍,全日本平均 1.5 倍。1985 年,日本全部土地价格为 1 000 万亿日元,国土为日本 25 倍

---

① 渡边昭夫『日本の近代・8・大国日本の揺らぎ—— 1972 ——』、中央公論社、2000 年、363 頁。

的美国仅为 850 万亿日元。1990 年,日本全部土地价格 2 400 万亿日元,按照当时汇率美国为 700 万亿日元,日本单位土地面积的价格是美国的 90 倍。

日本政府不仅在 1987 年 2 月到 1989 年 5 月坚持 2.5% 的超低利率政策而且鼓励各家银行扩大贷款额,甚至再三批评北海道的民间北洋银行贷款不积极。为推动“农协”系统金融机构的资金流向不动产业,大藏省不惜与“农协”的主管部门达成保障“农协”系统金融机构回收贷款资金的协议。1985 年,城市银行对不动产业的贷款余额为 8 万亿日元,到 1990 年达到 20 万亿日元。1990 年东京 50 家不动产公司借款总额为 14 万亿日元,是 5 年前的 3.3 倍。[①]

另一方面,从 1986 年开始,以前年均 10% 增长率的股价以年均 40% 的速度上涨。日经平均股价 1985 年为 1 万日元上下,1986 年 4 月上涨到 1.5 万日元,1987 年 2 月突破 2 万日元,秋季受纽约“黑色星期一”股价暴跌的影响稍有下降,但在 1988 年 2 月上涨到 2.5 万日元,1989 年 1 月突破 3 万日元,同年年底达到最高的 38 915 日元,5 年时间股票平均价格增加 4 倍。股票价格暴涨除税收优惠政策、美国高利率政策使资金流向日本等原因外,政府有意制造股票市场泡沫以筹措资金也是一个重要因素。1986 年 11 月报,政府首次出售日本电信电话公司股票,预售 165 万股,订购者 1 058 万人。股票面额 5 万日元,标价 73 万日元,卖出价达到 120 万日元,上市后竟然升到 318 万日元。[②] 第二次政府以单价 255 万日元的价格出售 195 万股,第三次政府以单价 190 万日元的价格出售 150 万股。三次出售政府获得 10.182 7 万亿日元的收入,大大减轻财政负担,1990 年得以停止发行赤字国债。[③]

---

① 金子贞吉『戦後日本経済の総点検』、学文社、1996 年、252 頁。
② 蔡林海、翟锋:《前车之鉴——日本的经济泡沫与“失去的 10 年”》,经济科学出版社 2007 年版,第 33 页。
③ 金子贞吉『戦後日本経済の総点検』、学文社、1996 年、254 頁。

表 6-1　20 世纪 80 年代下半期日本经济泡沫化

(万亿日元)

项目＼年份	1985	1986	1987	1988	1989	1990	1989/1985
地价总额	1 003.4	1 257.1	1 671.9	1 840.2	2 136.9	2 365.4	2.13 倍
股票总额	241.9	374.7	472.9	669.0	889.9	594.3	3.68 倍
合计	1 245.3	1 631.8	2 144.8	2 509.2	3 036.7	2 959.7	2.43 倍

资料来源:日本评论社:《经济研究》,2000 年第 3 期,第 45 页。

二、大国主义思潮

日本国民生产总值在 1950 年时仅为世界国民生产总值的 1％,1960 年为 3％,1970 年为 6％,1980 年为 9％,1988 年达到 14％。与其相反,美国国民生产总值在 50 年代约占世界国民生产总值的 40％,但到 80 年代末下降到 25％左右。1985 年,美国的经常收支赤字达到历史最高的 1 114 亿美元,1988 年成为负债 5 325 亿美元的债务国。日本的海外纯资产 1985 年达到 1 298 亿美元,1988 年达到 2 917 亿美元,成为最大的债权国。1987 年,日本人均国民生产总值为 19 564 美元,超过美国的 18 548 美元。1988 年,日本人均国民生产总值进一步上升到 23 382 美元,成为仅次于瑞士的世界第二位。

日本在世界贸易总额中的比例也迅速上升。1960 年时,日本在世界出口总额中的比例为 3.7％,1970 年为 7.8％,1985 年为 11.9％。在贸易收支方面,80 年代日本与联邦德国一直处在盈余状态,美国在 1987 年达到创纪录的 1 703 亿美元贸易赤字,英国、法国在 80 年代均为贸易赤字,构成了"敲打日本"的基础。1990 年美国《福布斯》杂志刊登的世界 500 家大企业中,前 20 位中有丰田汽车(第 6 位)、日立制作所(第 9 位)、松下电器产业(第 12 位)、日产汽车(第 17 位);在 20 家世界最大银行中,日本银行有 14 家,其中第一劝业银行、住友银行、富士银行、三菱银行、三和银行、日本兴业银行、农林中央金库居第 1 位到第 8 位。①

1989 年日本对外政府开发援助(ODA)约 90 亿美元,超过美国的 76 亿美元,居世界第一位。在开发援助委员会(DAC)各国提供的总额 467 亿美元中,日本约占 20%,但在国民生产总值中的比例为 0.31%,低于七个发达国家的平均比例 0.34%。日本的对外政府开发援助近 70% 是面向亚太地区,例如在 1988 年印度尼西亚、马来西亚、菲律宾、泰国等四个国家接受的政府开发援助总额中,66% 来自日本,来自美国的只有 8%。同年在中国接受的政府开发援助中,日本占 56%,美国为 0。②

日本广播协会(NHK)舆论调查部在 1986 年 10 月进行的"保守意识的结构"和 1988 年 6 月进行的"日本人的意识"舆论调查表明,76.6% 的被调查者认为日本人比其他民族拥有更为优秀的素质,有 71.8% 的被调查者愿意为日本的发展做贡献,同时也有 70.6% 的被调查者认为日本仍应向外国学习。③

1986 年,日本评论家长谷川庆太郎出版了一本名为《再见吧,亚洲》的书,该书将亚洲国家看作是"垃圾",而日本是高耸其上的"高楼大厦",是具有自由、民主以及富裕的"世界大国",脱离亚洲是必然的,而且日本也不必拘泥于过去的战争责任,要以毅然决然的强硬态度对亚洲各国施加影响。这本反映大国主义思潮的书出版后受到日本人,特别是日本年轻人的欢迎。

1989 年,自民党国会议员、运输大臣石原慎太郎与索尼公司董事长盛田昭夫合写了一本名为《日本可以说"不"》的书,书中指出,作为经济实力、科技水平的一流大国,日本不能在对美关系中唯唯诺诺,应该说"不"的时候就应断然说"不",摆脱几十年来日本对美国的从属地位。该

---

① 歴史学研究会編『日本同時代史・5・転換期の世界と日本』、青木書店、1991 年、227—228 頁。
② 渡辺昭夫『日本の近代・8・大国日本の揺らぎ―― 1972 ――』、中央公論社、2000 年、364 頁。
③ 纪廷许:《现代日本社会与社会思潮》,中国社会科学出版社 2007 年版,第 209 页。

书出版后立即成为一年内销售百万册的畅销书；1990 年，石原慎太郎又在杂志上发表题为《我断然主张日本可以说"不"》的文章，再次强调日本应拥有独自的世界战略，开展不受拘束的外交，应主动且有效地发挥其经济力量，按照自己的意志独立地参与国际事务；紧接其后，石原慎太郎又与小川和久、江藤淳分别合写了《日本还是可以说"不"》《日本就是可以说"不"》，抨击美国在贸易问题上对日本的批评，认为这是种族歧视。

因过激言论遭到美国朝野猛烈批判，并因否认南京大屠杀存在引起邻国人民愤怒的石原慎太郎却受到日本民众的支持。据《读卖新闻》1991 年 4 月发表的一项民意测验表明，认为海部俊树之后最合适首相人选是石原慎太郎的被调查者占 14.9%，居第二位。另外在 1991 年 11 月 16 日《每日新闻》所做的舆论调查表明，有 77% 的被调查者认为不能盲目听从美国在安全保障、经济等方面的要求，由此可见日本国民的大国主义意识。

其他的重量级日本政治家也对美国持蔑视态度，大国主义心态暴露无遗。例如中曾根康弘首相在 1986 年时 9 月的自民党研修会上说："美国没有能力使其多种族社会取得更大进步是因为存在少数民族，如有色人种黑人、波多黎各人和墨西哥人"，结果引起美国的激烈批判，中曾根首相不得不向美国民众道歉，同时向日本民众道歉；1990 年 9 月，法务大臣梶山静六再次发表歧视美国黑人的言论，引起美国黑人的抗议；1991年 1 月，众议院议长樱内义雄抨击美国在贸易问题上对日本的强硬态度，说美国人素质低，有 30% 是文盲；同年 2 月，宫泽喜一首相在国会答辩中声称"美国人缺乏通过劳动创造财富的工作道德"等。

大国主义思潮的一个重要特征是修改宪法论者逐渐增加。60 年代初期，日本国民的共识是"拥护宪法等于和平与革新，修改宪法等于反动与保守"，但进入 80 年代以后，越来越多的人对"宪法限制日本做出国际贡献"的论点表示赞同。1991 年 3 月，《读卖新闻》进行的一次舆论调查表明，希望修改宪法的人占 33%，比五年前上升了 11 个百分点。尽管认为不宜修改宪法的人仍占 55%，但希望修改宪法的人数增加速度之快令人吃惊。而且在主张修改宪法的人中，45％的人认为宪法落后于国际形势的发展，比五年前增加了 6％。

与此同时，欧美发达国家面对日本的经济攻势和贸易摩擦，出现"日本异质论""日本威胁论"，形成"敲打日本"的局面。其中的代表性著作有美国商务部官员普莱斯托夫的《日美逆转》、美国加州大学教授查莫斯·约翰逊的《通产省与日本奇迹》、荷兰驻日记者沃尔弗伦的《日本权利结构之谜》和美国评论家弗洛兹的《封锁日本》等。尽管他们的观点各有不同，但均为否定性评价甚至批判日本体制或日本的特殊性，例如日本的产业政策、日本式经营方式等。1989 年美国《商业周刊》与哈里斯舆论调查所的共同调查表明，69％的美国人认为"日本的经济威胁"是美国未来的重大威胁，只有 22.9％的美国人重视"苏联的军事威胁"。欧洲的"日本威胁论"声音更大，法国的欧洲事务部长、对日强硬派克雷松女士甚至发表引起争议的言论："日本是敌人。不遵守规则，企图征服世界。"第二天的法国经济周刊杂志《诺贝尔经济学家》出版题为《日本人是职业杀手》的特集，封面是太阳旗下手持枪的穿铠甲武士。特集指出日本企业的"武器"包括系统研究情报、缔结倾销协定、承包工厂一体化、在欧洲的 12 万日本人收集情报等；认为"日本企业毫不留情地包围、窒息法国乃至欧洲的经济"，很快就会购买艾菲尔铁塔、比萨斜塔、伦敦大笨钟等。①

1990 年初，查莫斯·约翰逊解释"敲打日本"的深层原因时说："从经济逻辑讲并无可指责之处，但从政治逻辑上讲日本的行为过分。""对美投资速度太快且范围广泛，使美国产生威胁感。60 年代初，通产省采取各种手段防止欧美资本进入日本，80 年代却爆发性地对美国投资，美国人自然抱有威胁意识。""日本所需石油的 55％通过波斯湾，美国和欧洲出动 30 多艘军舰保护这条海上通道，为什么只有日本心安理得地坐享

---

① 『朝日新闻』1990 年 1 月 14 日。

其成？日本应以某种形式负担其代价。"①

　　沃尔弗伦的批判集中在日本政治的无责任体制,指出"日本既不是民主主义国家,也不是主权国家,权力是无责任体制。发布指令的是隐形的'体制'。该'体制'的构成要素是官僚与政治派系、官僚与经济界人士联合的非制度性关系,没有中心,也没有统管这些的责任者"。例如日美谈判农产品贸易,最终具有决定权限的是国会或首相,还是农林水大臣或农业团体,均不清楚。在大米进口自由化问题上,访问华盛顿的政治家表示理解,并承诺想办法解决,但回到自己选区后明确表示"坚决反对大米进口自由化"。尽管日本提倡自由主义经济,却是一个市场原理不起作用的异质性国家。在日本社会中,如果没有改变这种异质结构的力量,只有通过外来压力进行变革。这样一来,经济摩擦便发展到文化摩擦。② 1984 年畅销书《结构与力量》的作者京都大学教授浅田彰将其归纳为"欧美传统资本主义与日本式资本主义的文化抵触"。

　　沃尔弗伦在 1989 年 1 月号的《中央公论》上发表题为《为什么日本文化知识界一味追随权力》的论文,高度评价丸山真男在战后民主主义思想上的独创性建树和批判性精神,分析了 70 年代以后追随保守政治权力的知识界主流,认为"本来知识分子应起到政治监督者的作用,但日本已经没有欧美社会这样的知识分子",并列举了村上泰亮、舛添要一等人保守知识分子。村上和舛添立即在 1989 年 3 月号的《中央公论》上发表文章反驳,批判沃尔弗伦利用旧进步主义批判新保守主义。佐藤诚三郎则在 1990 年 9 月号的《如此读卖》上发表文章,讽刺沃尔弗伦是"一知半解的敲打日本论者"。沃尔弗伦在该杂志 11 月号上发表反驳文章,指出"知识分子的特征是尊重知识的真实性和客观事实,日本知识分子放弃了其责任,并帮助政治管理者进行宣传"。

　　在学术界也有冷静分析"敲打日本"的自我责任者,例如一桥大学教

---

① 『朝日新闻』1990 年 1 月连载。
② 『朝日周刊』1989 年 11 月 12 日号。

授中村政则明确指出："进入 80 年代以后,日本'成功后的傲慢'姿态十分明显。""在经济大国的民族主义基础上,以日本人民族认同为目标的日本文化意识形态逐渐蔓延,其并非是传统日本文化论的重新泛起,而是在'国际国家日本'的新外表下,以日本的经济实力和技术水平条件,鼓吹日本人卓越性,强调日本式经营、团队主义、勤奋精神等。"①

在欧美国家也有不同的观点,例如比尔·艾莫特 1990 年出版《太阳再次沉没》,在批判"日本异质论"的同时,指出日本的繁荣已经成为历史。作者特别重视支持日本繁荣的旺盛储蓄,认为日本人将 16% 的收入转变为储蓄,但很快将下降,不仅从生产者国家转为消费者国家,而且迅速进入老龄化社会,经济活力将衰弱。40 年没有进行政权交替的日本政治体制已经僵化,将妨碍日本结构的转化。②

三、社会与文化

1981 年,演员黑彻柳子出版了自传体随笔《窗边小豆豆》,讲述小学一年级遭到退学处分的滔淘因校长一句"你是好孩子"的话恢复生活信心的故事,阐明将儿童作为一个完整的人看待、尊重其人格的教育真谛。该书出版后 10 个月发行 400 万部,成为战后发行量最高的畅销书。尽管该书再次引起人们对教育的关心,但补习学校、考试地狱、校内暴力、拒绝上学等现象仍然是 80 年代突出的教育问题。据统计,补习学校在 1988 年成为超过 1 万亿日元的巨大市场,1991 年进一步增加到 1.28 万亿日元。1988 年,课余到补习学校的中学生达到最高峰的 205 万人。1983 年,校内暴力再次达到一个高峰,超过 2 000 件。1985 年,中小学校内部盛行"虐待"行为,成为较大的社会问题。拒绝上学的中小学生从 1980 年 17 215 人增加到 1985 年的 31 997 人,1990 年进一步增加到

---

① 中村政则『現代史を学ぶ:戦後改革と現代日本』,吉川弘文館,1997 年、223—224 頁。
② 『朝日新聞』1990 年 3 月 31 日。

48 227 人。①

尽管 1983 年描述偏僻落后地区的贫穷女孩子通过个人奋斗成为大型百货商店老板的清晨电视连续剧《阿信》收视率达到创纪录的 62.9%，但日本国民还是卷入了泡沫经济的浪潮中。正如京都大学教授佐和隆光指出的那样："80 年代后半期，日本人在精神方面发生了不少的变化。精益求精、勤奋、知礼、努力、热心、正直、谦虚、勤俭、质朴、求实等词汇已经成为死语。人们公开赤裸裸地追求金钱物欲，甚至不劳而获地投机致富也被看作作尊荣。"②在银行存款利率较低的情况下，普通国民受电视专家以及证券公司、不动产公司营业员所谓"理财技巧"的鼓动，借钱投资股票和房产。80 年代后半期，日本普通家庭的银行贷款额比 1985 年增加两倍。正如 1981 年田中康夫描写女性大学生追求名牌的《无意，水晶》成为畅销小说那样，时尚服装、高尔夫俱乐部会员证、高级进口轿车、海外著名艺术品均成为日本人追求的对象。

据日本海关统计，1987 年日本名画的进口金额达到 370 亿日元，1989 年上升到 2 800 亿日元，1900 年进一步增加到 4 000 亿日元。1987 年 3 月，日本最大保险公司之一的安田海上火灾以 400 万美元的价格购买荷兰后期印象派画家梵高的《向日葵》；1990 年，大昭和造纸公司名誉董事长斋藤三天内在索斯比和克里斯蒂拍卖行先后以 7 810 万美元的价格购买法国后期印象派画家雷诺阿的《红磨房舞会》和梵高的《加歇医生》。据统计，1980—1989 年，前述两家拍卖行拍卖的名画中，美国人购买了 25%，欧洲人购买了 34.9%，日本人购买了 40%。③

1985 年成立了两个对就业较有影响的法律，即《男女雇佣机会均等法》和《劳动者派遣法》。前者的目的是在雇佣方面实现男女平等，而且在 80 年代后半期，因泡沫经济的影响，女性特别是高学历女性就业有扩大的趋势。例如 1970 年，大学毕业的女性就业率为 59.9%，1980 年上

① 小学館編集『日本 20 世紀館』、小学館、1999 年、829 頁。
② 佐和隆光『平成不況の政治経済学：成熟化社会への条件』、中央公論社、1994 年、92 頁。
③ 纪廷许：《现代日本社会与社会思潮》，中国社会科学出版社 2007 年版，第 178 页。

升到 65.7％,1991 年达到最高的 81.8％。1980 年短期大学毕业的女性就业率为 76.％,1990 年上升到 88.1％。但在待遇方面,男女之间仍然存在较大的差距。通常男性担任基础业务、可以变换工作地点及职位不断上升的综合职务,女性担任辅助性业务、既不能变换工作地点也不能升职的一般职务。即使有些企业任命综合职务的女性,但难以像男性那样持续工作。例如在 1987 年毕业、担任企业综合职务的 330 名女性中,到 1993 年继续工作的占 46.1％,54.1％的人离职或转职。[①] 造成女性继续就业困难的因素除生儿育女、照顾家庭高龄者外,还有生育休假制度、保育设施、护理休假制度等公共政策较为落后,另外还有"100 万日元"规定的限制,即女性年工作收入超过 100 万日元将影响到男性的配偶补贴及配偶税收扣除等。[②]

80 年代仍然存在女性就业"年轻短期就业"和"中老年再就业"的就业曲线,但继续劳动型的女性缓慢上升,其原因就是《劳动者派遣法》的实施。学术界将就业市场分为"库存型人才就业市场"和"流通型人才就业市场",前者为专业技术人员,后者多指那些 30 岁左右工作,其后回到家庭生儿育女,中老年时再做"钟点工"的女性。这些人不是企业的正式成员,由派遣公司派到有关企业临时工作,工资待遇较差,也没有社会福利。最初以前者为中心,但随着经济的衰退,后者急剧增加,而且男性也加入进来。

在泡沫经济时期,家庭生活也商品化了。家庭洗衣房、代购物、代扫墓、儿童旅馆,甚至扮演家庭成员等家事服务化,结果推动了家庭的个人化。特别是 1983 年出现家用游戏电脑,两年后盛行。电脑本身 1.48 万日元,游戏软件数千日元。1989 年家用游戏电脑出售 1 200 万台,玩电脑游戏成为儿童的主要娱乐活动,导致儿童相互之间的交往减少。另外,个人用的电视、音响、吸尘器等迅速普及,家庭成员各自生活的现象

---

① 小学館编集『日本 20 世纪館』、小学館、1999 年、886 頁。
② 荒川章二『全集・日本歴史・第十六巻・豊かへの渇望』、小学館、2009 年、230 頁。

突出。单身赴任的父亲增加,1985 年达到 14.7 万人,1988 年全部成员在一起吃饭的家庭减少到 47%。

80 年代已经出现了少子化、老龄化的现象。日本总人口在 1984 年突破 1.2 亿,但女性平均生育率却从 1970 年的 2.1 人下降到 1992 年的 1.5 人。80 年代后半期,平均寿命男性为 75 岁,女性超过 80 岁。65 岁以上老人的比例从 1960 年的 5.7% 增加到 1970 年的 7.1%,1984 年超过 10%。结婚率下降,结婚年龄在上升。支持"女性幸福是结婚"的女性从 1972 年的 40% 下降到 1987 年的 28%,支持"如果能够独立可以不结婚"的女性从 3% 增加到 24%。到 1992 年,186 万高龄者单独生活,平均每个家庭的成员也减少到 2.99 人。

家庭也开始多样化,例如一人家庭、无孩子"丁克家庭"、没有登记的事实婚姻、单亲家庭、同性家庭等。1984 年厚生省发表《离婚白皮书》,指出 1983 年为战后离婚高峰,其后有所减少,主要原因是子女的养育和女性经济独立困难,夫妻关系破裂但仍保持形式婚姻的家内离婚增加。泡沫经济形成后,出现第二次离婚高潮,但夫妻婚姻时间比 50 年代增长一倍,大约持续 10 年。70 年代以后恋爱结婚占压倒多数,但持续恋爱关系较为困难,容易出现婚外恋现象。1985 年《星期五的妻子们》电视连续剧大受欢迎,并出现"周五妻子"的流行语,反映了这种现象。1987 年,村上春树描述"新人类"式年轻男女恋爱的《挪威森林》成为畅销书。

泡沫经济也推动风俗业发生变化。进入 80 年代以后,除土耳其浴室、桃色沙龙、脱衣舞外,出现许多名目的风俗行业。首先在 1981 年,年轻女性服务员只穿超短裙、不穿内裤的饮茶店急剧增加,1983 年兴起年轻女性与中年社长签订婚外恋契约的"婚外恋银行"。1984 年曾在日本留学的土耳其学者向厚生大臣呼吁改变"土耳其浴室"的歧视性称呼,引起较大争议,其后此行业改为"特殊浴室"。1985 年政府制定《关于风俗业等限制及业务适当化法律》,将风俗产业分为提供健康娱乐的"风俗营业"和非健全的"风俗相关营业",后者包括特殊浴室、脱衣舞、情人旅馆、单间按摩等。这些产业采取申报制,虽然受到严格限制,但各种名目的风俗产业不断出现。1986 年发现这些行业有关人员感染艾滋病后,经过媒体的大肆报道,其行业人员才有所减少,但又变换成其他方式。

尽管 80 年代中期日元币值增加两倍的状况进一步加强了日本经济大国的形象,因此出现了大国主义社会思潮,但也存在"国富民穷""生活小国"的质疑。1989 年出现的《"富裕社会"的贫困》《什么是富裕》《富裕的精神病理》《"富裕社会"日本的结构》《质问"富裕"的日本》《哲学分析富裕》等书籍,批判性地分析日本的富裕及出现的问题:暴涨的地价、终身劳动也难以购买住宅的工薪阶层、出行难、长时间劳动、过劳死、资产悬殊的扩大、缺少社会基础设施、生活环境的恶化等。

受社会舆论的影响,1990 年的《经济白皮书》《通商白皮书》《劳动白皮书》《建设白皮书》等均论述了上述问题。例如《通商白皮书》指出尽管日本人均国民生产总值处在较高水平,但与 20 年前的美国、联邦德国相比,生活相关基础设施仍然非常落后。下水道普及率只有美国和联邦德国的一半,在人均公园面积方面美国是日本的两倍,联邦德国是日本的三倍。《建设白皮书》指出,尽管日本人的收入较高,但劳动时间长,日元购买力较低,实际"生活国民生产总值"只有美国的三分之二。《劳动白皮书》的调查表明,73.8% 的劳动者对资产及储蓄不满,62.5% 的劳动者对所得及收入不满,56.2% 的劳动者对余暇生活不满。认为贫富差距扩大的人超过缩小的人,84.8% 的人认为日本具有较强经济力量,但认为国民生活富裕的人只有 50.5%。①

从劳动时间上看,1960 年日本人年均劳动 2 432 个小时,1975 年以后大致保持在 2 100 个小时。1988 年美国为 1 953 个小时,英国为 1 961 个小时,联邦德国为 1 642 个小时,法国为 1 647 个小时,日本比联邦德国、法国多 500 个小时。② 以购买力平价衡量工资水平,如果将日本作为

---

① 歴史学研究会編『日本同時代史・5・転換期の世界と日本』、青木書店、1991 年、232—234 頁。
② 『朝日新聞』1990 年 7 月 6 日。

100,美国则是 145,英国是 110,德国是 113。① 58.2％的劳动者认为没有"宽裕的时间",超过 40.9％的认为有"富裕时间者"。关于没有宽裕时间的原因,38.4％的人认为"平时自由时间较少",34.2％的人认为"没有宽裕的金钱",29.3％的人认为"没有长期休假",27.6％的人认为"休假日少"。②

　　80 年代初,出现因过度劳动导致大脑和心脏健康障碍而死亡的"过劳死"词汇。1988 年 6 月,专门设置了"过劳死补偿运动"的咨询电话"110","过劳死"现象成为较大的社会问题。据估计,80 年代末每年"过劳死"者超过 1 万人。虽然比起 60 年代,劳动时间减少许多,但加班时间没有计算在内。如果加班时间合计在内,那么 80 年代日本人的年均劳动时间为 2 600 个小时以上。1988 年,每周劳动 60 个小时、年劳动 3 100 个小时的劳动者达到 780 万人,比高速增长时期增加 300 万人。1988 年每周劳动 60 个小时的女性有 92 万人,比 1975 年增加 35 万人。③

---

① 『日本経済新聞』1990 年 2 月 1 日。
② 『労働白書』1990 年。
③ 荒川章二『全集・日本歴史・第十六巻・豊かへの渇望』、小学館、2009 年、235 頁。

第七章　改革的背景

第一节　55 年体制崩溃

一、海部俊树内阁对外政策

1989 年 8 月 9 日,海部俊树内阁成立,除竹下派桥本龙太郎担任大藏大臣外,特意任命女性民间经济评论家高原须美子担任经济企划厅长官,任命女性参议员森山真弓为环境厅长官,两位女性成为内阁成员是历史上首次。但不到一个月,官房长官山下德夫因女性问题辞职,由森山真弓接任官房长官职务。

海部内阁主要的任务是稳定自民党政权、适应冷战结束后的国际局势以及为消除政治腐败而实施政治改革,因而自称是"对话与改革的内阁"。但海部首相出身自民党内较小的河本派,完全处在竹下派的控制之下。自民党在 1989 年 7 月的参议院选举中惨败,未过参议院半数席位,面对即将到来的大选,海部首相在 1990 年 1 月参拜伊势神宫时对记者表示访问欧美 8 个国家后在国会发表施政演说,然后再解散众议院。但在海部首相出访期间,以竹下派为中心的自民党领导机构无视首相的解散权,决定不进行首相施政演说,在 1 月 24 日解散众议院。自民党干事长将其决定通知 1 月 18 日回到日本的海部首相。[①]

在竞选过程中,所有在野党主张废除消费税,自民党主张修正消费税,即零售商品免收消费税,同时呼吁选民支持自民党以维持自由主义体制,防止出现社会党主张的社会主义体制。1990 年 2 月 18 日举行的大选结果是自民党获得 275 席,发展无所属议员加入自民党后共 286 席,获得稳定多数议席,但仍受"利库路特案件"的影响,比上一次大选减少不少席位。社会党在投票率增加的背景下获得 136 席,比上次大选增加 51 席,选举后加上无所属议员共 139 席。其他在野党均减少席位,例如公明党 45 席,日本共产党 16 席,民社党 14 席等。大选后成立海部第二届内阁,桥本大藏大臣、中山外务大臣留任,坂本三十次任官房长官。同年 3 月,土井多贺子第三次当选为社会党委员长,社会党也决定从党章中删除"革命"的词汇。同年 4 月,大内启伍担任民社党新委员长,书记长米泽隆留任,第二年初,民社党删除党章中的"民主社会主义"。

在日美贸易摩擦方面,尽管"广场协议"后日元大幅度升值,日本政府也努力推动内需主导型经济发展,但日美贸易不平衡现象仍然没有得到解决,美国国会进一步强化对日本的压力。1989 年 5 月 28 日,美国商务部发表将运用超级 301 条款对待日本等国家,在此基础上,美国总统布什提议进行日美结构协议谈判,即改变公共投资、土地税收、流通制度等日本固有社会制度的谈判。同年 7 月,布什总统与宇野宗佑首相在巴黎发达国家首脑会议上达成协议,将在 1990 年春天提出中间报告,在秋季提出最终报告。

日美两国政府代表在 1989 年 9 月正式进行结构协议谈判,1990 年 6 月在东京提出最终报告。强调该报告的目的是补充多国间协议,有助于消除国际收支不平衡现象,日美两国政府在近些年来国际上收支不平衡现象得到显著改善的情况下,相互约定进一步努力消除国际收支不平衡现象。日本承诺在"投资储蓄模式""土地利用""流通""排他性交易""系

---

① 藤本一美『戦後政治の決算:1971—1996』、專修大学出版局、2003 年、291 頁。

列关系""价格机制"等六个领域采取措施,重点是"缓和大规模零售店建设限制"和"公共投资"。特别是在公共投资方面,日本政府在 1981—1990 年实际约 263 万亿日元公共投资的基础上,计划在 1991—2000 年实现 430 万亿日元的公共投资。与此同时,修改土地税收制度,改变阻碍外国企业进入日本的高地价问题;修改《大规模零售店建设法》,以提高流通业的合理化程度等。[①]

1989 年 12 月 3 日,美国总统布什和苏联最高部长会议主义戈尔巴乔夫在地中海小国马耳他会谈,宣布"冷战结束""新时代到来"。在其前后,东欧国家发生巨变,冷战的标志性建筑柏林墙倒塌。1990 年 2 月,戈尔巴乔夫担任苏联首任总统,但波罗的海沿岸三个国家宣布脱离苏联独立。7 月在美国休斯敦召开发达国家首脑会议,在呼吁"确保民主主义"的政治宣言中,"苏联威胁"的字眼消失,同年 9 月日本发表的《防卫白皮书》也删除了苏联的"潜在威胁"。

1990 年 8 月 2 日,由于石油纠纷,伊拉克出兵占领科威特,四天后联合国安理会通过制裁伊拉克的决议。8 月 7 日,美国总统布什决定派兵到沙特阿拉伯。8 日,伊拉克宣布与科威特合并,第二天联合国安理会发表合并无效的决议,并在 25 日通过行使有限武力的决议。同年 11 月 29 日,联合国安理会通过决议,如果伊拉克军队在 1991 年 1 月 15 日之前没有撤出科威特,将允许成员国采取包括武力在内的各种手段。1991 年 1 月 17 日,以美国为首的多国部队对伊拉克展开"沙漠风暴"军事行动,海湾战争爆发。2 月 27 日,多国部队解放科威特,第二天停战。同年 4 月 6 日,联合国安理会接受伊拉克的停战决定,海湾战争结束。

在上述海湾危机和战争过程中,海部政权首先在 1990 年 8 月 20 日宣布为多国部队提供 10 亿美元资金援助,同年 9 月 29 日又宣布向埃及、土耳其、约旦三个国家提供 20 亿美元的援助。同时应美国的要求,除提供经济援助外还考虑派遣人员去中东地区。8 月 23 日中山外交大臣提

[①] 金子贞吉『戦後日本経済の総点検』、学文社、1996 年、232 頁。

出组建"联合国和平合作队"的建议很快得到海部俊树首相的赞同。但无论是海部首相还是负责起草《联合国和平合作法案》的外务省,最初的设想都是成立一支非武装的、由文职人员组成的"和平志愿队",为驻扎在沙特阿拉伯的美国及其他国家的部队提供后勤援助。因此,海部首相在 8 月 29 日的记者招待会上宣布援助方案时,强调政府无意向海湾地区派遣自卫队。但在自民党内不少实力人物主张派遣自卫队去海湾,前首相竹下提出修改《自卫队法》,派遣不穿军装的军事人员参加多国部队。

在自民党的坚持下,政府逐渐改变了态度。9 月 27 日正式发表的《联合国和平合作法案》规定,自卫队部分组织和职员将参加合作队,并受合作队的指挥;合作队员作为普通公务员,虽保持自卫队员的身份,但不从事自卫队的工作;穿合作队制服等。但在自卫队员的身份、最高指挥权、携带武器与装备器材方面,自民党与政府仍然存在很大分歧。但从最终提交国会审议的法案来看,基本上按照自民党的意见做了修改。

10 月 16 日,法案提交国会审议。在法案与宪法的关系、自卫队人员的身份、指挥权等问题上,政府答辩出现混乱。不仅在野党反对该法案,自民党内部也出现不赞成的声音,结果该法案很快成为废案,直接影响了海部内阁的支持率。海部内阁成立后,支持率只有 35％,不支持率为 40％。大选后逐渐上升,特别是日美达成结构协议以及发达国家首脑会议后支持率达到最高的 56％,不支持率降到最低的 24％。但因《联合国和平合作法案》的失败,其支持率在 1990 年 12 月下降到 49％,不支持率上升到 32％。①

海湾战争爆发后,日本政府设置"海湾危机对策本部",海部首相表示对多国部队行使武力给予坚决的支持。政府与自民党在 1991 年 1 月 24 日决定向多国部队追加 90 亿美元的援助,并派遣自卫队运输机救护难民。本来海部首相在派遣自卫队运输机救护难民问题上犹豫不决,因

① 小野耕二『日本政治の転換点・新版』、青木書店、1998 年、167 頁。

为内阁法制局表示没有法律的依据，但在自民党的压力下，只好决定以特殊政令的方式赋予自卫队救护难民的任务。[①]

1991 年 3 月 7 日，官房长官在会见记者时表示政府"完全没有考虑派遣扫雷艇"，但遭到美国等国家"只出钱不出人"的批评，同时德国已经派扫雷艇前往波斯湾，因而海部首相在 4 月 24 日正式决定派遣扫雷艇到波斯湾。在会见记者时，海部首相强调根据《自卫队法》第 99 条规定，为确保日本舰船安全进行扫雷活动，既是国际社会的要求，也有助于海湾国家的战后恢复，不以行使武力为目的，因而不是海外派兵。[②] 4 月 26 日，六艘自卫队扫雷艇出发前往波斯湾。

在邻国外交方面，1990 年 9 月 24 日，金丸信副首相与田边诚社会党副委员长组成的自民党及社会党代表团访问朝鲜，表示对过去日本的殖民统治道歉，并提出两国邦交正常化的方案。在苏联即将与韩国建交的压力下，朝鲜领导金日成给予积极响应。1991 年 1 月，日本与朝鲜开始邦交正常化谈判。

1989 年 8 月 11 日，在首相官邸举行的首次记者招待会上，海部首相在回答《人民日报》记者关于今后中日关系的提问时表示，对于中国现行的改革开放政策，日本将善意地予以合作，为使两国关系更深入地发展而努力。10 月 4 日，海部首相在国会上回答议员的提问时表示，中国只要不改变改革开放政策，日本对华合作还要进行。12 月 5 日，日本政府向中国政府提供近 50 亿日元的 1989 年度无偿援助款项文书在北京正式换文。

在 1990 年 7 月的西方发达国家首脑会议上，海部首相明确表示不应孤立中国，并将逐步恢复对华日元贷款。11 月 2 日，日本内阁会议正式决定恢复第三次对华日元贷款。1990 年 12 月 18 日，中日两国续签了长期贸易协议。1991 年 8 月 10 日，海部首相对中国进行访问。

---

① 『朝日年鑑』1992 年、73 頁。
② 藤本一美『戦後政治の決算：1971—1996』、専修大学出版局、2003 年、314 頁。

　　1991 年 4 月 16 日,苏联总统戈尔巴乔夫访问日本,并同海部首相进行六次会谈,其主要内容涉及北方领土问题。经过艰苦的讨价还价,终于在 19 日发表的共同声明中表示,双方首脑谈及齿舞、色丹、国后、择捉四岛归属问题,正式承认"领土问题"的存在;声明还提到为缔结和平条约加速准备工作以及首先将齿舞、色丹归还日本的 1956 年"日苏共同宣言"以来两国间努力的成果,承认今后以四岛为条约交涉的对象。但确认四岛主权的日本要求没有写入共同声明,只是再确认了"共同宣言"中的归还两岛条款。①

二、政治改革受挫

　　另一方面,为消除国民对政治的不满,海部首相积极推动政治改革。实际上,早在 1989 年竹下内阁末期,便成立了以后藤田正晴为会长的政治改革委员会,并在 5 月发表"1989 年政治改革大纲",提出在众议院选举中实施小选区比例代表区并立制。在此基础上,同年 6 月宇野内阁设置首相私人咨询机构"第八次选举制度审议会"。该审议会在 1990 年 4 月向海部首相提出《关于选举制度及政治资金制度改革的咨询报告》,其内容以众议院选举实施小选区及比例代表区并立制为中心,强调通过政治改革实现以政策为中心、以政党为中心的选举,提高政权更替的可能性。

　　尽管在野党及学术界希望实施小选举与比例代表区合计计算选票的并用制,但选举制度审议会建议实施倾向于小选区制的并立制,其理由是可以明确反映民意,增加政权更替的紧张感。咨询报告建议众议院总议席为 501 个,其中选举一名议员的小选区 301 个,选举复数议员的比例代表区 200 个;小选区投票为候选人名字,比例代表区投票为政党名字;全日本划分为 11 个比例代表区,小选区候选人可以同时进入比例代表区名单。另外在政治资金方面,咨询报告建议每个政治家可有两个

---

① 『每日新闻』1991 年 4 月 19 日。

政治资金筹措团体,企业或个人政治捐款超过 100 万日元必须公布其名字与金额,违反选举法时秘书也具有连带责任,当选无效且在五年之内禁止参加竞选。

1990 年 7 月,"第八次选举制度审议会"提出题为"参议院选举制度改革及政党公费补助"的第二次咨询报告,建议仍然维持 252 个参议院总议席,在 100 个席位的比例代表区中实施"非拘束名薄式"的选举,即在投票时既可写候选人名字,也可写政党名字,当选者不按名单的顺序而是按照得票多少决定。另外对符合一定条件的政党实施公费补助,但有公布其使用说明的义务。①

海部首相在记者招待会上表示"以内阁的命运"为代价实施选举制度改革,并为此访问自民党顾问及在野党,寻求对选举制度改革的理解和支持。但选举制度涉及政党乃至政治家个人的命运,因而反对声音较大。在野党反对小选区比例代表区并立制度,因为这种制度对中小政党绝对不利,自民党议员面临选区划分将影响到自己竞选的问题,因而对选举制度改革持消极态度,结果未能在 1990 年提出相关法案。②

1991 年 7 月,海部内阁决定政治改革相关三法案,并提交 8 月 5 日召集的 121 届临时国会审议。相关三法案分别是《公职选举法修正案》、《政治资金限制法修正案》及《政党补助金法案》,其中《公职选举法修正案》的主要内容是在众议院选举中实施小选区比例代表区并立制度,在 471 个总议席中,300 席来自小选区,171 席来自比例代表区,在比例代表区得票率未满 2% 的政党不能获得议席。竞选中可以挨门逐户访问,扩大违反选举法时的连带责任制;《政治资金限制法修正案》的主要内容是企业等团体的政治捐款原则上提供给政党,政治家的政治资金筹措团体限制在两个,单项捐款金额限制在每年 24 万日元,其他政治团体公开标准为每年 1 万日元以上;《政党补助金法案》按照每位日本人 250 日元的

---

① 藤本一美『戦後政治の決算:1971—1996』、専修大学出版局、2003 年、294—295 頁。
② 小野耕二『日本政治の転換点・新版』、青木書店、1998 年、168 頁。

标准(300 亿日元)向政党提供政府补助金,按照政党的议员数量以及选举时获得选票数额分配。①

在该届临时国会上还有其他重要法案审议,例如《证券交易法修正案》和《联合国维持和平活动合作法案(PKO)》等。在 1991 年 6—7 月之间,大型证券公司在股价暴跌时给予顾客非法巨额补贴的"证券丑闻"以及证券公司与黑社会勾结的事实曝光,临时国会为此传唤证人,并为防止再次发生此类事态而通过了《证券交易法修正案》。进入 9 月以后,国会开始审议政治改革相关三法案,9 月 10 日在众议院全体会议上做宗旨说明,然后进行三天的质疑,13 日开始在政治改革特别委员会审议。

同年 9 月 19 日,海部内阁将《联合国维持和平活动合作法案(PKO)》及《国际紧急援助部队派遣法修正案》提交国会审议,并加入当地发生武力冲突时中止维持和平活动并撤回人员、向国会报告制度等内容,但因派遣自卫队参加携带轻武器的联合国维持和平部队遭到在野党的反对,民社党进一步要求加入"事先得到国会承认"内容,最后决定该法案在下一届国会上继续审议。另外,在该届国会上通过了《国会法修正案》,将每年 12 月召集的通常国会改为每年 1 月召集。

在政治改革和派兵海外问题上,在野党的步调也难以统一。社会党在 1989 年 7 月的参议院选举获胜后,为在野党联合组织政权,山口鹤男书记长在社会党全日本选举对策委员长及书记长的会议上表示维持《日美安全保障条约》和自卫队,但公明党、民社党要求社会党进一步改变政策。土井多贺子委员长在 9 月 10 日召集的社会党全日本政策研究集会上提出"挑战新政治"的建议,即在具体内容上承认日美安保、自卫队、原子能发电等,但作为宪法学者,同时为强调社会党的特色而在总体上否定其政策的转换。这个结果引起公明党、民社党的不满,民社党在 10 月 25 日发表"永末目标",公明党也在 10 月 30 日发表"石田见解",均强调

---

① 藤本一美『戦後政治の決算:1971—1996』、専修大学出版局、2003 年、309 頁。

与社会党的差异。①

海湾危机后政府提交国会审议《联合国和平合作法案》时，在野党均反对该法案，但在其后自民党、社会党、公明党、民社党举行四党干事长或书记长会议时，社会党主张在非军事的民众生活领域组织直属联合国的常设合作队，反对包括军事领域的 PKO 活动，因而退出四党协议。1990 年 11 月，自民党、公明党、民社党发表"关于国际和平合作的协议备忘录"。海湾战争爆发后的 1991 年 1 月底，社会党举行的大会充满"反对战争"的声音，但支持社会党的"全电通""全递""全日通""城市交通""非铁金属劳联"等五个工会组织向社会党提出意见书，表示反对社会党在消费税、《联合国和平活动法案》、政治改革等问题上的表现，认为阻碍了联合政权的形成，希望重新开始社会党、公明党、民社党、社民联之间的联合政权协议，挑战自民党政权。

1991 年 4 月 7 日，举行统一地方选举中的都道府县选举。虽然社会党推荐的候选人赢得北海道、神奈川县、福冈县等地知事，但在议会选举中，当选者减少 98 名。特别是在东京都知事选举中，现职知事击败自民党、公明党、民社党推荐的候选人当选，社会党推荐的候选人得票率仅为 6.3%，不仅落后日本共产党的候选人排名第四，而且还被没收了候选人事先缴纳的保证金。②

统一地方选举后，读卖新闻社对社会党国会议员进行的调查表明，认为选举失败的最大原因是现实对应政策不足，约为 47.2%，认为领导能力不足者为 39.6%。在社会党今后的改革方面，认为在政策方面增加现实对应能力为改革方向者最多，为 74.8%，主张强化党本身者为 27%等。③ 5 月 10 日，"联合"工会发表"形成担当政权的新政治势力"，推动社会党改变政策。5 月 15 日，社会党组成以田边诚为首的"改革委员会"，并在 6 月 20 日提出"政治改革与社会党的责任"报告书，强调在基

---

① 森裕城『日本社会党の研究——路線転換の政治過程』、木铎社 2001 年、164 頁。
② 小林良彰「91 年統一地方選挙の分析」、『法政論叢』第 12 号、1992 年。
③ 『読売新聞』1991 年 4 月 29 日。

本政策、组织结构、联合其他政治势力、重视国会活动等方面进行改革，特别是在正视日美安保条约、自卫队、朝鲜半岛、原子能发电等方面改变以前的政策。

1991 年 7 月，土井多贺子以统一地方选举失败为由辞去社会党委员长职务，并推荐田边诚为下一任委员长。在社会党新领导机构成员的选举中，田边诚以 56.05％的得票率击败得票率为 43.95％的上田哲当选为社会党新委员长，山花贞夫当选为书记长。田边诚与"联合"工会乃至自民党的关系较为密切，并在任委员长后表示时代已经发生变化，即从意识形态的联合转变为政策一致的共生，因而联合更广泛的政治势力实现社会民主主义。

海部首相表明不再参加下一任自民党总裁选举后，竹下派没有成员参加竞选，安倍晋太郎在 1991 年 5 月去世，因而派系领袖宫泽喜一、渡边美智雄、继承安倍派的三塚博参加竞选。年仅 49 岁的竹下派代理会长小泽一郎在自己的事务所分别面试三位候选人，其中宫泽 72 岁，渡边68 岁，三塚 64 岁。在经过小泽、竹下登、金丸信等竹下派干部会谈和竹下派成员全体会议讨论后，决定支持宫泽。10 月 27 日，在自民党总裁选举中，宫泽以 285 票当选，渡边获得 120 票，三塚获得 87 票。

三、宫泽喜一内阁

1991 年 11 月 5 日，宫泽喜一内阁成立，副首相兼外务大臣为渡边美智雄，大藏大臣为羽田孜，官房长官为加藤纮一。尽管宫泽首相在自民党内有自己的派系，而且是继承池田勇人派、大平正芳派的"保守主流派系"，但没有竹下派的支持其政权难以稳定。因此，在宫泽内阁时期，不仅竹下登、中曾根康弘担任自民党的最高顾问，而且在 1992 年 1 月宫泽首相亲自请求竹下派会长金丸信担任自民党副总裁。这样一来，自民党最高首脑及内阁成员多与"利库路特案件""洛克希德案件"有关，甚至自民党总务会长佐藤孝行因"洛克希德案件"被判有罪，是缓期执行时期结束的国会议员。

在 11 月 5 日召开的第 122 届临时国会上,除指名选举宫泽为首相外,还继续审议《PKO 法案》。11 月 27 日,自民党与公明党在众议院国际和平合作特别委员会强行表决,社会党采取牛步战术加以抵抗。尽管 12 月 3 日通过众议院全体会议的审议,但参议院已经没有审议的时间,只好再次延期到下一届国会继续审议。

1992 年 1 月 8 日,美国总统布什访日并与宫泽首相举行首脑会谈。布什总统率领众多美国汽车业首脑对日本施加压力,最后双方达成"日本到 1994 年购买 190 亿美元美国汽车零部件"的协议。同年 1 月 12 日,加藤纮一官房长官承认战时日本军队参与从军慰安妇问题,并正式向有关人员道歉,其后访问韩国的宫泽首相在韩国国会就该问题正式道歉。1993 年 8 月 4 日,日本政府正式发表承认战时日本军队强制亚洲各国女性做从军慰安妇的调查结果,河野洋平官房长官为此发表道歉的谈话。

在宫泽首相的邀请下,江泽民总书记在 1992 年 4 月 6 日访问日本。访问期间会晤了明仁天皇,与宫泽喜一首相举行正式会谈,拜访了为中日邦交正常化做出特殊贡献的前首相田中角荣等人,并会见了朝野政党和财界的领导人。8 月 25 日,内阁会议上正式决定,日本天皇、皇后将接受杨尚昆主席的邀请正式访问中国。同年 10 月 23—28 日,明仁天皇和美智子皇后对中国进行了正式访问,并在晚宴上表示"对中国人民带来很大苦难的不幸时期深感悲伤"。

1992 年 1 月 24 日召集的通常国会在审议政府预算方案后继续审议《PKO 法案》,围绕参加联合国维持和平活动的自卫队是否行使宪法禁止的武力、联合国指挥权与日本指挥权之间的关系等问题展开激烈争论。自民党为在国会会期结束前通过该法案,接受公明党、民社党提出的"临时冻结参加维和部队(POF)"和"国会事先承认"等要求,在 6 月 5 日的参议院国际和平合作特别委员会上三党强行表决该法案。社会党与日本共产党采取彻底抵抗战术,在参议院全体会议和众议院全体会议上均采取拖延投票时间的牛步战术。社会党和社民联在 6 月 15 日采取最后的抵抗手段,即全部 141 名众议员集体提出辞职请求,迫使自民党解散众议院,但该请求没有得到受理。当天晚上,在社会党与社民联缺席的情况下,自民、公明、民社三党表决通过了《PKO法案》及《国际紧急援助队派遣修正案》。① 同年9月,由修建道路、监督停战的自卫队员以及文职警察组成的国际和平合作队前往柬埔寨。

1992年5月,担任"新行革审富裕生活部会"会长的前熊本县知事细川护熙在《文艺春秋》上发表题《"自由社会联合"结党宣言》,阐明组成新党的构想。其宣言引起较大反响,随后细川宣布成立"日本新党",并提出候选人参加参议院选举。同年7月26日,参议院选举投票,自民党共获得68席,超过改选的半数,虽然在参议院的席位仍不到半数,但得到较大恢复。上一次参议院选举获得46席的社会党此次惨败,仅获得22席。公明党的席位有所增加,民社党和日本共产党的席位有所减少。首次参加参议院选举的日本新党获得四个议席,甚至在比例代表区的得票超过日本共产党和民社党。但此次参议院选举投票率为历史最低的50.7%,显示出选民对现有政党的不满。②

1992年8月22日,因渎职罪被起诉的东京佐川快件公司渡边广康社长证实向自民党副总裁金丸信提供5亿日元政治资金。28日,金丸信承认接受其资金,并表示辞去副总裁职务。东京地方检察机关以违反政治资金限制法追究金丸信的刑事责任,并传唤金丸信的公职秘书。金丸信本人拒绝接受传唤,东京地方检察机关简便起诉金丸信,处以20万日元的罚款。随着审判渡边社长的深入,证实1987年竹下登竞选自民党总裁时,右翼团体"日本皇民党"利用"捧杀"的方式攻击竹下,金丸信通过渡边社长请求暴力团稻川会会长出面斡旋停止其"捧杀"活动。

与黑社会性质的暴力团来往事实曝光,对竹下派形成巨大打击。竹下派召开紧急全体会议挽留金丸信继续任竹下派会长,但内部出现意见分歧,金丸信同时辞去众议员和竹下派会长的职务。围绕后任会长人

---

① 馬場昇『日本社会党50年の盛衰──護憲・九条の党で平和な世界を』、熊本日日新聞情報文化センター、1999年、172頁。
② 『朝日新闻』1992年7月27日。

选,分为拥护和反对小泽一郎两派。虽然竹下派全体会议正式决定小渊惠三为新会长,但拥护小泽一郎的议员组成派系内部政策集团"改革论坛 21",正式组成以大藏大臣羽田孜为首的"羽田派"。[①] 结果原来的竹下派分为小渊派和羽田派,在自民党内六个派系中分别为第四和第五派系,失去了控制自民党的力量。

在 10 月 30 日召集的第 125 届临时国会上,自民党要求进行 18 项内容的紧急改革和根据选民人数调整各选区议员数额,在野党进一步提出禁止企业政治捐款的要求。在"佐川快件公司事件"的影响下,自民党被迫接受在野党的要求,增加三项改革的内容,结果通过了包括《众议院伦理审查会规定修正案》《国会议员资产公开法案》《公职选举法修正案》在内的法案。[②]

在 1993 年 1 月召集的通常国会上,宫泽首相在施政演说中强调"政治改革是所有变革的出发点",表示全力推动政治改革。2 月众议院预算委员会因佐川事件传唤小泽一郎和竹下登,3 月东京地方检察机关以漏税漏税罪逮捕金丸信,进一步推动了要求进行政治改革的社会舆论。4 月 10 日,宫泽首相任命热衷政治改革的后藤田正晴为副首相,并提出以实施单纯小选区制为中心的政治改革相关四法案。在 1993 年 1 月组成山花贞夫为委员长、赤松广隆为书记长新领导机构的社会党提出以小选区比例代表区并用制为中心的政治改革相关五法案,公明党也提出以小选区比例代表区并用制为中心的政治改革相关六法案。

经过长达一个月的国会审议,各党在主要内容上逐渐形成妥协,包括相关法案在该届国会成立、实施新的选举制度、新制度协调各党方案、完善政治资金限制等。此时自民党内却围绕政治改革内容产生对立,政治改革本部主张接受在野党的要求,总务会主张以单纯小选区制为前提进行党内协调以及各党协商。尽管自民党内主张尽快实现改革的 159

① 『朝日年鑑』1993 年、74 頁。
② 藤本一美『増補「解散」の政治学——戦後日本政治史』、第三文明社、2009 年、248 頁。

名议员在 6 月组成"推进改革议员联盟",但难以改变总务会的决定,结果导致宫泽首相态度发生较大的变化。

社会党、公明党、民社党向众议院议长樱内义雄提出内阁不信任案。6 月 18 日,众议院全体会议表决不信任案,以 225 票赞成、220 票反对的结果通过,全部在野党的议员、自民党羽田派的 34 名议员以及自民党其他派系的 5 名议员投了赞成票,另外有 19 名自民党的议员缺席。宫泽首相立即召开临时内阁会议,决定解散众议院举行大选。6 月 21 日,武村正义等 10 名议员脱离自民党,成立"先驱新党",党代表为武村正义。23 日,羽田孜等 44 名议员脱离自民党,成立"新生党",党代表为羽田孜,代表干事为小泽一郎。

同年 7 月 17 日大选的结果,自民党获得 223 席,比选举前增加 1 席,但离过半数席位少 33 席;社会党获得 70 席,比选举前减少 69 席;第一次参加大选的日本新党在"新党热潮"的社会舆论推动下,一举获得 35 席;新生党 55 席,比选举前增加 19 席;先驱新党获得 13 席,比选举前增加 3 席;公明党获得 51 席,比选举前增加 6 席;日本共产党获得 15 席,比选举前减少 1 席;民社党获得 15 席,比选举前增加 1 席;社民联获得 4 席,与选举前相同等。7 月 22 日,宫泽喜一以众多议员离党为由辞职,自民党两院议员全体会议选举河野洋平为新总裁。

第二节　政界分化组合

一、细川护熙政权

在东京都议会选举的投票日,社会党、公明党、民社党、社民联等四个原有在野党以及新生党举行党首会谈,约定为建立非自民党政权在大选中合作。对此,日本新党和先驱新党以"时间尚早"为由委婉拒绝。大选结束后,在众议院 511 个总议席中,自民党最后达到 236 席,社会党、新生党、公明党、民社党、社民联共 208 席。虽然日本新党和先驱新党相加只有 52 席，但成为组织政权的关键议席。两党不仅组成在国会内统一行动的会派，而且发表了关于建立政治改革政权的基本政策。

7 月 29 日，社会党、新生党、公明党、日本新党、民社党、先驱新党、社民联、民主改革联合等七党一派举行党首会议，约定在 8 月 5 日召集的特别国会举行指名选举首相时统一投票细川护熙，同时达成"关于建立联合政权的确认事项"，即年内通过以选举制度改革等为内容的根本性政治改革相关法案；在外交防卫政策上延续过去的方针，同时创造得到国际信赖的国家；以自由主义经济为基础，谋求国际协调，努力提高和稳定国民生活；在反省过去战争的基础上，为世界及亚洲的和平与发展提供合作；协商面临的重要政策课题，努力创造具有活力的福利社会。[1]

1993 年 8 月 6 日，在众议院议长选举中，社会党前委员长土井多贺子当选，日本宪政史上首次出现女性议长，自民党河本派的鲸冈兵辅当选为副议长。在指名选举首相中，细川护熙以 262 张选票当选，自民党总裁河野洋平获得 224 张选票。9 日，非自民党、非日本共产党的细川护熙八党派政权成立，其中新生党代表羽田担任副首相兼外务大臣，先驱新党代表武村正义担任官房长官，社会党委员长山花贞夫担任政治改革担当大臣，另外任命两位民间人士以及三位女性担任内阁职务等。在 10 日会见记者时，细川首相明确表示"以最大限度的努力年内通过政治改革相关法案"，同时强调"太平洋战争是侵略战争"。每日新闻社随后进行的舆论调查表明，内阁支持率达到创纪录的 75%，不支持率仅为 9%。[2]

细川首相出身名门望族，家族历史可追溯到战国时代的地方诸侯，其外祖父是战时三任首相的近卫文麿，举止行为一副贵族姿态，善于在公众场合亮相。例如在记者招待会用原珠笔指名提问者，视察受灾地区仍然身穿西装，在亚太经济合作会议上肩披围巾等，从而获得舆论的支

---

① 小野耕二『日本政治の転換点・新版』、青木书店、1998 年、179 頁。
② 『毎日新聞』1993 年 8 月 12 日。

持。但他在政策形成过程中不太重视协调工作，联合政权成员时常出现相互矛盾的言论。例如细川首相表示"坚持日美安保条约"，但社会党出身的上原康助国土厅长官在国会回答质询时认为"冷战后应修改日美安保体制"；另外社会党、公明党、民社党强烈要求减免所得税，但细川首相表示"难以实施以赤字国债为财源的减税"。①

金丸信被捕后，检察机关从其在山梨县家乡的住宅中搜出价值68亿日元的现金、证券以及黄金，偷漏税总额达10多亿日元，综合建筑公司在公共事业投标中向国会议员、县知事、市长等政治家行贿的"综合建筑公司行贿案"曝光。除金丸信外，涉嫌此案的还有小泽一郎、三塚博、竹下登、渡边美智雄、中村喜四郎等国会议员。中村因拒绝检察机关的传唤而被捕，另外宫城县知事、茨城县知事、仙台市长以及多名大型综合建筑公司的社长、副社长也被捕。该案件进一步推动了要求政治改革的社会舆论。

第128届临时国会在9月17日召集，细川内阁在同一天向国会提出政治改革相关四法案。其主要内容包括实施小选区比例代表区并立制，在众议院500个议席中，小选区250个，以全日本为单位的比例代表区250个；企业等团体的政治捐款仅限于政党或政治资金团体，五年后加以修改；实施政府提供平均每位国民335日元、总额为415亿日元的政党补助金等。②

为取得自民党对法案的赞成，细川首相会见河野洋平总裁，表示将小选区议员增加到274个，比例代表区的议员减少到226个，但遭到拒绝。其后众议院政治改革调查特别委员会按照细川首相提出的设想修改相关法案，众议院全体会议在11月18日以270票赞成、226票反对的结果通过政治改革相关四法案。尽管在9月20日的社会党委员长选举中，赞成政治改革法案的村山富市当选，当选为书记长的久保亘也持赞

---

① 鈴木棟一『永田町大乱・2・政治権力の崩壊』、講談社、1995年、30頁。
② 馬場昇『日本社会党50年の盛衰——護憲・九条の党で平和な世界を』、熊本日日新聞情報文化センター、1999年、199頁。

成态度,但社会党仍然有 7 名议员投票反对或缺席,并因此受到处分,自民党内也有 13 名造反者受到处分。

在 1994 年 1 月 21 日的参议院全体会议上,由于社会党出现 17 人反对、3 人缺席的情况,政治改革相关四法案以 118 票赞成、130 票反对遭到否决。紧急设置的两院协议会未能达成妥协,1 月 28 日,细川首相与河野总裁再次举行首脑会谈并做出让步,禁止企业或团体向政治家个人提供政治资金的规定改为在五年之内可以向一个政治资金团体提供政治资金,将小选区议员改为 300 名、比例代表区改为 200 名,将全日本划分为 11 个比例代表区等。在临时国会的最后一天即 1 月 29 日,国会两院通过了政治改革四法案。

政治改革四法案分别是《公职选举法修正案》《政治资金限制法修正案》《政党助成法案》以及《众议院议员选区划分审议会设置法案》。《公职选举法修正案》的主要内容为:在众议院议员选举中实施小选区比例代表区并立制;众议院议员定额为 500 名,其中 300 名来自小选区,200 名来自比例代表区;将全日本划为 300 个小选区和 11 个比例代表区。小选区选举一名议员,比例代表区选举数量不等的复数议员;小选区的候选人应由"拥有 5 名以上国会议员"或"在最近一次国政选举中得票率为 2％以上"的政党或政治团体提名,未具备上述条件的候选人可以个人名义参加竞选;在比例代表区方面,提出候选人名簿的组织除符合上述条件的政党或政治团体外,在该比例代表区内拥有议员定额 20％以上候选人的政党或其他政治团体亦可提出候选人名簿。在小选区和比例代表区可以重复推荐同一个候选人,但在小选区提出候选人的政党或其他政治团体方能在包含该小选区在内的比例代表区重复推荐同一个候选人;投票方式为记号式两票制,即选民同时投两张选票,一张投给小选区某个候选人,另外一张投给比例代表区某个政党。选票上分别印有候选人或政党的名字,画圈即可;在小选区获得有效选票最多者当选,但必须获得有效选票总数的六分之一以上;被重复推荐者的候选人若同时当选,则以小选区为先;比例代表区以选区为单位提交候选人名簿,以选区为单位计算选票,确定各党的议席数额,按候选人名簿的顺序决定当选者;重复推荐的候选人若在小选区落选但得票率较高,可在比例代表区不受名簿顺序限制,排在其他得票率低者之前当选;如果违反《公职选举法》,候选人亲属及其直接责任者、候选人秘书和竞选活动组织者均为连坐对象,候选人本人的当选无效,且5年内不得参加竞选;罚款也从过去的5万—30万日元提高到20万—100万日元。

《政治资金限制法修正案》的内容主要有:政治资金的筹措以政党为中心进行,企业或其他社会团体通过政治家指定的政治资金管理团体向政治家提供政治资金仅限于未来五年,而且每年不得超过50万元,其后只能向政党提供政治资金。该法案实施五年后对企业或其他社会团体提供政治资金的方式将作新的规定;明确区分公职候选人资金的公私用途,除有关竞选活动外,不得接受与"金权政治"有关的捐款,并指定一个政治资金管理团体处理其接受的政治资金,同时废除原有的指定团体及基本金制度;为确保政治资金的透明度,对政治团体捐款数额的限制由现行的每年100万日元以上降低到5万日元以上;另外向政党的捐款数额从现行的每年1万日元以上改为5万日元以上,但为筹措政治资金而举行的宴会却从现行的每次收入100万日元以上降低到20万日元以上;个人向政党提供资金的总额一年为1 000万日元以下,企业或团体按照其资本额每年为750万—1亿日元之间。个人向政治家或政治团体提供的政治资金总数不得超过1 000万日元,单项捐款限额为150万日元;企业或团体捐款总额每年为375万—5 000万日元之间,单项限额为50万日元。个人向政党提供的政治资金,在税收方面新设税额扣除制度,可与现行的收入扣除制度选择使用;一旦违反政治资金限制法,其罚款数额为现行罚款数额的2.5倍以上。除直接违反法律者外,对所属企业或团体亦给予处罚。另外,对违反政治资金限制法者停止其公民权。

《政党助成法案》的主要内容是:接受政府补助金的政党为"拥有5名以上国会议员的政治团体"或"拥有国会众参两院议员且在最近一次大选、参议院议员最近一次通常选举或前一次通常选举中得票率为2％

以上"的政治团体。各政党申请政府补助金时,须在当年 1 月 1 日向自治大臣提交资格报告,举行大选或参议院通常选举时也要提交资格报告;向政党提供的补助金总额按照最近一次国情调查统计的人口总数,以每人 250 日元计算。每个政党应得的补助金数额按照每年 1 月 1 日该党所属议员数额以及国家级选举中的得票数算定。当年若有大选或通常选举时,届时将重新计算。各政党应得的补助金数额以不超过前一年底该党总收入的三分之二为上限;各政党财务负责人须备账本,记录政党补助金的支出情况,每年 12 月 31 日将其做成报告书提交自治大臣。另外各政党财务负责人在公开其报告书主要内容的同时,须将有关资料保留 5 年,任何人有权查阅这些资料;如果政党发生分裂或合并,将按照分裂或合并后的状况支付政党补助金;如果冒领补助金或未提交报告书,将停止向该党交付补助金,并追回已领取的补助金。①

在国会通过政治改革相关四法案后,细川首相准备进行税制改革。为刺激经济恢复景气需要大幅度地减免所得税和居民税,同时为保障财源需要增加收入。在小泽一郎和大藏省官僚的协商下,细川首相在 3 日清晨会见记者突然宣布在减税 6 万亿日元的同时,在 1997 年 4 月废除消费税,而是实施税率为 7％的国民福利税。但其计划既没有经过政府税制调查会的讨论,也没有征求执政伙伴的意见,不仅引起社会舆论的不满,社会党与先驱新党表示强烈的反对。在 2 月 4 日召开的联合执政党代表者会议上,因武村正义官房长官的反对,细川首相被迫撤回国民福利税的计划。

二、政界分化组合

执政时间仅有 8 个月的细川首相在任期间也积极开展外交活动。俄罗斯总统叶利钦在 1993 年 10 月 11 日访问日本,在与细川首相的会谈中对解决北方四岛问题及缔结日俄和平条约表示积极态度。同年 11 月

---

① 自民党编『自由民主』1994 年第 3 期。

6 日,细川首相访问韩国与金泳三总统会谈,并作为"加害者"对过去战争及殖民主义统治表示"反省与道歉"。同年 12 月 13 日,细川首相决定部分开放大米国内市场,两天后《关贸总协定》达成"乌拉圭回合"的最终协议。

　　尽管 1993 年 7 月东京发达国家首脑会议时宫泽首相与美国总统克林顿约定在 6 个月内就美国商品在日本市场占有比例的"数值目标"达成协议,但 1994 年 2 月细川首相访美时因拒绝"数值目标"导致谈判破裂。细川首相反对管理式贸易,并在记者招待会上表示"日美已经是经常可以说'不'的成熟大人关系"。① 虽然日本舆论支持细川首相的态度,但美国政府迅速表示采取各种手段对日制裁,并暗示在手机、半导体、汽车零部件等领域实施报复性措施。作为连锁反应,日元急剧升值,日本股票市场平均股价骤然下跌。

　　1994 年 3 月 19 日,日本首相细川护熙访问中国。在历史问题上,细川首相表示"对过去由于我国的侵略行为和殖民统治而给亚洲各国民带来了难以忍受的苦难表示深刻的反省和道歉。日本将在对过去历史反省的基础上,为与中国建立面向未来的日中关系而进一步努力",重申日本将继续支持中国恢复关贸总协定缔约国地位方面的努力。在第四批日元贷款问题上,细川首相表示已指示日本有关部门要提出一个能够为今后的中日友好合作做出贡献的金额。在细川首相访华期间,中日两国政府签署了《环境保护合作协定》。

　　尽管第 129 届通常国会在 1994 年 1 月 31 日召集,但因改造内阁风波以及能否以斡旋受贿嫌疑逮捕现职国会议员,国会出现混乱,难以进行预算方案的审议。尽管前建设大臣、自民党众议员中村喜四郎在 3 月 11 日被捕,但细川首相本人的政治资金问题又成为在野党追究的对象。其后日本共产党议员追究细川首相以岳父的名义购买 NTT 股票,其抵押贷款是细川首相在东京的住宅,购买该住宅的费用又涉及佐川快件公

---

① 鈴木棟一『永田町大乱・2・政治権力の崩壊』、講談社、1995 年、170 頁。

司。自民党要求传唤细川首相的原秘书,并专门设置了"细川首相疑惑调查特别委员会",并组成调查团到熊本县深入调查。4月8日,细川首相在召集的政府执政党代表者会议上表示辞职。

细川首相辞职后使联合政权分裂为新生党、公明党、日本新党与社会党、民社党、先驱新党两个集团,包括自民党在内,各党围绕后任首相展开联合工作。自民党因政治改革相关法案已经出现鸠山邦夫、西冈武夫等离党者,并组成以西冈为代表的"改革之会"。渡边美智雄在细川辞职后也准备脱离自民党组成联合政权,并在4月8日秘密会见小泽一郎,甚至在17日发表脱党声明,但因难以达到小泽提出"率领50名自民党议员参加联合政权"的目标,不得不在19日放弃脱离自民党计划。但在此期间,自民党出现10多名离党者,并组成以鹿野道彦为首的"新党未来"、以柿泽弘治为首的自由党。

在16日召集的七党派联合执政党新政策协议会上,新生党提出了针对朝鲜问题的有事立法、提高消费税等间接税税率、维持《日美安全保障条约》、日美韩合作对应朝鲜核武器研制嫌疑问题等社会党难以接受的政策。在社会党内部久保亘派系、支持社会党工会组织的压力下,以村山富市委员长为中心的社会党领导机构决定有条件地接受其政策,继续维持联合政权框架,[①]同时支持新生党代表羽田孜为下一人首相候选人。

4月25日举行众参两院全体会议指名选举首相,在众议院羽田孜获得275票,河野洋平获得207票,不破哲三获得15票,弃权者6票;在参议院羽田孜获得127票,河野洋平获得95票,不破哲三获得11票,弃权者13票。羽田当选为首相,但在组阁过程中又起风波。在小泽一郎的策划下,国会指名选举首相后立即向众议院提出由新生党、日本新党、民社党、自由党、改革之会组成的统一会派"改新"申请。社会党不仅完全被排除在外,而且没有参与其过程,直到晚上在首相官邸召开联合执政

---

① 馬場昇『日本社会党50年の盛衰——護憲・九条の党で平和な世界を』、熊本日日新聞情報文化センター、1999年、206頁。

党党首会谈时才得知此事,党内全体一致决定退出联合政权。羽田孜首相劝说社会党回归联合政权的工作未能成功,直到 28 日才组成内阁。四分之三的内阁职务由新生党、公明党担任。共同通信社进行的紧急舆论调查显示,羽田内阁的支持率为 51.6%。①

同年 5 月 5 日,永野茂门法务大臣在接受《每日新闻》采访时发表言论说:"将太平洋战争看做侵略战争是错误的,南京大屠杀事件是捏造的。"结果引起国内外强烈的批判,他被迫在第二天会见记者表示"我过去对历史的发言是不恰当的",撤回其发言。"南京大屠杀是不能否认的事实。"尽管如此,正在出访欧洲国家的羽田首相还是任命民社党成员接任法务大臣。

1994 年度政府预算方案终于在同年 6 月 8 日通过众议院的审议,政局的焦点转向对羽田内阁不信任案。自民党试图劝说社会党、先驱新党共同提出不信任案。武村正义持不反对态度,但社会党在 6 月 22 日在执政伙伴的选择上出现犹豫。在工会组织的压力下,社会党表示羽田内阁辞职后再组成联合政权或在政策协议的基础上社会党重新参加联合政权。6 月 23 日,自民党向众议院提出内阁不信任案,社会党赞成不信任案,羽田内阁在 25 日全体辞职。

在下任政权的组成上,社会党成为协议的中心。村山委员长提出尊重宪法理念、与自卫队不同的组织参加联合国维持和平活动、和平解决朝鲜问题、在国民理解的基础上提高间接税率等政策主张。② 先驱新党表示赞成社会党的政策,并支持以村山为首相的联合政权。自民党表示接受社会党与先驱新党的政策,并推荐村山为首相。结果,在 6 月 29 日举行的国会举行指名选举首相中村山当选。

6 月 30 日,社会党、自民党、先驱新党联合政权——村山内阁成立,其中自民党总裁河野洋平担任副首相兼外务大臣,先驱新党武村正义担

---

① 小野耕二『日本政治の転換点・新版』、青木書店、1998 年、185 頁。
② 馬場昇『日本社会党 50 年の盛衰——護憲・九条の党で平和な世界を』、熊本日日新聞情報
　文化センター、1999 年、207 頁。

任大藏大臣等,内阁成员自民党 13 名,社会党 5 名,先驱新党 2 名。在众议院,自民党 223 席,社会党 70 席,先驱新党 13 席,合计 306 席,居稳定多数议席。7 月 8 日,村山首相参加了在意大利那波里举行的发达国家首脑会议,在与美国总统克林顿会谈时表示坚持日美安保条约。

在 7 月 18 日召集的临时国会上,村山首相明确表示"自卫队符合宪法精神""《日美安全保障条约》是必要的",承认"在学校指导升国旗、唱国歌"等,大幅度转换了社会党的政策。尽管社会党内部对政策转换出现许多反对的声音,但社会党在 7 月 28 日召开中央执行委员会会议,通过《我党面临当前政局的基本态势》文件,支持村山委员长的政策转换。

同年 8 月 12 日,"选区划分审议会"提出小选区划分方案,国会在 11 月 21 日通过《选区划分法案》。为应付新选举制度下的大选,在小泽一郎的策划下,首先在 1994 年 9 月由新生党、日本新党、公明党等在野党的 187 名国会议员组成一个联合会派"改革",同时成立一个"新党筹备会"。12 月 10 日,由新生党、公明党、日本新党、民社党、自由党、未来新党、高志会、改革之会、自由之会等 9 个党派组成新进党,拥有国会议员 214 名,其中拥有众议院议员 178 名,参议院议员 36 名。该党提出"坚持不懈的改革""负责任的政治"等口号,党首为海部俊树前首相,干事长为小泽一郎。

三、泡沫经济崩溃

针对泡沫经济的出现,日本政府也采取了一些对应措施。1988 年 2 月,政权交易审议会向大藏省提出题为"限制内部交易方式"的报告书,加强了对内部交易的限制。1988 年 5 月国会通过《政权交易法修正案》,1990 年 12 月实施"持有大量股票公开制度",即持有发行量 5％以上股票者 5 天之内向大藏省提交报告书。1989 年 5 月,日本政府担心地价和股价的急剧上升将带动其他消费物价的上升,开始采取金融紧缩政策,将官定利率提高 1％,达到 3.25％。同年 12 月,三重野担任日本银行总裁后,果断地连续五次提高官定利率,在 1990 年 8 月达到 6%。[①]

　　日本政府的政策转换不仅较为迟缓,而且对金融机构以外的流通货币也没有采取限制措施。因此,1990 年 1 月 4 日股票市场平均价格开始下跌,从年前最高的 38 915 日元下降到同年 4 月 28 249 日元,跌幅达到 27.4%;同年 5 月股价开始反弹,到 7 月上升到 33 172 日元。但同年 8 月官定利率提高到 6% 后,股价迅速下跌到 20 221 日元。1991 年日本再次向外国人开放股票市场,外国资本流入日本达 1 585 亿美元,其中 486 亿美元购买股票,股价波动不大。

　　1992 年外国人购买日本股票的投资减少到 87 亿美元,日本金融机构也因收益率较低而减少对股票投资的贷款,到同年 8 月平均股票价格下降到 14 309 日元,只有最高峰时期的 37%。大藏省采取"关于金融行政目前运营方针"的紧急对策,其内容包括限制金融机构为决算而卖出股票、利用公共资金购买股票、政府购买金融机构不良债权的担保不动产等。与此同时,设置"共同债权购买机构",购买金融机构不良债权的担保物品。在此基础上,1993 年的股价大体保持在 2 万日元的水平,但在同年 10 月,大藏省要求东日本铁路公司股票公开措施失败,股价跌落到 15 671 日元。从 1994 年 1 月开始,因外国投资家大量购买日本股票,股价再次回到 2 万日元的水平。

　　在地价方面,国会在 1989 年 12 月通过"公共福利优先"的《土地基本法》,加强对土地交易以及不动产商、金融机构等交易主体的监督。1990 年 3 月,大藏省向各金融机构下发"不动产融资总量限制"的通知,并在 4 月开始实施。要求不动产、建筑、金融中介等三个行业每个季度向大藏省报告融资的状况,但住宅金融专门公司及农林系统金融机构不包括在内。以其通知为契机,达到高峰的不动产市场一举恶化。在金融中介机构贷款中,不动产担保约占 62%。1991 年金融中介机构贷款对象的不动产相关产业出现经营危机,不能偿还贷款,波及金融中介机构

---

① 金子貞吉『戦後日本経済の総点検』、学文社、1996 年、266 頁。

经营状况。

1992 年初,地方的地价继续上升,例如大阪地区的公示地价比前一年上升 56.1%,但东京的住宅用地价格上升仅为 6.6%,其后住宅用地价格开始下降。1992 年 3 月 27 日,国土厅宣布地价 17 年来第一次下降,同年全日本平均地价下降 8.4%,其后逐年下降,泡沫经济全面崩溃。

泡沫经济崩溃的直接后果是带来了大量不良债权,也成为日本经济其后长期不振的主要原因之一。从定义上讲,不良债权是指贷款对象破产不能收回的贷款以及半年以上为支付利息的延缓贷款。不良债权的形成主要有三种途径,首先是商业银行对那些以土地为担保的不动产业、建筑业、金融中介机构所做的大量融资因地价和房地产价格暴跌而成为不良债权,其次是金融机构对问题企业追加融资造成的新增不良债权,另外还有经济长期衰退造成的不良债权。因此,把握不良债权的规模十分困难,据 1992 年 7 月 16 日正式发表的统计,7 家住宅金融专门公司截至 1992 年 3 月负债 13.97 万亿日元;同年 10 月 39 日,大藏省宣布 21 家城市银行 9 月底不良债权 12.3 万亿日元,比 3 月底增加 54%。

1991 年 3 月,三和信用金库作为金融机构为泡沫经济崩溃后第一家破产事例。[1] 同年 11 月 20 日,大藏省估计 1991 年度税收将减少 2.7 万亿日元。同年 11 月的批发物价指数为 96.1,是两年 10 个月以来第一次下降。1992 年 2 月 19 日,经济企划厅宣布 1991 年 1—3 月为经济繁荣的高峰时期,其后开始迅速衰退。1992 年 9 月,"日产"汽车制造厂发表中间决算报告,经常收支出现 142 亿日元的赤字。1994 年 1 月 24 日,汽车生产比上一年度减少 10.2%,为连续三年减少。140 家超级商场 1993 年的销售额比上一年度减少 2.4%,118 家百货商店销售额连续两年减少。同年 5 月 10 日,经济企划厅长官宣布经济萧条已达 37 个月,为战后最长。同年 6 月 21 日,纽约外汇市场美元兑换日元突破 100 日元,达到

---

① 御厨貴編『変貌する日本政治——90 年代以後"変革の時代"を読みとく』、劲草書房、2009 年、222 頁。

1 美元兑换 99.85 日元。

泡沫经济高涨时,企业不仅可以从银行获得大量利率较低的贷款,而且企业持有的土地和股票价格上升使资本额增加,同时也可以较为容易地通过发行新股票筹措资金,但泡沫经济崩溃后,企业获得资金的各种渠道堵塞。另一方面,企业在 1987—1991 年的大量设备投资出现过剩局面,盈利减少反过来影响到进一步的投资,陷入恶性膨胀之中。据日本兴业银行的调查,1992 年民间企业的设备投资比上一年减少 2.5%,1993 年又下降 5.4%。其中制造业设备投资在 1992 年下降 11.8%,1993 年进一步下降 12.9%。与设备投资的相关产业销售下降,产业机械、工程机械、电气机械、半导体、机器人及相关产品、钢铁、水泥、住宅和工厂的建筑材料等出现大量过剩。实施终身雇佣制的电子、电机、汽车等产业大型企业采取减少新雇佣人员、大幅度减少加班活动、解雇临时工人,同时将危机负担转嫁到下属承包的中小企业,这些承包企业纷纷倒闭。1991—1992 年,日本企业倒闭数量连续两年超过 1 万家,失业率上升到 3% 以上的水平。

企业大量压缩和节约饮食娱乐、接待购物和职员旅游等交际费用,导致饭店、旅馆、高级餐厅、酒吧、俱乐部、高尔夫球场、出租车等以"企业集团消费"为主的服务行业销售下降。1988 年,日本大企业的交际费高达 4.3 万亿日元,这些费用的急剧减少直接导致服务行业的萧条。与此同时,失业率上升,实际工资减少,未来收入悲观,导致国民消费倾向下降,进一步引起经济衰退。

90 年代上半期日本经济增长率与其他发达国家发生明显逆转。1980—1990 年,日本国内生产总值年均增长率为 4.0%,美国与联邦德国分别为 3.0% 和 2.2%;日本出口增长率为 5.3%,美国与联邦德国分别为 5.2% 和 4.4%;日本国内投资增长率为 5.3%,美国与联邦德国分别为 3.4% 和 2.0%。但在 1990—1995 年,日本国内生产总值年均增长率只有 1.0%,远低于美国的 2.6%;日本的出口增长率为 0.4%,无法与美国的 7.3% 相提并论;日本的国内投资为 0.8% 的负增长,美国是

4.1％的正增长。[①]

通常情况下,大藏省利用传统的"护送船队方式"解决不良债权问题,即特定金融机构经营状态发生危机时,大藏省指示经营状态较好的金融机构将其救济性合并,以维持金融体制的稳定性。三和信用银行破产时大藏省非正式要求东海银行将其救济性合并,但该事例是金融机构原封不动地救济性合并经营破产金融机构的最后一次。东邦相互银行经营状态恶化后,有储蓄保险机构提供的资金,伊予银行将东邦相互银行救济性合并,但后来由于保险机构不能提供足够的资金,因而到1992年以后"护送船队方式"难以继续。

尽管宫泽首相希望利用公共资金处理金融机构的不良债权,自民党内也有部分议员提出类似建议,但包括金丸信、小泽一郎等多数议员反对,其原因一方面担心社会舆论追究执政党监督宏观经济及金融机构运营的责任。另一方面,宫泽首相在自民党内影响力较弱,完全处在竹下派控制之下。大藏省之所以坚决反对利用公共资金处理不良债权,也是出自追究其检查、监督金融机构的责任。

尽管在细川护熙政权和羽田孜政权时期,不仅经济界向政府提出利用公共资金处理不良债权的建议,即使在联合执政党内部也有利用公共资金对应不良债权问题的方案,但最终未能实现。其原因一方面是大藏省的坚决反对[②],另一方面,两届政权均为多党派联合政权,在社会舆论强烈反对利用公共资金处理不良债权的状况下,难以统一执政各党的意见。

为刺激经济恢复景气,日本政府采取扩张性经济对策。首先宫泽喜一内阁在1992年8月实施"综合经济对策",投资规模达到10.7万亿日元,其中公共投资为8.6万亿日元;在1993年4月再次实施"新综合经济

---

① 1997年《世界发展报告》,转引自朱文晖:《日本:再一次失败》,江苏人民出版社1998年版,第28—29页。
② 上川竜之進「金融問題"先送り"の政治行政過程」、『阪大法学』第五五卷第2、5、6号、第五六卷第2、3号、2005—2006年。

对策",投资规模为 13.2 万亿日元,其中公共投资为 10.62 万亿日元;细川护熙内阁在 1993 年 9 月实施"紧急经济对策",投资规模 6.2 万亿日元,其中公共投资 5.15 万亿日元;在 1994 年 2 月再次实施"综合经济对策",投资规模 15.25 万亿日元,其中公共投资 12.8 万亿日元。[1]同时,日本为弥补财政收入的不足发行大量国债,但均未出现明显效果,1992 年度和 1993 年度的经济增长率分别为 0.4% 和 0.5%。[2]

第三节　社会党政权

一、村山富市政权

　　1995 年 1 月 6 日,以山花贞夫社会党前委员长任会长的"社会民主联合"为中心组成新党筹备会。17 日,24 名社会党国会议员向社会党书记长久保亘提出退党申请书,但同一天发生 7 级的阪神大地震,以社会党为中心的政权全力处理震灾,其申请书搁置起来,组织新党的计划未能实现。

　　1995 年 1 月 17 日清晨 5 时 46 分,以大阪、神户为中心的大城市圈发生大地震,造成 6 430 人死亡、3 人下落不明、43 782 人受伤,另外有 24.8 万栋房屋烧毁,受害者达到 44.6 万个家庭。当天村山内阁派遣以小泽洁国土厅长官为团长的调查团到当地,村山首相也在 19 日视察了受灾地区,并着手制定紧急特别立法,但仍遭到社会舆论的批判,认为政府在出动自卫队、救济受灾者、运输物资、收集信息等方面反应迟缓。例如设置以村山首相为本部长的紧急对策本部是在 19 日,在当地设置对策本部是在 21 日,其主要原因是未能将准确把握事态的信息及时传达到首相官邸。[3]村山内阁一方面决定强化危机管理体制,即在大规模灾

① 金子贞吉『戦後日本経済の総点検』、学文社、1996 年、303 頁。
② 张季风:《挣脱萧条:1990—2006 年的日本经济》,社会科学文献出版社 2006 年版,第 16 页。
③ 冈野加穂留、藤本一美編『村山政権とデモクラシーの危機:臨床政治学的分析』、東信堂、2000 年、151 頁。

害发生时迅速收集信息并尽快传达到首相官邸,同时修改《灾害对策基本法》及制定震灾关系新法,减免受灾者的所得税,提高国家补助金在修复事业中的比例等。

同年3月20日早上8时多,新兴宗教"奥姆真理教"在东京最繁忙的三条地铁线15个车站散播毒气,造成12人死亡、5 500人受伤。村山内阁10时指示警视厅成立紧急对策本部,并立即向全日本公共运输机构发出强行检查危险物品的命令。村山首相也发表公开讲话,呼吁国民揭发罪犯,并表示国家对死伤者进行适当补偿。警察突击搜查了奥姆真理教在日本各地的设施,并找到制造毒气的证据,陆续逮捕了包括教团首领麻原彰晃在内的主要干部,分别以杀人罪及杀人未遂罪给予起诉,检察机关要求东京地方法院解散该宗教团体。与此同时,《宗教法人法》通过国会的修改,其主要内容为文部省一元化管理宗教团体,强化宗教团体的信息公开、报告活动等义务。

由于长期对立的社会党与自民党组成联合政权,新进党也未获得国民的认可,因而城市出大量不支持政党的选民。同年7月23日举行参议院选举,投票率仅为44.52%,为历史最低记录。在此次选举中,新进党获得较大胜利,改选议席为19个,但获得40个议席。在比例代表区中获得1 250万张选票,得票率为30.8%,超过自民党的1 109万张选票。自民党改选33个议席,但获得46席。社会党再次惨败,在改选的41个议席中仅获得16席,党内甚至出现"村山首相辞职"的声音。

1995年5月2日,村山首相访问中国。在与中国国务院总理李鹏会谈时,村山首相表示:"日本的侵略行为和殖民统治,给中国及其他亚洲国家带来了灾难,对此日本表示深刻的反省。日本愿以'二战'结束50周年作为新的起点,决心走和平发展的道路,决不当军事大国,并以日中联合声明及和平友好条约为基础,同中国建立长期稳定的友好关系。"5月3日,村山首相在向人民英雄纪念碑敬献花圈之后,参观位于卢沟桥畔的中国人民抗日战争纪念馆,这是日本首相首次来此参观。参观结束后村山首相在留言簿上写道:"正视历史,祈中日友好、永久和平。"

成为执政党并担任首相的社会党希望在第二次世界大战结束50周年之际实现反省战争的国会决议,并要求将日本对"侵略行为"和"殖民地统治"进行深刻反省写入决议中。但在联合执政党的协议会上未能达成一致,最后提交干事长及书记长会议进行交涉,终于在6月6日达成妥协。但自民党内有较强的反对声音,以奥野诚亮为会长的"战后50周年国会议员联盟"在达成妥协之前召开紧急团体会议,表示"坚决不能容忍我国单方面的认罪及反省"。另外在自民党总务会上,也出现"自民党不能失去自己的特色"、反对"出卖自民党灵魂的决议"等言论。①

自民党内也存在不同的观点,例如在对战争的认识既有"是自卫战争,也具有解放白人殖民地侧面"的保守派,也有"对亚洲各国是侵略战争,不是为亚洲独立的解放战争"的自由派。保守派在"日本遗族会"等社会团体的压力下,强烈反对决议中包含对侵略行为反省的行文,但以河野洋平总裁为中心的自民党首脑为维持联合政权,主张尽可能与社会党达成妥协。另一方面,最大的在野党新进党也提出自己的修正案,但执政党没有接受,因而该党拒绝出席众议院全体会议。日本共产党反对该决议,自民党也有70名缺席者,6月9日出席全体会议并赞成决议者只有232人,不到众议院全部议员的半数。②

《接受历史教训再次表达和平决心的决议》内容为:"本院值此战后50年之际对全世界战死者及因战争而牺牲者献上追悼之诚意。同时,追忆世界近代史上有许多殖民统治和侵略行为,认识到我国过去进行的这种行为以及给他国国民、特别是亚洲各国国民带来的苦痛,表示深刻的反省之意。我们必须超越关于过去战争的历史观之不同,谦虚地吸收历史教训,建筑和平的国际社会。本院表明在日本国宪法揭示的持久和平理念之下,同世界各国携手,开拓人类共生之未来的决心。"③

同年8月15日,村山首相发表谈话,表示日本"在过去不太遥远的

---

① 藤本一美『戦後政治の決算:1971—1996』、専修大学出版局、2003 年、368 頁。
② 『朝日新闻』1995 年 6 月 10 日。
③ 小野耕二『日本政治の転換点・新版』、青木書店、1998 年、191 頁。

一个时期内,国策错误,走上了战争道路,使国民陷入了存亡危机。由于
进行殖民统治和侵略,给许多国家特别是亚洲各国人民造成了巨大损害
与痛苦。为避免将来重犯这样的错误,我要面对这一无可怀疑的历史事
实,并再次表示深刻反省和由衷的歉意。"

村山政权内部也有不同的声音。8 月 9 日,文部大臣岛村宜伸发表
言论说,过去日本发动的战争"是否侵略战争是想法不同的问题",遭到
国内外舆论的批判,岛村大臣被迫道歉;接着在 11 月 8 日,韩国《东亚日
报》揭露总务厅长官江藤隆美在 10 月发表"朝鲜殖民地统治合理"的言
论,也遭到国内外舆论的批判,被迫在 13 日辞职。

1995 年 9 月 4 日,在冲绳发生了三名美军士兵强奸日本小学女生的
恶性事件。日本警察要求引渡犯罪嫌疑者,但美军以日美地位协定为借
口加以拒绝,冲绳县民举行归还以来最大规模的抗议集会,有 8.5 万人
参加。担心影响到日美安保条约的存在,9 月 21 日美国总统克林顿表示
遗憾之意,但冲绳居民掀起要求归还美军基地的运动。28 日,冲绳县知
事大田昌秀表示拒绝代替土地所有者在向美军提供土地的文件上署名。

日本政府与美国协商修改日美地位协定,在起诉前由日本关押美国
犯罪嫌疑者,并设置整理基地的日美"特别行动委员会"。与此同时,村
山首相在 11 月 4 日与大田知事会谈,决定设置有关基地问题的中央政
府和冲绳县协议机构,但大田知事坚持修改日美地位协定,并缩小乃至
废除基地,继续拒绝署名。对此,村山首相先是劝说大田知事代理署名,
然后命令其代理署名,如果拒绝的话则进行职务执行命令诉讼。12 月 8
日,村山首相起诉拒绝代理署名的大田知事。尽管为平息国内的不满情
绪,村山内阁表示整理、缩小美军驻日基地,但日本政府仍然决定了完善
防卫力量的新防卫计划大纲,明确维持并强化日美安保体制,在处理大
规模灾害及联合国维持和平活动等领域发挥自卫队的较大作用。[①]

同年 10 月 28 日,政府提出包括向受害者提供一次性补助金在内的

---

① 藤本一美『戦後政治の決算:1971—1996』、専修大学出版局、2003 年、374 頁。

"水俣病实际认定患者最终解决方案"获得未认定患者团体和昭和电工厂方的同意,从1965年确认新潟水俣病患为工厂排放废水中含水银所致已过去40年,该问题终于得到解决。12月15日,村山首相发表谈话表示"遗憾之意",并认为应当对受害者的出现和扩大进行直率地反省,同时明确了国家的责任。

1995年11月开始实施大米流通、贩卖自由化的"新粮食法",即《关于主要粮食需求及稳定价格的法律》,废除了1942年以来的《粮食管理法》。新法律的实施原因一方面是国内粮食流通制度的弊端。1993年9月,农林牧副渔水产省宣布由于低温、多雨、台风等原因,当年大米收获量仅为上一年的74%,只有850万吨,而消费量为995万吨,缺口为145万吨。为此,当时细川内阁决定紧急进口加工用米20万吨和食用米100万吨。本来农林水产省粮食厅针对消费量逐年减少、库存逐年增加、管理成本上升的倾向,进入90年代以后减少库存,结果1992年库存仅有20万吨。

另一方面,在《关贸总协定》乌拉圭回合谈判中,日本接受主席协调方案,即设置6年的关税化缓期执行时间,但负有最低进口的义务。根据有关规定,日本从1995年进口量相当于大米总产量4%的40万吨,每年增加0.8%,到2000年扩大到8%的80万吨。但是,"新粮食法"也存在内外价格平衡问题以及有效管理150万吨库存大米的问题。

为刺激经济恢复景气,村山内阁在1995年9月实施总体规模为14.224万亿日元的"经济对策",其中公共投资为12.8万亿日元,中小企业对策费1.3万亿日元,同时采取推动土地流动化、缓和政府管制等经济结构改革措施。[①] 另一方面,由于1990年大藏省采取限制金融机构贷款规模时不包括农林金融机构和住宅金融专门公司,结果农林系统金融机构提供给住宅金融专门公司的贷款余额在1995年达到5.4万亿日元,大多成为不良债权。为处理这些不良债权,村山内阁在1995年12

---

① 金子贞吉『戦後日本経済の総点検』、学文社、1996年、303頁。

月决定投入 6 850 亿公共资金,并将其编入 1996 年度的政府预算方案。

在 1995 年 9 月举行的自民党总裁选举中,通产大臣桥本龙太郎当选,组成加藤纮一干事长、山崎拓政务调查会长的新一代领导体制。新进党在同年 12 月举行党首选举,小泽一郎当选。在社会党内部,组成新党的动向不断,9 月举行的社会党临时大会决定成立名为"民主联合"的新党,11 月成立新党组成准备会,并在 12 月决定了《新党的理念和政策》《新党党章草案》等。1996 年 1 月 19 日,社会党举行全国大会,通过了关于基本理念和政策、新党章、新党名等的决议。规定党的性质是"民主主义的共同之家,是社会民主主义者、自由主义势力等各种人群参加,通过共同努力实现幸福的开放型市民政党",党的基本理念是"创造性地发展日本国宪法规定的主权在民、永久和平、基本人权、国际协调的理念",新党名为"社会民主党",党首为村山富市。①

二、桥本政权的改革

1996 年 1 月 11 日,以自民党总裁桥本龙太郎为首相的内阁成立,社会党书记长久保亘担任副首相兼大藏大臣,梶山静六担任官房长官。桥本首相自称为"改革创造内阁",并将 1996 年作为"结构改革元年"。根据《朝日新闻》的舆论调查,桥本内阁成立时的支持率为 61%,不支持率为 20%,远高于村山富市内阁成立时 35% 的支持率。②

在 1 月 22 日召集的通常国会上,围绕住宅金融专门公司的责任问题以及 6 850 亿公共资金的计算基础,执政党与在野党发生激烈冲突。由于执政党的答辩较为模糊,新进党从 3 月 4 日开始封锁预算委员会会议室长达三周时间。本来新进党的目标是以阻止审议预算的方式迫使执政党解散众议院举行大选,但在同月 24 日举行的参议院岐阜补缺选

---

① 馬場昇『日本社会党 50 年の盛衰——護憲・九条の党で平和な世界を』、熊本日日新聞情報文化センター、1999 年、230 頁。

② 藤本一美『増補「解散」の政治学——戦後日本政治史』、第三文明社、2009 年、257 頁。

举中,执政三党推荐的候选人获胜,新进党只好在 25 日解除封锁,并达成妥协,即以"完善制度"为由暂时搁置投入 6 850 亿公共资金。6 月 18 日,国会通过《关于促进特地住宅金融专门公司债权债务特别措施法案》等 6 个相关法案,取消 7 家住宅金融专门公司,一次性损失处理其无法收回的 6 万亿日元以上债权,成立"住宅金融债权处理机构"收购 7 家住宅金融专门公司的其余 6 万亿日元以上正常债权,并负责收回其债权。[①]

同年 2 月,厚生大臣菅直人代表政府承认国家在药品感染艾滋病问题上的责任,并向社会全面道歉,承诺推进永久治疗体制。实际上,早在 80 年代初美国就发表了非加热血液制品有可能传播艾滋病病毒的研究报告,但在日本"绿十字"等制药公司的贿赂下,医药制品主管部门厚生省下属艾滋病研究班班长安部英、生物制剂课课长松村明仁等"权威人物"坚持继续使用非加热血液制品。结果在 5 000 余名血友病患者中有 1 868 人感染艾滋病病毒,截至 1996 年 8 月,已有 438 人死亡。因该案件被捕的"绿十字"制药公司社长松下廉蔵是高级官僚,在厚生省药务局长任上退职后,1978 年到绿十字制药公司任副社长、社长。从 1978 年到 1982 年,该公司发展速度惊人,在短短的五年时间里,销售额从 367 亿日元增加到 804 亿日元,经常利润从 72 亿日元增加到 128 亿日元,其原因是接受高级官僚后可以很快得到新药上市的许可。[②]

1996 年 6 月,桥本内阁发表《确立日本具有活力的行政体制——对应超高龄化社会与大竞争时代》(简称"桥本行政改革目标"),其主要目的是将通过行政改革实现所谓"小政府"作为政权的象征。同时内阁会议正式决定将消费税率从 3% 提高到 5%,从 1997 年 4 月 1 日开始实施,但废除了所得税、居民税的特别减税措施,也没有进行法人税的改革,因而桥本首相的财政政策被称为"通过增税克服财政赤字"。同年 7 月 29 日,桥本首相借口自己的生日以首相的身份参拜了靖国神社,遭到内外

---

① 蔡林海、翟锋:《前车之鉴——日本的经济泡沫与"失去的 10 年"》,经济科学出版社 2007 年版,第 73 页。
② 文艺春秋社编『日本の論点'99』,文艺春秋、1998 年、287 頁。

舆论的批判。

在美军冲绳基地问题上，4月12日，桥本首相与美国驻日大使达成协议，对包括普天间基地在内的美军在冲绳基地进行整理、合并、缩小。但由于大田昌秀知事继续拒绝代理土地所有者在强制使用土地的文件上署名，桥本首相提出三项行政诉讼。8月28日，最高法院判决国家在代理署名诉讼中胜诉。9月8日，冲绳县居民投票表决是否赞成整理美军在冲绳基地以及修改日美地位协定，结果投票率为59.53％，赞成票为有效选票的91.26％。9月10日，内阁会议决定了50亿日元的基地特别调整费，在同日举行的桥本首相和大田知事的会谈中，大田知事对中央政府采取的措施表示给予一定的评价。9月13日，大田知事表示在美军使用土地等文件上代理署名，为此桥本首相撤回职务执行命令诉讼。[1]

9月27日，召集临时国会后宣布解散众议院举行大选。9月28日，以社民党、先驱新党为中心，也有新进党出身的57名国会议员（52名众议员和5名参议员）组成民主党，实施双首长制，党代表是原先驱新党的菅直人和原新进党的鸠山由纪夫。同一天，社民党选举土井多贺子为新党首。

10月21日举行的大选是新选举制度下的首次选举，在竞选过程中，各个政党没有提出明确的施政目标，而且政策也大同小异，未能吸引选民的注意，因而投票率为历史最低的59.7％。[2] 结果自民党获得239席，比选举前增加28席；新进党获得156席，比选举前减少4席；尽管新成立的民主党引人注目，但仍然维持52席；日本共产党获得26席，比选举前增加11，甚至获得两个小选区席位；选举前出现分裂的社民党和先驱新党遭到惨败，社民党从选举前的30席降到15席，先驱新党从9席降到2席。[3]

11月7日，第二次桥本内阁成立，社民党、先驱新党政权外合作，即

---

① 藤本一美『戦後政治の決算：1971—1996』、専修大学出版局、2003年、386頁。
② 小野耕二『日本政治の転換点・新版』、青木書店、1998年、195頁。
③ 藤本一美『増補「解散」の政治学——戦後日本政治史』、第三文明社、2009年、263頁。

其成员不担任内阁职务,参加三党政策协议机构,在国会指名选举首相时投票支持桥本。因此,1993 年自民党失去政权后 3 年 3 个月重新单独执政。自民党在众议院的议席不过半数,在参议院议席占有率只有44%,因而需要社民党的支持。

在新进党方面,大选投票日第二天细川护熙在党最高咨询会议上提出分党构想,羽田孜表示赞成,但小泽一郎和海部俊树反对,细川和羽田只好撤回分党构想,并继续支持小泽为党首。其后羽田与小泽的对立加剧。12 月 26 日,脱离新进党的羽田等 13 名议员成立"太阳党",党首为羽田孜。

为彻底解决美军基地使用土地问题,桥本内阁在 1997 年春季的通常国会上提出《驻留军用地特别措施法修正案》,其主要内容是冲绳的美军在土地使用期限后可以合法地继续使用土地。为此,桥本首相与大田知事在 3 月 25 日就修改法案和削减驻冲绳美军等问题进行会谈,但没有达成妥协。因社民党反对该修正案,以执政党三分之二多数表决通过失去可能性。但在自民党内部存在以加藤纮一、野中广务为中心的自民党、社民党、先驱新党合作派和以梶山静六、龟井静香为中心的自民党、新进党合作派,新进党内部反小泽派也希望与自民党合作。加藤等人做民主党、太阳党的工作,梶山等人推动与新进党的合作。4 月初桥本首相与小泽新进党党首会谈,结果修正案以自民党、先驱新党、新进党、民主党、太阳党的绝对赞成通过。[①]

1997 年 9 月 8 日,桥本无投票再次当选自民党总裁。在 9 月 29 日召集的第 141 届临时国会上,桥本内阁提出《关于推进财政结构改革的特别措施法》(简称"财政结构法"),并得到通过。其主要内容是为健全财政,到 2003 年国家及地方的财政赤字减少到 3% 以下,停止发行赤字国债等。12 月 24 日,桥本内阁决定投入 30 万亿日元公共资金稳定金融

---

① 読売新聞社東京本社世論調査部『二大政党時代のあけぼの:平成の政治と選挙』、木鐸社、2004 年、105 頁。

体制,在 1998 年 2 月的通常国会上通过了《金融机构功能稳定化紧急措施法》,并成立"金融危机管理审查委员会",审查各大银行的经营状况后决定向 21 家银行注入公共资金。

进入 1997 年以后,小泽一郎领导的新进党支持率降到一位数,同年 1 月其参议员因政治资金丑闻被捕,同时因比例代表区名薄顺序党内产生对立。6 月细川护熙前首相离党,7 月的东京都议会选举未获得议席,到 10 月离党者突破 30 人,自民党却因此获得众议院过半数席位。旧公明党集团在 1997 年 5 月组成议员团体"公友会",并批判小泽一郎的保守政党联合路线,声明撤回在参议院和地方议会中与新进党合并的计划,单独进行参议院比例区选举。在 12 月 18 日举行的新进党党首选举中,小泽一郎以较小的差距再次当选,但与旧公明党集团及创价学会发生全面对立,已经加入新进党的旧公明党参议员离党。12 月 27 日,实施"纯化路线"的小泽一郎宣布解散新进党,分成以小泽一郎为首的"自由党"、以鹿野道彦为首的"国民之声"、由众议院原公明党成员组成的"和平新党"、由参议院原公明党成员组成的"黎明俱乐部"、由原民社党成员组成的"友爱新党"、以小泽辰男为首的"改革俱乐部"等六个政党。随后"国民之声""太阳党"与以细川护熙为首的"从五开始"合并为"民政党"。1998 年 4 月 27 日,民主党、友爱新党、民政党、"民主改革联合"合并为"新民主党",成为拥有 131 个众参两院议员的第二大政党。党代表为菅直人,干事长为羽田孜,代理干事长鸠山由纪夫。

1998 年 5 月 30 日,社民党决定停止与桥本内阁的合作。同年 7 月 12 日,举行参议院选举,自民党改选 60 席,仅获得 44 席;新民主党一举获得 27 席,在比例代表区的得票接近自民党;日本共产党获得历史最多的 15 席,成为参议院第三党;"黎明俱乐部"与原"公明"合并为的"公明"9 席,自由党 6 席,社民党 5 席等。投票率为 58.8%,超过上一次参议院选举投票率 14 个百分点,这是因经济形势恶化转而支持在野党的无党派选民大量增加所致。选举结果明确后,桥本首相立即表示辞职。

三、桥本政权的外交政策

1996 年 4 月 17 日,美国总统克林顿访问日本,与桥本首相会谈后发表了《日美安保共同宣言》,在重新确认日美安保体制重要性的基础上,表示缩小冲绳美军基地、为亚太地区的稳定美军在远东维持 10 万人的兵力、修改日美防卫合作指针以应付远东地区出现紧急事态等。在首脑会谈之前,日美两国政府达成协议,将占冲绳美军基地总面积 20％的 11 处设施归还日本,其中包括在 5—7 年之间将普天间机场全面归还日本。1997 年 4 月 25 日,桥本首相与克林顿总统再次举行首脑会谈,在驻日美军的兵力构成上达成维持现状的一致意见。

1997 年 9 月,日美两国政府有关部门完成对《日美防卫合作指针》的修改,公布了"新指针"。其主要内容为平常时期的合作、日本受到武力侵略时的合作以及日本周边地区发生不测事态时的合作,特别是对最后一项作了十分详细的规定,即在日本周边地区发生"对日本的和平与安全有重大影响"的事态时,第一,日美两国战时援救难民、海上搜索、撤离非战斗人员等的各自行动;第二,日本在提供自卫队以及民间设施、为美军运输战争物资、后勤服务等方面与美国军队进行合作;第三,日美在收集情报、警戒监视、扫雷等方面进行合作。为落实"新指针"所规定的具体内容,桥本内阁在 1998 年 4 月将有关三个法案即《周边事态安全保障法案》《日美相互提供物品及劳务协定修正案》及《自卫队法修正案》提交国会审议。①

1996 年 12 月 2 日,在东京召开的日美安全协商委员会批准冲绳特别行动委员会有关普天间机场的最终报告,在冲绳县名护市的美军施瓦布兵营附近建设海上航空基地。1997 年 12 月 21 日,名护市居民为此进行投票表决,结果反对票为 52.86％,导致市长辞职。1998 年 1 月,大田

---

① 讀売新聞社東京本社世論調査部『二大政党時代のあけぼの：平成の政治と選挙』、木鐸社、2004 年、102 頁。

昌秀冲绳县知事表示反对建设海上航空基地,但在 2 月举行的名护市市长选举中,推进建设的候选人当选。1999 年底,名护市同意建设海上航空基地,但附加了使用期限为 15 年的条件,后来日美双方达成暂时搁置使用期限问题。

桥本龙太郎在担任村山富市内阁的通产大臣时经历了艰难的日美贸易谈判,尽管在 1994 年 9 月经过 20 多天的谈判,桥本通产大臣在华盛顿与美国贸易代表坎特就政府采购和保险市场领域达成协议,但 1995 年 1 月 25 日开始的汽车贸易谈判十分困难。由于汽车有关产品在日本对美贸易顺差中占一半以上比例,自然不肯让步,双方在汽车零部件采购、外国汽车经销商、放宽修配零部件限制等三个问题上始终相持不下。到 4 月中旬,美国表示如果不能在汽车贸易上达成协议,将在 5 月对日征收数十亿美元的惩罚性关税。①

5 月 5 日,桥本通产大臣与坎特贸易代表在温哥华的谈判破裂,坎特在 16 日宣布拟对从日本进口的 13 种豪华车征收 100％关税,约 59 亿美元。在 6 月 19 日举行的日美首脑会谈中,村山首相要求美方收回制裁措施。6 月 22 日,日美双方代表在日内瓦举行谈判,在美国规定的最后期限 6 月 28 日,桥本通产大臣与坎特贸易代表终于达成妥协。其内容主要是美国单方面提出的数值指标:到 1998 年日本汽车公司将增加 67.5 亿美元的美国汽车零部件采购、日本汽车公司在美国生产的汽车从 210 万台增加到 1998 年的 265 万台、到 1998 年日本汽车公司将增加 60 亿美元的外国汽车零部件采购用于在日本生产汽车、到 1996 年底美国公司将在日本获得约 200 个新汽车销售点,到 2000 年增加到 1 000 个。②

桥本担任首相后日美贸易摩擦及其谈判仍然持续。1996 年 1 月 19 日,美国政府通告正在访美的池田行彦外务大臣希望日本在克林顿访日

---

① 刘世龙:《美日关系(1791—2001)》,世界知识出版社 2003 年版,第 659 页。
② 細谷千博ほか編『日米関係資料集:1945—97』、東京大学出版会、1999 年、1327—1328 頁。

之前在空运货物、保险、照相胶卷、半导体等四个领域与美国合作，即延长日美在 1991 年缔结的半导体协定、日本进一步开放胶卷市场、维护美国航空公司在日本的利益、维护美国保险公司在日本的利益等。克林顿总统访日之前，日美就空中货物沿着扩大双方权益的方向制定了协议文件，在保险问题上也开始进行谈判。克林顿总统访日之后，美国不断施加压力，要求日本在半导体和保险问题上做出让步。

经过多次谈判，日美在 1996 年 8 月达成有关半导体贸易的协议，即取消由政府进行外国半导体市场占日本市场份额的调查和进行市场监督、由日美欧发起成立"半导体主要国家会议"取代日美双边协议、成立日美发起的"世界半导体会议"等，在发表的联合声明中也没有加入民间调查外国半导体在日本市场份额的内容；在胶卷问题上，日本认为不存在排他性市场封闭问题，因而拒绝与美国进行协商。于是美国在 1996年 6 月向世界贸易组织提出诉讼，但同年底世界贸易组织宣布日本胜诉；在空运物资方面，1996 年 4 月日美达成大幅度扩大双方航空公司权益的协议，但在旅客运送方面直到 1998 年 1 月才达成对等性的临时协定；在保险领域，日美双方在 1996 年 12 月达成协议，即汽车和火灾保险的保险费 1998 年 7 月 1 日前自由化、日本生命保险公司的损失保险子公司从 1997 年 1 月 1 日起有限进入疾病保险和伤害保险等领域、2001 年前取消对外资保险公司的保护措施等。[1]

1996 年 12 月 17 日，14 名恐怖分子袭击了正在举行天皇诞辰招待会的日本驻秘鲁大使公邸，将参加招待会者作为人质，要求释放监狱中的同伙。秘鲁总统藤村表示决不让步，双方进入僵状态。1997 年 2 月，桥本首相在加拿大与藤村总统会谈，同时在 3 月派遣首相特使到古巴，请求卡斯特罗议长合作接受犯人。4 月 22 日，秘鲁特种部队突击进入日本大使公邸，经过激烈枪战，救出包括日本大使在内的 71 人，一名人质和一名士兵死亡，犯人全部被打死。

---

[1] 『朝日新闻』1996 年 12 月 15、17 日。

上述事件结束后,桥本首相积极展开对俄外交。1997 年 6 月,俄罗斯首次参加在美国举行的发达国家首脑会议,桥本首相表示欢迎。同年 7 月,桥本首相提倡与中亚各国等进行交往"欧亚外交",并提出"信赖""相互利益""长期视角"等对俄三原则,表示可以脱离"政经不可分原则"解决北方领土问题。11 月,桥本首相在俄罗斯远东地区的海参崴会见叶利钦总统,双方就尽力在 2000 年之前缔结日俄和平条约问题达成一致意见。1998 年 4 月,桥本首相邀请叶利钦总统访问日本,并在静冈县川奈举行首脑会谈,桥本首相提出在择捉岛和乌鲁普岛之间划分最终国境线、目前暂时承认四岛的施政权、不明确归还日期的解决领土问题新提案。

在对华关系上,桥本内阁也表示出较为积极态度。1995 年 5 月和 8 月,中国分别进行两次核试验,日本政府表示根据 1991 年 4 月海部俊树内阁发表、1992 年 6 月宫泽喜一内阁决定的《政府开发援助大纲》中有关针对开发和制造大规模破坏性武器的规定冻结对华无偿援助。中国政府宣布 1996 年 7 月 30 日之后停止核试验,并在同年 9 月签署联合国禁止核试验条约,1997 年 3 月日本政府恢复了因中国核试验而冻结的无偿援助。

但桥本内阁时期中日关系也有不和谐之音。1997 年 2 月 24 日,日本驻联合国大使小和田恒向安南秘书长提出"钓鱼群岛为日本领土"的书信。5 月 6 日,新进党众议员西村真吾及原运输大臣石原慎太郎等 10 多人在钓鱼群岛登陆,这是国会议员在战后第一次登陆钓鱼岛。在"日美防卫合作新指针"涉及的"周边地区"范围上,桥本首相始终持模糊态度。1997 年 7 月自民党干事长加藤纮一访问中国时表示"周边有事的对象没有假设中国",但官房长官梶山静六立即在电视台的访谈节目中明确表示"理所当然地包括台湾海峡"。中国外交部发言人在回答记者提问时对此进行强烈的抨击,但桥本首相依然含糊其词,一再强调着眼事态的性质,而不是地理概念。

1997 年 9 月 4—7 日,应中国国务院总理李鹏邀请,桥本首相对中国进行正式友好访问,李鹏总理同桥本首相举行会谈,就双边关系以及共同关心的问题坦诚地交换意见,江泽民主席、乔石委员长等中国领导人分别会见了桥本首相。访问期间,桥本首相向人民英雄纪念碑敬献了花圈,并在国家行政学院发表了题为《新时代的日中关系》的演讲。桥本首相还作为战后日本首相首次访问了中国东北地区,在沈阳参观了"九一八"事变博物馆,并在留言薄上写道"和平是重要的",明确表示"之所以访问沈阳是因为我希望正视过去并建立着眼于未来的关系,在今天参观了'九一八'纪念馆后,这一愿望就更加强烈"。

1997 年 11 月 11—16 日,中国总理李鹏对日本进行正式访问,这是中国总理 1989 年之后首次访问日本。访日期间李鹏总理与桥本首相举行了会谈,会谈后一起出席了《中日渔业协定》和《中日发展资金合作项目换文》两项文件的签字仪式。另外李鹏总理还拜会了日本天皇明仁,会见了日本前首相中曾根康弘、竹下登、海部俊树、细川护熙、羽田孜及日本社民党首土井多贺子、新进党党首小泽一郎和民主党代表菅直人、日本众议院议长伊藤宗一郎和参议院议长斋藤十郎等人,并参观了NEC、本田技研、丰田汽车厂等大企业,访问了奈良、名古屋和大阪等城市。

第四节　经济与社会

一、经济进一步衰退

尽管 1994 年 7 月日本银行宣布经济恢复景气,同年 9 月经济企划厅也发表报告说经济萧条结束,萧条的锅底为 1993 年 10 月,但各种经济指标并没有好转的迹象,而且国民也没有经济恢复的感觉。据统计,1994 年日本汽车产量比前一年减少 6％,为 1 055 万辆,连续四年减少并低于美国的产量。1994 年百货商店销售额比前一年减少2.6％,超级商场也减少 1.6％。1995 年 6 月,经济企划厅宣布 1994

年经济增长率为 0.6%。

1995 年 4 月 19 日,东京外汇市场出现 1 美元兑换 79.75 日元的瞬间值,日元创历史最高币值。尽管如此,企业特别是大企业经营状况稍有好转,1995 年度和 1996 年度经济增长率分别达到 3.0% 和 4.4%。但各种潜在危机开始显露,例如金融机构的不良债权问题逐渐爆发,小规模金融机构不堪重压纷纷倒闭,维持经营的金融机构也慎重放贷,导致各种企业尤其是制造业的中小企业短期资金不足而倒闭,大企业为提高竞争力而大量裁员,失业问题逐渐严重。

1994 年,东京都的东京协和信用金库与安全信用组合等中小金融机构均因在泡沫经济时期向房地产业乱融资,在泡沫经济崩溃后由于拥有大量不良债权而相继破产。1995 年 7 月,东京都知事命令东京的蒲公英信用组合停止营业,该信用组合贷款总额的 72% 为不能回收的不良债权,金额高达 3 500 亿日元。命令发出后立即引发"提款风波",使其陷入破产境地。同年 8 月,大阪府知事向木津信用组合发出停止营业的命令,也引起"提款风波"。不久神户第二大金融机构兵库银行因无法收回 7 900 亿日元的贷款而面临破产。

1996 年 6 月,桥本内阁鉴于经济恢复景气,决定从 1997 年 4 月 1 日开始实施税率为 5% 的消费税,同时停止所得税、居民税的特别减税,并提高工薪阶层的医疗个人负担比例,国民承受 9 万亿日元的增税负担。结果从 1997 年 4 月开始,汽车和连锁店消费连续六个月下跌,导致日本经济在 1997 年第二季度出现石油危机以来最大的负增长,高达 11.2%。[①]同年 7 月,东亚金融危机的爆发进一步加剧了日本经济恶化的速度。

1997 年 4 月,中型人寿保险公司"日产生命保险公司"宣告破产,是战后首次破产的保险公司。同年 9 月 18 日,日本流通业巨头八百伴破产。1929 年创业的该商业集团在半个世纪内发展成为在世界 15 个国家拥有 400 家店铺的巨大零售、流通连锁商店,最盛时期年销售额 5 000 亿

---

① 朱文晖:《日本:又一次失败》,江苏人民出版社 1998 年版,第 55 页。

日元。八百伴 1992 年进入中国，1995 年在上海开设规模居世界第二位的大型百货商场，但 1997 年因负债 1 613 亿日元申请《公司更生法》。

　　1997 年 10 月以后，东南亚金融危机逐渐影响到日本，日本企业和国内经济明显受到较大的冲击。因为当时日本向东南亚地区投资达到 24 万亿日元，进口为 1 200 亿美元，出口为 1 700 亿美元，日本银行对该地区主要国家的未清偿贷款余额为 970 亿美元，经济关系非常密切。在整个 10 月，日本企业的破产数量创 11 年以来的最高点，据日兴经济研究中心预测，东南亚金融危机将使日本国内生产总值增长率下降 0.7%。11 月 14 日，经济企划厅的报告正式承认日本经济陷入停滞状态。

　　同年 11 月 3 日，日本第七大证券公司三洋证券因在金融机构之间的短期交易市场中无法履行债务而向东京地方法院申请运用"公司重建法"，实际上已经破产。11 月 17 日，北海道拓殖银行因拥有大量不良债权、股价下跌、资金周转困难成为城市银行中第一个破产的金融机构。日本银行体系分为城市银行、地方银行、金库和信用社等级别，城市银行为最高级别，全日本共有 10 家，拓殖银行排在最后。但该银行是北海道地区最大的银行，拥有 97 年的历史和 5 500 名员工，北海道近 40% 的企业以其为主银行，也是最早进入中国市场的日本银行，80 年代在深圳和广州开设分行。该银行泡沫经济时期大量投资房地产及疗养设施等开发项目，早在 1993 年媒体就报道该银行的不良债权高达 8 000 亿日元，随着股价和地价的下降其不良债权越来越少。客户纷纷提取存款，仅在 1997 年 9 月就达到 2 500 亿日元。1994 年 3 月，拓殖银行拥有存款 8.7 万亿日元，到 1997 年 9 月底仅剩下 5.9 万亿日元，其股价跌到每股 50 日元，仅比票面价值高 9 日元。同年 10 月，该银行因无法拆借市场调集资金而陷入经营危机，大藏省和日本银行安排北海道第三位的北洋银行将其兼并。①

---

① 蔡林海、翟锋：《前车之鉴——日本的经济泡沫与"失去的 10 年"》，经济科学出版社 2007 年版，第 74 页。

11 月 24 日，四大证券公司之一的山一证券正式宣布倒闭，其原因是向黑社会性质的"总屋会"提供利益、填补有关企业的利润损失、巨额的账外债务等。野泽正平社长在会见记者时嚎啕大哭，强化了日本民众对金融体制危机的印象，同时也对监督金融机构的大藏省失去信赖。山一证券公司具有百年历史，在日本有 117 家分社，雇员 7 487 人，客户 8.2 万个。该公司因与客户非法交易而拥有大量正常财务报表上没有记录的"账外债务"，其数额高达 3 300 亿日元，占资本额的 76.5%。

宫泽喜一前首相向桥本首相建议投入公共资金克服危机，梶山静六也主张发行 10 万亿的国债。自民党在 12 月决定实施投入 30 万亿日元的稳定金融体制对策，桥本首相在紧急会见记者时表示以发行赤字国债为基础减少 2 万亿所得税。[①] 但为时已晚，1997 年度日本国内生产总值比上一年减少 0.7%，为 23 年以来的首次负增长。1997 年日本共有 16 365 家企业破产，比 1996 年高出 12.5%，是 1986 年以来的最高峰。[②]

在 1998 年 1 月召集的通常国会上，桥本首相表示"日本决不会出现金融危机"，但金融机构的经营危机不仅依然存在，而且大藏省官僚的渎职事件陆续曝光。1 月 18 日，日本道路公团理事井板武彦被捕，他在任大藏省金融检查部长时，将代理道路公团在国外发行债券的权利从日本长期信用银行转到野村证券公司，因此以接受各种豪华招待、赊账购物等形式从野村证券公司得到巨额贿赂；1 月 26 日，大藏省金融证券检查室长宫川宏一、金融检查课课长助理宫内敏美因涉嫌向第一劝业银行等四家城市银行事先透露检查日程，从中受贿而被捕，大藏大臣三塚博、事务次官小村武因此引咎辞职；2 月，原为大藏省官僚的国会议员新井将敬因涉嫌接受日兴证券公司的贿赂而被检察机关发出逮捕令，结果新井自杀；3 月 5 日，大藏省证券局总务课课长助理榊原隆、高级政权交易检查官宫野俊男因涉嫌向证券公司提供方便，接受对方贿赂而被捕；4 月 27

---

① 読売新聞社東京本社世論調査部『二大政党時代のあけぼの：平成の政治と選挙』，木铎社、2004 年，107 頁。
② 朱文晖：《日本：又一次失败》，江苏人民出版社 1998 年版，第 73 页。

日,大藏省部级 12 名官员因接受不正当招待而受处分,银行局审议官杉井孝被免职,证券局长长野庞士辞职。①

1998 年 4 月,日本政府正式启动改革金融体制的所谓"金融大爆炸"。其中心思想是"自由、公正、国际化",取消对银行、政权、保险等事业领域的业务限制,引进金融控股公司制度,开放手续费的自由设置和国内外金融交易,按照国际化标准修改法律和会计制度。具体措施有修改《外汇兑换法》使银行可以吸收国民的外币存款、修改《银行法》和《保险业法》以便可以自由设置财产保险金投保比例、修改《政权交易法》取消证券业许可制度后网络证券公司可以营业等。②

另一方面,桥本内阁在 2 月向金融机构提供公共资金的《金融功能安全措施法》,在 3 月向 21 家银行提供了 1.8 万亿日元的公共资金。与此同时,自民党决定实施追加 10 万亿日元的景气对策。3 月 24 日,日本公布了一系列重要的经济数据,对政府的整体经济政策产生重大影响。超级商场与汽车商店的销售额连续 11 个月下降,2 月份超级商场销售价格比前一年下降 5%,百货商店下降 6.6%,国内汽车销售额下降 21.2%。因此,桥本内阁在 4 月颁布"紧急经济对策",包括社会资本、公共事业、金融对策、永久减税等投资规模达到 16 万亿日元,为此发行 12 万亿日元的国债。5 月,国会通过《财政结构改革法修正案》,将健全财政目标的年限延长两年。尽管在 7 月的参议院选举过程中,桥本首相明确表示"永久减税",但不仅没有赢得选举的胜利,而且经济形势进一步恶化。

经济萧条直接影响到地方财政以及社会保障体制。战后日本的地方自治在居民服务方面发挥较大作用,地方行政大多为国家的机关委任事务。公共事务国家承担三分之一,地方承担三分之二;在财政收入方面恰恰相反,国家税收占三分之二,地方税收占三分之一,国家通过地方

---

① 文艺春秋社编『日本の論点'99』、文艺春秋、1998 年、158 页。
② 黄亚南:《谁能拯救日本——个体社会的启示》,上海世界出版股份有限公司 2009 年版,第 113 页。

交付税的形式再分配财源。这样一来,地方行政明显受到国家影响,而且成为国家的下属承包者。因 1992 年经济为零增长,地方税缺口 1.6 万亿日元,地方交付税缺口 1.7 万亿日元,前者以发行地方债的方式弥补,后者以资金运用部资金提供贷款给交付税特别会计的方式弥补。地方交付税的来源是国税三税(所得税、法人税、酒税)的 32%,消费税的 19.2%,烟草税的 25%。经济萧条税收减少,地方交付税也减少,1994 年借款 3.6 万亿日元弥补缺口。① 地方自治体负担偿还该项借款的半数,结果与地方债一道成为地方财政破产的原因,直接影响到居民的社会福利。

80 年代以后,为健全政府财政,日本逐渐减少社会保障中的国家负担比例,提高个人负担比例。例如在 1992 年度的国民健康保险中,国家负担比例从 49.8%下降到 35.7%,居民交纳的保险费却增加了 1.8 倍。30%的国民加入国民健康保险,每个家庭每年负担 14.9 万日元,结果有 13 万个家庭 30 万人未支付医疗保险金。养老金制度也在 80 年代以后进行改革,逐渐提高交纳数额。1994 年 11 月国会通过《养老金改革相关法案》,厚生年金等支付年龄分阶层逐渐提高到 65 岁。养老金保险费 1995 年为每月 1.17 万日元,每年增加幅度为 500 日元加消费物价上升率。老龄基础养老金满 40 年的支付额计划为每月 6.5 万日元,但 1993 年的实际状况是国民年金每月平均 3.46 万日元,厚生年金为 15.166 万日元,共济年金为 19.114 万日元。随着领取养老金者增加,国家负担比例下降,个人负担比例在上升,严重影响到居民消费的欲望。

从 1992 年 8 月到 1998 年 4 月,日本政府共实施了六次经济景气对策,投资规模超过 70 万亿日,其中公共投资占 70%以上。但其效果不明显,其主要原因是没有针对国民生活相关领域投资,难以唤起消费性需求。相反地方自治体为进行公共事业而发行债券,增加了居民的负担。所谓公共事业是指中央政府及地方自治体为主体进行的公共设施投资

---

① 金子贞吉『戦後日本経済の総点検』、学文社、1996 年、297 頁。

及其维护公共设施,分为国家的直辖事业、地方公共团体接受国家补助金的辅助事业和地方自治体自己负担的单独事业,公共投资是指公共事业中的资本支出。公共事业关系费大体包括道路等产业基础设施费、上水道等生活环境建设费和治山治水等国土保护费,各个省厅均有巨额公共事业费,其比例长时期固定化。1994 年 10 月制定的公共投资基本计划,从 1995 年到 2004 年总额为 600 万亿日元。[①]

90 年代日本每年的建设投资超过 80 万亿日元,其中政府投资比例从 1990 年度的 31.6% 上升到 1994 年的 45.5%,其中 36.% 为土木工程投资,较少投入公共住宅及下水道建设。发达国家公共住宅的比例英国为 23.5%,德国为 17%,法国为 14.4%,日本为 6.7%;下水道普及率英国为 96%,德国为 86%,法国为 68%,日本为 47%,均落后欧洲发达国家。

另一方面,进入 90 年代以后,工薪阶层收入增长处在停滞状态,也影响到其消费。例如工薪阶层的总收入 1985 年每月平均为 75.3 万日元,1992 年超过 100 万元,1994 年仅为 104 万元;可支配收入 1985 年每月平均为 37.4 万日元,1990 年为 44 万元,1994 年为 47.4 万日元;消费支出 1985 年每月平均为 29 万日元,1990 年为 33.2 万日元,1992 年为 35.3 万日元,1994 年为 35.3 万日元。1992 年以后消费没有增长,显然是收入停滞的缘故。[②]

随着日元的急剧升值,日本企业加快了对外投资的速度。1993 年对东南亚地区的投资额为 66.3 亿美元,1994 年急速增加到 99.3 亿美元。根据通产省的调查,制造业中海外生产比例 1985 年为 3%,1993 年上升到 7.4%。其中运输机械为 17.3%,电气机械为 12.6%。在 1983—1993 年间,东京的中小企业减少 2.75 万家,同一时期日本在海外的制造业法人企业增加了 1.604 3 万家。由于制造业转移到海外,1995 年国内雇佣

---

① 金子贞吉『戦後日本経済の総点検』、学文社、1996 年、304 頁。
② 金子贞吉『戦後日本経済の総点検』、学文社、1996 年、306 頁。

减少 11 万人。1991—1994 年,音响机器业减少 40％,约为 6.1 万人,录像机械业减少 46％,约为 5.4 万人,电气机械制造业全体减少 21.4 万人,汽车等运输机械产业减少 9.1 万人。这种产业空洞化带来失业人数上升,1993 年 3 月,完全失业者人数为 208 万人,失业率为 3.2％,到1995 年 3 月,人数上升到 219 万人,失业率为 3.3％。[①]

二、日本式经营的破绽

在泡沫经济时期,日本企业大规模在直接金融市场筹措资金,并将这些资金投入到金融资产和土地交易上,通过资本运作获取巨大利益,称为“(理)财技(术)”。1985 年以后日元大幅度升值,对日本出口企业打击较大,但在金融自由化的背景下,通过资本市场的投资可以弥补主要业务的损失。例如日本第二大汽车制造企业“日产”公司 1986—1987 年的事业年度里濒临亏损边缘,但该公司在证券交易中获利颇多,因而在财务收支上表现状况良好。日本最大汽车制造企业“丰田”公司在 1988年的金融交易中获得 1 490 亿日元的利润,同年还将 1.7 万亿现金投到离岸金融市场使其升值。另外,三洋电机、铃木汽车、松下电器等大企业也纷纷投资金融证券市场。据大藏省法人企业统计季报的数据显示,日本企业筹措的资金总额在 1980—1985 年平均每年为 38.0 万亿日元,在1986—1989 年每年平均达到 81.2 万亿日元,增加了两倍。在资金的运用方面,对金融资产的投资从 1985 年前的 7.9 万亿日元猛增到 1989 年的 25.9 万亿日元,增长了三倍,投资土地的比例也上升了两倍以上。[②]

日本大企业通过发行股票、普通公司债券、可转换公司债券在国内市场筹措资金,同时通过发行普通公司债券、无担保债券、可转换债券在国际市场筹措资金,进行设备投资。但在泡沫经济时期,大企业筹措的

① 金子贞吉『戦後日本経済の総点検』、学文社、1996 年、282 頁。
② 蔡林海、翟锋:《前车之鉴——日本的经济泡沫与“失去的 10 年”》,经济科学出版社 2007 年版,第 35 页。

资金多投资股票市场。1985 年以前,大企业对股票市场的投资年均 0.9 万亿日元,1989 年上升到 2.7 万亿日元。如果将无担保债券与外汇期货预约相结合,可以获得负利率的实惠,因而在 1987 年以丰田汽车为首的 86 家日本大企业发行的无担保债券总额达到 114 亿美元。

日本大企业通过上述方式使内部保留金和资本金不断增加。从内部保留金来看,资本金在 10 亿日元以上的工商大企业 1980 年为 30 万亿日元,1985 年为 51 万亿日元,1990 年为 102 万亿日元,1993 年为 125 万亿日元。在 1993 年底,439 家主要企业的内部保留金为 92 万亿日元,其中丰田汽车 4.502 0 万亿日元,日产汽车 1.517 9 万亿日元,日立 2.069 2 万亿日元,东芝 8 754 亿日元。[①]

1990 年股票价格急速下跌后,大企业通过证券市场筹措的资金规模也迅速减少,从 1989 年的 27 万亿日元下降到 1990 年的 5 万亿日元。通过借款的方式筹措资金成本较高,因而抑制了企业的设备投资。另一方面,随着股票价格的暴跌,不仅企业发行的各种债券受阻,而且需要偿还已经发行的各种债券,发行债券的企业和经营这些债券的金融机构均遭到严重损失,金融机构各种违法经营的丑闻也接二连三地暴露出来。

1990 年 10 月,因向大型集团"光进"账外贷款以及经营破产的伊藤万事件暴露,住友银行会长辞职;1991 年 5 月,协和埼玉银行董事长因借款 1 875 亿日元投资股票纠纷的"环形缝纫机工业"问题辞职;同年 7 月,野村证券公司会长及副会长因违法弥补大客户损失 1 500 亿日元以及向黑社会系列企业提供贷款等辞职;该证券公司在 1989 年因大量买卖东京电铁公司股票违反证券交易法而受到停止一个月营业的处分;与此同时,富士银行、协和埼玉银行、东海银行以虚构存款 4 500 亿日元为担保获得金融中介公司贷款投资土地的违法事件暴露;同年 8 月,东洋信用金库虚构大阪女性菜馆经营者存款 3 420 亿日元的非法事件暴露,兴业银行、住友银行、富士银行均涉及此事,几家银行的董事长、副会长等均

---

① 金子贞吉『戦後日本経済の総点検』、学文社、1996 年、306 頁。

辞职;1992 年 4 月,因来岛造船集团经营危机,东方相互银行伊予银行合并,存款保险机构提供 80 亿日元的援助等。

泡沫经济时期日本大企业在欧美国家的大量金融和服务业投资大多以惨败告终,继续坚持者也是惨淡经营。1985—1993 年,日本企业对美国的房地产投资为 773 亿美元,1994—1998 年,其中半数以低价抛售或将所有权转让。1994 年,日本青木公司以 5.61 亿美元将 1988 年以 15 亿美元购买的威斯汀旅馆出售;1995 年,三菱地产公司在损失 10 多亿美元之后,不得不将 1989 年购买的洛克菲勒中心控制权转让给该中心房地产公司;松下电器因经营不善将在 1990 年以 61 亿美元购买的美国娱乐企业 MCA 以 57 亿美元的价格转让给加拿大饮料公司①;同年 7 月,大和银行纽约分行职员长期挪用资金炒卖美国国库券损失 11 亿美元的事情暴露,银行首脑和大藏省为维持银行股价隐瞒 40 天后才通报美国联邦储备银行。美国方面勒令大和银行结束在美国的一切业务,三年内不得重返美国开业,并准备以伪造银行记录、妨碍司法公正等罪名全面起诉大和银行纽约分行;其他如第一劝业银行、住友银行等日本大型金融机构纷纷以低价出卖美国金融机构的股权,收缩海外业务,以挽救国内业务。

泡沫经济崩溃以后,经济衰退性的破产倒闭企业迅速增加。1990 年企业破产倒闭数量突破 1 万件,1993 年为 1.5 万件,1998 年突破 2 万件,即使维持经营的企业也遭到债务过剩、设备过剩、员工过剩的"三剩"问题困扰。日本企业的销售额和债务额之比在 90 年代一直呈上升趋势,在 1998 年达到最高值的 45%,其中非制造业为 52%,制造业为 34%。债务过剩是与过度设备投资有关,因而存在设备过剩现象。据经济企划厅的测算,1998 年 7—9 月间,日本企业所拥有的过剩设备达到 85.9 万亿日元,相当于 1997 年新设备投资的 99.4%。从具体产业上看,汽车生

---

① 黄亚南:《谁能拯救日本——个体社会的启示》,上海世界出版股份有限公司 2009 年版,第 42 页。

产能力为1 300万辆,实际生产1 000万辆,具有300万辆的过剩生产能力;钢铁生产能力为1.15亿吨,实际生产9 100万吨,具有2 400万吨的过剩生产能力;石油化工生产能力为800万吨,实际生产730万吨,具有70万吨的过剩生产能力。①

设备过剩导致开工率低下,同时意味着员工过剩。员工过剩在1993年开始表面化,到1994年达到150万人的水平。许多大企业发表了大规模的裁员计划,例如电信电话公司计划裁员11万人,日产汽车3.5万人,日立2万人,东芝1.8万人,富士通1.6万人,三菱汽车1.4万人,三菱电机8 000人,松下电器5 000人,NEC公司4 000人等,40家大企业共计划裁员15万人②,从而宣告了日本式经营的结束。

所谓日本式经营主要是指以"终身雇佣制""年功序列工资""企业内工会"为特征的日本企业经营方式。经济高速增长时期日本企业形成一种稳定的管理模式,即长期雇佣员工和定期晋职加薪。员工进入企业后,一直工作到退休,企业从基础开始培训员工,让其技术全面且适应性较强,同时按照员工的工龄、年龄定期加薪和升职。尽管员工年轻时精力旺盛,对企业的贡献较大,但其工资未必符合其付出。随着年龄的增长,虽然工作经验较为丰富,但精力明显下降,对企业的贡献也较少,工资却不断增加,实际上是事后补偿型工资制度,又加强了员工对长期雇佣的依赖。对员工来讲,因有终身雇佣和定期加薪的保障,可以事先安排购买住房、子女的教育费以及各种保险。在此基础上,形成了劳资合作的命运共同体。

1990年经济企划厅发表的《经济百皮书》称日本式经营是生产力最高的企业系统,"我国企业中常见的企业系统能够与自由市场经济兼容,在适应经济环境、提高生产力、使企业长期收益最大化方面,不仅具有合理性,而且具有相对的优越性"。"所以,我国企业到海外投资,在当地进

---

① 『日本经济新闻』1999年4月15日。
② 蔡林海、翟锋:《前车之鉴——日本的经济泡沫与"失去的10年"》,经济科学出版社2007年版,第81页。

行生产活动时也可以发挥其长处。实际上,在海外使用我国的企业系统而获得成功的事例相当多"。但泡沫经济随即崩溃,企业收益不再持续增长,难以维持终身雇佣和年功序列体制。

1995年,日本"经团联"发表题为《新时代的"日本式经营"——挑战的方向和具体措施》报告,提倡企业不要拘泥于传统的雇佣习惯,大胆地使用劳动力弹性化和流动化,从而削减人工费用,实现企业的低成本化。1996年版的《国民生活白皮书——安全安心生活再设计》也提醒国民放弃对政府的无限信任以及对企业的过度依赖,安全安心的社会出现阴影,支撑这种社会的系统开始动摇,国民需要对自己将来的生活重新设计。

在上述论调的基础上,著名的制造业大企业也开始抛弃日本式经营。泡沫经济之前,日本的汽车产业曾以独特的生产方式、低成本和高品质领导了世界汽车产业潮流,在泡沫经济时期盲目扩张,日本国内市场的汽车需求量每年大约在580万辆左右,但日本汽车企业却针对国内市场的汽车产量增加到每年780万辆的规模,不仅投资建设机器人自动化工厂,而且不断提高汽车的档次,增加了汽车设计和生产的成本。因此,泡沫经济崩溃后立即陷入经营危机,日产、富士重工汽车、铃木汽车、马自达汽车相继沦为亏损企业,本田汽车和丰田汽车也大幅度减少了销售利润。在1993—1996年之间,主要汽车厂家裁员1.5万多名,其中马自达汽车6 500人,日产汽车5 000人,丰田汽车2 200人,本田汽车1 000人等。在非常具有国际竞争力的电子和家电产业,松下电器、东芝、富士通、NEC等名牌企业也相继沦为亏损企业,被迫大量裁减员工。

90年代中期,日本盛行"企业改革",即通过企业的收买、合并、削减亏损部门等手段重新构成企业经营。其中在人事制度方面的内容有:终止终身雇佣和年功序列制度、减少企业主管人员并实施按照个人能力决定工资的年薪制、减少新录用人员、采用派遣人员(临时工)代替正式员工、鼓励员工提前退职等。①

---

① 西本孝:《在转换的日本经济格局》,载《日本展望》(中文版)1994年第7期。

三、居民投票与世纪末思想

进入 90 年代,特别是泡沫经济崩溃以后,日本国民不仅对政治失去信任,而且对行政也产生很大的不满。政府官僚与工商业界相互勾结,不仅造成泡沫经济带来的后遗症,而且其渎职行为成为"万恶之源是官僚""敲打官僚"的社会基础。1995 年媒体揭露大藏省主计局副局长和东京海关关长乘坐企业提供的飞机外出旅行,并借款进行不当投资获取巨额利润;1996 年媒体揭露厚生省事务次官冈光序治在近十年时间内,曾接受以经营老人院为中心的企业"彩色福利集团"提供的现金、高尔夫球会员证、高级轿车等巨额贿赂,冈光则利用职权,拨给该企业的政府补助金高达 104 亿日元[1];监督各级政府不当行为"全国市民公民权利代言人联络会议"1995 年成立,在同年 7 月召开的名古屋会议上公布各地方自治体使用 29 亿日元进行接待中央省厅官僚及议员的"官官接待"活动,引起巨大反响。不仅村山首相在全日本知事会议上要求各地方自治体自我约束,而且"官官接待"也成为当年的流行语。随着调查的深入,发现许多虚构的接待和出差等经费,用于地方自治体职员的宴会等活动,例如秋田县在 1994 和 1995 年两年不正当使用资金 4 亿多日元,该县知事被迫引咎辞职。1998 年 2 月,"全国市民公民权利代言人联络会议"公布,在 22 个都道府县中以粮食费及出差费等名义支付的公共资金高达 402 亿日元。[2]

为维护自己的权利和生活环境,90 年代中期,日本出现直接民主主义的居民投票及其条例化运动。1996 年 8 月进行了最初的居民投票,即新潟县卷町围绕核电站建设的居民投票,结果反对票占多数。同年 9 月,冲绳县举行围绕缩小美军基地的居民投票,赞成票占多数。1997 年进行了 11 次居民投票,包括岐阜县御嵩町的垃圾处理场建设、冲绳县名

---

[1] 『SAPIO』1997 年 5 月 14 日号、103 頁。
[2] 小学館編集『日本 20 世紀館』、小学館、1999 年、971 頁。

护市的海上航空基地建设等。其中大阪府箕面市的居民投票得到当地议会的通过,并制定了最初的居民投票条例,即"市长认为有必要直接询问市民意见时可实施居民投票"。尽管在 1997 年的 11 次居民投票中通过当地议会审议的只有 4 件,但开辟了居民直接参加地方自治体行政的法律性基础,同时也存在不能就地方税、负担金等税收进行居民投票以及居民投票结果不具有法律约束力等局限性。

另一方面,1995 年阪神大地震时,个人志愿者和民间非赢利组织(NPO)积极参与救援活动,据统计,在发生地震到暑假结束的八个月之间,共有 130 万志愿者参加。1997 年 1 月,许多志愿者参加了清除俄罗斯油轮泄漏的海上原油活动。在这一背景下,日本政府在 1998 年 3 月 25 日颁布《特定非赢利活动促进法》(NPO 法),虽然没有采取税收上的优惠措施,但制定了 NPO 法人资格的认证制度,同时在海外进行活动的援助团体或环境保护团体的非政府组织(NGO)也是 NPO 的一种形态。1995 年时,日本有 351 个 NPO 团体,参加志愿活动的团体有 6 万多个,人数达到 500 万。在海外活动的日本 NPO 主要在亚洲和非洲地区,1994 年时亚洲有 30 个国家,非洲有 29 个国家,南美洲有 20 个国家等。[①]

泡沫经济崩溃后居民消费低迷,但消费的形式发生变化。取代郊区的大型超级商场,街头巷尾的便利店发展起来。小型的便利店商品齐全,24 小时营业,并提供各种各样的代表业务,对居民生活十分方便。从追求廉价的超级商场转化为追求方便的便利店,其背景是以自动记录器为基础的零售业信息收集、管理体制的形成,即便利店提供的快件传送及搬迁业务或者快餐食品等经济的柔软化、服务化,体现了高度大众消费社会的特征。深夜回家途中在便利店顺便购买盒饭、糕点、矿泉水饮料等,或者在快餐店吃晚饭逐渐成为普通居民的生活风景。1995 年 7 月,《制造物责任法》正式实施,该法明确规定了企业因产品缺陷对消费

---

① 小学館編集『日本 20 世纪館』、小学館、1999 年、1023 頁。

者带来生命、财产损害时的赔偿责任。

90 年代日本的老龄化、少子化现象进一步深刻化。65 岁以上老年人在总人口中的比例超过 7％时为老龄化社会,超过 14％时为老龄社会,超过 21％时为超老龄社会。日本在 1970 年时进入老龄化社会,1994 年进入老龄社会,不仅速度快,同时出现少子化特征。以每位女性一生孕育子女数的合计特殊出生率统计,1989 年日本为 1.57,引起社会震动,少子化成为社会问题。1992 年的国民生活白皮书副标题是"少子化社会到来及其影响与对应",1995 年合计特殊出生率进一步降到 1.42,成为仅次于意大利、德国的少子化国家。

老龄化少子化社会带来许多问题,首先是养老金、医疗费等社会保障费用承担问题。1995 年每位日本人支付的社会保障费超过 50 万日元,其中 62％提供给老龄者,同年医疗费用的 43％使用在占人口总数 14％的老龄者身上,成为医疗保险赤字的最大原因。另一方面,随着老龄化的发展,领取养老金的人越来越多,而且因寿命的增加领取时间也越来越长,支付的养老金也不断增加。同时承担保险费和税收的劳动力人口因少子化而减少,1997 年老龄者人口首次超过未满 15 岁的人口。

其次是老龄者护理问题。在日本,"护理老人是家庭之事""增加政府负担耻辱"等传统意识较强,因而在社会福利性护理制度方面较为迟缓,但随着核心家庭化和少子化现象的突出,从时间和经济上家庭护理老人均成为家庭的较大负担。日本政府在 1989 年制定"黄金计划",1994 年制定"新黄金计划",推动社会福利性护理制度化。1995 年通过《护理休业法》,为护理患病的家族成员最长可获得三个月的休假。1997 年 12 月国会通过《护理保险法》,40 岁以上的日本国民每人每月负担 2 500 日元的保险费,在利用护理服务时承担 10％的费用即可得到护理服务。[①]

另外还有少子化问题及其对策。少子化的主要原因是养育子女负

---

① 小学館編集『日本 20 世纪館』、小学館、1999 年、987 頁。

担过大,据计算每个孩子到大学毕业需要 2 700 万日元左右。另外因女性就业增加带来工作与家庭两立困难、结婚年龄上升、未婚现象增加、住宅困难等也是少子化的原因。作为其对策,政府在 1992 年制定《哺乳期休假法》,在 1994 年制定《支援生育五年计划》,1995 年制定《紧急生育对策 5 年计划》等,但并未产生较为积极的效果。

因海外投资的急速增加以及经济萧条时期转移工作地点,单身赴任的父亲急速增加,年轻母亲对生育、教育子女缺乏自信,并产生焦躁心理,出现虐待儿童现象。1995 年,儿童咨询所接受的虐待儿童事件达到 2 722 件,比 1990 年增加 2.5 倍。"男工作,女家庭"的意识逐渐淡薄,赞成这种分工的 30 岁女性只有 20.6%,认为生育孩子快乐的日本母亲也只有 22.9%,美国则达到 71.6%。

在学校教育方面,学生自我否定、学生之间虐待、拒绝上学现象有增无减。据盛冈教育研究所在 1996 年 7 月进行的调查结果表明,自我否定的小学三年级学生为 34%,中学三年级的学生为 38%;根据文部省在 1997 年 8 月公布的数字,拒绝上学的中小学生达到 9.4 万人,比 1990 年增加近一倍;即使在上学的学生中,有 1.01 万人是在学校保健室度过大部分时间。

1997 年 5 月 27 日,在神户市一个中学的门前发现小学六年级学生的头部,并附有落款为"酒鬼蔷薇圣斗"挑战警方的声明书。6 月 28 日,警方以杀人嫌疑逮捕 14 岁的初中三年级男学生。7 月 15 日,以连续伤害小学女性的嫌疑再次逮捕该男生,后查明该男生杀害两名、伤三名学生。也许受该事件影响,同年妹尾河童出版的自传体小说《少年 H》成为上下卷发行超过 300 万册的畅销书,该书通过一个少年的眼睛描写了太平洋战争期间日本人集团心理的恐怖性和愚蠢性。

泡沫经济推动了日本国民的原始欲望,即使在泡沫经济崩溃以后依然以各种形式体现出来。1991 年 5 月在东京海边开始营业的一家迪斯科舞厅受到年轻人的欢迎,总面积有 1 200 平方米的舞场同时可以容纳 1 000 人同时跳迪斯科,同年夏天竟然月入场 3 万人以上。同年 11 月,处在事业顶峰的青春偶像演员宫泽理惠的全裸影集 *Sante Fe* 公开发售，立即成为当年畅销书第一位，销售总量超过 170 万册。① 虽然是全裸影集，但没有色情内容，充满青春气息与活力。正因如此，其不仅没有成为《刑法》第 175 条规定的"猥亵"罪，反而加速了禁止裸体的开放，并引起持续一段时间的裸体影集热。

成人录像片在 80 年代中期以后爆发性地普及开来，出现了一批甚至比影视明星还要有名的"成人片明星"。尽管进入 90 年代以后有所低落，但利用"美少女""巨乳"拍摄过激的性行为成为一种新模式。为追求真实性，成人录像片男演员与陌生的街头普通女性盗拍成人片或普通人寄自己录像的形式开始流行。

手机与网络的普及也在某种程度上推动了性解放意识。90 年代前半期，个人电脑普及率为 10%，从 90 年代中期开始急速普及，互联网也在此时普及，海外色情照片在网上流行成为社会性话题。手机的普及在日本十分迅速，1996 年用户超过 2 400 万，该年的增长率达到 134%。1997 年增加 58%，用户达到 3 573 万，1998 年拥护达到 4 499 万，人口普及率达到 35.5%。因此，80 年代出现的男女通过电话俱乐部介绍而互相交往的情况进一步发展。1996 年 10 月发表的东京都调查显示，有25% 的女中学生利用过电话俱乐部，其中的 3% 有包括性交易在内的"援助交际"行为，即通过与中年男性客人交往获得金钱等物质，"援助交际"也成为 1996 年的流行语。该现象发展成为政治问题，1997 年 10 月东京都议会对《青少年健全培养条例》进行修正，专门增加"嫖娼等处罚规定"。②

1997 年 2 月，日本著名作家渡边淳一的《失乐园》出版。该小说描述了一对中年男女的婚外情，最后两人因社会压力在性爱的高潮中自杀。该书引起因泡沫经济崩溃而使在爱情、事业两方面均未获成功的

---

① 黄亚南：《谁能拯救日本——个体社会的启示》，上海世界出版股份有限公司 2009 年版，第 27 页。
② 小学馆编集『日本 20 世纪馆』、小学馆、1999 年、991 頁。

中年男女的强烈共鸣,因而该书出版当年成为上下卷发行近 300 万册的畅销书,根据该小说改编的同名电影和电视连续剧均获得好评,电视连续剧最后一集的收视率甚至达到 27％,"失乐园"也因此成为 1997 年的流行语。

1995 年"地铁毒气事件"后,日本人开始关注"新新宗教"问题。日本学术交界将 20 世纪 70 年代以后出现的宗教团体称为"新新宗教",以区别于 19 实际中期以后出现的"新兴宗教",例如世界真光明教、崇教真光、阿含宗、GLA、奥姆真理教、幸福科学等为新新宗教。

随着科学技术的发展,人们对管理性社会及世界性环境破坏产生对抗情绪,反而对非合理的、神秘的超能力现象产生兴趣,这成为 70 年代以后的世界性趋势。例如本名为松本智津夫的奥姆真理教首领麻原彰晃几乎双目失明,经历了卜术、巫学、仙道、瑜伽等的修行,并参加过"阿含宗"教团。在 1984 年组成"奥姆神仙会",1987 年改称奥姆真理教。该教进行空中悬浮、神秘体验等修行,实施饮教团首领血、与教团首领同步的仪式,追求超能力和神秘现像,宣扬世界末日,抹杀反对者,对教团首领绝对崇拜与忠诚等。该教 1989 年杀害律师坂本堤夫妇,1990 年组成奥姆真理党,推举 25 名候选人参加大选,但全军覆没,后走上极端道路。1994 年在长野县实验毒气,并利用毒气杀害不服从的信徒等。奥姆真理教的信徒多为年轻人,其中教团的干部大多出身一流大学的理工科。

在 90 年中期,有关宗教方面的书籍非常畅销,众多信徒购买或赠送也是此类书籍登上畅销书排行榜的重要因素。例如 1994 年创价学会名誉会池田大作的《人间革命》、1995 年幸福科学总裁大川隆法的《幸福科学兴国论》及《新太阳之法》、1996 年大川隆法的《爱无限》、1997 年池田大作的《母亲的诗》、大川隆法的《永远之法》及《理想之国创造论》、1998 年池田大作的《新人间革命》第 1—3 卷、大川隆法的《幸福的革命》及《释迦的真心》等书籍。

"幸福科学"创始人大川隆法从东京大学法学部毕业后进入综合商

社工作,退职后在 1986 年创立该宗教团体,1991 年获得宗教法人资格。其基本教义为"探索正确之心"及其具体过程的"幸福原理",中心思想包括"慈悲"及"布施"基础上的"给予爱"、灵界多元结构基础上"佛性显现"的"悟"、学习佛法之人建设"建设理想之国"等。1995 年该宗教团体宣布其信徒超过 1 000 万人。

第八章　改革的年代

第一节　刺激经济措施

一、小渊惠三政权

　　1998 年 7 月 24 日,自民党召开众参两院议员全体会议举行总裁选举。参加竞选的有外务大臣、小渊派会长小渊惠三,脱离小渊派的前官房长官梶山静六,三塚派厚生大臣小泉纯一郎等三人。小渊获得山崎拓、加藤纮一以及小渊派的支持,获得 225 票当选为新总裁,梶山在河野洋平、龟井静香等要求对金融体制进行彻底改革的年轻议员支持下获得 102 票,小泉获得 84 票,比上一次参加竞选时有所减少。

　　在国会首相指名选举中,由于自民党在参议院为少数党,而且没有合作的政党,因而小渊仅获得 103 票,民主党代表菅直人获得 142 票,结果按照众议院的表决小渊当选为首相。但这样一来,自民党在国会运营上面临较大的困难。尽管在内阁成员方面,小渊首相特意再三邀请前首相宫泽喜一担任大藏大臣、民间人士堺屋太一担任经济企划厅长官,以应付经济财政问题,30 日成立的小渊政权也自称为"重振经济内阁",但紧急电话舆论调查表明有 75％的国民对该届内阁发展前景感到"不安"。①

同年8月7日,小渊内阁决定成立直属首相的咨询机构"经济战略会议",成员为6名经济界首脑人物、包括庆应大学教授竹中平藏在内的4名大学教授,"经团联"副会长樋口广太郎担任议长。小渊首相在第一次会议上致词说:"为摆脱经济危机状况,有必要迅速而可行地寻找解决日本所面临各种问题的方法","由经济和产业第一线的企业家以及经济学者从民间角度提出意见,政府根据这些建议尽快做出决策"。

此时日本经济处在最低谷,由于金融机构拥有大量不良债权,为改善自己资本比率,大幅度减少对外贷款,企业设备投资因此急剧下降,失业问题突出。流通、建设领域也出现许多陷入债务过剩之中,另外因亚洲金融危机,日本的出口也受到严重打击。1998年10月9日的平均股价为12 879日元,比前一年同期下降25%,日元对美元的汇率比1995年最高值下降45%,达到1美元兑换147日元。

特别是在金融领域,大型银行也处在严重危机状态,曾为战后日本经济发展发挥较大作用、总资产为26万亿日元、拥有员工3 500人的日本长期信用银行,在泡沫经济时期将大量资金倾斜到房地产领域,结果大多成为不良债权。1998年初政府为长期信用银行注入1 466亿日元公共资金,但杯水车薪,无济于事,小渊首相亲自出面恳求住友信托银行进行援救性合并,也遭到拒绝。另外一家大银行日本债券银行也因为泡沫经济时期大量融资房地产而陷入经营危机,尽管在大藏省的压力下,30多家银行、生命保险公司、损害保险公司答应给予支援,日本债券信用银行也采取从海外撤资、出售总部大楼、削减员工、减少公司董事报酬等重建计划,但其巨额不良债权暴露后立即进入破产状态。

7月30日召集的第143届临时国会主要审议包括《金融再生法案》《金融早期健全化法案》在内的重建金融相关四法案,主要内容是建立过

---

① 読売新聞社東京本社世論調査部『二大政党時代のあけぼの:平成の政治と選挙』、木铎社、2004年、110頁。

渡银行,投入公共资金保护存款者的利益,并强化金融机构的资本,因而被称为"金融国会"。民主党等在野党反对政府的救济方案,在野党与自民党的年轻议员频繁进行协商,各党党首也举行会谈,结果自民党只好全面接受民主党等在野党的修正要求,通过了《金融再生法案》,《金融早期健全化法案》也在自由党、公明党、社民党的支持下得到通过。长期信用银行破产申请得到承认,实施暂时国有化措施,日本债券信用银行也处在"特别公共管理"之下。1998 年 12 月成立了直属总理府的"金融再生委员会",是独立于大藏省和日本银行的主管金融行政最高部门。该机构具体负责对长期信用银行和日本债券信用银行实施国有化措施,同时对日本 400 多家银行的财务报表进行彻底的审查。

作为金融再生的紧急对策,小渊内阁在 10 月决定投入 60 万亿日元的公共资金(2000 年度预算又追加 10 万亿日元),强化金融机构。其中保护破产金融机构的存款者 17 万亿日元(2000 年度预算追加 10 万亿日元),处理破产金融机构 18 万亿日元,强化金融机构自己资本 25 万亿日元。根据这一方针,小渊内阁在处理包括日本长期信用银行、日本债券信用银行在内破产金融机构的同时,向 21 家大型银行投入 7.9 万亿日元的公共资金,推动了大型银行的合并及合作。

在经济紧急对策方面,小渊内阁采取防止中小企业倒闭措施。在 1998 年 8 月制定《中小企业惜贷对策大纲》,规定从同年 10 月起设立"中小企业金融稳定化特别保证制度",扩大保证中小企业顺利融资的范围。即无担保保证额度为 5 000 亿日元,为此政府提供 20 万亿日元的公共资金,2000 年又增加到 30 万亿日元。[①] 与此同时,实施超缓和金融的零利率政策,在减轻企业负担的同时,为其提供资金。1999 年 2 月,日本银行将银行间隔夜拆借短期利率下降为 0.02%,实际上的零利率。

小渊首相在 11 月宣布无限期冻结《财政改革改革法》,重新启动扩

---

① 张季风:《挣脱萧条:1990—2006 年的日本经济》,社会科学文献出版社 2006 年版,第 61 页。

张性财政政策,即实施"紧急经济对策",计划投资 24 万亿日元,其中公共投资 8 万亿日元,公共事业费 6 万亿日元,金融对策 6 万亿日元,永久减税 6 万亿日元等,为此发行 12 万亿日元的国债。首先在 12 月编制大型补充预算方案,增加 3.8 万亿日元的公共事业费,第二次补充预算再次追加到 8.1 万亿日元。在编制 1999 年度政府预算方案相关法案时,接受自由党的要求,不仅在原来预算规模之上再增加 10％的公共事业费和 5 000 亿日元的公共事业预备费,而且增加了为促进信息化及住宅投资的 3 万亿日元减税,减税总额接近 10 万亿日元。在编制 1998 年第三次补充预算时,支付 7 000 亿日元的"地区振兴券",即向全日本的老人和 15 岁以下儿童每人发放 2 万日元的购物券,以直接刺激个人消费。

为稳固政权并顺利实施刺激经济恢复景气政策,小渊首相积极寻求执政伙伴。在第 143 届临时国会末期,防卫厅采购实施本部出现渎职行为,前防卫设施厅长官被捕,参议院为此通过额贺福志郎防卫厅长官问责决议案,迫使其辞职。但在野党的协调行动出现矛盾,民主党与自由党发生对立。小渊首相在 11 月与自由党小泽党首会谈,双方就小泽提出的废除国会答辩中的政府委员制度、减少内阁成员人数、众参两院总席位各减少 50 个、消费税福利税化等要求达成基本一致,决定在 1999 年 1 月通常国会召集之前组成联合政权。①

1998 年 11 月,"新党和平"与"公明"合并,再次组成公明党,在众参两院共拥有 65 个席位。尽管该党代表神崎武法表示完全没有与自民党合作的设想,但在实际行动上逐渐接近自民党,例如公明党最早提出的发放"地区振兴券"设想得到小渊惠三内阁的采纳并加以实施。1999 年 1 月 14 日,自由党干事长野田毅成为自治大臣,正式组成自民党与自由党的联合政权。两党在众议院的席位达到稳定多数的 300 席,但在参议院离半数尚差 10 席。在此后召集的第 145 届通常国会上,联合政权得

① 読売新聞社東京本社世論調査部『二大政党時代のあけぼの：平成の政治と選挙』、木鐸社、2004 年、111 頁。

到公明党的支持,不仅会期延长了 57 天,达到罕见的 207 天,而且通过了许多重要的法案。

5 月 24 日,参议院全体会议在自民党、自由党、公明党三党多数赞成以及多数在野党反对的基础下,通过了为应付日本周边地区紧急事态而扩大日美防卫合作范围、自卫队支援美国作战并可以行使武力的《周边事态安全保障法案》《日美相互提供物品及劳务协定修正案》以及《自卫队法修正案》等"日美防卫合作新指针"相关三法案;7 月 16 日,通过了包括减少国家公务员数量以增加政府效率内容在内的《中央省厅改革相关法案》以及包括推动地方自治体合并以强化其施政能力等内容的《地方分权一揽子法案》;8 月 6 日,通过了强化产业竞争能力、促进企业改革的《产业活力再生特别措施法》及《租税特别措施法》;8 月 9 日,自民党、自由党、公明党、民主党等党赞成通过了将"日章旗"作为国旗、"君之代"作为国歌的《国旗国歌法》;8 月 12 日,自民党、自由党、公明党赞成通过了针对有组织地贩卖毒品及武器、杀人、偷渡而可以窃听电话的《组织犯罪对策相关三法案》和以编号记录国民姓名、出生年月日、性别、住处的《居民基本台账法》,民主党反对两法案,社民党、日本共产党甚至在表决《组织犯罪对策相关三法案》采取牛步战术等对抗形式。

第 145 届国会通过了 110 项较为重要的法案,其中政府提出法案通过率达到高记录的 87%,小渊内阁的支持率在同年 9 月达到成立以来最高的 56.1%。[①] 因此,在 9 月 21 日举行的自民党总裁选举中,小渊再次当选。在 25 日举行的民主党代表选举中,经过两轮投票,主张修改宪法的鸠山由纪夫击败反对修改宪法的现任代表菅直人和总务会长横路孝弘当选为代表。

1999 年 10 月,自民党、自由党、公明党三党联合政权成立,公明党参议员续训弘担任总务厅长官,自由党议员二阶俊博担任运输大臣及北海

---

① 読売新聞社東京本社世論調査部『二大政党時代のあけぼの：平成の政治と選挙』、木铎社、2004 年、113 頁。

道开发厅长官,自民党议员青木干雄担任官房长官,宫泽喜一留任大藏大臣,河野洋平担任外务大臣。在自民党人事方面,森喜朗为干事长,龟井静香为政务调查会长,池田行彦为总务会长。

1999 年的经济出现好转迹象。在政府公共投资和减税的带动下,民间企业设备投资有所恢复,促进了日本经济的稳定和暂时恢复。尽管 1998 年度的经济增长率为−1.9%,失业率突破 4%,失业者接近 300 万人,但到 1999 年第二季度为止连续三个季度增长。为推动经济恢复景气的趋势,小渊内阁在 1999 年 11 月制定《经济新生对策》,事业规模为 18 万亿日元,其中公共投资为 6.8 万亿日元,扩大就业机会投资 1 万亿日元。另外,编制了一般会计为 85 万亿日元的 2000 年度预算,其中公共事业费在保持上一年度相同数额的同时,增加 5 000 亿日元的预备金。尽管在政府和民间的努力下,1999 年度经济增长率达到恢复正增长的 0.5%,但 1999 年度政府的财政赤字达到 42 万亿日元,对国债的依存度高达 43.4%,甚至小渊首相也自称为"借债大王"。另一方面,为获得国民的支持,小渊首相经常深夜突然打电话给各界名人,因而"小渊电话"获得 1999 年流行语大奖。

二、外交安全政策

小渊内阁时期也积极开展外交活动,特别在日美关系方面双方首脑交流频繁。1998 年 9 月,小渊首相到纽约出席联合国大会时与美国总统克林顿会谈;同年 11 月 20 日,美国总统克林顿访日,与小渊首相会谈,就日本国会尽快通过日美防卫合作新指针相关法案达成一致意见;1999 年 4 月底,小渊首相正式访问美国,与美国总统克林顿会谈,就日美安保、日本经济、朝鲜半岛、中美关系等交换了意见。

在日美安保问题上,1995 年秋日美缔结的驻日美军经费特别协议规定,日本在 1996—2001 年间,为美军提供总额 250 亿美元、每年 50 亿美元的经费。1997 年日本以财政恶化为由要求减少负担。1999 年 12 月,小渊内阁决定减少比上一年度 2.8%的负担经费,但在日美两国共同开发尖端武器技术方面不断取得进展。1998 年 9 月初朝鲜进行导弹试验后不久,日美两国在纽约召开安全协商委员会会议,在战区导弹防御设想上双方同意"朝联合研究技术的方向开展工作"。同年 12 月,小渊内阁安全保障会议决定在战区导弹防御体系上与美国进行联合技术研究。官房长官野中广务随后发表谈话,认为日美共同进行导弹防御技术研究最有效率,有助于提高日美安保体制的可靠性。① 1999 年 8 月,日美两国签署联合技术研究备忘录。

在日美经济贸易关系上,双方冲突有所缓解。美国开始将放宽经济限制作为谈判的主要内容,1998 年美国将日本电信电话公司的连接费问题作为双边协商的最优先课题,日方提出到 2000 年使用新的连接费计算方式,遭到美国反对,谈判破裂。1999 年 4 月,双方暂时达成"继续在日本政府现有权限的范围内促进降低费用",但在 2000 年双方的谈判进一步激化,问题一直延续到森喜朗内阁时期。在日美贸易摩擦方面,90 年代后半期有所减缓。尽管美国对日贸易逆差的绝对值有所增加,但在国内生产总值中的比例却从 80 年代末的 1.2% 下降到 1998 年的 0.75%。其背景是:一方面从 1992 年开始,美国的经济增长速度一直高于日本,"日本威胁论"在美国逐渐消失,有利于解决双方的贸易摩擦。另一方面,日本对亚洲的出口急剧增加减少了对美国市场的依赖,也有助于缓解两国关系的贸易摩擦。例如从 1985 年到 2000 年,日本对亚洲的出口从出口总额的 26.3% 上升到 41%,对美国的出口则从 39.7% 下降到 30%;同一时期,日本从亚洲进口从 28.6% 上升到 42%,从美国进口则从 23.6% 下降到 19%。②

在朝鲜半岛方面,小渊内阁也采取了较为积极的行动。1998 年 8 月 31 日,朝鲜进行弹道导弹试验,降落在日本本州岛东北地区太平洋一侧沿海,引起日本国民的担心。1999 年 3 月 23 日,日本海上自卫队预警机

---

① 『朝日新闻』1998 年 11 月 26 日。
② 刘世龙:《美日关系(1791—2001)》,世界知识出版社 2003 年版,第 699 页。

在日本海沿岸发现两艘可疑船只,并无视海上保安厅和巡逻船的停船命令继续北上,巡逻船进行恐吓射击。第二天内阁会议决定采取警备行动,护卫舰进行恐吓射击,预警机在可疑船周围投放炸弹,但可疑船只进入朝鲜港口。同年 12 月 1 日,以村山富市前首相为团长的跨党派国会议员代表团访问朝鲜。12 月 19 日,日本和朝鲜在北京举行红十字会会谈。

1998 年 10 月 8 日,韩国总统金大中访日,小渊首相在会谈中表示对过去的殖民统治进行"深刻的反省及发自内心的道歉",并将其写入共同宣言中,金大中总统明确表示"韩国政府今后不再提及过去的事情"。1999 年 3 月,小渊首相访问韩国,与韩国总统金大中进行首脑会谈,并在高丽大学发表了题为《新世纪的日韩关系——创造新历史》的演讲。

1998 年 11 月 12 日,小渊首相正式访问俄罗斯,在莫斯科与叶利钦总统会谈,会后双方签署并发表了《日俄创造性伙伴关系共同声明》。其中设置"国境划定委员会"和"共同经济活动委员会",努力在 2000 年签订和平条约,同时探讨在北方四岛进行经济活动和自由访问的可能性。日本政府向俄罗斯提供经济援助,并实施两国青少年交流项目,推动两国国民的交流。

1998 年 11 月 26 日下午,访日的江泽民主席在东京迎宾馆同日本首相小渊惠三举行会谈,双方就两国关系中的一些重要问题和双方关心的问题广泛交换了意见,会后发表了《中日联合宣言》。其主要内容为:冷战结束后世界正经历着重大变化。经济进一步全球化,相互依存关系加深,安全对话与合作也不断取得进展。建立公正与合理的国际政治经济新秩序,谋求 21 世纪有一个更加巩固的国际和平环境,已成为国际社会的共同愿望。中日两国作为亚洲和世界有影响的国家,在维护和平、促进发展方面负有重要责任;维护地区和平、促进地区发展是两国坚定不移的基本方针,双方不在本地区谋求霸权,不行使武力或以武力相威胁,主张以和平手段解决一切纠纷。中日双方将积极参与东盟地区论坛等地区内各种多边活动并开展协调与合作,支持一切有利于增进了解,加强信任的措施；不断巩固和发展中日友好合作符合两国人民的根本利益，也将对亚太地区和世界的和平与发展做出积极贡献。中日关系对两国均为最重要的双边关系之一，双方深刻认识到两国在和平与发展方面的作用与责任，因而宣布面向 21 世纪建立致力于和平与发展的友好合作伙伴关系。

另外，中日两国之间签署了《中日关于进一步发展青少年交流的框架合作计划》《中日面向 21 世纪的环境合作的联合公报》和《中日关于在科学与产业技术领域开展交流与合作的协定》，日本同意在 1999 年度和 2000 年度向中方提供 3 900 亿日元贷款。11 月 26 日晚，明仁天皇为江泽民主席举行盛大晚宴，江泽民主席向明仁天皇赠送了一对朱鹮。

1999 年 7 月 8 日，小渊首相对中国进行正式访问，并与朱镕基总理会谈。两位首脑重新确认了江泽民主席访日时联合声明所表明的共识，并确认将正式开始进行设立两国热线的准备工作。除商谈经贸合作议题外，两位首脑也谈到双方关注的军事问题。朱镕基表示希望日本在"日美防卫合作新指针"中提出的"周边事态"概念上不要含糊其词，应该将台湾地区明确排除在外。小渊首相表示日美安全保障体制完全是自卫防御性的，并不针对任何特定国家及地区，日本永不会成为军事国家的政策也不会改变，日本的自卫队不允许对外使用武力或以武力相威胁，日本充分认识到同中国发展友好关系是日本的重要国家利益。小渊首相再次重申，日本不会改变只有"一个中国"的立场。会谈之后，中日发表了联合新闻公报，宣布日本支持中国成为世界贸易组织成员，双方决定尽快完成必要技术核对工作。

尽管在 1999 年 10 月组成自民党、自由党、公明党三党联合政权，但政局出现不稳。由于自民党和公明党在参议院的席位超过半数，自由党为牵制自民党和公明党，在联合政权成立之前提出在第 146 届国会上通过削减 20 个众议院比例代表区席位的要求，联合三党对此达成妥协。因此，在会期即将结束的 12 月 14 日，三党在众议院特别委员会强行表决通过有关法案，但在野党提出抗议，众议院议长裁决下一届国会"继续审议"。

在 2000 年 1 月召集的通常国会上,按照执政三党达成的协议,首先审议众议院选举比例选区削减 20 名议员定额的法案,结果在野党拒绝审议,执政党单独表决通过削减案,在野党为此缺席小渊首相发表施政演说的全体会议。[①] 根据 1999 年 7 月国会通过的《国会审议活性化法案》,废除政府委员制度,在新行政体制启动后实施副大臣制度,同时众参两院设置"国家基本政策委员会",原则上每周举行一次 40 分钟的首相与在野党党首之间有关基本政策的讨论,可以进行相互质询。执政党只有首相参加讨论,在众参两院均有 10 个议席以上的在野党党首参加,按照议席比例分配讨论时间。2000 年 2 月 23 日,国会举行了第一次党首讨论。

小泽一郎要求全面实施自民党、自由党达成的协议,并表示希望两党合并,否则退出联合政权。自民党内存在较强的反小泽势力,公明党也表示反对,结果小渊首相拒绝了小泽的要求。4 月 1 日,小渊首相与小泽一郎、神崎武法举行三党首会谈,一致同意取消三党联合政权。但拥有 50 名众参议员的自由党内部出现分裂,反对脱离联合政权的野田毅等组成"保守党",党首为参议员扇千景,海部俊树、加藤六月等议员也参加该党,因而拥有 20 名众议员和 6 名参议员。

党首会谈结束后小渊首相回到公邸,但因身体状态欠佳在 2 日凌晨被送进医院。下午确诊为脑血管梗塞,进入昏迷状态。当天中午,青木干雄官房长官、村上正邦参议院自民党会长、森喜朗干事长、野中广务代理干事长、龟井静香政务调查会长等五人在饭店决定暂时设置首相临时代理职务。深夜上述五人再次聚会,决定后任首相为森喜朗。4 日晚,决定小渊内阁全体辞职,5 日,自民党、公明党、保守党三党联合的森喜朗内阁成立。5 月 14 日,小渊前首相在医院去世。

---

① 読売新聞社東京本社世論調査部『二大政党時代のあけぼの:平成の政治と選挙』,木铎社、2004 年、116 頁。

三、森喜朗政权

森喜朗内阁原封不动地保留了小渊内阁的成员。小渊前首相去世的第二天,森首相在"神道政治联盟国会议员恳谈会"上致辞时说"日本是以天皇为中心的神之国",引起国内外舆论的强烈质疑。执政伙伴公明党支持团体创价学会也批判其发言是"违反宪法精神问题"。5 月 25 日,森首相对"神之国"发言进行说明会,时事通讯社实施的舆论调查显示,内阁支持率只有 18.2%。① 尽管如此,在旧小渊派出身的野中广务干事长和青木干雄官房长官的推动下,森首相在 6 月 2 日宣布解散众议院。

在竞选过程中,俗称为"战争法"和"盗听法"的《周边事态安全保障法》《组织犯罪对策相关三法》、经济问题等成为争论的焦点,森首相也不断出现失言,例如表示"如果日本共产党掌握政权将难以维持日本国体"、批评各家报纸分析选举形势,认为不能"将沉睡的孩子(选举弃权者)叫醒"。②

6 月 25 日大选投票结果,在 480 个众议院总席位中,自民党获得 233 席,比选举前减少 37 席,低于过半数席位;公明党获得 31 席,比选举前减少 11 席;保守党获得 7 席,也比选举前减少 11 席。但继续维持联合政权的三党共 271 席,不仅可以获得众议院各委员会的委员长职务,而且在各委员会中均过半数。民主党从选举前的 95 席增加到 127 席,自由党和社民党分别获得 22 席、19 席,均有所增加,日本共产党获得 20 席,有所减少。女性当选者 35 名,新当选者 106 名。因投票时间延长两小时,同时实施海外日本选民投票,所以投票率比上一次大选上升近 3 个百分点,为 62.5%。

---

① 藤本一美『増補「解散」の政治学——戦後日本政治史』、第三文明社、2009 年、271 頁。
② 読売新聞社東京本社世論調査部『二大政党時代のあけぼの:平成の政治と選挙』、木鐸社、2004 年、117 頁。

　　尽管森喜朗第二次内阁得以成立并顺利地举办了冲绳发达国家首脑会议,但问题接踵而至。首先在 7 月底因贿赂问题更换了久世公尧金融再生委员会委员长,在 10 月的临时国会上,围绕在参议院选举实施非拘束名薄问题引起混乱,导致斋藤十朗参议院议长辞职。接着媒体揭露中川秀直官房长官与黑社会首脑关系密切并向吸毒的女性提前透露警察搜查的消息,迫使森首相任命福田康夫为新的官房长官。正因如此,在长野县知事选举中,独立候选人、作家田中康夫击败除日本共产党以外各党支持的候选人当选;在众议院东京 21 选区补缺选举中,追究政府药物感染艾滋病责任的候选人击败自民党、民主党、社民党支持的候选人当选;在 11 月 19 日举行的栃木县知事选举中,独立候选人福田昭夫击败政党推荐候选人当选。

　　2000 年 9 月,俄罗斯总统普京访问日本,在与森首相会谈时,日方表示解决北方四岛问题、缔结和平条约的重要性,但俄方否认 2000 年缔结和平条约的协议,并提出在解决领土问题之前缔结和平友好条约的方案,结果两国在领土问题和和平条约问题上均未取得进展。其后以前北海道冲绳开发厅长官自民党议员铃木宗男及外务省干部为中心提出先归还齿舞及色丹两岛,缔结阶段性条约,然后再继续谈判,四岛均归还后缔结和平条约的“先还两岛方案”,而且铃木在 2000 年 12 月前往莫斯科与俄罗斯官员接触,但没有得到俄罗斯方面的积极反应,因而 2001 年 3 月森首相与普京总统在鄂尔茨克会谈时,仅确认了 1956 年日苏宣言中归还齿舞、色丹两岛的有效性。

　　2000 年 10 月 7 日,以自民党干事长野中广务为首的执政党干事长访问中国。10 月 13 日,访问日本的中国国务院总理朱镕基与森首相会谈,双方一致认为目前中日关系的主流较好,应进一步增信释疑,处理好影响两国关系健康发展的问题。

　　由于森内阁的支持率一直较低,而且森首相的秘密外交也引起舆论的反对。因此,在野党在 2000 年 11 月 20 日提出的内阁不信任案中特别指出:“森政权成立以来一直在低支持率挣扎,第二届森内阁成立后其特征进一步突出,完全呈现出死亡内阁状态。因丑闻辞职的中川官房长官、森首相关于绑架日本人问题的'第三国发现说'、内阁成员因丑闻连续辞职等增加了国民对政治的不信任感,同时也使我国的外交权威完全丧失。"①尽管自民党内部的加藤纮一等人赞成内阁不信任案,但在国会投票表决内阁不信任案时仍以 190 票赞成、237 票反对的结果否决了该案。

2001 年 1 月 6 日,正式启动新的行政体制,即由原来的总理府、经济企划厅、总务厅、自治省、国家公安委员会、法务省、外务省、大藏省、通产省、邮政省、运输省、国土厅、北海道开发厅、冲绳开发厅、建设省、农水省、环境厅、厚生省、劳动省、文部省、科学技术厅、防卫厅等一府 22 个省厅变为内阁府、总务省、国家公安委员会、法务省、外务省、财政省、文部科学省、厚生劳动省、农林水产省、经济产业省、国土交通省、环境省及防卫厅等一府 12 个省厅。

为适应新行政体制,森首相在 2000 年 12 月 5 日改造内阁,桥本龙太郎前首相担任行政改革大臣,大藏省改为财务省,宫泽喜一继续担任其大臣,河野洋平继续担任外务大臣,福田康夫担任官房长官。公明党的坂口力担任厚生劳动大臣,保守党的扇千景担任国土交通大臣,仍维持三党联合政权。同时为加强首相权力,除赋予首相在内阁会议上的"发议权",即首相可单独提议某项法案外,增设三名事务次官级的首相辅佐官,一名内阁宣传官,一名内阁情报官。另外在内阁府下设置"经济财政咨询会议""综合科学技术会议""中央防灾会议"与"男女共同策划会议"等四个首相咨询机构。特别是"经济财政咨询会议",首相担任议长,任命 10 名以下内阁成员或民间人士担任议员,每年 6 月提出"经济财政运营及结构改革基本方针(基本框架)",内阁会议决定后成为重要政策及预算编制的原则。

① 北村公彦ほか編『現代日本政党史録・第 5 巻・55 年体制以降の政党政治』、第一法規株式会社、2004 年、86 頁。

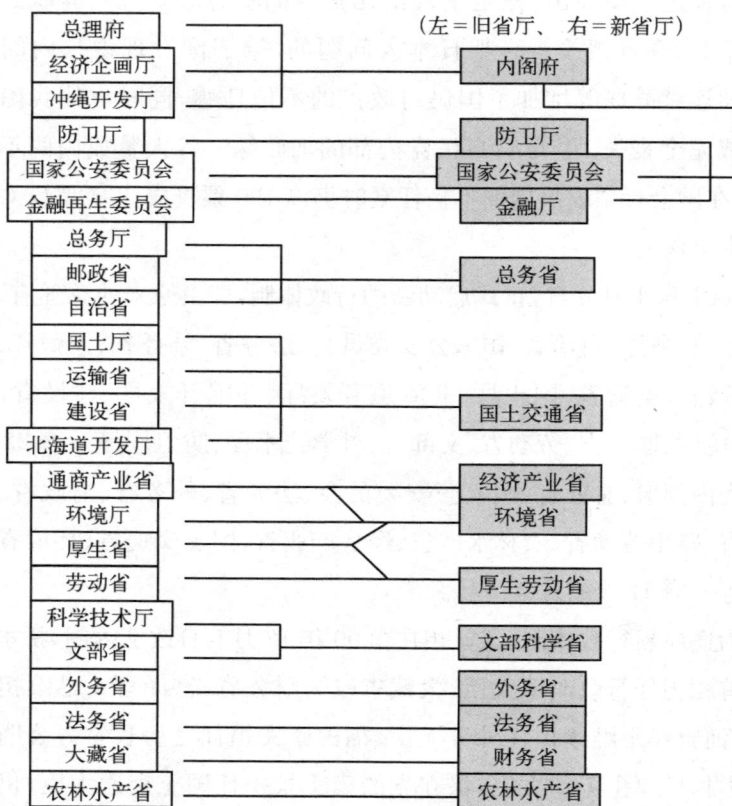

图 8-1　新旧行政体制对比

　　2001 年新年伊始就暴露了"外交机密费滥用事件"。2000 年度的机密费总额为 76.8 亿日元,其中外交机密费为 55.7 亿日元,内阁官房机密费为 16.2 亿万日元。尽管内阁机密费冠以"顺利施政"的名义,但暗中多用在国会议员出国旅行、在国会审议重要法案时做在野党的工作。外交机密费名义上用在提供情报者的报酬、外交谈判或实施外交政策等方面,但实际多用在国会议员出国旅行,该费用无须公开,无须向会计检查院提交收据。根据外务省在 2001 年 1 月 25 日发表的调查结果,在1993—1999 年松尾克俊担任外务省重要人物出国支援室室长期间,汇入自己账户的机密费高达 5.6 亿日元,其中首相出国访问时使用 2.5 亿日元,其余 3.1 亿日元使用不明。另外发生在冲绳发达国家首脑会议和亚太地区经济合作会议时期,外务省干部使用虚假发票报账事件,后经会计检查院的审查,2001 年度共不当使用资金高达 4.6 亿日元,为此 3 人被捕,29 人受到处分。

2001 年 2 月,自民党参议院议员会长村上正邦因非法接受财团法人"中小企业经营者福利事业团"的政治捐款事件曝光而辞去国会议员职务,其后因受托受贿罪嫌疑被捕。2 月 9 日,在美国夏威夷附近海域,日本宇和岛水产学校的实习船"爱媛丸"与美国核潜艇相撞后沉没。森首相接到事故报告后仍然继续打高尔夫球,三个半小时后才回到首相官邸,结果引起众怒。自民党也出现强烈的批判声音,森内阁的支持率降到 8.6%。[①]

在经济政策方面,森内阁继续执行小渊内阁时期的积极财政政策。在 2000 年秋的临时国会上,森首相强调经济再生优先论,提出"为实现日本新生的经济对策",通过了事业总规模 11 万亿日元的补充预算,并重点提出要推动"IT 革命国民运动"和教育改革。[②] 在 2000 年 12 月 24 日临时内阁会议决定的新年度政府预算方案中,一般会计预算为 82.654 2 万亿日元,发行国债 28.318 0 万亿日元,国债依存率达到 34.3%,公共事业费保持与上一年度相同的 9.435 2 万亿日元,公共事业预备费为 3 000 亿日元。

2000 年经济发展呈现较为良好态势,尽管失业率上升到 4.7%,失业者达到 320 万,企业破产和负债数额仍然居高不下,但设备投资增加 8.6%,个人消费增加 1.2%,因而该年度经济名义增长率为 3%。[③] 个人

① 読売新聞社東京本社世論調査部『二大政党時代のあけぼの:平成の政治と選挙』,木铎社、2004 年、121 頁。

②『日本経済新聞』2000 年 9 月 22 日。

③ 张季风:《挣脱萧条:1990—2006 年的日本经济》,社会科学文献出版社 2006 年版,第 16 页。

电脑和手机销售保持旺盛的状态,家用电器、汽车、住宅新建项目也出现增长。特别是 IT 领域的投资急剧增加,带动了日本经济的恢复,同年乐天公司和活力门公司等网络公司纷纷成功上市,雅虎的股价也超过 1 亿日元。百货商店和超级商场的销售额依然下降,并导致大型超级商场长崎屋和最大的百货商店崇光百货破产。金融自由化也引起金融机构竞争的激化,企业过度追求回报率较高的金融产品存在较大风险,第一火灾海上保险公司因经营困难遭到金融监督厅命令其停业整顿的处分,第一百生命保险公司也因经营危机被迫宣布破产。

2001 年 3 月 5 日,在野党再次提出内阁不信任案。尽管仍然以 192 票赞成、274 票反对的结果遭到否决,但自民党内出现难以应付参议院选举的声音,因而森首相在 3 月 10 日与自民党首脑会谈时希望提前实施总裁选举,即表示辞职之意。由于国会正在审议新年度预算方案、外交活动日程安排、总裁选举需要时间等,正式宣布辞职是在 4 月 6 日。

森喜朗首相表示辞职后,自民党内竞争总裁的活动表面化。小泉纯一郎提出的"改造自民党""改革日本"等口号以"发行国债控制在 30 万亿日元以下""三年内处理不良债权""实施邮政事业民营化"等经济结构改革政策获得民众的支持,首先在初次实施的地方党组织投票中获胜,其后在自民党所属国会议员进行的投票选举中再次获胜。

第二节 结构改革(上)

一、小泉纯一郎政权

2001 年 4 月 26 日国会指名选举首相,小泉在两院均获得过半数选票,顺利当选。其后组成内阁,仍然保持自民党、公明党、保守党三党联合政权,但在人事安排上无视派系及资历。外务大臣为田中真纪子,内阁成员有五名女性,另外有三名民间人士。官房长官福田康夫、公明党的厚生劳动大臣坂口力、保守党的国土交通大臣扇千景等留任。

5月7日小泉首相首次在国会发表施政演说,明确表示"无恐惧、无退缩、无拘束"地进行"无禁区的结构改革",并引用长冈藩将仅有的百俵米用于建设学校的故事,呼吁国民忍耐改革带来的阵痛。在两天后的国会质询中,小泉首相再次表示排除所有的抵抗势力进行结构改革,并将反对自己内阁方针者均看作抵抗势力。其坚决改革的姿态迎合了国民期待改革的心态,因而内阁支持率达到创纪录的87.1%。[1]

5月23日,小泉首相在首相官邸亲自接见长期坚持诉讼的麻疯病患者情愿团,并一一握手表示道歉。同时,小泉首相决定国家不再上诉,向患者支付赔偿金;5月29日,在大相扑最后决胜日,小泉首相再次亲自将奖杯颁发给带伤出场并获胜的横纲贵乃花,并表示"忍痛坚持令人感动"。上述场面通过电视、网络等立体媒体播放出去,日本国民立即对小泉首相产生好感。

在"小泉旋风"下,自民党首先获得6月东京都议会选举的压倒性胜利。同年7月29日举行参议院选举,在竞选过程中,小泉首相表示全力以赴进行结构改革,"如果自民党议员反对,则摧毁自民党",再次引起广大选民的共鸣。结果自民党在比例代表区的得票数从上一次选举的1 400万张猛增到2 100万张[2],共获得63席,增加19席。一人区是25胜2败,上一次选举失掉的大城市5个选区均以最高票当选;公明党获得12席,保守党只有党首扇千景一人当选,在选举后立即将党首职务让给野田毅;民主党在一人区全部落选,仅获得26席;自由党获得6席,增加一倍;日本共产党获得5席,社民党获得3席,均为比例代表区。

小泉内阁成立前的2001年3月,日本政府发布战后最初的通货紧缩宣言,国债余额达到400万亿日元,失业率接近5%。小泉政权刚成立时平均股价为1.45万日元,但半年后跌破1万日元,银行拥有的不良债

① 読売新聞社東京本社世論調査部『二大政党時代のあけぼの:平成の政治と選挙』、木鐸社、2004年、124頁。
② 山田敬男『新版戦後日本史——時代をラデイカルにとらえる』、学習の友社、2009年、284頁。

权有增无减,建设、不动产、流通三个领域的企业倒闭及失业人数十分严重。尽管自民党内主张增加公共投资刺激经济恢复景气的声音较强,但小泉首相仍然坚持优先进行结构改革,反对编制扩大财政开支的补充预算。参议院选举后决定 2002 年度政府预算要求基准时,为遵守发行国债控制在 30 万亿日元以下的竞选公约,决定将预算规模削减 3 万亿日元。小泉首相指示财务省官员以减少公共事业费和政府开发援助等为中心,将一般预算支出减少 5 万亿日元,然后对信息技术、环境、老龄化少子化对策等领域增加开支 2 万亿日元。①

　　作为田中角荣的女儿,田中真纪子在日本国民中具有较高的威望。尽管其心直口快,当选议员时间较短,福田官房长官也担心其能否胜任外务大臣,但由于田中是小泉政权诞生的功臣,因而得以掌握外务省大权。田中本人也希望对连续出现丑闻的外务省进行改革提高自己的政治地位,所以上任伊始会见记者时称"外务省是伏魔殿"。上任不久的 5 月 8 日,以身体不适为由突然取消与美国副国务卿阿米蒂奇的会谈,并因枝节问题更换秘书甚至外务省事务次官等高级官僚。其举动虽然遭到媒体的质疑,但受到国民的支持。

　　2001 年 8 月,田中外务大臣在外务省人事安排上与小泉首相发生冲突,其后不久田中与桥本派成员铃木宗男发生冲突。铃木的选区在北海道,通过支援北方四岛与俄罗斯关系密切,因而在外务省具有较强影响力,其主张的"首先归还两岛"也得到外务省的支持,但田中外务大臣反对。2002 年 1 月,在东京召开支援阿富汗复兴会议,田中与铃木围绕非政府组织能否参加会议再次发生冲突。铃木认为"得到外务省的认可",但外务省事务次官野上义二全面否认,田中在国会的答辩受到质疑,国会审议中断。小泉首相被迫解除田中外务大臣及野上事务次官的职务,铃木也辞去众议院运营委员长的职务。

　　新任外务大臣川口顺子因"非政府组织参加议会问题"更换外务省

---

① 饭岛勋『小泉官邸秘录』、日本经济新闻社、2006 年、67 頁。

官员，并查明铃木在支援北方四岛时暗中决定参与投标的建筑公司。社民党辻元清美议员追究铃木的政治资金问题，迫使其退出自民党。随后铃木的公职秘书因泄露投标信息而被捕，铃木本人也因其他事件的斡旋受贿罪在 2002 年 6 月被捕。

2002 年 3 月，媒体报道辻元清美挪用公职秘书工资问题，辻元辞去议员职务。第二年 7 月，警方以欺诈嫌疑罪逮捕辻元，2004 年 2 月被判有期徒刑 2 年，缓期 5 年执行。2002 年年 4 月，媒体也报道了田中纪子挪用公职秘书的工资问题。由于田中对检察机关的调查持不配合态度，自民党党纪委员会决定给予田中停止两年党员资格的处分。众议院政治伦理审查会 7 月对田中进行公开审查，田中全面否认挪用行为。8 月，田中向众议院议长提出议员辞职书，东京地方检察机关给予不起诉处分。另外，加藤紘一因使用政治资金支付住宅租金以及事务所代表因偷税嫌疑被捕，辞去众议员职务。同一时期，因秘书斡旋公共事业谋取私利而被捕，民主党副代表鹿野道彦脱离民主党。参议院议长井上裕也因秘书参与公共事业投标获利而辞去议长和参议员的职务，大岛理森农林水产大臣也因秘书参与公共事业投标获利及挪用政治资金等问题辞去大臣职务。①

由于 2001 年度的实际经济增长率为负的 1.1％，2002 年稍有好转，但恢复的势头仍然较弱，因而自民党内要求增加公共投资的声音不断。同年年底的舆论调查显示，内阁支持率比年初下降 10 个百分点，为 50％左右。小泉首相不得不编制 2002 年度补充预算，另外在编制 2003 年度预算时增加开支，为此国债发行量达到 36 万亿日元。尽管如此，2003 年 4 月日经平均股价下降到 7 600 日元，为泡沫经济崩溃后最低纪录。前首相森喜朗百思不得其解，"自己执政时股价为 14 000 日元，内阁支持率只有 10％，但现在股价跌落一半，内阁支持率仍接近 50％"。

---

① 読売新聞社東京本社世論調査部『二大政党時代のあけぼの：平成の政治と選挙』、木铎社、2004 年、130 頁。

　　2003 年 9 月 20 日,自民党举行总裁选举,小泉首相、龟井静香、藤井孝男、高村正彦四人竞争。小泉获得 399 张选票,其中议员票 194 张,在 300 张地方票中获得 205 张,顺利再次当选总裁。龟井获得 139 票,藤井获得 65 票,高村获得 54 票。小泉首相不仅压制了党内以野中广务为中心的反对派,而且也拒绝了森喜郎前首相和青木干雄等更换经济财政、金融担当大臣竹中平藏及干事长山崎拓的要求。①

　　在随后进行的改造党内和内阁人事中,小泉首相将山崎拓提拔为副总裁,另外任命因处理朝鲜绑架日本人问题受到国民欢迎的安倍晋三为干事长。安倍当选众议员只有 3 次,年仅 49 岁,其外祖父岸信介、父亲安倍晋太郎均担任过自民党干事长。另外,竹中平藏金融财政大臣、川口顺子外务大臣等留任,麻生太郎担任总务大臣、谷垣祯一担任财务大臣、小池百合子担任环境大臣等,第一次担任内阁大臣者有 7 人。

　　同年 10 月 10 日解散国会后,小泉首相劝说中曾根康弘、宫泽喜一两位前首相按照自民党 73 岁退职的规定退出政界。11 月 9 日举行大选投票,尽管小泉首相和安倍干事长进行了奔赴各地演说,呼吁选民的支持,但自民党仅获得不到众议院总议席的 237 席,比选举前减少 10 席。另外公明党获得 34 席,保守新党 4 席,执政三党确保了稳定多数议席;民主党增加 40 席,达到 177 席;日本共产党和社民党分别为 9 席和 6 席,均有所减少。投票后第二天,保守新党宣布解散,其议员合并到自民党。

　　由于自民党和民主党势力逐渐接近,因而公明党掌握关键议席,小泉首相也加强了与公明党的合作。在此次大选中,自民党与公明党没有在同一小选区同时提出候选人,公明党的支持团体创价学会在小选区支持自民党,自民党候选人也呼吁自己的支持者在比例代表区投票给公明党。在自民党有候选人的 277 个小选区,有 72% 的公明党支持者投票给

---

① 読売新聞社東京本社世論調査部『二大政党時代のあけぼの：平成の政治と選挙』、木铎社、2004 年、134 頁。

自民党候选人，比上一次选举增加 10 个百分点。在公明党有候选人的 10 个小选区，有 56％的自民党支持者投票给公明党候选人，比上一次选举提高 18 个百分点。①

二、结构改革

小泉内阁成立时任命庆应大学教授竹中平藏为经济财政担当大臣负责经济政策，同时最大限度地利用"经济财政咨询会议"提出的建议。经济财政咨询会议由首相、官房长官、经济财政担当大臣、总务大臣、经济产业大臣、日本银行总裁以及 4 名民间人士组成。小泉执政时期为牛尾电机会长牛尾治朗、丰田汽车会长及经团联会长奥田硕、大阪大学教授本间正明、东京大学教授吉川洋。② 尽管该咨询机构在森喜朗政权时期已经启动，但基本没有发挥作用。小泉担任首相以后，特别是竹中平藏担任经济财政担当大臣后，将该机构作为经济财政政策的决策中心。在小泉执政时期共召开过 187 次会议，小泉首相几乎全部参加。③ 而且提前一小时与竹中大臣协商，会后根据竹中大臣的意见概括发出首相指示。

同年 6 月，咨询会议提出第一个《2001 年基本方针》（全称为《关于今后经济财政运营及经济社会结构改革的基本方针》），其中明确规定"刷新财政体制及预算编制过程，以提高政策形成过程的透明度，确保中短期经济财政运营的综合性"，"每年编制政府预算时，首先在经济财政咨询会议进行有关经济财政综合性讨论，提出应重视的领域及政策变更的必要性等"。在结构改革方面，《2001 年基本方针》提出了处理不良债权、特殊法人民营化、地方自立、改革社会保障、缓和劳动法规、城市再生等内容。

---

① 読売新聞社東京本社世論調査部『二大政党時代のあけぼの：平成の政治と選挙』、木铎社、2004 年、69—70 頁。
② 内山融『小泉政権——「パトスの首相」は何を変えたのか』、中央公論新社、2007 年、36 頁。
③ 饭岛勋『小泉官邸秘录』、日本経済新聞社、2006 年、21 頁。

首先是处理不良债券问题。尽管在 1998 年成立金融监督厅,而且国会也通过了议员起草的《金融再生法案》,但在经济持续低迷中,反对实施严格的会计基准声音较强,另外也存在大藏省、金融监督厅、日本银行、其他政府机关之间的对立,因而处理不良债权问题拖延下来。银行仅对优良客户贷款,担心政府强化监督并指示变换经营者,也反对投入公共资金。小泉内阁成立后,不良债权急剧增加,第二年的失业率达到最高峰的 5.4%。2002 年 9 月竹中平藏兼任金融担当大臣后,果断地采取一系列处理不良债权措施。

在竹中大臣的主导下,2002 年 10 月,金融厅发表了"金融再生项目"(亦称"竹中计划"),主要内容是金融机构得到公共资金以及日本银行的特别融资,强制性地公开处理不良债权。为保障偿还的可能性,竹中大臣命令银行采用严格的会计方法,同时限制"延期税资产"在自己资本中的比率。另外对银行采取严格的减产,废除将可疑债权变为类似健全资本的会计惯例。竹中大臣要求银行的不良债券比率从 2003 年 3 月的 8%下降到 2005 年 3 月的 4%,为处理破产的企业,政府设置"产业再生机构",在较有实力的利那索银行面临破产之际实施实质上的国有化,并更换其经营领导。①

尽管 6 个月之后,银行的不良债权比率大幅度下降,但竹中领导的金融厅更为积极地处理不良债券。小泉首相在 2003 年 3 月任命原日本银行干部福井俊彦为新日本银行总裁,另外任命大藏省出身和东京大学的两人为副总裁,三人均主张采取克服通货紧缩、缓和金融的政策。为加强竹中大臣的政治立场,小泉首相在 2004 年参议院选举中提名其为候选人,并以高票当选。尽管到 2004 年秋所有银行的不良债权比率均下降,但竹中大臣仍然不断对银行施加压力。小泉政权对大荣等大型没有偿还能力且长期抵抗结构改革的债务人,直接或间接地迫使其罢免创

---

① 冈本和夫编『失われた10年を超えて・2・小泉改革への時代』、東京大学出版会、2006 年、95 頁。

始人,更换领导机构成员,进行彻底的整顿。在这些政策的影响下,2005年3月的决算报告显示,7家大型银行集团的不良债权比率下降到2%—3%。①

特殊法人是介于政府与民间的组织,大多利用公共资金进行基础建设或公共事业,较少考虑成本核算。将其民营化可以减少政府财政支出,同时也采用民间企业经营方式提高其效率。小泉政权实施的特殊法人改革主要是道路公团和邮政事业民营化。道路建设涉及到建筑业以及利用其道路的地区居民利益,因而战后一直是执政党十分注重的利益分配领域。同时日本的地价较高,道路建设特别需要资金。在经济高速增长时期,包括道路在内的基础设施建设发挥了较大的作用。但随着经济高速增长的结束以及人口增长的停滞,导致70年代以后建设的道路利用率较低,难以收回成本。如果提高利用费用,将陷入利用者进一步减少的恶性循环状态。为此,小泉内阁在2002年提出《道路相关四公团(日本道路公团、首都高速道路公团、阪神高速道路公团、本州四国联络桥公团)民营化推进委员会设置法》,在内阁设置第三者机构,推进民营化。委员会以原经团联会长今井敬为议长,小泉首相任命的5位委员均是主张积极改革者,其中有积极主张民营化的评论家猪濑直树,自民党道路族议员曾为此坚决反对。② 小泉首相不仅压制了党内的反对,而且指示道路公团和国土交通省向委员提供全部必要的材料。

委员会在2002年8月30日提出中间报告,建议道路公路所有者及管理者分离,民营化后组成"资产及偿还债务机构"继承四公团的资产与偿还债务;由另组建的新公司管理道路运营,建设新道路时由新公司自己负担其费用,并保证赢利性;"资产及偿还债务机构"以新公司征收的道路费偿还债务。③ 但围绕是否成立专门机构和公司等问题,委员会内

① 『日本経済新聞』2005年6月16日。
② 东田亲司『現代行政と行政改革:改革の要点と運用の実際(新版)』、芦書房、2004年、115—118頁。
③ 内山融『小泉政権——「パトスの首相」は何を変えたのか』、中央公論新社、2007年、60頁。

部出现严重对立,甚至发展到在提交最终报告之前,今井敬委员长辞职。最终报告的具体内容是 10 年后新公司购买道路资产,取消"资产及偿还债务机构";债务偿还时期为 40 年,道路收费降低 10%,全日本分为 5 大部分,成立 5 个新道路公司等。

日本道路公团总裁藤井芳治隐瞒该公团 6 175 亿日元的债务,新任国土交通大臣宣布解除其职务。在小泉首相的主导下,参议员近藤刚成为新总裁。与此同时,国土交通省起草道路公团民营化相关法案,并将其内容变为有利于委员会反对的新道路建设。小泉首相也与自民党、公明党达成妥协,在削减部分费用、各方承担费用的基础上完成原来计划中的道路建设,但委员会部分成员对此提出批判,并辞去委员职务。①《道路公团民营化相关法案》在 2004 年 3 月 9 日提交国会审议并得到通过,2005 年 10 月 1 日,新的 6 个道路公司和"资产及偿还债务机构"成立。

在邮政三事业(邮政、邮政储蓄、简易保险)民营化问题上遭到的阻力更大。邮政事业国家垄断,效率性存在问题,另外免征法人税,对银行、保险公司、传送公司也是不正当竞争。邮政储蓄和简易保险集中了 360 万亿日元的资金,在其基础上的财政投融资也增长了特殊法人的非效率性,因而通过小泉首相多年来一直坚持的邮政事业民营化改革,在提高效率的同时,推动特殊法人改革和财政改革。1997 年桥本龙太郎内阁曾提出过邮政事业民营化的方针,但遭到邮政省、自民党议员、邮政工会的强烈反对,在"行政改革会议"的最终报告中删除了"民营化"的词汇。新行政体制启动后,邮政省改组为邮政事业厅,也计划在 2003 年组成邮政公社,但国营的性质没有变化。邮政事业民营化的最大阻力是处理邮政储蓄的约 2 万个特定邮政局局长组成的"全国特定邮政局长会"具有较强的政治影响力,在动员选票方面得到自民党国会议员的重视,例如 2001 年参议院选举时邮政省出身官僚获得 48 万张选票,在自民党

---

① 『日本経済新聞』2003 年 12 月 22 日。

内排第二位。①

　　小泉政权成立后，立即组成首相的私人咨询机构"邮政三事业状态恳谈会"。其会长田中直毅为民营化积极推动者，但半数委员持慎重姿态，因而到 2002 年提出最终报告时三种方案并立，即邮政储蓄和简易保险完全民营化、三事业完全民营化、设置具有经营主导权的特殊公司等。另一方面，为成立邮政公社开始起草《邮政公社法案》和民间可以参与邮政事业的《书信邮政法案》，小泉首相主张全面向民间开放，总务省主张部分开放，自民党有关议员反对开放，因而在 2001 年发表的《邮政公社法案》中没有民营化的内容。经过小泉首相和总务大臣协商后，该法案以及《书信邮政法案》均有条件地全面开放。2002 年 7 月 24 日，上述两法案通过国会审议，随后日本邮政公社成立，也有 5 家企业提出参与邮政业务的申请，但邮政事业民营化尚未实现。

　　所谓"地方自立"，是指通过对交付地方自治体用于特定公共事业的国库补助金、地方交付税、税源转让等"三位一体"的改革，减少国家对地方自治体的干预，增加地方自治体的自主权与自我责任，即在中央地方的关系上按照市场原理进行改革。但由于各个省厅的反对和矛盾，改革的具体内容迟迟不能决定。在 2003 年 6 月的经济财政咨询会议上，小泉首相指示到 2006 年为止废除 4 万亿日元的补助金，将其中的 80% 转为地方自治体的税源，地方交付税也逐级减少。经过多次协调后，12 月 10 日终于在 2004 年度预算方案中削减 1.3 万亿日元的补助金，转让 4 249 亿日元的税源，削减 2.862 3 万亿地方交付税。

　　围绕剩余的 3 万亿日元的补助金，在 2004 年 5 月的经济财政咨询会议上，麻生太郎总务大臣主张转移税源，但财务大臣谷垣祯一主张减少补助金，最后只好在文字上加以模糊处理。但具体问题上仍存在较大的争论，例如在义务教育、生活保护、儿童补贴、健康保险等方面，国家与地方自治体围绕各自的负担比例产生较大的对立。据调查，在 47 名地方

----

① 内山融『小泉政権——「パトスの首相」は何を変えたのか』、中央公論新社、2007 年、90 頁。

自治体知事中,有 11 名认为"三位一体改革"不成功,特别对降低义务教育及健康保险的国家负担率不满。①

社会保障费在政府预算中占相当比重,例如 2001 年度最初预算社会保障费为 12.6 万亿日元,约占一般会计的 21%,小泉政权主要对社会保障费中的医疗制度和养老金制度进行了改革。在医疗制度改革方面,首先在 2002 年 7 月通过了《医疗制度改革相关法案》,主要内容包括提高医疗费自己负担比例、提高健康保险费率、抑制老年人医疗费增加、降低诊疗报酬等,通称为医生、费用支付者、患者三方共同增加负担的"三方一起损",2006 年 6 月国会又通过了设置医疗费总体框架并逐渐减少的新《医疗制度改革相关法案》。另外在 2004 年 6 月通过了规定保险费率及支付标准、夫妇养老金分离、减少社会保障费等内容的《养老金改革相关法案》。

三、外交与安全政策

为参加 2001 年 7 月在意大利举行的发达国家首脑会议,小泉首相历访欧美国家。6 月 30 日,小泉首相在美国总统休假地戴维营与布什总统举行了轻松的长时间会谈,就安保问题、经济问题、环境问题交换意见。在其后共同会见记者时,双方均表示为建立个人信赖关系开创了良好的开端,同时相互确认"为安全与繁荣巩固建立在伙伴关系基础上的不可动摇的日美同盟关系"。

在小泉内阁成立前后,日本与中国、韩国的关系就发生了微妙的变化。森内阁在 2001 年 4 月 20 日批准台湾当局前领导人李登辉以治病为由访问日本,引起中国政府的强烈抗议,并宣布李鹏人大委员长推迟对日本的访问;4 月 6 日,日本对中国的大葱等三种农产品实施反倾销措施,中国对日本的汽车等实施报复性特别关税;在 4 月 18 日的自民党总裁选举讨论会上,小泉表示:"如果担任首相,无论有什么样的批判,也要

---

① 『朝日新聞』2004 年 12 月 4 日。

在 8 月 15 日战死慰灵祭祀日参拜靖国神社"①；5 月 8 日，韩国政府认为经过日本政府审查的中学历史教科书仍然存在歪曲历史部分，并向日本提出 35 项修正要求。小泉首相立即回答"已经检查完毕，不能再修正"，结果韩国宣布延期进行日韩海上搜救训练。

尽管小泉首相承诺 8 月 15 日战败纪念日参拜靖国神社，但遭到田中外务大臣和福田官房长官的反对，担心会引起中国、韩国的强烈批判，因而接受加藤纮一及山崎拓的建议，在战败纪念日的前两天，即 8 月 13 日参拜了靖国神社，并就未能实现竞选公约中的诺言而表示惭愧。尽管如此，其参拜仍然引起中国、韩国以及国内舆论的强烈批判。

2001 年 9 月 11 日，恐怖分子劫持民航飞机撞毁纽约的世界贸易中心双子楼，并撞击美国国防部大楼，死亡者超过 3 000 人，美国总统布什指责伊斯兰原教旨主义领导人拉登及其恐怖组织所为。当天晚上小泉首相发表声明："该事件是对民主主义社会的重大挑战，日本尽最大努力对付其挑战"，在 9 月 25 日携带派遣自卫队在内的七个支援方案前往美国与布什总统协商，并承诺在医疗、援助难民、运输物资、收集情报等方面全面支持美国。

其后，以官房长官为中心起草有关法案，在接受两年期限的要求后，公明党支持提出相关法案。10 月 5 日，内阁会议决定的《恐怖对策特别措施法案》和《自卫队法修正案》提交国会审议。法案的主要内容是自卫队在"合作支援""搜索援助""救援灾民"等三个领域支持美军，并警卫自卫队设施及在日美军设施等。70% 的日本国民支持援助美军，内阁支持率也因此上升了 10%。② 在国会审议过程中，民主党提出国会事前承认、禁止运输武器弹药的修正案。执政三党提出在自卫队开始行动后 20 天之内向国会报告，在国外领土上禁止运输武器弹药，但民主党固执地坚持国会事前承认。16 日执政三党在众议院特别委员长表决执政党的

---

① 内山融『小泉政権——「パトスの首相」は何を変えたのか』、中央公論新社、2007 年、135 頁。
② 大嶽秀夫『小泉純一郎ポピュリズムの研究——その戦略と手法』、東洋経済新報社、2006 年、172 頁。

修正案,两天后在全体会议上再次表决通过,29 日法案通过参议院的审议。11 月 20 日,中谷元防卫厅长官向海上、航空自卫队下达派遣命令,25 日三艘海上自卫队舰艇出港。同年 12 月,解除冻结参加联合国维持和平部队及放宽使用武器标准的《PKO 法修正案》也通过国会审议。

美国"九一一恐怖事件"发生后,反恐成为世界各国的紧急课题,小泉政权也希望与中国、韩国缓和紧张关系。10 月 8 日,小泉首相对中国进行工作访问。他在与江泽民主席会谈时表示:"以对过去战争、侵略而死亡之人的道歉和哀悼心情参观了人民抗日战争纪念馆",同时表示日本的反恐对策是"在不行使武力和参加战争的原则下,根据国力进行国际贡献"。① 但小泉在 2002 年 4 月春季例行大祭时再次参拜靖国神社,引起中国政府及人民的抗议,同年 5 月发生朝鲜人闯日本驻沈阳领事馆事件,中日两国为此发生对立,结果取消了中日邦交正常化 30 周年之际小泉首相访华的计划。小泉首相在 2003 年 1 月第三次参了拜靖国神社,进一步使中日关系冷淡化。

2002 年 9 月 17 日,小泉首相作为日本首相首次访问朝鲜,与朝鲜最高领导人金正日国防委员长会谈后签署《日朝共同宣言》。宣言的内容包括同年 10 月两国重新开始邦交正常化谈判、邦交正常化后日本向朝鲜提供经济援助、两国放弃战前的财产及其请求权、遵守国际社会达成的有关综合解决核问题决议、朝鲜冻结导弹发射到 2003 年底等。在日朝首脑会谈之前,朝鲜表示被绑架的日本人中仍有 5 名生存者,8 名已经死亡。在会谈中,金正日表示是"一部分特殊机构的盲动主义、英雄主义所致",并认为是国家犯罪而道歉。同时也承认在日本沿海的可疑船只是朝鲜的间谍活动,但在共同宣言中没有触及绑架问题。

9 月 26 日,前大使中山恭子负责支援绑架受害者家族工作,另外成立了以官房副长官安倍晋三为议长的"绑架问题专门干事会"。28 日,日本调查团前往平壤,与 5 名幸存者见面。10 月 15 日,23 年前被朝鲜绑

---

① 内山融『小泉政権——「パトスの首相」は何を変えたのか』、中央公論新社、2007 年、138 頁。

架的 5 名幸存者回到日本,外务省最初采取暂时回国的方针,但官房副长官安倍晋三坚持永久留在日本,向朝鲜要求仍在朝鲜的 5 名幸存者家属回日本,并继续追查其他被绑架者的下落。在 10 月底重新开始的日朝邦交正常化谈判时,朝鲜明确主张"绑架问题已经解决"。

在小泉首相访问平壤之前,朝鲜已经通过各种渠道通知日本政府废除 1994 年美朝框架协议而进行核武器开发,在 10 月进行的美朝高级官员协商中朝鲜也承认有浓缩铀设施建设计划。12 月 12 日,朝鲜宣布解除克林顿政权时期美朝达成的冻结核设施协议,宣布重新进行核开发,并在 2003 年初单方面宣布退出核不扩散条约。在 5 月 23 日举行的日美首脑会谈中,小泉首相表示"保持对话与压力"。日本政府采取向在日朝鲜人团体设施征税、严格检查来往日朝的客货轮船"万景峰 92 号"等措施,对朝鲜施加压力。8 月 27 日,在北京召开有中国、美国、日本、俄罗斯、韩国、朝鲜等国代表参加的"六方会谈",期间进行三次日朝两国会谈,日本代表提出允许幸存者家属回日本、继续调查其他被绑架者下落的要求,但朝鲜代表指责日本违背"暂时让幸存者回日本"的承诺,并表示绑架问题已经解决。①

2003 年 4 月,小泉内阁向国会提出规定紧急事态发生时中央政府及地方自治体各自责任的《武力攻击事态法案》、规定紧急事态发生时政府征用物资以及自卫队车辆紧急通行权限等的《自卫队法修正案》《安全保障会议设置法修正案》等有事立法相关三法案。各党协议的结果,在野党提出在法案中加入最大限度地尊重宪法规定的基本人权等内容,自民党与民主党在 5 月 13 日达成一致意见,因而在 6 月 6 日,以自民党、公明党、保守新党等执政三党与民主党、自由党的赞成多数,参议院全体会议表决通过。

"九一一恐怖事件"发生后,美国总统布什指责伊拉克、伊朗、朝鲜三个国家是"邪恶轴心",并宣布不惜对那些企图拥有大规模杀伤武器的恐

---

① 内山融『小泉政権——「パトスの首相」は何を変えたのか』、中央公論新社、2007 年、154 頁。

怖分子和国家进行先发制人的打击。2002 年 11 月,联合国安理会通过要求伊拉克解除武装的 1441 号决议,并派遣检查团进行检查。美英主张尽快开战,法德俄主张继续检查,美英希望再次通过许可行使武力的决议案,但法国明确表示行使否决权。布什总统表示"联合国不履行责任的话,我们履行其责任",因而在 2003 年 3 月 20 日,美英军队空袭伊拉克首都巴格达。接到消息后,小泉首相明确表示支持美国,并在众参两院全体会议上加以通告,支持的理由是伊拉克"无视"联合国的决议。美英军队在 4 月 9 日攻陷巴格达,萨达姆政权崩溃。

小泉首相在 5 月 23 日赴美国德克萨斯州牧场会见布什总统,表示探讨为伊拉克复兴而派遣自卫队。6 月 13 日,小泉内阁向国会提出《支援伊拉克复兴特别措施法案》,其内容为派遣自卫队在医疗、运输物资、补给等方面后方支援维持伊拉克治安活动的美英军队,在修复设施、运输生活物资等方面对伊拉克国民进行人道主义援助,但自卫队活动的区域为"非战斗区域"。

在国会审议过程中,民主党认为当时伊拉克难以判断战斗区域及非战斗区域,因而以向战斗区域派遣自卫队违反宪法为由,提出删除派遣自卫队的修正案,事实上反对政府提出的法案。执政三党分别在 7 月 3 日的众议院特别委员会和 4 日的全体会议表决通过法案,在参议院审议过程中,小泉首相回答质询经常出现"答非所问"场面,甚至说"我也不知道哪里是战斗区域,哪里是非战斗区域","不知为不知,是知也"的话。尽管如此,《支援伊拉克复兴特别措施法案》在 7 月 26 日通过参议院的审议。

10 月 15 日,日本政府宣布为伊拉克重建提供 15 亿美元的无偿援助,17 日访日的布什总统对此表示感谢。伊拉克治安形势恶化,不断出现自杀性爆炸事件。11 月 29 日,两名日本外交官在伊拉克中部城市被枪杀。12 月 9 日,小泉内阁决定根据《支援伊拉克复兴特别措施法案》派遣自卫队,自卫队的装备包括无后座力炮和轻型机动装甲车。26 日,航空自卫队的先遣队出发赴伊拉克。

第三节 结构改革(下)

一、"邮政选举"

在 2004 年初召集的 159 届通常国会讨论养老金改革问题时,周刊杂志披露某位担任推动交纳养老金保险费宣传形象大使的女演员自己未交纳养老保险费,风波很快蔓延到政界。首先发现有三名内阁成员未交纳,5 月 7 日,福田康夫官房长官承认自己也未交纳,并因此辞去官房长官职务。后来在野党追究小泉首相未交纳养老金保险费问题,小泉首相竟然以开玩笑的口气称"有各种各样的人生",结果引起国民的反感。①

该届国会除通过《道路四公团民营法案》及《养老金改革相关法案》外,较为重要的法案还有"有事相关七法案",即规定国家、地方自治体保护国民生命、财产以及自卫队与美军合作方式的《国民保护法案》;规定自卫队和美军优先使用港口、飞机场、通讯电波的《特定公共设施利用法案》;自卫队与美军一道守护日本,规定对美军支援措施的《美军行动顺利法案》;规定海上自卫队阻止向敌对国家运输武器及物资的《外国军用物资等海上运输限制法案》;完善自卫队向美军提供物资、劳务的《自卫队法修正案》;规定处罚破坏重要文物及推迟送还俘虏行为的《国际人道法违反处罚法案》;确保对俘虏采取人道待遇的《俘虏等处理法案》等。

为在 7 月的参议院选举获胜,小泉首相 5 月 22 日再次访问朝鲜,将已经回日本定居的 5 名被绑架者在朝鲜家庭成员带回日本。尽管如此,7 月 11 日参议院选举投票结果为自民党仅获得 49 席,加上非改选议席共 115 席。民主党获得 59 席的大跃进,共有 82 席。公明党在参议院为 24 席,日本共产党为 9 席,社民党为 5 席。小泉的结构改革引起自民党支持团体,特别是农业团体及邮政团体的不满,是自民党选

---

① 浅川博忠『小泉純一郎とは何者だったのか』、講談社、2006 年、126 頁。

举失利的重要因素。

尽管小泉首相希望推动日朝邦交正常化发展,但与中国关系急剧恶化。在圣地亚哥举行的中日首脑会谈中,小泉首相只是向中国总理温家宝表示"来年适当判断是否参拜靖国神社",并在 12 月允许台湾前领导人李登辉以旅游的名目到日本访问。同年 11 月,在平壤举行了第三次日朝事务性会谈,朝鲜提供了被绑架者的遗骨,但后来查明不是其本人,结果双方的不信任感增加。2005 年 4 月,中国大城市发生反对日本成为联合国安理会常任理事国的大规模游行。5 月 16 日,小泉首相针对中、韩反对其参拜靖国神社表示"他国不应干涉内政",导致计划在 23 日与其会见的中国副总理吴仪突然提前回国。尽管一直积极支持其参拜的"日本遗族会"随后希望首相顾忌近邻各国的感情,而且大阪高等法院也在 9 月判决其参拜违反宪法精神,但小泉首相仍然在同年 10 月第五次参拜靖国神社。日本与韩国的关系也因岛根县制定"竹岛日"以及首相参拜靖国神社问题而恶化,原本约定不谈历史问题的韩国总统卢武铉甚至在两次日韩首脑会谈中批判其参拜行为。[①] 同年在马来西亚举行的第一届东亚首脑会议,中、日、韩三国首脑会谈中止,中日、日韩两国间首脑会谈也中止。

2004 年 12 月 9 日,小泉内阁决定派遣自卫队到伊拉克再延长一年,同时决定了新的防卫计划大纲和 2005—2009 年中期防卫力量整备计划。新防卫大纲认为 1995 年防卫大纲决定时,尚未体验冷战结束以后各种威胁的形式,但其后朝鲜的核开发、发射导弹、可疑船只、台湾海峡危机等事态的出现,应从冷战时代重视抑制的防卫战略向实际对付各种威胁的战略转化。因此,防卫力量的主要作用是对付包括弹道导弹攻击、游击队以及特种部队的攻击、对岛屿的攻击、处理侵犯领海领空及武装船只、大规模灾害在内的新式威胁以及多种事态,另外完善对付真正

---

① 内山融『小泉政権——「パトスの首相」は何を変えたのか』、中央公論新社、2007 年、146—147 頁。

侵略事态的体制,积极主动地改善国际安全保障环境。① 中期防卫计划的费用总额是 24.24 万亿日元,主要用于组建防御弹道导弹的部队与设备,其中包括四艘宙斯盾护卫舰、航空警戒管制部队和地对空诱导导弹部队。

2004 年 9 月,在自民党内尚未取得一致同意的情况下,经济财政咨询会议和内阁会议同时决定"邮政民营化基本方针",其内容为 2007 年日本邮政公社民营化,并分为窗口网络公司、邮政事业公司、邮政储蓄公司、邮政保险公司等四个股份公司;国家设置以四个公司为子公司的纯粹持股公司;邮政储蓄公司和邮政保险公司在 10 年内出售其股票;国家拥有持股公司三分之一以上股票;职员脱离国家公务员身份;邮政储蓄、邮政保险在法律上均与民间金融机构相同等。同时小泉首相改造内阁,特意安排竹中平藏为邮政担当大臣。

2005 年 1 月 21 日,小泉首相在通常国会发表施政演说时表示实现邮政民营化方案,但自民党内部反对的声音较强。同年 3 月 23 日,政府新年度预算方案通过国会审议,小泉首相准备向国会提交邮政民营化方案,但自民党参议院议员会长青木干雄表示首先在党内取得一致同意。尽管如此,小泉首相在与公明党党首会谈时,强调为通过邮政民营化法案不惜解散众议院举行大选,在政府决定民营化法案基本框架后又明确表示:"即使自民党不赞成也要提交国会审议。"

在同年 4 月 13 日举行的自民党邮政事业恳谈会上,有 100 多名议员参加,并通过了反对邮政事业民营化的决议。4 月 26 日,自民党召集邮政改革共同部会,进行了激烈争论后决定赞成法案,当时小泉首相对记者表示"如果不通过法案则摧毁自民党"。但在第二天举行的自民党总务会上,龟井静香等人强烈反对,最后久间章生会长建议"暂时同意提交国会审议,在全体会议上进行修正"。

---

① 冈本和夫編『失われた 10 年を超えて・2・小泉改革への時代』、東京大学出版会、2006 年、373 頁。

6月19日举行的众议院邮政特别委员会通过了修正案。7月5日召开全体会议,表决之前古贺诚等自民党议员离席而去,邮政民营化法案以5票之差得到通过。8月8日,参议院全体会议表决时自民党出现30名反对者,因而以125票反对、108票赞成的结果遭到否决。小泉立即召开临时内阁会议,并罢免了反对解散众议院的农林水产大臣岛村宜伸。晚上7时,众议院议长河野洋平宣布解散众议院。

小泉首相不仅将反对法案的自民党议员全部开除出党,而且选派"美女刺客"到他们的选区竞选,例如环境大臣小池百合子从兵库选区转移到东京10区、财务官僚片山佐月到静冈七区、经济评论家佐藤静香到岐阜1区等。与此同时,小泉首相在日本各地进行支持候选人的演说,在每场平均25分钟的演说中,22分钟解释邮政事业民营化,最后3分钟介绍候选人。被开除出自民党的绵贯民辅、龟井静香等人组成国民新党,小林兴起等人组成"新党日本"。①

9月11日的大选投票结果,投票率为67.5%,比上一次大选提高近11个百分点。自民党获得296席,比上一次选举增加59席;民主党获得113席,减少64席,公明党获得31席,减少3席;另外日本共产党9席,社民党7席,国民新党4席,新党日本1席。自民党和公明党席位占众议院三分之二的绝对稳定多数,因而众参两院均顺利通过了邮政事业民营化法案,自民党内过去的反对者也投了赞成票。

通常国会通过了削减公务员数量的《行政改革推进法案》、对应老龄化、少子化的《医疗制度改革法案》《避免财政破产法案》等法案,同时决定将《教育基本法修正案》、为修改宪法做准备的《国民投票法》《防卫厅升格为防卫省法案》继续审议后在2006年6月18日闭幕。随着小泉总裁任期即将结束,自民党内年轻议员组成"再挑战支援议员联盟",支持安倍晋三竞选总裁。同年8月15日,小泉首相第六次参拜靖国神社,也终于实现了在战败纪念日参拜的竞选公约。

---

① 浅川博忠『小泉純一郎とは何者だったのか』、講談社、2006年、156—157頁。

　　在 9 月 20 日举行的自民党总裁选举中,安倍晋三获得 464 票而当选,麻生太郎获得 136 票,谷垣祯一获得 102 票。在自民党人事方面,中川秀直担任干事长,中川昭一担任政务调查会长,丹羽雄哉担任总务会长。在 9 月 26 日举行的国会指名选举首相中,安倍晋三以 339 票对 115 派的结果击败小泽一郎。安倍新首相任命盐崎恭久为官房长官,麻生太郎为外务大臣,公明党干事长担任国土交通大臣等。同一天,小泉内阁集体辞职,小泉任首相共 1 980 天,在战后首相中排在佐藤荣作、吉田茂之后,为第三任期长的执政者。

二、在野党的变化

　　尽管 1998 年新民主党成立后赢得了同年举行的参议院选举,但党内在是否修改宪法和安全保障问题上存在严重对立,其中较为突出的是以横路孝弘为中心的旧社会党集团和以鸠山由纪夫为中心的保守集团。因此,在 1999 年 7 月国会审议表决《国旗国歌法案》时,民主党内部出现赞成与反对两派,最后决定各自自由投票。结果在众议院代理干事长鸠山等 45 人投赞成票,党代表菅直人等 46 人投反对票,1 人弃权;在参议院赞成 20 人,反对 31 人。自民党批判民主党在国家根本问题上四分五裂,[1]民主党内部出现对领导机构的不满声音,鸠山在党内保守集团的支持下当选为新代表。

　　民主党在 2000 年 8 月的大选中获胜,鸠山由纪夫无投票再次当选党代表。鸠山安排支持自己连任党代表的羽田孜为特别代表,并任命自己的竞争对手菅直人为干事长,引起政界及媒体的猜疑。本来在大选刚结束会见记者时,鸠山还表示"羽田继续担任干事长或者起用年轻一代"[2]。由于党内缺乏凝聚力,民主党没有较好地利用自民党围绕森喜朗

① 村公彦等編『現代日本政党史録・第 6 巻・総括と展望——政党の将来像』、第一法規株式会社、2004 年、217 頁。
② 伊藤惇夫『政党崩壊——永田町の失われた十年』、新潮新書、2003 年、164 頁。

内阁不信任案出现的分裂局面而获得政权。

　　面对得到国民支持的小泉内阁,民主党没有提出较好的对策,讨论的最终结论是采取相矛盾的方针,即"支持小泉的结构改革,批判自民党的体制"。结果在 2001 年 7 月的参议院选举中,自民党大胜,民主党稍微增加议席,改选 22 席,获得 26 席。其后民主党既没有认真总结经验,也没有对连续出现辞职丑闻的自民党形成较大压力,党内的注意力集中到 2002 年 9 月的党代表选举上。

　　在此次实施党支持者邮寄投票的选举中,第一轮投票的顺序为鸠山由纪夫、菅直人、野田佳彦、横路孝弘。在前两位决胜投票中,鸠山以 254 票击败菅直人的 242 票,再次当选党代表。但在其后的人事安排中,鸠山指名中野宽成为干事长,引起党内的激烈反对,批判其为"露骨的论功行赏",鸠山只好让中野自动辞职,结果引起更大的混乱。同时,鸠山没有提出对抗自民党的独特政策方针,在党首讨论中未能遏制小泉的攻势。在 10 月举行的众参两院 7 选区统一补缺选举中,民主党仅获得一个众议院席位,惨遭失败,引起党内的不满。

　　11 月 29 日,鸠山紧急会见记者,呼吁在野党合作的重要性。同日晚上与自由党党首小泽一郎会谈,鸠山表示拼命推动联合新党的实现。结果党内出现较大的反对意见,鸠山被迫在 12 月初辞去党代表职务。在随后举行的选举中,菅直人以 104 票击败代理干事长冈田克也的 79 票当选为新代表。民主党在党的人事上起用年轻一代,冈田克也担任干事长,枝野幸男担任政务调查会长,野田佳彦担任国会对策委员长。但对菅直人持批判态度的熊谷弘、佐藤敬夫等 5 人退出民主党,与保守党组成保守新党,党首为熊谷弘,仍与自民党、公明党组成联合政权,没有参加保守新党的原保守党党首野田毅等三人加入自民党。①

　　擅长辩论的菅直人在 2003 年 1 月众议院预算委员会上对小泉首相

---

① 読売新聞社東京本社世論調査部『二大政党時代のあけぼの：平成の政治と選挙』、木铎社、2004 年、131 頁。

发起攻势。小泉在竞选自民党总裁时承诺每年发行国债控制在 30 万亿日元以下,但在 2003 年度的政府预算方案中,发行国债数量达到 36 万亿日元。小泉回答质询时失言,"没有遵守诺言不算大事",结果引起在野党和舆论的批判。

其后民主党与自由党的合并协商持续进行,在 2003 年 3 月设置"政权构想协议会",决定在众议员 100 个选区统一推荐候选人。民主党内鸠山等人积极开展推动两党合并的签名活动,但反对声音较大,只是在 5 月形成了统一会派构想的提案。但提案遭到自由党小泽一郎的反对,菅直人以民主党吸收自由党的方式合并,压制了党内的反对派。2003 年 7 月 23 日,民主党菅直人代表和自由党小泽一郎党首举行会谈,并达成两党合并的协议。9 月 24 日,两党首签署民主党继续存在、自由党解散后合并到民主党的合并协议书。10 月 5 日,召开合并大会,民主党 174 名议员及自由党 30 名议员参加,超过 200 名议员的在野党是 1955 年社会党、1994 年新进党以来战后第三次出现。根据合并协议书,以成为执政党为目标而"求大同存小异",党代表为菅直人,原封不动地继承民主党的领导机构、党的章程、政策、政权公约等。

在 2003 年 11 月举行的大选中,民主党提出政权公约,具体政策为:废除道路公团,除大城市外高速公路免费;基础养老金国家负担率从三分之一提高到二分之一,探讨将来提高消费税的可能性;对地方自治体的补助金削减 18 万亿日元,推动地方分权;反对派遣自卫队复兴伊拉克等。在此次大选中,比例代表区民主党获得了 2 200 万张选票,超过了自民党的 2 000 万张,在众议院的席位也有所接近,民主党的 177 席对自民党的 237 席,逐渐出现两大政党的雏形。

民主党与自由党合并以及提出政权公约是大选获胜的主要原因,因而选举后小泽一郎成为代理党代表和影子内阁副首相,成为民主党第二号领导人物。在 2004 年初召集的通常国会上,菅直人追究自民党实力人物未交纳养国民老金保险费问题,但他本人在 1996 年担任厚生大臣时也未交纳,党内出现批判声音,菅直人在 2004 年 5 月辞去党代表职务。小泽代理党代表自然成为新代表的有力人选,而且党内基本形成一致意见,但小泽也被揭露从 1980 年 4 月到 1986 年 3 月未交纳国民养老金保险费。干事长冈田克也成为唯一的为候选人,并得到两院议员全体会议的同意。

尽管冈田领导的民主党获得 2004 年参议院选举的胜利,但在 2005 年 9 月的大选中惨遭失败,冈田辞去党代表职务,经过选举,年轻的前原诚司为新党代表。2006 年 3 月,前原因"虚假电子邮件事件"辞职。同年 4 月,民主党投票选举新代表,结果小泽一郎以 119 票当选,菅直人获得 72 票。小泽任党代表、菅直人任代理代表、鸠山由纪夫任干事长、渡部恒三任国会对策委员长的新领导体制建立。在 23 日举行的千叶 7 区众议院补缺选举中,由于小泽骑自行车遍访该选区的选民,击败本来比较有胜算的自民党候选人,赢得选举胜利,再次奠定了小泽"选举神话"的基础。

1996 年 9 月,土井多贺子担任社民党党首后,政策转换处在停滞状态,党内出现路线对立的局面。许多议员转到民主党,因而在同年 10 月的大选中议席减少半数。在 2000 年 6 月的大选中,民社党提出"弱者优先政治"的口号,得到部分民众的支持,因而席位有所增加,其中女性占半数。在 7 月的党大会上,土井连任党首,选举女众议员辻元清美担任政策审议会长。2001 年的参议院选举,社民党席位减半,辻元清美也因挪用公职秘书工资等问题辞去议员职务并被起诉。

2003 年 11 月大选,社民党议席减少到选举前的三分之一,在小选区中也仅保住冲绳的一个议席。土井多贺子为此辞去社民党党首职务,女性干事长福岛瑞穗接任党首职务。2003 年 12 月,社民党举行党大会,选举又市征治参议员为干事长,阿部知子众议员为政策审议会长。福岛党首宣布"社民党新生对策",保持党的独立,以区别于自民党、民主党的第三势力为目标,强化党组织,深化维护宪法等的理念和政策等。

2005 年 8 月大选前,副党首和原政策审议会长脱离民社党,作为民主党候选人参加大选。在此次选举中,正在缓期执行中的辻元清美在大阪 10 区竞选失败，但在比例代表区复活，同样在小选区落选的土井多贺子因排名在后，未能在比例代表区复活。在 2006 年 2 月召集的社民党第 10 届大会上，通过了《社会民主党宣言》，其中指出自卫队明显处在违宪状态，应逐渐缩小，实现非武装日本。同时取消 9 人在 1993 年因反对政治改革相关法案而遭受的处分，恢复其名誉，原党首村山富市、土井多贺子为"名誉党首"。

在 90 年代中期，由于社民党与自民党组成联合政权，并大幅度改变政策，其部分支持者转到唯一革新政党的日本共产党，从而使该党势力有较大的增长。在 1996 年首次实施小选区比例代表区并立制的大选中，该党大幅度增加席位，而且获得两个小选区的席位；在 1997 年的东京都议会选举中，其议席从 13 席增加到 26 席，议席占有率为 20.5％，成为都议会中第二大党；在 1998 年的参议院选举中，不仅议席增加一倍，甚至在比例代表区获得 820 万张选票，得票率为 14.6％，均创历史最高记录。① 该党成为在参议院拥有 23 个席位的第三大党，并获得"带有预算法案的提案权"。

在 2000 年 6 月的大选中，日本共产党在比例代表区获得 671 万张选票，但议席减少 6 个，并失去两个小选区的席位，因此，在同年 11 月召开的第 22 届日本共产党大会上，对党的章程加以修改，删除了"前卫""社会主义革命"等词汇。同时选举不破哲三为中央委员会议长，志位和夫为干部会委员长，市田忠雄为书记局长。由于在 2001 年 7 月的参议院选举和 2003 年 4 月的统一地方选举中连续失利，日本共产党在 2003 年 6 月的大会上修改了党纲领，其中主要的变化有："革命"词汇消失，提倡"社会主义式变革"，在"国民同意"的基础上废除天皇制或建立民主联合政权，而且社会主义式变革的道路需要较长的时间，创造性地探讨未来社会等。尽管如此，日本共产党在 2003 年 11 月的大选中惨遭失败，在

---

① 村公彦等編『現代日本政党史録・第 6 巻・総括と展望——政党の将来像』、第一法規株式会社、2004 年、217 頁。

众议院的席位从 20 个减少到 9 个,在比例代表区仅获得 458 万张选票。①

2006 年 1 月 11 日,日本共产党召开第 24 届大会,不破哲三因年龄和健康原因辞去议长职务,确立志位委员长、市田忠雄书记局长体制。由于日本共产党在所有小选区推荐候选人,结果形成对在野党候选人不利、对执政党候选人有利的局面,而且因获得的选票低于 10% 的规定,所以大多选区的候选人保证金被没收。

三、经济恢复与企业改革

为克服泡沫经济崩溃后经济低迷状态,历届内阁均以扩大政府财政支出作为刺激经济景气的手段。从最初编制的一般会计预算来看,1991—1996 年,每年的财政支出增加 6.76%。1996—2001 年,年财政支出增加 10.05%。但在小泉纯一郎执政的 2001—2005 年,政府预算规模基本没有变化,为 −0.06%;在最初预算扣除国债费和地方交付税后的一般支出,1991—1996 年增加 16.48%,1996—2001 年增加 12.75%,但在 2001—2005 年减少到 2.83%。2001—2005 年,公共事业费每年都减少,合计减少 20% 以上。②

尽管如此,日本经济得到恢复。2002 年下半年以后,日本经济缓慢走出低谷,该年度摆脱负增长,实际增长率达到 1.1%。其后发展状态较好,2003 年实际增长率为 2.1%,2004 年为 2.0%,2005 年为 2.4%,2006 年为 2.3%。另一方面,整体宏观经济也呈现出较好的态势,首先是泡沫经济的后遗症基本消失,2003 年底股市开始回升,到 2005 年 12 月上升到 1.6 万日元。地价下降幅度变小,某些地区甚至出现上升趋势;2005 年初企业的雇佣过剩基本消除,设备过剩也达到很低的水平,债务过剩

---

① 村公彦等编:『現代日本政党史録・第 6 卷・総括と展望——政党の将来像』、第一法規株式会社、2004 年、206 頁。
② 岡本和夫編『失われた10 年を超えて・2・小泉改革への時代』、東京大学出版会、2006 年、96—97 頁。

调整已经结束。企业效益明显上升,2002—2004 年,全行业企业的经常利益分别比上一年增加 8.4%、14.6% 和 18.7%,特别是大企业,连续三年创历史最高。到 2005 年 2 月为止,企业倒闭数量连续 30 个月减少。2004 年底倒闭企业为 12.186 家,比上一年减少 14.7%,为 10 年来最少。2002 年失业率为 5.4%,是 1953 年以来的最高值。随着经济的恢复,失业率逐渐下降。2003 年为 5.1%,2004 年降到 4.6%,2006 年进一步降到 4.1%。因企业效益上升、员工收入有所增加、失业压力减少等因素使居民消费逐步回暖,2004 年度居民消费增长 1.2%,到 2006 年上升到 2.0%。

2002—2007 年是日本战后最长时期的经济增长,6 年平均经济增长率为 1.9%,其中出口的贡献度为 1.0%,设备投资的贡献度为 0.5%。换句话说,50% 的增长率依靠出口,75% 的增长率依靠企业。在企业设备投资方面,1998—2002 年,除 2000 年之外均为负增长,1998 年的负增长为 9.5%,到 2002 年负增长仍为 5.9%。2003 年第二季度开始恢复正增长,2003 年、2004 年的设备投资增长率均为 5.4%。

这一时期日本出口急剧增加的主要原因是中国的经济迅速发展,而且加入世界贸易组织。据日本的统计,1990—2004 年,中日贸易从 2.6 万日元增加到 19 万亿日元,增长 7.3 倍,年均增长率为 14.6%。同期日本对外贸易年均增长率为 3.6%,其中与美国的贸易年均增长率仅为 0.5%。2001—2004 年,中日贸易年均增长率为 21.2%,同期日本对外贸易年均增长率仅为 4.6%,日本与美国的贸易年均增长率为负的 3%。中日双边贸易在日本对外贸易总额中的比例从 1990 年的 3.5% 上升到 2001 年的 11.8%,到 2004 年进一步上升到 17.2%。①

与日本经济形成鲜明的对照,90 年代以后中国经济高速增长,对钢铁、水泥、半导体等原材料的进口需求猛增,而且在 2001 年底终于加入

---

① 张季风:《挣脱萧条:1990—2006 年的日本经济》,社会科学文献出版社 2006 年版,第 33 页。

世界贸易组织,担心中国对外政策发生变化的日本企业,特别是包括汽车产业在内的大制造业开始大规模进入中国,由于其零部件生产多在日本,因而带动了日本国内基础产业的发展。日本舆论将这一现象与"朝鲜战争特需""越南战争特需"相提并论,称之为"中国特需"。从具体数字来看,2003 年日本对美出口不振,为 9.8％的负增长,对华出口却是33.2％的正增长。① 尽管当年受"非典型性肺炎"流行病的影响,但全年中日贸易额达到创纪录的 1 336 亿美元。2004 年达到 1 679 亿美元,2005 年突破 2 000 美元,达到 2 073.6 亿美元。中国首次超过美国,成为日本的第一大贸易伙伴。②

从出口来看,中国经济对日本经济复苏的拉动作用显得更为明显。1990—2004 年的 15 年时间内,日本对华出口年均增长率为16.3％,日本出口年均增长率为 3.4％,对美出口年均增长率为 0.7％。其中 2001—2004 年的 4 年时间内,日本对华年均增长率为25.3％,对外出口年均增长率为 4.5％,对美出口年均增长率为负的2.8％。对日本来说,2002 年中国成为最大的进口贸易对象国,2007 年成为最大的出口贸易对象国。③

从对外直接投资的变化也可以看出中国经济对日本经济的推动作用。1990—2004 年,日本对外直接投资年均增长率为负的 3.5％,但对华直接投资年均增长率为 22.8％。2001—2004 年,日本对外投资年均增长率为负的 7.2％,但对华直接投资年均增长率高达 46％。与此同时,对华直接投资在日本全部对外投资的比例,也从 1990 年的0.6％上升到 2004 年的 12.8％。④

1998 年出任小渊惠三内阁经济企划厅长官的堺屋太一主持编写了

---

① 『日本経済新聞』2004 年 1 月 27 日。
② 《东方早报》2007 年 4 月 27 日。
③ 松原聡『図解雑学:日本経済のしくみ』,ナツメ社,2008 年,218 页。
④ 张季风:《挣脱萧条:1990—2006 年的日本经济》,社会科学文献出版社 2006 年版,第 34 页。

1999 年度《经济白皮书》,宣告日本式经营不败神话破灭。同时支持日本增长性经济的社会心理三个神话也随之破灭,即认为土地肯定不断升值的"土地神话"、消费会逐渐增加的"消费神话"、终身雇佣的"雇佣神话"。之所以如此,存在企业来自市场的压力太低、企业过度重视市场份额、追赶型增长的极限等三个因素。

在进入新世纪前后,日本企业经营仍处在艰难时刻。著名的日产汽车负债高达 2 万亿日元,其主要合作银行也因大量不良债权难以对其施以援手,1999 年法国鲁诺汽车公司出资 35% 收购日产,并派来总经理毫不留情地公布关闭分厂和裁减员工的重建计划。除丰田和本田汽车制造公司外,其他包括日产在内的七家汽车产业均通过与欧美汽车厂商合资经营渡过难关。在电子与家电产业,包括松下电器在内的名牌大企业相继沦为亏损企业,特别是在半导体产业,日立等 5 家大企业在 2002 年 3 月创下亏损 5 000 亿日元的记录,日本半导体产业在世界市场上的比例也从 1989 年的 51% 下降到 2002 年的 26%。欧美投资银行趁机进入电子产业,到 2005 年对日本综合电机企业的持股比例上升到 20%—49%。

根据经团联会长今井敬的建议,1999 年 2 月成立了首相私人咨询机构的"日本产业竞争力会议",包括日立、索尼在内的 27 家大企业首脑和首相在内的 16 名内阁成员参加。产业界要求政府为企业创造良好环境,其中包括降低法人税、改革民事法制及竞争政策、完善市场机制、加大对研究开发的投入、培养产业技术人才、鼓励创业、扩充证券市场、强化劳动市场功能等。政府根据其建议制定并在国会通过了《产业活力再生特别措施法》《租税特别措施法》《中小企业基本法修正案》等,另外制定"国家产业技术战略",通过产业、政府、大学的紧密合作,培养富有创造精神的研究开发人才,在将日本产业从"赶超型"转变为"创造型"的同时,提高产业的国际竞争力。

2002 年经团联在题为"增加产业竞争力的课题与展望"建议书中,要求日本企业在解决"三项过剩"的同时,更要注重研究开发,通过开辟新产业的方式增加竞争力。其具体内容涉及三个方面，即强化包括生物工程技术、燃料电池、新一代半导体技术在内的应用技术研究，研制包括高端医疗技术、量子计算机、新一代移动通讯终端在内的未来技术，研究开发包括公共设施新材料、新能源、节能技术在内公共设施新技术等。尽管在泡沫经济崩溃后企业的设备投资大幅度下降，但研究开发投资基本保持上升趋势。2006 年，日本的"科学技术基础条件"在 60 个国家中排名第二位，其中"本国专利登录件数""外国专利获得件数"为第一位；"研究开发费用总额""民间研究开发费用总额""论文发表篇数"为第二位。日本经济产业省产业技术环境局公布的 2006 年度"日本产业技术研究开发活动报告"数据表明，日本的研究开发经费从 1999 年开始连续上升，在 2004 年达到约 17 万亿日元，在世界范围内仅次于美国。①

　　小泉政权成立后，在全力处理不良债权的同时，也强化了推进日本产业再生的力度。2001 年内阁府的问卷调查显示，债务过剩、设备过剩、雇佣过剩的企业比例分别为 50％、30％和 50％。企业通过各种方式解决三项过剩问题，例如为改善企业财务状况设法压缩库存和有息负债、变卖企业所拥有的金融资产和房地资产、通过企业重组整顿内部效益较差部门、将年功序列工资改为实际能力工资、削减奖金数额、减少招收新员工、更多利用派遣社员、鼓励提前退休等。

　　例如著名的松下电器集团 2002 年 3 月决算为 1 990 亿日元的经营赤字、最终收益为 4 278 亿日元赤字。1990 年拥有纯金融产 1. 129 9 万亿日元，但此时减少到 3 524 亿日元，公司债券评级也从"AA 减"到"A 加"再到"A"。其销售额回到 10 年前的水平，甚至落到索尼公司的后面。两年前任社长的中村邦夫被迫进行彻底改造，提出"破坏与创造"的口号，并采取减少 1.3 万人的希望退职者、废除或合并损失部门、废除事业

---

① 蔡林海、翟锋：《前车之鉴——日本的经济泡沫与"失去的 10 年"》，经济科学出版社 2007 年版，第 111 页。

部制、将相关企业子公司化并按照经营范围改编为 14 个区域公司等结构改革。结果松下电器集团 2004 年 9 月中期决算显示,销售额比上一年同期增加 19%,经营利益增加 96%。①

企业削减庞大的债务可通过两种方式,即"企业整顿"与"事业再生"。企业整顿是处分企业所有资产以偿还债务,使负债累累的企业破产倒闭,但这种方式对社会冲击较大,政府与企业均希望避免;事业再生是指通过自己的努力使金融机构放弃债券,或者根据《民事再生法》及《公司更生法》等相关法律处理赤字亏损部门、部分员工实现企业重建。为确立自己努力放弃债权的相关原则,日本国会通过了《产业再生法》及其修正案,经济产业省制定了"早期事业再生准则与指南",在制度上鼓励"企业再生基金"和"债权回收机构"等收购企业的债务。另外政府在减免税收、提供低息贷款及债务担保方面支持企业,即政府在金融方面支持企业债务的证券化,通过减免税收鼓励债权回收机构购买企业的过剩债务。为此政府设置 100 亿日元的事业再生基金,并带动民间企业组建自己的企业再生基金,从而使许多拥有债务过剩的企业获得再生,其中包括日商岩井、马自达汽车等著名企业。

2002 年 11 月,日本政府成立"产业再生机构设立准备室",以股份公司的形式建立"产业再生机构",资本金为 500 亿日元,政府担保金为 10 万亿日元。该机构设立由律师、会计师、金融及企业再生专家等组成的"再生委员会",对要求支援的企业进行严格审查,分析企业的负债资产和重建计划,如果可行则由银行购买企业的债权,帮助企业再生。2003 年 5 月,"产业再生机构"正式开展业务,以 2005 年 3 月为买入债权申请的最后期限。在三年时间内共对 41 家企业提供了支援,其中处理的债权总额达到 4 万亿日元,得到帮助并获得再生的企业包括著名的百年企业钟纺和家族企业大荣等。

---

① 森一夫『中村邦夫:「幸之助神話」を壊した男』、日本経済新聞社、2005 年、18—19、23 頁。

第四节 社会与意识

一、社会结构

90 年代中期以后,日本经济处在激烈变动之中,出现过两次负增长。虽然与其他发达国家大体相同,但出口的依赖程度较高。1995 年出口在国内生产总值中的比例为 8％,但到 2005 年上升到 14％。这一时期,以电子、电机、汽车为中心的制造业继续将生产据点转移到海外,在海外的汽车销售基本上由当地生产。例如丰田汽车的国内生产规模没有发生多少变化,在出口增加的同时,海外生产与国内生产的数量大体相同。制造业在当地的生产比例从 90 年代前半期的 20％左右上升到 21 世纪初的 40％,国内生产的规模下降,产业空洞化逐渐显著,迫使承包企业进行改革。

在上述背景下,国内消费处在低迷状态。尽管物价持续下降,但工薪阶层的家庭实际收入、可处理收入及消费支出等不断减少,收入减少导致所得税、居民税减少,社会保险费却在增加,包括交税、社会保险费、储蓄在内的非消费开支比例有所增加。因修改《健康保险法》,医疗费个人负担在 1997 年从 10％上升到 20％,2003 年再次上升到 30％,保险费却将奖金包括在内征收。

由于家庭收入减少,住宅分期付款的比例上升,90 年代末以后不能偿还分期付款的现象急剧增加。根据内阁府的调查,国民普遍感到生活水平下降,其中以 50—60 岁的人最为突出,该年龄层次的人自杀者数量增加较快,其原因大多为"经济生活问题"以及企业减少员工的"工作问题"。家庭储蓄余额为零的家庭在 70 年代到 80 年代为 5％—7％,但到 90 年代上升到 10％左右。得到社会救济的原因,"储蓄减少或没有"在 2001 年为 10％,到 2005 年上升到 15％。

雇佣者总数在增加,但正式雇佣者在 1997 年达到最高的 3 812 万人,到 2005 年减少 479 万,在总数中的比例由 90 年代初的 80％下降到 2007 年的 66％。90 年代后半期对 80 年代急速膨胀的管理人员实施合理化改革,于是这些白领工人组成工会,使经营者方面承认集体谈判权。四年制大学毕业者在 90 年代初的就业率接近 90％,1997 年跌破 80％,其后进一步下降到 70％。不能就业者做钟点工或临时工,甚至成为无职业者。高中毕业者在 90 年代初成为正式员工者仅有 60％,21 世纪初下降到 40％。其中公务员减少也占相当比例,在 90 年代末,地方公共团体的正式员工削减了数万人。①

在上述背景下,劳动者的工资逐渐下降。泡沫经济时期年均工资增长率为 5％,90 年代中期下降到 3％,90 年代末进一步下降为 2％,其后一直维持在其水平以下。在公务员工资方面,1999 年人事院建议暂时降低工资,国家公务员第一次收入减少,2001 年正式减少基本工资。因此,工会组织率不断降低:1975 年开始下降,1983 年降到 30％以下,2003 年进一步降到 20％以下。与其相反,劳动者的劳动时间在增加。进入新世纪后,加班成为社会性问题,2001—2004 年,在厚生劳动省劳动基准监督署的指导下,支付加班费的企业达到 3 600 家,涉及劳动者 500 万人,共支付工资超过 600 亿日元。因劳动时间过长、精神压力较大造成过劳死及精神障碍的确认数量在 90 年代末以后急剧增加。

1986 年 7 月,日本开始实施《劳动者派遣法》,企业不雇佣正式员工,而且利用派遣公司的劳动者进行经营活动,原则上为一年,最长为三年。最初限定在航空业界等技术含量较高的产业,但 1999 年修改《劳动者派遣法》后扩大到其他产业,2004 年再次修改后扩大到制造业及医疗业等领域,2006 年第四次修改,增加了延长派遣时间、保障派遣劳动者的卫生和劳动保险等内容。由于派遣劳动者待遇较低,也不需要职业训练,因而企业欢迎这种就业形式。包括派遣劳动者在内的非正式雇佣者从 1995 年的 1 001 万迅速上升到 2007 年的 1776 万,在全部就业者中的比

---

① 荒川章二『全集・日本歴史・第十六巻・豊かへの渇望』,小学館、2009 年、338 頁。

例也从 20.9％上升到 33.7％。在 90 年代中期，非正式雇佣者的 80％是钟点工或临时工，其后派遣劳动者及合同工急速增加，到 2008 年达到非正式雇佣者的三分之一，其中大企业雇佣的派遣劳动者增加速度最快。根据厚生劳动省在 2007 年实施的调查，在短期派遣劳动者中，84％为一天的派遣劳动者，一个月未满者仅 3.3％，在短期派遣劳动者中，20—30 岁的人占 46％。①

从性别上看，正式雇佣者 70％为男性，30％为女性，非正式雇佣者恰好相反，女性为 70％，男性为 30％。男性在非正式雇佣者中的比例从 90 年代中期的 10％以下上升到 2006 年的 18％，女性在非正式雇佣者中的比例从 90 年代中期的 40％以下上升到新世纪初的超过 50％，其上升速度超过男性。从年龄层次来看，过去非正式雇佣的女性以中高年龄已婚者居多，但到新世纪初，25—34 岁的年轻者较多，超过 300 万人。

尽管在工作方面，非正式雇佣者与正式雇佣者相同，但工资待遇相差悬殊，形成较大差距的社会性问题。根据厚生劳动省进行的"收入再分配调查"，高收入者的总收入与低收入者的总收入从 1990 年的 25.8 倍增加到 2002 年的 168 倍。在 2006 年，年收入 200 万日元以下者超过 1 000 万人，在全部劳动者中的比例为 22.8％，另外 80％的非正式雇佣者年收入在 200 万日元以下，形成了"劳动贫困族"，即越工作越贫困的人员。②

日本政府在男女平等化方面也做出较大努力，例如 1986 年开始实施《男女雇佣机会均等法》，1992 年开始实施《哺乳期休假法》，1995 年修改《哺乳期休假法》并实施护理休假制度，1997 年修改《男女雇佣机会均等法》，禁止在招聘、录用方面存在性别歧视等。1999 年制定《男女共同参与社会基本法》，2000 年发表男女共同参与基本计划，2006 年修改《男女共同参与社会基本法》，增加禁止扩大性别歧视范围、禁止以怀孕及生

---

① 松原聪『図解雑学：日本経済のしくみ』，ナツメ社，2008 年，45 頁。
② 山田敬男『新版戦後日本史——時代をラデイカルにとらえる』，学習の友社，2009 年、293 頁。

育等为由对女性实施减少福利待遇、强化企业责任者在性骚扰方面的雇佣管理责任等内容。

　　尽管如此,日本女性的社会地位仍然较低。根据联合国发表的 2006 年调查报告书,女性在国会议员、专业技术职业、管理职务的比例以及收入比较等方面,日本在 75 个国家中排在第 42 位。尽管在民间企业管理职务比例上,2006 年女性课长达到 6％,女性室长达到 11％,但欧美及亚洲主要国家大体保持在 20％—30％。在国家公务员方面,欧美国家女性的比例增加速度较快,在新世纪初达到半数,较高级别的女性官员也达到 20％,日本女性国家公务员的比例为 20％,较高级别的女性只有 1％—2％,变化不大。特别是在工资待遇方面,如果将男性工资作为 100,日本女性工资只有 60,欧美女性为 80。根据 2005 年实施的调查,日本男性年收入低于 300 万日元者为 20％,女性为 66％;超过 700 万日元的男性为 22％,女性仅为 3％。①

　　女性社会地位较低仍然与其结婚、生育中断就业密切相关。日本 25—40 岁的女性就业率为 50％左右,瑞典为 80％。另外 30 岁未满的年轻母亲就业率,日本为 28.5％。欧美国家均高于 50％,瑞典超过 70％。根据 2005 年的调查,女性中断工作后继续就业困难的原因 75％为生育,47％为护理。另外,继续就业的比例从 80 年代开始一直为 25％左右,几乎没有变化,可见政府支援生育的政策效果不明显。根据 2002 年的调查,因为生育而中断工作不满一年又恢复就业的女性为 13％,其中恢复正式员工者只有 20％,而且这些女性为保持连续工作,大多放弃生育第二个孩子的计划。

　　继续就业困难的第二个原因是护理。随着老龄化的进展,因护理而离职者急速增加。90 年初每年 30 万人上下,到新世纪初达到 50 万—60 万之间,其中 80％—90％为女性。1999 年的《护理休假制度》和 2000 年的《护理保险法》未能较好地起到缓和因护理而离职速度的作用。根据

① 荒川章二『全集・日本歴史・第十六巻・豊かへの渇望』、小学館、2009 年、338 頁。

内阁府的调查,赞成"男性工作、女性家庭"者,1992年男性为66％,女性为56％;到2002年,男性为47％,女性为37％,均有大幅度地减少,但比欧美国家仍有较大差距。尽管如此,未婚及晚婚率不断上升,35岁以下的未婚率10年内增加10个百分点,2000年男性超过40％。25—35岁的女性未婚率也在大幅度上升,未婚的理由主要是没有时间约会、非正式雇佣的工资问题等。1995—2005年,男性的初婚年龄从28.5岁上升到29.1岁,女性从26.3岁上升到28.0岁。[①]

有孩子的家庭从80年代后半期到90年代前半期减少的速度放缓,但仍然保持其趋势,从1995年的33.3％减少到2005年的26.3％。特别是两个孩子以上的家庭不断减少,其最大的原因仍然是经济负担问题。根据2003年《经济财政白皮书》推算,在大学毕业女性就业方面,持续就业者与生育退职后再就业仍然为正式员工者,其工资总额的差距约为8500万日元,如果退职后再就业为钟点工,其差距为2亿日元。2005年,日本的死亡人口超过出生人口,是1900年有统计数据以来第一次出现人口自然减少。

为防止城市开发引起的地价暴涨,1989年日本政府制定重视土地公共性的《土地基本法》,1992年又制定了全国市町村负有制定城市总体土地利用计划责任的《城市计划法修正案》,1994年开始实施限制利用土地的《建筑基准法修正案》,并冻结出售2600公顷旧国铁用地的计划。1997年桥本龙太郎内阁制定《新综合土地政策推进大纲》,从抑制地价政策转为有效利用土地政策,其方针为小渊惠三内阁的"经济战略会议"所继承。小泉纯一郎内阁成立后,立即决定设置"城市再生本部",并制定以东京为中心的全国主要城市再开发方针。

按照其方针,日本在城市进行大规模的道路建设投资,推进公共事业的民营化,将公有土地处理或出租给民间。同时将民间希望进行其事业的机构组织起来,由民间提出开发方案,并为此在2002年制定《城市

---

① 荒川章二『全集・日本歴史・第十六巻・豊かへの渇望』、小学館、2009年、354頁。

再生特别措施法》,在城市再生紧急整备地区对民间事业者采取缓和限制措施,并提供资金支持。同年指定的城市再生紧急整备地区东京有 7 个,约占全日本的 40%。在整备地区建设高层办公楼、住宅、地铁及道路等公共设施,推动人口向市中心地区回归。

另一方面,推动市町村行政组织的合并。泡沫经济崩溃以后,日本政府积极推进地方分权,以便增加地方自治体的自主权及其活力。1992 年宫泽喜一内阁制定《地方分权特例制度》及《地方分权特例制度实施要领》,细川护熙内阁在 1993 年成立推进地方分权特例制度本部。村山富市内阁在 1995 年实施《地方分权推进法》,1999 年小渊惠三内阁制定《地方分权一揽子法案》并得到国会通过。通过人口稀少地区的市町村合并,强化其财政基础,有利于当地居民的工作与生活。尽管日本的市町村总数从 1998 年 3 月的 3 232 个减少到 2006 年 3 月的 1 821 个,但由于小泉纯一郎政权进行的"三位一体"改革不彻底,地方自治体的财政状况十分严峻。合并后的市町村削减自治体首长及议员的经费外,学校、幼儿园、医院等的合并也加剧了财政紧张的局面,并造成农林业衰退、福利及教育水平的下降,甚至出现了北海道夕张市财政破产的自治体。

二、民族主义

冷战国际体制解体以后,全球性的意识形态对立结束,日本国内政治体制也随之发生较大变化,以自民党及社会党代表的保守、革新对立终结,"55 年体制"崩溃,甚至两党组成联合政权。从社会思潮上看,要求发挥独自性国际作用的民族主义开始抬头,主要体现在修改宪法的动向以及围绕战争及其责任认识的争论上。

海外战争爆发以后,社会舆论形成的"国际贡献"逐渐改变了日本国民的宪法意识,即和平宪法造成的"一国和平主义"妨碍了日本在人员方面的"国际贡献",不仅修改宪法成为公开讨论的话题,而且也推动了其意识的产生。1993 年 4 月,《每日新闻》的舆论调查显示,赞成修改宪法者为 44%,反对修改宪法者为 25%;《读卖新闻》的舆论调查也显示,赞成修改宪法者为50.4％,反对修改宪法者为33％,是50年代以来第一次赞成者超过反对者。1986年中曾根康弘政权呼吁"战后政治总决算"时,反对修改宪法者为56.6％,赞成修改宪法者只有22.6％。值得注意的是,多数日本国民赞成非军事性国际贡献,即使支持派遣自卫队到海外,但只能进行不行使武力的国际贡献。《每日新闻》的舆论调查也显示了这一点,赞成修改第九条者为25％,反对者为33％。①

1993年6月,小泽一郎出版主张成为"普通国家""政治体制改革"的《日本改造计划》,成为当年发行72.5万部的畅销书。1994年,《读卖新闻》发表《宪法修正草案》,内容包括废除第九条第二款、保持自卫"军队"、承认集体自卫权和参加联合国部队、多国部队以及国际联合军事行动等。1996年后的"日美安保再宣言""日美防卫合作新指针""周边事态"等进一步推动了修改宪法的必要性。

1997年,除日本共产党和社民党的议员之外,269名众议员和105名参议院组成跨党派团体"宪法调查会设置推进议员联盟"(1999年改为"宪法调查推进议员联盟"),会长为中山太郎。在该议员联盟的推动下,2000年1月,国会众参两院分别设置了宪法调查会,规定五年后提出调查报告。同年11月,该议员联盟通过决议,设置以制定国民投票法为目标的"国民投票制度小委员会"。2001年11月,该委员会发表了《国民投票法案》和《国会法修正案》。②

经济同友会的宪法问题调查会在2003年4月发表意见书,要求尽快制定推动修改宪法的国民投票法。2004年,经团联设置探讨包括修改宪法在内的国家形态为目的的"国家基本问题探讨委员会",在2005年1月提出《思考我国基本问题》的报告书,明确指出"现在最应修改的部分是与现实脱离较大的第九条第二款,以及修改宪法程序的第九十六条",并提出修改"武器出口三原则",明确规定维持自卫队等修改宪法等具体

---

① 山田敬男『新版戦後日本史——時代をラデイカルにとらえる』、学習の友社、2009年、258—259頁。
② 丰秀一『国民投票:憲法を変える? 変えない?』、岩波書店、2007年、15—16頁。

内容。与此同时，"日商"也发表修改宪法的意见，主张保持进行自卫的战争力量。

　　2004 年 1 月 13 日，《读卖新闻》社论呼吁尽快制定《国民投票法》，以便为修改宪法创造条件。同年 5 月 3 日，《读卖新闻》发表第二次宪法草案，进一步推动了修改宪法社会舆论的高涨。根据该报进行的一系列舆论调查，2004 年赞成修改宪法者达到战后历史的最高水平，为 65％，反对者为 22.7％。其后赞成者逐渐下降，反对者逐渐上升。① 另一方面，《朝日新闻》在 2004 年春季进行的舆论调查也表明，认为"有必要修改宪法"的人为 53％，认为"没有必要修改"的人为 35％。在"修改的理由"中，认为"规定新权利和制度"的人为最高的 26％，认为"自主性修改美国强加宪法"的人为 14％，认为"第九条有问题"的人为 7％等。②

　　在 2003 年的大选中，自民党提出修改宪法的选举公约，计划在 2005 年自民党成立 50 周年之际发表宪法草案。执政伙伴公明党也以"加宪"的方式赞成修改宪法，最大在野党民主党提出"创宪"的主张。自民党在 2004 年 11 月发表《修改宪法草案大纲》，民主党的"宪法调查会"也发表了《宪法建议中间报告》。2005 年自民党正式发表《新宪法草案》，在前文中删除"反省战争及和平生存权"的规定，明确规定自主防卫精神，"自己具有保卫所属国家及社会的责任"，以"公益及公共秩序"取代公共福利，第九条第一款保留，取消不拥有战争力量的第二款，规定保持自卫军，可以进行"为确保国际社会和平及安全的国际合作活动"，修改宪法动议的规定也从三分之二下降到过半数。③ 比起在军事大国化构想和新自由主义理念基础上全面修改的《修改宪法草案大纲》，《新宪法草案》主要集中在第九条的修改上，因为如果没有民主

---

① 『読売新聞』2008 年 4 月 8 日。
② 丰秀一『国民投票：憲法を変える？ 変えない?』、岩波书店、2007 年、46 頁。
③ 山田敬男『新版戦後日本史——時代をラディカルにとらえる』、学習の友社、2009 年、300—301 頁。

党、公明党的赞成难以修改宪法。

日本共产党和社民党反对修改宪法,并支持市民组织"九条之会"。该组织在 2004 年以文学家井上厦、1994 年获得诺贝尔文学奖的大江健三郎、文学评论家加藤周一、市民运动家小田实等人为中心成立,认为修改宪法是建造从属美国的再次发动战争国家,因而呼吁国民捍卫宣誓非战的宪法第九条。日本各地各界自发组成类似机构,而且发展迅速,2006 年达到 5 000 多个,形成一种新的市民运动。

2005 年 4 月,众参两院宪法调查会提出最终报告。关于争论最大的第九条,一种意见认为应保留第一款的放弃战争,承认集体自卫权;另一种意见则认为应当限制行使集体自卫权,但两者均认为有必要修改第二款。对规定政教分离的第二十条,有意见认为"如果在社会性礼节或风俗、文化活动的范围之内",可允许国家及国家机关的宗教活动。改宪派主张因为有规定"个人尊严与本质上的两性平等"的第二十四条,所以造成了家庭崩溃和道德衰退。

90 年代中期以后,在日本出现有关战争历史认识的论争,参加者有历史学家、哲学家、思想家、社会学家、政治学家、文艺评论家、教育学家、漫画家等。论争的"舞台"有《近现代史的授课改革》《民族主义与性别》《战败后论》《国民国家的范围》《"历史认识"的争论》等刊物。主要的焦点问题是从军慰安妇、历史教科书、国民国家论、历史主题、战争责任、战后责任等。[1] 其背景是冷战结束以后,冷战时期未能深入探讨的战争责任问题、战争赔偿问题再次凸显出来,日本国内保守的自民党下台,较为左翼的政党上台,采取较为积极的态度试图与战争受害国家及国民达成和解。例如 1993 年 8 月,非自民党联合政权首相细川护熙在记者招待会上明确表示"那场战争是侵略战争,是错误的战争",1995 年社会党为中心的政权不仅在国会通过"不战决议",而且村山富市首相在 8 月 15

---

[1] 大门正克『昭和史論争を問う――歴史を叙述することの可能性』、日本経済評論社、2006年、4 頁。

日正式发表了对过去战争"深刻反省和由衷道歉"的讲话。这引起一场较大的争论,以自民党为首的保守政治家、知识分子纷纷表示不同意见,甚至迫使细川首相将表述改为"侵略行为"。①

1993年自民党组织"历史检讨委员会",邀请各大学的保守派学者演讲,并在1995年汇集出版《大东亚战争的总结》一书,将第二次世界大战中日本发动的侵略战争看作正义的战争而全面肯定。在具体内容上掩盖侵略事实,美化殖民统治,例如认为日本提出"二十一条要求"和发动"九一八"事变是"为维护日本的正当权益"、"七七卢沟桥事变由中国军队引起"、声称"南京大屠杀是捏造"、"满洲事件使满洲变得非常稳定,发展速度是中国的好几倍"等。

1995年9月,东京大学教授藤冈信胜等人组成"自由主义史观研究会",并创办季刊《近现代史教学改革》。其成员认为现行的历史教科书是基于日本为"恶"的自虐史观,是接受东京审判结果的"东京审判史观"。该团体其后相继出版了《教科书中没有教授的历史》《污蔑的近现代史》《历史教科书中的15年战争》《历史之本音》等书籍,充满美化侵略战争的语言,并否认"南京大屠杀",坚持"慰安妇是商业行为""生化武器未用于实战"等错误史实。

1997年1月,以藤冈信胜、电气通讯大学教授西尾干二、漫画家小林善纪等保守派学者、人士组成以推翻战后历史学界研究成果和重新改写日本历史教科书为目标的"新历史教科书编撰会"。除此之外,主张修改宪法、独特历史观的保守势力还在同年2月成立"思考日本前途及历史教育议员之会",在同年5月成立"日本会议"和"日本会议国会议员恳谈会"。"日本会议"的基本运动方针是强调以皇室为中心的"民族一体感"、反对恶意地自我断罪的历史教育、主张行使集体自卫权以对应中国军事势力增强与朝鲜发射导弹、自主制定值得骄傲的新宪法等。②

---

① 中村政则:《日本战后史》,中国人民大学出版社2008年版,第179页。
② 山田敬男『新版戦後日本史——時代をラデイカルにとらえる』、学習の友社、2009年、276—277頁。

2001 年 4 月,"新历史教科书编撰会"编撰、扶桑社出版的中学历史教科书和社会教科书通过文部科学省的审查,书中存在许多亚洲各国和部分日本民众反对的暧昧、争议的内容及写作手法等,并夸大、美化甚至扭曲日本传统文化以及明治维新后日本在亚洲邻国的所作所为。2005 年 4 月,扶桑社将新版《新历史教科书》送呈文部省,在进行百余处文字表述修改后审定合格,但书中许多争议问题依然没有解决,甚至内容比上一版更为失实。

在"新历史教科书编撰会"的历史教科书发行之前,一桥大学教授滨林正夫等 889 名历史学家在《日本与中国报》上联名呼吁"不能采用这种教科书进行历史教育"。许多地方教育工会、出版界工会也呼吁地方教育委员会抵制采用该书。据统计,该历史教科书的采用率在 2002 年和 2006 年均未超过 1%,甚至东京都杉并区居民在 2005 年 6 月以采用肯定侵略战争及主张修改宪法的属于违宪行为为由起诉区政府。

在学术界,90 年代以来出版了许多反省侵略战争及其责任的书籍,其中代表作的著作有:笠原十九司的《亚洲的日本军队——战争责任与历史学、历史教育》(大月书店 1994 年)、粟屋宪太郎的《未决的战争责任》(柏书房 1994 年)、粟屋宪太郎编的《战争责任·战后责任》(朝日新闻社 1994 年)、三浦永光的《战争牺牲者以及日本的战争责任》(明石书店 1995 年)、西野留美子编著的《年轻人们思考的战争责任》(明石书店 1995 年)、荒井信一的《战争责任论》(岩波书店 1995 年)、吉田裕的《现代历史学以及战争责任》(青木书店 1997 年)、高桥哲哉的《战争责任论》(讲谈社 1999 年)、早川纪代编的《殖民地与战争责任》(吉川弘文馆 2005 年)等。这些书籍在日本具有较大的影响力,认为靖国神社是战争动员机器、主张以政教分离原则解决问题的东京大学教授高桥哲哉从思想角度分析靖国神社的书《靖国神社》甚至成为 2005 年的畅销书,而且 2004 年 4 月 7 日,福冈地方法院判决小泉首相参拜靖国神社违反宪法,2005 年 9 月 30 日,大阪高等法院判决小泉首相参拜靖国神社违反宪法。

三、社会意识

1999 年—2006 年,日本经济社会尽管处在急速的变化之中,日本人仍然希望通过努力实现自己的理想,同时怀念那种勤奋工作的精神。其代表性的受欢迎文艺作品有 1999 年乙武洋匡的自传《五体不满足》、1999 年的电影《铁道员》、2000 年大平光代的《所以,你也要活下去》以及 2001 年的动画片《千与千寻》等。

《五体不满足》的作者乙匡武洋 1976 年出生在东京都,先天性缺少四肢,移动时依靠电动轮椅,但积极参加各项活动。在早稻田大学读书时参加社区活动,NHK 电视台采访并播放了其活动,从而获得讲述残疾人奋发向上故事的执笔机会。在作品中,乙匡五洋的乐观精神得到充分体现,其不屈的个性和喜爱的话"残疾造成不便,但不是不幸"更是打动了无数读者。该书发行后 7 个月销售 380 万册,到 2007 年累计销售 550 万册,为普通图书发行数量的第三位。[1]

电影《铁道员》根据同年畅销小说改编,作者为池田次郎。作品描述北海道一个铁路小站站长终生兢兢业业工作,甚至女儿、妻子去世也未离开工作岗位,最后在铁路废线日倒在大雪飞舞的站台上。包括《铁道员》在内的短篇小说集为 1999 年第九位畅销书,总计发行 140 万部,获得第 16 届日本冒险小说协会大奖特别奖、第 117 届直木奖。电影由降旗康男导演、高仓健主演,获得 20.5 亿日元的票房,并获得 1999 年加拿大蒙特利尔电影节最佳男演员奖、2000 年第 23 届日本学院奖的最佳作品奖、最佳男演员奖等主要奖项。

大平光代的前半生自传《所以,你也要活下去》讲述自己中学时代遭遇同学的歧视和欺负,自暴自弃地参加黑社会,后告别放荡生活进入大学,并通过最难的司法考试,29 岁时成为律师。由于学校出现越来越多的欺负事

---

[1] 黄亚南:《谁能拯救日本——个体社会的启示》,上海世界出版股份有限公司 2009 年版,第 132 页。

件、越来越多的拒绝上学儿童、课堂混乱以至于无法上课等现象,因此,该书出版当年发行量就超过 200 万册,成为 2000 年十大畅销书之首。

宫崎骏的动画片《千与千寻》讲述一个名为荻野千寻的 10 岁普通女孩与父母前往新家途中迷入森林,穿过奇妙的隧道后父母因贪吃食物变成猪。千寻为救父母到汤屋打工,经营者汤婆婆称其为"千"。千寻在朋友的帮助下,发现自己的"生命力",拯救了父母。该动画片获得 304 亿日元的票房,观众达到 2 300 万人,为日本电影的最高记录。2003 年在电视播放后也获得 46.9% 的破纪录收视率,并在国内外获得一系列大奖,其中包括柏林电影节的金熊奖、日本电影大奖等。

其次,自由主义式结构改革的结果使以集团主义为突出特征的传统文化及其价值观、传统社会组织原理及其体系遭到破坏,日本"一亿中流"式的社会是否开始崩溃,甚至是否存在过"一亿中流"社会成为学术界争论的焦点。

2000 年佐藤俊树出版《不平等社会日本》,认为不同世代之间的移动存在封闭性,即社会阶层固定化。也就是说,过去日本人普遍相信通过努力取得好的学历就可以进入上层的"总中流社会",但现在变为各自界限分明的"不平等社会";针对佐藤的观点,盛山和夫并不否认阶层自我再生产的机制,但认为这种观点缺乏足够的数据。盛山同时指出,关心"中流崩溃"的人大多是大学毕业工薪阶层,"竞争化""市场化"正是针对这些得到终身雇佣制和年功序列工资制保护的人群。高中毕业者及女性过去一直处在竞争之中,应在大学毕业工薪阶层中引入竞争原理,由此打破精英阶层的封闭性状态。另外大竹文雄认为所谓的"中流崩溃"是随着老龄化的发展、中高年龄层次者膨胀所致,在日本,就业初的工资差距较小,年龄越高差别越大,21 世纪初正是战后初期生育高峰的一代,他们之间的收入差别较大,因而看起来是不平等社会。①

---

① 高原基彰『現代日本の転機:「自由」と「安定」のジレンマ』、日本放送出版協会、2009 年、228—229 頁。

2005 年,进行市场调查、商品策划的三浦展从家庭、城市问题角度撰写、出版了译本名为《下(底)流社会》的书,认为当代年轻人面临就业困难,好不容易工作后又经常加班到深夜,面对职业、婚姻等方面的竞争与压力,许多人甘心做散漫的低收入者,即保持温饱即可的中流阶层下游群体。该书发行后立即引起读者的共鸣,成为发行量超过 80 万册的畅销书。

实际上,随着网络的发展,许多日本年轻人既不学习,也不就业,喜欢待在自己的房间内,通过电脑、电视消磨时光,很少与人交往,这样的"御宅族"高达百万人以上,成为较大的社会性问题。

在激烈的改革中,如何保持个人的社会能力以及国家的品格也是日本民众十分关心的问题。2003 年,解剖学专家养老孟司出版《傻瓜的围墙》一书,半年时间销售 247 万册,成为当年十大畅销书之首,书名也成为当年的流行语。在 2004 年,该书仍然保持十大畅销书第三位。作者在书中写道:"我们完全没有意识到在传统思维方式潜移默化的影响下,人们正在不知不觉地在自己身边竖起一道无形的高墙。即我们的大脑中存在着一堵'傻瓜的围墙',使人在无形之中拒绝接受那些自己不愿意接受的意见和信息,从而导致人际关系中最棘手的问题,即人与人之间的沟通。"

2005 年 11 月,御茶水女子大学的数学教授藤原正彦出版《国家的品格》,到 2006 年 5 月共发行 265 万册,名列畅销书榜首。"品格"不仅成为当年的流行语,而且引发了一系列有关品格的书。作者用轻松幽默的语言,批判了美国的"理论万能主义",完全否定全球化趋势,强调本国的传统及审美意识,主张作为世界唯一的"情绪与形态"之国的日本恢复"国家的品格"。

尽管自由主义改革使日本的群体社会向个体社会过渡,但日本人改变集团主义价值观尚需较长的时间,例如伊拉克人质事件、活力门公司事件、村上基金事件等。2004 年 4 月 8 日,在伊拉克从事国际志愿活动的数名日本人被伊拉克武装势力扣留为人质,要求日本政府从伊拉克撤出自卫队。人质的家属赶到东京,要求政府答应绑架者的要求。但政府没有屈从其要求,在当地神职人员的斡旋下,8 天后人质得到安全释放。当这些国际志愿者表示继续在伊拉克进行志愿活动时,包括小泉纯一郎首相在内政府高级官员表示政府劝告国民不要冒险去伊拉克,人质应为自己的行为负责。《读卖新闻》《产经新闻》等报纸和《新潮》《文春》等周刊杂志也严厉批判这些人质及其家属,甚至将他们看作罪犯。据《读卖新闻》的舆论调查,有 74% 的人支持政府对人质的态度。但正如经济学家浅田彰所指出的那样,社会舆论迫使人质及其家属不得不到处低头道歉,正是传统日本"村"社会,即群体社会的典型体现。

堀江贵文 1972 年出生在九州工薪家庭,东京大学毕业后创立网络公司,为大企业制作主页和管理经营,发展迅速,2002 年获得活力门公司的经营权。其后积极参与购买专业棒球队、足球队、赛马等,引起社会的注目。他 2005 年购买日本电视 35% 的股票,同年参加大选失败。在 2000 年网络泡沫时期,活力门公司成功上市,但很快遭遇网络泡沫崩溃,迫使其改变经营战略,通过炒高公司的股票进行大规模、多业种的企业收购,反过来推动公司的股价继续上升。尽管以股价市值评价公司价值的美国会计制度已经引进日本,但尚未被企业社会完全认同。活力门公司只好按照资产负债表、损益表、现金流量表的日本传统会计习惯填写盈亏数字,这种习惯难以体现股价数字,因而违规调整财务表数字。2006 年初,东京地方检察机关以虚假记录有价证券报告书嫌疑逮捕堀江并加以起诉,后判有罪。

另外一位经济风云人物村上世彰,1959 年出生在大阪的经营家庭,东京大学毕业后进入通产省工作。1999 年退职创立"村上基金",投资日本企业。获得一定的股权比例后,他插手企业的经营事务,要求获得更多的红利,甚至更换经营者以及经营方式。2004 年,他参与收购日本电视的股票,2006 年东京地方检察机关以违反证券交易法嫌疑,即内部交易逮捕并起诉村上,后判有罪,并追缴金额 11 亿日元。因内部交易判处有期徒刑十分罕见,因而部分舆论认为法官是从惩罚利益至上主义的立场作出判决,反映司法界十分缺乏理解金融证券原理、机制的人员。实际上在日本,年功序列以及重视制造业的传统意识依然较强,年纪很轻却成为大富翁并从事难以看清的网络、金融通常不会为人接受,堀江贵文、村上世彰的遭遇显示了改革的困难性。

第九章　漂流的日本

第一节　无力的自民党政权

一、短命的内阁

安倍晋三上台之初在发表施政演说时强调修改宪法的必要性,接着在 10 月 18 日举行的朝野政党党首电视辩论会上,再次明确表示"要将修改宪法尽早提上政治日程,发挥应有的政治领导力量",甚至声称"自民党总裁任期为三年,连任不可以超过两届,将考虑在任内完成修改宪法"。NHK 在 2005 年 1 月进行的一项调查表明,当时赞成修改宪法者为 61.9%,反对者为 17%,但赞成修改第九条者为 39.4%,反对者为 39%。① 尽管为修改宪法做准备的《国民投票法》未能通过 2006 年秋季召开的临时国会,但该届国会通过了旨在提高国民爱国心的《教育基本法修正案》以及《防卫厅升格为防卫省法案》。2007 年 4 月 13 日和 5 月 14 日,众参两院分别通过允许就修改宪法举行全民投票并制定相关法律程序的《国民投票法》。

---

① 金熙德主编:《日本:2006》,世界知识出版社 2007 年版,第 89—90 页。

　　尽管如此，内阁成员丑闻不断，例如行政改革担当大臣佐田玄一郎因其政治支持团体涉嫌违反《政治资金规制法》被迫辞职、厚生劳动大臣柳泽伯夫把妇女称为"生育机器"引起民众（特别是女性）的强烈批判、农林水产大臣松冈利胜因涉嫌政治资金丑闻上吊自杀、防卫大臣久间章生则因替美国对日使用原子弹辩解而下台、新任农林水产大臣赤城德彦又被曝虚报办公费用、日本税制调查会长本间正明因在政府津贴的高级住宅内"包二奶"被迫悄然离任等等。

　　特别是丢失养老金交纳记录事件曝光更引起国民的不满。2007 年 5 月，日本社会保险厅丢失 5 000 多万份养老金交纳记录浮出水面，使本来就因老龄化、少子化而处在危机状态的养老金制度更陷困境，许多已经缴纳保险费的日本国民担心无法按期领取养老金。为消除民众对养老金问题的不安，联合执政的自民党和公明党在国会众议院全体会议仓促通过《取消养老金时效特例法案》和《社会保险厅改革相关法案》，其内容是取消养老金领取者的 5 年请求权时效，在查清养老金记录遗漏的情况下，全额补发养老金；2010 年解散社会保险厅，新建一个由非公务员组成的"日本养老金机构"，从而健全日本的社会养老金体制。同时，在自民、公明两党的主导下，国会会期延长 12 天，参议院在 6 月 30 日也通过了这两个法案以及《国家公务员法修正案》，从而使其成为法律。即使如此，7 月初的舆论调查显示安倍内阁的支持率迅速降到 30% 以下。

　　在此形势下 7 月 29 日举行的参议院选举严重地打击了自民党。在需要改选的 121 个席位中，民主党当选 60 席（改选 32 席），自民党 37 席（改选 64 席），公明党 9 席（改选 12 席），加上未改选席次，民主党共有 109 席，超过自、公执政党合计的 103 席。在攸关参议院选举胜败关键的 29 个"一人区"中，自民党以 6 胜 23 败的成绩输给在野党，是历史第二大惨败。

　　选举结果使自民党自 1955 年成立以来首次在参议院失去了第一大党的地位，在野的民主党成为参议院第一大党，加上日本共产党、社民党等党派的席位，在野党总共拥有 242 个总席位的 138 个席位，不仅占据多数席位,而且远远超过执政党。因此,在随后召开的临时国会上,民主党的江田五月、西冈武夫分别当选参院议长和参院运营委员长,标志着日本国会进入执政党控制的众议院与在野党领导的参议院分庭抗礼时代。

尽管安倍不得不暂时搁置所谓"建设美丽国家""脱离战后体制"等政治理念,在推动修宪等敏感议题上顾虑主流民意,并通过改造内阁提高支持率,但终究无望在国会通过即将到期的《反恐特别措施法》。因而他在临时国会召开后的第三天——9月12日宣布以健康原因辞去首相职务。出于过急改革引发不满的反省,自民党选择了性格温和、政策稳健、擅长协调的福田康夫为该党总裁和政府首相。

10月1日,新首相福田康夫在临时国会发表施政演说,首先对自民党总裁选举使临时国会停止运营三个星期表示歉意,强调当前的紧迫课题是实现海上自卫队继续在印度洋开展支援活动,表示执政党今后将与在野党进行充分讨论,进一步提高政治资金的透明度,恢复国民对政治和行政的信赖,并将继续进行经济和社会的结构改革,实现经济的稳定增长,同时站在国民的立场上对养老金、医疗和福利等社会保障制度进行改革。

自民、公明两党在10月17日召开联席会议,决定向临时国会提交《新反恐对策特别措施法案》以替代即将到期的《反恐特别措施法》。新法案删除了原法案中"救援灾民"和"搜索救助"的内容,将自卫队在印度洋的支援活动限定在供应燃料和供水两项,实施期限也改为一年。10月23日,众议院举行全体会议举行新法案的目的说明及质询,福田首相再次要求在野党方面给予理解。民主党则表示如果能传唤日前曝出违规与军火商打高尔夫丑闻的前防卫省事务次官守屋武昌出庭作证,该党将灵活对待委员会的审议工作。守屋武昌不久前被查出涉及受贿,即在任期间触犯自卫队有关法规,与一名军备供应商甚为亲密,经常接受对方招待去打高尔夫球。民主党同时追究防卫省的另一件丑闻,即海上自卫队为美军提供的燃油数据不实问题。

　　10 月 30 日,福田首相与民主党党首小泽一郎举行会谈,但双方未就允许海上自卫队继续在印度洋上进行燃油补给活动的《新反恐对策特别措施法案》达成一致。11 月 1 日,由于《反恐特别措施法》到期,防卫大臣石破茂下令撤回在印度洋为美国等有关国家军舰供油的海上自卫队舰船,结果引起美国等国家的不满。福田首相再次会晤小泽一郎,寻求尽快重启自卫队在印度洋的供油活动。

　　11 月 9 日,在自民、公明两党的多数赞成下,决定将临时国会会期延长 35 天到 12 月 15 日。13 日,众议院全体会议表决通过了《新反恐对策特别措施法案》,然后送交参议院审议,民主党再次强调将在参议院否决该法案。在访问美国和参加东亚合作系列峰会后,福田首相 22 日下午在首相官邸与民主党党首小泽一郎举行会谈,再次请求民主党对《新反恐对策特别措施法案》的审议给予合作,使法案能在国会会期内获得通过,并表示即使不提供合作也希望能在参议院审议通过该法案。小泽对此表示拒绝,导致会谈无果而终。12 月 14 日,执政的自民党和公明党在众议院全体会议上决定将 15 日到期的临时国会会期再次延长到 2008 年 1 月 15 日,以便使《新反恐对策特别措施法案》获得通过。

　　由于纠缠于《新反恐对策特别措施法案》,致使 9 月 10 开始的临时国会没有通过任何与国家利益、国民生活具有密切关系的法案,至于普通百姓十分关心的养老金问题更是毫无进展,结果导致内阁支持率急剧下降。据共同社进行的全国电话民意调查结果显示,福田内阁的支持率仅为 35.3%,比 11 月上旬进行的调查大跌 11.7 个百分点,支持与不支持的比率首次发生逆转。

　　2008 年 1 月 11 日,执政党控制的众议院以三分之二以上多数票再次表决通过《反恐特别措施法修正案》,但在通常国会上,在野党故伎重演,两次在参议院否决政府提出的日本中央银行——日本银行总裁人选,使这一职位自第二次世界大战结束以来首次出现空缺,参议院甚至在 6 月 11 日通过针对福田首相的问责决议案。2008 年下半年召开的临时国会将再次审议《新反恐对策特别措施法案》,福田首相自知难以过关,而且在内阁支持率低迷的状态下也难以解散众议院举行大选,只好以辞职了之。

本来福田首相辞职后,下一届政权的主要任务是解散众议院举行大举,以改变执政党、在野党分别控制众参两院的局面,但其目标难以实现,因而在自民党总裁选举中,党内重量级人物纷纷回避,使数次参加竞选、性格直率、政治统率能力较弱的麻生太郎脱颖而出。

尽管在对外方面麻生首相的"大嘴"有所收敛,但在国内却失言不断。例如舆论指责麻生首相在日本面临经济衰退之际时常光顾豪华饭店的酒吧和夜店,但他毫不在乎地对记者说:"幸运的是,我有钱。我自己埋单",甚至居高临下地当面责问记者;11 月 19 日,麻生首相就地方医生不足的现状发表了意见,认为很多医生缺乏社会常识,结果引发日本医师会等方面的严重不满;26 日,在经济顾问团的会议上再次失言,"我为什么要给那些生病的老年人支付巨额的医疗费用,他们只是坐在那里吃喝,成天看医生",这番言论立即引起更多人的不满。另外,麻生首相漫画性的直线思维、经常读错汉字发音也成为媒体甚至政界讽刺的对象。

据共同社 12 月 6 日、7 日进行的全国电话民意调查结果显示,麻生内阁的支持率大跌至 25.5%,较 11 月调查时下降了 15.4 个百分点。不支持率则大幅上升至 61.3%,较上次增加了 19.1 个百分点。受麻生内阁支持率低迷影响,自民党内被视为"反麻生"的倾向日渐活跃起来,甚至出现与在野党联合或者脱离自民党的动向。由于麻生太郎已经难以成为选举的"面孔",自民党内部出现寻找新总裁的动向,以便解散众议院举行大选。前干事长中川秀直正在联合前防卫大臣小池百合子等人,组成"社会保障相关议员联盟",参加的国会议员有 100 多名,表示将在政界改组过程中发挥作用;前行政改革大臣渡边喜美明确提出创建新党的可能性,首先组织了对麻生首相的政权运营公开提出异议的"要求迅速实现政策议员会",批评麻生首相放弃提出 2008 年度第二次补充预算案;前干事长加藤纮一和前副总裁山崎拓则着眼于政界重组,通过国民新党代理代表龟井静香的牵线搭桥,与民主党代表小泽一郎接触。

二、再入困境的经济与社会

2006 年的日本经济继续平稳复苏,各产业状况良好,股市稳中有升,年底达到 17 000 点以上。与此同时,日元兑换美元的汇率稳定走低,基本稳定在 117—120 日元低水平,对日本企业扩大出口十分有利。另外,地价缓慢回升,不良债权处理完毕,企业的设备、人员及债务的"三过剩"问题得到解决。物价出现全年度 0.1% 的正增长,增长幅度与上一年持平,通货紧缩得到实质性的缓解,出口与国际收支持续扩大,失业压力减轻,居民消费也得到一定的恢复。

在经济领域仍存在一些结构性问题,首先是极其严峻的财政状况。1992 年以后,日本政府先后推出 13 次"紧急经济对策",累计投资达到 140 多万亿日元。尽管在小泉执政时期公共事业投资持续减少,甚至变为负增长,但由于国债累计数额巨大,2006 年财政赤字在 GDP 中的比重为 5.1%,远远超过国际警戒线,在发达国家中最为糟糕。另外,还有地区之间经济差距、贫富差距重新拉大、人口老龄化与社会保障负担不断沉重等问题。

为解决贫富分化越来越严重的问题,安倍首相提出"再挑战计划",试图为经济竞争失败的弱势群体提供一个重新发展的机会,但需要较多费用,负责该计划的金融大臣 2006 年 11 月表示各省厅为"再挑战计划"提出的预算总额为 1 600 亿日元。为此,增加税收成为必要的课题。

2007 年的日本经济复苏势头明显减弱,首次从 2002 年以来 2% 以上的年均增长率下降为 1.6% 左右。该年度主要经济指标都出现增速减缓的现象,特别是对宏观经济影响较大的指标明显下降。首先是股市急剧走低,在 2007 年 6 月上升为 18 000 点的峰值后下跌,年底跌到 15 000 点。其主要原因除美国次贷危机和国际股市普遍下跌的影响外,与日本国内经济停滞也不无关系;其次是住宅投资急剧下降。针对不断出现的耐震建筑造假事件,日本政府修改《建筑标准法》,提高建筑质量标准。

2007 年 6 月正式实施该法后,审查标准进一步严格,审查文件增多,而且规定在申请得到批准后不得擅自修改设计、工艺程序等,结果使建筑业遭到较大打击,尤其是住宅建设,2007 年度住宅投资同比下降 12.9％。建筑业产值约占日本 GDP 的 8％左右,就业人口超过 560 万,约占职工人数的近 10％。[①] 住宅投资大幅度下降,影响到整个 GDP 增长率。其次是设备投资明显趋缓。设备投资约占日本 GDP 的 15％左右,一直是日本经济增长的主要动力,2003—2006 年设备投资年均增长率为 10％,但 2007 年出现连续三个季度的负增长。另外,职工收入停滞不前。即使在 2002 年以后的经济复苏时期,职工收入一直处在停滞状态,甚至出现减少现象,与强劲上升的企业效益相比反差很大,严重影响到居民消费的扩大。

泡沫经济崩溃以来,社会差距问题逐渐明显。收入差距的最主要原因是非正式雇佣者的迅速增加,因为正式雇佣者与非正式雇佣者之间的收入差距较大。据日本总务省 2007 年的"劳动力调查",正式雇佣者年收入在 300 万—399 万日元之间的人最多,为 19.6％,年收入在 400 万—499 万日元的次之,为 17.4％,而非正式雇佣者年收入在 100 万—199 万之间的人最多,为 29.6％,年收入不到 100 万日元的人次之,为 27.5％。另外根据日本厚生劳动省 2006 年对钟点工进行的调查,有 63.9％的人对现在的公司或工作感到不满和不安,对于不满和不安的原因,认为工资低的有 61.8％,认为不能休假的有 26.2％,认为钟点工工作辛苦的有 24.1％。[②]

为改善非正式雇佣者的待遇,同时缓解正式雇佣者与非正式雇佣者的收入差距,日本厚生劳动省劳动政策审议会在 2006 年讨论钟点工劳动对策,并在同年底提出建议。厚生劳动省根据其建议在 2007 年 2 月向国会提出《钟点工劳动法修正案》,同年 5 月,该法案通过国会众参两

---

① 金熙德主编:《日本:2007》,世界知识出版社 2008 年版,第 6 页。
② 同上书,第 260 页。

院的审议,从 2008 年 4 月 1 日开始实施。该法明确规定企业在雇佣员工时必须出示写明劳动条件的文字材料,制定与员工的贡献相应的公平待遇规则,同等对待正式雇佣者和非正式雇佣者,不得歧视非正式雇佣者,采取各种措施推动非正式雇佣者转为正式雇佣者等。2007 年日本立法机构还对《雇佣保险法》《雇佣对策法》《最低工资法》《劳动基准法》等进行了修改,并制定了《劳动合同法》,这些法律的基本内容是扩大就业渠道、保障多种形式的就业、保证员工与企业的对等关系、确保员工的收入待遇等。

2007 年另外一个成为公共舆论关注焦点的社会现象是"网络咖啡难民"与年轻人贫困化问题。所谓"网络咖啡难民"是指没有正式工作、工资收入不足支付房租、又不愿与家人居住在一起、夜晚栖身于 24 小时营业且收费低廉的网络咖啡店或漫画茶店的年轻人。这个群体不同于"尼特族"(指不就学、不就业、不参加职业技能训练、足不出户、依靠网络或父母养活的 16—18 岁年轻人,2007 年约有 62 万人)、"寄生单身族"(具有正式职业但不结婚、与父母住在一起节省开支、将收入用于朋友聚会或购买个人电脑、移动通讯、游戏机等个人消费活动的未婚年轻人)、无家可归者(无工作欲望、通常依靠捡拾废品赚取微薄收入为生、平均年龄57 岁)等群体。同年 3 月,在野党议员针对"网络咖啡难民"问题向政府厚生劳动大臣提出质询,政府被迫对其进行调查。结果显示全日本在网络咖啡店或漫画茶店过夜的年轻人大约 5 400 名,其中半数为短期派遣劳动者的非正式雇佣者,另外是加班很晚的正式雇佣者、失业者、无业者。尽管人数并非庞大,但反映了年轻人在经济、生活、居住甚至政治方面的贫困化。

受美国次贷危机引发的全球金融危机影响,日本经济遭受严重冲击,2008 年四个季度换算为年率的环比增长率分别为 3.4%、−3.5%、−2.5%、−14.4%,2008 财政年度(2008 年 4 月 1 日到 2009 年 3 月 31日)GDP 实际增长率为−3.5%,创战后年均经济增长率新低,衰退速度甚至超过美国和欧洲。因而政府经济财政大臣与谢野馨发表日本陷入

"战后最大经济危机"的言论。[1] 此次经济危机的主要原因是日本经济严重依赖出口。尽管日本的出口依存度仅占 GDP 的 15% 左右,但占 GDP 约 56% 的个人消费持续低迷,占 GDP15% 左右的民间设备投资波动较大,因而在 2007 年 11 月以前长达 59 个月的经济复苏景气中,经济增长主要依赖出口拉动。2008 年实际 GDP 增长率为 -0.7%,净出口贡献度为 0.2%,增长的下降主要是因净出口下降。[2]

此次日本经济危机的特征十分明显,首先是股市暴跌,日经平均股指从 2008 年 9 月初的 12 834 点下降到 10 月底的 7 163 点,两个月内跌幅高达 44%,为前所未有;其次是出口急剧减少,时隔 28 年首次出现 7 253 亿日元贸易赤字;大型制造业企业出现年终赤字,是自 2000 年以来的首次;设备投资第四季度比前期下降 16.7%,创历史最高记录,工业生产指数在第四季度下降幅度为 1953 年以来最低点,消费在第四季度也出现负增长,失业率从 2007 年的 3.8% 上升为 4.4%。

为应付此次来势凶猛的危机,日本政府在 2008 年 8 月、10 月、12 月先后采取了"紧急综合对策""生活对策""紧急对策"措施,计划分别投入 1.8 万亿、4.8 万亿、5.8 万亿日元,预期调动 11.5 万亿、27 万亿、37 万亿日元规模的事业投资,以期减轻高龄者的医疗费负担、支持中小企业解决资金周转困难、向居民发放消费补助金、下调高速公路费、创造自治体就业机会、降低就业保险费、强化住房贷款的减税、降低中小企业法人税等。

在经济危机影响下,就业环境不断恶化,受冲击最大的是钟点工、派遣员工、临时工或合同工等非正式雇佣者。根据日本厚生劳动省在 2009 年 3 月 31 日发表的数据,从 2008 年 10 月到 2009 年 6 月,有 19.2 万非正式雇佣员工因解雇和合同期满等原因已经或即将失去工作。从雇佣形态上看,派遣劳动者最多,为 125 339 人,占全体人数的 65% 以上。另

---

[1] 『読売新聞』2009 年 2 月 17 日。

[2] 李薇主编:《日本发展报告(2009)》,社会科学文献出版社 2009 年版,第 2 页。

一方面,根据日本内阁府对 2 500 家上市企业的调查,作为调节雇佣劳动者的手段,有 4.7％的企业解雇了正式雇佣者,而解雇非正式雇佣者的企业达到 29.7％。[①]

就业环境恶化引发了许多社会问题,其中秋叶原杀人事件和小说《蟹工船》反映了动荡时期人们的不安和愤怒。出身青森县的加藤智大为"日研总业"的派遣劳动者,任职静冈县裾野市的关东汽车工业公司。6 月 5 日,加藤智大在公司发现自己的制服失踪,认为这是被公司开除的意思,其后离开公司购买凶器。6 月 8 日,加藤驾驶货车到东京秋叶原并闯越红灯,以 40 公里的时速冲进行人专用区,导致 5 名行人惨遭撞倒或辗压,加藤随即下车挥舞着刀与匕首攻击无辜的路人,2 分钟内先后刺伤 12 人,结果导致 7 人死亡,另有 10 人轻重伤;《蟹工船》是日本共产党成员小林多喜二在 1929 年发表的一篇无产阶级文学作品,真实地描述了劳工们在非人的劳动环境下被迫从事繁重的捕蟹及加工罐头的黑暗生活和斗争经历,作者为此受到当局的传唤、监视,并在 1933 年迫害致死。时隔近 79 年之后,被社会淘汰的人们,特别是年轻人再次捧起《蟹工船》。不仅如此,日本共产党也受到追捧,每个月平均有 1 000 人加入该党,订阅该党机关报《赤旗》的读者也在不断上升。甚至日本媒体也对政府发出警告,必须高度关注"新贫困阶层"。

为解决上述社会问题,内阁会议在 2008 年 11 月决定向国会提交劳动派遣法修改案,其主要内容为加强对企业在派遣劳动者方面的规定,使企业长期雇佣派遣劳动者,改善派遣劳动者的待遇,强化对违法派遣的处理。11 月 18 日,旨在提高加班员工工资的《劳动标准法修正案》通过众议院的审议。为准确把握非正式雇佣劳动者的状况、对企业进行雇佣指导、支援再就业,厚生劳动省成立"紧急雇佣对策本部",同时指示各都道府县劳动局设置"紧急雇佣对策本部"。2009 年 1 月,参议院通过《确保雇佣和居住》的紧急决议,要求政府确保失业人员的居住和生活的

---

① 李薇主编:《日本发展报告(2009)》,社会科学文献出版社 2009 年版,第 324—325 页。

稳定,要求企业"不要轻易解雇员工和取消内定就业人员,全力维持雇佣的稳定"。

三、趋于平衡的外交

由于小泉在执政的 5 年多时间里顽固坚持参拜供奉有甲级战犯的靖国神社,导致日本和中国的政治关系严重倒退,同时也使日本的亚洲外交陷入孤立的困境。因此,在首相更替之际,日本国内外要求改善中日关系的呼声十分高涨,对新任首相如何处理中日关系也充满了期待。与此同时,国际社会也希望中日关系能够改善,以利于地区、国际局势的稳定。美国国务卿赖斯表示希望中日关系获得改善,美国国务院副发言人也表示期待日本与中、韩两国努力构筑建设性的关系。

安倍就任日本首相后,中日两国的相关部门迅速就安倍访问中国达成一致。应中国国务院总理温家宝的邀请,安倍首相于 2006 年 10 月 8—9 日对中国进行了被舆论界称为"破冰之旅"的正式访问。中国是安倍就任日本首相后访问的第一个国家,也是日本领导人 5 年来首次访华。在日本战后 60 多年历史上,安倍是第一位将中国作为首访国的首相,反映了其希望打破中日关系僵局、以访华为契机改善两国关系的迫切愿望。10 月 8 日下午,中国国务院总理温家宝在北京人民大会堂东门外广场举行仪式,欢迎安倍首相访华。仪式结束后,温家宝总理和安倍首相在人民大会堂举行了会谈。10 月 8 日下午,中国国家主席胡锦涛也会见了安倍首相。当日中日双方在北京发表联合新闻公报。

安倍首相在访华期间与温家宝总理就年内启动中日历史共同研究达成共识,11 月,胡锦涛主席在越南首都河内举行 APEC 会议期间会晤安倍首相时对该共识再次予以确认。11 月 16 日,李肇星外长和日本外务大臣麻生太郎就"中日共同历史研究实施框架"达成一致意见,决定中日两国学者将基于《中日联合声明》《中日和平友好条约》以及《中日联合宣言》三个政治文件的原则,以正视历史、面向未来的精神,对中日历史进行共同研究。

安倍首相访问中国后在 10 月 9 日访问韩国,恢复了中断一年的首脑互访和会谈,并就历史问题和朝鲜核问题交换了意见。当天朝鲜宣布核试验成功,日本不仅再次带头推动联合国通过对朝制裁的决议案,而且对朝采取追加制裁措施,决定禁止向朝鲜出口高级食物材料和贵金属等 24 种商品,同时全面禁止进口朝鲜产品以及所有朝鲜船只进入日本港口。安倍首相在与朝鲜邦交正常化谈判及解决"绑架问题"方面没有任何进展。

安倍首相重视发展中日关系的同时,也到处推广"价值观外交",在战略上对中国加以防范。2007 年 1 月 11 日,安倍首相在布鲁塞尔与欧盟主席巴罗佐会谈时表示,日本反对欧盟解除对华武器禁运。同年 8 月 22 日,安倍首相在印度议会发表讲话,呼吁由民主制国家组成"大亚洲"伙伴关系,其中包括印度、美国和澳大利亚,却将中国排除在外。

另外,安倍首相在历史问题上的错误言论不仅引起亚洲邻国的强烈抗议,也影响到日美之间的政治关系。2007 年 3 月 1 日,安倍首相表示没有证据表明战时日本政府曾强迫亚洲国家的妇女充当日军"慰安妇",对此韩国外交通商部发表声明指责其言论有意混淆历史事实,深表遗憾。3 月 26 日,美国国务院副发言人发表谈话,要求日本继续"以直截了当和负责任的态度"对待二战期间日军强迫被占领国妇女充当"慰安妇"问题。安倍首相在参议院预算委员会上对"慰安妇"问题表示道歉。

在福田康夫任首相期间,推动中日关系的继续发展和恢复日美关系成为日本政府的外交重点。另一方面,在内政上难以做出成绩的背景下,福田首相希望在外交方面能够为自己的政权加分。其主要措施包括努力改善邻国关系,积极主办大型国际会议,在提高日本国际形象的同时,获得国民的支持。因此,福田政权成立后,积极推动中日关系的发展。2007 年 11 月 20 日,福田首相与中国国务院总理温家宝在新加坡会晤,并表示温家宝总理 2007 年 4 月对日本的访问增进了日本国民对中国的友好感情,有力地推动了中日关系的改善,双方今后共同的中心任务是推进两国战略互惠关系；应日本海上自卫队邀请，中国海军"深圳"号导弹驱逐舰在 11 月 28 日到 12 月 1 日对日本进行了友好访问；12 月 1 日，首届中日经济高层对话在北京举行，双方围绕加强宏观经济政策交流、加强节能环保合作、加强贸易投资合作和加强多边及区域经济合作四大领域坦率交换意见，增进了相互理解。

在 2007 年 12 月 27 日，福田首相抵达北京，对中国进行了为期 4 天的正式访问。在 28 日上午与温家宝总理举行的正式会谈中，福田首相明确表示日本不搞"两个中国"或"一中一台"，不支持"台独"，不支持台湾"加入"联合国，不支持"入联公投"。28 日下午福田首相在会见胡锦涛主席时表示日本期待同中国一道努力，加强合作，扩大交流，增进两国人民之间的相互理解和友谊，推动两国战略互惠关系不断取得更大成果。在北京大学发表的演讲中，福田首相阐明了构成中日两国战略互惠关系的三大核心支柱——互利合作、国际贡献、相互理解和相互信赖。

2008 年 1 月中国南方部分地区发生罕见的低温雨雪冰冻灾害后，日本政府立即捐赠一批价值 5 700 万日元的救灾物资；2 月 26 日，日本自卫队联合参谋长斋藤隆海军上将访问中国；中国国家主席胡锦涛在 2008 年 5 月 6 日访问日本，并同福田康夫首相就中日关系和共同关心的问题坦率深入地交换了意见，达成了广泛共识。

2008 年 5 月 12 日，中国四川省发生特大地震，日本政府宣布向中国提供 5 亿日元的紧急救援物资。6 月 18 日，中国外交部发言人姜瑜宣布，中日双方通过平等协商，就东海问题达成原则共识；6 月 24 日，日本海上自卫队高波级导弹护卫舰"涟"号驶入湛江港，开始为期 5 天的友好访问；7 月 9 日，应邀参加北海道洞爷湖八国集团峰会的胡锦涛主席在主会场温莎酒店会见了福田首相；8 月 8 日，福田首相夫妇出席了北京奥运会开幕式。

在对美关系上，福田首相明确表示"以日美关系为主，首先是与美国的外交"，在 2007 年 11 月访问美国，巩固和强化日美关系。同时强调指出"必须展开以日美同盟关系为基础的合理的亚洲外交"①，即"日美同盟和亚洲外交的共鸣"。另外，在朝核问题及"绑架问题"上，福田首相也强调压力与对话，即注重对美协调，对朝鲜采取软硬兼施的灵活外交手段，逼其就范，同时进一步加强与中韩的沟通，通过多边合作解决双边难题。因此，福田政权时期日本采取的是一种倾向平衡的外交政策。

提倡"自由与繁荣之弧"的麻生太郎上台后也改变态度，其在联合国大会上发表演讲时再次强调，中国和韩国对日本来说是重要的伙伴，应与两国进一步增进"互惠与共益"，日本必须与这两个国家以及东盟推进多层次合作，为东亚地区乃至世界的和平与繁荣而共同努力。其后麻生首相在日本国会众议院全体会议上发表施政演说，再次明确表示要"与以邻国中国、韩国及俄罗斯为首的亚太各国构筑地区稳定与繁荣，共同成长"。

2008年10月24日，胡锦涛主席在人民大会堂会见了来华出席第七届亚欧首脑会议的麻生太郎首相，并共同出席纪念中日和平友好条约缔结30周年招待会。11月22日，胡锦涛主席在秘鲁首都利马再次会见麻生首相，双方还就国际金融危机问题交换了意见，麻生表示希望中日领导人继续保持频繁互访和接触；12月13日，温家宝总理、麻生首相、李明博总统等中日韩三国领导人在日本福冈举行会议，发表共同声明和行动计划，加强合作，共同应对金融及经济危机。

麻生首相之所以在对华方面采取积极姿态，除福田康夫内阁面临的相同客观因素外，主要是因为经济衰退与政局不稳的内政问题。另一方面，麻生首相积极维持中日关系继续发展的原因除其政权不稳需要较好的外部环境外，还与日美关系出现裂痕有较大关系。因为美国政府不顾日本的再三反对，最终在2008年10月11日正式宣布将朝鲜从所谓"支持恐怖主义国家"的名单中删除，而且在宣布消息前30分钟才通知日本政府，不仅使日本政府措手不及，也使解决日本国内政治需要的"绑架问

---

① 『每日新聞』2007年11月2日。

题"更为虚无缥缈,结果引起日本朝野的普遍不满。

尽管如此,麻生首相仍然十分重视发展与大国的关系。2009 年 2 月 18,麻生首相访问俄国萨哈林岛,与俄国总统梅德韦杰夫就北方领土问题举行会谈;同月 24 日访问美国,与奥巴马总统举行会谈,就加强日美同盟关系达成共识;4 月 29 日访问中国,与中国国务院总理温家宝举行会谈等。

第二节 不稳定的民主党政权

一、混乱的政局

2009 年 8 月 30 日,民主党在国会众议院选举中大获全胜,新增加 193 个议席,拥有 480 个总议席中的 308 席,从而成为执政党。9 月 16 日,民主党代表鸠山由纪夫在特别国会会议上当选首相,民主党与社民党、国民新党联合组成政权。主要内阁成员有菅直人任副首相及国家战略大臣、冈田克也任外务大臣、平野博文任内阁官房长官等。另一方面,自民党举行新总裁选举,谷垣祯一当选。

同年 10 月 26 日,鸠山首相在国会发表施政演说,宣布实行"国政变革",指出"今日的维新,是从依赖官僚到国民(主导)的'大政奉还',是中央集权到地方分权,是从岛国到开放性海洋国家,是改革国体的尝试"。也就是在内政上强调打破依赖官僚体制并实行"战后行政大扫除",在外交上希望日本成为连接东方与西方、发达国家与发展中国家以及多样文明之间的"桥梁"。[1]

鸠山政权成立时内阁支持率高达 71%,但很快急速下降。《朝日新闻》在 12 月 21 日发表的民意调查显示鸠山内阁的支持率下降到 48%,不支持率从上升到 34%。[2] 进入 2010 年后,鸠山政权呈现不稳定状态。

---

[1] 李薇主编:《日本发展报告(2010)》,社会科学文献出版社 2010 年版,第 29 页。
[2] 『朝日新聞』2009 年 12 月 21 日。

日本共同社在 2010 年 3 月初实施的全国电话舆论调查显示,鸠山内阁支持率已跌至 36.3%,是支持率首次跌破 40%,不支持率则上升至 48.9%。舆论普遍认为接连不断的"政治与金钱"丑闻和悬而未决的驻日美军普天间机场搬迁问题已成为鸠山政权的两大致命伤;共同社 4 月底公布的最新民意调查结果显示,鸠山内阁支持率大幅度跌至 20.7%。多数受访者认为鸠山首相缺乏领导能力,而且鸠山本人与民主党干事长小泽一郎的政治资金问题以及普天间基地迁移问题久拖未决也是导致内阁支持率持续走低的重要原因。

政治资金问题在民主党执政前就已出现,并一直困扰着该党。2009年 3 月,时任民主党代表的小泽一郎秘书大久保隆规涉嫌伪造"陆山会"政治献金报告书被捕,"陆山会"办公室遭到检察机关的搜查。"陆山会"是管理小泽政治资金的团体,该团体曾在 2004 年购买东京最繁华地区的一块房产,耗资约 3.5 亿日元,但在 2004—2005 年的账目中没有这笔开支的纪录,检察机关怀疑这笔资金来源是某些企业或团体给小泽提供的不正当政治献金。同年 5 月,小泽因政治资金问题辞职,鸠山继任党代表。

一个月后,鸠山也在记者会上承认其政治资金管理团体的收支报告书存在虚假记录,对此表示道歉,但将此事责任推给了秘书,并表示自己不会为此辞职。就任首相一个月后,鸠山又被曝出暗中接受母亲的资金援助,可能涉嫌偷逃赠与税等问题。鸠山当时表示,将根据检方查明的事实,将母亲提供的资金作为赠与进行申报并尽快纳税。此项资金的总额达到 12.6 亿日元,纳税额将超过 6 亿日元,鸠山因此被自民党称为"平成时代的逃税王"。12 月 24 日,鸠山的两名前秘书因涉嫌参与鸠山资金管理团体及相关政治团体的收支报告作假而被起诉,现任首相前秘书被追究刑事责任,在日本尚属首次。

比起政治资金丑闻来,给予鸠山内阁致命打击的是在美军驻日基地问题上处理不当。普天间基地是美国海军陆战队驻冲绳的主要航空基地,位于城市中心,四周人口密集。长期以来,因其造成的噪音污染和飞行安全等问题,冲绳地方居民一直要求该基地迁离。20 世纪 90 年代后半期,时任日本首相的桥本龙太郎与美方签订原则协议,决定迁出基地,并在冲绳本岛东部的边野古地区新建一处机场。在 2009 年大选前的竞选期间,民主党声称要推翻其协议,将普天间基地迁出冲绳,并将其作为竞选纲领的重要部分。尽管该主张得到联合执政伙伴社民党和冲绳当地居民的大力支持,但美国方面强烈反对。12 月 22 日美国国务卿希拉里紧急约见日本驻美大使,敦促日本尽快履行两国在多年协商后达成的现有方案。5 月 4 日,鸠山首相访问冲绳县,正式宣布放弃将普天间美军基地完全搬出冲绳的计划,引起冲绳居民的强烈抗议。5 月 28 日,日美两国政府发表联合声明,普天间基地迁址方案基本沿袭 2006 年日美政府达成的协议。5 月 30 日,社民党因不满普天间基地搬迁方案决定退出联合政府,在野党纷纷指责鸠山违背竞选承诺。

另外,鸠山政权也受到民主党内小泽一郎派系的制约。民主党由多个政党组合而来,党内派系林立。2009 年大选后,小泽派势力迅速增大,拥有 150 名国会议员。在鸠山政权成立后,小泽继续担任民主党干事长,负责竞选事务和国会运营,权力很强。在上述多重压力下,鸠山首相被迫在 6 月 2 日宣布辞职,同时小泽一郎宣布辞去民主党干事长的职务。

2010 年 6 月 4 日,民主党选举副首相兼财务大臣菅直人出任新代表,并众院全体会议上当选日本第 94 任、第 61 位首相。尽管菅首相任命反小泽的人物担任内阁官房长官和民主党干事长,但由于民主党没有在提高消费税问题上达成全党一致,也没有在舆论导向上获得民众的充分认同,因而在 7 月 11 日举行的参议院选举中惨遭失败。在改选 51 议席中仅获得 44 议席,总议席减少 10 议席。11 月初,菅内阁首次出现支持率低于反对率的情况,其中支持率跌至 40%,反对率增加到 48%。

菅直人首相 2011 年 1 月 4 日召开新年记者会,明确表示在任期间不会解散众议院,强调今年要与政治资金问题做了断,并显示出推动讨论提高消费税的决心。菅直人首相 14 日改组内阁,民主党代理干事长枝野幸男接替仙谷由人出任内阁官房长官,在野党日本奋起党共同党首之一、前财务大臣与谢野馨出任经济财政担当大臣,主持税制改革。

尽管 3 月 1 日预算案在众议院全体会议上通过,但菅直人内阁支持率已跌至 17.8%。3 月 11 日,日本东北地区出现严重的大地震、海啸、核泄露,菅直人首相频频发表电视讲话,通报救灾进展,安抚民众情绪。12 日身着浅蓝工服的菅直人乘坐直升机前往重灾区福岛、宫城两县察看灾情,访问了紧急冷却系统出现异常导致核泄露的东京电力公司福岛第一核电站,并从空中视察地震海啸灾情严重的两县沿海地区。富士电视台 20 日公布的一项最新舆论调查显示,菅直人内阁的支持率从当月 3 日的 24% 猛增到 35.6%。

尽管如此,在 4 月初的统一地方选举中,民主党在东京都、北海道和三重县的知事选举中输给了最大的在野党自民党,在 41 个道府县议会选举中获得的议席低于选举前的 384 个议席。菅直人与民主党领导层决定向自民、公明两党提出以书面方式保证《2011 年度第二次补充预算案》《公债发行特例法案》以及《再生能源特别措施法案》通过国会审议为条件辞职。国会众议院 22 日通过民主党提交的国会会期延长方案,决定将原定于当天结束的本期国会会期延长 70 天至 8 月 31 日。

7 月 20 日,政府 2011 年度第二次补充预算案在众院全体会议上获得通过,该预算案包括大地震灾民援助政策所需的经费等。众议院 7 月 28 日通过了关于福岛第一核电站核泄漏事故的赔偿法案,即《原子能损害赔偿支援机构法案》。8 月 11 日,众议院通过了《特例公债法案》,23 日《可再生能源特别措施法案》同样顺利通过众议院的审议。因此,26 日菅直人出席民主党高层干部会议,正式宣布辞去党首职务。

8 月 29 日,民主党所属国会两院议员参加的选举大会经过 3 个多小时的两轮投票,财政大臣野田佳彦战胜其他 4 位候选人成为新任党首。当选党首后,野田邀请民主党参院议员会长、与小泽一郎关系密切的舆石东出任民主党干事长一职,并表示要以此"作为党内融合的象征"。

野田首相 9 月 13 日下午在众议院全体会议上发表施政演说,表示新内阁将致力于实现灾后重建、处理福岛第一核电站事故及重振日本经济。政府及民主党明确表示已经将社会保障及税制一体化改革的重点——增加消费税的改革步骤确定为两阶段,实施时间截至 2015 年,实施额度为上调 10%。另一方面,为推动日本经济的恢复与发展,野田首相在内阁记者招待会上对日本加入"跨太平洋伙伴关系协定"(TPP)持积极态度。

为实现增税政策目标,野田首相在 1 月 13 日改组内阁,17 名阁僚中 12 名留任,新阁僚最受注目的是民主党前干事长冈田克也出任副首相兼任社会保障和税制一体化改革和行政改革担当大臣。但舆论反映不佳,根据《朝日新闻》的调查,野田佳彦内阁支持率已下降到 29%,反对增加消费税的民众也上升到 57%。到 6 月 4 日,野田首相再次次改组内阁,冈田克也和外务大臣玄叶光一郎等 13 名前内阁大臣留任,更换防卫大臣和国土交通大臣等 5 名大臣。尽管社会舆论肯定此次改组内阁,支持率有所上升,但反对提高消费税率者增加 6 个百分点。

由于得到自民、公明两党的支持,6 月 26 日众议院全体会议以 363 票赞成、96 票反对的结果通过消费税增税法案。但在表决中,以小泽派议员为主的 57 名民主党议员投了反对票,还有部分议员未出席国会审议。根据民主党相关规定,决定对其给予开除党籍处分,结果民主党在众议院的席位从 289 个下降到 251,仅比半数多出 11 个席位。7 月 11 日,小泽一郎率领 50 名国会议员成立新党,名称为"国民生活第一党",小泽一郎为党首。7 月 24 日,退出民主党的参议院议员谷冈郁子等 3 人与退出国民新党的龟井亚纪子等 4 名女性议员成立新党派"绿之风"。

尽管消费税增税法案通过国会审议,但野田内阁仍将面临着许多困境,其中最大的焦点是关系到 2012 年度预算财政来源的《公债特例法案》。7 月 6 日,财务大臣安住淳在记者会上表示,如果发行赤字国债所需的《公债特例法案》迟迟无法通过的话,预计 10 月底政府财政将面临枯竭,并对国民生活造成严重影响。

第 181 届临时国会开幕后,野田首相在众议院全体会议上发表施政演说时表示将坚决履行"面向未来的责任",旗帜鲜明地表示继续维持政权运营的决心,但在野党控制的参议院拒绝参加会议。其后民主党和主要反对党同意尽快在国会通过发行赤字国债的《公债特例法案》修正案,满足野田首相提出的解散国会众院条件。11 月 14 日,相关法案在参众两院获通过,同时野田首相宣布解散众院,随后 11 人离开民主党。

二、天灾人祸

为在 2009 年 8 月举行的大选中获胜,民主党提出许多投选民所好的政策,使该党在众议院的席位一下子从 115 席跃进到 308 席。"不当家不知柴米贵",等到民主党上台编制新年度政府预算时才发觉亏空太大,政府财政收入远远不能满足通常的支出,仅是儿童补贴一年就要增加支出 2.3 万亿日元,高中教育免费需要 0.5 万亿日元,高速道路免费减少 0.6 万亿日元,废除汽油税暂定税率减少 2.5 万亿日元,几项相加为 7 万亿日元。为寻找新财源,在"行政刷新会议"的指导下,按照事业类型分为四个小组,发动人多势众的年轻民主党议员追查官僚的小金库,并节约不必要的开支。声势浩大的追查活动仅获得 1.7 万亿日元的新财源,离民主党 3 万亿日元的目标尚有较大距离。

焦头烂额的鸠山首相不得不接受小泽一郎提出的修改竞选公约,即暂缓废除汽油税暂定税率以及高速公路免费等要求,直到 12 月 25 日才编制了 2010 年度政府预算方案。一般会计支出达到历史最高规模的92.3 万亿日元,但因经济萧条,税收比原来估计的减少 9 万亿日元,仅为37 万亿日元,只好发行破记录的 44.3 万亿国债。结果财政支出的 48% 依靠发行国债,同时中央政府与地方自治体的长期债务合计达到 862 万亿日元,为国内生产总值的 1.8 倍。

在外需扩大和超宽松货币政策、积极财政政策等因素的共同作用下,2009 年第二季度以后的日本经济形势逐渐好转。日本财务省 2009年 12 月 21 日公布的同年 11 月贸易统计数据显示,贸易顺差为 3 739 亿日元,连续 10 个月保持盈余。由于汽车出口回升,对美贸易盈余同比增长 10.6％，达到 4 045 亿日元，自 2007 年 8 月以来首次实现同比增长。11 月日本对整个亚洲地区的出口额为 26 978 亿日元，同比增长 4.7％，实现了 14 个月来的首次同比增长。对华出口增长 7.8％，也是近 14 个月来的首次同比增长。

尽管如此，11 月 27 日日元汇率突破 84 日元兑换 1 美元，创下 14 年以来的最高点，出口企业受到较大冲击。日本经济团体联合会 12 月公布了大企业年终奖统计结果，平均比上一年减少 15.01％，为 1959 年以来跌幅最大的一次。官方公布的商品出厂价格指数在 11 月环比下降 4.9％，已经连续 11 月下降。从日本百货商店公布的 11 月总销售额来看，百货商店总销售额连续第 12 年同比下降，而且 2009 年成为 1985 年以来最低的一年，国内需求严重萎缩。

民主党政权一开始并没有认识到问题的严峻性，其竞选公约重视消费者的程度超过重视生产者，增加财政的途径也是注重"节流"而忽略"开源"。直到编制新年度预算时鸠山首相仍然强调改善生活条件，"守护生命""财政从制造钢筋混凝土转化到为人服务"。在日元急速升值后，出口产业受到较大压力，被迫减产或裁员，失业率上升到 5.7％，新毕业者就业机会也急剧降低。12 月 8 日，鸠山首相在内阁会议上宣布，实施一项总额为 24.3 万亿日元的经济刺激计划，以应对日元升值和通货紧缩的影响，避免经济恶化。同时编制包括这项经济刺激计划在内的 2009 年度第二次补充预算方案，连同 2010 年度预算一道提交 2010 年 1 月 18 日召集的通常国会审议。

大规模发行国债以及大幅度减少公共事业开支增加了生产者与消费者对经济进一步恶化的担心。实际上，在政府财政如此危机的状况下，增加税收已经成为社会共识。读卖新闻社在 11 月 12 日进行的舆论调查显示，有 61％的人认为应提高消费税以维持社会保障制度，反对的人仅为 37％，而且支持提高消费税的人比 7 月调查时提高了 14 个％。另外，尽管鸠山首相为未能实现废除汽油税暂定税率的竞选公约而向国民道歉，但有 13.0％的人对维持暂定税率"给予好评"，另外有 38.1％的人"给予一定程度好评",两者相加超过半数。

尽管降幅明显收窄,但 2009 年度实际 GDP 增长率仍为－2.4%。进入 2010 年后,前三个季度连续保持正增长,处在缓慢复苏状态,但严峻的就业形势和日元急剧升值,迫使 2010 年 6 月上台的菅直人首相立即将摆脱通货紧缩作为主要经济战略目标,努力阻止物价持续下跌。9 月 10 日,菅内阁提出《为实现新增长战略的三阶段式经济对策》,即第一阶段针对日元升值和通货紧缩状态,制定积极有效的紧急经济政策;第二阶段是根据景气动向采取机动的对策;第三阶段是从 2011 年起实施新增长战略。在不同阶段分别制定相应对策并投入较多的公共资金,在解决就业问题的同时,推动 GDP 的增长,以期在 2011 年底全面实现经济增长。

2011 年 3 月 11 日 14 时 26 分,日本东北外海发生 9.0 级地震,引发巨大的海啸,导致 561 平方公里地区遭遇洪水。另外,遭受地震和海啸袭击的福岛第一核电站出现严重的核泄露。3 月 11—15 日,该电站 4 个机组先后发生不同程度的爆炸,周边的紧急撤离半径从 3 公里扩大到 30 公里。在这场战后最大的灾难中,15 854 人死亡,3 155 人失踪,34 余万人避难转移,38 多万建筑物损毁,直接财产损失 16.9 万亿日元,分别相当于日本 2011 年实际 GDP 的 3.3% 和名义 GDP 的 3.6%。[①]

强烈地震、巨大海啸以及核泄露导致日本国内供应链条断裂、电力供应紧张、核污染阴云笼罩,工农产业、旅游服务业均受到冲击,尤其汽车和半导体电子产业遭受的打击最为严重。2011 年 3 月全国工矿业生产指数环比下降 15.5%,是 1953 年以来的最大降幅。从不同地区来看,东北灾区下降幅度最大为 35%,关东地区下降 18.6%,东海地区下降 20.3%,九州地区下降 9.6%。灾区以外的地区出现生产下降,显然是产业供应链条断裂造成。由于生产的减少直接导致出口的减少,4 月出口额同比下降 12.5%,相反因核电站事故,进口石油及天然气等火力发电

---

① 李薇主编:《日本发展报告(2012)》,社会科学文献出版社 2012 年版,第 3 页。

能源增加,导致进口增长 8.9%,结果出现 4 638 亿日元的贸易逆差,5 月也出现 8 537 亿日元的贸易逆差。此次大地震损失最大的是运输机械产业,生产指数骤然下降 46.4%。由于日本汽车产业普遍采用"零库存"生产方式,零部件及电子部件等供应链条中断,包括丰田、本田、日产在内的八大汽车厂家相继宣布停产。3 月汽车产量为 40.4 万辆,同比下降 57.3%,4 月再下降 60%。[1]

日本政府在灾后迅速确定战略性对策和配套措施。2011 年 6 月 20 日国会通过《复兴基本法》,7 月 29 日直属内阁的"复兴对策本部"提出《复兴基本方针》。其主要内容有专门设立复兴厅,负责灾后重建计划的落实工作;建立"复兴特区"制度,指定受灾严重的 227 个市町村为适用对象;五年内在厂房店铺建设用地和税收方面采取放松限制、简化手续、减免法人税等特例措施;发行"特别复兴国债",以确保灾后重建的经费来源;制定《原子能损害赔偿支援法》,确保电力公司履行损害赔偿且维持运营等。

因日本产业实力雄厚,抗灾能力很强,同时企业平时注意危机管理机制,因而经过各方的努力,产业得到迅速恢复。同年 5 月,日本汽车产业已恢复 80% 的生产,9 月,80.3% 的受灾企业生产能力恢复到灾前水平。受其影响,2011 年前两个季度实际 GDP 增长率为 -7.3% 和 -2.8%,灾后重建使第三季度出现强劲反弹,实际 GDP 增长率达到 10.4%,但好景不长,第四季度又出现波动,实际 GDP 增长率降为 0.3%,2011 年实际 GDP 增长率为 -0.6%。[2]

进入 2012 年后起初形势似乎良好,第一季度实际 GDP 增长率达到 5.7%,但受产业升级迟缓导致日本产品乃至产业国际竞争力下降、制造业企业向海外大规模转移导致国内工矿业生产"空洞化"等宏观因素以及财政危机、通货紧缩、全球市场萎缩、日元升值过快等微观因素的影

---

[1] 李薇主编:《日本发展报告(2012)》,社会科学文献出版社 2012 年版,第 106 页。
[2] 江瑞平:《当前日本经济形势与中日经贸关系》,载《日本学刊》2013 年第 2 期,第 59 页。

响,第二季度实际 GDP 增长率降为－0.1％,第三季度进一步降到－3.5％,第四季度转为 0.2 的微弱正增长,因而 2012 年实际 GDP 增长率为 2.0％。

三、摇摆的外交

　　最初的民主党政权追求对等的日美关系以及重视亚洲的外交特色,例如在民主党竞选纲领中较为令人注目的是强调"以构建东亚共同体为目标,确立亚太地区区域内的合作"。鸠山由纪夫当选首相后积极提倡"东亚共同体"。在 2009 年 9 月 24 日出席联大一般性辩论时发表演说,主张"开放的地域主义",构建"东亚共同体",将推动"自由贸易协定(FTA)、金融、货币、环境、灾害援助等领域"的合作,"希望东亚各国经过不断的协作,最终形成东亚共同体"。[①] 2009 年 10 月 10 日,鸠山首相又在中日韩领导人峰会上表示:"日本一直以来对美国有点儿过于依存。日本在重视日美同盟的基础上,作为亚洲的一员,应该制定更多重视亚洲的政策。""我想(东亚共同体)的关键在于中日韩三国首先从强化经济合作开始。"在该次峰会后发表的声明中,首次写入"东亚共同体"概念,并将其作为三国共同努力事项的长期目标;2009 年 11 月 15 日,鸠山首相在新加坡国际关系研究院发表了《走向亚洲的新相互关系——实现东亚共同体构想》的亚洲政策演说,强调"日本新政府宣言重视亚洲外交,其支柱是东亚共同体构想"。

　　尽管在美国的压力下,包括鸠山首相在内的民主党领导人均否认将美国排除在东亚共同体之外,但民主党政权采取这种"脱美入亚"政策的最大原因是世界经济发动机的转移,即美国经济相对衰弱、以中国为中心的东亚地区成为经济发展最活跃的地区。因此,中日关系呈现出现顺利发展的态势,在民主党政权成立后的三个月之间两国高层互访频繁。9 月 21 日,鸠山由纪夫当选首相后不久就在纽约与中国国家主席胡锦涛

---

① 『日本経済新聞』2009 年 9 月 25 日。

会谈,表示推动中日关系发展;10 月 10 日,鸠山首相利用参加在北京举行的中日韩三国领导人会议访华,提出构建"东亚共同体"的议题;中国国防部长梁光烈 11 月访问日本,首次参观日本海上自卫队的宙斯盾舰,在与日本防卫大臣北泽俊美的会谈中,双方一致同意推动两国防卫交流;民主党干事长小泽一郎 12 月率包括约 140 名民主党国会议员在内 600 多人访华,并与胡锦涛等中国领导人会谈。

正因如此,日美关系呈现紧张化。根据《每日新闻》在 2009 年 12 月的舆论调查,有 68% 的日本民众对冲绳美军基地转移问题表示担忧,认为这会影响日美关系,有关舆论调查也显示了这一点。日美两国研究机构 12 月发表的共同舆论调查表明,对鸠山政权时期的日美关系,17% 的日本民众认为"将会变好",2008 年 11 月调查时其比例则为 28%;在同一时期,美国民众对日美关系持乐观态度的比例也从 50% 下降到 30%。

民主党在竞选公约中提出构筑"紧密且对等的日美关系",准备在 2010 年《日美安全保障条约》修改 50 周年之际重新定义日美同盟关系,并具体探讨《日美地位协定》和驻日美军费用负担等事项。鸠山首相过去曾提出"无常驻安保"论点,即要求美军只是在出现紧急状态时才向日本派兵。尽管鸠山首相在 12 月 16 日就此回应说"当上首相就必须暂时放弃这种想法",但同时指出"从日本未来 50 年或 100 年来看,他国军队持续驻守是否合适,当然值得商榷"。从其积极提倡的"东亚共同体"最初将美国排除在外,美国自然有理由怀疑鸠山首相及其民主党政权的动机。

在美国的压力以及民主党政权的不稳定,早在鸠山由纪夫政权后期,中日关系发展势头出现放缓的迹象,菅直人担任首相后进一步疏远中国,并在某些敏感问题上刺激中国。7 月 24 日,日本外务大臣冈田克也在出席越南河内举行的东盟论坛会议上称"日本对南海问题不能毫不关心"。另外,冈田 27 日下午在记者会上谈到南海的领土争端问题时强调,除当事国外,应该促进包括东盟各国、日本、美国等在内的国际框架下的对话,因为"南海是交通要道,如果发生不稳定,有可能对亚洲的和平造成影响"。

为争夺民主党代表职务进而获得首相之位的日本现首相菅直人和原民主党干事长小泽一郎,9 月 5 日在日本 NHK 电视台进行论战时均打出"对抗中国牌"。菅直人在谈到中国增强海军军备时表示:"不仅是日美两国,越南等很多国家都对此很担忧。我们会密切关注中国海军的过度增强,有必要的话会向中国转达我们的担忧。"对于日本防卫省计划向西南群岛派驻自卫队,应对中国海军在日本周边海域的频繁活动,菅直人也认为"这是一个值得讨论的课题"。小泽一郎表达对中国海军同样的担忧后谈及钓鱼岛,强调"在历史上从来没有承认过是中国的领土,我们必须把这一点说明",认为日本应当采取"果断措施"应对来自中国的"军事威胁",并呼吁中国承担国际社会中的政治责任。

9 月 7 日,载有 15 名船员的中国拖网渔船"闽晋渔 5179"在钓鱼岛附近海域捕捞作业时,日本海上保安厅巡逻船"与那国"号赶到现场并与渔船发生冲撞。日本以违反日本"渔业法"为由强行实施非法检查,并以"涉嫌妨碍执行公务"为由拘留渔船船长詹其雄及其渔船、渔民。尽管中国政府再三提出抗议,但日本地方检察机关延长拘留时间并以日本国内法加以审判。为此,中国暂停双边省部级以上交往,同时终止双方有关增加航班、扩大中日航权事宜的接触,推迟中日煤炭工作会议。中国国务院总理温家宝强烈敦促日方立即无条件放人,并表示如果日方一意孤行,中方将进一步采取行动,由此产生的一切严重后果,日方要承担全部责任。

尽管在各方的压力下,日本那霸地方检察厅决定释放中国渔船船长,但对中日关系造成较大负面影响。日本《读卖新闻》10 月 4 日发表的舆论调查显示,受撞船事件影响,多达 84% 的日本人认为"中国不可信赖",为历来最差。有 89% 的受访日本人认为,中国在撞船事件后对日作出的反制措施和反应"是做得太过分",至于中国要求日本方面道歉和赔偿,高达 94% 的日本人认为"不能接受"。中日两国的民间对抗情绪和行动也不断持续。10 月 16 日,日本右翼组织"加油日本!全国行动委员会"及"草莽全国地方议员会"召集约 2 500 人抗议中国侵犯日本领土钓鱼岛。同一天,中国中西部城市成都、西安和郑州等地爆发历时约两个小时的大规模反日示威游行,当地日资商店遭示威者冲击。17 日,日本东京再次出现大规模针对中国的示威游行,中国绵阳市也出现反日集会。日本内阁府 12 月 18 日公布的结果显示,对中国"有亲近感"的日本人仅占 20.0%,比上年下降 18.5 个百分点,创下 1978 年实施该调查以来的新低。对中国"没有亲近感"者高达 77.8%,增加 19.3 个百分点,也创下历史新高。

野田担任首相后在 2011 年 9 月 13 日在临时召开的国会上发表施政演说,在谈及对中国的外交政策时说:"明年是中日建交 40 周年,希望推进与中国多方面的具体合作,并要求中国作为国际社会有责任的一员,更透明地扮演适当的角色,加深彼此战略互惠关系。"9 月 23 日野田首相在纽约举行记者会时再次表示为迎接 2012 年中日邦交正常化 40 周年,将深化两国的战略互惠关系,另外还就钓鱼岛和历史认识等问题指出:"虽然有时会发生难解的问题,但为了不影响日中关系全局,双方都必须从大局出发作出努力。"

尽管如此,中日双方在钓鱼岛问题上继续对峙。日本内阁官房长官藤村修 2012 年 1 月 16 日在记者会上宣称,计划 3 月底前完成东海钓鱼岛周边 39 个无名、无人小岛的命名。4 月 16 日,正在美国华盛顿访问的日本东京都知事石原慎太郎在当地一个研讨会上表示"东京政府决定从私人手中购买钓鱼岛",而且已经获得钓鱼岛"土地拥有者"的同意。此举遭到中国政府与民间的强烈反对,中国渔政船不断出现在钓鱼岛毗邻海域。其后日本民主党与自民党 6 名众议员乘渔船考察钓鱼岛周边海域,同行的还有 40 名日本人士在钓鱼岛进行垂钓,以显示日本对钓鱼岛的所谓"主权"。在其影响下,第八次中日共同舆论调查显示,对中国持坏印象的日本人达到 84%,比前一年增加 6 个百分点。

7 月 6 日,媒体透露日本政府计划购买钓鱼岛中的 3 个岛屿,将其"收归国有",中国外交部发言人对此表示中国的神圣领土决不允许任何人拿来买卖。8月15日,乘坐"启丰二号"保钓船前往钓鱼岛宣示主权的中国香港保钓人士登陆钓鱼岛,日本冲绳县警方及海上保安厅以涉嫌违反《出入境管理及难民认定法》为由逮捕14名保钓人士,17日他们被释放回国。8月19日,前往冲绳县石垣市为太平洋战争中"避难船遇难事件"举行祭拜活动的日本右翼人士登上钓鱼岛,其中包括国会、地方议员。9月9日,国家主席胡锦涛在出席亚太经合组织第20次领导人非正式会议期间同野田首相进行交谈,指出中国政府在维护领土主权问题上立场坚定不移,日方必须充分认识事态的严重性,不要作出错误的决定。

但是,日本首相官邸在9月10日就钓鱼岛问题举行阁僚会议,仍然决定将钓鱼岛、南小岛、北小岛三岛正式"国有化",并用政府预算的准备金支付该款项,"国有化"后的钓鱼岛将由日本海上保安厅管理。中国外交部发言人在例行记者会上表示,中方正在密切关注钓鱼岛事态的发展,将采取必要的措施维护国家的领土主权。11日,中国海监船抵达钓鱼岛外围海域,宣示主权。北京、广东、山东等地民众走上街头,抗议日本政府"购买"中国钓鱼岛及其附属岛屿。钓鱼岛争端也影响到中日经贸关系的顺利发展,9月份日本对华出口下降14.1%,同月日本贸易赤字为5 586亿日元,创历史最高纪录。其中出口额为53 598亿日元,比去年同期减少10.3%,对华汽车出口下降幅度较大,为44.5%。

10月30日,中国海监船编队在钓鱼岛领海内进行例行维权巡航,对进入其领海非法活动的日方船只进行监视取证,同时严正声明中国主权立场,并对日船实施驱离措施。其后中国渔政船、海监船持续在钓鱼岛领海内进行巡航,甚至中国海监飞机在钓鱼岛上空正常执法巡逻,迫使日本起飞多架战机拦截。日本内阁府11月24日公布的舆论调查显示,认为中日关系"良好"者仅为4.8%,较上年下降14%,认为中日关系"不好"者占92.8%,较去年上升16.5%,分别创下历史最低和最高纪录。

图 9 - 1　2013 年 4 月 23 日中国海监船在钓鱼岛海域驱逐日本船只(从下而上为日本右翼船、中国海监船、日本保安厅巡逻船)

第三节　社会结构的变化

一、老龄化、少子化趋势

进入 21 世纪以后,日本少子化、老龄化日趋发展。尽管日本政府在 1994 年和 1999 年分别制定了缓解少子化进展的"天使计划"和"新天使计划",2003 年颁布了《少子化社会对策基本法》《培养下一代支援对策推进法》,2004 年制定了《少子化社会对策大纲》和《支援儿童及育儿计划》,但 2000—2005 年新生儿数量连续 5 年下降,2005 年日本人口总数自然增长比上一年减少 2.1 万人,是自 1899 年开始人口统计以来首次呈现负增长。日本政府在 2006 年制定了《新少子化对策》,同年新生儿数量一度回升,人口总数自然增长 8 200 人,但 2007 年新生儿数量比上一年减少 2 929 人,死亡人数却比上一年增加 2.4 万人,结果人口自然增长为负 1.9 万人。①

与其相应,老龄化现象也越来越突出。根据日本内阁府发表的

---

① 金熙德主编:《日本:2007》,世界知识出版社 2008 年版,第 255 页。

《2008 年老龄社会白皮书》，截至 2007 年 10 月 1 日，日本 65 岁以上人口为 2 746 万人，在总人口中的比率（老龄化率）为 21.5％，比上一年增加一个百分点，其中 75 岁以上老人为 1 270 万人，占人口总数的 9.9％。根据日本国立社会保障与人口问题研究所的预测，到 2055 年日本人口将减少到 9 000 万以下，老龄化率将高达 40％以上。①

　　少子化的最大原因是年轻人晚婚、未婚和生育活动的减少，而产生这一现象的主要原因有工作不稳定、工资收入较低、工作与家务的冲突、夫妻分工、教育费用增高等。针对这些状况，2007 年 2 月，日本少子化社会对策会议决定制定“支援儿童和家庭的日本”重点策略基本方针，并设置四个分会进行讨论，在同年 12 月提出最终报告。主要内容是构筑可以使工作和育儿兼顾的社会基础，优先扩充支援育儿的服务，进行有效率的财政投入。与此同时，设立以内阁官房长官为首的“推进工作与生活和谐官民高峰会议”，制定了“工作与生活和谐宪章”以及“推进工作与生活和谐行动指针”。指出所谓工作与和谐社会是“每个国民都能在工作中感到乐趣和充实，履行工作中的责任，同时在家庭和社区生活方面，可根据育儿期、中老年期等人生的各个阶段做出多样生活方式选择的社会”。日本政府和有关方面将 2008 年定为“工作与生活和谐元年”，希望通过相关措施，缓解少子化进程的速度及其影响。②

　　尽管如此，2008 年日本少子化老龄化现象进一步严峻，日本总务省统计局发表的数据显示，截至 2008 年 10 月 1 日，日本总人口为 12 769.2 万人，比 2007 年同期减少 7.9 万人，拥有日本国籍的人口为 12 594.7 万人，比 2007 年同期减少 13.8 万人。另一方面，新生儿数量为 110.8 万人，死亡人数为 114.2 万人，人口自然增长为－3.4 万人。65 岁以上老人为 2 821.6 万人，比 2007 年增加 75.2 万人，占人口比率为 22.1％。日本内阁府在 2009 年 1 月进行的“少子化对策特别舆论调查”显示，有

---

① 内閣府『少子化社会白書』、佐伯印刷株式会社、2008、35 頁。
② 内閣府『少子化社会白書』、佐伯印刷株式会社、2008、68 頁。

83％的人少子化对日本未来感到担忧,比2004年的调查增加6.3个百分点。有58.5％的人认为需要"支持工作与家庭并立以及促进对工作方法的重新审视",有54.6％的人认为需要"减轻育儿的经济负担",有54.6％的人提出需要"鼓励生育"。[1]

针对上述状况,2008年2月,日本政府开展"将等待入托儿童降低为零战役",旨在扩大保育服务,提供保育手段的多样化;确保小学生放学后的活动场所,计划性地增加保育设施和课后俱乐部数量;提供确保质量的保育服务。5月,社会保障审议会少子化对策特别部会提交《为支援培养下一代而设计新制度体系的基本构想》报告,建议建立具有体系性、普遍性、连续性的制度,对工作方式进行改革,构筑支援育儿社会基础,实现人们结婚、育儿的愿望,使所有孩子健康成长。7月,政府为强化社会保障功能制定"五个安心计划",其中第四个计划是应对少子化现象的计划。11月,国会参议院通过儿童福利法修正案,家庭保育事业得到法律保障,同时也使"保育妈妈"制度法制化。

少子化、老龄化发展趋势不仅限制了日本的国内消费,而且也影响到劳动力的供给。尽管因经济不景气,失业率上升,但从长期来看,日本将面临劳动力不足的难题。日本内阁府发表的《少子化社会白皮书》指出,如果不改变少子化趋势,2050年日本劳动人口将减少到4 228万人,不足2008年的三分之二。[2] 日本厚生劳动省下设的外国人雇佣问题研究会提出的研究报告认为,日本如果要在未来的国际竞争中取胜,解决人口老龄化和少子化带来的劳动不足,必须面对引进外国劳务问题,最需重视的是引进具有高学历和卓越技能的人才。

2008年5月9日,福田康夫首相在经济财政咨询会议上表示,接收30万名留学生是使日本成为真正开放国家必不可少的措施,引进高级人才与接收留学生相互关联,需要完善其接受体制,并指示在官房长官的

---

[1] 李薇主编:《日本发展报告(2009)》,社会科学文献出版社2009年版,第322页。
[2] 内閣府「少子化社会白書」、佐伯印刷株式会社、2008、20—21页。

主持下设置产官学组成的咨询会议加以探讨。同年 7 月 29 日,由日本文部科学省和厚生劳动省等六个政府部门共同发表《留学生 30 万人计划》,准备到 2020 年接收 30 万外国留学生。

与此同时,自民党外国人劳动者问题课题组发表了"外国人劳动者短期就业制度"的建议,主张允许外国人到日本短期就业,以劳务身份进入日本,逗留时间为三年,对团体实施许可制,不设行业、职业限制,同时废除以技能合作为目的的研修和技能实习制度。同年 10 月,经团联发表了题为《应对人口减少的经济社会形势》的建议,主张积极引进外国高级人才和具有一定资格和技能者为中心的各种人才是迫切课题,需要认真探讨综合性"日本型移民政策"。其后经团联又提出《提高技术类留学生质与量的报告书》,在扩充奖学金的基础上增加优秀留学生数量。

根据独立行政法人日本学生支援机构的调查,截至 2008 年 5 月 1 日,在日外国留学生达到 12.4 万人,为历史最高水平。日本独立行政法人劳动政策研究研修机构在 2008 年 4 月发表的《关于雇佣外国留学生调查结构》表明,在过去的 3 年内有 9.6% 的企业雇佣了外国留学生,在拥有 300 名正式员工的企业中,三分之一的企业雇佣了外国留学生,同时有近 80% 的企业表示今后将雇佣外国留学生。到 2007 年底,在日本登记的外国人有 215 万,到 2008 年底,有约 77 万家企业雇佣了约 49 万外国劳动者。[①]

2010 年和 2011 年日本人口继续减少,老龄化率进一步提高。到 2012 年 7 月,日本总人口为 12 756.1 万人,比上一年减少 25.6 万人。65 岁以上人口为 3 047.3 万人,比上一年增加 89.4 万人,占总人口比率为 23.9%。在需要抚养的人群中,老年抚养比重逐年明显上升,结果给日本社会经济带来沉重负担。根据日本国立社会保障与人口研究所在 2012 年 12 月公布的数据,2010 年日本社会保障支出比上一年增加 3.6%,占 GDP 的 21.6%,其中养老金占 50.7%,医疗支出占 31.2%,福

---

① 李薇主编:《日本发展报告(2009)》,社会科学文献出版社 2009 年版,第 331—332 页。

利及其他支出占 18.1%。①

　　另一方面,作为社会问题,"少子化"促进了"个人化"的发展,而社会"个人化"反过来进一步刺激了"少子化"。"个人化"首先体现在家庭的"个人化",即家庭成员关系更为松散;其次是职业场所的"个人化",转职者、自由职业者迅速增加;第三是地域的"个人化",民间组织、非政府组织、志愿人员增多;第四是消费的"个人化",大量个性化产品流行。虽然"个人化"现象也有正面意义,但在集团主义色彩较为浓厚的日本,更多的是带来人际关系淡薄、社会竞争加剧、不安全感增加、无动机犯罪、沉迷网络、盲信新宗教、虐待现象增加等负面问题。②

　　为综合性、整体性缓解少子化老龄化趋势及其带来的社会问题,民主党执政后立即着手进行社会保障与税制一体化改革。2010 年 10 月,设置以首相为首的"政府与执政党社会保障改革研究本部",并在 12 月提出题为"面向安心与活力的社会保障蓝图"研究报告。2011 年 6 月,政府有关部门提出《社会保障与税制一体化改革方案》,2012 年 2 月,内阁会议通过《社会保障与税制一体化改革大纲》,提交国会两院审议。同年 6 月和 8 月,众议院、参议院分别通过旨在充实和稳定社会保障制度与健全完善财政的社会保障与税制一体化改革相关法案,包括《强化养老金功能法案》《雇佣人员养老金一元化法案》《社会保障制度改革推进法案》《儿童及育儿支援法案》《有关完善儿童及育儿支援法律法案》《认定幼儿园法修正案》《消费税法修正案》《地方税法及地方交付税法修正案》等八个法案。在其后召集的临时国会上,又通过了七个相关法案。

　　在社会保障与税制一体化改革相关法案中有三个涉及缓解少子化问题的法案,并明确规定优先实施这些法律,目的是保障每个儿童都有良好的成长环境,动员全社会的力量支持儿童及育儿家庭,使每位有生育意愿的人能够放心地养育子女。相关主要内容有明确国家与地方自

① 李薇主编:《日本发展报告(2013)》,社会科学文献出版社 2013 年版,第 292 页。
② 同上书,第 380—381 页。

治体的一元化关系及其各自的责任、对幼儿园和保育所进行一体化改革、整合财政支付途径以扩大保育服务、建立全国统一保育标准等。

与此同时，作为缓解少子化老龄化趋势的配套制度性改革，社会保障与税制一体化改革还包括劳动雇佣、养老金方面的内容。在劳动雇佣方面主要有《劳动者派遣法修正案》《劳动合同法修正案》《高龄者雇佣安定法修正案》等三个法案。《劳动者派遣法修正案》的新内容有：原则上禁止每天或30日以内的派遣日工；派遣公司有义务采取措施推进有期限派遣劳动者转为长期雇佣劳动者，有义务公开派遣收费与派遣劳动者工资之间的差额；接受派遣劳动者的企业告知派遣劳动者每人的派遣费用；解除派遣劳动者的合同时，派遣公司与接受派遣劳动者的企业有义务保证派遣劳动者有新的就业机会并负担其休业补贴等费用；如果企业知道派遣公司违法派遣但仍然接受派遣劳动者则视为有意与派遣劳动者签订雇佣劳动合同等。

《劳动合同法修正案》的新内容有：如果用人单位对同一劳动者的有期限雇佣合同超过五年，而且合同续签一次以上，受雇劳动者则具有向无期限劳动合同转换的权利；用人单位不能根据自身利益随意解除劳动合同，受雇合同劳动者也不会随时遭到解雇；同一用人单位不能因为劳动合同有期限而在劳动条件（工资、劳动时间、工伤补偿、教育培训、福利等所有待遇）方面不合理地区别对待有期限合同劳动者与无期限合同劳动者等。

由于养老金的支付年龄从60岁提高到65岁，因而《高龄者雇佣安定法修正案》的新内容有：废除可以限定继续雇佣对象的制度，规定企业有义务继续雇佣所有希望工作到65岁的劳动者；除原企业及其下属公司外，继续雇佣者也可以到相关集团公司工作；公布不遵守规定及不听从告诫的企业名称等。

在养老金制度方面通过的法律有：将老龄基础养老金领取资格年限由25年缩短为10年、基础养老院国库负担固定在二分之一、厚生养老金及健康保险适用范围扩大到短时间劳动者、免除产假期间厚生养老金及健康保险保费等规定的《强化养老金功能法案》；规定公务员与私立学校教职员工加入厚生养老金保险、统一共济养老金和厚生养老金保费、废除共济养老金职业加算等的《受雇者养老金一元化法案》；规定基础养老金国库负担固定化措施、分阶段取消养老金支付特例措施的《国民养老金法修正案》；通过设立支援养老金生活者给付制度，对 65 岁以上低收入者和残疾人员提供福利性帮助的《支援养老金生活者给付金法案》等。

二、流动化的选票

少子化、老龄化的发展趋势以及泡沫经济崩溃后为适应全球化时代的自由主义式经济改革冲击了日本传统的社会结构，传统的政治过程也发生了较大变化。具体地说，在现代社会中，每个选民通过以投票为中心的政治参与提出自己的利益要求，但因其政治资源有限，难以对政治过程特别是决策过程施加有效影响，因而具有相同利益的选民集中起来组成相关利益集团，同时将集团成员的利益要求聚合为最大公约数，然后通过自己支持的特定政党参与制定以相关法律为中心的政策，维护或扩大自己的利益要求。但利益集团与政党之间的这种关系在"55 年体制"后半期已经出现变化，即不固定支持特定政党的选民急速增加，其后这一现象更为突出，背景是泡沫经济崩溃引发的政治、经济、社会等各个领域的改革及其带来的各种利益集团组织率及其动员能力的降低。

泡沫经济崩溃以来，日本历届政权均提出了"结构改革"的口号及目标，其中以小泉纯一郎内阁最为突出。具体说来，公共部门领域的"结构改革"主要内容之一是建立市场原理作用下的公共部门管理，大幅度减弱政府在经济发展中的功能和作用，即实施所谓的"新自由主义经济政策"。换句话说，传统的战后日本发展模式是国家集中各种资源并将其加以分配，既带来了经济的高速增长，也形成了日本经济社会的标识，即终身雇佣制、全民医疗服务、公司福利和员工对公司保持忠诚等，但这种模式无法适应全球化、信息化、经济成熟等环境变化。

　　1986年通过的《劳动者派遣法》在当时普遍被看作是一项临时性措施,因为该法允许高技术工人做派遣劳动者(非正式雇佣者),小渊惠三执政时将其扩展到专业要求较高的行业,2004年小泉纯一郎首相进一步将这一制度推广到制造业和建筑业,结果2006年共有662万人成为派遣劳动者,包括这种派遣劳动者、钟点工、合同工、临时工等在内的非正式雇佣者在全部就业者中的比例也从1995年的21％上升到33％。这些非正式雇佣者工作不稳定,享受不到医疗保障或企业福利,工资也只有正式工人的一半,成为所谓的"劳动贫困"一族,即如何努力工作也改变不了生活的窘境。由此而来,贫富分化现象逐渐突显。据统计,两三百万家庭没有或即将失去财富与储蓄,每5个家庭中就有一个家庭没有储蓄,超过100万的家庭依靠福利救济维持生存。① 尽管这种改革有利于提高大企业的国际竞争能力,但以集团主义为突出特征的传统文化及其价值观、传统社会组织原理及其体系遭到破坏,"一亿中流"(中产阶层)开始向"下流"(社会底层)转化。

　　与上述社会结构变化直接相关的是工会的组织率逐年下降。2009年日本雇佣劳动者总数为5 455万人,比1994年增加176万人,其中工会会员为1 008万人,比1994年减少262万人,2009年的工会组织率仅为18.5％,不到战后最高峰的三分之一。支持民主党的"联合"工会拥有669万成员,占全部工会会员的66.4％,但在全部雇佣者中的组织率也仅为12.5％。另一方面,由于工作不稳定、流动性较强,因而在非正式雇佣者中,组织率只有5.3％。②

　　在农业领域也是如此。由于公共投资的减少、公共设施投标改革带来利润率下降、大米消费量逐年降低、减少农作物种植面积政策的实施、农产品进口自由化程度的增加、少子化老龄化等因素的影响,在整个20世纪90年代,农村地区的农业和建筑业领域就业者减少77万人。在此

① 『朝日新聞』2006年10月7日。
② 高橋均「鳩山政権と労働組合」、『マスコミ市民』2010年6月、497号;「2009年労働組合基礎調査」、『賃金・労務通信』2010年1月。

背景下,"农协"正式成员不仅从 1975 年的 577 万人减少到 494 万人,而且内部凝聚力也在急速下降。例如参加自民党国会议员个人后援会的农村地区选民从 1992 年的 18.2％减少到 2006 年的 10.2％,交纳会费的个人后援会成员更是从最高时期 1986 年的 5.2％急速下降到 2005 年的 1.7％。在个人后援会中,同一时期交纳会费成员的比例也从 29％下降到 16％,反映了政治参与热情的下降。①

从整体上看,在日本,带有压力集团性质的社会团体在冷战体制崩溃后没有出现其他国家所谓的"社团革命",即社会团体激增现象,即使因 1998 年开始实施《特定非赢利活动促进法》而出现喷发现象的非政府组织也在不到 10 年后减少近 80％,社会团体大幅度减少,从而影响到政治参与的程度。因为推荐或支持市町村议会议员选举的自治会为 56.4％,动员成员在地方议会或首长选举中投票的社会团体为 33.7％,动员成员在国会议员选举中投票的社会团体为 34.6％。在 2009 年的大选中,电机联合工会成员的投票率为 86.9％,大大高于该次大选整体投票率的 69.3％。②

各种利益团体、特别是对决策过程施加影响的压力团体的组织率降低一方面导致投票率降低,因为那些非利益集团成员具有政治无力感,即难以通过分散的选票实现自己的利益要求,甚至将利益要求输入到决策过程的可能性也较小,因而降低了普通选民以选举为中心的政治参与热情。正因如此,尽管泡沫经济崩溃以后进入激烈的改革时期,但其后的历次大选投票率均差强人意,即使在投票率最高的 2009 年 8 月大选也低于"55 年体制"时期的多数大选。

另一方面,组织率降低导致利益集团的内部凝聚力减弱,其政治动员能力及约束能力急速下降,其成员很容易对特定政党的临时性政策所

---

① 御厨貴編『変貌する日本政治——90 年代以後「変革の時代」を読みとく』、劲草書房、2009 年、23—24 頁。

② 露口貴史「衆院選アンケートから見る組合員の政治意識と今後の課題」、『電機連合 NAVI』No29、2010 年 1、2 月号。

吸引而擅自改变立场(实际上,数年前最大的工会组织"联合"曾通告下属组织在选举中可自行其是)。具体地说,选民具有的政治无力感与产生于经济长期低迷、政府财政危机下的社会保障体制破绽、邻国急速发展压力等的焦虑感交织在一起,不仅容易对特定政党或特定政权产生过高期望,使政府政策的实施缺少必要的时间与空间,而且这种过高期望在媒体的推波助澜下也会迅速转化为对特定政党和特定政权的彻底失望,并形成一种奇特的政治现象。也就是说,在大多数情况下不是通过选举更迭首相,而是频繁的民意调查结果体现了民众对政权的不满,最后首相不得不为跌入危险水域内的抄底支持率而引咎辞职。

小泉纯一郎政权结束后,连续更换了安倍晋三内阁、福田康夫内阁、麻生太郎内阁等三届均未坚持一年的以自民党为中心的政权,特别是在麻生内阁时期,刚成立时的内阁支持率只有 47.2%,大大低于福田内阁成立时的 55.6%和安倍内阁成立时的 67.0%,而且三个月后内阁支持率急速降到 22.6%。尽管其后因民主党代表小泽一郎的政治资金问题,内阁支持率恢复到 30%前后,但鸠山由纪夫取代小泽成为民主党代表后再次回到 20%左右。① 在此背景下举行的 2009 年大选,民主党大获全胜,新增加 193 个席位,总席位达到 308 个,议席占有率为 64.2%,是现行宪法下获得席位及议席占有率最高的选举。与其相反,自民党惨遭失败,议席骤减 181 个。

民主党之所以获胜是在选举前提出许多投选民所好的政策,例如初中毕业以前的儿童一律提供每人每月 2.6 万日元津贴(2010 年提供一半)、在公立高中免费和私立高中学生每人每年 12 万日元(低收入家庭 24 万日元)补贴的基础上实施高中教育免费、废除包括汽油税在内的暂定税率、高速公路免费、补贴农户收入、将官僚主导变为政治家主导决策过程、将冲绳县的美军基地转移到县外乃至国外等,特别"农户收入补贴制度"是民主党获胜的主要原因。但由于民主党上台后未能实现对农民

---

① 井田正道『変革期における政権と世論』、北樹出版、2010 年、88—89 頁。

的承诺,农户补贴从 1.4 万亿日元减少到 5 618 亿日元。[1] 因而农民在 2010 年 7 月的参议院选举中抛弃了民主党,10 个月前在大选中惨遭失败的自民党却在此次选举中大获全胜,议席骤然增加 38 个,尤其在农村地区获得绝对性胜利。

三、组织化的松动

尽管过去大多数日本学者较少承认政府在经济、社会发展中的积极作用,但泡沫经济崩溃以后越来越多的研究成果表明过强的政府经济权限是造成"失去二十年"的罪魁祸首。虽然在采用市场经济的资本主义国家中,政府时常干预经济活动是必须的,以防止"市场的失败",并在道路、港口、教育、卫生等基础设施的建设方面弥补社会资本的不足,解决市场经济体制在资源合理配置问题上的局限性,但有别于其他资本主义国家的是,日本政府还在制定具体的经济增长政策、通过优惠胜者的方式刺激特定的部门或企业、改变市场奖励机制的间接鼓励等方面起到推动经济社会发展的作用。引起学者们在这种作用究竟有多大问题上争论不休的原因就在于这种政策并非由法律明文规定的,"而是一个负责任的政府机构或官员在不具有明确的合法权力情况下,能够而且确实可以指导或诱导私营企业或个人采取或不采取某些行动"[2],也就是政府对经济活动的干预大多是通过被伦敦《经济学人》杂志界定为"没有写成条文的命令"的"行政指导"。

尽管"行政指导"是通过"劝告""期望""指示""希望"以及"建议"等非强制性语言加以表现,但"行政指导"仍具有较强的约束力和可行性。其原因首先来自制度上的保证,即政府所拥有的公共资金的分配权限、许认可权限、财政投融资权限以及政策性减税等权限。具体地说,虽然

---

① 「民主党政権で変わる農協経営」、『金融ビジネス』2010 年 Winter。
② 都留重人:《日本的资本主义——以战败为契机的战后经济发展》,复旦大学出版社 1995 年版,第 117 页。

日本政府的财政规模比较小,但较小规模的政府雇员、较小规模的社会保障费以及较小规模的军费开支可以使行政机构拥有较多的公共资金,只是为实现特定政策目标而交付第三者并无须偿还的补助金在 70 年代以前就占到政府一般会计预算的三分之一;其次,行政机构拥有称作"规制"、为数甚多的许认可审批权限,这些通过规定某种行业的厂家数量、设备标准、产量与价格以期达到公平竞争目的等的"经济性规制"和保护消费者以及劳动者安全、环境保护、建筑标准、维护社会稳定等的"社会性规制"高达一万多项。直到 90 年代,国民生产总值的 40％是处在这些"规制"的控制之下,而同一时期的美国只有 6.6％;[①]另外,行政机构还可以利用邮政储蓄、简易保险、国民年金等国营金融机构筹集的资金贷给国营企业或民间企业,这是一种长期低息贷款,而且企业获得该项贷款后容易再获得民间金融机构的贷款,因为政府贷款起到担保作用。这种被称作财政投融资的贷款规模相当大,是重要产业的主要资金提供者。

正是这种界限模糊的"行政指导"将日本社会组成一个严密而有效的整体,在经济发展至上的国家目标下,每隔一段时期由政府发表一个称作"预测"并"给国民增加信心"的经济发展计划,然后由政府决定优先发展哪些产业,并选择迅速发展选定产业的最佳方案,给予诸如低息贷款、财政补助、设备减税等优惠政策,监督并指导部门内的竞争,以保证这些产业得到健康和有效的发展;对于那些正在衰退中的"夕阳产业"也给予足够的帮助,促使它们进行合并、减产或转产;为维持"有效竞争",行政机构利用许认可权限限制某一领域的企业数目,并监督其产品质量及数量;在政府的指导下,工商业中的中小企业组成行业团体,内部相互协调,以求得资源的公平配置和防止过度竞争;除鼓励大型企业与其供应商和销售商之间建立起稳定的合作关系外,政府还通过强调终身雇佣鼓励劳资之间的合作,甚至出面说服工会组织将工资增长率纳入与经济

---

① 白川一郎『規制緩和の経済学』、宝石社、1996 年、5 頁。

增长率相适应的程度；另外，为更好地实施行政指导，政府直接组织各种经济社会团体、建设福利设施等。

尽管这种经济社会发展模式在使日本发展为经济大国方面起到较大的推动作用，但在赶超型现代化完成之后受到严重挑战。首先，泡沫经济的形成与崩溃显示了这种模式不适应全球化的世界发展潮流，因为那些习惯于政府保护的金融、流通、不动产等服务性产业离开日本本土似乎难以在国际竞争中生存。更为严重的是，美国金融机构趁机大举进入日本。在 90 年代中期以后，美国的证券公司、不动产投资公司相继宣布在日本成立新公司，接收倒闭的日本证券公司的会员资格和分散在日本各地营业网点，或者低价收购日本金融机构拥有的股权以及不良债权。这种状况清楚地表明了日本以前那种"护送船队式"的经济社会发展模式已经不能适应已经到来的无国境经济大竞争时代，即经济全球一体化时代。因此，必须削弱中央政府的权限，增强地方自治体、民间企业或市民团体的主观能动性与竞争能力，才能使日本经济恢复景气并推动日本经济社会的进一步发展。

另一方面，政府所拥有的巨额补助金也成为行政官僚渎职的根源。例如前述原厚生省事务次官冈光序治贪污受贿事件，而且厚生省每年发放 8.7 万亿日元的政府补助金，约占日本政府全部补助金数额的 45%，但大多数并未取得预期的效果。据统计，1995 年厚生省浪费（即不起任何经济效用）的政府预算资金高达 200 多亿日元。一方面是严重的政府财政危机，另一方面却是政府官员的贪污与浪费，不能不引起社会舆论的强烈不满。

因此，泡沫经济崩溃后，逐渐形成了"万恶之源是官僚""敲打官僚""脱官僚化"的社会舆论。在此背景下，日本进行了一系列旨在削弱政府经济社会职能以及官僚权限的"行政改革"。特别是在桥本龙太郎内阁时期进行了大规模的改革措施，其主要内容包括：通过中央行政机构的重新组合，在减少省厅数目的同时削弱行政机构权限；通过放宽限制和整理特殊法人减少政府的权限与经济职能；通过地方分权发挥地方自治体与民间企业的主观能动性和活力；通过制定《信息公开法》增加行政机构的工作透明度；为适应削弱政府权限而减少国家公务员数量、改革政府咨询机构审议会、完善政府人事管理制度、改革行政程序、行政信息化等。1997年内阁提出并在国会通过《行政改革法》，将中央行政机构的1府22个省厅改组为1府12个省厅，同时大幅度削减行政机构的权限，而且对拥有强大权限的省厅进行分割，特别是邮政省和大藏省。在首相官邸的主导下，原邮政省管辖的信息通讯产业政策划归经济产业省、其通讯广播行政业务划归总务省、简易保险民营化，从而大大削弱了邮政省的权限；大藏省过去被称为省厅中的省厅，其权限远远超过其他行政部门，因而成为行政机构改革的重点。不仅其财政政策权限的大部分转移到内阁府经济财政咨询会议，其金融行政全部转移到新设置的金融厅，其对中央银行——日本银行的监督权限也受到较大限制等，其名称也改为财政省。

尽管行政改革远远没有结束，但对官僚阶层已形成较大的冲击。机构重组及其权限缩小使各个行政部门的关系需要时间加以协调，因而精英官僚积极干预经济社会的主观能动性大为降低，而是消极地等待来自社会的反映和政治家的压力。[1] 另一方面，政府财政危机也使官僚控制社会的能力大为减弱，即公共开支的减少削弱了民间社会对公共政策的依赖，遂造成政府与社会之间的关系处在重新构成过程中。

第四节 重新执政的自民党与安倍晋三

一、调整中的政官关系

2009年7月27日，民主党发表执政纲领，即"政权公约"，核心内容是"全面改革总额为207万亿日元的国家预算，杜绝浪费税金和官僚到特定企业任职""通过改革结构产生新财源"等。为实现其目标，100多名

---

[1] 『読売新聞』2010年1月18日。

国会议员到行政机构各个部门担任决策者,在其基础上改变官僚主导决策过程的局面,鸠山由纪夫甚至表示"如果行政机构局长以上官员不能执行民主党政策,可以提出辞职书"。

实际上,在民主党政权公约中最引人瞩目的亮点是通过主导编制预算过程以及人事任免权"敲打官僚",并因此受到国民的极大欢迎并将其推向执政党的地位。在战后经济高速增长时期,行政官僚基本主导了包括编制预算在内的决策过程,即国会审议的绝大多数法案由官僚起草且通过率较高。即使在国会审议过程中,局长级的官僚作为政府委员出席常设委员会会议,代替有关大臣回答其他国会议员提出的问题。尽管在70年代以后,由于自民党长期执政,出现了特定领域的政策专家"族议员",但不仅没有改变官僚主导决策过程的局面,反而形成了政治家、行政官僚、利益集团相互利益交换的三角同盟关系。即利益集团向执政党的国会议员提供选票和政治资金,提出更多的利益要求;执政党国会议员为巩固自己的选举地盘,利用职权向行政机构施加影响,为利益集团争取更多的政府补助金和公共事业建设费;各个省厅为维护自己的权限也需要国会议员的支持,同时为退职后到民间大企业任职不得不考虑利益集团的要求。

上述三角同盟关系不仅造成公共投资急剧增加引起的财政危机,而且也出现许多包括政治资金丑闻及官僚渎职在内的腐败现象,更不能适应冷战体制崩溃后全球化时代的发展趋势。因此,在经历了短暂下台历史后重新执政的自民党也进行了前面提及的大规模行政改革措施。另一方面,为提高国会议员制定政策的能力,首先在1994年为国会议员增加一名政策秘书,在1999年废除了政府委员制度。除政府各省厅的大臣或长官均来自执政党的国会议员外,每个省厅还有一到二名政务次官也来自执政党的国会议员,用于辅助大臣的工作。1999年废除政务次官制,同时建立副大臣和大臣政务官制度。2001年1月1日,减少近半数省厅的新行政机构正式启动,除执政党国会议员出任大臣外,还有22名的副大臣以及由民间人士、官僚出身者、执政党国会议员担任的26名大臣政务官。为加强首相的权力，除赋予首相在内阁会议上的"发议权"，即首相可单独提议某项法案外，另增设三名相当于事务次官职务的首相辅佐官，一名内阁宣传官，一名内阁情报官。同时，在内阁府下设置"经济财政咨询会议""综合科学技术会议""中央防灾会议"与"男女共同策划会议"等四个首相咨询机构。

另外，在小泉纯一郎政权时期也进行了声势浩大的邮政事业民营化及道路公团民营化改革，决策过程也逐渐显露从"官僚主导"向"首相官邸主导"转化的迹象，但未对国家公务员制度进行改革，官僚主导的体制仍然保留下来。计划对公务员制度进行改革的安倍晋三政权，处处遭到官僚的消极抵抗或怠慢，甚至出现了通常国会开幕天皇未到场而被迫改变日期的局面。福田康夫执政时期基本回到依赖官僚的轨道上，每天与官僚协商政策。

特别在作为政治行政基本活动的编制政府预算方面，具有专业知识的财政官僚仍然是决策的中心。为通过自己编制的预算方案，财政官僚尽可能满足执政党国会议员及其有关利益集团的要求增加公共投资，并向政治家和记者提供对自己有利的信息，通过安排与自己意见相同的专家作为政府审议会成员并给予豪华待遇，甚至有意向媒体透露与自己意见不同者的丑闻以达到目的。到麻生太郎政权时期，财政官僚根本无视首相官邸提出的预算基本框架要求，而是在财务官僚的主导下，不仅包括预算编制在内的决策过程基本为暗箱作业，而且乘数效应只有 1.0 倍的公共投资不断增加，以至于国家及地方的债务合计超过创纪录的 800 万亿日元。

针对自民党政权时期官僚主导决策过程带来的诸多弊端，民主党成为执政党以后采取诸多措施进行改革，首先取消了具有 123 年历史的事务次官会议。事务次官会议通常在每周两次的内阁会议前一天召开，主要就法案、政令及人事等方面的内阁议案进行协调，由事务官房副长官主持，原则上全体一致决定某项政策。由于内阁会议大多原封不动地通过事务次官会议的决定，结果造成内阁会议逐渐形式化，因而民主党认为事务次官会议是"阻碍政治主导决策的罪魁祸首"。

与此同时,鸠山内阁正式启动体现"政治家主导决策过程"的三大行政机构——国家战略室、行政刷新会议、阁僚委员会。国家战略室最具重要性,担负强化首相官邸功能、排除官僚单独制定预算框架的任务。该机构设置在内阁官房,其设置章程明确规定"就首相特别命令的税收财政基本框架、经济发展的基本方针及其他内阁重要政策进行策划、立案、综合调整"等。原副首相菅直人兼任国家战略担当大臣,民主党职员、行政官僚、民间专家学者担任"室员"或"政策参与"。菅直人在会见记者时明确表示该机构是"摆脱依赖官僚政治的战略本部,是担当相关各种事务的实际部队"。

在内阁府设置行政刷新会议,由首相担任议长,除部分内阁成员外,还有经济界、学术界的人士参加。该机构主要职责是确保编制政府预算方案时的财源,而且预算方案编制过程不是像过去那样首先由各省厅提出各自预算方案、执政党最后进行审查的"从下而上汇总型",而是在预测当年财政收入、经济增长、发行国债数量的基础上决定预算总额,然后按比例分配到各省厅的"从上而下指示型"。

阁僚委员会也是新设置的决策机构,在首相的指示下,必要时召集有关内阁成员对跨省厅的政策课题进行协调。在各个行政省厅,也是由国会议员担任的大臣、副大臣、政务官组成"政务三职会议",决定有关省厅的政策。其下面有副大臣主持、一般议员参加的政策会议,为"政务三职会议"提供政策依据。

10 月 26 日,鸠山由纪夫首相在临时国会发表施政演说,强调为恢复国民对政治和行政的信心,需要实现从依赖官僚政治向政治家和国民主导政治的根本性转变,为此必须在两个领域进行改革。首先清除现有行政体制的各种弊端,其中包括彻底改变政府主导型的"护送船队式"经济发展模式、全面禁止国家公务员退职后到特定企业任职制度、推动政务信息公开等,其次彻底改变使用税金和预算方案编成的方式,废除纳税人并不需要的大型公共设施建设,财务制度实现"从物到人"的转变。

　　"脱官僚化""政治主导决策过程"的另外一个重要内容是小泽一郎民主党干事长实施的国会改革。2009年11月，成立了以小泽一郎为本部长的"政治改革推进本部"，并提出排除官僚影响国会的五大方针，即废除政府参考人制度、取消内阁法制局长的政府特别辅助人身份、在国会之外设置听取官僚及市民团体意见的场所、改善质询过程、增加大臣政务官数量等。另外，过去通常由官僚事先询问在野党议员提出的质询问题，然后为回答质询的执政党大臣起草答辩资料，现在规定在国会答辩时禁止使用官僚提供的资料，而是由政务官编写有关资料，为此起草以禁止官僚在国会答辩为主要内容的《国会审议活性化相关法案》提交2010年1月召集的通常国会加以审议。

　　为实现"政治家主导"，民主党也计划对国家公务员制度进行改革。在民主党提出的政权公约中，该领域改革的主要内容除"全面禁止官僚退职后到特定企业任职"外，还有"削减20％的工资总额""赋予劳动基本权利"。为实现其目标，将行政官僚的退休年龄从现在的60岁提高到65岁，而且国家公务员拥有结社谈判权后可以公开地协商包括工资在内的各种劳资关系。

　　政治家是国民选举产生的国会议员，尽管1994年实施小选区比例代表区并立制的新选举制度以后，以政党本位、政策本位为中心的选举减轻了众议院议员的负担，但作为民意的代表，接触选民、反映其利益要求仍然占据了相当的时间。与此相反，行政官僚是考试合格录用的精英型公务员，长期从事特定政策领域的管理工作，因而具有丰富的专业知识与政策立案能力。在掌握专业知识和决策技巧以对付官僚方面，民主党还没有较为成熟的计划，甚至民主党大多数初次当选的议员没有学习制定政策的场所。民主党为防止官僚、利益集团与执政党议员单独接触，废除了政务调查会，并将处理利益要求一元化，即在国会议事堂二楼民主党干事长室，专门设置对应各个省厅的14名副干事长受理利益集团的要求，然后根据内容判断是否提交特定省厅大臣、副大臣、政务官组成的"政务三职会议"处理。同时民主党禁止议员立法，其目的是政府、执政党决策一元化,防止议员成为倾向于特定省厅的族议员。

由于缺乏足够数量的政策专家,民主党的许多政策许诺缺乏事实根据,甚至依然利用官僚的数据。例如民主党的政权公约中提出高速公路免费,并宣传此举可带来 2.7 万亿日元的经济效果。实际上,这一统计数字是国土交通厅退职官僚再就职的财团法人计量计划研究所提供,曾任"推进道路四公团民营委员会"委员的猪濑直树质疑该数据的准确性,而且根据舆论调查结果显示,70%的日本国民反对高速道路免费化。另外,在废除汽油暂定税率问题上也是如此,例如尽管鸠山首相为未能实现废除该税率的竞选公约而向国民道歉,但有 13.0%的人对维持暂定税率"给予好评",另外有 38.1%的人"给予一定程度好评",两者相加超过半数。

正是因为缺乏人才,民主党执政后也不得不违背政权公约,任命或利用官僚、特别是财政官僚,结果引起社会舆论的非议。例如在民主党执政不久的 2009 年 10 月,任命前大藏省事务次官斋藤次郎担任日本邮政公社的社长。2009 年 10 月 4 日,鸠山内阁再次任命原厚生劳动事务次官江利川毅为人事院总裁。即使在项目审查工作中财务省官僚也发挥了主导性作用,项目审查小组利用的资料也由财务省提供,甚至有错误的资料。因此,社会舆论讽刺民主党政权为"选择性地摆脱官僚",即与财务省联手对付国土交通省、厚生劳动省等。

民主党政权"敲打官僚"的做法也引起相当多的负面影响,即官僚的消极怠工。例如鸠山内阁宣布禁止事务次官等官僚定期会见记者后,在冲绳的第 11 管区海上保安本部中止定期会见记者的活动,防卫省冲绳防卫局、内阁府冲绳综合事务局也取消了局长发布信息的活动,并表示"今后如何,等待上级指示"。没有内阁成员的公正交易委员会、警察厅也取消记者会见,使无法采访的各家媒体也感到困惑。

尽管如此,民主党在接下来执政时期仍然继续推进"政治家主导"的决策过程。其措施除提出禁止官僚国会答辩的法案外,计划向国会提出增加副大臣和政务官数量的《内阁法及国家行政组织法》等相关修正案;

另外将首相助理从现在的 5 名增加到 10 名,新增加人员多为民间人士;将国家战略室升格为国家战略局,增加一名官房副长官担任国家战略局长;新设民间人士担任"内阁政务参事""内阁政务调查官",各省厅也设置"政务调查官"。在具体行动上,与大藏省出身的前财务大臣藤井裕久不同,政治家出身的新任财务大臣菅直人主张削弱官僚的作用,上任伊始明确表示推进财务省改革,增加资金使用的透明度。另外,尽管鸠山首相表示不再以"项目审查"的方式审查一般会计预算,但新任国家战略大臣的仙谷由人表明将以其手法对公益法人、独立行政法人、特别会计等进行审查。

二、选民期望稳定

由于民主政权不稳且民望急剧下降,因而引发其他政治势力纷纷出现,其中以大阪市长桥下彻最为积极。桥下彻本是一名律师,因出演日本热门电视节目《大家都想去的法律事务所》而成为日本知名人物。2008 年 1 月,桥下彻在 38 岁时当选为大阪知事,成为当时日本最年轻的知事。为推进大阪府与大阪市合并的"大阪都构想",2010 年 4 月成立由大阪府、大阪市议员等组建的地方政党"大阪维新会",桥下担任党代表,大阪府议会议员松井一郎出任干事长。在 2011 年的统一地方选举中,该党获得大阪府议会过半数议席,在大阪市和堺市两地选举中也分别成为第一大党,该党成员分别当选大阪府议会、大阪市议会和堺市议会的议长。桥下彻竞选大阪市长成功,松井一郎竞选大阪府知事成功,同时该党成员竞选吹田市、守口市的市长成功,其后将目光投向国家政治。

2012 年 2 月,"大阪维新会"宣布面向下届众议院选举举办的"维新政治塾"将于 3 月 24 日开讲。最初目标是招收 600 名学员,从中选出 400 人参加大选,争取拿下 200 个众议院议席。但招收学员通知发出后,各地报名者蜂拥而至,最多达 3 326 人,"大阪维新会"不得不对报名者进行严格筛选。9 月 12 日,由"大阪维新会"创立的新党"日本维新会"在大阪成立,该党以参与国家政治为宗旨,计划参加下届众议院选举。新党总部设在大阪,党代表由桥下彻担任,其后有 9 名来自民主党、自民党、大家党的众参两院议员加入"日本维新会"。

9 月 26 日,自民党总裁选举在其党总部举行,经过 2 轮投票,最终原首相安倍晋三战胜前政调会长石破茂、干事长石原伸晃、原官房长官町村信孝、代理政调会长林芳正等其他 4 名候选人,当选为新一任自民党总裁,任期为 3 年。

10 月 25 日,东京都知事石原慎太郎表示辞去东京都知事一职,宣称纠集日本国内的保守势力组建新党,争取在即将举行的大选中"重返国政"。早在 2010 年 4 月,石原已经与平沼赳夫等人组建"奋起日本"党,平沼担任党代表。2010 年 7 月该党参加参议院议员选举,尽管在比例区获得 123 万张选票,但仅当选 1 人。石原宣布购买钓鱼岛附属岛屿后,该党支持其行为,并专门设立募捐的银行户头,其后提出的"政策宣言"中也接受了石原主张的自主制定宪法、在钓鱼岛部署自卫队等。11 月 13 日,石原慎太郎举行记者会,宣布新党"太阳党"正式成立,平沼与石原共同担任新党党首。。

11 月 17 日,桥下彻和石原慎太郎等人宣布日本维新会和太阳党合并,由石原慎太郎担当代表,桥下彻担任代表代行。该党主张打破中央集权体制、消费税地方税化、参加 TPP 谈判,强化农业竞争力,在能源政策方面没有明确提出废除核电站时间,但加进建立安全标准等规则以及电力市场的自由化等。

为迎接大选、纠集主张"摆脱核电站"、"反对增加消费税"、"反对TTP"、"地方分权"势力组成第三极政治势力,国民生活第一党党首小泽一郎积极推动滋贺县知事嘉田由纪子在 11 月 27 日宣称将高举去核电大旗组建"日本未来党",拥有 3 名众议员和 5 名参议员。第二天,国民生活第一党召开常务干事会,决定与日本未来党合并,"脱核电党"也宣布并入日本未来党。"脱核电党"前身是名古屋市长河村隆之在 2010 年4 月 26 日成立的政治团体"减税日本"。2011 年统一地方选举后拥有 47 名地方议会议员,2012 年 10 月 31 日发展成为拥有 5 名国会议员的政党。先后计划与太阳党、日本维新会合并,但未能获得实现,其后在 11 月 22 日与"实现反 TTP、脱核电站、消费税冻结党"共同组成"实现减税日本、反 TTP、脱核电站党"。

除以上新党外,还有国民新党(2005 年 8 月由反对邮政民营化法案的绵贯民辅等 5 名国会议员脱离自民党组建,2012 年因消费税问题发生分裂)、新党大地(2005 年 8 月由原北海道开发厅长官铃木宗男发起成立,以北海道为据点)、新党日本(由反对邮政民营化改革相关法案的自民党议员小林兴起等 4 人和长野县知事田中康夫在 2005 年 8 月成立)、新党改革(前身是 2008 年由前民主党离党议员渡边秀央等人成立的改革俱乐部,2010 年自民党实力派议员舛添要一加入后改为现名)、大家党(前身是渡边喜美组建的政治团体"国民运动体日本黎明",2009 年 8 月成立该党)等政党参加大选。

12 月 4 日,第 46 届众院选举报名工作截止,竞选活动拉开帷幕。各党党首及候选人连日在各地街头发表演说,奋力宣传本党主张。此次大选共有 12 个政党登记参选,是日本自 1996 年实行现行选举制度以来参选政党最多的。另外有 1 504 名候选人参选,是现行宪法 1947 年实施以来最多的。从政策主张来看,最大政党民主党与自民党的差别不大。例如在财税政策方面,民主党主张 2014 年 4 月提高消费税的同时,提高低收入者补贴、增税所得收入用于社会保障,2015 年将财政收支赤字减半,2020 年实现财政结余、改革所得税和继承税,促进所得收入的再分配。自民党的主张是 2014 年 4 月消费税提高到 8%,2015 年 10 月提高到 10%,但在实施年限到来半年前由内阁做最后判断、消费税全额用于社会保障费用,争取在 2020 年度国家和地方实现财政结余、国家和地方削减公务员费用共计 2 万亿日元;在刺激经济计划方面,民主党主张摆脱通货紧缩,2013 年年初编制大规模的预算修正案、通过改革税制调整对企业投资建厂的支持和限制,构筑有利于企业开展经营活动的大环境、果断采取措施以应对过度的日元升值和剧烈的外汇变动。自民党则主张为摆脱通货紧缩和日元升值的局面设定 2%的物价目标、实施大胆的金融宽松政策实现3%的名义经济增长目标、为加强企业的国际竞争力降低法人税；在外交政策方面，民主党主张深化日美同盟，同时加强日美经济关系、遵守专守防卫的原则下，基于民主党执政期间所制定的防卫大纲，切实加强防卫力量，以海上保安厅为核心，确保日本领土及领海的绝对安全、平稳地维持及管理尖阁（钓鱼）诸岛、全力应对朝鲜的核试验与研制部署导弹。自民党则主张重新构筑日美同盟、阻止朝鲜进行核开发、改革行政改革推进法适用自卫队军官的相关规定，解决日本部队实有人员不足的问题、设置管辖日本领土及主权问题的政府机关、为强化对尖阁诸岛的实际控制，探讨在岛上常驻公务员、反对对所有行业毫无关税保护的态度参加TPP谈判等。

12月16日大选的投票结果，自民党、民主党、日本维新会、公明党、大家党、日本未来党、日本共产党、社会民主党、国民新党、新党大地等党获得议席。自民党的席位从选举前的118个增加到294个，民主党从230个骤减为57个，维新会从11席增加到54席，公明党从选举前的21席增加到31席，大家党从选举前的8席增加到18席，未来党从选举前的61席减少到9席，共产党从选举前的9席减少到8席，社民党从选举前的5席减少到2席，新党大地从选举前的3席减少到1席，国民新党从选举前的3席减少到1席等。

盘点此次大选，民主党惨败的原因首先是许诺的政权公约实现不到三分之一，反而提高了政权公约没有的消费税税率，导致党内分裂和选民不满；其次，一味敲打官僚，高唱政治主导，结果未能发挥精英官僚的主观能动性，导致行政效率低下；再次，一方面减少政府投资，公共事业开支从2009年的7.1万亿日元减少到2012年4.6万亿日元，引起地方经济的衰退。另一方面增加其他经济效果不佳的开支，致使政府预算2009年的88.5万亿日元增加到2012年的96.7万亿日元，为弥补税收不足，每年发行超过30万亿日元的赤字国债，从而使国债余额从594万亿日元增加到709万亿日元；另外，在核电站泄露事故处理及其核能政策方面未能得到国民的认可，在恢复经济发展问题上与经济界精英人士的协调出现障碍等。结果在大选中不仅议席骤减，而且内阁官房长官藤村修、文部科学大臣田中真纪子等 8 名内阁成员落选，打破 3 名阁僚落选的原纪录。

自民党大胜反映选民希望具有长期执政经验的政党稳定局势，正如工商会主席冈村正立所指出的那样："选民对自民党执行政策的能力寄予厚望。"但此次大选投票率创新低，小选区为 59.32%，比例选区为 59.31%，与上届相比均下降 9.96 个百分点，创二战结束以来最低记录。这种状况一方面反映了选民对政治的不信任感，另一方面也显示了一边倒的无风险选举、即自民党肯定获胜的局势降低了选民的投票热情。

此外，维新会、未来党等第三政治势力未能获得增长也反映了选民希望政局稳定的心态。尽管维新会赢得 54 席，大大超过选举前的 11 席，成为众院第三大党，但真正成为足以影响政坛的一极尚有距离。石原慎太郎认为选举结果"可以接受"，"一个新党不可能第一次参选就赢得多数席位"，桥下彻底也认为维新会"取得一定成绩"，但"我们必须组建能够对抗执政党的力量"；未来党打出"零核电"旗号，同样期待成为"第三极"，遭遇惨败，党首嘉田由纪子说："我们的政策主张没有为选民所充分了解。我们没有足够的时间。"

三、"安倍经济学"及其他

12 月 26 日，安倍晋三自民党、公明党联合政权成立。面对长期低迷的日本经济，安倍首相明确表示新内阁是"危机突破内阁"，从内阁成员的人事布局和机构设置来看也显示其对经济复苏的重视。例如前日本首相麻生太郎将出任副首相并兼任财务大臣和金融大臣、前自民党政调会长茂木敏充将出任经济产业大臣、自民党现任政调会长甘利明则任经济再生大臣等，新内阁增设日本经济再生本部等重要机构。

安倍首相在 2013 年元旦发表新年感言，指出日本面临的东日本大地震灾后重建的缓慢及长期通货紧缩等"危机状况"，提出重建经济、教育及外交的方针，并表示"将为突破危机不断努力，一步一个脚印地拿出切实的'成果'来"。关于经济再生,安倍首相表示尽快重新启动经济财政咨询会议,实施灵活的财政政策、大胆的金融政策及促进民间投资的成长战略等三大战略。具体地说,就是制定大规模的补充预算方案,实施积极财政政策;实行无限制的量化宽松货币政策,要求日本银行设定2%的通货膨胀率;推出产业振兴政策,推动民间企业对技术与就业至关重要领域进行投资。为表示推进其政策的决心,安倍首相亲自担任"日本经济再生本部"部长。媒体将其称为"安倍经济学",实际上是指安倍内阁计划实施的一系列新经济政策。

1月7日,安倍内阁出台总额为13.1万亿日元的2012年度追加预算案,下年度的紧急经济对策预算也高达20万亿日元。该预算案计划在2013年3月底前,政府主导的公共投资高达5.3万亿日元,具体包括在日本各地区的防灾、减灾,例如桥梁修复和各地学校建筑的防震加固等。同时促进民间融资,包括创设新的政府投资基金,诱导更多民间资金进入尖端科技领域,例如诱导多功能干细胞的实际应用、超级计算机"京"的开发,甚至包括日本周边海域稀土资源探测船的建造等。

1月29日,临时内阁会议决定2013年度政府预算案。一般会计预算总额为92.61万亿日元,与上一年度相比,最初预算减少3 000亿日元。在财政收入方面,新发行国债比上一年度减少3.1%,控制在42.85万亿日元,预计税收增加1.8%,达到43.1万亿日元,新发国债超过税收的"异常状况"有所缓解。该预算案带有浓重的"安倍色彩"。首先,公共事业的财政投入比上一年度增加16%,加上2012年度补充预算中的公共事业相关费用4.7万亿日元,达10万亿日元,用于支援弱势群体的生活辅助费三年内削减740亿日元。在经济低迷的情况下,加大公共事业的财政支出不仅是自民党的一贯做法,也反映了安倍政权摆脱通货紧缩的决心;其次,与上一年度相比军费增加400亿日元,是日本时隔11年再次增加军费,体现了安倍政权的鹰派色彩。另外,农林水产部门的相关预算额与上一年度相比增加5.7%,达22 976亿日元。安倍首相提倡"振兴农林渔产业",三大重点是扩大农产品出口和经营多元化、完善农业、稳定经营所得,其目的在很大程度上是为参加 TPP 谈判争取农民的支持。

所谓大胆的金融政策是树立通货膨胀预期,压低汇率调整供需缺口,也就是通过量化宽松措施抑制日元升值,提高股市价格,改善企业收益,增加设备投资和就业人员,提高收入基础上扩大消费,促使物价上升,摆脱长期的通货紧缩。在安倍政权的压力下,负责制定和实施货币政策的日本央行在 1 月 22 日与政府发表有关摆脱通货紧缩和防止日元升值的共同声明,首次明确引入 2％的通胀目标,同时决定自 2014 年起实施每月定期购入资产的"无限期"货币宽松政策。

其后,在安倍政权的压力下,作风传统保守的央行行长白川方明提前退职,货币量化宽松政策的积极推行者黑田东彦继任,并表示正在考虑推出一项新的方案,旨在实现 2％的通胀目标。其一系列措施包括提前启动无限资产购买计划、延长国债期限、扩大国债规模及制定新的资产负债目标等,同时用基础货币量取代无担保隔夜拆借利率作为央行货币市场操作的主体目标,两年内将基础货币量扩大一倍,2014 年底达到270 万亿日元。

在促进民间投资方面,安倍政权计划在能源、环境、医疗、健康等成长领域实施大胆的规制缓和,争取名义 GDP 增长率达到 3％以上,在继续推进"贸易立国"的同时,实现"产业投资立国"战略模式,推动海外投资收益回流日本,从而实现经济增长。在具体措施上采取降低企业法人税、支持中小企业融资、向节能及可再生能源等产业提供补贴、完善社会基础设施等政策。在贸易方面,积极推进 EPA(经济合作协定)、FTA(自由贸易协定)、TPP 谈判等。

尽管安倍的上述经济政策在民主党政权时期也曾加以实施,但还是有所不同。首先民主党注重民生,发放各种生活补贴等,自民党则重视产业、企业、社会基础设施等;其次是民主党强调政治家主导决策过程甚至政治过程,自民党则恢复传统的重视官僚以及官僚主导的模式;另外民主党社会经济政策面面俱到、顾及各个领域和阶层,自民党则集中财政进行大规模投资。重要的是,安倍政权的经济政策在短期内出现效果,日经平均股票指数从 2012 年 12 月中旬的 9 000 多点上升到 2013 年 3 月的 12 000 多点,恢复到国际金融危机之前的水平。与此同时,日元对美元的汇率也从 1 美元兑换 78 日元贬到 1 美元兑换 96 美元,各大汽车厂家纷纷上调盈利估值。另外由于消费者对日本经济复兴充满希望,所以珠宝首饰等奢侈品以及衣服的销售状况非常好,3 月日本全国商场的销售额同比呈上涨态势,244 家商场销售总额为 5 447 亿日元,同比增长 3.9%,已连续 3 个月呈同比增长态势。

但从长期来看,安倍经济政策则有较大隐患,首先将导致财政状况恶化。根据 2013 年 2 月日本财务省公布的数据显示,截至 2012 年底,国债等日本政府债务规模达 997 万亿日元,创历史新高。如果加上 2012 年度补充预算案新发国债额,到 2013 年 3 月底,日本政府借债达到 1 016 万亿日元;其次,日元贬值政策也是一把双刃剑,尽管对出口产业带来利益,但增加了进口产业的负担。2013 年 1 月日本出口额为 4.799 2 万亿日元,进口额为 6.428 6 万亿日元,出现 1.629 4 万亿日元的贸易赤字,创自 1979 年以来单月贸易逆差最高纪录。其主要原因有能源进口居高不下和日元贬值导致进口成本增加。由于日本核电站停运将长期化,日本对外能源需求增大的基本格局短时期内难以改变。2013 年进口天然气将高达 9 141 万吨,1 月用于发电的天然气进口量上升了 11.4%,由于日元贬值,进口价格相应上涨了 11% 左右。另一方面,日元贬值对新兴市场国家产生负面影响,有可能引发全球货币竞相贬值并助推新一轮贸易战。除此之外,安倍经济政策能否实现通货膨胀目标也存在疑问,也有可能引发长期利率上升、物价上涨而收入未增的局面。

除经济方面的改革外,安倍政权的最大政治目标是推动日本"摆脱战后体制",具体包括修改日本和平宪法、实现集体自卫权甚至创建国防军等。安倍首相是积极的修宪者,在上次执政时已经推动国会通过了为修宪做准备的《国民投票法》。在 2013 年国会开幕后在国会答辩中,安倍首相表示考虑修订关乎宪法修改内容的宪法第 96 条,为今后进一步修宪"打好基础"。该条是日本宪法第9章"修订"中的唯一条款,规定修宪必须分别获得参众两院总议员数三分之二以上赞成票,方可由国会向国民提出修宪议案,议案必须得到国民认可。国民认可要经过专门的国民投票或者在国会选举中进行国民投票,并得到过半数赞成。在2月1日的参议院全体会议上,安倍表示有意通过修宪组建国防军。安倍首相2月8日出席在首相官邸召开的旨在修改宪法、解释以实现允许行使集体自卫权的首次专家会议。2月15日出席自民党宪法修正推进总部会议,并表示将修宪定位为"需解决的重大课题",表现出其在任期内实现修宪的强烈意愿。安倍首相4月15日接受《读卖新闻》的专访,透露了修改宪法的"日程表",即在夏季举行的参议院选举中获胜,为修改宪法确保三分之二以上的席位;着手推进易于得到广泛支持的宪法第96条的修改工作;在行使集体自卫权问题上改变宪法解释等。

在外交政策方面,安倍表示将在强化日美同盟的基础上,"结合边境岛屿的实际情况振兴当地经济、加强管理,并强化警备",即配合美国重返亚太的同时抗衡邻国。尽管美国婉言拒绝了安倍首相1月份访美的请求,但在2月下旬终于实现访美并再次得到美国对日防卫义务、日美安保条约第五条适用于钓鱼岛的承诺。在对华关系上,虽然安倍首相经常提及中日关系对日本是最重要的双边关系之一,维护良好的日中关系符合日本的国家利益,并委托访华的公明党代表带给中国最高领导人一封亲笔信,希望通过政治对话向改善两国关系迈出第一步,但在引起两国关系紧张的钓鱼岛问题上态度强硬,表示在该问题上"没有任何交涉的余地"。在视察驻扎在日本南部的自卫队时表示存在争议的岛屿面临日益加大的威胁,将"不惜一切代价"保卫这些岛屿。

与此同时,安倍首相及内阁成员频繁出访中国周边国家,甚至表示"通过与日本有共同价值观的国家以及越南等战略性的重要国家构建信赖关系,日中关系也会有新的进展"。安倍政权成立后不久,副首相麻生太郎访问缅甸,免除缅甸拖欠的债务,并承诺在3月底之前再提供500亿日元的贷款等。接着外务大臣岸田文雄出访菲律宾、新加坡及文莱,其后安倍首相亲自访问越南、泰国、印度尼西亚等东南亚三国,在与印度尼西亚总统苏西洛会谈后的联合记者会上表示,崛起的中国在经济方面毫无疑问是对日本有利的,同时中国在国际社会采取负责任的行动也是重要的。强调日本应强化和以东盟为首的近邻诸国之间的关系是日本的国家利益,也将促进地区的安定和发展。3月底,安倍首相访问蒙古,强调发展双边"战略伙伴关系"。4月底,安倍首相率庞大的代表团访问俄罗斯,推动以经济合作为中心的双边合作。

　　另一方面,安倍在历史问题上不断刺激邻国。早在竞选自民党总裁时就表示将全面重新考虑"反省历史的三大谈话",即1982年的"宫泽谈话"提出教科书内容不刺激邻国、1993年的"河野谈话"就强征日军慰安妇道歉、1995年的"村山谈话"则是对日本侵略和殖民统治道歉。虽然安倍首相没有参拜靖国神社,但他为内阁成员参拜行为辩护说"对为国家而失去生命的英灵表达尊崇,这是正常的事,无论受到怎样的威胁,都不能屈服,要确保这样的自由";在侵略历史问题上认为"侵略的定义在学术界乃至国际上都没有定论,这属于国家与国家之间的关系,取决于看待这个问题的是哪一方"。这些言论引起近邻国家的强烈抗议及国际社会的批判,导致韩国外交通商部长取消访日计划,甚至美国政府也通过外交渠道就其言论向日方传达美方忧虑,敦促日方与邻国处好关系。

　　也许安倍首相积极推进改革及对外的强硬姿态得到选民的支持,因而其内阁支持率罕见地不断上升。成立之初内阁支持率为62.0%,一个月后升至66.7%,四个月后进一步升至72.1%。在经济社会发展"失去的20年"之后,日本国民希望有一个强有力的政治领导人率领这个国家走出困境,安倍政权的强势态势似乎迎合了这种情绪,不断上升的内阁支持率好像也证实了这一点,但在全球化时代下民族主义式的各种政策能否顺应世界发展潮流大概还是一个大大的问号。

附　录

一、地图

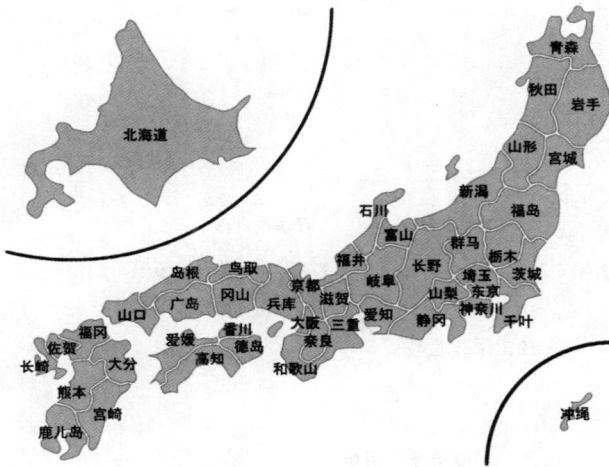

图 1　战后日本地方行政区划图

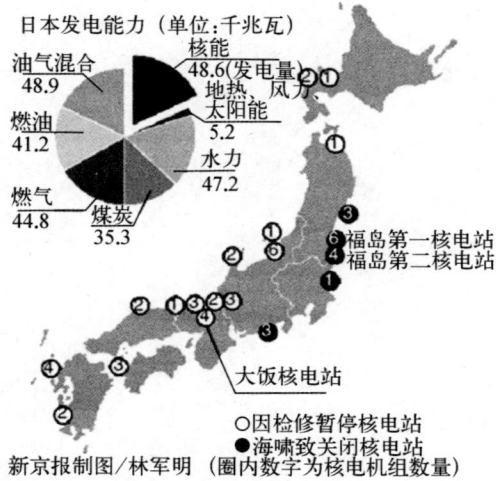

图 2　日本核电能源分布图

图 3　美军在日主要基地图

二、大事年表

1945 年

8 月 15 日　　天皇宣布战争结束诏书(玉音放送)。铃木贯太郎内阁总辞职。

8 月 17 日　　皇族东久迩稔彦内阁成立。

9 月 2 日　　在东京湾密苏里号战舰上,日本在投降文书上签字。

9 月 10 日　　GHQ 下发《有关言论及新闻自由指令》,实行报道限制。

9 月 11 日　　GHQ 发表逮捕东条英机等 39 人甲级战犯嫌疑。

9 月 22 日　　美国政府发表《投降初期美国对日方针》,事实上规定美国单独占领。

9 月 27 日　　天皇访问麦克阿瑟。

10 月 4 日　　GHQ 发布《民权自由相关指令》(自由讨论天皇、释放政治犯、废除思想警察等。)

10 月 5 日　　东久迩内阁因无法实施上述指令总辞职。

10 月 9 日　　币原喜重郎(原外务大臣)内阁成立。

10 月 10 日　　政府释放政治犯 439 人。共产党合法化。

10 月 11 日　　麦克阿瑟向币原首相发出民主化五大改革的指令。

12 月 6 日　　GHQ 发布逮捕近卫文麿、木户幸一等九人指令。

12 月 9 日　　GHQ 发布农地改革有关指令。

12 月 22 日　　公布劳动组合法。保障结社权、团体交涉权等。

1946 年

1 月 1 日　　发布有关建设新日本的诏书(人间宣言)。

1 月 4 日　　GHQ 发布剥夺军国主义者公职的指令。

2 月 3 日　　麦克阿瑟命令 GHQ 民政局拟定确立放弃战争等三原则的宪法草案。

4 月 5 日　　对日理事会首次会议。

4 月 10 日　　第 22 回大选(自由党 141 席、进步党 94 席、社会党 93 席、协同党 14 席、共产党 5 席、无党派及其他各派 119 席)。产生女性议员 39 人。

5 月 3 日　　远东国际军事法庭(东京审判)开庭,起诉东条英机等 28 名甲级战犯嫌疑。

5 月 22 日　　第 1 次吉田茂内阁成立。石桥湛山担任大藏大臣。

8 月 16 日　　经济团体联合会(经团联)成立(代理理事石川一郎)。

10 月 21 日　　公布农地调整法修改方案(第二次农地改革)。

11 月 3 日　　公布日本国《宪法》(1947 年 5 月 3 日施行)。

12 月 27 日　　政府采用以煤炭、钢铁为中心的倾斜生产方式。

1947 年

1 月 4 日　　GHQ 在经济界、言论界、地方公职等领域扩大剥夺公职令,追加 20 万人。

4 月 20 日　　第一次参议院选举(社会党 47 席、自由党 38 席、民主党 28 席、国民协同党 9 席、共产党 4 席、无党派及其他各党派 124 席)。5 月 17 日,以无党派议员为中心成立绿风会(92 人)。

4 月 25 日　　第 23 次大选(社会党 143 席、自由党 131 席、民主党 126 席、国民协同党 31 席、共产党 4 席、无党派及其他各党派 31 席)。

5 月 3 日　　日本国宪法实施。

6 月 1 日　　片山哲内阁成立。社会、民主、国协三党联合政权。外务大臣芦田均、递信大臣三木武夫。社会党公约"重要产业国有化"等从政策协定中删除。

12 月 31 日　　废除内务省。

1948 年

1 月 6 日　　美国陆军部长发表《日本是反共壁垒》的演说(修改非军事化、民主化政策)。

3 月 10 日　　芦田均内阁成立。民主、社会、国民协同三党联合政权。

3 月 15 日　　本自由党与原民主党币原派合并,成立民主自由党(总裁吉田茂)。

7 月 31 日　　公布根据麦克阿瑟书信制定的政令 201 号(否认公务员的罢工权、团体交涉权)。

9 月 18 日　　全日本学生自治会总联合(全学联)成立(委员长武井昭夫,公私立 145 校加盟)。

10 月 7 日　　因昭和电工事件芦田内阁总辞职。

10 月 7 日　　美国国家安全保障会议决定《美国对日政策劝告(NSC13－2)》,转换占领政策。

10 月 19 日　　第二次吉田茂内阁成立。

11 月 12 日　东京审判判决 25 名被告有罪。12 月 23 日东条英机、广田弘毅等 7 人执行绞首。

12 月 18 日　GHQ 发表紧缩支出、平衡预算、强化收税等稳定经济九原则。

1949 年

1 月 23 日　第 24 次大选举（民主自由 264 席、民主 69 席、社会 48 席、共产 35 席、国民协同 14 席、劳农 7 席、无党派及其他各党派 29 席）。民自党过半数，社会党大败，共产党大增。佐藤荣作、池田勇人等官僚出身 10 余人当选。

2 月 16 日　第三次吉田茂内阁成立。大藏大臣池田勇人。

5 月 24 日　设置通商产业省。

8 月 26 日　肖普税制调查团发表肖普劝告。

1950 年

1 月 1 日　麦克阿瑟在年初致辞中声明"日本国宪法不否定自我防卫权"。

4 月 15 日　公布公职选举法（统一众参两院、地方自治体首长、议员等）。

4 月 28 日　民主党在野派、国民协同党等联合成立国民民主党。

6 月 4 日　第 2 次参院选举（自由 52 席、社会 36 席、绿风 9 席、国民民主 9 席、共产 2 席、劳农 2 席、无党派及其他各派 22 席）。自由、社会两党增加，绿风会骤减。

6 月 6 日　麦克阿瑟剥夺共产党中央委员 24 人的公职（德田等主流派转入地下，共产党分裂）。

7 月 8 日　麦克阿瑟指示设立 75 000 人的警察预备队和海上安保厅增员 8000 人。

7 月 11 日　日本总评劳动议会（总评）成立（议长武藤武雄，17 个工会 397 万人）。

10 月 13 日　政府解除 10 090 人的剥夺公职令。

12 月 13 日　公布地方公务员法（禁止地方公务员、公立学校教员的政治活动及罢工）。

1951 年

1 月 21 日　社会党大会决议在和平三原则的基础上加入反对重新军备，成为和平四原则。

2 月 23 日　共产党提出武装斗争方针。4 月 11 日麦克阿瑟因在朝鲜战争中持强硬政策，杜鲁门总统解除其职务。4 月 16 日归国，约 20 万人送行。

9月4日　　举行旧金山媾和会议。

9月8日　　签订《对日和平条约》。签订《日美安全保障条约》。

10月26日　众院《媾和条约》以307对47票、《安保条约》以289对71票获得通过。11月18日参院通过。

12月24日　吉田首相在向杜勒斯的致信中保证与台湾媾和。

1952年

2月28日　《日美行政协定》签订(不需国会批准便可向美军提供基地)。

4月28日　《媾和条约》《日美安全保障条约生效》。GHQ被废除。《日华和平条约》签订(8月5日生效)。

7月21日　公布破坏活动防止法、公安调查厅设置法(总评等以自由权受侵害发起反对罢工)。

7月31日　公布保安厅法。

8月13日　日本加入国际货币基金组织(IMF),国际复兴开发银行(世界银行)。

10月1日　第25次大选(自由240席、改进85席、右派社会57席、左派社会54席、劳农4席、无党派及其他各党派26席)。共产党全军覆没,鸠山一郎、石桥湛山等恢复公职的139人当选。

10月30日　第4次吉田茂内阁成立。

1953年

4月19日　第26次大选(自由199席、改进76席、右派社会66席、左派社会72席、分党派自由35席、劳农5席、共产党1席、无党派及其他各党派12席)。

4月24日　第3次参议院选举(自由46席,左派社会18席、绿风16席、右派社会10席、改进8席、无党派及其他各党派30席),分党自由党全军覆没。

5月21日　第五次吉田茂内阁成立(少数党内阁)。

8月1日　　公布《恩给法修正案》(恢复军人恩给)。

12月25日　奄美群岛归还日本。

1954年

1月2日　　皇居普通朝贺者38万人,在二重桥发生大混乱,16人死,69人伤。

3月1日　　日本渔船第5福龙丸,受到美国在比基尼岛进行氢弹试验的辐射。

3月8日　　签定《日美相互防卫援助(MSA)协定》《美国剩余农产品购买协

定》《经济措施协定》《投资保证协定》等。

6月9日　公布《防卫厅设置法》《自卫队法》(7月1日陆海空三军自卫队成立)。

11月24日　日本民主党成立(总裁鸠山一郎、干事长岸信介。由自由党鸠山派、岸派、改进党、日本自由党合并而成。众院121席、参院18席,为修宪、反吉田联合党)。

12月7日　吉田首相因财界、党内反对解散而内阁总辞职。

12月10日　以早期解散为条件获得左右社会党支持,成立鸠山一郎内阁。

1955年

2月27日　第27届大选(民主185席、自由112席、左派社会89席、右派社会67席、劳农4席、共产2席、无党派及其他各党派8席)。革新派确保阻止修宪必须的三分之一席位。

8月5日　政府发表为利用喷气式飞机扩大横田、立川等美军机场的声明。

9月13日　为扩大立川基地强行测量,砂川町反对派居民、工会与警察冲突。

9月10日　日本正式加盟关贸总协定。

10月13日　社会党统一大会,委员长左派铃木茂三郎、书记长右派浅沼稻次郎。

11月15日　自由民主党(自民党)成立,形成保守联合。

1956年

4月29日　农林大臣河野一郎在莫斯科开始日苏渔业谈判。5月14日签订《日苏渔业条约》,12月12日生效。

7月8日　第4次参议院选举(自民61席、社会49席、绿风5席、共产2席、无党派及其他各党派10席)。革新派确保三分之一议席。

10月19日　签订《恢复日苏邦交的共同宣言》。

12月14日　自民党大会总裁选举投票,石桥湛山以258对251票击败岸信介。岸、石桥、石井、大野、河野、三木、松村、吉田7大派系形成。

12月18日　联合国大会全体一致通过日本加入联合国。

12月23日　石桥湛山内阁成立。

1957年

2月25日　岸信介内阁成立。

4 月 22 日　社会党访华团长浅沼稻次郎与中方发表共同声明。

5 月 20 日　岸首相历访东南亚 6 国,为战后首位访问东亚国家的首相。

6 月 19 日　岸首相与美国总统艾森豪威尔会谈。9 月 28 日外务省首次发表外交蓝皮书。

10 月 1 日　日本首次当选联合国安保理事会非常任理事国。

1958 年

5 月 10 日　中国抗议长崎国旗事件中日本政府的应对,停止日中贸易。

5 月 22 日　第 28 次大选(自民 287 席、社会 166 席、共产 1 席、无党派及其他各党派 13 席)。社会党议席、得票率(32.9％)均为战后最高水平。

7 月 25 日　政府全额出资设立日本贸易振兴会。

10 月 8 日　政府向国会提交《警察官职务执行法修正案》。10 月 13 日社会党、总评等 65 个团体成立反对修改警职法国民会议(10—11 月发动 5 次全国统一行动)。11 月 22 日岸、铃木自社两党党首会谈,警职法审议未了。

1959 年

3 月 9 日　社会党访华团长浅沼稻次郎在中国人民外交学会上表示"美帝国主义是日中两国人民共同的敌人"。

3 月 28 日　社会党、总评、禁止原子弹氢弹日本协议会等成立阻止修改日美安保条约国民会议。

6 月 2 日　第 5 次参议院选举(自民 71 席、社会 38 席、绿风 6 席、共产 1 席、无党派及其他各党派 11 席)。创价学会 6 人全部当选。

1960 年

1 月 19 日　签订《日美相互合作及安全保障条约》(新安保)、《有关设施区域内美军场所协定》、有关事前协议交换公文等。

1 月 24 日　民主社会党成立大会,选出西尾末广委员长(众院 40 席、参院 16 席,反对《新安保条约》,也反对立即废除《安保条约》)。

3 月 24 日　社会党大会选出浅沼稻次郎委员长、江田三郎书记长。

5 月 19 日　自民党动用警察排除社会党议员干扰,在众议院单独表决通过《新安保条约》。5 月 26 日空前规模的国会游行(17 万人)。

6 月 15 日　阻止修改安保行动,580 万人参加。6 月 19 日零时 33 万人包围国会,《新安保条约》自然成立。6 月 23 日《新安保条约》批准书交换、生效。7 月 15 日岸内阁总辞职。

7月19日　池田勇人内阁成立。

10月12日　浅沼社会党委员长在日比谷公会堂被右翼少年刺杀。

11月20日　第29次大选(自民296席、社会145席、民社17席、共产3席、无党派及其他各党派6席)。

1961年

6月12日　公布农业基本法。

11月27日　创价学会成立公明政治联盟,委员长原岛宏治。

1962年

1月13日　社会党访华团团长铃木茂三郎与中国人民外交学会会长张奚若发表共同声明,确认"美帝国主义是中日人民的共同敌人"。

7月1日　第6次参议院选举(自民69席、社会37席、公政联9席、民社4席、共产3席、参院同志会2席、无党派3席)。公政联全员当选,革新派占三分之一议席。

11月4日　池田首相历访欧洲7国(至11月25日)。日本加盟OECD,要求废除对日出口限制等。

11月9日　高碕达之助与廖承志签订有关中日综合贸易备忘录(简称LT贸易)。

1963年

2月20日　日本上升为关贸总协定第11条国家,不能以国际收支为理由限制进口。

3月31日　公布《中小企业现代化促进法》。7月20日公布《中小企业基本法》。

11月21日　第30次大选(自民283席、社会144席、民社23席、共产5席、无党派12席)。民社避免解散危机。

1964年

4月1日　日本上升为IMF第8条国家,禁止以国际收支为理由实施外汇限制。

10月10日　第18届奥运会在东京举行。

11月9日　池田内阁总辞职,佐藤内阁成立,前阁僚继任。1965年8月13日池田勇人去世。

11 月 17 日　公明党成立大会,委员长原岛宏治,书记长北条浩。

12 月 8 日　社会党大会通过纲领性文件《日本的社会主义之道》。

1965 年

1 月 10 日　佐藤首相访美(至 1 月 17 日)。1 月 13 日佐藤、约翰逊发表共同声明。

5 月 6 日　社会党大会选出佐佐木更三委员长。

6 月 22 日　签订《日韩基本条约》及附属规定。

7 月 4 日　第 7 次参议院选举(自民 71 席、社会 36 席、公明 11 席、民社 3 席、共产 3 席、无党派 3 席)。

8 月 19 日　佐藤首相成为战后首次访问冲绳的首相,在那霸机场声明"只要冲绳没有回归,战后就没有结束"。

1966 年

1 月 15 日　椎名悦三郎作为现任外务大臣首次访问苏联。

3 月 31 日　总人口突破 1 亿。

5 月 30 日　美国核潜艇首次进入横须贺港。

12 月 8 日　建国纪念日审议会建议建国纪念日为旧历纪元节 2 月 11 日。12 月 9 日公布政令。国民文化会议、纪元节问题恳谈会等声明抗议。

1967 年

3 月 10 日　佐藤首相在参议院表明返还冲绳以"无核、基地本土化为方针与美国谈判"。

5 月 23 日　政府首次发表《公害白皮书》。

11 月 17 日　佐藤首相访美。11 月 19 日与尼克松总统会谈。11 月 21 日发表日美共同声明(坚持安保条约,确认在不损坏美军基地机能的前提下于 1972 年返还冲绳。没有明确说明无核化)。

12 月 27 日　第 32 次大选(自民 288 席、社会 90 席、公明 47 席、民社 31 席、共产 14 席、无党派 16 席)。社会党减少 50 席。自民党得票率降低,但吸收无党派议员,达到 300 名。

1968 年

5 月 30 日　颁布《消费者保护基本法》。

6 月 10 日　颁布《大气污染防止法》《噪音规制法》。

7月7日　　第八次参院选举(自民 69 席、社会 28 席、公明 13 席、民社 7 席、共产 4 席、无党派 5 席)。全国区石原慎太郎(301 万票)、青岛幸男、今东光、大松博文、横山诺克等五位明星高票当选。

10月17日　　川端康成荣获诺贝尔文学奖。

10月23日　　明治百年纪念典礼在日本武道馆召开。

1969 年

5月16日　　公务员的《总定员法》颁布,国家公务员总定员限制为 50 万 6571 人。

5月23日　　政府发表首部《公害白皮书》。

5月24日　　内阁向国会提交《大学运营临时措置法案》。8 月 3 日,该法案通过。8 月 7 日,该法案颁布。

11月17日　　佐藤首相访美。与尼克松总统会谈,发表日美共同声明,1972 年返还冲绳。

12月27日　　第 32 次总选举(自民 288 席、社会 90 席、公明 47 席、民社 31 席、共产 14 席、无党派 16 席)。社会党减少 50 人,大败。

12月1日　　东京都开始实行 70 岁以上老人医疗免费。

1970 年

1月19日　　日本纤维产业联盟成立,在对美出口限制问题上对政府施压。

3月14日　　大阪世界博览会开幕。

4月19日　　松村谦三、周恩来签订《中日贸易协定备忘录》。周恩来总理谴责日本帝国主义复活。

6月22日　　政府声明自动延长《日美安全保障条约》(6 月 23 日自动延长。反安保统一行动约 77 万人参加)。

10月20日　　政府首次发表防卫白皮书《日本的防卫》。

11月15日　　冲绳实行战后首次国政选举。

12月4日　　超党派恢复日中邦交促进议员联盟成立(会长藤山爱一郎,参加议员 379 人)。

12月9日　　社会党大会,选出成田知巳委员长、石桥政嗣书记长。

1971 年

6月27日　　第 9 次参议院选举(自民 62 席、社会 39 席、公明 10 席、民社 6 席、共产 6 席、无党派 2 席)。

7 月 1 日　环境厅成立。

7 月 1 日　日本纤维产业联盟实施对美出口自主限制,将出口年增长率控制在 5%—6%。

8 月 6 日　佐藤首相作为在任首相首次出席广岛和平祈祷仪式。

11 月 17 日　自民党在众议院特别委员会上强行通过《返还冲绳协定》。11 月 19 日总评等 200 万人罢工抗议。11 月 24 日众议院全体会议,自民、公明、民社出席,通过返还协定。决议将无核三原则作为附带决议。12 月 22 日参议院通过。

12 月 19 日　10 国财政部长会议决定 1 美元兑换 308 日元。

1972 年

1 月 3 日　签订《日美纤维协定》,限制对美出口。

1 月 7 日　日美首脑会谈,宣布 5 月 15 日返还冲绳。

6 月 11 日　通产大臣田中角荣发表《日本列岛改造论》。

6 月 17 日　佐藤荣作表明辞意。田中角荣、福田赳夫、大平正芳、三木武夫出马竞争。7 月 5 日自民党大会,田中击败福田就任总裁。

7 月 7 日　第一次田中角荣内阁成立,官房长官二阶堂进。

9 月 25 日　田中首相访华。9 月 29 日发表中日共同声明,恢复中日邦交。大平外务大臣声明日台条约失效。

12 月 10 日　第 33 次大选(自民 271 席、社会 118 席、共产 38 席、公明 29 席、民社 19 席、无党派及其他各党派 16 席)。

1973 年

6 月 22 日　自民党在众议院委员会强行通过《筑波大学法案》《设置防卫厅法》及《自卫队法修改案》。

7 月 17 日　中川一郎、石原慎太郎等自民党年轻鹰派 31 名议员组成青岚会,代表渡边美智雄。

7 月 25 日　设置资源能源厅。9 月 7 日通产省发表首份《能源白皮书》。

12 月 10 日　三木武夫副总理作为克服石油危机特使访问中东 8 国。12 月 25 日 OAPEC 将日本作为友好国家,决定提供必要的石油。

12 月 22 日　公布国民生活安定紧急措施法、石油供求合理化法。

1974 年

1 月 7 日 田中首相访问东南亚。1 月 9 日曼谷发生反日游行。1 月 15 日雅加达发生反日暴动。爆发对日本利己经济投资的反感。

7 月 7 日 第 10 次参议院选举（自民 62 席、社会 28 席、公明 14 席、共产 13 席、民社 5 席、无党派及其他各党派 8 席）。

10 月 立花隆在《文艺春秋》上发表《田中角荣研究——其资金来源与人事关系》，批判田中金权政治。

11 月 11 日 田中内阁改造（强行实行田中、大平、中曾根主流 3 派体制）。

12 月 4 日 自民党两院议员总会，副总裁椎名悦三郎裁定，选出三木武夫为总裁。

1975 年

8 月 5 日 三木、福特日美首脑会谈。8 月 6 日共同声明韩国安全对东亚安全至关重要。

8 月 15 日 三木武夫作为在任首相首次于战败纪念日参拜靖国神社（私人参拜）。

9 月 30 日 天皇、皇后首次访问美国。10 月 2 日会见福特总统，10 月 14 日归国。

10 月 31 日 天皇在记者会上表示"投放核弹在战时是无奈之举"。

12 月 1 日 三木首相否认公共事业体劳动者罢工权，要求终止罢工权罢工。

1976 年

2 月 4 日 美国上院多国籍企业小委员会公开洛克希德公司向日本高官行贿事件，洛克希德事件曝光。

6 月 13 日 河野洋平等 6 人脱离自民党。6 月 25 日组成新自由俱乐部。

7 月 8 日 日美安保协议委员会决定设置日美防卫合作小委员会。

7 月 27 日 东京地方检察院因洛克希德事件逮捕田中前首相。10 月 29 日政府决定防卫计划大纲。11 月 5 日决定防卫费不得超过当年国民生产总值 1%。

12 月 5 日 第 34 次大选（自民 249 席、社会 123 席、公明 55 席、民社 29 席、共产 17 席、新自由俱乐部 17 席、无党派及其他各党派 21 席）。

12 月 17 日 三木首相因选举大败表明辞意。12 月 23 日自民党两院议会总会选举福田赳夫为总裁。

12 月 24 日 三木内阁总辞职。福田赳夫内阁成立。

1977 年

1 月 27 日 东京地方法院首次公开审判洛克希德事件。

3 月 26 日 社会党前副委员长江田三郎因与社会主义协会对立而脱党,表明成立社会市民联合意向(5 月 22 日猝死,后继者其子江田五月)。

4 月 26 日 革新自由联合成立。

7 月 10 日 第 11 次参议院选举(包括非改选自民 124 席、社会 56 席、公明 28 席、共产 16 席、民社 11 席、新自由俱乐部 4 席、其他各派 3 席、无党派 9 席)。

8 月 6 日 福田首相出访东南亚 6 国。

12 月 12 日 社会党大会,选出飞鸟田一雄委员长、多贺谷真稔书记长。

1978 年

3 月 26 日 社会民主联合成立(社会市民联合和社会党脱党者组成,代表田英夫)。

7 月 5 日 农林水产省成立。

8 月 12 日 签订《中日和平友好条约》。

10 月 22 日 邓小平访日。10 月 24 日拜访天皇、田中前首相。

12 月 1 日 自民党临时大会选举大平正芳为新总裁。

12 月 7 日 第一次大平内阁成立。干事长斋藤邦吉。

1979 年

1 月 17 日 国际石油资本通知削减对日原油供给。第 2 次石油危机。

4 月 19 日 东条英机等 14 名甲级战犯秘密合祭(1978 年 10 月 17 日)靖国神社一事曝光。

6 月 6 日 参议院通过《年号法案》。年号法制化。

10 月 7 日 第 35 次大选(自民 248 席、社会 107 席、公明 57 席、共产 39 席、民社 35 席、新自由俱乐部 4 席、社民联 2 席、无党派 19 席)。自民党未能确保众议院的"安定多数"。

1980 年

5 月 16 日 社会党提交内阁不信任案,在自民党非主流派 69 人缺席情况下得到通过。5 月 19 日众议院解散。

6 月 12 日 大平首相猝死。代理首相伊东正义。

6月22日　首次众参两院同日选举（众议院自民284席、社会107席、公明33席、民社32席、共产29席、新自由俱乐部12席、社民联3席、无党派11席。参议院包括非改选自民135席、社会47席、公明26席、共产12席、民社11席、新自由俱乐部2席、社民联3席、其他各党派2席、无党派13席）。自民党大胜。

7月17日　铃木善幸内阁成立。外务大臣伊东正义。

1981年

1月6日　政府决定2月7日为"北方领土日"。2月7日各地开展要求返还集会。

4月6日　中日石油开发,渤海开采成功。

5月1日　轿车对美出口自主限制达成一致。

5月4日　铃木首相访美。铃木、里根会谈发表共同声明,明确"同盟关系"。

10月29日　社会党中央执行委员会通过"展望80年代内外情况和社会党路线",重新审视"日本的社会主义道路"。

12月20日　社会党委员长选举,选出飞鸟田一雄委员长。

1982年

7月6日　中国政府指责日本教科书将"侵略"中国改为"进出"中国等。

8月3日　韩国政府抗议日本统治殖民地的记述,要求改正。

7月30日　第3次临时行政调查委员会答辩。提议分割国铁、日本电信电话公社、专卖三家公司,使之民营化等。

8月18日　《公职选举法修正案》确定。决定在全国导入比例代表制。

11月27日　中曾根康弘内阁成立。官房长官后藤田正晴。

1983年

1月11日　中曾根首相访问韩国。决定进行总额40亿美元的经济合作和解决教科书问题,声明进入"日韩新时代"。

1月14日　在美国要求下,政府决定提供武器技术。在野党抗议修改武器出口三原则。

6月26日　第13次参议院选举（包括非改选自民137席、社会44席、公明26席、共产14席、民社11席、新自由俱乐部2席、二院俱乐部2席、工薪职工新党2席、福祉党1席、无党派6席、其他4席）。

10月12日　东京地方法院判决田中角荣有期徒刑4年,追缴罚金5亿日元。

10 月 28 日，中曾根首相劝告田中前首相"自发辞职"。

12 月 18 日 第 37 届大选（自民 250 席、社会 112 席、公明 58 席、民社 38 席、共产 26 席、新自由俱乐部 8 席、社民联 3 席、无党派 16 席）。

1984 年

3 月 23 日 中曾根首相访问中国。与胡耀邦总书记、共产党顾问委员会主任邓小平等中国首脑会谈，讨论日本扩大对中国经济合作等。

4 月 7 日 日美农产品谈判结束，就大幅增加牛肉、柑橘进口达成一致。

12 月 6 日 自民党金丸信干事长与黑川武总评议长会谈（自民、总评两首脑首次会谈）。

12 月 15 日 社会党决定承认核能发电政策下的既有设施。

1985 年

1 月 1 日 中曾根首相在日美首脑会谈中表示理解战略防卫构想（SDI）。

1 月 7 日 社会党定期大会，石桥政嗣委员长强调强化、发展新社会党路线。

4 月 1 日 日本电信电话会社（NTT，资本金 7800 亿日元），日本烟草产业（资本金 1000 亿日元）成立。

8 月 7 日 中曾根首相在国防会议上指示具体探讨撤除防卫费限制 GNP1％框架。

8 月 15 日 中曾根首相成为战后首位正式参拜靖国神社首相，阁僚 18 人也正式参拜。在野党等批判。

9 月 22 日 日、美、英、法、联邦德国财政部长、中央银行行长为纠正美元升值，推进协调达成一致。签署广场协定。

1986 年

6 月 7 日 中国政府要求修改日本教科书。韩国也给予批判。6 月 17 日政府要求修改教科书。7 月 7 日修改后合格。

7 月 6 日 众参两院同日选举（众院追加公认自民 304 席、社会 85 席、公明 56 席、民社 26 席、共产 26 席、新自由俱乐部 6 席、社民联 4 席、无党派及其他各党派 5 席。参院包括非改选自民及无党派 142 席、社会 41 席、公明 24 席、共产 16 席、民社 12 席、新自由俱乐部 2 席、社民联 1 席、工薪职工新党 3 席、二院俱乐部 2 席、税金 2 席、其他各党派及无党派 6 席）。自民党大胜。

9 月 6 日 社会党委员长选举，土井多贺子当选。日本历史上首位担任较大政党首领的女性。

11 月 28 日　　国铁分割、民营化关联 8 法案成立。

12 月 30 日　　政府决定预算案。防卫费突破 GNP1％。解除冻结整备新干线。

1987 年

4 月 1 日　　国铁结束 114 年历史，分割民营化，JR6 家公司成立。

4 月 1 日　　国土厅公布地价。东京住宅地、商业用地比前一年上涨 76％，为历史最高。

7 月 3 日　　自民党竹下派 113 人成立经世会。

11 月 6 日　　竹下登内阁成立，副首相、大藏大臣宫泽喜一。

1988 年

4 月 1 日　　国土厅公布 1 月 1 日地价。东京地价比前一年增加 68.6％，史上最高。

7 月 5 日　　确认中曾根前首相、宫泽喜一大藏大臣、安倍晋太郎干事长等的秘书获得利库路特公司未上市股票。7 月 6 日利库路特公司会长江副浩正引咎辞职。

8 月 25 日　　竹下首相首次访华，与李鹏总理会谈。就第 3 次日元贷款达成一致。

11 月 10 日　　自民党在众议院税制问题等调查特别委员会上强行单独通过消费税等税制改革相关 6 法案。国会审议停止。11 月 16 日部分修改后在参议院通过。

12 月 24 日　　税制改革 6 法案通过参议院全体会议。在野党采用牛步战术抵抗约 26 小时。

1989 年

1 月 7 日　　天皇因十二指肠癌去世，享年 87 岁。皇太子明仁即位，改元平成（1 月 8 日）。

2 月 24 日　　昭和天皇葬礼在新宿御苑进行。

4 月 1 日　　开征消费税。几乎所有商品、服务征税 3％，年税收约 6 万亿。

6 月 2 日　　宇野宗佑内阁成立。官房长官盐川正十郎。

7 月 23 日　　参议院选举，执政党在野党逆转。社会 46 席、自民 36 席、公明 10 席、共产 5 席、民社 3 席、联合 11 席、无党派及其他各党派 15 席。

7 月 24 日　　宇野首相因参院选举惨败和女性问题表明辞意。

8 月 9 日　　海部俊树内阁成立,大藏大臣桥本龙太郎。

12 月 29 日　东京证券平均股价 3.89 万日元,为史上最高值。

1990 年

2 月 18 日　第 39 次大选(自民 275 席、社会 136 席、公明 45 席、共产 16 席、民社 14 席、社民联 4 席、进步 1 席、无党派 21 席)。自民党加上追加议员共 286 席,达到稳定多数。

3 月 23 日　国土厅公布 1 月 1 日地价,大阪圈住宅地比前一年上涨 56.1%,历史最高。

8 月 20 日　首相发布向多国军队提供 10 亿美元资金援助等中东支援政策。9 月 29 日决定向埃及等 3 国提供 20 亿美元支援。

9 月 24 日　以金丸信原副首相、田边诚社会党副委员长为团长的自社两党访朝团进入平壤。9 月 28 日提案对日本殖民统治谢罪和邦交正常化。

11 月 12 日　天皇即位典礼。

1991 年

1 月 24 日　政府、自民党首脑会议,就海湾战争支援政策追加支出 90 亿美元。决定派遣自卫队飞机等运送难民。

4 月 24 日　安全保障会议、临时内阁会议决定派遣海上自卫队至波斯湾。4 月 26 日六艘军舰出发。

6 月 30 日　文部省发表小学教科书审定结果,明确说明日之丸为国旗、君之代为国歌。

11 月 5 日　宫泽喜一内阁成立。

11 月 27 日　自民、公明两党在众议院国际和平合作委员会强行通过 PKO 法案,社共通过牛步战术抵抗。11 月 28 日全体会议决定延期。12 月 3 日众议院全体会议通过。

1992 年

5 月 22 日　细川护熙成立日本新党。

6 月 5 日　参议院国际和平合作特别委员会自公民强行通过 PKO 法案。6 月 6 日参议院全体会议,社共放弃牛步战术通过法案。6 月 14 日众议院全体会议通过。

7 月 26 日　第 16 次参议院选举,首次即日开票。自民 67 席、社会 22 席、公明

14 席、共产 6 席、民社 4 席、日本新党 4 席、无党派及其他各派 9 席。

10 月 23 日　天皇夫妇访华。

1993 年

1 月 6 日　山花贞夫当选社会党委员长，1 月 19 日选出书记长赤松广隆。

6 月 18 日　内阁不信任案 255 票赞成通过。众议院解散。

6 月 23 日　自民党羽田派 44 人脱党，成立新生党。党首羽田孜，代表干事小泽一郎。

7 月 18 日　第 40 次大选，自民 223 席、社会 70 席、新生 55 席、公明 51 席、日本新 35 席、共产 15 席、民社 15 席、社民联 4 席、无党派 30 席、其他党派 13 席。

8 月 9 日　细川、非自民 8 党派联合内阁成立。结束自民党 38 年政权。

8 月 10 日　细川首相在记者会上表示以前的战争是"侵略战争"。

9 月 17 日　政府提出小选举区比例代表并立制、政党活动助成金等政治改革相关 4 法案。11 月 18 日众院全体会议通过。

9 月 20 日　村山富市当选社会党委员长。

1994 年

3 月 4 日　参议院全体会议通过小选举区比例代表并立制、政党活动助成金等政治改革 4 法案。

4 月 8 日　细川首相因从佐川急便收取 1 亿日元等问题表示辞意。

4 月 22 日　新生、公明、社会等联合执政党决定新生党党首羽田孜为首相候补。4 月 26 日社会党脱离联合政权。4 月 28 日羽田内阁成立。少数党政权。

6 月 25 日　羽田首相决定总辞职。

6 月 30 日　村山内阁成立。副首相、外务大臣河野洋平。

9 月 22 日　临时内阁会议决定从 1997 年 4 月开始将消费税率提高至 5%。

12 月 10 日　新生、公明党等组成新进党。众参 214 名议员。

1995 年

1 月 17 日　阪神、淡路大地震。

3 月 20 日　奥姆真理教地铁毒气事件。

6 月 9 日　众议院通过《战后 50 年国会决议》，"侵略""殖民地统治"模糊化。

7 月 23 日　第 17 次参议院选举，执政党改选过半数。自民 46 席、新进 40 席、社会 16 席、共产 8 席、无党派及其他各派 13 席。

8月15日　　发表战后50年首相谈话,就"殖民地统治和侵略"对亚洲各国"致歉"。

9月22日　　自民党总裁选举,桥本龙太郎当选为第17代总裁。

12月27日　　小泽一郎当选新进党党首。

1996年

1月11日　　桥本龙太郎内阁成立。副首相、大藏大臣久保亘社会党书记长。

1月19日　　社会党大会召开,改名为社会民主党。第一任党首为村山富市。

6月25日　　内阁会议正式决定从1997年4月1日起将消费税提高至5%。

7月29日　　桥本首相以生日为理由,作为总理大臣参拜靖国神社。

10月21日　　第41次大选,首次小选举区比例代表并立制。自民239席、新进156席、民主52席、共产26席、社民15席、无党派及其他各党派10席,投票率59.7%。

1997年

4月23日　　公布施行《驻留军用地特别措施法修正案》。冲绳美军基地用地在使用期限到期后仍可合法使用。

9月16日　　民主党代表菅直人,干事长鸠山由纪夫。

9月23日　　日美政府就包括有事情况下扩大日美合作在内的新"日美防卫合作方针"达成一致。

11月2日　　日俄首脑会谈,就"2000年缔结日俄和平条约而努力"达成一致。

11月17日　　北海道拓殖银行破产。

11月22日　　山一证券破产。

12月5日　　公布财政结构改革法。

1998年

4月27日　　新民主党成立(民主、民政、新党友爱、民主改革联合4党合并),代表菅直人、干事长羽田孜。

4月28日　　政府内阁会议决定伴随新日美防卫合作新指针的《周边事态安全保障法案》等相关法案和协定修改案。

5月29日　　通过《财政结构改革法》。

6月12日　　公布中央省厅等改革基本法。

7月12日　　第18次参议院选举,自民44席、民主27席、共产15席、公明9席、自由 6 席、社民 5 席、无党派及其他各党派 20 席。自民党从 61 席降为 44 席地,惨败。7 月 13 日,桥本首相表明辞去自民党总裁职务。

7 月 30 日   小渊惠三内阁成立。大藏大臣宫泽喜一、经济企划厅长官堺屋太一。

12 月 1 日   特定非盈利活动促进法(NPO 法)施行。

1999 年

1 月 14 日   小渊内阁自由党干事长野田毅入阁任自治大臣,自自联合内阁成立。

5 月 14 日   公布信息公开法。

5 月 24 日   日美防卫合作新指针相关法案在参议院全体会议上自民、自由、公明 3 党等多数赞成通过,成立。5 月 28 日公布。

7 月 16 日   公布中央省厅相关联法、地方分权一揽子法。

10 月 4 日   小渊首相、小泽一郎自由党党首、神崎武法公明党代表就成立自自公 3 党联合政权达成一致。

2000 年

4 月 1 日   自公、自由党联合政权解体。

4 月 2 日   小渊首相脑梗塞紧急住院,5 月 14 日去世。青木官房长官就任代理首相。4 月 4 日内阁总辞职。4 月 5 日国会指名森喜朗为首相。自公保联合内阁成立。

6 月 25 日   第 42 次大选,自公保获得绝对稳定多数。自民 233 席、民主 127 席、公明 31 席、自由 22 席、共产 20 席、社民 19 席、保守 7 席、无党派及其他各党派 21 席。

9 月 3 日   俄罗斯总统普京访日北方领土,和平条约问题无进展。

2001 年

1 月 6 日   中央省厅再编,1 府 12 省厅。

3 月 10 日   森喜朗首相表明事实上的辞任。4 月 6 日正式表明。

4 月 1 日   实行信息公开法。开始信息公开制度。

4 月 24 日   小泉纯一郎当选自民党总裁,获压倒性胜利。就自公保继续联合达成一致。4 月 26 日小泉内阁成立,外务大臣田中真纪子。

7 月 29 日   第 19 次参议院选举,自民党大胜。自民 64 席、公明 13 席、保守 1 席、民主 26 席、社民 3 席、共产 5 席、自由 6 席。

8 月 13 日　　小泉首相参拜靖国神社,1996 年桥本首相以来。

9 月 19 日　　政府决定派遣自卫队支援美国反恐。11 月 27 日国会通过。

10 月 8 日　　小泉首相访华,与国家主席江泽民首次会谈。

10 月 29 日　　反恐相关 3 法成立。

2002 年

4 月 21 日　　小泉首相参拜靖国神社。

5 月 21 日　　批准通过《京都议定书》。修改《全球气候变暖对策推进法》。

5 月 28 日　　经团联与日经联合并。

9 月 17 日　　小泉首相访问朝鲜。在平壤与金正日总书记会谈。北朝鲜承认绑架 13 名日本人,其中 8 人死亡,并谢罪。发表《日朝平壤宣言》。

2003 年

1 月 14 日　　小泉首相参拜靖国神社。

6 月 6 日　　有事法制相关 3 法案成立。

10 月 17 日　　布什总统访日与小泉首相进行首脑会谈。

11 月 9 日　　第 43 次大选。自民 237 席、公明 34 席、保守新党 4 席,执政党确保安定多数。民主 177 席、共产 9 席、社民 6 席,无党派及其他各党派 13 席。11 月 10 日保守新党解散,并入自民党。

12 月 9 日　　政府决定基于《伊拉克复兴支援特别措施法》,制定派遣自卫队基本方针。

12 月 26 日　　支援伊拉克复兴第一批航空自卫队先遣队出发。

2004 年

6 月 2 日　　道路公团民营化相关 4 法案成立。

6 月 5 日　　养老金改革相关法案成立。

7 月 7 日　　日本政府开始调查东海油气田。

7 月 11 日　　第 20 次参议院选举,含非改选自民 115 席、民主 82 席、公明 24 席、共产 9 席、社民 5 席、无党派 7 席。

2005 年

4 月 1 日　　《个人信息保护法》施行。

4 月 22 日　　小泉首相在纪念万隆会议 50 周年首脑会议上演讲,表示对殖民统治和侵略的反省和道歉。

8月8日　　参议院否决邮政民营化相关法案。小泉首相解散众议院。10月14日邮政民营化法案成立。

9月11日　　第44次大选。自民296席、民主113席、公明31席、共产9席、社民7席、国民新党4席、新党日本1席、新党大地1席、无党派18席(其中反对邮政民营化13席)。自民党大胜。与公明党席位占三分之二议席。民主党惨败。

9月30日　　大阪高等法院判决小泉首相参拜靖国神社违宪。

2006年

3月29日　　文部科学省公布教科书审定结果,要求高中教科书书表述钓鱼岛、独岛等属于日本领土。

5月18日　　中日第五轮东海问题磋商在东京举行。

9月15日　　最高法院判处奥姆真理教原教主麻原彰晃死刑。

9月26日　　安倍晋三当选第90任、第57位首相。

10月8日　　安倍首相访华,发表联合新闻公报。

11月16日　　防卫厅升格为防卫省相关法案在众议院得到通过,12月15日通过参议院审议。

11月30日　　《教育基本法修正案》通过众议院审议,12月15日通过参议院审议。

12月26日　　中日共同历史研究第一次会议在北京举行。

2007年

3月1日　　安倍首相表示没有证据表明战时日本政府曾强迫亚洲国家的妇女充当日军"慰安妇"。

3月27日　　最高法院就光华寮诉讼案作出判决,认定台湾当局在该问题上不具有诉讼权。

4月11日　　中国国务院总理温家宝开始对日本进行正式访问。

5月14日　　《国民投票法案》在参议院获得通过,4月13日在众议院获得通过。

7月29日　　举行第21届参议院选举,自民党惨败,民主党成为参议院第一大党。

9月25日　　福田康夫当选首相。

10月27日　　福田首相开始访华,28日在北京大学发表演讲,30日访问曲阜孔子故里。

2008 年

5 月 6 日　　胡锦涛主席访问日本,7 日与福田首相会谈,两国签署《中日关于全面推进战略互惠关系的联合声明》。

5 月 22 日　　福田首相发表演讲,阐述"新福田主义"的亚洲外交政策。

6 月 18 日　　中日两国政府就共同开发东海油气田达成共识。

6 月 24 日　　日本海上自卫队"涟"号驱逐舰访华。

8 月 8 日　　福田首相出席北京奥运会开幕式。

9 月 24 日　　麻生太郎当选首相,随即组成内阁。

2009 年

2 月 4 日　　日本在钓鱼岛海域常驻机动型巡逻船,11 日中国政府向日本驻华大使馆提出严正交涉。

3 月 9 日　　日经平均股指跌至泡沫经济崩溃后最低点,收于 7086.03 点。

4 月 29 日　　麻生首相访华,与温家宝总理会谈,30 日胡锦涛主席会见麻生首相。

5 月 27 日　　麻生首相与民主党党首鸠山由纪夫举行首次党首辩论。

6 月 7 日　　第二次中日经济高层对话在东京举行。

8 月 30 日　　众议院议员选举揭晓,民主党获胜。

9 月 16 日　　麻生内阁总辞职,民主党派党首鸠山由纪夫就任首相。

12 月 10 日　　民主党干事长小泽一郎率庞大代表团访华。

2010 年

4 月 30 日　　日本政府通过《邮政改革法案》。

5 月 22 日　　日美就普天间基地搬迁达成协议。

5 月 30 日　　社民党宣布退出联合政权。温家宝总理访日。

6 月 4 日　　鸠山内阁总辞职,菅直人当选首相。

6 月 15 日　　日本政府决定伊藤忠商社顾问丹羽宇一郎为新任驻华大使。

9 月 7 日　　日本海上保安厅船只与在钓鱼岛海域作业的中国渔船发生碰撞,日本扣留中国渔船和船员,中国政府提出外交交涉与严正抗议。

2011 年

1 月 13 日　　日美两国政府举行"跨太平洋伙伴关系协定"(TPP)双边磋商。

3 月 11 日　　日本东北地区海域发生 9.0 级大地震,引发特大海啸,福岛第一核电站发生爆炸。

8月30日　野田佳彦就任首相。

11月11日　野田首相宣布日本参加 TPP 谈判。

12月17日　日本海上自卫队护卫舰"雾雨"号抵山东青岛进行友好访问。

2012 年

1月3日　冲绳县石垣市议员等四人先后登上钓鱼岛寄附属岛屿,中国外交部发言人表示严正立场。

4月17日　东京都知事石原慎太郎在华盛顿发表"钓鱼岛购买计划",引起极大争议。

8月15日　中国香港保钓人士登上钓鱼岛,日本警察以违反入境管理法嫌疑逮捕,中国抗议,17日,遭逮捕者得到释放。

8月19日　10 名日本人登上钓鱼岛,引发中国各地发生示威活动。

9月10日　日本政府决定对钓鱼岛实施"国有化"。中国政府宣布《中华人民共和国钓鱼岛及其附属岛屿领海基点基线》。中国外交部发表声明,坚决反对和强烈抗议日本政府"购岛"。

12月26日　安倍晋三再次当选首相。

三、参考书目

日文部分

歴史学研究会編集『日本同時代史・1・戦敗と占領』、青木書店、1990 年。

小学館編集『日本 20 世紀館』、小学館、1999 年。

ダグラス・マッカーサー『マッカーサー回想記』(上)、朝日新聞社、1964 年。

中村隆英『昭和史・II・1945－1989』、東洋経済新報社、1993 年。

歴史教育者協議会編『データが語る日本の歴史』、ほぶる出版、1997 年。

粟屋憲太郎「戦敗と国民」、『戦後日本史と現代課題』、1996 年。

山田敬男『新版戦後日本史──時代をラデイカルにとらえる』、学習の友社、2009 年。

歴史教育者協議会編『日本社会の歴史・下・近代─現代』、大月書店、2012 年。

大門正克『全集・日本の歴史・第 15 巻・戦争と戦後を生きる』、小学館、2009 年。

大蔵省財政史室編『昭和財政史．終戦から講和まで』第 20 巻、東洋経済新報社、1982 年。

秦郁彦、袖井林二郎『日本占領秘史』下、朝日新聞社、1977 年。

野口悠紀雄『戦後日本経済史』、新潮社、2008 年。

北岡伸一『自民党』、読売新聞社、1995 年。

幣原平和財団編『幣原喜重郎』、幣原平和財団、1951 年。

塩田純『日本国憲法誕生──知られざる舞台裏』、日本放送出版協会、2008 年。

雨宮昭一『シリーズ日本近現代史・7・占領と改革』、岩波新書、2008 年。

松村謙三『三代回顧録』、東洋経済新報社、1964 年。

通口陽一、大須賀明『日本国憲法資料集』、三省堂、1995 年。

室山義一『日米安保体制』上巻、有斐閣、1992 年。

正村公宏『战后史・上』、筑摩书房、1985 年。

正村公宏『战后史・下』、筑摩书房、1985 年。

上野昂志『戦後 60 年』、作品社、2008 年。

佐佐木毅ほか編『战后史大事典・増补新版』、三省堂、2005 年。

正村公宏『図説戦後史』、筑摩書房、1989 年。

福永文丈『戦後日本の再生，1945—1964 年』、丸善株式会社、2004 年。

金子貞吉『戦後日本経済の総点検』、学文社、1996 年。

藤本一美、折立昭雄編『戦後日本政治ハンドブック・第一巻・占領と戦後政治 (1945—54 年)』、つなん出版、2005 年。

藤本一美、新谷貞編『戦後日本政治ハンドブック・第二巻・55 年体制の政治 (1955—64 年)』、つなん出版、2005 年。

藤本一美、宗像优編『戦後日本政治ハンドブック・第三巻・高度成長の政治 (1965—74 年)』、つなん出版、2006 年。

小林義雄『戦後日本経済史』、日本評論社、1976 年。

経済企画庁調査局『資料・経済白皮書 25 年』、日本経済新聞社、1972 年。

楫西光速『日本資本主義発達史：独占資本の形成と発展・続』、有斐閣、1957 年。

末川博『資料・戦後二十年資料史・第 3』、日本評論社、1966 年。

山崎五郎『日本労働運働史』、労務行政研究所、1966 年。

歴史学研究会編集『日本同時代史・1・敗戦と占領』、青木書店、1990 年。

歴史学研究会編集『日本同時代史・2・占領政策の転換と講和』、青木書店、1990 年。

歴史学研究会編集『日本同時代史・3・五五年体制と安保闘争』、青木書店、1990 年。

歴史学研究会編集『日本同時代史・4・高度成長の時代』、青木書店、1990 年。

歴史学研究会編『日本同時代史・5・転換期の世界と日本』、青木書店、1991 年。

山内敏弘、古川純『憲法の現状と展望(新版)』、北樹出版、1997 年。

井上光貞ほか『日本歴史大系普及版・18・復興から高度成長へ』、山川出版社、1997 年。

大門正克『全集・日本の歴史・第 15 巻・戦争と戦後を生きる』、小学館、2009 年。

椛正夫編『国政選挙と政党政治：総合分析 1945 年～1976 年』、政治広報センター、1977 年。

大嶽秀夫編『解説・戦後日本防衛問題資料集・第 3 巻（自衛隊の創設）』，三一书房、1993 年。

　　日本教職員組合編『日教組四十年史』、労働教育センター、1989 年。

　　読売新聞戦後史班編『「再軍備」の軌跡：昭和戦後史』、読売新聞社、1981 年。

　　佐佐木毅等編『増補新版戦後史大事典』、三省堂、2005 年。

　　松井隆幸『戦後日本産業政策の政策過程』、九州大学出版会、1997 年。

　　中村政則『昭和史 ・2 』、東洋経済新報社、1993 年。

　　金原左門、竹前荣治『昭和史（増補版）』、有斐閣、1995 年。

　　菊池信輝『財界とは何か』、平凡社、2000 年。

　　的場敏博「戦後前半期の社会党——指導者の経歴を手掛かりに 」、載日本政治学会編：『戦後国家の形成と経済発展——占領以後』、岩波書店、1991 年。

　　篠藤光行、福田丰『日本社会党』、労动大学、1973 年。

　　西修『日本国憲法の40 年 ：「改憲」と「靖国」』、教育社、1986 年。

　　渡辺治『日本国憲法「改正」史』、日本評論社、1987 年。

　　田中孝彦『日ソ国交回復の史的研究——戦後日ソ関係の起点：1945—1956』、有斐閣、1993 年。

　　中村隆英、宮崎正康編『岸信介政権と高速増長』、東洋経済新報社、2003 年。

　　斎藤真、永井陽之助、山本満編『日米関係：戦後資料』、日本評論社、1970 年。

　　池上彰『そうだったか！ 日本現代史』、集英社、2001 年。

　　松浦光修『いいかげにしろ・日教組・われ「亡国教育」とかと闘えり 』、PHP 研究所、2003 年。

　　坂元一哉『日米同盟の絆 ：安保条約と相互性の模索』、有斐閣、2000 年。

　　原彬久『日米関係の構図——安保改定を検証する——』、日本放送出版協会、1991 年。

　　外務省編「特集二・岸総理の米国訪問」、『わが国外交の近況』、1957 年。

　　武田晴人『シリーズ日本近現代史・8・高度成長』、岩波新書、2008 年。

　　鶴田俊正『戦後日本の産業政策』、日本経済新聞社、1982 年。

　　金子贞吉『戦後日本経済の総点検』、学文社、1996 年。

　　荒川章二『日本の歴史・第 16 巻・豊かさへの渇望』、小学館、2009 年。

　　須崎慎一『戦後日本人の意識構造 ：歴史的アプローチ』、梓出版社、2005 年。

　　小熊英二『〈民主〉と〈愛国〉：戦後日本のナショナリズムと公共性』、新曜社、

2002 年。

竹内好『竹内好全集』第 9 巻，筑摩書房、1981 年。

松沢弘陽、植手通有編『丸山真男集・第 8 巻』、岩波書店、1996 年。

社会主義協会編『資料三池闘争史』、社会主義協会出版局、1979 年。

大門正克『昭和史論争を問う——歴史を叙述することの可能性』、日本経済評論社、2006 年。

渡辺恒雄編『永田町見聞録——政界・派閥・権力』、東洋経済新報社、1980 年。

藤本一美『戦後政治の争点：1945—1970』専修大学出版局、2000 年。

富森叡児『戦後保守党史』、日本評論社、1978 年。

堀越作治『戦後政治裏門史——〈佐藤栄作〉日記が語るもの』、岩波書店、1998 年。

伊藤昌哉『日本宰相列伝・21・池田勇人』、時事通信社、1985 年。

五十嵐仁『政党政治と労働組合運動：戦後日本の到達点と二十一世紀への課題』、御茶の水書房、1998 年。

『日本共産党の八十年：1922〜2002 日本共产党の八十年（1922—2002）』、日本共産党中央委員会出版局、2003 年。

日本共産党中央委員会編『日本共産党の70 年・下』、新日本出版社、1994 年。

石丸和人、松本博一、山本剛士『戦後日本外交史・II・動き出した日本外交』、三省堂、1983 年。

山本剛士『戦後日本外交史・VI・南北問題と日本』、三省堂、1984 年。

安原和雄、山本剛士『戦後日本外交史・IV・先進国への道』、三省堂、1984 年。

山村喜晴『戦後日本外交史・V・経済大国への風圧』、三省堂、1984 年。

宮本宪一『昭和の歴史・第 10 巻・経済大国』、小学館、1983 年。

楠田実『楠田實日記：佐藤栄作総理首席秘書官の二□□□日』、中央公论社、2001 年。

藤本一美、浅野一弘『日米首脳会談と政治過程——1951〜1983——』、龍渓書舎、1994 年。

林茂、辻清明編集『日本内閣史録・6』、第一法規出版、1981 年。

岡田一郎『日本社会党——その組織と衰亡の歴史』、新時代社、2005 年。

細谷千博、綿貫譲治編『対外政策決定過程の日米比較』、東京大学出版会、

1977 年。

　　立命館大学人文科学研究所編『战后 50 年をどう見るか——二十一世紀への展望・下』、人文書院、1998 年。

　　石川真澄『戦後政治史』、岩波書店、2004 年。

　　増田卓二『三木政治研究』、ホーチキ商事出版部、1976 年。

　　山岸一平『昭和後期 10 人の首相 ：日経の政治記者が目撃した「派閥の時代」』、日本経済新聞社、2008 年。

　　浦田進『福田赳夫：評伝』、国際商業出版、1978 年。

　　杉田望『総理殉職——四十日抗争で急逝した大平正芳』、大和書房、2008 年。

　　浜中秀一郎『図説・日本の関税』、財経詳報社、1992 年。

　　福永文夫『大平正芳』、中央公論新社、2008 年。

　　新藤宗幸『現代日本政治』、放送大学教材、1990 年。

　　高畠通敏『現代日本の政党と選挙』、三一書房、1980 年。

　　大西典茂ほか編『入門現代日本の政治』、法律文化社、1977 年。

　　横山桂次『地域政治と自治体革新』、公人社、1990 年。

　　渡辺治『日本の時代史（27）高度成長と企業社会』、吉川弘文館、2004 年。

　　青木保『「日本文化論」の変容 ：戦後日本の文化とアイデンティティー』、中央公論社、1999 年。

　　藤本一美『戦後政治の決算 ：1971—1996』、専修大学出版局、2003 年。

　　小野耕二『新版日本政治の転換点』、青木書店、1998 年。

　　東根千万億編『等しからざるを憂える——元首相鈴木善幸回顧録』、岩手日報社、2004 年。

　　阿部斉ほか『概説現代日本政治』、東京大学出版会、1992 年。

　　渡边治『政治改革と憲法改正——中曽根康弘から小沢一郎へ』、青木書店、1994 年。

　　谷口将紀『日本の対米貿易交渉』、東京大学出版会、1997 年。

　　佐藤英夫『日米経済摩擦：1945〜1990 年』、平凡社、1991 年。

　　細谷千博ほか編『日米関係資料集：1945—97』、東京大学出版会、1999 年。

　　俵孝太郎『戦後首相論』、グラフ社、2004 年。

　　森裕城『日本社会党の研究——路線転換の政治過程』、木铎社、2001 年。

馬場昇『日本社会党 50 年の盛衰──護憲・九条の党で平和な世界を』、熊本日日新聞情報文化センター、1999 年。

平野貞夫『公明党・創価学会と日本』、講談社、2005 年。

吉見俊哉『シリーズ日本近現代史・9・ポスト戦後社会』、岩波書店、2009 年。

渡辺昭夫『日本の近代・8・大国日本の揺らぎ―― 1972──』、中央公論社、2000 年。

中村政則『現代史を学ぶ：戦後改革と現代日本』、吉川弘文館、1997 年。

佐和隆光『平成不況の政治経済学：成熟化社会への条件』、中央公論社、1994 年。

藤本一美『増補「解散」の政治学──戦後日本政治史』、第三文明社、2009 年。

鈴木棟一『永田町大乱・2・政治権力の崩壊』、講談社、1995 年。

御厨貴編『変貌する日本政治──90 年代以後"変革の時代"を読みとく』、勁草書房、2009 年。

岡野加穂留、藤本一美編『村山政権とデモクラシーの危機：臨床政治学的分析』、東信堂、2000 年。

読売新聞社東京本社世論調査部『二大政党時代のあけぼの：平成の政治と選挙』、木鐸社、2004 年。

北村公彦ほか編『現代日本政党史録・第 5 巻・55 年体制以降の政党政治』、第一法規株式会社、2004 年。

飯島勲『小泉官邸秘録』、日本経済新聞社、2006 年。

内山融『小泉政権──「パトスの首相」は何を変えたのか』、中央公論新社、2007 年。

岡本和夫編『失われた10 年を超えて・2・小泉改革への時代』、東京大学出版会、2006 年。

东田亲司『現代行政と行政改革：改革の要点と運用の実際（新版）』、芦書房、2004 年。

大嶽秀夫『小泉純一郎ポピュリズムの研究──その戦略と手法』、東洋経済新報社、2006 年。

浅川博忠『小泉純一郎とは何者だったのか』、講談社、2006 年。

村公彦等編『現代日本政党史録・第 6 巻・総括と展望──政党の将来像』、第一法规株式会社、2004 年。

伊藤惇夫『政党崩壊——永田町の失われた十年』、新潮新書、2003 年。

松原聡『図解雑学：日本経済のしくみ』、ナツメ社、2008 年。

森一夫『中村邦夫：「幸之助神話」を壊した男』、日本経済新聞社、2005 年。

丰秀一『国民投票：憲法を変える？ 変えない？』、岩波書店、2007 年。

高原基彰『現代日本の転機：「自由」と「安定」のジレンマ』、日本放送出版協会、2009 年。

内閣府『少子化社会白書』、佐伯印刷株式会社、2008。

井田正道『変革期における政権と世論』、北樹出版、2010 年。

白川一郎『規制緩和の経済学』、宝石社、1996 年。

朝尾直弘ほか『岩波講座日本通史・第 19 巻・近代 4』、岩波書店、1995 年。

朝尾直弘ほか『岩波講座日本通史・第 20 巻・現代 1』、岩波書店、1995 年。

朝尾直弘ほか『岩波講座日本通史・第 21 巻・現代 2』、岩波書店、1995 年。

大津透ほか『岩波講座日本歴史・第 18 巻（近現代 4）』、岩波書店、2015 年。

大津透ほか『岩波講座日本歴史・第 18 巻（近現代 5）』、岩波書店、2015 年。

歴史教育協議会編『日本社会の歴史・下・近代説現代』、大月書店、2012 年。

歴史教育協議会編『日本現代史』、青木書店、2000 年。

森武麿ほか『現代日本経済史・新版』、有斐閣、2008 年。

河野康子『日本の歴史・第 24 巻・戦後と高度成長の終焉』、講談社、2002 年。

小熊英二編著『平成史・増補新版』、河出ブックス、2014 年。

野口悠紀雄『戦後経済史・私たちはどこで間違えたのか』、東洋経済新聞社、2015 年。

中文部分

《国际条约集（1934—1944）》，世界知识出版社 1961 年版。

约翰・W. 道尔：《拥抱失败：第二次世界大战后的日本》，生活・读书・新知三联书店 2008 年版。

刘世龙：《美日关系（1791—2001）》，世界知识出版社 2003 年版。

F. C. 琼斯等：《1942—1946 年的远东》下册，上海译文出版社 1979 年版。

中华民国驻日代表团编印：《在日办理赔偿归还工作综述》，载沈云龙主编：《近代中国史料丛刊续辑》710辑,台湾文海出版社1980年版。

人民出版社编印:《对日和约问题史料》,1951年版。

梅汝璈:《远东国际军事法庭》,法律出版社1988年版。

张效林译:《远东国际军事法庭判决书》,群众出版社1986年版。

升味准之辅:《日本政治史》第四册,商务印书馆1997年版。

孙执中:《荣衰论——战后日本经济史(1945—2004)》,人民出版社2006年版。

魏晓阳:《制度突破与文化变迁——透视日本宪政的百年历程》,北京大学出版社2006年版。

礒崎初仁、金井利之、伊藤正次:《日本地方自治》,社会科学文献出版社2010年版。

安德鲁·戈登:《日本的起起落落:从德川幕府到现代》,广西师范大学出版社2008年版。

鹈饲正树、永井良和、藤本宪一编:《战后日本大众文化》,社会科学文献出版社2010年版。

通商产业省编:《日本通商产业政策史》第3卷,中国青年出版社1994年版。

通商产业省编:《日本通商产业政策史》第12卷,中国青年出版社1995年版。

吴廷璆主编:《日本史》,南开大学出版社1994年版。

御厨贵、中村隆英编:《宫泽喜一回忆录》,东方出版社2009年版。

日本经济新闻社编著:《昭和经济历程》第一卷——《日本的经济》,东方出版社1992年版。

孙执中:《荣衰论——战后日本经济史(1945—2004)》,人民出版社2006年版。

宋成有等:《战后日本外交史》,世界知识出版社会1995年版。

中村政则:《日本战后史》,中国人民大学出版社2008年版。

王振锁:《日本战后五十年(1945—1995)》,世界知识出版社1996年版。

五百头旗真主编:《战后日本外交史(1945—2005)》,世界知识出版社2007年版。

竹内长武:《战后漫画50年史》,南京大学出版社2010年版。

王少普、吴寄南:《战后日本防卫研究》,上海人民出版社2003年版。

矢野恒太纪念会编:《日本100年》,时事出版社1994年版。

大平正芳回想录刊行会编:《大平正芳传》,吉林人民出版社1984年版。

纪廷许:《现代日本社会与社会思潮》,中国社会科学出版社 2007 年版。

罗纳德·里根:《里根回忆录》,中国工人出版社 1991 年版。

蔡林海、翟锋:《前车之鉴——日本的经济泡沫与"失去的 10 年"》,经济科学出版社 2007 年版。

朱文晖:《日本:再一次失败》,江苏人民出版社 1998 年版。

张季风:《挣脱萧条:1990—2006 年的日本经济》,社会科学文献出版社 2006 年版。

黄亚南:《谁能拯救日本——个体社会的启示》,上海世界出版股份有限公司 2009 年版。

金熙德主编:《日本:2006》,世界知识出版社 2007 年版。

金熙德主编:《日本:2007》,世界知识出版社 2008 年版。

李薇主编:《日本发展报告(2009)》,社会科学文献出版社 2009 年版。

李薇主编:《日本发展报告(2010)》,社会科学文献出版社 2010 年版。

李薇主编:《日本发展报告(2012)》,社会科学文献出版社 2012 年版。

李薇主编:《日本发展报告(2013)》,社会科学文献出版社 2013 年版。

都留重人:《日本的资本主义——以战败为契机的战后经济发展》,复旦大学出版社 1995 年版。

王振锁:《日本战后五十年(1945—1995)》,世界知识出版社 1996 年版。

浜野洁等:《日本经济史(1600—2000)》,彭曦等译,南京大学出版社 2010 年版。

杨栋梁:《日本近现代经济史》,世界知识出版社 2010 年版。

王振锁、徐万胜:《日本近现代政治史》,世界知识出版社 2010 年版。

李卓:《日本近现代社会史》,世界知识出版社 2010 年版。

鹤见俊辅:《战后日本大众文化史(1945—1980)》,四川教育出版社 2016 年版。

四、索引

五、天皇、将军、首相列表

表 1　日本天皇世系表

世系	天皇谥号	在位时间	年号及备注
第 1 代	神武天皇	前 660—前 585	传说中日本的开国天皇
第 2 代	绥靖天皇	前 581—前 549	
第 3 代	安宁天皇	前 549—前 511	有说安宁天皇元年为前 548 年
第 4 代	懿德天皇	前 510—前 477	
第 5 代	孝昭天皇	前 475—前 393	
第 6 代	孝安天皇	前 392—前 291	
第 7 代	孝灵天皇	前 290—前 215	
第 8 代	孝元天皇	前 214—前 158	
第 9 代	开化天皇	前 158—前 98	有说开化天皇元年为前 157 年
第 10 代	崇神天皇	前 97—前 30	
第 11 代	垂仁天皇	前 29—70	
第 12 代	景行天皇	71—130	
第 13 代	成务天皇	131—190	
第 14 代	仲衷天皇	192—200	
	神功皇后	201—269	神功皇后摄政
第 15 代	应神天皇	270—310	
第 16 代	仁德天皇	313—399	
第 17 代	履中天皇	400—405	
第 18 代	反正天皇	406—410	
第 19 代	允恭天皇	412—453	

世系	天皇谥号	在位时间	年号及备注
第 20 代	安康天皇	453—456	有说安康天皇元年为 454 年
第 21 代	雄略天皇	456—479	有说雄略天皇元年为 457 年
第 22 代	清宁天皇	480—484	
第 23 代	显宗天皇	485—487	
第 24 代	仁贤天皇	488—498	
第 25 代	武烈天皇	498—506	有说武烈天皇元年为 499 年
第 26 代	继体天皇	507—531	有说继体天皇卒年为 534 年
第 27 代	安闲天皇	531—535	有说安闲天皇元年为 534 年
第 28 代	宣化天皇	535—539	有说宣化天皇元年为 536 年
第 29 代	钦明天皇	539—571	
第 30 代	敏达天皇	572—585	
第 31 代	用明天皇	585—587	有说用明天皇元年为 586 年
第 32 代	崇峻天皇	587—592	有说崇峻天皇元年为 588 年
第 33 代	推古天皇	592—628	女皇,593—622 年由圣德太子摄政
第 34 代	舒明天皇	629—641	
第 35 代	皇极天皇	642—645	女皇
第 36 代	孝德天皇	645—654	孝德天皇"大化革新",此后开始有年号:大化、白雉
第 37 代	齐明天皇	655—661	女皇
第 38 代	天智天皇	661—671	齐明女皇 661 年死,太子中大兄(天智天皇)守丧,监国,668 年始即位
第 39 代	弘文天皇	671—672	年号:白凤
第 40 代	天武天皇	673—686	年号:朱鸟
第 41 代	持统天皇	686—697	女皇

续表

世系	天皇谥号	在位时间	年号及备注
第 42 代	文武天皇	697—707	年号：大宝、庆云
第 43 代	元明天皇	707—715	女皇，登基第一年称庆云四年，第二年称和铜元年
第 44 代	元正天皇	715—724	女皇，年号：灵龟、养老
第 45 代	圣武天皇	724—749	年号：神龟、天平
第 46 代	孝谦天皇	749—758	女皇，年号：天平感宝、天平胜宝、天平宝字
第 47 代	淳仁天皇	758—764	
第 48 代	称德天皇	764—770	女皇，年号：天平神护、神护景云
第 49 代	光仁天皇	770—781	年号：宝龟
第 50 代	恒武天皇	781—806	年号：天应、延历
第 51 代	平城天皇	806—809	年号：大同
第 52 代	嵯峨天皇	809—823	年号：弘仁
第 53 代	淳和天皇	823—833	年号：天长
第 54 代	仁明天皇	833—850	年号：承和、嘉祥
第 55 代	文德天皇	850—858	年号：仁寿、齐衡、天安
第 56 代	清和天皇	858—876	年号：贞观
第 57 代	阳成天皇	876—884	年号：元庆
第 58 代	光孝天皇	884—887	年号：仁和
第 59 代	宇多天皇	887—897	年号：宽平
第 60 代	醍醐天皇	897—930	年号：昌泰、延喜、延长
第 61 代	朱雀天皇	930—946	年号：承平、天庆
第 62 代	村上天皇	946—967	年号：天历、天德、应和、康保
第 63 代	冷泉天皇	967—969	年号：安和
第 64 代	圆融天皇	969—984	年号：天禄、天延、贞元、天元、永观

世系	天皇谥号	在位时间	年号及备注
第 65 代	花山天皇	984—986	年号：宽和
第 66 代	一条天皇	986—1011	年号：永延、永祚、正历、长德、长保、宽弘
第 67 代	三条天皇	1011—1016	年号：长和
第 68 代	后一条天皇	1016—1036	年号：宽仁、治安、万寿、长元
第 69 代	后朱雀天皇	1036—1045	年号：长历、长久、宽德
第 70 代	后冷泉天皇	1045—1068	年号：永承、天喜、康平、治历
第 71 代	后三条天皇	1068—1072	年号：延久
第 72 代	白河天皇	1072—1086	年号：承保、承历、永保、应德
第 73 代	堀河天皇	1086—1107	年号：宽治、嘉保、永长、承德、康和、长治、嘉承
第 74 代	鸟羽天皇	1107—1123	年号：天仁、天永、永久、元永、保安
第 75 代	崇德天皇	1123—1141	年号：天治、大治、天承、长承、保延、永治
第 76 代	近卫天皇	1141—1155	年号：康治、天养、久安、仁平、久寿
第 77 代	后白河天皇	1155—1158	年号：保元
第 78 代	二条天皇	1158—1165	年号：平治、永历、应保、长宽
第 79 代	六条天皇	1165—1168	年号：永万、仁安
第 80 代	高仓天皇	1168—1180	年号：嘉应、承安、安元、治承
第 81 代	安德天皇	1180—1185	年号：养和、寿永
第 82 代	后鸟羽天皇	1185—1198	年号：元历、文治、建久
第 83 代	土御门天皇	1198—1210	年号：正治、建仁、元久、建永、承元
第 84 代	顺德天皇	1210—1221	年号：建历、建保、承久
第 85 代	仲恭天皇	1221	
第 86 代	后堀河天皇	1221—1232	年号：贞应、元仁、嘉禄、安贞、宽喜、贞永
第 87 代	四条天皇	1232—1242	年号：天福、文历、嘉祯、历仁、延应、仁治

续表

世系	天皇谥号	在位时间	年号及备注
第88代	后嵯峨天皇	1242—1246	年号：宽元
第89代	后深草天皇	1246—1259	年号：宝治、建长、康元、正嘉、正元
第90代	龟山天皇	1259—1274	年号：文应、弘长、文永
第91代	后宇多天皇	1274—1287	年号：建治、弘安
第92代	伏见天皇	1287—1298	年号：正应、永仁
第93代	后伏见天皇	1298—1301	年号：正安
第94代	后二条天皇	1301—1308	年号：乾元、嘉元、德治
第95代	花园天皇	1308—1318	年号：延庆、应长、正和、文保
第96代	后醍醐天皇	1318—1339	南朝。年号：元应、元亨、正中、嘉历、元德、元弘、建武、延元
第97代	后村上天皇	1339—1368	南朝。年号：兴国、正平
第98代	长庆天皇	1368—1383	南朝。年号：建德、文中、天授、弘和
第99代	后龟山天皇	1383—1392	南朝。年号：元中
	光严天皇	1331—1333	北朝。年号：正庆
	光明天皇	1336—1348	北朝。年号：历应、康永、贞和
	崇光天皇	1348—1351	北朝。年号：观应
	后光严天皇	1352—1371	北朝。年号：文和、延文、康安、贞治、应安
	后圆融天皇	1371—1382	北朝。年号：永和、康历、永德
	后小松天皇	1382—1392	北朝。年号：至德、嘉庆、康应、明德
第100代	后小松天皇	1392—1412	年号：应永。
第101代	称光天皇	1412—1428	年号：正长
第102代	后花园天皇	1428—1464	年号：永享、嘉吉、文安、宝德、享德、康正、长禄、宽正
第103代	后土御门天皇	1464—1500	年号：文正、应仁、文明、长享、延德、明应

世系	天皇谥号	在位时间	年号及备注
第 104 代	后柏原天皇	1500—1526	年号:文龟、永正、大永
第 105 代	后奈良天皇	1526—1557	年号:享禄、天文、弘治
第 106 代	正亲町天皇	1557—1586	年号:永禄、元龟、天正
第 107 代	后阳成天皇	1586—1611	年号:文禄、庆长
第 108 代	后水尾天皇	1611—1629	年号:元和、宽永
第 109 代	明正天皇	1629—1643	女皇
第 110 代	后光明天皇	1643—1654	年号:正保、庆安、承应
第 111 代	后西天皇	1654—1663	年号:明历、万治、宽文
第 112 代	灵元天皇	1663—1687	年号:延宝、天和、贞享
第 113 代	东山天皇	1687—1709	年号:元禄、宝永
第 114 代	中御门天皇	1709—1735	年号:正德、享保
第 115 代	樱町天皇	1735—1747	年号:元文、宽保、延享
第 116 代	桃园天皇	1747—1762	年号:宽延、宝历
第 117 代	后樱町天皇	1762—1770	女皇,年号:明和
第 118 代	后桃园天皇	1770—1779	年号:安永
第 119 代	光格天皇	1779—1817	年号:天明、宽政、享和、文化
第 120 代	仁孝天皇	1817—1846	年号:文政、天保、弘化
第 121 代	孝明天皇	1846—1866	年号:嘉永、安政、万延、文久、元治、庆应
第 122 代	明治天皇	1867—1912	年号:明治
第 123 代	大正天皇	1912—1926	年号:大正
第 124 代	昭和天皇	1926—1989	年号:昭和
第 125 代	(明仁天皇)	1989—	年号:平成

表 2　历代幕府将军年表

	代	姓名	在位时间
镰仓幕府	1	源赖朝	1192—1199
	2	源赖家	1202—1203
	3	源实朝	1203—1219
	4	九条(藤原)赖经	1226—1244
	5	九条(藤原)赖嗣	1244—1252
	6	宗尊亲王	1252—1266
	7	惟康亲王	1266—1289
	8	久明亲王	1289—1308
	9	守邦亲王	1308—1333
室町幕府	1	足利尊氏	1338—1358
	2	足利义诠	1358—1367
	3	足利义满	1368—1394
	4	足利义持	1394—1423
	5	足利义量	1423—1425
	6	足利义教	1429—1441
	7	足利义胜	1442—1443
	8	足利义政	1449—1473
	9	足利义尚	1473—1489
	10	足利义稙	1489—93，1508—1521
	11	足利义澄	1494—1507
	12	足利义晴	1521—1546
	13	足利义辉	1546—1565
	14	足利义荣	1568
	15	足利义昭	1568—1573

续表

	代	姓名	在位时间
江户幕府	1	德川家康	1603—1605
	2	德川秀忠	1605—1623
	3	德川家光	1623—1651
	4	德川家纲	1651—1680
	5	德川纲吉	1680—1709
	6	德川家宣	1709—1712
	7	德川家继	1713—1716
	8	德川吉宗	1716—1745
	9	德川家重	1745—1760
	10	德川家治	1760—1786
	11	德川家齐	1787—1837
	12	德川家庆	1837—1853
	13	德川家定	1853—1858
	14	德川家茂	1858—1866
	15	德川庆喜	1866—1867

表 3　历任首相年表

届	姓名	在任时间	政党或身份	备注
1	伊藤博文	1885 年 12 月—1888 年 4 月		
2	黑田清隆	1888 年 4 月—1889 年 10 月		
	三条实美	1889 年 10 月—12 月		时任内大臣，临时兼任首相职务
3	山县有朋	1889 年 12 月—1891 年 5 月	陆军军人	
4	松方正义	1891 年 5 月—1892 年 8 月		

续表

届	姓名	在任时间	政党或身份	备注
5	伊藤博文	1892 年 8 月—1896 年 8 月		第 2 次担任首相
	黑田清隆	1896 年 8 月—1896 年 9 月		时任枢密院议长,临时兼任首相职务
6	松方正义	1896 年 9 月—1898 年 1 月		第 2 次担任首相
7	伊藤博文	1898 年 1 月—6 月		第 3 次担任首相
8	大隈重信	1898 年 6 月—11 月	宪政党	
9	山县有朋	1898 年 11 月—1900 年 10 月		第 2 次担任首相
10	伊藤博文	1900 年 10 月—1901 年 5 月	立宪政友会	第 4 次担任首相
	西园寺公望	1901 年 5 月—6 月	立宪政友会	时任枢密院议长,临时兼任首相职务
11	桂太郎	1901 年 6 月—1906 年 1 月	陆军军人	
12	西园寺公望	1906 年 1 月—1908 年 7 月	立宪政友会	
13	桂太郎	1908 年 7 月—1911 年 8 月	陆军军人	第 2 次担任首相
14	西园寺公望	1911 年 8 月—1912 年 12 月	立宪政友会	第 2 次担任首相
15	桂太郎	1912 年 12 月—1913 年 2 月	陆军军人	第 3 次担任首相
16	山本权兵卫	1913 年 2 月—1914 年 4 月	海军军人	
17	大隈重信	1914 年 4 月—1916 年 10 月	立宪同志会	第 2 次担任首相
18	寺内正毅	1916 年 10 月—1918 年 9 月	陆军军人	
19	原敬	1918 年 9 月—1921 年 11 月	立宪政友会	
	内田康哉	1921 年 11 月	立宪政友会	时任外务大臣,临时兼任首相职务
20	高桥是清	1921 年 11 月—1922 年 6 月	立宪政友会	

续表

届	姓名	在任时间	政党或身份	备注
21	加藤友三郎	1922 年 6 月—1923 年 8 月	海军军人	
	内田康哉	1923 年 8 月—9 月	立宪政友会	时任外务大臣，临时兼任首相职务
22	山本权兵卫	1923 年 9 月—1924 年 1 月	海军军人	第 2 次担任首相
23	清浦奎吾	1924 年 1 月—1924 年 6 月	司法官僚贵族院议员	
24	加藤高明	1924 年 6 月—1926 年 1 月	宪政会	
	若槻礼次郎	1926 年 1 月	宪政会	时任内务大臣，临时兼任首相职务
25	若槻礼次郎	1926 年 1 月—1927 年 4 月	宪政会	
26	田中义一	1927 年 4 月—1929 年 7 月	立宪政友会陆军军人	
27	滨口雄幸	1929 年 7 月—1931 年 4 月	立宪民政党	
28	若槻礼次郎	1931 年 4 月—12 月	立宪民政党	第 2 次担任首相
29	犬养毅	1931 年 12 月—1932 年 5 月	立宪政友会	
	高桥是清	1932 年 5 月	立宪政友会	时任大藏大臣，临时兼任首相职务
30	斋藤实	1932 年 5 月—1934 年 7 月	海军军人	
31	冈田启介	1934 年 7 月—1936 年 3 月	海军军人	
32	广田弘毅	1936 年 3 月—1937 年 2 月	外交官	
33	林铣十郎	1937 年 2 月—6 月	陆军军人	
34	近卫文麿	1937 年 6 月—1939 年 1 月	贵族院议长	
35	平沼骐一郎	1939 年 1 月—8 月	司法官僚枢密院议长	

续表

届	姓名	在任时间	政党或身份	备注
36	阿部信行	1939 年 8 月—1940 年 1 月	陆军军人	
37	米内光政	1940 年 1 月—7 月	海军军人	
38	近卫文麿	1940 年 7 月—1941 年 7 月	大政翼赞会	第 2 次担任首相
39	近卫文麿	1941 年 7 月—10 月	大政翼赞会	第 3 次担任首相
40	东条英机	1941 年 10 月—1944 年 7 月	陆军军人	
41	小矶国昭	1944 年 7 月—1945 年 4 月	陆军军人	
42	铃木贯太郎	1945 年 4 月—8 月	海军军人 枢密院议长	
43	东久迩宫稔彦王	1945 年 8 月—10 月	皇族 陆军军人	
44	币原喜重郎	1945 年 10 月—1946 年 5 月	外务官僚 贵族院议员	
45	吉田茂	1946 年 5 月—1947 年 5 月	外务官僚 贵族院议员	
46	片山哲	1947 年 5 月—1948 年 3 月	日本社会党	
47	芦田均	1948 年 3 月—10 月	民主党	
48	吉田茂	1948 年 10 月—1949 年 2 月	民主自由党	第 2 次担任首相
49	吉田茂	1949 年 2 月—1952 年 10 月	民主自由党 （—1950 年） 自由党 （1950 年起）	第 3 次担任首相
50	吉田茂	1952 年 10 月—1953 年 5 月	自由党	第 4 次担任首相
51	吉田茂	1953 年 5 月—1954 年 12 月	自由党	第 5 次担任首相
52	鸠山一郎	1954 年 12 月—1955 年 3 月	日本民主党	
53	鸠山一郎	1955 年 3 月—11 月	日本民主党	第 2 次担任首相
54	鸠山一郎	1955 年 11 月—1956 年 12 月	自由民主党	第 3 次担任首相

届	姓名	在任时间	政党或身份	备注
55	石桥湛山	1956 年 12 月—1957 年 2 月	自由民主党	
56	岸信介	1957 年 2 月—1958 年 6 月	自由民主党	
57	岸信介	1958 年 6 月—1960 年 7 月	自由民主党	第 2 次担任首相
58	池田勇人	1960 年 7 月—12 月	自由民主党	
59	池田勇人	1960 年 12 月—1963 年 12 月	自由民主党	第 2 次担任首相
60	池田勇人	1963 年 12 月—1964 年 11 月	自由民主党	第 3 次担任首相
61	佐藤荣作	1964 年 11 月—1967 年 2 月	自由民主党	
62	佐藤荣作	1967 年 2 月—1970 年 1 月	自由民主党	第 2 次担任首相
63	佐藤荣作	1970 年 1 月—1972 年 7 月	自由民主党	第 3 次担任首相
64	田中角荣	1972 年 7 月—12 月	自由民主党	
65	田中角荣	1972 年 12 月—1974 年 12 月	自由民主党	第 2 次担任首相
66	三木武夫	1974 年 12 月—1976 年 12 月	自由民主党	
67	福田赳夫	1976 年 12 月—1978 年 12 月	自由民主党	
68	大平正芳	1978 年 12 月—1979 年 11 月	自由民主党	
69	大平正芳	1979 年 11 月—1980 年 6 月	自由民主党	第 2 次担任首相
	伊东正义	1980 年 6 月—7 月	自由民主党	时任内阁官房长官,临时代理首相职务
70	铃木善幸	1980 年 7 月—1982 年 11 月	自由民主党	
71	中曾根康弘	1982 年 11 月—1983 年 12 月	自由民主党	
72	中曾根康弘	1983 年 12 月—1986 年 7 月	自由民主党	第 2 次担任首相
73	中曾根康弘	1986 年 7 月—1987 年 11 月	自由民主党	第 3 次担任首相
74	竹下登	1987 年 11 月—1989 年 6 月	自由民主党	
75	宇野宗佑	1989 年 6 月—8 月	自由民主党	

届	姓名	在任时间	政党或身份	备注
76	海部俊树	1989 年 8 月—1990 年 2 月	自由民主党	
77	海部俊树	1990 年 2 月—1991 年 11 月	自由民主党	第 2 次担任首相
78	宫泽喜一	1991 年 11 月—1993 年 8 月	自由民主党	
79	细川护熙	1993 年 8 月—1994 年 4 月	自由民主党	
80	羽田孜	1994 年 4 月—6 月	新生党	
81	村山富市	1994 年 6 月—1996 年 1 月	日本社会党	
82	桥本龙太郎	1996 年 1 月—11 月	自由民主党	
83	桥本龙太郎	1996 年 11 月—1998 年 7 月	自由民主党	第 2 次担任首相
84	小渊惠三	1998 年 7 月—2000 年 4 月	自由民主党	
85	森喜朗	2000 年 4 月—7 月	自由民主党	
86	森喜朗	2000 年 7 月—2001 年 4 月	自由民主党	第 2 次担任首相
87	小泉纯一郎	2001 年 4 月—2003 年 11 月	自由民主党	
88	小泉纯一郎	2003 年 11 月—2005 年 9 月	自由民主党	第 2 次担任首相
89	小泉纯一郎	2005 年 9 月—2006 年 9 月	自由民主党	第 3 次担任首相
90	安倍晋三	2006 年 9 月—2007 年 9 月	自由民主党	
91	福田康夫	2007 年 9 月—2008 年 9 月	自由民主党	
92	麻生太郎	2008 年 9 月—2009 年 9 月	自由民主党	
93	鸠山由纪夫	2009 年 9 月—2010 年 6 月	民主党	
94	菅直人	2010 年 6 月—2011 年 8 月	民主党	
95	野田佳彦	2011 年 9 月—2012 年 12 月	民主党	
96	安倍晋三	2012 年 12 月—2014 年 12 月	自由民主党	第 2 次担任首相
97	安倍晋三	2014 年 12 月—	自由民主党	第 3 次担任首相

后　记

　　本卷书稿是作者 2009 年 9 月至 2010 年 2 月在日本驹泽大学访学时所撰写，得到该校大谷哲夫教授、广濑良弘教授等先生的热情关照，2013 年增加第九章后由江苏人民出版社出版，此次经过修改后收入丛书。